A Justiça perto do povo
Reforma e gestão de conflitos

Jacqueline Sinhoretto

A Justiça perto do povo
Reforma e gestão de conflitos

Copyright © 2011 by Jacqueline Sinhoretto

Publishers: Joana Monteleone/Haroldo Ceravolo Sereza/Roberto Cosso
Edição: Joana Monteleone
Editor assistente: Vitor Rodrigo Donofrio Arruda
Revisão: Ana Paula Marchi Martini
Projeto gráfico e diagramação: Eliezer Abrantes Rodrigues
Assistente de produção: João Paulo Putini
Capa: Patrícia Jatobá U. de Oliveira

CIP-BRASIL. CATALOGAÇÃO-NA-FONTE
SINDICATO NACIONAL DOS EDITORES DE LIVROS, RJ

S624j
Sinhoretto, Jacqueline
A JUSTIÇA PERTO DO POVO: REFORMA E GESTÃO DE CONFLITOS
Jacqueline Sinhoretto.
São Paulo: Alameda, 2011.
438p.

Inclui bibliografia
ISBN 978-85-7939-076-0

1. Justiça. 2. Acesso à justiça. 3. Poder judiciário. 4. Reforma judiciária. 5. Organização judiciária. 6. Centros de Integração da Cidadania. 7. Conflito – Administração. I. Título.

11-0771.   CDD: 323.4
                            CDU: 342.72
                                                    024447

ALAMEDA CASA EDITORIAL
Rua Conselheiro Ramalho, 694, Bela Vista
CEP 01325-000 São Paulo SP
Tel. (11) 3012-2400
www.alamedaeditorial.com.br

Para
João, Pasqualina e Arlindo
pelo que sou

Para
Eneida, Sérgio, Kant e Alberto
pelo que faço

Sumário

Apresentação   9

Introdução   15

I – Um projeto de reforma da Justiça   29

II – Os estudos sobre sistema de justiça no Brasil   93

III – Onde e como são os Centros de Integração da Cidadania   191

IV – A administração de conflitos no CIC   275

V – Corpos do poder: fazendo diferença na periferia   367

Lista de Siglas   391

Referências bibliográficas   397

Anexo – Experiência CIC no Acre   413

Agradecimentos   433

Apresentação[1]

O RETORNO DA SOCIEDADE brasileira à democracia foi acompanhado da remoção do chamado "entulho autoritário" que havia impregnado as instituições políticas brasileiras durante a vigência da ditadura militar (1964-1985). Esse propósito alcançava retirar todos os obstáculos institucionais, inclusive legais, que haviam por mais de vinte anos limitado as liberdades civis e públicas. Trata-se, antes de tudo, de restituir à sociedade brasileira os direitos e garantias que caracterizam sociedades livres, pluralistas e democráticas. Sem dúvida, a principal reivindicação radicava em eleições livres, universais e sujeitas às regras da competição política, lado a lado das demais liberdades – de pensamento, opinião, crenças políticas e religiosas, de organização e de associação o que necessariamente se traduzia em interdição constitucional à censura à imprensa, aos órgãos de formação de opinião, às artes em geral bem como interdição às práticas de perseguição às dissidências políticas. Contudo, a remoção do entulho autoritário era parte do processo de transição democrática. Logo, lideranças políticas que haviam lutado pelo retorno do país à normalidade democrática se deram conta que, para além da reconstrução da normalidade democrática,

---

1. A tese de doutorado que originou este livro foi defendida no Departamento de Sociologia da USP sob o título original *Ir aonde o povo está: etnografia de uma reforma da justiça*, em 2007. Recebeu Menção Honrosa no Prêmio CES para Jovens Cientistas Sociais de Língua Oficial Portuguesa atribuído pelo Centro de Estudos Sociais da Universidade de Coimbra – Portugal, em 2009.

era fundamental ampliar os espaços de participação e de representação política, o que se traduzia em maior proximidade entre governantes e governados, maior presença das instituições de justiça na vida dos cidadãos comuns, como também maiores possibilidades de interlocução entre classe política, partidos, movimentos e associações civis na formulação e execução de políticas públicas, consideradas essenciais para redução das desigualdades sociais e promoção do bem-estar.

No bojo deste movimento da sociedade em direção à consolidação da democracia no Brasil se colocou o clássico tema do acesso à justiça. É certo que desde os primórdios da República, intelectuais e especialistas criticavam os estreitos caminhos institucionais facultados aos cidadãos comuns para a defesa de seus interesses ou mesmo para a solução de conflitos de diversas ordens em suas relações civis e com os poderes constituídos. Era forte o sentimento de que as instituições promotoras de justiça estavam a serviço dos interesses das elites proprietárias e políticas, pouco restando aos cidadãos procedentes das classes trabalhadoras de baixa renda senão se resignar diante do poder dos poderosos. A curta experiência democrática pós Estado Novo (1946-1964) não contribuiu para dissipar esses sentimentos. Entre o povo – isto é, a imensa maioria de trabalhadores destituídos dos direitos universais de cidadania – e a justiça pública persistiam abismos quase intransponíveis. Paradoxalmente, a maior presença dessas instituições na vida das classes trabalhadoras se fazia através de suas funções de controle social e repressão da ordem pública. Ainda assim, não estavam de fato garantidos os direitos de acesso universal à justiça e de ampla defesa aos acusados de crime, procedentes das assim chamadas "classes perigosas", senso comum recorrente tanto na imprensa daquela época quanto em parcelas da opinião pública para criminalizar o comportamento dos pobres.

Com o retorno ao estado de direito, o tema entrou em pauta, porém sob um signo determinado, o da reforma da justiça. A par do contexto de transição e posteriormente consolidação democráticas, duas outras circunstâncias concorreram para que esse fosse o modo de inscrição dos problemas de universalização da aplicação das leis e de distribuição da justiça na agenda política brasileira. Em primeiro lugar, nunca é demais lembrar, a reforma da justiça estava na agenda política internacional. Havia recomendações de agências internacionais, em especial do Banco Mundial nesse sentido. Diagnósticos realizados em distintos países, sobretudo em sociedades recém-egressas de regimes autoritários e com problemas para alavancar suas economias em direção ao mercado que se ensaiava rumo à globalização e às políticas neoliberais, reclamavam a existência de obstáculos legais e a morosidade das justiças locais para solucionar pendências envolvendo conflitos entre particulares, empresas e órgãos públicos. Esses diagnósticos alcançavam sobretudo as esferas de justiça civil, em especial seus ramos especializados em direito econômico. Mesmo assim, esses diagnósticos não deixaram de reclamar da inoperância da justiça criminal, responsabilizada pelo clima de incerteza que cercavam os investimentos estrangeiros nessas sociedades. No Brasil, ao que parece, a influência desse debate foi matizada, mas nem por isso ausente. Basta ver os recorrentes artigos na imprensa econômica especializada avaliando as perdas em produtividade e crescimento com as longas pendências de conflitos dependuradas nas instâncias judiciais brasileiras. Essa influência se tornou mais visível, senão recentemente, à vista do fortalecimento dos direitos do consumidor e da busca de instâncias judiciais para solução de conflitos desta espécie.

Uma segunda circunstância parece ter exercido bem maior influência. O crescimento dos crimes e da violência, desde meados dos anos 70 do século passado, teve forte impacto na opinião pública e na disseminação de sentimentos coletivos de insegurança. Muitos diagnósticos foram realizados, por especialistas e estudiosos. Em quase todos eles, o envelhecimento das leis penais, da estrutura e organização do sistema de justiça criminal, dos processos de formação e recrutamento de operadores técnicos e não-técnicos para as funções do controle legal dos crimes, agravado pelo descaso com que por anos a fio as autoridades governamentais trataram problemas de segurança pública, foi frequentemente responsabilizado em grande medida pelos problemas experimentados neste domínio da vida coletiva. Nele, as estatísticas oficiais de crime e violência, por mais que sujeitas a reparos quanto à sua fidedignidade, não deixam margens a dúvida. Os sentimentos de medo e insegurança estão lastreados em fatos, apontando o crescimento dos homicídios e dos crimes contra o patrimônio, além da disseminação nos bairros populares de esquadrões de morte, justiceiros além de casos de linchamentos. Tudo parece indicar que o tema da reforma das instituições de justiça esteve, durante mais de duas décadas, fortemente influenciado pelo debate em torno do crime e violência, medo e insegurança, segurança pública e justiça criminal.

Em suma, desde a segunda metade do século passado, as mudanças aceleradas em todos os campos da existência social, com destacada repercussão na composição demográfica e social da população brasileira, com a expansão dos mercados nacionais e sua integração cada vez maior à economia mundial gerando crescimento e ao mesmo tempo concentração da riqueza, com a urbanização concentrada em regiões metropolitanas, com o emprego de novas tecnologias intensificando o ritmo dos ciclos econômicos e alterando os modos tradicionais de vida, lado a lado às conquistas trazidas pela democracia ampliando os horizontes de participação e representação – tudo isso convergiu para redimensionar os padrões de conflitualidade social e demandar maior intermediação pública de soluções institucionais. Por isso, a reinvenção da justiça se impôs como uma das tarefas na agenda das reformas governamentais e estatais.

É justamente o tema mais geral da reforma da justiça que animou a investigação sociológica de que trata este livro. Poderia ser mais um estudo convencional a respeito das condições históricas que presidiram a reforma em tal ou qual segmento do sistema de justiça, de suas condições e possibilidades de êxito, ou dos atores políticos e das condições institucionais que a colocaram na agenda política. Por certo, tais estudos são necessários e oportunos. Mas, a proposta é mais ousada justamente porque está movida por um desejo de inovar e deslocar convenções. Ao invés de discutir a ampliação da participação popular na justiça, através, por exemplo, de mecanismos tais como ampliação do número de promotores, magistrados, defensores públicos ou através da expansão de postos de atendimento mediante novas instalações, ao que vem se aliar tradicionais discussões a respeito de mudanças nas legislações pertinentes, o estudo promove uma inversão: *ir aonde o povo está*. Com este sugestivo mote, extraído de entrevistas realizadas no curso da investigação empírica, o estudo buscou percorrer, desde suas origens até sua implementação, uma experiência inovadora: os Centros de Integração e Cidadania – CICs. Trata-se de uma espécie de inversão, pois é a justiça que vai de encontro ao povo e não a direção contrária, como tradicionalmente tem sido postos os problemas relacionados ao acesso à justiça.

Na fala de seus idealizadores, fartamente documentada e cuidadosamente examinada, os CICs foram pensados justamente para aproximar a justiça dos cidadãos carentes de respostas judiciais para os problemas enfrentados no cotidiano. Reunindo em um mesmo espaço diferentes serviços públicos, afetos tanto à justiça civil quanto à criminal, esses centros foram concebidos como uma espécie de revolução microfísica no interior da justiça brasileira, ensejando não apenas maior articulação interna entre os serviços, em especial os serviços prestados pelas diversas secretarias de governo, Poder Judiciário e Ministério Público, como também uma revolução nas mentes e corpos dos operadores do direito. Entre seus resultados esperados, a maior celeridade dos procedimentos, a desburocratização dos procedimentos formais, a par de certa amenização dos rituais institucionais poderiam contribuir para aumentar a credibilidade dos cidadãos na justiça e, em contrapartida, reduzir os sentimentos de impunidade e frustração diante de demandas não atendidas.

O rigoroso percurso de investigação, lastreado em sólido diálogo com a literatura especializada, demonstra o quão complexa é a aplicação e distribuição da justiça em sociedades como a brasileira. As operações de reforma e de criação institucional ensejam jogos de poder muito além das fronteiras convencionais do estado. É justamente esta microfísica que é narrada neste livro, de sua idealização à sua realização diante de conflitos concretos, de carne e osso, oportunidade em que a pesquisadora flagra protagonistas ambiguamente promovendo a síntese entre o novo e o velho, o passado e o presente, em sua missão de tornar-se uma *justiça perto do povo*. É neste percurso que as tensões se manifestam e operam os mecanismos de gestão estatal dos conflitos. Seu resultado: a corporificação dos operadores de justiça no interior desses corpos sociais, originalmente nada dóceis diante dos conflitos da vida cotidiana. É esta espécie de biopolítica da justiça brasileira em suas franjas que constitui a novidade deste livro.

Não é fácil, nos limites de um prefácio, destacar todas as qualidades deste livro. É trabalho acadêmico da melhor qualidade. Segue as convenções e o rigor esperado nas teses: o adequado recorte do objeto, o diálogo com a literatura especializada, a fundamentação conceitual e teórica adequadas ao método etnográfico que fundamentou a investigação empírica, a análise caracterizada simultaneamente pelo distanciamento crítico quanto pelo exercício de jamais tomar a fala dos protagonistas pela fala autorizada do pesquisador. Há também um esforço de invenção conceitual e metodológica que não são desprezíveis. Ao invés de situar o campo de disputas como pertinentes, por sua natureza ao estado, a pesquisadora vai buscar justamente no conceito de *gestão estatal dos conflitos* o arcabouço justamente necessário para dar conta desses fatos sociais que se situam nas fronteiras entre estado e sociedade, entre as zonas de atrito entre autoridades civis e cidadãos. O conceito revelou-se pertinente e foi justamente o que permitiu desembocar no último capítulo, o encontro dos *corpos na periferia*, uma espécie de *tour de force* quando teses acadêmicas parecem chegar ao ocaso. Neste caso, estamos diante de um grande final. Apesar de acadêmico, o texto não se apresenta hermético, escrito somente para especialistas.

De minha parte, tive o privilégio de acompanhar o desenvolvimento deste trabalho. Mais do que isto, tive a oportunidade de testemunhar o crescimento acadêmico e intelectual de sua autora desde a graduação no curso de ciências sociais da USP até seu doutoramento. Este livro é um tributo a este testemunho. São estas pequenas grandes coisas que fazem com que a atividade de orientação seja mais do que formação de novos pesquisadores, pois institui ciclos de novas vidas acadêmicas promissoras.

Sérgio Adorno
Departamento de Sociologia e NEV-USP

Introdução

ESTE LIVRO TEM por objeto a reforma do sistema de justiça no Brasil. Empiricamente, está fundado em estudo etnográfico dos Centros de Integração e Cidadania – CIC, implementados no estado de São Paulo, por iniciativa governamental, desde 1996. Originalmente concebida no contexto do retorno ao Estado de direito no Brasil e no interior de debates sobre a democratização da administração da justiça, a implantação do CIC pretendia alcançar a universalização dos direitos humanos, mediante um programa de melhoria do acesso à justiça e à segurança pública em áreas da periferia da cidade de São Paulo, no âmbito do governo estadual. O programa resulta de parcerias entre as secretarias de governo, o Poder Judiciário, o Ministério Público, e outras organizações, prevendo a participação popular por meio de conselhos. A pesquisa foi inicialmente relatada como uma tese de doutorado defendida junto ao Departamento de Sociologia da Universidade de São Paulo, em 27 de fevereiro de 2007.

A criação do CIC veio corresponder a lutas travadas no contexto da transição entre a ordem autoritária do período da ditadura militar (1964-84) e a construção de uma ordem democrática iniciada com a eleição de governos civis (1982 e 1989), a produção de uma nova Constituição (1988) e a renovação de algumas legislações, trazendo esperança democrática na consolidação de um Estado de direito, sendo disputado entre as forças políticas a extensão e abrangência do primado do direito. Na visão de seus criadores, tratava-se de um projeto de expansão do Estado de direito, através da acessibilidade aos serviços de justiça à população pobre da periferia das grandes cidades, maioria até então excluída das relações de cidadania e desprotegida pela ordem jurídica. A história do CIC, de suas apropriações, mudanças de rumo, adaptações, deslocamentos e resultados, pode então ser lida como uma história de lutas em torno do significado da expansão do Estado de direito – consequentemente sobre o que e como reformar ou conservar nos serviços de justiça – no período recente da sociedade brasileira, embora a pesquisa tenha se concentrado em São Paulo, a maior metrópole do país, hoje com 19 milhões de habitantes.

A expansão do Estado de direito não pode ser compreendida apenas em sua dimensão normativa, considerando a criação de normas e instituições com essa finalidade: a própria emergência do CIC indica que é preciso mergulhar mais fundo do que o plano normativo para transformar relações sociais no cotidiano, pautando a administração dos conflitos entre indivíduos, grupos e classes pelo primado do direito – como uma condição da democracia. Assim, para perceber a reforma proposta, e sobretudo para investigar seus efeitos, é preciso mergulhar no rastro deixado pela própria existência do CIC e ir observar a microfísica do cotidiano dos serviços de justiça, interrogando seus efeitos concretos sobre a expansão do Estado de direito.

O livro foi construído como uma etnografia do sistema de justiça, investigado a partir do que ele produz nos postos do CIC, onde diversos serviços de justiça funcionam no mesmo local, estabelecendo conexões com poderes Executivo e Judiciário e com a sociedade civil. A pesquisa da criação, implantação e do funcionamento dos serviços de justiça no CIC é uma estratégia para praticar uma sociologia política do sistema de justiça, entendido como o campo da gestão estatal da conflitualidade. Há aqui a necessidade de qualificar dois conceitos desta proposição.

1. O conceito de gestão estatal da conflitualidade substitui, na operacionalização da pesquisa, o de Estado de direito, que abre para o risco de pensar Estado e sociedade civil como entidades sociológicas opostas, inclinando também o leitor para pensar o Estado como um bloco monolítico, homogeneamente governado, expressando uma razão única. O conceito de gestão estatal da conflitualidade a localiza num campo em que outras formas de gestão de conflitos convivem com as agências estatais e considera que a gestão estatal pode, ela mesma, ser objeto de conflitos e disputas entre as diversas agências. Leva igualmente em conta que no interior das agências há correntes disputando práticas, posições, significados, poder. Aqui o Estado foi pensado a partir da pluralidade de forças que contém, como um campo de disputas, permeado, atravessado por jogos de força que transcendem o próprio campo estatal. Por isso, em muitos momentos a expressão *primado do direito* tenta qualificar a gestão estatal dos conflitos como pautada no direito estatal ou pautada por outras ordens com ele concorrentes.

2. Há um debate nas ciências sociais brasileiras sobre a possibilidade teórica de tratar a justiça como um sistema, alguns chamando a atenção para a frouxa articulação

entre suas instituições (Paixão, 1982), outros destacando as disputas institucionais entre regimes de verdade contraditórios (Kant de Lima, 1989, 1995). A construção da pesquisa sobre o CIC como um objeto de estudo do sistema de justiça não pretende tratar o conceito de sistema no seu registro funcionalista, segundo o qual as partes se integram coerentemente ao todo. Entretanto, a pesquisa revelou que, no campo estatal de administração de conflitos, as diferentes instituições encarregadas de gerir conflitos, reunidas no CIC, desenvolvem atividades complementares, e às vezes concorrentes ou conflitantes, produzindo um efeito de conjunto que manifesta coerências estruturais. Isto é, mesmo sendo um campo plural, descontínuo e fragmentado, a gestão estatal da conflitualidade é atravessada por uma coerência que hierarquiza, segmenta, demarca, cria complementaridades, aloca os indivíduos e suas práticas num campo de significados. É, nessa medida, acompanhando Bourdieu (1989), um campo de estruturas estruturantes, constituído pelos conflitos e disputas de poder entre os participantes, que o vão reproduzindo e modificando; mas ao mesmo tempo, codificado por estruturas estruturadas, no qual a hierarquia e a estratificação se exercem ainda que transfiguradas pelas formas simbólicas de poder.

O CIC é como uma janela pela qual o analista pode observar as relações de poder constituindo e sendo constituídas por práticas concretas da gestão estatal dos conflitos. E se as relações estruturais de poder são imprescindíveis para o conhecimento do campo, elas só existem em função das subjetividades de operadores, partes, gestores, reformadores, definidas e redefinidas pelas lutas políticas concretas que estabelecem no campo.

Para tecer uma etnografia, e uma sociologia política, recorreu-se à recuperação da memória, das falas, da agência de sujeitos históricos concretos que, através de suas disputas e alianças, movimentam, reproduzem e transformam o campo político observado. Mas é prudente observar a crítica à centralidade do sujeito no pensamento moderno introduzida por Michel Foucault, sob o risco de reificar processos sociais que são dinâmicos, e cair na tentação de julgar os sujeitos, demonizando ou heroicizando suas trajetórias, como se de fato não houvessem relações de poder estruturadas a conformá-las, como se as falas não reproduzissem discursos de verdade ordenadores da experiência social, como se a memória não fosse ela mesma constituída por relações de poder e saber.

Mesmo sem poder aderir à radicalidade da crítica do sujeito desenvolvida por Michel Foucault, esta pesquisa foi desenhada em consideração às orientações metodológicas para a análise política introduzidas por ele. Foucault representou uma inflexão nos estudos políticos, quando propôs o abandono do modelo de análise da soberania, segundo o qual o poder emanaria de um centro político e enfraquecer-se-ia nas extremidades, em favor da adoção de uma analítica do poder que o supõe onipresente em toda parte, exercendo-se de modo capilar (Foucault, 1987).

Seu enfoque está em como o poder se exerce, buscando desprender o pensamento de um modo de pensar o poder como alguma coisa intrínseca do sujeito, que alguém pode deter, transferir, mas como resultado de uma relação, daí sua imensa contribuição para a sociologia política. O combate intelectual de Foucault contra o conceito de soberania, que havia norteado a construção das teorias políticas de maior sucesso até então, deve-se à recusa de prosseguir pensando o rei como figura central da análise do poder, deslocando a teoria da tarefa de ser instrumento ou justificação do poder central. Para Foucault, falar em legitimidade do poder ou em direitos legítimos da soberania é uma forma de mascarar o fato da dominação, é uma tentativa de olhar para o consenso, quando a natureza das relações políticas é a luta (Foucault, 2002). Assim, se considera que a reflexão sobre a democracia no sistema de justiça pode iluminar-se (com o perdão da expressão!) pelas orientações metodológicas foucaultianas.

A fim de dissecar as relações de dominação e apropriação política sob um novo olhar, não mais centrado no rei, mas disperso pelo corpo social, não mais pautado pelo paradigma da obediência, mas preocupado em compreender a sujeição, cinco são as precauções fundamentais para o desenho da pesquisa enunciadas por Foucault, num dos cursos que ofereceu no *Collège de France* – transcrito no livro *Em Defesa da Sociedade* (2002):

1. Deslocar o olhar para a periferia, para as extremidades do corpo social, para as instituições locais, para além da lei e da regulamentação, observando as técnicas de intervenção do poder na produção dos efeitos que busca;

2. Observar o exercício do poder em sua face externa, isto é, observando seus efeitos e não interrogando as motivações internas dos agentes – o que seria supor a existência de um centro do poder e supor que ele pode ser detido por alguém. O deslocamento do olhar para a extremidade e para os sujeitos implica entender como se produzem os súditos, que procedimentos de sujeição podem ser observados e como eles operam, "a partir da multiplicidade dos corpos, das forças, das energias, das matérias, dos desejos, dos pensamentos, etc.", produzindo efeitos materiais sobre os corpos (Foucault, 2002: 33);

3. O poder é algo que circula, que funciona, se exerce. Não pode ser detido, partilhado, transferido, aplicado, represado, não pertence a indivíduo, grupo ou classe. A dominação não deve ser entendida de forma homogênea, mas como particularidade do exercício, da apropriação conjuntural de força. E como só existe em circulação, só existe em redes, pelas quais circulam os indivíduos que sucessivamente submetem e são submetidos na concretude das relações;

4. Embora circule e forme redes, a distribuição do poder nunca é igualitária, nem está localizada em ponto nenhum. Ocorrem apropriações, investiduras, colonizações, deslocamentos, transformações, rupturas, continuidades, que não estão localizadas num sujeito, grupo ou classe. Os agentes do poder, que operam seus instrumentos e aplicam as técnicas, são as mais insuspeitas pessoas concretas. Para entender os

mecanismos do poder não adianta interrogar os grandes sujeitos históricos como burguesia, classe, pois novamente seria supor que o poder tem um centro. É preciso demonstrar que certos arranjos produzem utilidades políticas e lucros econômicos que podem ser apropriados e colonizados em mecanismos que se solidificam;

5. À noção de ideologia se contrapõe a noção de produção, acumulação e circulação de dispositivos de saber, que se operam a partir de técnicas de observação, registro e investigação, e se constituem em verdades.

Trata-se de um referencial metodológico centrado na observação da constituição dos corpos, do seu controle, das suas interações e dos efeitos concretos, sempre heterogêneos e desiguais, que essas interações produzem. Esta pesquisa procurou interrogar o campo de gestão estatal de conflitos, a partir do que se pode observar no seu alcance capilar, em suas extremidades, tomando o CIC como um estudo de caso do modo como o poder circula, é apropriado e investido, cristalizando ou transmutando sistemas de verdade, sujeição e hierarquia. O tema da reforma ou da democratização da justiça precisa transcender a análise normativa e a dimensão explícita da fala dos seus sujeitos e mergulhar na microfísica do poder em suas extremidades, interrogando os efeitos concretos produzidos pelo exercício do poder. É esta a orientação seguida pela pesquisa doravante relatada.

O capítulo 1 é um mapeamento do campo de disputas em torno da criação de um projeto de reforma da justiça, de sua conversão num programa de ação e das diferentes visões e inflexões históricas percebidas na implantação do programa governamental dos Centros de Integração da Cidadania. Buscou-se identificar diversos discursos apreendidos através das falas de sujeitos históricos, que recuperam memórias sobre a criação e implantação do CIC. São versões da verdade, perspectivas da realidade, reconstruídas pelos sujeitos a partir de suas vivências num campo social. Foram reconstruídas conexões entre a política interna da magistratura, o contexto mais amplo de disputa política pela democratização e a produção do saber técnico-jurídico.[1] Nesse aspecto, o campo jurídico foi apresentado como semi-autônomo, influenciado pelos movimentos políticos mais amplos da sociedade brasileira, através das mediações realizadas pelos interlocutores técnicos e dos agentes institucionais.

A reforma do sistema de justiça foi também tematizada como um discurso político-eleitoral, localizado no contexto da democratização política, que se estende aos primeiros anos da década de 1990. Na descrição desses embates é contextualizada a formulação e a implantação do programa estudado – e as disputas e apropriações que se sucederam.

---

1. É prudente considerar que se poderiam agregar outras falas e outros discursos sobre o campo da magistratura, sobre o campo eleitoral e sobre a produção do saber técnico-jurídico. Cada um desses campos merece sua própria etnografia. Pelo recorte adotado na pesquisa, para não escapar de tomar o CIC como a janela pela qual se observa o que acontece nesses campos, eles foram reconstruídos exclusivamente a partir da sua intersecção com a história do CIC, portanto, parcialmente.

As perspectivas dos sujeitos são recuperadas com o intuito de realizar seu registro etnográfico e compor um quadro de pluralidades de visões de mundo e diagnósticos da realidade. Não podem ser tomadas sob a perspectiva de uma história de continuidades ou como o inventário de um processo evolutivo que retrata os sujeitos como heróis, vencedores. Até mesmo porque a leitura dos capítulos consecutivos poderá indicar que mesmo as "boas ideias" produzem efeitos de poder, assimetrias, desigualdades, separações e exclusões, devendo sempre ser problematizadas em função desses efeitos, conforme a sugestão de Michel Foucault (1987, 1988, 2002). Por ser a etnografia um método de descrição densa (Geertz, 1989) que compila diferentes perspectivas dos atores sociais, sempre tomadas como parciais e interrogadas pela sua singularidade em meio à multiplicidade de caminhos possíveis (Weber, 1991), a presente pesquisa acaba atingindo um resultado que poderia ter sido obtido por outras metodologias críticas, por isso em condição de dialogar com elas. A influência bourdiana (Bourdieu, Chamboredon, Passeron, 1999) muito contribuiu na persecução desse resultado, permitindo constantemente referenciá-lo a um campo (Bourdieu, 1989) constituído por lutas a respeito de quais são as "boas ideias", quem são os que se avocam seus legítimos defensores, contra quem se opõem, como se distinguem dos outros grupos em disputa no campo[2] e como demarcam suas ideias em relação a outras ideias tomadas como contrapostas.

Através da leitura das diferentes construções realizadas pelos sujeitos, o sociólogo escapa de tomar um objeto de estudo "pronto", tomado da realidade social sem intermediações. No confronto emergido da reconstrução de um campo, sempre plural e hierarquizado, o sociólogo percorre as diferentes construções do senso comum para, compreendendo-as como construção, romper com elas e construir um objeto sociológico, pensado a partir de um lugar reflexivo (Bourdieu, 1989). Isso foi de extrema importância para o pesquisador encontrar seu lugar de fala, já que o CIC tem essa aura de boa ideia, de coisa do bem e muito facilmente se pode ser seduzido a "arregaçar as mangas e fazer a sua parte".

Trata-se aqui de observar o sistema de justiça pelas suas franjas, pelos postos de trabalho de pouco prestígio, distantes geográfica e simbolicamente das chefias e dos postos de decisão. Pelo discurso de criação do CIC, a franja transformaria o centro. Para a pesquisa trata-se de uma oportunidade de observar o sistema como um conjunto de instituições operando no mesmo campo, realizando uma investigação que transcende as fronteiras institucionais, tomando-as como construção e não como um dado acabado de realidade. Entretanto, a própria literatura das ciências sociais (com honrosas exceções) tendeu a segmentar e manter-se nessas fronteiras institucionais, preferindo recortar objetos menores e menos diversos. A visão do conjunto do sistema de justiça foi contemplada com menos

---

2. Para uma reflexão mais apurada sobre a utilização do conceito de campo jurídico no contexto social brasileiro, consultar Sinhoretto, 2010. Ver também Azevedo, 2010, capítulo 4.

frequência. Este estudo procurou o conjunto, arriscando-se, naturalmente, a perder riqueza de detalhes, ou ainda a perder-se neles. Na tentativa de compensar esse risco, lançou-se, no segundo capítulo, a uma revisão de literatura brasileira sobre as três instituições eleitas para o estudo: Polícia Civil, Poder Judiciário e Ministério Público, contemplando também o tema da reforma do sistema de justiça.

O debate das ciências sociais sobre o sistema de justiça é atravessado por uma espécie de silenciamento ou ocultamento, ou ainda por uma divisão de trabalho. Os estudos que tematizam o sistema de justiça, o contexto da democratização e das reformas normativas e institucionais, privilegiam o tratamento dos conflitos cíveis e, em geral, diagnosticam importantes rupturas na configuração institucional, na prestação dos serviços e na relação de cidadania nas últimas duas décadas. Os estudos sobre a justiça criminal, ao contrário, grosso modo, tematizam as dificuldades de democratização, a persistência de padrões hierárquicos e os obstáculos de atualização das instituições para o enfrentamento do crescimento da criminalidade no período democrático. Mesmo aqueles que se dedicam a investigar o efeito de reformas, como os Juizados Especiais Criminais, apontam padrões persistentes nas culturas jurídicas e organizacionais dos operadores jurídicos, resistentes aos temas relevantes para a democratização do sistema de justiça. Esta investigação, de certa forma, situa-se no cruzamento dessas duas correntes, e teve que explicitar suas adesões, não podendo limitar-se, para contextualizar seu objeto, a apenas uma das vertentes. Há ainda uma literatura internacional percorrida sobre o tema do acesso à justiça e das reformas: o procedimento foi abordar os temas e autores recepcionados e trabalhados na literatura nacional, permitindo localizar as peculiaridades da justiça brasileira e de suas reformas em contextos globais de transformações na esfera da gestão estatal dos conflitos.

O capítulo 3 procurou contextualizar duplamente os postos do CIC. Como um programa destinado às áreas de periferia, portanto às classes populares, foi descrito a partir dos dados quantitativos sobre a população alvo, permitindo caracterizá-la nas diferenças e desigualdades em relação a outras regiões da cidade; mas também nas suas demandas por gestão estatal de conflitos. Como um programa executado por instituições centralizadas, autonomamente organizadas, reagindo à demanda externa para organização de um serviço específico, procurou-se descrever os serviços oferecidos no CIC no contexto de cada instituição (como foi possível alocar aqueles serviços, oferecidos daquela forma, naquele lugar?). Este capítulo dialoga, através das informações coletadas no campo, com as etnografias e o conhecimento sobre as instituições reunido no capítulo 2.

No capítulo 4, procurou-se interrogar os serviços de justiça a partir do tema da democratização e da expansão do primado do direito, identificado como princípio da reforma pretendida. Para levar a cabo a investigação, adotou-se como método a análise do ritual de mediação de conflitos mobilizado pelos serviços de justiça do CIC, tomando como parâmetro de comparação a teorização sobre o ritual judiciário oferecida por Antoine

Garapon (1997). Para este autor, o ritual judiciário encarna valores da república e da democracia e os representa na cena, no espaço, na sequência de tempo, nas vestimentas, na linguagem, nos papéis assumidos, de modo a tornar eficiente a comunicação não racional desses valores.

Tanto Garapon como este livro estão em diálogo com a antropologia no que diz respeito à valorização dos rituais para a compreensão da sociedade. É digno notar a recente valorização da análise dos rituais para a compreensão da política, representada na antropologia brasileira pelas pesquisas realizadas e recolhidas por Mariza Peirano (2001). Para ela, sob as influências de Stanley Tambiah (1985) e Roberto DaMatta (1979), o ritual é privilegiado para a produção, a reprodução e a modificação das relações de poder por unir as dimensões do pensar e do fazer, do dizer e do agir, sendo, por isso, privilegiado também para a captação dos valores e das estruturas de ação e pensamento por eles expressos. Por serem performativos, os rituais administram conflitos, isto é, ordenam a experiência e o pensamento, e ao mesmo tempo comunicam os valores da ordem social para os participantes. Aderindo a esta perspectiva, a análise dos rituais de resolução de conflitos no CIC é a que permite compreender no que consiste fazer a justiça e qual a ordem social desempenhada no ritual.[3]

O estudo revelou a diversidade dos rituais, abrindo a interpretação para a realidade do pluralismo jurídico no interior do sistema de justiça oficial. A contribuição de Boaventura de Sousa Santos (2001) ao estudo do pluralismo jurídico permitiu reconhecer e compreender os sentidos do pluralismo dos rituais de resolução de conflitos nos serviços oficiais de justiça. A interpretação não poderia deixar de confrontar este pluralismo, que é um dos principais achados da pesquisa de campo, com o projeto de reforma do sistema um dia imaginado como caminho de expansão do Estado de direito. Esse capítulo é o coração da pesquisa por apresentar a descrição e a análise das relações micropolíticas estabelecidas entre as partes e os operadores dos serviços de justiça na produção dos rituais de gestão da conflitualidade. Entre a multiplicidade de rituais e ordens jurídicas acionadas conclui-se que os efeitos globais do sistema minam a eficácia do primado do direito estatal – o que traz termos novos para a discussão sobre justiça, democracia e equidade.

O quinto capítulo complementa e amarra, de certa forma, os anteriores, resgatando a referência foucaultiana de análise da corporificação dos operadores jurídicos, retomando em outro nível de análise as questões trabalhadas ao longo do texto. Densificando ainda mais a descrição, foi incorporada a contribuição de Pierre Bourdieu (1989) sobre os rituais de distinção do campo jurídico, buscando demonstrar como eles se inscrevem no corpo, no tempo e no espaço. Este capítulo sintetiza as linhas de força trabalhadas e abre para

---

3. Nos estudos sobre justiça, Ana Lúcia Pastore Schritzmeyer (2001) inovou com sua análise sobre o tribunal do júri como evento performativo, lúdico e teatralizado, em que se negociam o poder individual de matar e o poder social de controlar os membros da sociedade. André Faisting (2004) analisou as audiências de conciliação nos Juizados Especiais Criminais como ritual, destacando as representações emanadas sobre violência e punição entre os profissionais e litigantes.

novas possibilidades de investigação sobre o CIC, a reforma da justiça, a democracia e os rituais de produção da equidade no Brasil contemporâneo.

A interpretação sobre a trajetória e os efeitos de uma reforma democratizante da justiça encerra-se, tendo explorado conexões entre macro e microcontextos, entre condicionantes estruturais e agência humana, entre campos autônomos diferenciados no interior da cultura e padrões culturais globais.

Há que registrar que o CIC foi criado e implantado no contexto da emergência da violência como um dos maiores problemas da vida nacional. A necessidade do controle da criminalidade e do desenvolvimento de políticas de segurança para uma sociedade democrática, nos marcos de um Estado de direito, sempre esteve no horizonte de seus criadores e gestores. O investimento que recebe o programa vem das rubricas da prevenção da violência. Esperava-se construir uma parte importante da pesquisa sobre este tema, entretanto, quanto mais se mergulha no cotidiano, mais invisível a violência se torna para os gestores e operadores dos serviços, restando ao analista interpretar sua invisibilidade como um dado do campo, problematizando-a e investigando-a como tal. A invisibilidade da violência sofrida pela população que procura o CIC revela estratégias de governamentalidade (Foucault, 1979) na qual o perecimento físico de uma parcela dos habitantes da periferia não desperta para o agenciamento constante da preservação de suas vidas e maximização de suas forças produtivas e criativas. Não obstante haver um interesse microfísico, presente por toda parte na gestão dos conflitos praticada no CIC, sobre a circulação do dinheiro, seja na economia formal seja na informal; interesse que ganha contornos muito precisos quando se trata de disciplinar condutas e subjetividades para o consumo e para as responsabilidades econômicas individuais dele decorrentes.

A opção por construir uma etnografia justificou-se pela necessidade de conhecer muito profundamente as relações concretas travadas entre operadores jurídicos e deles com os cidadãos que procuram a justiça, pois estava nessas relações face-a-face a problematização introduzida pela criação do CIC. Em sendo assim, estudá-lo teria que envolver a observação da microfísica das interações concretas. Não bastaria medir o grau de procura do CIC para avaliar seu sucesso, até porque ele nunca foi pensado como um programa de atendimento de massa, posto ser desenhado para atender a um bairro e recriar relações de proximidade entre os cidadãos e os operadores jurídicos. Nada seria explicado observando as estatísticas judiciais e criminais – o CIC não pode ser enxergado através delas, porque não as impacta. A opção foi vivenciar os postos do CIC e o movimento social que o cerca.

Assim, a etnografia dividiu-se em duas estratégias, ou duas vivências. Nos postos do CIC, a pesquisadora sentou-se nas salas dos serviços de justiça e assistiu aos atendimentos. Ouviu e anotou, inicialmente de maneira intuitiva, depois com a ajuda de um roteiro de observação. Também conversou e interagiu, sempre registrando as falas sobre o CIC, o público, os métodos, a atividade de pesquisa, as profissões, ofícios, os conflitos e as formas de resolvê-los. É muito difícil passar despercebido numa situação como essa, e o pesquisador deve saber converter a desvantagem da sua interferência no ambiente em tática de pesquisa: geralmente, diante de um estranho, as pessoas têm a tendência de explicar didaticamente tudo o que ocorre, concedendo espontaneamente uma entrevista; justificam minuciosamente as situações embaraçosas; ou procuram marcar sua diferença e sua superioridade em relação ao pesquisador. Nos períodos que coincidiram com as pesquisas realizadas pelo Instituto Brasileiro de Ciências Criminais – IBCcrim, a convivência com outros pesquisadores e a troca de pontos de vista e observações foram importantes para confirmar e enriquecer a observação.

A outra vivência relevante deu-se fora do CIC, na experiência de participar do IBCcrim, um instituto composto majoritariamente por operadores jurídicos. Ali se pôde conhecer e vivenciar as relações do campo jurídico, compreender a formação de grupos, conhecer as relações de poder, aprender sobre a produção do conhecimento jurídico, participar dos rituais próprios dos grupos. Foi também como se tomou contato com os discursos e as crenças que fundamentaram a criação do CIC, convivendo com os idealizadores. O IBCcrim ainda esteve sempre envolvido com os movimentos políticos de discussão dos rumos do programa, junto à Secretaria de Justiça paulista ou junto ao Ministério da Justiça, o que facilitou à pesquisadora estar presente em muitas ocasiões importantes para o acúmulo de conhecimento. Essa inserção facilitou o acesso ao campo em muitas circunstâncias, naturalmente dificultando em outras, já que o pesquisador adota a postura profissional do distanciamento metodológico, mas não pode livrar-se de sua identidade e das relações que vai estabelecendo com os sujeitos do campo no decorrer de sua pesquisa. Toda etnografia é marcada pela rede de relacionamentos que o pesquisador pode e consegue estabelecer e esta não seria diferente.

O primeiro contato com o CIC ocorreu em 1999, numa visita realizada ao Itaim Paulista. A seguir vieram contatos com a Secretaria de Justiça e o conhecimento um pouco mais profundo do programa governamental. Em 2001, houve um ciclo de debates e as primeiras reflexões sobre a inserção do CIC como um tema da reforma do sistema de justiça. A formulação do problema de investigação, como um tema da democratização e reforma do sistema de justiça, veio realizar-se em 2002, com o ingresso no Curso de Pós-Graduação. Neste ano, foram realizadas entrevistas e três meses de coleta sistemática em postos do CIC. Em 2003 houve a oportunidade de participar de um dos movimentos políticos de discussão do CIC e um contato mais intenso com as políticas federais; houve ainda a preparação de um survey aplicado aos moradores de bairros onde haviam postos instalados e as entrevistas aprofundadas com moradores do entorno e participantes de movimentos sociais locais. Em 2004, após a arguição do relatório de pesquisa pela banca de qualificação, houve retorno ao campo, com um roteiro estruturado de observação e foco no ritual de resolução dos serviços de justiça e, novamente, em 2005, três meses de mergulho sistemático. Ainda em 2005, viagens a Brasília e ao Acre vieram enriquecer – e confirmar – interpretações sobre o lugar ocupado pelo CIC no modo como o sistema de justiça é pensado, gerido, imaginado, reformado.

I
Um projeto de reforma da Justiça

A concepção dos Centros de Integração da Cidadania teve lugar na cidade de São Paulo, no final dos anos de 1980, quando um grupo de operadores jurídicos, identificado à necessidade de introduzir reformas significativas no modo de funcionamento do sistema de justiça, mobilizou-se para discutir e formular propostas que pudessem ser executadas pelo governo estadual.

Um pouco da história desse grupo e do sentido de sua ação política será inicialmente contada, com base nas entrevistas com seus principais expoentes. Será relatada a história da concepção do projeto e sua incorporação ao programa de governo do candidato a governador do Estado de São Paulo Mário Covas, em 1990, procurando demonstrar os princípios filosóficos e as orientações políticas incorporadas à idealização do CIC.

A narrativa da concepção da reforma da justiça e do programa de ação proposto apresentará o ponto de vista dos idealizadores, ou dos "pais fundadores". Não se trata de advogar este como o único ponto de vista correto ou possível, mas de uma estratégia de narração que assumidamente foca uma perspectiva histórica entre outras possíveis. Portanto, é uma narrativa que se sabe parcial e, por isso, não pretende referendar os pontos de vista ou contrapô-los a interpretações "mais verdadeiras". É um exercício de reunião de memórias com o objetivo de identificar categorias de pensamento importantes para a compreensão das formas históricas e dos debates assumidos no processo de implantação do CIC. As análises sobre as categorias e formas de pensamento identificadas no discurso dos criadores do CIC têm o papel de problematizá-las e de observar como vão sendo atualizadas, abandonadas, transmutadas, adaptadas ao longo da trajetória de um programa público que, na perspectiva da sociologia política, foi sendo talhado num campo de disputas.

A seguir, procura-se reconstruir como o projeto político materializou-se num programa governamental, sofrendo apropriações e adaptações, analisadas a partir das entrevistas com os gestores da Secretaria da Justiça e Defesa da Cidadania do Estado de São Paulo (que sediou a implantação do programa) e com observações colhidas durante a pesquisa de campo. Também esta é uma perspectiva do olhar, que em alguns momentos se filia e se legitima no movimento dos criadores, e em outros se afasta, associando-se a outros movimentos e pensamentos próprios da administração pública e da dinâmica das instituições governamentais. Novamente, não se trata de referendar ou criticar as opções dos gestores, ou de valorizar a ação de uns em detrimento de outros. Procura-se recontar, pela perspectiva dos que estiveram à frente da implantação da primeira experiência do CIC, os percalços, as inovações e as mudanças de rumo, intencionais ou não, impressas sobre o resultado de materialização das ideias de reforma.

O capítulo é ainda composto pela apresentação de dados sobre a incorporação dos Centros Integrados de Cidadania às políticas federais de prevenção da violência e as novas apropriações e adaptações decorrentes. A pesquisa das políticas e dos programas públicos mesclou o uso de entrevistas com formuladores e gestores, a análise de materiais escritos, como projetos, decreto e planos, e a observação, com o objetivo de compor uma descrição densa da criação e da implantação do CIC como uma política pública de justiça e segurança. Novamente, houve pluralidade de falas, de pontos de vista e de visões da realidade concorrendo entre si; tentou-se perceber como o confronto dessa pluralidade marcou a trajetória do programa estudado. Da mesma forma como se procedeu com os gestores paulistas, foi exposto o ponto de vista dos gestores federais e se procurou identificar em sua fala as categorias do discurso que a constroem, que ordenam e explicam a realidade para, em seguida, orientar a intervenção deles sobre ela. No mapeamento de disputas de fronteira entre os discursos, procurou-se mostrar como essas lutas simbólicas forjam sínteses e antagonismos que vão consolidando ou transmutando os sentidos do projeto de reforma da justiça, bem como dos investimentos em políticas de prevenção da violência.

Embora veiculados por sujeitos históricos localizados num campo, os discursos aqui inventariados são lidos como discursos constituídos de verdades apropriadas por redes de poder, sempre amparados num regime de verdades, sustentado em hierarquias de ideias, categorias e pessoas. Para compreender a genealogia de um discurso, é sempre preciso compreender como ele valida uma hierarquia, ou a desqualifica em referência a outra hierarquia. É preciso entender também que um discurso não existe num vazio político, mas ao contrário, é sempre defendido em contraposição a outros discursos que circulam no mesmo espaço político. E os discursos são apropriados no confronto do exercício político, quando são investidos, apropriados, confrontados, adaptados, deslocados, contextualizados, descontextualizados. Daí que o efeito dessas investiduras e apropriações produz continuidades com práticas de poder ou introduz rupturas, deslocamentos, colonizações. A genealogia do discurso deve servir para observar a microfísica das lutas políticas travadas por indivíduos que se associam e que procuram exercer poder.

O foco não são as classes sociais ou os sujeitos históricos clássicos das teorias políticas, ou mesmo o papel das instituições estatais num sistema político. O foco está posto sobre indivíduos que circulam em espaços sociais codificados buscando beneficiar-se politicamente do exercício de práticas de saber e poder, sujeitando-se e resistindo aos regimes de verdade em circulação. Daí que a menção aos indivíduos é feita não para localizá-los como representantes de uma classe ou de uma instituição, como sujeitos históricos dotados de uma razão que ilumina e civiliza; antes se pretende observar como as subjetividades são elas mesmas construídas nos movimentos de investidura e apropriação de discursos, por meio dos quais se movimentam numa rede política, sujeitam-se a práticas de poder e nelas introduzem deslocamentos e asseguram continuidades.

Como exercício de sociologia reflexiva sobre o campo de administração de conflitos, esta pesquisa trata categorias e teorias jurídicas da maneira como são mobilizadas pelos sujeitos na articulação de seu discurso. Isto é, não se pretende discutir as teorias e categorias jurídicas do mesmo modo como são incorporadas pelo campo do Direito, no debate intelectual dos juristas. Não se pretende expressar competência na discussão da dogmática jurídica. As menções feitas a doutrinas ou teorias jurídicas são tratadas a partir de uma perspectiva externa, com o objetivo de mapear categorias de pensamento e discurso utilizadas pelos sujeitos para se localizarem num campo. Interessam nessas categorias o fluxo de ideias que elas articulam, as visões do campo jurídico, da política e da sociedade que os sujeitos exprimem ao utilizá-las, a maneira como são articuladas nos embates simbólicos travados por intermédio das categorias e teorias jurídicas.

Complementando o capítulo, incorporou-se como anexo uma narrativa sobre a implantação do CIC no Estado do Acre, de iniciativa do Tribunal de Justiça. Essa narrativa não é indispensável para a compreensão da criação e implantação do CIC em São Paulo. Mas se tornou instigante perceber como, na singularidade da experiência acreana, as categorias de pensamento e discurso mobilizadas em lutas travadas no âmbito do programa paulista e das políticas federais para o CIC foram atualizadas e apropriadas; por isso a narrativa foi incluída como uma contribuição ao conhecimento da riqueza e da multiplicidade do campo social de disputas em torno do CIC, da administração da justiça e das reformas propostas e praticadas.

Recontar uma história de resistência

A redação do projeto de criação dos Centros de Integração da Cidadania deu-se entre 1989 e 1990, no contexto da formulação do plano de governo do candidato Mário Covas ao cargo de Governador de São Paulo, pelo PSDB. Encarregado de formular propostas para políticas de justiça estava um grupo constituído por desembargadores aposentados, juízes, advogados, criminalistas, professores de Direito, delegados de polícia, promotores públicos. O núcleo do grupo havia sido aglutinado alguns anos antes, no final do período da ditadura militar (1964-1984), em razão de críticas comuns ao papel dos agentes da justiça na perpetuação e reprodução das desigualdades sociais e políticas no exercício da administração da justiça (Haddad, Sinhoretto e Pietrocolla, 2003). Embora as reflexões já tivessem alguma história e força suficiente para criar uma identidade de grupo, uma proposta de ação veio condensar-se nas discussões do plano de governo.

Os criadores do projeto do CIC relacionam sua aglutinação em torno do programa de governo à formação, no meado dos anos 80, de um grupo de juízes em torno da Quinta Câmara do Tribunal de Alçada Criminal – TACRIM, em São Paulo. O TACRIM funcionava como corte de segunda instância para os processos relativos a alguns tipos penais, como crimes patrimoniais (roubo e furto), crimes ligados a entorpecentes e contravenções penais. Outros tipos criminais, como o homicídio, tinham seus recursos julgados por câmaras criminais do Tribunal de Justiça – TJ. O julgamento de recursos no TACRIM era feito nos moldes do que ocorria nas câmaras do TJ, porém os seus operadores não eram desembargadores, mas juízes de alçada – um degrau intermediário na carreira entre os juízes titulares e os desembargadores.

Nos anos anteriores a 1985, houve a concentração de juízes de alçada com orientações filosóficas comuns na mesma câmara, possibilitando, de maneira inédita, a elaboração de acórdãos com teses dissonantes do pensamento majoritário no direito penal brasileiro. Teses que até então produziam apenas votos vencidos nas demais câmaras, passaram a ser aceitas pela Quinta Câmara, possibilitando o início de uma jurisprudência dissonante no Judiciário criminal paulista, ancorada num pensamento jurídico chamado garantismo, cujo conteúdo será exposto a seguir.

Adauto Suannes, Alberto Silva Franco, Dyrceu Costa Lima, Edmeu Carmesini, Ercílio Cruz Sampaio e Ranulfo de Melo Freire são figuras sempre rememoradas no recontar da história pelos idealizadores do CIC. Além da atuação no campo do saber jurídico e da prática judiciária, o grupo tinha atividades políticas em outras instâncias. Reuniam-se em torno do diagnóstico de que a sociedade brasileira é injusta e a Justiça Criminal, muitas vezes, é exercida em favor dessa injustiça. Disso decorria o compartilhamento de que o juiz, ao implementar cegamente os procedimentos processuais, torna-se instrumento cego da injustiça social. Por isso, para serem bons juízes precisavam contextualizar sua prática a uma realidade social injusta e desigual, precisavam incorporar à interpretação jurídica conhecimentos, posições e opiniões circulantes fora do ambiente forense.

O grupo se reunia também em ocasiões informais e cultivava o hábito de discutir as questões da justiça e um conjunto de situações que eles chamavam «a realidade do país».[1] Costumavam encontrar-se com outros operadores jurídicos com inquietudes semelhantes e ligavam-se também a outras redes políticas.

Adauto Suannes, desde a juventude, ligara-se aos movimentos da Igreja Católica sob orientação do Concílio Vaticano II (1959-1965), após o qual, sobretudo na América Latina, emergiu uma teologia afinada ao questionamento das injustiças sociais, pregando uma prática religiosa de engajamento pela transformação social, a Teologia da Libertação. Esses movimentos incentivavam a prática religiosa descentralizada em pequenos grupos – as comunidades – que imprimiam um sentido de celebração mística à prática da discussão e da organização política, promovendo uma afinidade entre a vivência da religiosidade cristã e os movimentos populares de esquerda.[2]

Pode-se observar aqui uma afinidade tática entre o discurso de construção da experiência religiosa através da intervenção na vida política e o discurso revolucionário dos grupos de esquerda que indicava como caminho da transformação a conscientização política das bases, chamado movimento popular. A afinidade entre os dois discursos foi particularmente importante na América Latina, entre o final dos anos 60 e o início dos 80, período em que muitos países da região viveram longos períodos de ditaduras militares que suspendiam os direitos políticos, mas não podiam proibir a religião católica.

No caso brasileiro, o período de 1964 a 1984 conviveu com o deslocamento apontado, que politizava a religiosidade católica e mistificava a luta política de resistência ao autoritarismo. Com a suspensão dos direitos de associação e reunião durante a ditadura, a Igreja e o discurso católico da Teologia da Libertação foram apropriados por muitas pessoas que procuravam discutir política e demonstrar engajamento social, mesmo que não tivessem um interesse propriamente místico. Foi esse o caso de alguns participantes da Quinta Câmara, como relata Suannes:

> [Há] uns trinta anos atrás, por aí, eu participei de um movimento de cursílio, que é um movimento de igreja que procurava despertar lideranças. E eu vi naquilo uma forma de contribuir para melhorar a sociedade, naquela linha do Vaticano II, o Papa João XXIII, era uma linha que eu gostava muito e tal. E nós fomos: conversa com um, conversa com outro. O Alberto Silva Franco nunca foi um religioso explícito... Mas, quer dizer, naquela época você era essa coisa toda... E o Alberto é uma pessoa realmente aberta a tudo.

---

1. Trechos extraídos de entrevistas e depoimentos estão grafados entre aspas (""), já as expressões grafadas entre os símbolos «» são aquelas coletadas em depoimentos informais, que não são a tradução literal de uma fala específica, mas que sintetizam um sentido, um dito, uma expressão típica.
2. Entre os expoentes brasileiros dessa teologia, destaca-se Leonardo Boff, com vasta obra literária (31 livros editados pela Vozes), como *Teologia do cativeiro e da libertação* (Petrópolis, Vozes, 1999) e *Como fazer teologia da libertação* (Petrópolis, Vozes, 1999). Para uma referência sobre a articulação entre teologia, política e movimento social, numa etnografia realizada num bairro de periferia de São Paulo, consultar Francisco Rogério Bonatto (1998). Consultar também Michael Lowy (1991).

> Então começamos: 'e se a gente fizesse umas reuniões, tal, para discutir essas discussões de ética e não-sei-o-quê...'. E alguém tinha um conhecimento com um colégio religioso – um seminário, uma coisa assim – e pegamos lá um fim-de-semana por nossa conta e nos reunimos para discutir. Às vezes, levávamos um teólogo. Uma vez trouxemos o Leonardo Boff do Rio, pagamos por nossa conta a viagem e a estadia dele aqui em São Paulo.
>
> [...] Eu tinha descoberto no cursílio essa possibilidade de você ter uma religião voltada para o social: quer dizer, não tem que estar rezando, pedindo a Deus que faça, tem que fazer! (Suannes)

Algumas semânticas coincidiam: os teólogos da libertação propunham a organização da igreja nas comunidades de base e buscavam alcançar a população pobre das grandes cidades, com uma pregação que propunha a aliança com «os mais humildes» e criticava a injustiça social. A linguagem do discurso de esquerda dos movimentos populares também utilizava as noções de bases, organização, injustiças sociais, comunidade, pobreza, periferia. Os membros da Quinta Câmara apropriaram-se também dessas semânticas para evidenciar uma posição interna de resistência a saberes e práticas cristalizados na organização judiciária. Assim, é comum para eles a defesa de um direito preocupado com o "homem comum", "a miséria do povo", "o que o povo pensa da justiça", "as pessoas simples", "combater a injustiça, a arbitrariedade". Trocavam reflexões com o pensamento teológico que se propunha a discutir a justiça.

A Igreja era o local de circulação de um discurso que interessava àqueles juízes. Mas era também um espaço físico relativamente seguro frente à repressão política. A intercambialidade semântica entre religiosidade católica, movimentos de esquerda e questionamento interno do Judiciário criava um jogo de confusões que às vezes protegia e às vezes ameaçava e expunha os juízes da Quinta Câmara; se a militância na Igreja os colocava em contato com redes de relacionamento internacionais que vigiavam a repressão política, também atraía para os juízes identidades negativas:

> Essa Quinta Câmara teve uma influência muito grande e nós éramos apelidados de tudo: de comunistas, de sobrinhos do Cardeal, de veados, de tudo que vocês puderem imaginar... Então havia toda uma reação muito grande a essa postura. (Silva Franco)

E o mesmo depoente conta que, na última reunião feita no convento, "a polícia ficou do lado de fora e nós fomos seguidos pela polícia quando saímos". Mesmo sem a intenção original de militar contra a ditadura, desempenhavam posturas que produziam efeitos de classificação, já que suas práticas estavam inscritas num campo de luta. A configuração política do período tornava mesmo difícil separar religiosidade, política e justiça, favorecendo o deslocamento de um discurso político para a fé religiosa, e daí para o saber jurídico sobre a justiça social, os mais pobres, a importância da aliança com a periferia, o papel das elites esclarecidas (padres, teólogos, intelectuais ou juízes), o lugar da comunidade.

O Cardeal em referência, dos quais os juízes "comunistas" seriam "sobrinhos", é Dom Paulo Evaristo Arns, arcebispo de São Paulo, sob cujo bispado floresceu a Teologia da Libertação na Igreja Católica paulistana. Era considerado, durante a ditadura, um resistente, por ter assumido na diocese a defesa dos direitos humanos dos presos políticos, com destaque para a Comissão Arquidiocesana Justiça e Paz, onde atuaram defensores dos direitos humanos, posteriormente atuantes no governo paulista durante o mandato de Franco Montoro (1982-1986).

E por aí se dá a associação propriamente política da Quinta Câmara. Os juízes nunca foram filiados a um partido ou participaram da política partidária. Mas sua história se liga a um programa de governo. Ranulfo de Melo Freire foi quem liderou essa aproximação. Antes, porém, de analisar a atuação desses juízes na política convencional, se tenta reconstituir a atuação propriamente jurídica do grupo.

Quais eram os conteúdos de verdade jurídica em disputa?

> Essa câmara passou a colocar uma questão que até então não era objeto de consideração, isto é, de que o juiz não está preso ao direito positivo, mas está preso à Constituição. Portanto, pela primeira vez, uma câmara de um tribunal passava a decidir em função do que dizia a Constituição. [...] Sem aceitar a intermediação da lei positiva, quer dizer: toda vez que a lei positiva não batia com os ditames da Constituição, respeitava-se a Constituição e não a lei positiva. (Silva Franco)

Há nessa prática, denominada garantista, componentes de sujeição e resistência ao saber jurídico clássico e à organização judicial. Repete-se o discurso da hierarquia formal do edifício jurídico, defendido pelo positivismo jurídico de Hans Kelsen (1985), segundo o qual nada há acima da Constituição e da norma fundamental que ela materializa, devendo haver harmonia e coerência interna no sistema normativo. Os juízes garantistas assumem a hierarquia normativa como verdadeira e procuram praticar a *ciência* jurídica kelseniana, reclamando da ausência de *desenvolvimento* do direito penal brasileiro. Porém, quando se investiam da defesa da Constituição, no início dos anos 80, nem sempre encontravam nela os princípios de justiça que queriam aplicar e lançavam mão da defesa de *princípios implícitos*, isto é, procuram deduzir garantias e direitos não assegurados de fato. Nisso está o conteúdo de inovação, de resistência à aplicação de uma Constituição (de 1967) emendada e promulgada por um governo autoritário. Mas não se rompe com o regime de verdade da ciência jurídica, ou com a hierarquia de poder do próprio Judiciário brasileiro: os garantistas festejam hoje o fato de muitas de suas teses rejeitadas nos anos 80 terem sido aceitas pelo Supremo Tribunal Federal em tempos mais recentes. Ou seja, disputam eles também espaço na cúpula do Judiciário.[3]

Praticavam uma ciência jurídica estrita, que pode ser qualificada como muito próxima de um novo constitucionalismo. A partir do exercício do saber jurídico, buscavam fixar jurisprudência e revolucionar a jurisprudência criminal; tinham por prática a citação de autores estrangeiros em seus votos e acórdãos, a fim de fundamentá-los juridicamente. Exerciam e defendiam um saber de especialistas. E travavam luta para atualizar esse saber, através da edição de revistas especializadas, como depois vieram realizar. Comentam nas entrevistas, uns sobre os outros, sua ilustração, erudição e facilidade de transitar na jurisprudência de várias línguas.

Alguma fissura nessa valorização do conhecimento científico aparece apenas na fina ironia de um deles, que afirma ter sempre preferido os "votos simples", mas ter recorrido à "cultura" quando foi preciso:

> Essa crítica até não me pegava, porque os meus votos eram até muito superficiais, embora eles batessem também na mesma filosofia. Eu me lembro que uma vez eu discordava muito de um setor lá e era uma coisa assim bem... Aí, assim que eu manifestei o meu voto – que foi tido assim como um escândalo medonho – eu perguntei para o Alberto: 'depois cê me arruma algum italiano ou alemão pra...' 'Ah, arrumo, pode ficar sossegado que eu tenho...'. Que o Alberto sempre foi essa cultura, né! (Melo Freire)

Não havia espaço para se pensar numa "popularização" do direito, no sentido de desqualificar a especialização e valorizar conhecimentos disseminados no senso comum. Havia um grande interesse nos movimentos sociais, nas "comunidades" e no "homem comum", mas isso não resultava na incorporação de saberes populares ou na crítica à especialização do saber jurídico. Justo ao contrário, os garantistas, numa ordem autoritária, interpunham o conhecimento científico ao senso comum, onde circulavam discursos de violência e punição aos criminosos, discursos de apoio às violações dos direitos humanos e negação sistemática da cidadania aos perseguidos pelo sistema penal.[4] Os juízes da Quinta Câmara pretendiam

---

3. Já nos anos 1990 e 2000, o grupo se lançou em disputas para a indicação de membros para os tribunais superiores, em São Paulo, pelas vagas do Quinto Constitucional (pela norma constitucional, um quinto dos tribunais superiores é composto por membros indicados em listas compostas pela OAB e pelo MP), obtendo algumas indicações, embora se defrontando com muita resistência aos seus candidatos. Apoiaram candidatos a ministros do Supremo Tribunal Federal e do Superior Tribunal de Justiça, indicados durante o Governo de Luís Ignácio Lula da Silva, passando a ter influências na cúpula do Poder Judiciário.

4. Sobre a tensão entre o discurso dos direitos humanos e aquele que defende uma repressão penal sempre mais dura, consultar Teresa Caldeira (2000), que apresenta a tensão entre os defensores dos direitos humanos, acusados de serem 'defensores de bandidos' pelos defensores do endurecimento penal, que enfatizam 'o medo do crime', tensão que teria reatualizado, no contexto político da redemocratização brasileira a oposição entre direita e esquerda. Ver também Helena Singer (2003) que, amparada nos autores críticos do sistema penal, apresenta incompatibilidade radical entre a realização universal dos direitos humanos e o sistema penal.

«nadar contra a corrente» e encontravam no estudo, na pesquisa, na ilustração uma maneira de defender uma prática judiciária de respeito aos direitos fundamentais, por oposição à prática de endurecimento da repressão penal em reação à escalada do crime.

O garantismo não é apenas uma reprodução ilustrada do positivismo jurídico. Sua defesa, mesmo que realizada sob a *epistème* dos juristas, produz efeitos concretos de diferenciação no poder de julgar: a prevalência dos princípios constitucionais no julgamento significa a abertura da aplicação do direito à interferência de valores morais e políticos representados pela institucionalização dos direitos fundamentais da cidadania. Costuma-se dizer que o garantismo é tributário da invasão da pura técnica jurídica por valores de justiça e equidade.

Na convivência com os garantistas, o sociólogo acaba por aprender que, para eles, o Direito Penal é um conjunto de regras para limitar a ação do Estado na perseguição do indivíduo acusado. Ideologia, mistificação, autolegitimação? Também pode tratar-se de uma luta por exercícios diversos do poder de punir que, contextualizada, pode remeter à crença de poder frear, no reduzido espaço do juiz, um Estado autoritário.

Não à toa, a "filosofia" da Quinta Câmara valorizava o juiz; defendido como um intérprete autorizadíssimo da Constituição, capaz de desconsiderar a letra da lei, para aplicar os princípios de justiça e dignidade humana contidos na Carta Política. É alguém, portanto, que pode pensar alternativamente, imunizar-se da opinião de senso comum, contrariar opiniões estabelecidas. E é, sobretudo, alguém que, ao exercer a interpretação de uma legislação contraditória, pode escolher os princípios sobre os quais balizar sua decisão.

O poder de interpretação torna-se da máxima importância para o exercício da justiça quando se leva em conta que há mais de uma ordem valorativa corporificada nas normas jurídicas. Os princípios de cidadania e de direitos humanos estão, por tradição do direito contemporâneo, fixados na Constituição. Ao passo que a tradição da legislação penal brasileira remonta às concepções de controle social dos anos 40 – período em que o país vivia sob a ditadura do Estado-Novo – que incorporavam categorias hierárquicas de cidadania.[5] Assim, na leitura dos garantistas, por trás da discussão jurídica acerca da prevalência da Constituição sobre a lei ordinária está a oposição entre uma forma de aplicação da lei penal orientada para a repressão criminal das classes populares e uma forma de hermenêutica jurídica que procure fazer frente à incompletude da cidadania da maioria da população. Para os juízes garantistas paulistas, a Constituição precisava ser defendida por representar o Estado Democrático de Direito, e contraposta a uma legislação ordinária impregnada por uma ordem autoritária. E, nessa disputa, o juiz era visto como peça fundamental por ser a sede do poder de decidir qual das duas ordens deveria ser aplicada. Não se pode, assim, entender a emergência desse discurso garantista se o contexto político e jurídico da ditadura militar é ignorado.

A defesa da autonomia do juiz era feita por juízes que, nas disputas simbólicas, se contrapunham a desembargadores: "nós nunca nos soubemos desembargadores. Nós sempre achávamos

---

5. Sobre o assunto, ver o conceito de cidadania regulada formulado por Wanderley G. dos Santos (1987).

que os desembargadores eram os outros" (Melo Freire). Eram diferentes posições de poder na estrutura do Judiciário. Mas também diferentes visões sobre a política da aplicação do direito.

A prática da citação de autores estrangeiros era, para as nossas personagens, muito mais do que um recurso de autoridade. Era a necessidade de amparar-se em conceitos e concepções estranhos à Constituição de 1969, com a qual mal e mal tinham que lidar. Era também a expressão de sua filiação às teorias e práticas do novo constitucionalismo, surgido na Alemanha e na Itália, no período da reconstrução pós-45, em que a destruição da ordem fascista e a construção da ordem democrática impunham a necessidade de codificar em norma positiva princípios como dignidade humana e direitos fundamentais. A reflexão jurídica desses países impunha a necessidade de reconhecer que o respeito estrito à legalidade não impede a barbárie e a violência, introduzindo assim a concepção de que a legalidade deve ser interpretada à luz de uma teoria da justiça (Barroso, 2006).[6] Realidades mais recentes e próximas da experiência brasileira eram as de Portugal e Espanha, que passaram pela democratização nos anos 70. Na nova Constituição de Portugal, em particular, interessava aos juízes da Quinta Câmara sua formulação de um Estado Social e Democrático de Direito:

> São as duas noções que estão presentes: o social e o democrático. Uma chama a apelar para o aspecto das necessidades sociais e o outro para apelar para o respeito à democracia, portanto a uma estrutura democrática. (Silva Franco)

Com isso, os juízes qualificam sua prática judiciária como uma tentativa de assegurar garantias do liberalismo político, como a igualdade perante as leis, o direito ao devido processo, a presunção de inocência, o direito à ampla defesa, o direito a não ser submetido a castigo degradante, próprios das garantias civis, importantes para um país que historicamente havia praticado o mau trato aos presos e uma polícia costumeiramente violenta. O estado democrático deveria levar em conta também as liberdades políticas, por eles valorizadas num contexto em que a repressão política havia transformado os opositores do governo em criminosos. Além de se confrontar nessas duas frentes com a realidade do sistema penal brasileiro, o direito defendido pelo grupo de juízes confrontava também a ausência de garantias sociais no direito e na administração pública brasileiros. A defesa da Constituição tem, para os garantistas, um sentido prospectivo – para lembrar a expressão do constitucionalista Dworkin (*apud* Vianna *et alli*, 1999) – isto é, de realização de direitos incluídos na norma, mas não institucionalizados por políticas públicas. O papel do juiz, nesse caso, seria o de fazer acontecer na realidade, através de sua sentença, direitos

---

6. Vasta literatura jurídica trata do estudo do constitucionalismo. Para uma referência de como o tema já foi tratado pelas ciências sociais no Brasil, consultar Vianna *et alli*. (1999).

assegurados apenas no papel. E não será cansativo repetir que, no caso dos juízes brasileiros atuantes antes de 1988, esses direitos não tinham sequer sido escritos.[7]

Além da disputa sobre conteúdos de verdade jurídica, havia ainda na Quinta Câmara o desempenho de uma irreverência no modo de ser juiz de tribunal. Costumavam investir as sessões de muita solenidade, efetuando a leitura de seus votos, cuidadosamente preparados, sempre que dissonantes da jurisprudência majoritária, de modo a provocar certa perturbação no ambiente do Tribunal. E eram criticados, acusados, entre outras coisas, de "pose", de atribuírem-se uma importância indevida.

Suas decisões sofriam sistematicamente a interposição de recurso ao Supremo Tribunal Federal, movida pelo Ministério Público, com destaque para a figura do procurador Damásio de Jesus como um dos principais opositores dos garantistas, hoje dono de um curso preparatório muito prestigiado para concursos públicos da área jurídica.

Inicialmente os recursos não eram encaminhados a Brasília, como estratégia do Tribunal para não difundir as teses garantistas da Quinta Câmara. Porém, Ranulfo de Melo Freire, ao assumir a presidência do TACRIM, passou a fazer com que os recursos represados fossem submetidos à apreciação do STF, provocando uma "invasão" de teses inovadoras a serem discutidas. E foram sistematicamente rejeitadas, aumentando a tensão no ambiente do TACRIM, onde reverberava a reclamação contra a insistência da Quinta Câmara em decidir contrariamente:

> E nós continuávamos na mesma posição. O Supremo decidia assim, nós decidíamos o contrário. O Supremo decidia assim, nós decidíamos o contrário. E assim ficou! (Silva Franco)

Os efeitos práticos da queda de braço para os réus eram poucos, já que o STF cassava as decisões. Só os réus em cujos processos não eram encaminhados recursos beneficiavam-se de decisões mais liberais.

A irreverência no desempenho chegou ao ponto crítico no episódio de promoção de Adauto Suannes e Alberto Silva Franco ao cargo de desembargadores, em 1985. Promovidos no mesmo dia, recusaram a sessão solene de posse dos desembargadores. As consequências do desempenho inovador resultaram na ruptura definitiva deles com a instituição.

> Nós fomos promovidos no mesmo dia e fomos tomar posse no mesmo dia. Desacompanhados de família, só nós dois. Batemos na porta da presidência... Vocês imaginem o que isso pode ter significado! Numa manhã, dissemos ao presidente: 'Olha, presidente, nós estamos aqui tomando posse de desembargador.' 'Mas vocês não... não querem posse solene?' 'Não, não queremos posse solene.' 'Mas vocês não... não querem receber a medalha?' Porque tinha uma série de

---

7. Sobre o garantismo como doutrina penal, consultar Luigi Ferrajoli (2001). Sobre a importância da Quinta Câmara no constitucionalismo brasileiro ver Grinover (1985 e 2000).

> coisas... 'Não, o senhor posteriormente...' 'Porque não está pronta, não me avisaram nada! Essas condecorações – medalhas, sei-lá-o-quê – não estão ainda prontas'. Nós falamos: 'não tem problema, nós as receberemos quando ficarem prontas, não há necessidade. Nós vamos tomar posse agora. Nós dois. Ninguém mais.' (Silva Franco)

Na leitura do juramento, no momento da posse como desembargador, Adauto Suannes teria alterado o texto de leitura obrigatória, introduzindo nele o princípio de respeito primordial à Constituição.

> E aí o presidente teria dito desta forma: 'cada um amarra o burro onde quer'. Tudo bem. Então nós vamos amarrá-lo onde nós queremos. E aí correu a notícia por todo lado de que nós teríamos dito – o que não é verdade – que mandassem as condecorações pelo correio. Isso não é verdade. Nós dissemos que receberíamos no momento em que estivessem prontas. (Silva Franco)

Silva Franco assumiu o cargo numa câmara criminal do TJ e Suannes promoveu-se para uma câmara cível, conforme as vagas disponíveis e sua posição na lista de promoções. No mesmo ato da posse, solicitaram uma permuta entre seus cargos para que Suannes fosse para área criminal, e Silva Franco assumisse o cargo na câmara cível. A combinação da permuta (uma prática usual no tribunal quando envolvia interesses mútuos dos desembargadores) respondia à intenção de Franco em aposentar-se, permitindo a Suannes permanecer na área criminal. A permuta, porém, foi negada.

> Pela primeira vez na história do Tribunal – pela primeira vez na história do Tribunal! – essa permuta foi negada, sob o fundamento de que não atendia ao interesse público. (Silva Franco)

A negação da permuta teria ocorrido sob uma campanha de bastidores contra a figura de Suannes, acusado de ser "comunista", "baderneiro" e irresponsável como autoridade judicial. Ao que tudo indica, ocorria uma reação dos desembargadores ao perigo da "desordem" criada na Quinta Câmara do TACRIM estender-se também ao Tribunal de Justiça. Desiludidos e sentindo-se sem espaço no interior da magistratura, ambos aposentaram-se. Silva Franco o fez imediatamente, já tendo acumulado o tempo de serviço exigido pela lei; Suannes ainda trabalhou alguns meses na câmara cível até completar o tempo de aposentadoria.

Com a diferença de alguns meses, as personagens da Quinta Câmara que anos depois foram envolver-se com a criação do CIC deixaram a magistratura, entre 1984 e 1985. Adauto Suannes tornou-se advogado, Ranulfo de Melo Freire dedicou-se ao magistério na Fundação Getúlio Vargas e Alberto Silva Franco passou a ocupar-se da produção científica; seu primeiro livro foi um fracasso comercial,[8] mas seu objetivo de fundar uma revista de Direito Penal, finalmente ganhou corpo em 1990, com as articulações para a fundação do Instituto Brasileiro de Ciências Criminais – IBCCrim.

O estatuto do instituto foi redigido por Franco e por um juiz, Luís Flávio Gomes – o qual, na confecção da dissertação de mestrado, havia buscado sua interlocução. O principal objetivo do instituto seria editar a revista a fim de divulgar o conhecimento jurídico de filiação garantista. Em suas conversas em torno de uma mesa, descontraidamente chegaram a erguer um brinde à revolução que proporcionariam à jurisprudência criminal brasileira.

Contavam com os apoiadores "de sempre", isto é, alguns juízes, advogados e estudantes que compartilhavam das linhas de ação da já antiga Quinta Câmara. Mas algo havia mudado no cenário jurídico desde o último ano do governo militar e a fundação do IBCcrim, em 14 de outubro de 1992. A redemocratização havia trazido novas questões para o Judiciário,[9] os debates em torno da Assembleia Nacional Constituinte (1987-88) haviam movimentado política e intelectualmente o meio jurídico, o crescimento da violência urbana tornava-se um problema público relevante. A fundação do IBCcrim veio coincidir com a ocorrência, dias antes, da rebelião na Casa de Detenção do Carandiru, reprimida pela Polícia Militar, em que 111 presos foram mortos.[10] O fato teria despertado a sensibilidade de penalistas para a necessidade de debater e mobilizar-se para fortalecer o discurso garantista em torno das liberdades civis e do respeito aos direitos humanos dos acusados e presos pelo sistema penal. E para surpresa dos seus criadores, o Instituto foi inaugurado com mais de noventa sócios-fundadores e, nos seus primeiros anos, teve um constante crescimento de associados, chegando a atingir 4.600. Logo após a fundação, a revista foi organizada e nunca perdeu sua periodicidade. Outros veículos de divulgação do conhecimento científico e da dogmática jurídica associada à corrente garantista foram criados,

---

8. Alberto Silva Franco tem seis títulos publicados pela editora paulista RT, sendo dois esgotados. *Crimes hediondos* (2005) está em sua sexta edição. *Código Penal e sua interpretação jurisprudencial* (2001), por ele organizado, teve sua sétima edição em 2 volumes esgotada e relançada em 1 volume com CD (ao preço de R$345,00). *Leis Penais Especiais e sua interpretação jurisprudencial* (2001) está esgotado. Outro best seller é *Código de Processo Penal e sua interpretação jurisprudencial*. Doutrina e jurisprudência (2004), em segunda edição, vendida ao preço de R$ 1.696,00. Na mesma editora há ainda um título em que 42 autores o homenageiam: *Escritos em homenagem a Alberto Silva Franco* (2003).

9. Isso será aprofundado na revisão da literatura da área, capítulo 2.

10. Em 2 de outubro de 1992 uma rebelião no Pavilhão 9 da Casa de Detenção de São Paulo, no bairro do Carandiru, foi reprimida pela Polícia Militar, resultando na morte de 111 presos. Foi o maior saldo de mortes numa operação deste tipo, em que nenhum policial foi morto. Embora tenha sido aprovado por muitos, o episódio do Massacre do Carandiru provocou reação em diversos grupos sociais, entre intelectuais, artistas e militantes de direitos. O governador Luís Antonio Fleury Filho e seu secretário de segurança Pedro Franco Campos não foram incriminados pela justiça. O comandante da operação policial Cel. Ubiratan Guimarães, falecido em 2006, foi absolvido pelo TJSP no julgamento de recurso da decisão condenatória do júri, o processo contra os policiais continua em andamento. Para reconstruções sociológicas do episódio do Massacre do Carandiru, consultar César Caldeira (2000 a e b) e Teresa Caldeira (2000). Para relatos do episódio ver, entre outros, o filme de Héctor Babenco, *Estação Carandiru*, inspirado no livro homônimo de Dráuzio Varella e em dados do processo penal; e resumo do relatório elaborado para a denúncia do caso à Comissão Interamericana de Direitos Humanos, disponível em www.dhnet.org.br/direitos/militantes/cavallaro/carandiru.html.

como um boletim mensal com artigos breves que chega a sair com uma tiragem de 22.000 exemplares, um sítio de internet, cursos, um seminário anual com palestrantes internacionais e a biblioteca, que é considerada a mais completa do país em coleções de revistas internacionais em Direito Penal e Criminologia. O Instituto também passou a editar livros e criou o Núcleo de Pesquisas, com projetos na área de sociologia do sistema de justiça, onde grande parte da pesquisa empírica sobre a criação do CIC foi desenvolvida, incluindo parte da pesquisa que fundamentou este livro.

O sucesso do IBCCRIM, ainda que num ambiente ideológico adverso, se deve, na opinião dos fundadores, à necessidade de identificação política dos penalistas mais liberais e à recente recepção entre os profissionais do direito do conhecimento crítico em relação à jurisprudência penal consolidada, principalmente entre advogados e juízes mais jovens, mas também entre alguns membros do Ministério Público e da Polícia Civil. Em outras palavras, o discurso garantista não está mais, nos anos 2000, isolado e expurgado das instituições judiciais, embora tenha ele mesmo sofrido mutações, apropriações, colonizações, como acontece com tudo aquilo que está em luta nas relações de poder.

Apenas para contextualizar o surgimento do IBCCRIM é digno mencionar que seu aparecimento foi concomitante ao de outras organizações civis com sede em São Paulo, como a Associação Juízes para a Democracia – AJD (1991), de caráter manifestamente político, a qual também teve entre seus sócios fundadores os membros da Quinta Câmara. A AJD foi organizada como um canal de expressão política da magistratura em favor de reformas internas na organização judicial e de valorização do engajamento social dos magistrados. Para Ranulfo de Melo Freire, a Associação é o resultado do movimento político de resistência iniciado pelo grupo de juízes a que pertencia ainda à época da ditadura.[11] A ideia de cidadania do juiz é central no discurso da entidade, que procurou articular-se com outros movimentos sociais por cidadania e conquista de direitos, buscando despertar nos juízes uma "prática social" e uma atividade de interpretação da lei orientada pelos valores de democracia e justiça social. O Instituto Brasileiro de Direito Constitucional, fundado em 1979, e o Instituto Brasileiro do Direito de Família, fundando em 1997, são exemplos de organizações semelhantes ao IBCCRIM, fundados com o objetivo de aprofundar discussões jurídicas, editar revistas e promover encontros científicos, ainda que com orientações políticas diversas.

Nos anos que se seguiram ao desligamento institucional dos juízes da Quinta Câmara, suas atividades mantiveram o objetivo de intervir na política interna do Judiciário e reorganizar os termos da atividade judiciária. Alguns membros de seu grupo permaneceram na

---

11. Trecho extraído da página eletrônica oficial da Associação Juízes para a Democracia, que explicita seus objetivos: "A AJD, entidade civil sem fins lucrativos ou interesses corporativistas, tem objetivos estatutários que se concretizam na defesa intransigente dos valores próprios do Estado Democrático de Direito, na defesa abrangente da dignidade da pessoa humana, na democratização interna do Judiciário (na organização e atuação jurisdicional) e no resgate do serviço público (como serviço ao público) inerente ao exercício do poder, que deve se pautar pela total transparência, permitindo sempre o controle do cidadão." (www.ajd.org.br, acessado em 16 de maio de 2006).

magistratura paulista, sempre procurando marcar um desempenho de resistência; outros, ingressantes na instituição, a eles se juntaram. Existem aliados no interior da instituição que continuam disputando o poder nas cúpulas judiciárias, no entanto seu progresso na carreira é restrito em função das poderosas resistências contra os garantistas. Os poucos membros dos tribunais superiores paulistas identificados com o garantismo não ascenderam pela carreira de magistrados, mas ingressaram nas vagas do Quinto Constitucional indicados pelos advogados, o que lhes vale uma identificação como «os que vieram de fora», e o que contribui para que o garantismo seja visto como uma doutrina penal "pró-advogados".[12] O caminho de luta, porém, deixou de ser apenas a batalha jurisprudencial, a disputa dentro dos processos penais, e passou também, sobretudo para os que romperam com a instituição, a se aproximar da política convencional: através de organizações civis, de movimentos sociais e da proposição de ações e políticas públicas, como foi o caso do CIC. Essa participação na política convencional é tratada a seguir.

Recontar a construção de um projeto político

Já foi documentada por analistas a politização da discussão sobre direitos humanos no contexto da democratização recente do país. Durante a transição política dos anos 80, o principal discurso dos políticos de direita voltou-se à exploração do medo do crime e à contraposição ao discurso dos direitos humanos. Segundo Teresa Caldeira,

> os direitos civis não são apenas o aspecto mais deslegitimado da cidadania brasileira, mas também a arena na qual a democracia é publicamente confrontada e desacreditada. Nesse sentido, a exploração do medo do crime torna-se em certos momentos uma arma política. (Caldeira, 2000: 157).

Trata-se de uma questão de mentalidade: a direita valoriza a diferença entre os grupos humanos e reconhece neles especificidades irredutíveis, sendo impensável falar em direitos humanos universais, já que não há universalidade e nem direito a tratamento igualitário, posto que os grupos não são iguais e não podem ser tratados abstratamente como tal. Flávio Pierucci procurou delinear as opiniões, sentimentos e representações dos eleitores da direita paulistana nas primeiras eleições democráticas:

> Querer vê-los tendo arrepios é pronunciar as palavras direitos humanos. [...] eles e elas se inflamam, se abespinham, se enfurecem. É interessante e ao mesmo tempo decepcionante

---

12. A doutrina e os indivíduos garantistas são muito mal aceitos entre os membros do Ministério Público paulista, embora no interior dessa instituição também haja disputas sobre o significado das garantias individuais do acusado. Consultar Renato Lima (2011), capítulo 9.

> que a associação primeira do sintagma direitos humanos seja com a ideia de "inversão de valores", cuja expressão concreta ainda que imaginária está na acusação de "mordomia para os presos" [...] (Pierucci, 2000: 60)

Na história política brasileira, isto não se deu apenas por identidade cultural da direita. Foi construída também uma identidade eleitoral. A defesa dos direitos humanos dos presos dividiu os políticos ligados ao governo militar e seus opositores (Caldeira, 2000; Pierucci, 2000; Singer, 2003).

Ainda na vigência do sistema bipartidário do regime autoritário, direitos humanos tornaram-se marca da oposição, que lutava contra a tortura, os desaparecimentos e toda sorte de arbitrariedades sofridas pelos presos políticos. O partido que expressava a preocupação com os direitos humanos era o MDB e os principais expoentes dessa luta estavam ligados à Igreja Católica. Com a abertura do regime e a mudança na legislação eleitoral, os defensores dos direitos humanos paulistas concentraram-se no PMDB. Com o sucesso eleitoral do partido em 1982, notórios defensores de direitos humanos chegaram ao governo em São Paulo, como o governador Franco Montoro (1982-1986) e seu secretário de Justiça José Carlos Dias, ex-presidente da Comissão Arquidiocesana de Justiça e Paz. No Rio de Janeiro, discursos semelhantes da oposição canalizaram-se para o PDT, do governador Leonel Brizola.

Em razão da assessoria jurídica prestada aos presos políticos, criminalistas famosos, engajados em atividades políticas e na vigilância das condições de encarceramento dos seus clientes e companheiros, militavam na oposição (e atuaram em seguida no governo), destacando o cárcere como uma pauta. Entre tantas reformas importantes para a democracia, o tratamento humanitário dos presos ganhou relevo, ao lado da necessidade de ter controle das forças policiais, necessariamente controlando sua violência e seu espaço de arbitrariedade.

O contexto indicava uma identificação dos juízes garantistas da Quinta Câmara, que transitavam nos movimentos católicos, aos políticos do PMDB paulista. Porém, o desempenho irrestrito da função judicial, com seu tradicional afastamento da política convencional (Bonelli, 2002), fazia com que evitassem o envolvimento partidário. Não eram propriamente engajados no partido; todavia, em razão de afinidades eletivas, os juízes preocupados com a justiça social, a injustiça do cárcere e os direitos fundamentais, simpatizavam com os políticos ligados à defesa dos direitos humanos.

Do lado do PT, outro partido de oposição surgido da reorganização das forças de esquerda no período da abertura política, a violência do regime militar também era duramente criticada. Principalmente no movimento sindical, os confrontos com a polícia e a morte de trabalhadores durante as greves, davam visibilidade às questões do controle da violência do Estado. Porém, a semântica revolucionária do movimento dos trabalhadores, ainda que admirada, era tida como muito radical por parte da intelectualidade de esquerda e do movimento de direitos humanos de São Paulo. Os juristas, não só os da Quinta Câmara, como também os representantes da OAB, tenderam a apoiar eleitoralmente a candidatura de Franco Montoro (PMDB), que tinha explicitamente em seu programa de governo as propostas de controle da violência policial e humanização do sistema carcerário.[13]

O momento da abertura política foi marcado por luta aberta no terreno da segurança pública. As taxas de criminalidade violenta manifestavam tendência de crescimento. A oposição a Montoro responsabilizava sua política humanitária e o acusava de «impedir a polícia de trabalhar». Seus apoiadores, contra-argumentavam, atribuindo o crescimento da criminalidade às práticas repressivas herdadas do regime autoritário. O cenário político claramente passou a separar em grupos eleitorais os defensores de direitos humanos e os críticos dos «privilégios de bandidos». Em razão da inexistência de um Estado de bem-estar social e de uma grave crise econômica vivida pelo país nos anos 80, pondo em pauta temas como arrocho salarial e desemprego, a reivindicação de assistência aos presos soava como a defesa de privilégios que o cidadão comum não possuía, como segurança alimentar, assistência à saúde, condição digna de habitação, assistência judiciária (Caldeira, 1991 e 2000; Pierucci, 2000; Singer, 2003).

As tentativas de mudanças no interior das instituições de controle penal, como polícias, sistema carcerário e Febem, implementadas pelo governo de discurso humanitário, enfrentaram dura resistência organizada por parte das corporações de policiais e agentes, e a estratégia do governo foi recuar nas propostas de mudança, em face de uma guerra de discursos travada também na mídia, que direcionava a opinião pública a apoiar a violência institucional no controle do crime (Mingardi, 1992; Caldeira, 2000; Singer, 2003). O Secretário de Segurança Pública Manoel Pedro Pimentel,[14] encarregado de implementar o projeto da "Nova Polícia", teve que deixar a pasta, sendo substituído por Miguel Reale Jr., também substituído por Michel Temer. No final do governo, Eduardo Augusto Muylaert Antunes acumulou as pastas de Segurança e Justiça.[15]

---

13. Dentro do PT, as discussões sobre direitos humanos e anistia demoraram a fazer parte da pauta de reivindicações. Uma vulgata materialista fazia esses temas soarem como defesa da ideologia do aparato repressivo do Estado. O discurso revolucionário e a memória recente da resistência armada faziam uma parte substantiva de seus membros desacreditarem das reformas das instituições liberais.

14. Em 1983, o governador paulista Franco Montoro indicou Manoel Pedro Pimentel, ex-secretário de Segurança no governo de Paulo Egydio Martins (1974-1978). Pimentel compartilhava de um ideário liberal que, nos embates do contexto da transição política, o colocavam ao lado dos políticos de oposição de discurso humanitário, embora não fosse propriamente um militante de direitos humanos. Sua indicação ressoava como um símbolo de ruptura com as políticas e visões do governo de Paulo Maluf (1979-1982).

15. Análises consistentes sobre o tema da segurança pública e da reforma das instituições foram realizadas por Teresa Caldeira (2000) e por Guaracy Mingardi (1992), ainda que divergentes em alguns pontos. Helena Singer (2003) resenhou a literatura de ciências sociais e o noticiário de imprensa do período, oferecendo um rico contexto do debate sobre segurança e direitos humanos.

À parte as disputas de verdade sobre o fenômeno do crime, outros fatores contribuíam para o alinhamento das personagens aqui inventariadas ao grupo de Franco Montoro. Havia uma rede de relações pessoais e políticas que os ligavam: Ranulfo de Melo Freire é amigo dos tempos da faculdade, compadre de casamento, de Antonio Angarita Silva, por sua vez, amigo e aliado político de Mário Covas. No governo Montoro, Covas assumiu um cargo importante, sendo em seguida indicado para assumir a prefeitura de São Paulo (1983-85) – porque, ainda no regime autoritário, os prefeitos das capitais eram "biônicos", isto é, indicados e não eleitos. A ascensão política de Covas significou também a projeção de Angarita, indicado como presidente da Vasp, à época uma empresa pública estadual de aviação. A amizade entre Freire e Angarita continuou sempre sólida, tendo eles se tornado colegas também na Fundação Getúlio Vargas.

Na cultura brasileira, como analisou Roberto DaMatta (1979), as relações pessoais têm grande força estruturante e podem ser "herdadas" de uma pessoa para a outra, ligando os membros numa rede hierárquica de relações pessoalizadas. Desta forma, sendo tão significativa a amizade entre Freire e Angarita, ela foi herdada pelos demais membros da Quinta Câmara ligados entre si, de modo que todos se viam como próximos a Angarita.

Essas relações tornaram muito natural o convite feito por Angarita, coordenador da campanha de Mário Covas ao governo de São Paulo, entre 1989 e 1990. Mário Covas havia deixado a prefeitura em 1985, quando Jânio Quadros foi eleito prefeito da capital com um discurso "linha dura" em relação à criminalidade, evidentemente crítico do ex-prefeito e do governador Montoro, tidos por «defensores dos bandidos», «sem pulso firme». No ano seguinte, 1986, houve eleições para o governo do Estado e novamente o discurso sobre o crime polarizou os debates, com os candidatos de direita associando fortemente o crescimento do crime à «conivência» do governo Montoro com os «bandidos» e ao fato de ele ter tentado exercer um controle das polícias.

O sucessor de Montoro, Orestes Quércia (1987-90) tomou posse apoiando uma polícia «mais dura», embora estivesse sendo eleito pelo mesmo partido do antecessor. Escolheu como secretário de Segurança Pública o promotor público Luís Antônio Fleury Filho, que implementou uma política de policiamento extremamente violenta, com o crescimento das taxas de mortes praticadas pela polícia, defendido pelo secretário e pelos comandantes das polícias (Caldeira, 2000).

O desafio de suceder Quércia, na área da segurança e da justiça, era o de efetivar uma política de reformas e controles da ação violenta das corporações, lidando também com a resistência sofrida pelo discurso humanitário de Montoro dentro das corporações e em vastos setores da sociedade. Montoro e Covas haviam deixado o PMDB, com um grande grupo paulista, para fundar o PSBD, em 1988.

Como já afirmado, era natural que Angarita, o coordenador da campanha do PSDB, tivesse convidado Ranulfo de Melo de Freire para participar do desenho de um programa de governo para a área da justiça, mas parece ter tido importância também a posição pró-Covas assumida por Freire na GV. A rede acionada passava por Alberto Silva Franco e por Adauto Suannes que, a essa altura, já desligados da magistratura, haviam aglutinado em torno de suas ideias outras pessoas. Antonio Cezar Peluso, juiz cível e de família, era uma delas (hoje ministro do STF). Havia também outros juízes e advogados, como Luís Antunes Caetano, amigo de infância de Covas. E eles, então, ficaram responsáveis por pensar uma proposta de governo para a área da justiça. Mantinham comunicação próxima com o grupo que discutia propostas para a segurança, liderado pelo delegado Antônio Carlos Castro Machado, o Caio, que havia participado da direção da Polícia Civil no governo Montoro, partidário das reformas, sendo também pessoalmente relacionado a Covas, ainda dos tempos do início de suas carreiras em Santos.[16]

Foi sempre muito frisado nas entrevistas concedidas pelos juízes citados que não se tratava de um engajamento partidário nos quadros do PSDB – hipótese firmemente rechaçada, inclusive com a afirmação de que pessoas até ligadas ao PT teriam contribuído nas discussões do grupo que pensava o programa de justiça para o governo, ainda que nomes não tenham sido ditos. Também não se tratava de lealdade pessoal a Mário Covas, com o qual não mantinham relações de intimidade. Havia sim ligações de longa data a Antonio Angarita. Contudo, decisivo para o aceite do convite foi a vontade de ocupar um espaço político que pudesse canalizar os debates e iniciativas perdidos no interior da estrutura do Poder Judiciário. Era a oportunidade de tentar lutar em outra frente. Isso os motivou e permitiu aglutinar colaboradores. O cultivo do mito da isenção partidária, cuidadosamente disseminado entre os juízes, combina também com esta justificativa.

De acordo com Peluso, passaram então a se reunir numa entidade chamada Centro Nacional de Pesquisa, dirigido pela "mulher do Guarnieri, o teatrólogo", chamada Vânia, da qual fazia parte também Dalmo do Vale Nogueira Filho,[17] também ligado a Angarita e cujo pai havia sido desembargador e professor da GV. Nas reuniões começaram a imaginar quais seriam as propostas cabíveis para a área da justiça de competência do Executivo. Houve a sugestão de que o grupo realizasse uma visita à periferia para perceber as necessidades do povo na área de justiça. Queriam saber o que "o povo" pensava a respeito da justiça. Acreditavam que deveriam se amparar nas expectativas, sentimentos e exigências "do povo" para a elaboração do seu programa e que, para isso, deveriam dirigir-se à peri-

---

16. Antônio Carlos Castro Machado foi Delegado Geral da Polícia Civil no governo de Covas. No segundo governo do presidente Fernando Henrique Cardoso foi diretor do principal departamento da Secretaria Nacional de Segurança Pública, na gestão do secretário José Oswaldo Vieira Vilhena (outro partidário da reforma da polícia paulista), quando o Ministro da Justiça foi José Carlos Dias. Machado permaneceu no cargo quando a SENASP foi dirigida por Pedro Alvarenga, na gestão do Ministro José Gregori (também militante do movimento de direitos humanos em São Paulo).

17. Dalmo do Vale Nogueira Filho foi Secretário de Governo de Covas (1995-2001) e, na gestão Alckmin (2001-2006), perdeu influência, como ocorreu com a maioria dos antigos covistas.

feria, caso não quisessem responder tão somente às suas representações de classe média e alta sobre as questões de segurança e justiça.

Havia na entidade uma assistente social, chamada Lurdinha, que era, ainda segundo Peluso, encarregada dos contatos com lideranças populares durante a campanha e que tinha um bom trânsito com "lideranças da periferia". Ela teria preparado um evento na Cidade Kemel, ou Cidade Kennedy (alguns entrevistados não têm certeza), na Zona Leste da capital. Neste evento, os desembargadores, juízes, advogados e delegados iriam ouvir dos líderes e dos populares seus diagnósticos e reivindicações para a área da justiça.

E o encontro foi surpreendente.

O próprio deslocamento do grupo do centro em direção à periferia da cidade foi espantoso. Foram além da fronteira de onde já tinham estado, visto, ouvido. Acharam muito, muito longe. Ali, puderam constatar, com surpresa, as condições de vida da população. Peluso achou que o local guardava muitas semelhanças com cidades do interior, onde a maioria dos visitantes já tinha morado e trabalhado. As casas muito simples, as ruas de terra, as pessoas caminhando pelo meio das ruas, e muitas crianças. Peluso brincou com a possibilidade de encontrarem ali cavalos.

> Foi aquele impacto, né, porque realmente não tínhamos a menor ideia, sabe... Primeiro, não sabíamos o que que eram aqueles bairros [...] A gente não fazia ideia de que existia aquilo. Pra chegar lá, não me pergunte onde é, nem o nome eu sei mais... (Suannes)

Reuniram-se num ginásio, a maior construção do entorno. E o local ficou lotado. Para Peluso, havia pessoas de todos dos tipos, homens, mulheres, crianças, jovens, velhos. Já Suannes recorda uma maioria de mulheres e junta à narrativa outros eventos de que teriam participado em bairros populares, em reuniões nos salões paroquiais. Nenhum deles sabe dizer onde foram exatamente. Tampouco retornaram ao mesmo local outras vezes.

Quando a reunião iniciou-se, interpuseram perguntas às pessoas, que apresentaram dificuldades em formular as reivindicações. Apareceram apenas reclamações quanto à insegurança do local e ao medo que sentiam. Sobre o mundo jurídico havia um desconhecimento geral, descoberto naquele momento pelos membros das corporações:

> Ninguém sabia nada! Ninguém sabia sequer o que representava a figura do juiz! Nada, nada, nada! Eles conheciam a autoridade policial. Quer dizer, o soldado, né, ou o policial que estivesse trabalhando ali na região. Mas de juiz eles não sabiam o que era. Obviamente, se não sabiam o que era juiz, não sabiam o que era desembargador, não é verdade? Então, não sabiam de nada. Havia só uma senhora que disse: 'Olha, eu sei o que é juiz. Eu fui uma vez, porque tinha necessidade, a uma vara distrital'. Eu acho que deve ser a vara distrital de Itaquera ou...ou... não sei, daquela região ali. "Mas o juiz não me atendeu". (Silva Franco)

Os desembargadores e juízes se espantaram com o desconhecimento sobre suas funções. Eles, que haviam se debatido tanto contra a pompa e os desempenhos ortodoxos e alternativos da jurisdição, viam-se ignorados. Foi um choque duplo: o de divisar a vida da população sem a proteção do Judiciário e o de imaginar a sua própria desimportância naquele ambiente:

> Começamos a perguntar: e vocês, o que acham do juiz? 'Hein? Hein?' Não sabiam o que era um juiz! Mas foi assim... saímos deprimidos de lá! Falamos: pô, vai ser importante o diabo, né! (Suannes)

E se é verdade que o espanto é o princípio da filosofia, como escreveu Heidegger (1976), o programa que procuravam começou a nascer do espanto dos homens da justiça em saberem que num grupo de mais de trezentas pessoas, ninguém sabia o que era um desembargador, o juiz era tido como uma figura inacessível e apenas o lado repressivo da polícia era conhecido. Aquela população não era tocada pela existência de juízes, muito menos de desembargadores: essa categoria lhes era estranha.

Imediatamente, começaram a imaginar que era preciso levar o juiz à periferia, porque a população precisava conhecê-lo, estar em contato físico com o juiz, para que este pudesse exercer sua autoridade. E foram mais além os formuladores: para que o próprio Estado tivesse autoridade através da presença do juiz.

Alberto Silva Franco formulou a ideia de que o acesso à justiça deveria passar a ser pensado em termos inversos ao que se estava praticando: dar acesso à justiça não deve ser dar a chance de se chegar até a Justiça. "É a Justiça que tem que estar onde está o homem comum." Passaram a constatar que mesmo as varas distritais eram muito distantes dos locais de moradia e que, para chegar até elas era preciso gastar tempo e dinheiro para o transporte, dinheiro já tão escasso para aquela população. Haviam verificado a total ausência do Judiciário junto à população. Antonio Cezar Peluso pensava o problema em termos de ausência do Estado naquela periferia e da necessidade de ocupação do "espaço vazio".

Voltando às suas reuniões e discussões, aparecia a proposta de criar um órgão que pudesse representar a presença do Estado na periferia, integrando as figuras do sistema penal todas no mesmo espaço – juiz, promotor, delegado, defensor – tal qual ocorria nas cidades do interior.

Havia, de um lado, a necessidade de prestar o serviço à população até então excluída do acesso à justiça. E, de outro, a necessidade de legitimar essas figuras junto à população, modificar seu relacionamento e sua avaliação a fim de estabelecer a relação de autoridade: para que houvesse confiança nas autoridades seria preciso que elas fossem conhecidas e que conhecessem a realidade em que iriam intervir.

Segundo Suannes, as propostas de policiamento comunitário e de juizado itinerante teriam surgido daquele grupo e daquela experiência, que os teria feito ver que não apenas a população deve conhecer os agentes, mas estes também devem conhecer os cidadãos para quem trabalham, conviver com as mesmas experiências, saber dos principais conflitos do bairro, dos modos de vida locais. Além disso, a Justiça deveria sair de sua postura passiva e ir até os bairros mais distantes, oferecer-se à população. Peluso refere-se a um "vazamento de informação" que teria ocorrido durante a formulação da proposta, fazendo com que ela fosse divulgada a outros partidos, inclusive para o governo de Leonel Brizola, no Rio de Janeiro, que teria implantado experiência semelhante nos morros.

A principal reclamação que ouviam referia-se à violência existente nos bairros. No encontro na periferia, pessoas afirmaram conhecer os criminosos, saber o que eles faziam, como agiam, com quem se relacionavam, e as relações imorais que estabeleciam com policiais. Reclamavam de não ter a quem denunciar e de não ter segurança para fazê-lo, por medo de retaliações. Denunciaram "cobrança de pedágio" por parte de grupos criminosos nos bairros. Queixaram-se da ineficiência e da violência da polícia em suas ações na periferia.

Como os homens da justiça engajados na formulação da proposta eram todos penalistas, as respostas que imaginaram não escapavam do seu repertório de atuação, do seu campo de conhecimento. Pensavam nos personagens do processo penal: juiz, promotor, defensor, delegado. Pensavam em dar vazão às denúncias e ao processamento de crimes, porém, numa nova organização espacial – descentralizada.

Sua referência era o fórum das cidades do interior: o "fórum em cima da cadeia", onde todas as figuras do processo penal trabalham no mesmo local, propiciando sua integração.

> E eu cheguei à conclusão que a forma de ser das autoridades em determinadas comunidades pequenas – isso não pode generalizar, mas... – de algum modo concorre para que a violência não cresça. (Peluso)

Isto porque o bom entrosamento entre as autoridades policiais e judiciais favorecia a rápida resposta às situações emergenciais. Mas também porque a proximidade entre os agentes – e isso é muito enfatizado por Suannes – funcionava como controle de arbitrariedades e da violência policial.

Rapidez e controle. O Centro de Integração da Cidadania surgiu como um instrumento de aperfeiçoamento do sistema penal, de aumento de sua eficiência e redução de suas disfunções.

> Pensávamos numa casa modesta, onde tivesse um juiz a noite toda, um promotor, um advogado a noite toda, um assistente social a noite toda. [...] Chegava o bandidão – o que explora a pobreza, né. T'aqui o delegado, manda prender o sujeito. Tem o sujeito, já tem o advogado dele para defendê-lo. Já tem o promotor, se for o caso de requerer qualquer medida, né. [...] Se a polícia cometeu qualquer coisa, já está ali o promotor, já está ali o juiz, já esse grupo se comunica... (Melo Freire)

Nesta forma de transmitir o objetivo do CIC há uma ideia implícita de que ele serviria a colocar o sistema penal a serviço do povo, combatendo os seus inimigos: o bandidão que explora a pobreza, o policial violento, "um milico que explorava", um juiz ou promotor "arbitrário". E, com isso, estariam "indiscutivelmente trabalhando o problema da violência".

E quanto aos efeitos sobre o sistema carcerário? A integração dos agentes e órgãos propiciada pelo CIC poderia favorecer a aplicação de penas alternativas, executadas na própria localidade, sob a supervisão dos agentes penais.

Teriam que dar respostas aos problemas de violência dos bairros da imensa periferia, pois consideravam ter se tornado impossível administrar com eficiência o sistema de justiça centralizado. Seria fundamental fixar o policial, o juiz, o promotor, o advogado, para que eles se tornassem conhecidos e conhecessem os problemas da população. A integração proposta entre os agentes públicos e a população do bairro vinha responder à sensação de que estavam "fora do mundo", de que falavam uma linguagem incompreensível para o "homem comum", não apenas porque utilizavam palavras e construções incomuns, mas porque comunicavam uma mensagem que não fazia sentido naqueles lugares.

> Você começa a perceber o bloqueio que existe entre a sua linguagem e a linguagem do homem comum. E nós julgamos homens comuns, não julgamos homens da nossa classe. Porque se tem o advogado, outro especializado, que vai nos provocar uma atenção maior que provocaria um pobre advogado de um pobre coitado, não é? Então, ou nós aprendemos a linguagem desse povo – e só poderemos aprender em CICs – ou nós seremos sempre pessoas absolutamente distantes dessa realidade social. E encastelados em nossa posição. Não tem outra escapatória, não é? Ou nós resolvemos tirar esses níveis de bloqueio – quer dizer, falar a linguagem do povo – ou...
> Isso é o dado que eu acho fundamental, o juiz está cada vez mais ilhado, cada vez mais ele está no seu *gulag*, cada vez mais ele está no seu gueto. E no gueto ele conhece todas as pessoas do gueto, mas não conhece ninguém que está do lado de fora do gueto. Ou ele sabe disso aí, ou então não há muita esperança para o Poder Judiciário... Se ele era desconhecido em 1990, calculem em 2002! Não vai ser conhecido por ninguém, nem sabem qual é a função que exerce! (Silva Franco)

Significa que o aperfeiçoamento do sistema penal não se tratava, para eles, apenas de melhorias de eficiência. Reclamavam uma mudança política, de semântica, de postura no desempenho da função. O deslocamento físico do Poder Judiciário teria que representar também a sua abertura a outros modos de agir e pensar – a abertura do gueto.

O trabalho integrado dos agentes no mesmo espaço físico teria o efeito de modificar o desempenho de seus papéis. A proximidade em relação à população também modificaria a visão dos agentes sobre seu trabalho. Isso teria um papel pedagógico para os cidadãos, que aprenderiam a reconhecer os agentes e também os seus direitos, através desse contato constante.

A transformação da sociedade como um processo dialético aparece em todas as entrevistas com os idealizadores do CIC. Há uma preocupação em enfatizar que a solução penal não tem poder de resolver as demandas sociais por justiça. Porém, um Judiciário vigilante e eficaz é concebido como elemento fundamental para a conscientização dos direitos de cidadania. Ter um aparato judicial no bairro popular significaria ter o Estado de direito atuante naquele lugar. E um Estado de direito operado a partir da periferia necessariamente imprimiria outra concepção sobre a desigualdade, construindo um Estado social. A construção desse Estado social de direito seria dependente da conscientização popular da cidadania, que passaria a reivindicar novas práticas e a criação de novos direitos – e esta conscientização poderia vir da pena dos juízes que reconhecem o direito à vida, à integridade, à segurança e à dignidade dos moradores pobres dos bairros mais distantes.

Peluso ficou encarregado de redigir o projeto, sistematizando as discussões de todos. Redigiu um documento com a proposta de criação do órgão, que era ainda chamado Ninja – Núcleo Integrado de Justiça e Assistência, incluindo até uma proposta de planta, que esclarecia a presença e a distribuição dos órgãos; abrindo a possibilidade de inclusão de outros serviços. O documento teria circulado entre todos, incorporando sugestões. O redator afirmou ter sido o criador da ideia, mas os demais entrevistados afirmaram a concepção coletiva. Silva Franco informou ter batizado o projeto de CIC, um nome muito mais feliz, na opinião geral, cuja sigla é de fácil memorização. Sem ter consultado os demais, teria corrigido, à máquina de escrever, na véspera da apresentação a Angarita, o nome do projeto que se propunha como a principal bandeira de campanha de Covas para a área da segurança, em 1990.

A proposta foi bem recebida pela coordenação da campanha. Mas não ocupou o espaço esperado pelos seus criadores na propaganda eleitoral. Imaginavam que ela teria que ser defendida no horário eleitoral com entusiasmo, como uma proposta eficiente para o grave problema da segurança pública, um contraponto ao discurso repressivo dos opositores. Não foi o que ocorreu, embora o projeto tenha aparecido alguma vez na propaganda eleitoral.

Nas eleições de 1990, Mário Covas perdeu o segundo turno da eleição para o candidato da situação, Luís Antônio Fleury Filho, secretário de Segurança de Quércia, o qual persistiu na política de polícia violenta. Fleury foi nos anos 2000 um dos maiores defensores da política penal repressiva na Câmara dos Deputados, para a qual foi eleito mais de uma vez. Oriundo do Ministério Público, seu discurso de endurecimento da defesa social contra o crime convive com a sua tolerância à violência policial e ao desrespeito às garantias fundamentais da cidadania, sobretudo no que tange aos acusados e condenados pela Justiça Criminal. No governo de Fleury (1991-1994) ocorreu a intervenção da Polícia Militar na Casa de Detenção de São Paulo, conhecido como Massacre do Carandiru, em que foram mortos 111 presos, com marcas de execução, sem que o governador, o Secretário de Segurança ou mesmo o comandante da operação tivessem sido responsabilizados. Na Justiça Criminal, os processos sobre o evento ainda tramitam sem uma decisão final.

Em 1994, Mário Covas elegeu-se ao governo, quando disputou com Paulo Maluf o segundo turno. Escolheu um constitucionalista como Secretário de Segurança, José Afonso da Silva. O plano trabalhado pelos garantistas, que tinha no CIC o centro de uma reforma do sistema de justiça, não foi plenamente incorporado. Entretanto, o governo estadual implementou uma política de controle da violência e de aperfeiçoamento técnico do trabalho policial, com um programa de integração entre os comandos, criação da Ouvidoria das Polícias, fortalecimento de conselhos de segurança, instituição de cadeiras de Direitos Humanos nos cursos preparatórios, embora tivesse como fundo o crescimento persistente das taxas de homicídio. Em 1998, beneficiado por uma emenda constitucional, Covas concorreu à reeleição, governou por dois anos e meio, renunciando ao mandato em virtude de doença que o levou à morte. Transmitiu o cargo ao vice Geraldo Alckmin, do PSDB.

A posse de Alckmin (2001-2002), e sua nova reeleição (2003-2006), representaram uma guinada à direita na condução da política de segurança. Logo após tomar posse, o Secretário de Segurança de Alckmin, Saulo de Abreu Castro Filho, tornou-se destaque no noticiário graças a um episódio de violência policial, conhecido como Operação Castelinho.[18] Sob sua gestão diversos programas de controle da violência policial foram

---

18. Essa operação, sob a anuência do Gabinete do Secretário, premeditou a execução sumária de um grupo de presos acusados de pertencer à organização Primeiro Comando da Capital – PCC, composta majoritariamente por presidiários com o objetivo de organizar a vida prisional tanto no que diz respeito à melhoria das condições carcerárias, quanto assegurar o trânsito de informações, bens e pessoas. No desdobramento da investigação sobre o episódio da Castelinho, a sociedade civil denunciou a existência de um "esquadrão da morte" nas fileiras da polícia paulista, alojado no Gradi – Grupo de Repressão e Acompanhamento dos Delitos de Intolerância. Este grupo havia sido criado ainda durante a gestão Covas como o objetivo de monitorar crimes de racismo e intolerância, com o aplauso de movimentos negro, GLBT e religiosos. Ao que tudo indica, após a posse de Alckmin, o grupo especial da Secretaria de Segurança desviou-se das suas funções e passou a dedicar-se à repressão do PCC. Suspeita-se que isso tenha ocorrido em razão da própria estrutura organizacional do Gradi, criado como grupo especial diretamente subordinado ao Gabinete do Secretário, o que facilitava as operações sigilosas e dificultava o trabalho de órgãos como a Corregedoria e a Ouvidoria das Polícias. O *modus operandi* do extermínio consistia na retirada de presos dos estabelecimentos prisionais (com a autorização do juiz corregedor e do representante do Ministério Público) e sua infiltração em operações criminosas para coleta de informações e posterior execução e "queima de arquivo". Em junho de 2003, teve início um processo por crime de tortura contra 13 Policiais Militares, em razão da infiltração de presos. Pelo mesmo motivo, o Tribunal de Justiça instaurou uma investigação contra Secretário da Segurança e os juízes do DIPO – Departamento de Inquéritos Policiais (órgão que faz a fiscalização judicial das investigações policiais) e da VEC – Vara das Execuções Criminais. Em dezembro de 2003, iniciou-se o processo contra 53 policiais militares, denunciados por homicídio triplamente qualificado, em razão da Operação Castelinho, ainda sem decisão. O caso é objeto de relatório entregue por entidades de Direitos Humanos à relatora especial sobre Execuções Sumárias da ONU, Asma Jahangir, que visitou o país em outubro de 2003. O Secretário de Segurança e os juízes corregedores foram investigados por um inquérito sigiloso, arquivado por decisão do Órgão Especial do TJ-SP. A Comissão Interamericana de Defesa dos Direitos Humanos da OEA aceitou a denúncia do caso, em 2005. O PCC, como se sabe não foi desarticulado, tornando mais ousadas suas ações como na série de ataques a policiais e atos de vandalismo que aterrorizou a população paulista em maio e julho de 2006. (Cf. Relatório acusa: Governo de SP realiza política de extermínio. *Agência Carta Maior*, 03 de outubro de 2003 e ainda uma série de reportagens produzida pelo jornal *Folha de S. Paulo* intitulada "Polícia Fora da Lei", veiculada entre 2002 e 2003; Bicudo, Hélio. Castelinho: um julgamento inconcluso. *Caros Amigos*, Boletim Eletrônico, 26/02/2005).

extintos ou reduzidos, incluindo o apoio material dado à Ouvidoria das Polícias. Em 2006, por ocasião de confrontos atribuídos ao PCC, como resposta à morte de policiais e agentes penitenciários, o número de "suspeitos" mortos pela polícia, ou em circunstâncias não esclarecidas, chegou a mais de 400, num período de três meses.

Aproximação e distanciamento: inferências sobre democracia

A reconstrução da concepção do CIC é indiscutivelmente uma contribuição para se conhecer um pouco mais os parâmetros do debate sobre políticas públicas de segurança e justiça no período da reconstrução institucional da democracia no Brasil. Cumpre assim destacar algumas indicações importantes sobre o funcionamento da democracia naquele contexto, sobre as disputas em torno do que ela significa e sobre as práticas presentes na relação do Estado, dos poderes, dos partidos e dos agentes políticos com a sociedade civil. Para tecer essa contribuição, passa-se a investigar os discursos sobre essas relações a partir das categorias de "aproximação" e "distanciamento" que aparecem nos diagnósticos, nos comportamentos e nas propostas de intervenção realizados pelos criadores do CIC.

Parte-se de um estranhamento do percurso de construção da proposta do CIC: como é possível a um grupo de agentes públicos até certo ponto diversificado, composto de pessoas bastante experientes, reconhecidos em suas carreiras profissionais, destacados no cenário de suas corporações (ainda que por meio de uma identidade "poluída") desconhecer os modos de vida e as expectativas do povo? Como se torna plausível que um partido político construa seu programa de governo a partir desse desconhecimento?

O próprio uso do conceito de *povo* já é, por si, indicativo de separação da sociedade em dois grandes grupos: o povo, mergulhado na miséria, no desconhecimento, no desamparo, e a elite, senhora dos bens, das oportunidades e culturalmente diferenciada do restante. Os juízes, desembargadores, advogados respeitados, delegados de altas classes pertencem à elite e vivem o distanciamento em relação ao povo – estão «fechados em seus guetos».

Os juízes da Quinta Câmara, como já se disse, tinham consciência desse distanciamento, e realizaram propostas no sentido de reaproximar a Justiça do povo, mas não propunham uma *popularização* do exercício da Justiça ou a adoção de um *direito popular* na condução dos julgamentos. Continuaram a defender o exercício da justiça como saber autorizado apenas aos especialistas, e se propuseram a atuar no espaço da especialização do saber. No entanto, passaram a advogar um saber capaz de interpretar os anseios populares, de transcender os limites do gueto.

As ideias de distanciamento e aproximação com o povo parecem responder ao diagnóstico de ausência de reciprocidades entre os agentes da justiça e o povo: eles não se conhecem mutuamente, não se respeitam; contudo deveriam reconhecer-se e resgatar seus laços de reciprocidade e confiança mútua para que a ordem social pudesse estabelecer-se nas comunidades pobres e, por decorrência, em toda a sociedade. Sem o conhecimento e o respeito mútuo, as próprias mensagens de justiça transmitidas pelas sentenças judiciais e pela atuação da polícia tornavam-se enviesadas e deturpadas. Havia um problema de legitimidade do sistema de justiça, que os criadores do CIC visavam atacar.

A comunicação entre o juiz e o povo não tem lugar, pelo diagnóstico do distanciamento, na estrutura do Poder Judiciário: este é descrito como autoritário e fechado por não dialogar e não acompanhar os movimentos sociais democratizantes, por inexistirem mecanismos sociais de participação democrática na gestão da instituição como conselhos, congressos ou qualquer outra forma de ingresso legítimo de demandas políticas de grupos de interesses organizados. Haveria ainda uma dupla garantia de fechamento da instituição pelo controle da jurisprudência inovadora, limitador da ação individual do juiz. Os juízes da Quinta Câmara tinham proposto o enfrentamento deste último fechamento. Mas viam a reforma interna como distante das suas possibilidades políticas. Por isso, elegeram como principal antagonista a "mentalidade do juiz". E através dela enxergam a possibilidade de mudança.

Não há, para eles, como prescindir do saber técnico do juiz, pois ele é que poderia garantir que a democracia não se reduzisse à ditadura da maioria numa sociedade em que o discurso sobre o crime tende a validar a solução violenta e a associar as garantias de cidadania a «privilégios de bandidos».

Porém, o delicado equilíbrio da democracia necessitaria de um controle ético sobre o saber técnico, a fim de não permitir a validação pretensamente neutra das injustas hierarquias sociais. O controle ético sobre o saber técnico também seria tarefa de especialistas, por isso o terreno do embate é o próprio saber especializado, é a "mentalidade" do juiz. O controle ético do saber jurídico só aparece como autocontrole. A comunicação entre o especialista e o leigo que lhe interpõe uma demanda (ainda que com sentido democratizante) continua a ser baseada numa desigualdade de conhecimento, um distanciamento.

Todavia o CIC foi concebido como capaz de realizar uma inflexão no desempenho do juiz, aproximando-o do povo, da «comunidade». A proximidade que supostamente havia no fórum da cidade do interior, no "fórum em cima da cadeia", fazia com que o juiz tomasse parte da vida cotidiana da cidade em que se instalava, que participasse dos momentos importantes da comunidade. E esta vivência era o que lhe dava uma «visão do social», uma «sensibilidade» aos problemas do «homem comum». Não se trata de equiparar o juiz e o homem comum, mas de criar canais de comunicação, reciprocidades, «integrar» o juiz à «comunidade», fazendo com que ele deixasse de ser «estranho».

Alberto Silva Franco foi quem mais se aprofundou, durante as entrevistas, na crítica à mentalidade do juiz, expondo o papel do CIC na aproximação entre o juiz e a comunidade.

Na sua visão, existe uma desigualdade de classe que precisa ser compensada com a vivência, já nos primeiros anos da carreira, de uma identificação do juiz com sua clientela. O juiz criminal tem origem nas classes médias e altas, mas julga quase exclusivamente os pobres.

> [Seria fundamental que] ele tivesse esse contato com o social, porque o grande drama do juiz, no meu modo de ver, provém de duas coisas. Primeiro do extrato social de que ele é originado, no modo geral, é de um extrato social mais elevado. Quer dizer, ele nunca teve contato com uma realidade mais dura, mais palpitante. Este é um dado. O segundo dado é o tipo da educação, no sentido de uma educação básica e no sentido de uma educação universitária. O juiz foi e está sendo ensinado nas universidades a ser um juiz que seja respeitador da lei e aplicador da lei, tal qual a lei se apresenta. Né? E ser um salvador da lei. Quando a lei está meio mambembe, ele tem que encontrar um jeito de salvar a lei para aplicá-la. Então se perdeu um pouco a ideia de um juiz que seja um juiz acima dessa preocupação positivista. Mas sim um juiz que tenha muito mais uma ligação com a Constituição e com a realidade. Ele ser um ponto de intermediação entre a realidade e a própria Constituição. Esquecer de que a lei deve ser respeitada com esse rigor absoluto. Então a ideia que se tinha do CIC é que o juiz começasse a compreender que havia uma realidade atrás do processo. (Silva Franco)

A compreensão da "realidade atrás do processo" faz do formalismo – sinônimo de positivismo nesse contexto – o grande inimigo da realização da justiça social pelo Judiciário. A saída para escapar do formalismo seria o juiz "tratar com menos objetividade" e com "mais identificação" aquele que vai ser julgado. Identificação significaria a capacidade de reconhecer no indivíduo julgado "um homem concreto, de carne e osso, que vive dentro de uma família, que tem problemas como nós temos problemas, etc...". Essa identificação do juiz com o "ser humano" alvo de seu julgamento equivaleria "a você espremer o processo para retirar do processo o ser humano que está ali. E que está numa expectativa de uma atitude da justiça". A crítica ao formalismo unifica os criadores e apoiadores do CIC e constrói um tipo ideal de juiz. O formalismo é pensado como ritual que permite ao juiz manter-se isolado em seu gueto; a identificação humana com o homem julgado permitiria romper o gueto. Aproximar-se, sem porém abolir a distância.

A ligação que se poderia estabelecer entre o juiz e o povo seria transformadora para o juiz, mas seria também transformadora das comunidades pobres, na medida em que o juiz poderia servir como um intermediário de suas demandas, ajudando inclusive na sua educação sobre os direitos, promovendo um diálogo entre a reivindicação de justiça social e o Estado de Direito, que não é uma forma autóctone das comunidades pobres:

> mas é um jeito para que a comunidade tenha ao lado dela alguém que possa trazer as suas reivindicações a um nível superior ao dela. Desde que esteja identificada, desde que tenha uma participação mais efetiva. (Silva Franco)

Um estágio no CIC poderia ajudar o juiz a encontrar-se no papel de agente de transformação social, responsável pela mediação entre o mundo formal das classes média e alta e a "realidade dura" das populações pobres, pela mediação entre uma demanda de justiça social e um arcabouço liberal de direitos e garantias de cidadania.

Claro está que quando se deposita sobre o juiz o papel de intermediário das classes sociais é porque outros canais são inexistentes ou ineficazes para este fim. Os juízes em pauta não acreditavam que este seria o modelo ideal de democracia, contudo, diante das dificuldades da nossa democracia, esta seria a contribuição possível a ser realizada pelos juízes no estrito desempenho de seu ofício. Não estavam assim propondo a despolitização das lutas sociais, mas a politização do ofício de julgar. Não estavam pensando na superação do Estado liberal, mas numa forma de realizá-lo numa democracia incipiente.

O distanciamento dos juízes em relação aos cidadãos que estão sendo julgados seria tributário não somente de uma sociedade sem canais efetivos de participação política, mas também de um processo de burocratização da instituição judicial, bastante semelhante ao processo de racionalização da função judicial descrita por Max Weber (1999 [1922]).[19] Promover a aproximação do juiz com a comunidade seria uma tentativa de retroagir nos efeitos de distanciamento e perda de legitimidade da autoridade judicial, resultados paradoxais da racionalização do direito nas sociedades modernas.

A blindagem da instituição judicial à participação democrática dos grupos de interesse nas políticas judiciais explica em parte a força do diagnóstico do distanciamento dos juízes como um dos principais problemas da democracia brasileira. Restaria agora compreender como o partido político também não exerce sua função clássica de representante de grupos de interesses políticos e aciona os especialistas para desenhar suas linhas de ação. Talvez esse seja um objetivo ambicioso demais para os limites empíricos desta pesquisa, contudo pistas podem ser organizadas para a busca de agregar densidade à descrição do processo político de criação dos CIC.

A tentativa de construir um programa de governo que viesse dar respostas às expectativas populares de segurança e justiça curiosamente não passa pela participação política das classes populares e pelas pressões de participação de líderes políticos locais sobre o partido. A prerrogativa de construção de um programa de governo é dos chefes partidários, que delegam funções a especialistas, como quem encomenda um produto de

---

19. Para uma leitura sobre o processo de racionalização do direito e a crise de legitimidade das instituições judiciais, ver Sinhoretto (2002).

consultoria. Tanto que o programa de governo não é senão uma referência de conduta para o governante no Brasil, visto que ele não está na prática obrigado a cumpri-lo.[20]

De um lado, não há relação de representação ou participação das classes populares ou dos "moradores da periferia" com o partido político. De outro, não há sustentação popular para a execução do programa proposto, ou resistência organizada ao seu descumprimento.

Assim, do modo como foi conduzido e apresentado, o programa estava mais para uma proposta que vem "de cima para baixo", ainda que advogando uma transformação "de baixo para cima". Em outras palavras, na mesma medida em que a «comunidade» é um *topos* central do discurso dos criadores do CIC, efetivamente não há participação política de representantes de comunidades ou outras formas de organização das classes populares na sua criação.

Ainda recontar: de projeto a ação do Estado

Quatro anos depois da elaboração do projeto do CIC e da derrota eleitoral de 1990, Mário Covas voltou a candidatar-se ao governo de São Paulo. Seu comitê de campanha foi composto pelos antigos colaboradores e outros que vieram se incorporar, recuperando o projeto antigo. Na área de justiça ficaram designados como coordenadores Ranulfo de Melo Freire e os advogados Alberto Toron, criminalista, ex-presidente do IBCCrim, e Belisário dos Santos Jr., especializado em Direitos Humanos, com experiência internacional. Este não era propriamente ligado aos remanescentes da Quinta Câmara, mas por sua trajetória profissional e pelo entusiasmo que revelou em relação ao projeto do CIC, passou a ser considerado um parceiro.

Santos Jr. narra sua história ligando-a a defesa dos direitos humanos pela vertente internacional, tendo atuado junto a associações internacionais de advogados, com experiência em vários países latino-americanos e uma passagem pelo Instituto Interamericano de Direitos Humanos, na Costa Rica. Na entrevista, ligou sua trajetória à atuação como advogado junto à Justiça Militar, na defesa de militantes políticos, e a figuras como D. Paulo Arns e José Carlos Dias. Mencionou também sua participação no IBCCrim, colaborando na revista. Transitava pelos mesmos espaços, mas não estava pessoalmente ligado à rede dos desembargadores.

Na campanha de 1994 tomou contato com a proposta do CIC e a defendeu, nela confiando como uma forma de oposição ao discurso da "linha dura" no combate ao crime, representado por Paulo Maluf, Quércia e Fleury.

O grupo que havia concebido o CIC relatou ter trabalhado ativamente pela indicação de Santos Jr. como secretário, após a eleição, em razão de seu compromisso com a implantação

---

20. Embora se esteja descrevendo a prática do PSBD, o mesmo ocorre com os outros partidos, não havendo no Brasil registro de destituição ou responsabilização legal de governante por descumprimento de programa de governo ou "promessas de campanha", como quer a linguagem corrente.

do projeto. Teriam acionado toda a sua rede de influência para assegurar a indicação, em face de outros candidatos que também tinham força política. No relato do grupo, a identificação de Santos Jr. ao projeto do CIC teria sido acionada como critério de desempate junto ao núcleo do novo governo. Ele, durante entrevista, tal qual os outros, frisou sua lealdade não ao partido, mas à figura de Mário Covas, o qual só teria conhecido pessoalmente por ocasião da nomeação como Secretário da Justiça. Novamente, seu relato associa a herança do discurso humanitário do governo Montoro à opção eleitoral por Mário Covas.

Secretário do governo Covas, teve como projeto central a discussão e elaboração do Programa Estadual de Direitos Humanos – PEDH,[21] criando programas e – como gosta de afirmar – "princípios para políticas públicas", como o programa de apoio a testemunhas de crimes, apoio às vítimas, a discussão da reforma agrária no âmbito estadual, a educação em direitos humanos e o CIC. A discussão do PEDH teria durado 18 meses, modificando a estrutura e a ação da Secretaria de Justiça e Defesa da Cidadania. Seus funcionários passaram por cursos de formação em direitos humanos. Afirma que tentavam implementar o princípio da indivisibilidade dos direitos humanos, acarretando a necessidade de buscar integrar as diferentes políticas, pois todas elas, além de seus objetivos específicos, deveriam ser orientadas para o fortalecimento da cidadania como algo indivisível.

Com isso, ocorria uma apropriação significativa da ideia do CIC, modificando a feição e os objetivos do projeto.

O Secretário da Justiça e da Defesa da Cidadania arrecadou o apoio dos movimentos organizados de defesa de direitos, com a discussão do PEDH, e líderes de movimentos sociais passaram a frequentar a sede da Secretaria, opinando nas reuniões e movimentando a Secretaria, de minúsculo orçamento. Já dentro do próprio governo, o apoio não era fácil de ser conquistado. A fala sobre um programa de levar justiça à periferia, sob os princípios da indivisibilidade dos direitos humanos, era muito simpática e provocava brilho nos olhos dos ouvintes. Mas alocação de recursos orçamentários depende pouco de identidades ideológicas e afetivas.

O governo Covas foi marcado pelo discurso do ajuste fiscal, por controle dos gastos públicos, por demissões de funcionários de fundações e empresas, redução do endividamento e, por consequência, do investimento, e por privatizações de empresas públicas. Os apoiadores políticos do governo perceberam o predomínio de decisões baseadas em números sobre aquelas orientadas por objetivos ideológicos.[22]

---

21. O PEDH foi criado por um decreto do governador de 15 de setembro de 1997. Surgiu no contexto do debate do Plano Nacional de Direitos Humanos, elaborado no âmbito da Secretaria Especial de Direitos Humanos da Presidência da República, na gestão de Fernando Henrique Cardoso. O Plano veio estabelecer ações para o governo federal de proteção ativa contra violações, cumprindo as deliberações da Conferência Internacional de Viena, em 1993, em que se consolidou o princípio da indivisibilidade dos direitos humanos e a necessidade de políticas específicas dos governos nacionais para a proteção de seus cidadãos contra violações. Ver Adorno (1999) e Pinheiro (1999).

22. "O mal do governo é que eles acabam querendo uma conta muito rigorosa em todos os setores, que tudo dê lucro, que tudo se ajuste. O próprio governador Covas, que era excepcional, pagava um pouco o tributo disso [...] O mal sempre é que um

Não foi possível para o CIC ter a arquitetura própria incluída no projeto, embora tivesse sido possível recusar a oferta de implantá-lo nas dependências de uma delegacia. Mas ele não deveria redundar em gastos de construção e acabou se associando ao CDHU para obter um espaço próprio para a primeira unidade. Contudo, não foi só por escassez de dinheiro que o programa concebido pelos desembargadores não foi realizado. O Secretário Santos Jr. tornou-se um crítico da iniciativa de deslocar a justiça formal à periferia da cidade. Em sua visão, o método de resolução da justiça formal deve dar lugar a outras formas de resolução de conflitos.

> De início o CIC era pensado como a justiça devendo ser levada para a periferia. A justiça, né, porque até os desembargadores ali, os nossos maiorais ali... Então, eles tinham a preocupação da justiça – era a visão que eles tinham, né? Nós pudemos captar ou intuir imediatamente que não era o Estado-justiça só que precisava ir para a periferia. Era o Estado, o Estado como um todo precisava ir para a periferia. [...]
>
> Só a justiça não resolve. Eles [cidadãos] não percebem o Estado-justiça separado do Estado-polícia, do Estado-assistência social, do Estado-desenvolvimento, eles não percebem isso... E nós criamos essa segmentação, que no fundo é uma segmentação. Nós criamos as paredes, eles não percebem assim." (Santos Jr.)

Até aqui é difícil perceber quais são as diferenças entre o que era proposto pelos desembargadores e o que era proposto pela Secretaria, já que o projeto inicial também falava em integração dos serviços de justiça com outros serviços.

Diferenciar oposições ouvindo o que dizem os envolvidos com a criação e a implantação do CIC é muito difícil. São comuns as críticas ao formalismo da justiça, ao distanciamento promovido pela linguagem jurídica, à mentalidade positivista do juiz, ao esquecimento do contexto social produzido nos procedimento judiciais. O que poderia diferenciá-los seria, talvez, uma valorização das formas alternativas de solução de conflitos, que não aparece nas outras entrevistas. Mas não é essa a razão da discórdia. E, no entanto, todos são claros em afirmar que houve um rompimento. Os desembargadores se queixam de nunca mais terem sido chamados para opinar, participar, apoiar. O Secretário reconhece que se manteve afastado e queixa-se de cobranças e indelicadeza de membros do IBCCrim nas negociações para a realização de uma pesquisa sobre o CIC.

De fato, não romperam suas ligações políticas. Uma das funções da Secretaria era a condução política das indicações dos membros do Tribunal de Justiça que ingressam pelo Quinto Constitucional. Nessas indicações, o governador escolhe um membro de uma lista tríplice. São

> governo desse tem sempre um técnico que fica ali perto - e era um técnico do Covas muito preocupado em ver as contas e tal... Pessoal que devia estar no terceiro escalão, segundo escalão; o cargo político precisava de pessoas que viessem com mais... sei lá ... Cê pega um Instituto Biológico, uma Funap, uma coisa dessa, CIC: são coisas que tem que gastar dinheiro! Nós tamo... tá faltando mão-de-obra especializada!" (Melo Freire).

ocasiões em que a comunidade jurídica se mobiliza, faz campanhas, cria movimentos, tudo conduzido segundo um ritual próprio das negociações de bastidor. E o IBCCrim, evidentemente, sempre fez campanha para os seus candidatos, afinados às suas ideias garantistas e às suas redes de poder. E obteve o apoio do Secretário aos seus candidatos, com exceção de um deles, na última indicação de sua gestão. Mas houve um rompimento na implantação do CIC, na medida em que ele deixou de ser um projeto de um grupo de penalistas interessados em reformar a justiça e passou a ser um programa da Secretaria de Justiça e Defesa da Cidadania.

A divergência parece concentrar-se na defesa de uma "lentidão" que o Secretário imprimiu ao CIC, necessária, segundo ele, para convencer e envolver as instituições e a população. O CIC não foi o principal projeto da Secretaria e, das vinte unidades inicialmente propostas, apenas quatro foram inauguradas nos seis anos de Santos Jr. à frente da pasta (1995-2000).

O objetivo de aproximação do Estado com o cidadão comum foi cumprido à risca na implantação do primeiro CIC, mas não como imaginado no projeto inicial: o próprio Secretário, ainda na definição do que seria feito, foi várias vezes ao bairro escolhido para sediar a primeira experiência, Encosta Norte (Zona Leste da capital), para realizar reuniões com lideranças locais e membros de associações de moradores. Nessas reuniões, alguns serviços foram reivindicados, na área de documentação e emprego, e outros rejeitados, como a instalação de uma agência bancária.[23] Isso teria proporcionado uma possibilidade de participação direta das lideranças locais dos moradores na definição do que seria o CIC. Algumas dessas lideranças vinham de longa história de mobilização por moradia, conduzindo àquela época as associações de moradores dos condomínios de CDHU da Zona Leste.

Isso marcou a entrada de um elemento importantíssimo para a construção dessa política pública: a *comunidade*. É assim que os membros das organizações populares chamam aquilo que os desembargadores nomeavam de *povo*. A política pública adotou a noção de comunidade para indicar a possibilidade da participação dos movimentos populares locais na implantação de seu programa, através de uma experiência de democracia direta.

Sociologicamente aqui, só há a possibilidade de considerar que se está mesmo lidando com uma comunidade, se tomar-se como seu elemento definidor uma rede de relações face-a-face, estabelecida pela identidade de condições de vida e de pertencimento a um lugar – o bairro, por exemplo, embora a referência possa ser ainda mais ampla – sem a mediação do Estado e do mercado. Trata-se, na verdade, de uma organização em rede que, porém, não supõe que todos estejam na mesma posição, posto haver lideranças. O que complica na definição da sociabilidade local como uma comunidade é o fato de essas lideranças relacionarem-se diariamente com instâncias diferentes do Estado e transitarem no aparelho estatal em vários níveis, como ocorre nos movimentos populares. Eles também

---

23. Na entrevista, Santos Jr. comenta a reação local à proposta de instalação de serviço bancário: "Quem pediu banco? Ninguém pediu banco. Nós não queremos banco! Banco deixa lá onde já está, que nós vamos lá, tem segurança. Não queremos banco, não é problema nosso. Não queremos conviver não é só com os problemas do banco. Não queremos conviver com o banco."

transitam nos partidos políticos, nas igrejas e em organizações, reduzindo a possibilidade de conceber essas relações apenas como informais. Se ainda houver interesse em definir as relações locais como comunitárias, deve-se considerar, antes de tudo, que o conceito de comunidade, tal como trabalhado, por exemplo, por M. Sylvia de Carvalho Franco (1976), não implica necessariamente em dar relevo a uma visão consensual do grupo social, mas considerar a existência do conflito como indissociável da vida comunitária. No caso desta pesquisa, os *representantes da comunidade* declaradamente não representam todas as pessoas que moram no bairro, mas apenas aquelas que se ligam à rede dos moradores antigos, dispostos à reciprocidade; contrapõem-se aos que são "de fora" e provocam problemas, principalmente ligados à convivência violenta e à criminalidade organizada.[24]

A própria disposição em defini-las como locais pode ser problematizada, na medida em que essas redes são organizadas em torno de associações e entidades sociais que recebem recursos financeiros do Estado, por serem executoras de programas sociais públicos. Outras já se ligam a lideranças sociais mais amplas, como políticos e militantes de grupos com abrangência por toda a cidade e até o estado.

Assim, é difícil oferecer um contorno preciso do que seja a comunidade para a política pública do CIC. Embora haja clareza de que se fala em uma relação face-a-face do gestor público com a liderança local e as associações de bairro.

Essa parece ter sido a inflexão mais significativa do programa administrado pelo Secretário: a aproximação com a *comunidade*. Toda a retórica do programa impregnou-se com o vocabulário da participação da comunidade[25] e tornou-se muito comum ouvir que "o CIC é da comunidade". Para dar forma a essa participação, após a inauguração do CIC Leste, foi composto um conselho gestor com as lideranças e as associações locais. Posteriormente, um conselho foi formalmente implantado, sendo seus representantes eleitos por segmentos, como gênero, deficientes físicos, saúde, educação, continuando a ser composto exclusivamente pelas associações locais. Bem no início, pessoas de movimentos de outros bairros da Zona Leste participavam dessas reuniões, disseminando o desejo de expansão do CIC por várias *comunidades*.

Para articular essa ligação do órgão público com a comunidade, o Secretário fez questão de nomear um coordenador que não fosse operador do direito, numa tentativa de deslocar a experiência do território da justiça formal para a mobilização em torno da oferta de serviços públicos e de conhecimentos sobre direitos.

O funcionamento inicial do primeiro CIC, em 1996, foi marcado pela precariedade das condições materiais e pela ausência de um plano detalhado de trabalho. Os primeiros

---

24. Entrevistas com moradores e lideranças comunitárias do Itaim Paulista e do Jardim São Luís indicam a operação das categorias entre "os daqui" e os "de fora", em que os problemas de violência do bairro são sempre atribuídos aos "de fora". Para uma discussão conceitual mais apurada das possibilidades e limites de se compreender um bairro popular de periferia como uma comunidade, ver Sinhoretto (2002).

25. Documentos e materiais de divulgação da Secretaria de Justiça falam em uma "boa confusão" entre público e privado, ensejando a parceria do poder público com ONG e o setor privado.

funcionários relatam um momento de descobertas sobre o que poderia ser ali realizado, longe do formalismo do fórum e com a possibilidade de implementar formas alternativas de resolução de conflitos e de organização do trabalho. O relato refere-se a um período fundante, de certa forma mítico – posto que sempre rememorado – em que o juiz, o delegado, o procurador do Estado, os assistentes sociais, os funcionários da documentação teriam vivenciado uma experiência inovadora de atendimentos conjuntos e de certa indiferenciação de papéis que favorecia o afloramento de demandas ocultas, resolvia casos complexos com soluções simples e criativas. O juiz teria assumido o papel de conselheiro dos movimentos sociais, resolvendo disputas em reuniões, totalmente fora do processo judicial. O delegado teria evitado confrontos violentos com longas conversas e visitas domiciliares, a equipe de atendimento às famílias teria permitido a recomposição de individualidades destruídas e de afetividades perdidas, quebrando ciclos de reprodução da violência. O advogado público teria se engajado no encaminhamento de inúmeras ações judiciais simples. A comunidade teria acompanhado de perto a instalação dos serviços, contribuindo para definir prioridades e para indicar caminhos aos profissionais.

> Nunca, nunca haveria essa reunião, num local comum, com o juiz, com a capacidade do juiz de dizer o direito sem que aquilo se registre sob uma forma de papel, apelável, enfim... É o que me fez mudar inclusive uma série de concepções. A gente tem a concepção do direito de que... você dizendo o direito da forma que está escrita nos livros, aquilo faz com que a comunidade receba... Não tem verdade isso. A gente produz o direito de uma forma que só conforta os operadores do direito, né? A comunidade às vezes fica acordada depois que os juízes, os promotores e os advogados vão dormir. (Santos Jr.)

As considerações a respeito da falta de eficácia da justiça formal na solução dos conflitos, a precariedade material dos serviços e a introdução de um serviço de mediação alternativa de conflitos familiares concorreram largamente para que o CIC fosse sendo concebido como o lugar da mediação alternativa dos conflitos: onde o juiz não julga, orienta e aconselha; onde o delegado não prende, ou persegue, mas orienta, ajuda e resolve; o advogado não traz um vocabulário complexo, porém soluções possíveis; onde a mediação alternativa soluciona conflitos sem criar inimigos.

Além disso, o CIC era um lugar para obter documentação com a isenção de taxas, para fazer cursos que facilitassem a obtenção de empregos, para reuniões, eventos, festas. "Um lugar da cidadania", onde se "cria uma nova relação com o Estado", um "espaço do discurso, da oportunidade de reunião", um "espaço público não-governamental".

Com o passar do tempo e a dificuldade de obtenção das verbas e engajamento das instituições parceiras, o programa foi se tornando cada vez mais isso mesmo: um lugar da cidadania, com pouco investimento estatal, um espaço cada vez mais não-governamental.

Sem a possibilidade de inaugurar e equipar as vinte unidades inicialmente propostas, o programa passou a realizar "Jornadas da Cidadania", isto é, dias em que o atendimento ao público se deslocava do prédio do CIC para uma rua, em alguma periferia da cidade, contando com o apoio logístico e material das associações e igrejas daquele local, divulgando o programa junto a associações de toda a cidade e descentralizando ainda mais a oferta de alguns serviços. Essas Jornadas apareciam sempre como iniciativas muito simpáticas, experiências de democracia participativa, onde a sociedade civil trabalhava em parceria com o Estado, convivendo com diferentes matrizes ideológicas e promovendo a tolerância e a solidariedade. Fato é que esses eventos tinham um efeito de propaganda, com custo próximo ao zero, rendendo números generosos de atendimentos – o que, para os relatórios de atividades, sempre é interessante. Nas Jornadas, corta-se o cabelo, tira-se a carteira de identidade, tiram-se algumas dúvidas jurídicas, informa-se sobre o funcionamento dos serviços do CIC, ouvem-se palestras. Tudo isso floreado com uma retórica que deposita vocações revolucionárias sobre os aspectos formais da cidadania, como se ser cidadão fosse sinônimo de possuir documentação civil[26] e informar-se sobre procedimentos jurídicos. Todavia, a ocasião da festa propiciada pela reunião das associações e dos agentes públicos torna-se uma oportunidade de celebração cívica, de discursar sobre a cidadania e a solidariedade, sobre a autoestima e a superação, de comemorar o encontro e a parceria, reatualizando o imaginário cívico, reforçando identidades, criando efervescência social.

Apesar de todo o seu conteúdo simbólico, de colocar em circulação verdades sobre a cidadania e a participação, as Jornadas materializam a ausência de investimento na política de acesso à justiça, a escassez de recursos públicos e não-governamentais, as dificuldades de acesso da população aos serviços públicos mais elementares, como a documentação civil, a exiguidade das oportunidades de celebração cívica. Isso, de certa maneira, termina por esvaziar a experiência de democracia participativa, na medida em que ela não atinge

---

26. A importância do serviço de identificação nos centros em funcionamento em São Paulo é muito grande. No início da pesquisa de campo os gestores e funcionários do CIC Leste sempre faziam referência à posse de documentação como garantia de um direito de cidadania fundamental. Citavam casos de desburocratização na obtenção de documentos, sempre ilustrando como a ausência deles constitui importante barreira ao gozo pleno da cidadania. Causava estranheza à pesquisa a insistência na valorização dos serviços de identificação. À primeira aproximação parecia indício de fragilidade do programa, que não tinha outras políticas mais consistentes a oferecer. Aos poucos, o campo foi mostrando que isso em parte era verdade: na ausência de eficiência e continuidade dos demais programas, o serviço de identificação destacava-se pelo número de atendimentos que realizava e por sua presença constante no programa e nas atividades conexas, como as Jornadas de Cidadania, em que a obtenção de documentos era inclusive um chamariz. Manter o serviço de identificação funcionando no CIC dá um bom retorno para a avaliação e divulgação do programa e exige baixíssimo investimento do poder público. Mas há um outro lado que precisa ainda ser melhor compreendido: os estudiosos da cidadania no Brasil sempre chamam a atenção para a herança getulista que ainda pesa quando se discutem direitos. A documentação civil, sobretudo a carteira de trabalho, funcionavam simbolicamente como um passe de acesso aos direitos sociais (Santos, 1987; Peirano, 1986; Pandolfi, 1999). Pode ser que essa simbologia formalista ainda esteja presente na concepção de muitos brasileiros a respeito de cidadania – ela começa com a posse de documentos civis. Outra perspectiva que não se pode igualmente ignorar é a do controle da população, para o qual, os registros civis e os sistemas de identificação são fulcrais.

decisões sobre orçamentos e políticas, reduzindo-se apenas a uma forma de "oficializar" a micropolítica, criando-lhe um espaço formal de manifestação – o Conselho Local de Integração da Cidadania – CLIC. Neste Conselho é representado o equilíbrio entre os agentes do Estado e a *comunidade*, mas as discussões sobre a condução da política e a alocação de recursos governamentais não passam por ali. Sequer os agentes públicos comparecem às reuniões.

Se a Secretaria de Justiça passou a ter facilidades no trânsito com as organizações de moradores e lideranças locais dos bairros, o mesmo não se deu no interior do governo do Estado. Os recursos mal gotejavam para o programa. Os funcionários cedidos pelas instituições para inaugurar a primeira unidade apresentavam-se cheios de entusiasmo cívico e motivação sacerdotal, qualidades que já não se achavam tão facilmente para assegurar a inauguração de novas unidades. Os gestores do programa passaram a ter preocupação com a seleção dos funcionários cedidos e com a sua vocação para o "trabalho diferenciado" do CIC.

O modelo organizacional do programa dificultava também a alocação de pessoas e investimentos por parte das secretarias e instituições parceiras, pois o modelo da parceria baseia-se num convênio formal que não estipula responsabilidades específicas. Apesar de toda a retórica da integração, da parceria e da inovação administrativa típica do programa, as instituições parceiras não participaram das atividades de planejamento da sua expansão. Ao que tudo indica, apenas a habilidade do Secretário em conquistar o apoio dos dirigentes das secretarias e das instituições teria assegurado o provimento dos serviços. Depois da saída de Santos Jr., em 2000, nem o Poder Judiciário nem o Ministério Público ampliaram sua participação nas novas unidades criadas.

A escolha dos locais das novas unidades ficou restrita a decisões da Secretaria de Justiça, a qual ficou atrelada ao seu convênio com o CDHU, pois não havia orçamento para aquisição de terrenos e construção de edifícios. E essas localizações foram, de certa forma, impostas aos parceiros, que reagiam alocando ou não funcionários para os serviços. Não houve um planejamento comum para definição de áreas prioritárias consensuais, contribuindo para que o CIC nunca tivesse sido visto como uma prioridade para os seus parceiros, como o Ministério Público, as polícias ou o Poder Judiciário. Desse planejamento também não participou a *comunidade*,[27] pois de fato os conselhos locais mais referendam decisões da Secretaria de Justiça do que modificam suas diretrizes.

---

27. Tem-se notícia de apenas uma ocorrência de mobilização da sociedade civil para oficialmente reivindicar a construção de CIC. Em 2003, o Fórum em Defesa da Vida e Contra a Violência, que reúne mais de 200 entidades atuantes na região Sul de São Paulo organizou um evento sobre educação e acesso à justiça, no qual convidou autoridades municipais e estaduais a assumirem compromisso público de construirem e equiparem escolas e o CIC. Um promotor público, em apoio à iniciativa do fórum, exigiu explicações da Coordenação dos CIC sobre a execução do orçamento do programa. O CIC Feitiço da Vila foi construído na região em 2005, sendo a única unidade nova na capital nos últimos anos. Não obstante, na mesma região, está instalado o CIC São Luís, de cujo conselho as lideranças do referido Fórum não participam. No CIC

O Secretário, porém, argumenta que a lentidão em ampliar o programa não se devia à ausência de recursos, mas à dinâmica das relações de confiança e participação estabelecida com a *comunidade*. Segundo ele, o CIC não pode "desabar sobre a cabeça das pessoas" e, se houvesse os recursos para a construção das vinte unidades pretendidas, o resultado da implantação do programa teria sido menos eficiente.

O tempo "lento" – de convencimentos e consentimentos – teria sido o responsável pela redução dos índices de homicídio na Encosta Norte,[28] pois a autoridade dos operadores jurídicos teria sido resgatada durante a experiência da implantação. Isso seria objetivamente expresso pela preservação do edifício de pichações e depredações, denotando o cuidado da *comunidade* com o seu CIC.[29] Esta mística é que teria encantado todos os entusiastas do projeto, principalmente aqueles responsáveis por incluir o financiamento de CIC no plano federal.

A afirmação de que se trata de mística sustenta-se sobre as constatações de que a mobilização comunitária nunca foi relevante, destacada ou empiricamente verificada na história da segunda unidade inaugurada, em 1999, na Zona Oeste da capital, ainda sob a gestão da equipe que teria vivenciado a mística da primeira unidade; tendo o mesmo ocorrido com a terceira unidade (2000). Aquilo que, na fala dos seus gestores, seria o cerne da experiência do CIC, a diferenciá-lo de qualquer outra política no que tange à democracia participativa e à efetividade dos direitos humanos, nunca pôde ser reproduzido além da Encosta Norte. E mesmo neste lugar, a avaliação de dez anos da existência do programa tem mostrado o quão distante se está de uma política pública eficaz e de um modelo de gestão baseado na democracia participativa (Haddad, Sinhoretto, Almeida e Paula, 2006).

O olhar retrospectivo do programa faz a defesa da "lentidão" soar anacrônica, na medida em que a mística foi facilmente perdida na mudança do governo. Mesmo antes disso, o discurso do custo zero foi incorporado pelos gestores do CIC e facilmente a integração com a comunidade tornou-se a mobilização de recursos não-governamentais para divulgar um programa estatal. Diversas vezes, gestores da Secretaria de Justiça afirmaram em reuniões que a *comunidade* não deveria esperar que o Estado lhe "desse coisas" ou outras afirmações de igual sentido.

Leste, o conselho local vem se mobilizando há anos para exigir a reforma do edifício, sem nunca ter sido atendido. Após o incêndio de maio de 2006, a comunidade do Itaim Paulista tentou articular-se com os antigos apoiadores do programa para exigir a reconstrução do prédio e o pronto restabelecimento da prestação dos serviços.

28. A redução de homicídios ou qualquer outro tipo de ocorrência não pode ser verificada pelas estatísticas policiais, como se verá no capítulo 3.

29. O CIC de Encosta Norte foi parcialmente destruído por um incêndio criminoso em 14 de maio de 2006, no mesmo dia em que uma série de incidentes atribuídos ao PCC provocou enorme perturbação da ordem pública, desconcertou as forças de segurança e despertou uma reação de pânico nos moradores da metrópole, esvaziando complemente as ruas e avenidas (de trânsito incessante nos dias normais) depois do anoitecer.

É preciso ainda ler a história da política do CIC em contraposição a um programa estadual que teria sido um desdobramento da ideia original do CIC – o Poupatempo,[30] administrado pela Secretaria de Governo, o qual conquistou verbas e se tornou uma vitrine do governo. Na avaliação do Secretário de Justiça, o Poupatempo imprimiu uma marca de qualidade e rapidez na prestação dos serviços públicos, produzindo uma melhora generalizada de qualidade, mostrando aos cidadãos como o serviço pode ser bem prestado, despertando neles certas exigências.

Seria essa a função original do CIC: a de melhorar todo o sistema de justiça, com seus conteúdos transformadores. Contudo, em vez de colonizar as instituições com seu discurso reformador, o CIC foi colonizado pelas práticas tradicionais do sistema de justiça e do serviço público.

Colonizado a ponto de seu coordenador[31] afirmar que a prevenção da violência não era, nem nunca tinha sido, um objetivo do programa e que os serviços de justiça não podiam ser vistos como os mais importantes, abrindo a possibilidade de que um CIC pudesse funcionar sem os serviços de justiça, pois "a justiça tem que ser pensada num sentido ampliado". Quem exigisse o contrário demonstraria não ter compreendido o programa.

O CIC foi instituído como um programa apenas em 2001, pelo Decreto estadual 46.000, com a finalidade de possibilitar a resolução rápida e alternativa de conflitos e incentivar a organização comunitária. Logo após a edição do decreto, Santos Jr. deixou a Secretaria, assumida por seu adjunto Edson Vismona (2000-2002). No ano do decreto, o governador Covas comprometeu-se com a construção das novas unidades, vislumbrando para elas o apoio de recursos federais. Prometeu destinar ao CIC milionários recursos arrecadados com a privatização de uma empresa estatal. Com sua morte, porém, a promessa não foi cumprida. Geraldo Alckmin, que governou o estado nos cinco anos seguintes, inaugurou duas unidades em municípios da Grande São Paulo governados por aliados políticos. Indicou para a Secretaria de Justiça um promotor, Alexandre de Moraes (2002-2005), que visitou as unidades do CIC apenas nas inaugurações, contrastando com o exercício de seus antecessores. Em 2005, Moraes foi indicado para o recém-criado Conselho Nacional de Justiça e seu lugar na Secretaria foi ocupado pelo advogado e militante negro Hédio Silva Jr. (2005-2006), que passou a ter consigo a responsabilidade de gerenciar também a Febem. Silva Jr. nunca visitou um CIC no exercício do cargo. Em 2006, afastou-se para se candidatar a deputado pelo PFL. Foi substituído por Eunice Prudente, que inaugurou mais duas unidades, durante o governo de Cláudio Lembo (2006).

---

30. O Poupatempo é um programa estadual paulista que unifica em postos de atendimento descentralizados uma série de serviços de documentação e pagamento de taxas, impostos e licenças.

31. Conforme entrevista com o primeiro Coordenador de Integração da Cidadania, que assumiu a condução da implementação do CIC no dia da inauguração do equipamento, em setembro de 1996 e a deixou em 2002.

Desde a saída de Vismona, a *comunidade* perdeu seu estatuto no programa. Uma resolução regulamentando os conselhos locais – CLIC – e criando um Conselho Estadual de Integração da Cidadania definiu que só associações juridicamente regulamentadas poderiam indicar representantes para os conselhos – na prática inviabilizando a participação da maioria das associações de bairro. Sucessivas inscrições para eleições dos representantes para os conselhos foram frustradas, já que possíveis candidatos não atendiam às exigências legais.[32] Em 2005, dos oito postos, apenas três tinham funcionamento regular do conselho. O Conselho Estadual nunca foi formado, apesar da previsão normativa.

Merece menção o ativismo de personalidades e de profissionais ligados à criação do CIC. Alberto Silva Franco, mobilizando a estrutura do IBCCrim, destaca-se, incentivando a realização de pesquisas, seminários, discussões, redação de documentos a respeito da implantação do programa e sua expansão para outros estados. Antonio Cezar Peluso, hoje Ministro do Supremo Tribunal Federal, fala sobre o CIC em entrevistas e palestras, defendendo sua concepção original. Belisário Santos Jr. ainda é solicitado por lideranças de Encosta Norte para exercer sua influência na defesa dos "princípios" do CIC. Os cientistas sociais também não têm mantido neutralidade e profissionais já desligados do programa ainda se interessam por ele. Em 2003 e 2006, movimentos com a participação desses atores procuraram "recriar" as diretrizes para o CIC, buscando ligá-lo ainda a uma utopia de reforma do sistema de justiça. Embora esses ativistas não se encaixem no perfil da participação comunitária, eles têm representado o interesse e a cobrança de uma parte da sociedade civil pela implantação do programa.

Não foi possível coletar dados sobre a execução do orçamento e o emprego dos recursos por parte da Secretaria de Justiça, pois não há relatórios que sirvam à transparência do programa. Conselheiros locais e antigos funcionários teceram duras críticas à ausência de transparência e ao mau emprego de recursos na construção de prédios, compra de veículos e equipamentos de informática que não chegam ao seu destino final, remuneração de organizações para cursos considerados inadequados.

Duas festas

A pesquisa de campo pôde acompanhar duas situações sociais[33] cuja análise permite observar como os atores colocam-se na cena, o que dizem, o que fazem, como desempenham suas posturas, qual a hierarquia dessas posturas, do espaço, como funciona o exercício da fala. Essa

---

32. Essas exigências dizem respeito, entre outras coisas, ao registro público de atas de constituição e eleição de diretoria das associações civis.
33. A metodologia de análise das situações sociais foi introduzida na antropologia por Max Gluckman (1987). Trata-se de um método de registro e interpretação etnográficos que difere da etnografia clássica por buscar evidenciar as correlações de força que produzem as cerimônias, os rituais e as interações cotidianas dos mais diferentes segmentos que compõem a realidade social que está sendo observada. Essa metodologia busca historicizar essas correlações de força, a fim de compreender como elas se tornaram possíveis.

análise é um meio de conhecer como tem se dado na prática a implantação do programa e a gestão das parcerias entre as instituições e sua relação com a sociedade civil. Trata-se de duas inaugurações, a primeira do Juizado Especial Cível no CIC Sul e a segunda do posto do CIC em Francisco Morato.

O CIC Leste iniciou o atendimento ao público em setembro de 1996. O Poder Judiciário esteve presente de forma constante, desde esta data. Sua intervenção dava-se na forma de um Juizado Informal de Conciliação – JIC, cujas atribuições abrangiam a conciliação e homologação de acordos entre partes, em casos de matéria civil, conforme a Lei 9.099/95. Não obstante, nesse tipo de juizado, na impossibilidade do acordo, o juiz não pode julgar o mérito da causa, devendo remeter o processo – e encaminhar as partes – ao Fórum Regional, no caso o de São Miguel, na Zona Leste de São Paulo. A instituição do Juizado Especial Cível veio ampliar as funções do juizado também para a execução das causas.

No dia 8 de maio de 2003, aconteceu a cerimônia de inauguração do Juizado Especial Cível do CIC Leste-Encosta Norte, que contou com a presença do Presidente do Tribunal de Justiça de São Paulo, Desembargador Nigro Conceição, e do Secretário da Justiça e Defesa da Cidadania, Alexandre de Moraes. O Chefe de Gabinete do Ministro da Justiça, Sérgio Sérvulo da Cunha, interessado no CIC, também estava presente.

A cerimônia foi organizada e conduzida pelo cerimonial do Tribunal de Justiça, num começo frio de noite, no espaço em que estava instalado o Poder Judiciário[34] no CIC, ou seja, num anexo ao prédio principal, ao qual se chega descendo uma rampa. A cerimônia ocorreu na recepção, uma sala pequena, onde costumava haver bancos de madeira para os usuários, de frente ao balcão de atendimento. Do lado de fora, uma varanda também servia de local de encontro e espera. Nesta varanda, tomou lugar a banda cerimonial da Polícia Militar, que executou o hino nacional na abertura da solenidade. Por ali também ficaram vários policiais militares que estavam fazendo a escolta do Presidente do TJ e do Secretário. Desde a rua até o salão que sediou a solenidade, a presença de tantos policiais era fora do comum para aquele equipamento.

Junto aos policiais, ainda na varanda ou no limiar da porta, alguns poucos moradores das imediações, conselheiros do CLIC, lideranças populares, membros das associações locais. Embora sua presença possa não ser frequente em cerimoniais do Tribunal, costumam ter uma participação muito mais importante nos assuntos relativos ao CIC do que tiveram naquela noite – espectadores não esperados, cujo lugar não estava assegurado pelos responsáveis pela formalidade da ocasião e pela segurança das autoridades. Restou-lhes observar, disputando espaço com os policiais debaixo da cobertura da

---

34. Outro prédio, um pouco mais amplo, foi edificado para abrigar o Juizado no CIC Leste por ocasião da reforma após o incêndio de 2006, mantendo os mesmos padrões arquitetônicos de simplicidade e baixo custo. Mesmo novo, o prédio apresenta problemas com vazamentos e goteiras.

varanda e enfrentando o vento de outono. Mas não deixaram de aplaudir, sobretudo o discurso do juiz, a quem conheciam desde vários anos.

Pouco antes do início da solenidade, "as autoridades" – que é como se costuma tratar as pessoas consideradas importantes para o controle do cerimonial – foram chegando e sendo recebidas na sala do juiz, um cômodo amplo, localizado na extremidade do prédio oposta à porta e à recepção. Local onde conselheiros do CLIC e a pesquisadora haviam estado muitas vezes, e que permanecia sempre com a porta aberta, onde se misturavam os usos de gabinete do juiz e sala de audiências, ocorrendo por diversas vezes a convivência entre as atividades do juiz e as audiências de conciliações conduzidas por leigos.[35] Mas naquele dia foi diferente. O controle de entrada na sala foi rigoroso. Por ter chegado na companhia de Alberto Silva Franco, desembargador aposentado, e de Marco Antonio Nahum, presidente do IBCcrim e juiz do TACRIM, num carro oficial a serviço deste último, a pesquisadora atravessou as primeiras barreiras, que os servidores do CIC e os representantes da comunidade não puderam atravessar; mas para ingressar na sala do juiz precisou identificar-se. Seu nome estava na lista de convidados e foi admitida. Os homens que acompanhava tiveram o caminho indicado por um funcionário e não precisaram anunciar-se, já que traziam na postura corporal as marcas de sua posição e entraram sem serem interpelados.

No interior da sala já soava a solenidade. As autoridades conversavam em pequenos grupos, em pé, até que o Presidente do Tribunal introduziu o assunto da importância do CIC no combate à violência. Formando uma roda, todos os presentes passaram a ouvir a opinião daqueles mais credenciados a falar. Falou o juiz do TACRIM e presidente do IBCcrim – o Instituto havia concluído recentemente uma pesquisa sobre a implantação do CIC e, amparado nessa autoridade, embora não necessariamente no conteúdo da pesquisa, fez um pequeno discurso sobre a importância do CIC como uma solução para diminuir a criminalidade, ao levar o juiz, o Estado, para dentro da comunidade. Falou também contra a tendência de aumento das penas. Mencionou a importância de a comunidade começar a se autogerir, começar a resolver seus problemas, organizar-se, como algo muito positivo.

Seu celular tocou e ele, desculpando-se, atendeu. "Estou com o Alberto, o Sérgio Sérvulo e o Nigro Conceição. Qual deles você quer?" E virou-se para o público: "alguém quer falar com o Ministro?" Quase todos os presentes compreenderam que se tratava de Peluso, indicado no dia anterior pelo Presidente da República, Luís Ignácio Lula da Silva, para compor o Supremo Tribunal Federal. Nigro Conceição pegou o celular para cumprimentá-lo pela indicação, considerando o relevante serviço que prestaria ao país. Passou o telefone a Silva Franco, que se retirou para um canto da sala.

---

35. Conciliadores leigos é uma força de expressão, já que naquele juizado verificou-se que os conciliadores eram os próprios funcionários do cartório, bacharéis em Direito, ou estudantes que vinham ali realizar as atividades de estágio.

Outros desembargadores, acompanhando seu Presidente, falaram algumas palavras. O Chefe de Gabinete do MJ, assessores do Secretário da Justiça, o Oficial da Polícia Militar, a promotora e o delegado do CIC, todos ouviram com atenção e atitude de respeito, sem se manifestar. A pesquisadora juntou-se a eles.

Passaram todos ao local da inauguração, adornado com bandeiras e um púlpito. A solenidade foi iniciada com a execução do hino nacional e o discurso do Presidente do Tribunal. Foi retomada a reflexão a respeito do combate à violência, mas o objeto eram os juizados especiais cíveis e criminais, que teriam vindo selar a garantia de acesso ao Poder Judiciário a todos que dele necessitavam. Acrescentou que o acesso à justiça é peça importante no combate à violência, hoje em níveis alarmantes. Discursava como se a presença do Poder Judiciário ali estivesse iniciando naquele dia. O Presidente não se referiu ao Centro de Integração da Cidadania e também não fez referência ao projeto de integração de ações entre os órgãos do Estado. Falava como se aquele posto fosse exclusivo do Poder Judiciário. Prometeu esforços para instalar um Juizado Especial Criminal ali. Enfatizou a importância da atuação da justiça dentro dos lares, pois se não acaba a violência dentro do lar, não se combate a violência. Informou sobre a inauguração das varas de família no fórum criminal da Barra Funda, contando com assistentes sociais e psicólogos.

O público era formado pelos parceiros do CIC, isto é, servidores dos diversos órgãos e instituições que ali prestam serviço. Alguns de seus chefes também estavam presentes, como era o caso do Ministério Público, representado pelo procurador responsável pelo CIC no órgão, que na solenidade representava o Procurador-Geral. Os gestores do projeto na Secretaria de Justiça também não faltaram: a diretora da unidade, a coordenadora do programa, seus assessores, diretoras de outras unidades, assessores do Secretário em outros projetos. Além dos que acompanhavam do lado de fora. O espaço reservado pelo cerimonial do Tribunal revelou-se pequeno.

Em seguida, discursou o Secretário de Justiça, ocupando a pasta havia pouco tempo. Agradeceu o Tribunal pela implantação do JEC. Felicitou-se com a notícia da instalação do Jecrim e falou do combate à violência, seguindo a mesma tônica do discurso antecessor. Afirmou que o CIC provoca uma redução sensível na criminalidade, já que a repressão é muito importante, mas sozinha não acaba com a violência. A presença do Poder Judiciário e do Ministério Público teria um caráter preventivo, como, por exemplo, na questão da droga – não esclareceu qual seria esse caráter. Falou da importância do reforço da cidadania, mas não deu contornos precisos para a atuação do programa nessa direção. Elogiou o juiz e o trabalho do Poder Judiciário no CIC, genericamente. Anunciou a inauguração de mais dois CIC até o final daquele ano e o estudo para a construção de mais nove. Agradeceu a presença de diversas pessoas, inclusive dos membros do IBCCrim – o presidente e o Prof. Silva Franco – fazendo referência à importância da sua obra no campo do Direito Penal.

A palavra foi conferida ao juiz, para ler um discurso cuidadosamente escrito, em referência à experiência *sui generis* de ser juiz num juizado instalado no Centro de Integração da Cidadania. Considerou-se tributário do trabalho e dos ensinamentos de muitas pessoas que ajudaram a construir o projeto, agradecendo Alberto Silva Franco, Ranulfo de Melo Freire, Belisário dos Santos Jr. e outros idealizadores do CIC. Para ele, aquele era um juizado especial por ser o primeiro de uma experiência muito importante, por reunir os serviços do Estado, por cumprir os primeiros artigos da Constituição, sobre cidadania e democracia, estendendo-se um pouco nesses conteúdos. Disse que o CIC era respeitado pela comunidade, porque nunca tinha sido atacado, ou pichado; os funcionários não eram destratados, porém reconhecidos. Antes de encerrar, novamente agradeceu a Alberto Silva Franco, dedicando a ele algumas palavras, em tom emocionado.

No momento do descerramento da placa inaugural, o Presidente do Tribunal foi apresentado à promotora do CIC e demonstrou-se surpreso e contente em saber que ali havia uma promotora. Convidou-a para, juntamente com o juiz, descerrar a placa. A cerimônia foi concluída, as autoridades apertaram-se as mãos apenas entre si e foram rapidamente se retirando, com suas escoltas policiais.

Alguns dias depois, em 15 de maio de 2003, no meio da tarde de uma sexta-feira, foi inaugurado o CIC no município de Francisco Morato, região metropolitana da capital, o primeiro fora da cidade de São Paulo, o primeiro também em parceria com a prefeitura. Estavam o governador Geraldo Alckmin, o prefeito Bressane, o Secretário de Justiça Alexandre de Moraes e o Secretário da Reforma do Judiciário Sérgio Renault, representando o Ministro da Justiça.

O prédio, bem maior do que as unidades antigas, estava lotado, e tinha um palanque montado no salão de entrada. Nas grades do prédio e nas imediações havia muitas faixas de vereadores, deputados e saudações ao governador, todos do PSDB. Era uma grande festa política. No interior, uma multidão se espremia, grupos seguravam faixas com reivindicações e outros com agradecimentos a vereadores. Contavam-se as pessoas às centenas, dentro e fora do prédio.

Havia muitas crianças, jovens, idosos, mulheres, homens. Uns estavam lá para ouvir e outros para se manifestar. Havia curiosos e delegações. No meio da multidão, a pesquisadora procurava um bom lugar para a observação, várias pessoas lhe abriram caminho e um homem mostrou-lhe a direção para chegar ao palanque. No cabelo, na pele, na cor, na altura, nos óculos, no andar, no jeito de olhar, nas roupas, tantas marcas exibem a posição social impregnada no corpo, mostrando ao público que a pesquisadora não era uma deles e, portanto, pertencia ao palanque. Instantes depois, passado o estranhamento inicial, a pesquisadora tomou parte das ondas de empurra.

No palanque também havia muita gente. Como os participantes já haviam indicado, parecia que todas as pessoas que não queriam misturar-se à multidão estavam no palanque. Eram possivelmente vereadores, suas esposas e seus assessores, pessoas ilustres do município. Devia haver algum deputado, pois havia faixas a eles endereçadas. Imagina-se que os secretários municipais estavam no palanque, como assessores do governador. O mezanino do edifício também abrigava muitas pessoas, dentre as quais os funcionários da Secretaria de Justiça.

Além do CIC, estavam sendo inauguradas duas escolas estaduais, o que justificava o movimento tão intenso.

A cerimônia não foi acompanhada desde o começo. A chegada da pesquisadora nas proximidades do palanque coincidiu com o discurso do Secretário de Justiça, agradecendo os parceiros do CIC, o Ministério Público, o Poder Judiciário, as Secretarias de Estado, os funcionários da Secretaria de Justiça, o prefeito, o governador e o Ministro da Justiça.

Em seguida discursou o prefeito, muito vaiado pela multidão. Ele interrompeu e fez crítica à manifestação popular. Um grupo começou a gritar seu nome e só então ele voltou a falar. Grupos estendiam as faixas pedindo asfalto e iluminação pública. Uma outra pedia educação para jovens e adultos. Ele agradeceu os vereadores, o deputado, o governador, citando muitas vezes o PSDB. Mencionou suas obras, como asfaltamento e escolas. Falou em Mário Covas e nas conquistas que realizaram juntos para a cidade. Foi aplaudido e vaiado, numa grande confusão. Quando o prefeito disse não haver déficit de vaga em escola em Francisco Morato, uma mulher gritava indignada: mentira, mentira!

Depois foi a vez do governador Geraldo Alckmin. Começou o discurso dirigindo-se aos opositores: "vejo aqui o pessoal do CDHU pedindo asfalto e iluminação". Deu razão a eles, por saber que na cidade há muitas ladeiras e quando não há asfalto a situação é ainda pior, principalmente para as crianças. Elogiou as obras municipais e prometeu financiamento para asfalto e iluminação. Demonstrou conhecer a situação do município, citou a futura inauguração de um hospital. Foi muito aplaudido.

Falou nas escolas que estavam inaugurando naquele dia. A multidão aplaudia. Mencionou estradas já inauguradas e em projeto. Elogiou todos os políticos do PSDB presentes. Agradeceu o Ministro da Justiça, de um governo do PT. Sempre muito aplaudido.

Quando o governador começou a falar do CIC, os presentes foram reduzindo o barulho. Agradeceu os parceiros, o Judiciário, o Ministério Público, o Conselho Tutelar, a assistência social. Já ninguém bateu palmas. Disse que o CIC iria aproximar a Justiça e fez uma longa respiração, aguardando as saudações, que não vieram. Continuou: ali haveria iniciativas de educação, o balcão de empregos, a presença das polícias Civil e Militar. O silêncio era denso. Prometeu, até o final do ano, a instalação do Banco do Povo. Depois de curta pausa silenciosa, pôs-se a explicar o banco. Como o aplauso não vinha, o orador aumentou o esforço de comunicação: "porque rico, quando deve, vai para Paris; mas pobre, quando deve, não dorme de noite de preocupação, porque é bom pagador". E finalmente – finalmente! – conseguiu uns aplausos para o CIC.

Era nítida a incapacidade do governador, do prefeito, do Secretário, em comunicarem o que é cic. Limitaram-se a citar nomes de órgãos públicos e a agradecer pessoas. Mas não foram hábeis em descrever, em linguagem simples, porque a presença dos órgãos públicos é importante. Não conseguiram falar a «língua do povo» quando o assunto eram as políticas sociais e a cidadania. Não encontraram frases de senso comum para expressar o sentido da democracia, do protagonismo local, do desenvolvimento sustentável, da igualdade de oportunidades. Não tentaram politizar o acesso à garantia de direitos. A situação parecia nova tanto para oradores como para o público, que não aplaudiu a iniciativa, nem os órgãos da justiça ou as polícias. Asfalto, escolas, hospitais e estradas foram muito aplaudidos, mas o cic mereceu apenas um silêncio atento.

Terminada a solenidade, houve um coquetel para convidados, no segundo andar. Os políticos não ficaram. Dessa vez, como a organização era da Secretaria de Justiça, ficou garantido o acesso dos representantes do clic das unidades mais antigas e da sociedade local, como da pesquisadora, que foi localizada na multidão e convidada a subir ao piso em que se realizou o coquetel.

Uma análise estratégica da reorganização das forças

Até aqui foi preciso recontar e recontar, num exercício ainda essencialmente descritivo, necessário, porém, para o registro de uma história com sucessivas inflexões. Deu-se muita atenção aos sujeitos históricos e às suas intenções.

Contudo, compreender a proveniência da proposta do cic sob a ótica da análise das relações de poder que a engendraram terá que significar o desvio da análise da filiação política e ideológica dos seus idealizadores, dando lugar à investigação das lutas, do confronto por espaços, provisões, posições, estratégias e táticas; investigar os discursos pelas suas constituições, apropriações, investiduras, resistências a um regime de verdades, adotando a perspectiva teórica de Michel Foucault (2002).

Em termos estratégicos, o cic nasce da constatação de uma desimportância dos homens da justiça junto aos pobres urbanos, que acarreta dois tipos de efeito: sobre o controle social e sobre a valorização corporativa. A fraqueza dos órgãos da justiça resulta em predominância de formas de controle diversas das formas modernas, diversas do Estado de direito. Esse diagnóstico engendra um apelo à construção do Estado de direito, apelo que pode ser entendido como uma tática discursiva de enfrentamento das outras formas de controle social: é como se essas outras formas resultassem na violência e no assassinato, sendo formas de opressão e coerção, e o direito significasse um controle social consensuado, democrático, libertador. São verdades que estruturam o pensamento e legitimam o arranjo institucional moderno. Ausência de Estado de direito fica sendo equivalente de ausência de ordem, equivalente de imposição. E o direito passa a ser comunicado como a ausência da repressão.

Não é difícil criticar essa verdade. O respeito ao direito é também uma forma de sujeição, de docilização, de maximização da utilidade política da obediência. O Estado de direito produz súditos capazes de dosar o gozo de sua liberdade sem ferir a ordem pública, é o Estado do autocontrole, do controle disciplinar nas extremidades – controle que se representa como consentimento. Essa crítica intelectual não é, porém, eficiente para destruir o discurso de verdades do direito, que continua tendo efeitos concretos sobre a vida social.

A periferia urbana é, para os criadores do CIC, o "vazio", o não-Estado, o não-Estado de direito. Esse vazio precisa ser ocupado pelo Estado – algo exterior àquela "dura realidade". O CIC vem propor que a ocupação seja feita de maneira consensuada, libertadora, por um tipo de Estado que seja "de direito", por oposição à ocupação por um Estado que não tem pudor de esclarecer-se como repressivo. O CIC precisa de lentidão para obter o consentimento, sob o risco de tornar-se o seu outro, a repressão. São formas de luta, jogos de verdade a respeito de como "ocupar o vazio" do não-Estado. Essa luta é produtora de divisões, de diferenças, de segregações entre os próprios juristas; separa-os, segrega-os, aloca-os em redes de poder. E essa luta cria infinitas sínteses possíveis entre repressão e consenso, que reatualizam a luta, confundindo e esclarecendo o campo.

O outro efeito concreto da desimportância dos homens de justiça é sobre a valorização corporativa. O Estado de direito valoriza seus especialistas – o império da lei é o império dos que encarnam a lei. Luta-se em uma frente contra o não-Estado (a desordem ou a ordem dos criminosos, traficantes, "bandidões que exploram a pobreza") e em outra frente pela encarnação da lei nas fileiras do Estado: juízes garantistas procuram encarnar a lei, contra sua encarnação pelos grupos de extermínio, pelos policiais que executam nos suspeitos a justiça sem intermediação.

É uma disputa que requer sua presença no campo de batalha, onde o inimigo está confortável e os juízes são desimportantes. Por isso os juízes têm que ir ao campo, exercer sua presença, conquistar a confiança popular, tornar-se importantes. Conquistar a confiança popular é conquistar o assujeitamento dos pobres urbanos que, súditos do Estado de direito, não se assujeitariam a outras ordens.

Essa é a saída para a sobrevivência do Poder Judiciário, segundo eles. Fechado em seu gueto, corre o risco de sofrer *pogrom*.[36] Abrir o gueto, sair dele é uma maneira de evitar a decadência, de abolir uma desigualdade que se revela nefasta para os ricos, ameaçados em sua colônia, e para os pobres, suspeitos de tentativa de pilhagem. A corrosão do respeito ao Estado de direito corresponde ao fechamento dos juízes. A ruptura com

---

36. O gueto era, nas cidades europeias medievais, o bairro onde os judeus eram constrangidos a residir. Até o século XVIII, a maioria das grandes cidades europeias tinha um gueto. Na linguagem corrente tornou-se sinônimo de ambiente impenetrável, fechado. Em algumas cidades europeias, como Veneza, onde se originou o nome, o gueto era um local de concentração de riqueza. Em outras cidades, pela concentração de grande população em pequenas áreas, era um lugar insalubre e pobre. No lastro da construção do anti-semitismo, no século XIX, pilhagens aos guetos ocorreram em muitos lugares. Na Rússia czarista ataques violentos aos guetos, resultando em massacres, ficaram conhecidos como *pogrom* (derivação de *destruição* na língua iidiche).

esse regime exige a sua abertura, como salvaguarda de sua função, sua autoridade, do respeito que lhe é devido, de sua distinção social.

Uma versão mais grosseira dessa luta admite que ou o Judiciário se abre e estabelece uma aliança com a maioria, ou corre o risco de perder seus privilégios salariais e previdenciários, sua distinção de classe, seus edifícios, seus carros oficiais, sua autoridade de fazer cumprir determinações, sua segurança física – tudo ameaçado pelas constantes investidas externas sofridas nas discussões das Reformas da Previdência e do Judiciário. O CIC não é a proteção contra o *pogrom*, mas é o caminho para a abertura do gueto, a aproximação com a população pobre, estabelecendo uma aliança estratégica que bem pode vir a se tornar vantajosa para ambos. Aliança ainda calcada na hierarquia, mas uma hierarquia consentida – sempre mais fácil de manter do que aquela que necessita de repressão aberta para ser mantida. Uma ilustração desse raciocínio foi oferecida por uma juíza atuante numa unidade do CIC no interior do Acre.

> O CIC é uma ideia genial. Excelente! Uma benção de Deus. Não sei quem foi que pensou nisso, mas foi um ser iluminado! [...] Eu quero fazer esse trabalho de verdade para o meu patrão, para esse povo que ta aí fora. Que eu tenho que tratar sim como patrão, eu tenho que realizar a melhor tutela jurisdicional possível. Antes que ele ache que eu juíza, que eu órgão do Poder Judiciário sou desnecessário. Porque é isso que fecharia esse poder no Brasil, é a ineficiência, é a total prescindibilidade. E esse risco eu acho que estava iminente. O Judiciário estava à beira de... Acho que se houvesse um referendo há um certo tempo: 'e aí, que que cê acha? Mantém o Judiciário ou vamos economizar essa grana? Pro mensalão?' Teria sido fechado o Judiciário, porque realmente o povo pensa 'mas eu não sei realmente para quê que esse juiz serve, não sei para quê que serve esse CIC, nem esse fórum'. Então a gente tem que pensar nisso seriamente para a gente se manter como poder, independente e autônomo, para gente cumprir esse papel que a Constituição Federal nos deu e esse mandato outorgado por Deus – e a gente vai ter que prestar essas contas depois para Ele. Eu vejo a magistratura assim. Eu não vejo como o exercício de um privilégio, de um status, e de uma condição social diferenciada não. Eu não consegui ver isso até hoje. (Juíza acreana)

Não há que esperar paradoxo entre a universalização dos direitos de cidadania e o aumento do poder investido nos que ocupam os cargos públicos do aparato judicial. Esse poder investido, porém, deve expressar essa aliança com o povo-patrão, deve mudar suas práticas, pois – ainda citando a juíza – "ninguém trata mal o seu patrão".

A aliança vantajosa para ambos, na visão dos magistrados paulistas ouvidos, também será construída na luta, na relação face-a-face entre o cidadão e o juiz para edificar um novo arranjo de poder entre eles, definindo novas formas de assujeitamento:

> A gente sabe que isso tudo vai depender dessa ascese que houver... o povo entendendo, reclamando... o dia em que o sujeito chegar na sala do juiz e sentar na cadeira e:
> — O sr. levanta daí!
> — Não, doutor, eu não tô sentado na sua cadeira, isso aqui é do povo!
> Né? Vai demorar, mas nós temos que um dia chegar nisso, nesse conceito de cidadania... E as pessoas saberem que não são objetos, que não são coisas, não é? (Melo Freire)

A referência neste trecho parece mesmo ser a uma disputa por espaços, posse, possibilidades de locomoção no espaço, apropriação do público, dos móveis. Mas também apropriação da palavra, do direito de fala. Parece aqui tratar-se de outra relação política de conquista da cidadania. Não para honrar os juízes, mas para, na prática, desmoralizá-los, no sentido de despi-los da condição de detentores dos espaços, da palavra e dos costumes. A conquista da cidadania, nesse registro, passaria então por revalorizá-los, tornando-os menos poderosos. Daí a crítica ao formalismo como um rito de distanciamento.

O primeiro CIC inaugurado em 1996, já tinha passado por uma redefinição do projeto inicial concebido pelos juristas e incorporado ao programa de governo da Secretaria de Justiça do Governo Covas. Não mais apenas uma estratégia de reorganização corporativa da justiça. Apropriava-se dela a defesa corporativa de outros servidores públicos, ganhando o CIC a feição de uma reforma administrativa do Estado. Não mais centrado na prestação jurisdicional, o CIC, nas palavras de seu gestor, passava a ser um centro de prestação de serviços públicos. O aumento da confiança popular nos serviços também é uma tática de poder útil a outros representantes do poder estatal.

Entretanto, como frisam os antigos administradores do CIC paulista, o cerne da experiência não é tanto a prestação do serviço, como a relação peculiar que se estabelece com a população local, através das lideranças comunitárias e das associações civis locais. Não é o conteúdo emancipatório do discurso sobre a cidadania fiscalizadora e participativa que interessa ao analista das relações políticas, mas os efeitos reais de hierarquizações, subordinações, criação de subjetividades ou o efeito emancipatório das práticas. Se o analista deve deslocar seu olhar para a microfísica das relações e se ele deve se perguntar – como sugeriu Foucault – como se constituem os súditos, se sujeitam os corpos, se dirigem os gestos, regem os comportamentos (Foucault, 2002), cabe aqui formular a questão para investigar se a utilidade política do CIC não está em justamente ser um instrumento razoavelmente eficaz de produção de súditos, de cidadãos legitimadores do poder do Estado, do poder de polícia, do poder judiciário, do poder regulador do Estado, ainda que em seu novo desenho, poroso a fiscalizações de conselhos, ouvidorias e outras formas regulamentadas e normatizadas de participação de representantes locais na administração pública. Os indóceis que protestam de forma violenta, os que estão em confronto armado com a ordem econômica e social, os que obedecem a ordens paralelas, os que praticam a desordem precisam ser normalizados, tornados úteis. Interessam politicamente aqueles que aceitam a intermediação dos agentes estatais em suas lutas, aqueles que aceitam normalizar seus procedimentos de reivindicação. É preciso produzi-los, produzir a sensibilidade do cidadão participativo, aquele que se mobiliza para o trabalho voluntário, aquele que cria estratégias criativas para maximizar o controle da rebeldia, no momento em que o Estado reduz seus investimentos por toda parte.

O cidadão participativo, cumpridor dos seus deveres cívicos, legitimador da ordem estatal é um instrumento de maximização de poder e redução de custos. Daí também a importância estratégica do trabalho dos órgãos públicos em parceria com a sociedade civil local: cooptar o trabalho de líderes comunitários e de associações é fundamental para um Estado de estratégias neoliberais de governo marcar sua presença na periferia, junto aos mais pobres. Através das parcerias para as Jornadas e os eventos comunitários, o CIC obtém o trabalho voluntário da *comunidade* no cumprimento de funções estatais básicas, como o fornecimento de documentação civil. E ela se sente recompensada por estar participando, pela primeira vez, da «festa da cidadania», que lhe dá a oportunidade de encontrar-se face-a-face com o Secretário de Justiça, com o governador do Estado (como ocorreu em duas ocasiões no Itaim Paulista e em Francisco Morato), com o Ministro da Justiça (como também ocorreu no Itaim Paulista) ou com seus assessores.

Ocorre que a dinâmica social nunca é unívoca. Nesse processo houve outras apropriações do projeto por outros grupos, enunciando rupturas em diversos momentos.

A estratégia de controle da população: proximidade e vigilância

No ano 2000, quando em São Paulo havia apenas dois CIC funcionando, José Carlos Dias, Ministro da Justiça da época, incentivado pelo grupo paulista que desenvolveu as ideias primordiais sobre o CIC, tendo ido visitar a primeira unidade em São Paulo, ficou entusiasmado com os resultados alardeados, tomando a decisão de incluir no Plano Nacional de Segurança Pública – PNSP, na parte dos projetos de prevenção da violência, o financiamento de unidades em áreas de maior risco de violência fatal em todo o território nacional.[37] Novamente, ganhou força o discurso de que a proximidade dos agentes do Estado tem um efeito de diminuição da violência, em face do aumento de confiança nas instituições estatais.

No arranjo das forças no interior do governo federal, curiosamente, as ações de prevenção da violência do PNSP passaram a ser gerenciadas por autoridades militares do Gabinete de Segurança Institucional da Presidência da República, cujos cargos são

---

37. Mais precisamente, o Plano concentrava prioridade sobre as cinco regiões metropolitanas consideradas de maior risco de homicídios: São Paulo, Rio de Janeiro, Vitória, Recife e Fortaleza.

privativos das Forças Armadas. O recurso vinha do Ministério da Justiça, mas a definição da política, o seu planejamento e a sua execução ficaram a cargo dos militares, sob o estranho argumento de que a prevenção da violência não pode ser uma questão de governo, mas deve ser uma questão de Estado, devendo ser administrada pelos guardiões das instituições – os militares.[38]

A proposta do CIC, com sua "ocupação do vazio", agradou as autoridades militares, tornando-se um dos pilares da ação do Gabinete de Segurança Institucional na prevenção da criminalidade.[39] Pouco tempo após o lançamento do Plano, o Ministro da Justiça deixou o governo em virtude de choques políticos com a equipe do mesmo Gabinete de Segurança Institucional.[40] Nesse órgão, um novo conceito de segurança nacional desenvolveu-se em estreita relação com o controle da violência, lida como ausência de ordem. A proposta dos militares consistia em ganhar, a partir do CIC, posições nas áreas em que o Estado estava ausente, garantindo a entrada e permanência da polícia nos bairros das periferias das grandes cidades, onde o principal problema diagnosticado era o poder dos narcotraficantes. Tem-se nessa passagem uma excelente demonstração da continuidade entre guerra e política:

> Essa universalização do acesso aos programas federais está muito difícil nas áreas onde há normalmente o narcotráfico, onde ficam localizadas as células, vamos supor. Eu não chego nessas áreas. E a colocação de um CIC nessa área pode passar a ser irradiador de acesso a esses programas de saúde, educação, que não estão acontecendo ainda. Então dar mais uma atribuição ao CIC é uma contribuição fundamental ao sucesso da prevenção da violência. E aí a gente pode até fazer ver ao cidadão que ele tem um direito nisso, porque eles não estão conscientes que

---

38. Não deixa de ser irônico e profundamente revelador das acomodações de forças na democratização brasileira que o projeto idealizado pelos opositores da ditadura militar no Judiciário paulista tenha passado à esfera militar de gestão. Observe-se ainda a ingerência de órgãos militares na gestão de instituições e programas civis, problematizada por Jorge Zaverucha (2001) como uma transição incompleta para a democracia, sobretudo nas questões de segurança pública.
39. O Plano Nacional de Segurança Pública, lançado pelo Governo Federal em 20 de junho de 2000, na gestão de José Carlos Dias no Ministério da Justiça, relacionava 15 compromissos a serem concretizados através de 124 ações, em parceria entre Executivo, Judiciário, Legislativo, sociedade civil organizada. O objetivo era aperfeiçoar o sistema de segurança pública, melhorando a prevenção e repressão da criminalidade e da violência. Após a edição do plano, as políticas voltadas à prevenção da violência passaram a ser gerenciadas pelo Gabinete de Segurança Institucional – GSI, ligado à Presidência da República, chefiado pelo General Alberto Cardoso. Assim, o financiamento de CIC pelo Governo Federal passou a integrar as ações do Plano de Integração e Acompanhamento dos Programas Sociais de Prevenção da Violência – PIAPS (ação 121 do Plano Nacional de Segurança Pública). Segundo as informações colhidas no site oficial http://www.presidencia.gov.br/gsi/piaps, no ano de 2002, o PIAPS visava articular programas e políticas federais, estaduais e municipais com impacto na prevenção da violência.
40. As divergências que motivaram a saída de José Carlos Dias do Ministério estiveram relacionadas à condução da política antidrogas, sobretudo no alocamento dos recursos do Fundo Nacional AntiDrogas para uso da Polícia Federal. Houve choque de interesses entre a Polícia Federal, subordinada o Ministério da Justiça e a Secretaria Nacional AntiDrogas-SENAD, subordinada ao Gabinete de Segurança Institucional, que gerenciava o Fundo. Para além da utilização dos recursos, havia divergências sobre a condução das políticas e também oposições de natureza política.

têm esse direito. O direito até a viver, né. Viver com a sua família, viver com a sua comunidade, que eles estão proibidos.

Eu presenciei lá na região metropolitana... Mostrava que não havia mobilidade das pessoas de um lugar pra outro, porque o outro território estava dominado pelo narcotráfico, um outro grupo dominava aqui. Então ele não podia ir daqui pra lá, não podia usar uma cor daqui pra lá, não podia usar uma camisa de uma marca tal pra entrar em algum território, um domínio territorial e social muito grande! E que só com a presença do CIC a gente vai ter uma cunha pra fazer chegar... recompor o papel do Estado nisso. Eu acho que o CIC é fundamental, porque onde há o domínio do crime organizado, por exemplo, e ausência do Estado, a gente não tem certo como fazer isso. É um caminho que é mais longo, que é você ir estruturando todos esses programas sociais. Não o assistencialismo. O problema que acontece com o assistencialismo é que, quando ele sai fora, volta a situação anterior. As pessoas não sabem trabalhar sem aquele apoio assistencialista.

Aqui a nossa proposta é o contrário: é estruturar para que eles saibam viver como cidadãos. Então, ou a gente faz esse trabalho de ir estruturando a chegada desses programas e aí a comunidade ir expulsando o narcotráfico, ou outra vertente – que se usa até em São Paulo, muito – é entrar com a polícia fortemente, expulsar o narcotráfico e depois vir com a assistência social. Eu acho que o CIC é um caminho intermediário muito bom, porque ele... aos pouquinhos, vai colocando a polícia ali dentro, ele vai sendo aceito pela comunidade.

Então é um caminho muito importante pra gente resolver esse problema da ausência... da presença do Estado, que desmerece todo o trabalho das instituições. Porque as pessoas não reconhecem na polícia o amigo, não reconhece no vizinho um amigo, não reconhece nos pais um amigo, aí você tem toda a queda da instituição família, da instituição governo, da instituição pátria, tudo isso vai por água abaixo. Então, eu acho o papel importantíssimo do CIC é esse: permitir uma cunha que adapte o que tem que chegar ali pra resolver o problema da violência naquele local. (Secretário Nacional de Acompanhamento Institucional do GSI, 2002)

É fato que a análise do conteúdo do discurso que dá sustentação teórica ao CIC não deixa perceber as conexões táticas que colocam defensores dos direitos humanos e militares, historicamente opositores, professando o mesmo discurso e apoiando as mesmas ideias e ações naquilo que se refere à presença do Estado na periferia com uma "interface amigável" (expressão que foi ouvida diversas vezes durante a pesquisa). Ocorre que no nível de observação das sutilezas dos discursos e dos mecanismos microscópicos dos embates, o que parece estar em jogo é o controle das desordens do cotidiano, as quais sempre aparecem em íntima correlação com as taxas de criminalidade urbana. Aquilo que os militares chamam de "interface amigável" é uma mudança nas estratégias de canalização, absorção e regulamentação dessas desordens pelas instituições estatais. Sobre esse aspecto, observe-se a incorporação de uma verdade sobre a origem da criminalidade, associando-a com a falta de autoridade, com o desregramento das famílias, com o ambiente social das periferias, com a falta de confiabilidade das instituições do Estado. Sendo o ambiente social das periferias o lugar do surgimento das desordens e da criminalidade, sob a ótica desta verdade cristalizada, é naturalmente o lugar onde se devem concentrar as reatualizadas táticas e instrumentos de controle social, em nova "interface", já que a estratégia repressiva produz muitas resistências e tem se demonstrado, em sua interface antiga, ineficaz como técnica de controle da população.

Assim é que se pode testemunhar o Governo Federal (exercido pelo PSDB) e o Governo Municipal (do PT) de Santo André, município da grande São Paulo, ferrenhos opositores na política partidária, trabalhando em conjunto na construção de um CIC. O desenvolvimento do projeto do CIC de Santo André estava a cargo de um oficial da Policial Militar e de um oficial militar na reserva, cujos objetivos declarados eram os de melhorar o policiamento da região de implantação do equipamento. Depara-se o analista com uma nova apropriação do projeto, que sofre um deslocamento para as estratégias do policiamento.

> Começou a surgir esse aceno do governo federal no programa PIAPS, né? [...] Como ele é um programa eminentemente preventivo, de prevenção, mais até com um enfoque na prevenção primária mesmo, ele acabou entrando aqui na prefeitura de Santo André pela Secretaria de Inclusão Social, né? [...] Por causa do Gabinete de Segurança Institucional, são militares, é... tem uma certa similaridade aí... E a gente começou a participar de reuniões. Aí começou a criar uma identidade maior. [...] A gente se conversava, fazia as interfaces, tinha muito clara a observação da prevenção, mas também não queria deixar de lado a questão do combate mais direto às questões de violência, né. Então eles ficaram surpresos positivamente com isso, então começaram a transformar Santo André num pólo de referência, numa espécie de projeto piloto e começaram a... quer dizer, nós começamos a apresentar alguns projetos. [...] Coincidentemente, nós tínhamos aqui um projeto, que tinha uma área já escolhida, para sediar a Polícia Militar e a Polícia Civil, numa área onde foi criada por lei uma companhia da PM, mas o Estado não instalou[...]Como é uma área abandonada, uma área com altos índices de violência, muita pobreza, muita exclusão, vamos levar essa companhia para lá. Vamos ver, uma hora a gente consegue um financiamento [...]
>
> Aqui a gente quis inverter a lógica, né? [...] Dessa edificação, uma boa porcentagem da área inclusive, vai sediar a Polícia Militar e Polícia Civil. Serão as representações geográficas da Polícia Militar e da Polícia Civil." (Secretário Municipal de Combate à Violência Urbana de Santo André, 2002)

O recurso da prevenção da violência foi então empregado, em Santo André, para custear as despesas com policiamento. No momento da coleta desta entrevista, ficou nítido que os serviços de acesso à justiça e a participação do Poder Judiciário eram irrelevantes. Para que o projeto pudesse ser aprovado teria que haver a previsão dos serviços de justiça. Eles constaram do projeto "porque era o padrão", mas o Secretário comunicou claramente sua aposta de que o Poder Judiciário não tomaria parte no CIC. Nenhuma menção sobre participação da *comunidade*, ou do *povo*, ou de qualquer outra tentativa de *aproximação*. O CIC havia se tornado uma delegacia e um batalhão de polícia, sediados na proximidade da área "abandonada".

Pensando ainda com as reflexões de Foucault, houve um acerto nas estratégias de controle das desordens nas novas apropriações do CIC. Ao investimento em estratégias disciplinares soma-se o investimento de controle e vigilância exercidos de forma mais explícita e direta através dos mecanismos de repressão da população. As estratégias do biopoder (Foucault, 1988 e 2002) parecem estar se encontrando nos novos CIC com o discurso da presença do Estado.

O ano de 2002 marcou outro ponto de inflexão na história do CIC. Com o assassinato do prefeito de Santo André, Celso Daniel, membro do PT, sucedeu uma grande mobilização nacional pelo controle da violência, sobretudo do crime organizado. Após esse episódio, o governador de São Paulo, Geraldo Alckmin, do PSDB, anunciou, no seu pacote de combate ao crime, a construção de um CIC na cidade de Campinas, local cujo prefeito, também membro do PT, havia sido também recentemente assassinado. E anuncia-se a implantação de um CIC na favela Pantanal, na zona sul da cidade de São Paulo,[41] onde se dizia ser a sede da organização criminosa responsável pelo assassinato de Celso Daniel. O CIC faz parte de uma estratégia denominada "ocupação social" da favela, que se segue a uma ocupação policial.

Nesse mesmo ano, mais um jurista de São Paulo, Miguel Reale Jr., que havia composto a equipe do ex-ministro, e outro entusiasta do CIC, assumiu a pasta da Justiça, colocando entre suas prioridades de gestão o financiamento de novas unidades. Poderia ter sido esse um momento de reapropriação do projeto pelo discurso dos penalistas ligados à defesa dos direitos humanos, no nível do Governo Federal. Mas o Ministro assumiu a leitura de que a violência é resultado da desorganização social, a demandar "medidas reorganizadoras da presença do Estado", sendo o CIC a principal delas.[42] Além disso, o Ministro permaneceu pouquíssimo tempo no cargo.

A expressão "ocupação social" das favelas do Rio de Janeiro também começa a ser bastante repetida pelas autoridades federais, Ministro da Justiça e o Presidente da República, o sociólogo Fernando Henrique Cardoso. No que foram seguidos pela mídia. Tal insistência deveu-se à reação à morte de um jornalista da Rede Globo, Tim Lopes,[43] cuja repercussão na mídia é comparável à repercussão da morte da atriz da mesma rede Daniela Perez,

---

41. Conforme relato apresentado por uma assessora da coordenação do CIC em São Paulo, descrito e analisado em Haddad, Sinhoretto e Pietrocolla, 2003. O anúncio não se tornou realidade até o presente.
42. Conforme artigo do Ministro no jornal, no qual enunciou as prioridades de sua gestão: Reale Jr., Miguel. Semear é preciso. *Folha de S. Paulo*, 14 de abril de 2002, p. 3.
43. A morte e ocultação do corpo do jornalista Tim Lopes ocorreu em junho de 2002, provavelmente em retaliação a uma série de reportagens realizadas sobre os bailes *funk* e o comércio de drogas no Complexo do Alemão, região de periferia do Rio de Janeiro. Na sequência desse episódio, a Rede Globo, seguida por outros veículos de comunicação, passou a dar destaque central para o tema da segurança em seus noticiários. A morte da atriz Daniela Perez, em 2001, desencadeou uma campanha apoiada pela emissora por um endurecimento no tratamento de acusados e condenados por homicídio qualificado, resultando na inclusão desse crime no rol dos hediondos.

motivadora de alterações na legislação penal, posteriormente contestadas como inconstitucionais.[44] Dentre as estratégias propostas para a "ocupação social", inclui-se a construção de um CIC no Rio de Janeiro.

Impunha-se agora a necessidade de um controle mais eficaz dos fenômenos populacionais ligados à violência, como a mortalidade por homicídio e o CIC passou a aparecer então sempre associado às estratégias do biopoder. Trata-se da intensificação do controle social a partir de maior vigilância e de mecanismos de assujeitamento, mas se trata, não com menos ênfase, de um controle estatal da mortalidade, percebido desde há alguns anos como fenômeno de série. Os fenômenos de série, para Michel Foucault, são aqueles que

> se desenvolvem essencialmente na duração, que devem ser considerados num certo limite de tempo relativamente longo [...]. A biopolítica vai se dirigir, em suma, aos acontecimentos aleatórios que ocorrem numa população considerada em sua duração. (Foucault, 2002: 293).

Desta forma, compreende-se como a morte violenta começa a se tornar um grande problema político para a nação, com um considerável retardo em relação à curva ascendente das ocorrências de homicídio nas grandes cidades: é apenas como fenômeno populacional que a violência há de interessar ao exercício do poder. E ela há de interessar também quando afeta o curso normal da vida de certa categoria de pessoas.[45]

E na pista da pesquisa da trajetória do CIC está a análise da biopolítica, uma vez ter ele sido colonizado, no âmbito dos projetos em parceria com o Governo Federal, como instrumento de controle do território e da sua população.

O embate entre "humanizar a Justiça" e "defender o território, marcando a presença do Estado" teve ainda uma nova versão na trajetória da implantação do CIC no Estado do Acre, com o apoio do Governo Federal. Sem conhecer a experiência paulista e sem ter tido contato com os magistrados paulistas, o criador do CIC no Acre, Presidente do Tribunal de Justiça (2001-02), pretendia, através dele, "humanizar a justiça", assegurar o "exercício da cidadania" e "criar uma cultura de democracia participativa, como corolário de uma prática integrada com a comunidade."[46] Seu sucessor na presidência do Tribunal (2003-04), administrando os recursos obtidos pelo antecessor, definiu a implantação das unidades em áreas de fronteira territorial, atendendo ao objetivo de defesa do território, controle do crescimento do crime, combate ao narcotráfico na fronteira com o Peru e a Bolívia e

---

44. Em 2006 o STF considerou inconstitucional a vedação da progressão de regime de cumprimento de pena introduzida aos delitos cobertos pela *Lei dos Crimes Hediondos*, de 1995, modificada em 2001 com a inclusão do homicídio qualificado neste rol de crimes.

45. Note-se que a politização da alta incidência de homicídios nos primeiros anos da atual década coincide com a estagnação do crescimento das taxas a partir de 2000, nos grandes centros urbanos. Consultar http//:www.datasus.gov.br.

46. Extraído do projeto de Emenda Parlamentar para a obtenção do financiamento federal, informações que foram validadas em entrevista.

defesa da soberania nacional sobre a Amazônia, em estrito afinamento com a proposta dos militares do GSI, dos quais, no entanto, nega ter tido conhecimento (sobre a implantação do CIC no Acre, ver Anexo).

Se na leitura do GSI, o CIC aparecia fundamentalmente como uma tática de biopolítica baseada na gestão de populações (controle de mortalidade, de deslocamentos), sua face disciplinar e normalizadora não era menos importante, já que inequivocamente servia também aos propósitos de "ensinar a ser cidadão", amar a pátria, reconhecer a autoridade da polícia e "estruturar" as famílias, ou seja, combater a "queda" das instituições burguesas, causa da violência.

As técnicas de anátomo-política (Foucault, 1987) – docilização, assujeitamento, normalização, disciplinamento para o trabalho – encontram seu cruzamento com as estratégias de gestão da vida – biopolítica (Foucault, 2002) – num lugar empírico, mas também num conceito fundamental para essa vertente teórica, que é o *corpo*. Assim, a gestão dos corpos no desenho da política de criação de implantação dos Centros de Integração da Cidadania e os efeitos de poder criados com a interação concreta dos corpos no cotidiano do funcionamento desses equipamentos, assunto do quinto capítulo, serão fundamentais para a compreensão do significado da emergência dos CIC para a democratização das instituições estatais, sobretudo a justiça.

Uma tentativa frustrada de reapropriação

Tendo o governo Fernando Henrique Cardoso chegado ao final, houve uma tentativa de reapropriação do CIC como um projeto de reforma do Judiciário. Luís Ignácio Lula da Silva (2003-2006), eleito presidente da República, indicou para o Ministério da Justiça Márcio Thomaz Bastos, advogado criminalista de São Paulo, com muitas afinidades ao grupo paulista herdeiro da tradição da Quinta Câmara.

O chefe de gabinete do Ministro, Sérgio Sérvulo da Cunha (2003-2004) – também advogado, que havia construído, ao lado de Bastos, uma história inovadora na OAB, fomentando na organização o debate sobre a democratização da Justiça – tornou-se um entusiasta do CIC. Esteve pessoalmente presente em algumas unidades de São Paulo, em outras circunstâncias enviou assessores, fazendo-se sempre presente e interessado em pensar e fomentar a expansão do CIC:

> nós tratávamos do CIC, eu particularmente, e nesta parte eu tinha a determinação do Ministro, como a peça, a meu ver, a mais importante dentro da reforma judiciária. A nossa ideia era de que o Judiciário, a reforma do Judiciário brasileiro, depende muito menos de leis do que de práticas e mentalidades. Então, nós víamos no modelo dos CICs – e eu busquei conhecê-los na realidade, visitei alguns – esta ênfase, na mudança das práticas e das mentalidades. Pra início de conversa, no aspecto extremamente elitista do Judiciário brasileiro, na formação elitista e

> classista dos magistrados. Ali então a gente via nos CICs, a meu ver, a ênfase colocada na perspectiva do Judiciário como um serviço; serviço essencial, tão essencial à população quanto o fornecimento de água, o fornecimento de luz. (Sérvulo da Cunha)

A discussão e a aprovação da Reforma do Judiciário foi uma marca da gestão de Thomaz Bastos e do próprio Governo Lula. O CIC ficou sendo um projeto prioritário para o chefe de gabinete do Ministério, que chegou a pedir ao IBCCRIM (com cujo presidente tinha relações de proximidade) que organizasse discussões e ajudasse a definir uma política de implantação. Ficou determinado que as Secretarias do Ministério estabelecessem prioridade para o CIC.

A rubrica de fomento continuava sendo da SENASP, administrada pelo antropólogo Luís Eduardo Soares (2003-2004), tendo sido extinto o PIAPS e retornado as decisões sobre o investimento em prevenção da violência ao Ministério da Justiça e aos gestores civis. Todo um projeto de reestruturação da segurança pública foi iniciado, com sete linhas prioritárias. Prevenção da violência era uma delas e o principal programa dessa linha era o apoio à expansão dos CIC. Um concurso de pesquisas aplicadas foi organizado, o IBCcrim inscreveu um projeto sobre a implantação do CIC em três estados e foi contemplado. Porém, com a queda de Soares, a reestruturação não teve continuidade. A pesquisa foi realizada, com mais de um ano de atraso em relação ao previsto, suas conclusões foram divulgadas em 2006, último ano da gestão, com reduzido impacto sobre a condução da política de implantação do CIC.

Restou apenas a promessa e a história a ser contada sobre um projeto político de reforma do Judiciário que passava por uma "mudança de mentalidade" dos juízes e demais operadores jurídicos. Passava também pela *aproximação* com a *comunidade*, não mais descrita como sinônimo de *povo*, mas de *viventes*:

> Os CICs que eu visitei, o que eu achei mais importante foi sim a presença da comunidade e uma nova visão burocrática, não é... Ou seja, as pessoas que estavam trabalhando lá se sentirem, estarem participando não de um... como empregados que ganham seu salário ao fim do mês, mas se sentindo valorizadas no seu... na sua colaboração profissional que podiam dar e também do ponto de vista dos resultados que percebiam no seu trabalho... eu falo os resultados reais do seu trabalho... A distância é enorme, não é, entre o que você vai comparar, assim o que é o funcionamento normal de um advogado ou de um membro do Ministério Público ou do Judiciário, um empurrador de papéis e que lida com essa coisa anacrônica que são esses processos que vão se avolumando, não é [...] Então é uma visão completamente diferente e o profissional não lida com papel, o profissional lida com interesses, com pessoas, não é?
> Pra mim, parecia muito estranho no começo que houvesse delegacias de polícia dentro de alguns CICs. Mas, não me parece tão estranho a partir do momento em que a gente vê que o funcionamento dessas delegacias é muito diferente do funcionamento das delegacias tradicionais, não

> é? Não são delegacias feitas pra registrar boletins de ocorrência, pra indiciar pessoas e pra tocar inquéritos, pra atemorizar pessoas ou prender transgressores; mas basicamente para atender aqueles conflitos que normalmente as delegacias de polícia rejeitam e dizem: 'não, isso cê tem que tratar com o advogado e tudo'. Mas no dia seguinte as mesmas partes voltam já em outra condição, porque houve um tiro, houve um crime, etc e tal; se as delegacias começam a fazer um trabalho na parte de conciliação é bem diferente, não é? (Sérvulo da Cunha)

Tentava-se retomar a discussão da Reforma do Judiciário para o campo imaginado no contexto da redemocratização, com mais ênfase à dimensão da cidadania, da conquista de um Estado democrático de direito. O CIC era novamente uma estratégia para a democratização do acesso à justiça e, com sua discussão, se imaginava o deslocamento de uma reforma centrada apenas na redução de custos. Novamente, volta-se a criticar o formalismo, responsável pelo distanciamento do Judiciário e pela quebra das reciprocidades entre o juiz e o cidadão. Novamente aciona-se o tipo ideal de juiz de que falavam os predecessores da Quinta Câmara. Voltam a se associar ao CIC as falas sobre a construção da cidadania como meio de superar um Estado autoritário e alheio ao restante da população, algo que se assemelha à construção simbólica do Judiciário como um gueto, mas aqui visto pelo lado externo:

> Eu acho que se a gente quiser explicar muitas das nossas instituições brasileiras, de um lado, você tem isso que a gente chama do Estado, que é o que começou a existir no Brasil antes de existir povo, e do outro lado, o que eu chamo de vivente, e o que que é o vivente no Brasil? O vivente no Brasil é quem já estava aqui quando chegaram esses caras. Era o índio, depois passou a ser o negro, depois passou a ser o mameluco, depois o cafuso; essa multidão de pessoas pra quem o poder, a lei, o Estado é alguma coisa estranha e não tem nada a ver com eles, absolutamente nada a ver com eles e efetivamente o Estado sempre os concebeu como algo que não tinha a ver nada com esse vivente. E até hoje acontece isso, essa visão de Estado é uma coisa curiosíssima. [...] É o Estado lá e o cidadão – a pessoa, aqui não há cidadão, não é? – é como se nós não fôssemos já os personagens, os atores e os autores desta peça na qual todos nós participamos e tal. (Sérvulo da Cunha)

Vinha o CIC ser pensado como possibilidade de uma fundação republicana, de um rearranjo de forças para a inauguração de relações de cidadania, pautadas no Estado de direito. O momento político, entretanto, foi breve. Depois de 2004 nenhum posto do CIC foi inaugurado com o fomento do Governo Federal.

A periferia

Por se tratar de um programa voltado à população dos bairros de periferia carentes de serviços de justiça e de segurança, tudo no Centro de Integração da Cidadania parece carregar essa marca. As instalações foram cuidadosamente pensadas para não exibirem a suntuosidade que marca os prédios públicos nas áreas centrais da cidade.[47] Os funcionários públicos e os operadores jurídicos passaram por um treinamento que visava, além do preparo para o trabalho em parceria, orientá-los para o atendimento à população da periferia, qualificada sempre como carente e ignorante dos direitos e da organização do Estado.

A proposta inicial dos CIC era, portanto, de levar os órgãos do Estado a sediar-se nos bairros, a fim de aproximar a população dos agentes da autoridade pública, visando que, através do uso cotidiano do equipamento para a resolução de problemas do dia-a-dia, a população começasse a tomar contato com o funcionamento da justiça e começasse a conhecer e reconhecer os direitos de cidadania.

Embora pudessem talvez até intuir que o desconhecimento das leis, das instituições e dos direitos pudesse se estender para além, a preocupação dos proponentes da ação governamental era com a periferia. De uma parte, porque compartilhavam de alguma forma com as ideias do campo político de esquerda que concebe que toda ação governamental deve atender prioritariamente aos mais pobres e menos favorecidos por outras políticas; de outra parte, porque compartilhavam da representação da periferia como carência, como espaço prioritário onde se origina a violência e o crime, onde surgem os criminosos, onde as violações se multiplicam – lugar, portanto da desordem. Ambos os compartilhamentos não são, de modo algum, excludentes.

A representação da periferia das grandes cidades como *locus* do crime é corrente no senso comum da cultura brasileira. A periferia é a fronteira física, mas se associa fortemente com ideia de fronteira moral da sociedade. Essa representação pode ser melhor compreendida com a análise de Mary Douglas sobre a ideia de perigo que ronda a noção de fronteira. Segundo a antropóloga, a necessidade humana de conferir unidade às experiências desordenadas faz com que os sistemas de pensamento estejam sempre operando a partir de categorias em que a oposição entre os pares de classificação é radical e exagerada. "É somente exagerando a diferença entre dentro e fora, acima e abaixo, fêmea e macho, com e contra, que um semblante de ordem é criado." (Douglas, 1976: 15).

Assim, ao se trabalhar com categorias binárias opostas e muito bem delimitadas, a situação da liminaridade e da fronteira entre dois mundos é problemática, fonte de medos, perigos e tabus.

A periferia como a fronteira do social,[48] é o espaço em que as pessoas são concebidas como mais ligadas à natureza, submetidas às regras da sobrevivência, muito distantes dos

---

47. Esse princípio foi posteriormente abandonado.
48. Transcrição de trecho de entrevista com o desembargador Peluso, sobre a visita à Cidade Kemel: "Nossa Senhora! Depois da Zona Leste, você passa o campo do Corinthians e vai embora e ainda anda mais duas horas e meia de carro. Uma loucura! Até parece que está saindo do Brasil! Longe, longe, longe. Estou tentando... mas me foi muito fotográfico: nós chegamos, a impressão que eu tive é que estava em um faroeste norte-americano. Terra, não tinha nenhuma rua calçada, terra, ruas de terra. Aquelas casas muito simples e até brincava, dizia: olha aí que vocês vão encontrar negócio para amarrar cavalo. Tinha

bens simbólicos mais importantes, distantes da lei, distantes do Estado. Na periferia, as casas não são adequadas, a educação das crianças não é adequada, as famílias são «desestruturadas», as mulheres têm muitos filhos, de pais diferentes. Mais recentemente, um novo mito sobre a liminaridade social da periferia tem se fortalecido: a periferia é o domínio do tráfico de drogas, território dos traficantes, onde só se pode entrar ou sair com o seu consentimento. Tal lugar é, evidentemente, ameaçador à ordem. É, na visão douglasiana, fonte de perigo e poluição.

O trabalho de Teresa Caldeira nos ajuda a compreender como esse processo de estigmatização, de classificação, vai se construindo numa associação entre pobreza e crime. "O crime e os criminosos são associados aos espaços que supostamente lhes dão origem, isto é, as favelas e os cortiços, vistos como principais espaços do crime" (Caldeira, 2000: 79). Nos discursos por onde transita esta pesquisa, o espaço do crime é a periferia das grandes cidades.

Sendo deste modo, a periferia (assim no amorfismo e na indeterminação da palavra) é o lugar onde a reestruturação da ordem, o controle da criminalidade, a redução da violência, deve começar. Numa vertente política mais conservadora, controlar a periferia é manter a ordem em toda a sociedade. Em outra vertente, mais à esquerda, trata-se de expandir a fronteira política, incorporando espaços e pessoas da periferia através de "políticas de inclusão". Agradando a uns ou a outros, as propostas de políticas públicas voltadas para a periferia sempre vão girar em torno da ideia de administrar as fronteiras.

✦✦✦

Este capítulo procurou reconstruir a emergência do CIC como um projeto de reforma do sistema de justiça, através da identificação e análise dos discursos sobre o funcionamento da justiça, os diagnósticos dos problemas e as soluções veiculadas pelas falas dos sujeitos históricos envolvidos na criação, implantação e gestão de recursos dos programas paulista e federal. Procurou inventariar as apropriações, adaptações, deslocamentos e transformações ocorridas ao longo da existência do programa, contextualizando-as num campo de disputas do qual participam as instituições de justiça, os governos, grupos organizados da sociedade civil, disputando sentidos para a democratização e a reforma da justiça e para as políticas públicas de justiça e prevenção da violência.

No próximo capítulo serão recuperados o debate sobre democratização e reforma da justiça nas pesquisas dos cientistas sociais brasileiros e as pesquisas que procuraram descrever e qualificar o campo da administração da justiça no Brasil, a partir de suas instituições, das práticas de seus agentes e das culturas jurídicas e organizacionais disputadas no interior

---

impressão que estava fora de São Paulo. E aí, nos levaram para o único lugar assim mais, mais, mais...não... não... não digo apresentável, mas em uma construção pouco melhor, que era um ginásio do Estado. Aí, nós fomos para o ginásio e estava assim de gente [gesticula enfático], tinha toda a gente que você pode imaginar, tinha muita gente. Era mulher, jovens, adolescente, criança, velho, mãe com criança no colo, mulher grávida e homens de todos os tipos da periferia."

deste campo, a fim de que se possa localizar o objeto da presente pesquisa no debate das ciências sociais.

Entrevistas utilizadas

Adauto Suannes, desembargador do TJSP aposentado, ex-juiz do TACRIM, advogado, 02/07/2002.

Alberto Silva Franco, desembargador do TJSP aposentado, ex-juiz do TACRIM, membro do IBCCrim, 24/06/2002 e 17/08/2005.

Alfredo Barbetta, Coordenador de Integração da Cidadania da Secretaria de Justiça e Defesa da Cidadania do Estado de São Paulo (hoje desligado), 27/02/2002.

Almirante José Alberto Cunha Couto – Secretário Nacional de Acompanhamento Institucional/GSI (hoje desligado), 12/03/2002.

Antonio Cezar Peluso, à época desembargador do TJSP, presidente da Escola Paulista da Magistratura, hoje Ministro do Supremo Tribunal Federal, 14/11/2000.

Arquilau de Castro Melo, desembargador do TJAC, ex-Presidente do TJ, Corregedor-Geral de Justiça, 25/10/2005.

Belisário dos Santos Jr., advogado, ex-Secretário de Justiça e Defesa da Cidadania do Estado de São Paulo, 07/12/2001.

Ciro Facundo, ex-Presidente do TJAC, desembargador do TJAC, 25/10/2005.

Edson Sardano – ex-Secretário Municipal de Combate à Violência Urbana de Santo André, 03/04/2002.

Juíza do Acre, Juíza Substituta da Comarca de Brasileia, responsável pelos Juizados Especiais Cíveis e Criminais e pelas audiências nos CIC de Assis Brasil, Epitaciolândia e Brasileia, 01/11/2005.

Ranulfo de Melo Freire, desembargador do TJSP aposentado, ex-juiz do TACRIM, 08/08/2002.

Sérgio Sérvulo da Cunha, advogado, ex-Chefe de Gabinete do Ministro da Justiça (2003-2004), 19/10/2005.

II
Os estudos sobre sistema de justiça no Brasil

O OBJETIVO DESTE capítulo é apresentar uma revisão de bibliografia sobre o sistema de justiça no Brasil, identificando os principais autores, as principais interpretações e algumas divisões internas do campo, com o objetivo de discutir as reformas propostas ao sistema. Além de ser um relato do percurso da pesquisa empreendida, pretende-se localizar a emergência do projeto de criação do Centro de Integração da Cidadania e compreender os rumos assumidos pela prática do programa de governo e das instituições que o compõem. Realizar a etnografia do CIC significa também dialogar com outras etnografias sobre o Judiciário, a Polícia ou o Ministério Público, bem como com estudos que assumem perspectivas metodológicas diversas.

Em razão de o recorte construído ter restringido o trabalho de campo à observação dos Juizados Especiais, do atendimento do Ministério Público e do atendimento da Polícia Civil, foram também esses os temas da revisão bibliográfica. Mas seria empobrecedor para o estudo se esses temas não fossem contextualizados num debate mais geral sobre o sistema de justiça no Brasil.

Sistema de justiça

Os estudos contemporâneos sobre sistema de justiça no Brasil têm, desde os anos 1980, sido marcados pela reflexão a respeito das rupturas e continuidades no contexto do processo de democratização do Estado e da sociedade, no que tange à organização, atribuições legais e práticas na administração dos conflitos. Duas grandes tendências de análise foram identificadas: a que valoriza a ruptura e a mudança nas instituições diante de novas atribuições legais, da politização da atuação judicial, da reorientação das identidades corporativas, da emergência de práticas inovadoras, de transformações na cultura jurídica do país, de um lado; de outro, há a tendência que enfatiza os obstáculos à democratização e à incorporação na cultura jurídica de demandas e valores democratizantes, que analisa a persistência de valores e práticas hierarquizantes e excludentes, que relata o aprisionamento de inovações a padrões mentais persistentes.

Não por acaso, a primeira tendência é predominante entre as pesquisas de perspectiva macro-sociológica, que buscam correlacionar processos políticos e econômicos a adaptações das instituições do sistema de justiça. Os recursos de pesquisa mais utilizados são as sondagens de opinião e de perfil social e ideológico dos integrantes das instituições, privilegiando a visão dos agentes institucionais sobre os processos de mudança. Na outra tendência, verifica-se preferência pelas análises de microcontextos, as quais privilegiam a observação do cotidiano e os efeitos concretos das práticas, mais do que a intenção e a avaliação dos agentes; os marcos normativos são menos importantes do que o descortinamento de interações sociais permeadas por significados implícitos, construção de identidades clandestinas, processos informais de socialização.

Há uma produção que procura dialogar com as duas tendências, que não são estanques, porém a maioria dos expoentes do campo dos estudos da justiça filia-se a uma dessas tendências e não dialoga com a outra. A disputa entre as tendências é implícita e raramente nomeada. Ao longo da revisão da literatura as tendências irão evidenciar-se e será impossível conciliar suas imagens e conclusões sobre o mundo social. Busca-se aqui contextualizar teoricamente as interpretações oferecidas nos outros capítulos, frutos de escolhas teóricas que deverão restar claras nas próximas páginas.

Os itens a seguir respeitam divisões do campo da pesquisa das ciências sociais sobre o sistema de justiça, separando o estudo de cada instituição – Poder Judiciário, Ministério Público e Polícia Civil – dos temas transversais mais comuns – acesso à justiça e políticas de segurança pública – que não são indissociáveis do estudo das instituições, mas os transcendem e articulam as questões específicas de cada corporação.

Boaventura de Sousa Santos (1995), Eliane Junqueira (1996) e Maria Tereza Sadek (2002), ao realizarem revisões de literatura sobre o sistema de justiça, concordaram que o tema do acesso à justiça foi motivador dos primeiros trabalhos de cientistas sociais brasileiros na área. O sistema de justiça foi, no Brasil, até os anos de 1980, tradicionalmente tratado pelos juristas, segundo sua ótica peculiar. Em que pese os trabalhos clássicos do pensamento nacional, em geral, fazerem referências às relações da sociedade com o direito, uma sociologia do direito e do campo jurídico só começa a se formar nos anos 80. Como o período e as motivações dos pesquisadores eram permeados pelo contexto social e político da transição do governo autoritário para o regime democrático, esta transição foi e ainda é um motivo central na produção das ciências sociais sobre o campo jurídico, tendo o tema do acesso à justiça ocupado um lugar de destaque na sua configuração.

Antecedentes históricos e teóricos

Entre os três poderes republicanos, o Judiciário e as demais instituições do sistema de justiça despertaram tardiamente a atenção dos cientistas sociais. Foi ele tradicionalmente um objeto das ciências jurídicas e, no Brasil, a forte constituição desse campo assegurou sua exclusividade sobre o tema até anos recentes. As áreas de fronteira, por motivos teóricos próprios de cada tradição científica, foram evitadas. Da parte do direito, porque nele predominava o paradigma positivista, amparado na definição do campo jurídico proposta por Hans Kelsen (1985), a qual defendia a autonomia dos fatos jurídicos em relação aos fatos sociais. Assim, o estudo do impacto e dos efeitos do mundo normativo sobre as relações sociais não constituía interesse para a visão predominante de ciência jurídica.[1] Do lado das ciências sociais, um interesse sempre presente sobre a produção e o controle do crime predominou sobre outros questionamentos a respeito da relação entre o mundo das normas e a constituição social. A leitura marxista majoritária levava a crer que o mundo jurídico não tinha autonomia, não sendo necessário conhecer suas peculiaridades, as quais corresponderiam aos mecanismos mais gerais da dominação de classe e expansão do capital. Foi com o declínio da ortodoxia marxista e a abertura para novas interpretações que o tema foi retomado, na influência de escolas sociológicas já consagradas internacionalmente, como a ecologia criminal, o interacionismo simbólico, os estudos organizacionais (de inspiração weberiana) e uma nova sociologia crítica de influência foucaultiana.

Desde o início das ciências sociais no Brasil, ainda numa época de pouca nitidez de fronteiras disciplinares, a relação entre o direito e a realidade social foi tema de preocupação entre os principais autores. Nas primeiras décadas da República, como salientou Sadek (2002), a leitura predominante era crítica da legalidade vigente e do modelo liberal, articulada na oposição entre "Brasil real" e "Brasil legal", na qual a legalidade era uma variável de análise importante. Contudo, entre os primeiros teóricos que invocaram uma "visão sociológica" predominava o argumento de que a legalidade liberal implantada com o sistema republicano não servia à realidade brasileira, cuja sociedade civil era desorganizada e incapaz ou impossibilitada de exercer os papéis necessários ao bom desempenho da democracia liberal. Era a visão dos teóricos conservadores, como Alberto Torres e Oliveira Vianna, partidários de um

---

1. Destaque-se José Eduardo Faria (1989) e Joaquim Falcão (1981 e 1984) como referências para a crítica do positivismo jurídico e a emergência do interesse nas relações entre direito e sociedade, a partir do final dos anos 70.

poder central forte, com a missão de organizar a sociedade. Embora considerassem a legalidade liberal incapaz de servir a essa missão, não deixavam de depositar no sistema de justiça o desempenho de importante papel para a organização da sociedade e para a luta contra o predomínio do poder particularista próprio das oligarquias. Segundo Oliveira Vianna:

> [...] generalização do sufrágio direto, nem *selfgovernment* valerão nada sem o primado do Poder Judiciário – sem que esse poder tenha pelo Brasil todo a penetração, a segurança, a acessibilidade que o ponha a toda hora e a todo momento ao alcance do Jeca mais humilde e desamparado, não precisando ele – para tê-lo junto de si – de mais do que um gesto de sua mão numa petição ou de uma palavra de sua boca num apelo. Sufrágio direto e universal, regalias de autonomia, federalismos, municipalismos – de nada valerão sem este primado do Judiciário, sem a generalidade das garantias trazidas por ele à liberdade civil do cidadão, principalmente do homem-massa do interior. (O. Vianna *apud* Sadek, 2002).

Para a tradição autoritária que forneceu os fundamentos da construção do Estado Novo, o Judiciário precisaria estar ao lado do "Jeca mais humilde", "do homem-massa do interior", para ampará-lo e garantir-lhe as liberdades civis, sem as quais nenhum modelo de organização estatal teria sucesso.[2] Sadek, amparada em B. Lamounier, notou estar na valorização do Judiciário e da legalidade uma das distinções mais importantes entre os autoritarismos tipicamente latino-americanos e o brasileiro.[3]

Não obstante, argumenta Sadek (2002), os estudos do sistema de justiça tiveram um caráter tardio no desenvolvimento das ciências sociais no Brasil, uma vez estarem muito vinculados à

---

2. Note-se aqui a diferença da leitura conservadora de Oliveira Vianna e dos juízes garantistas apresentados no capítulo 1: esses não concebiam o povo como "homem-massa". Mas todos concordam com o diagnóstico de que a acessibilidade do Judiciário às classes populares é condição imprescindível para o sucesso dos modelos políticos, sejam eles quais forem (república, nação ou democracia).

3. As ditaduras brasileiras do século XX sempre estiveram "legalizadas" através de reformas constitucionais, como as ocorridas em 1937 e 1969. A repressão política durante a ditadura militar esteve sempre ligada aos procedimentos do devido processo, conforme estabelecidos pela Lei de Segurança Nacional e pelos Atos Institucionais. A repressão política foi "judicializada", o que contrasta com o ocorrido em outros países. Isso é ainda mais significativo ao considerar que a organização judiciária que operou a repressão política só começa a ser reformada praticamente vinte anos depois do último governo militar, ainda assim numa reforma lenta e gradual. "O segundo aspecto distintivo da repressão brasileira foi seu alto grau de 'judicialização'. Uma grande parte das pessoas submetidas à repressão foi acusada formalmente e julgada por tribunais, em geral militares. No Chile, por outro lado, milhares de pessoas foram mortas e desapareceram durante e após o golpe de setembro de 1973. Algumas pessoas foram julgadas em tribunais militares 'em tempo de guerra' organizados às pressas. A Argentina teve a repressão menos judicializada desses três regimes. Seus governantes militares autorizaram desaparecimentos em massa sem nenhum tipo de formalidade legal. Houve apenas algumas centenas de julgamentos políticos no período, e a maioria desses casos era de pessoas detidas antes do golpe de março de 1976 [...] O gradualismo e a judicialização da repressão brasileira tiveram um lado positivo, pois dava tempo aos advogados de defesa e espaço institucional para defender a vida e os direitos de seus clientes. Por outro lado, também 'normalizou' a repressão e dividiu a responsabilidade com ela de uma forma bastante prejudicial à perspectiva de uma reforma judiciária democrática após o fim do regime militar." Entrevista de Anthony Pereira, cientista político norte-americano, à *Folha de S. Paulo*, 05/04/2004, p. A10.

discussão do Estado de direito e da democracia formal, o que não correspondia à realidade política do país. Vítor Nunes Leal (1975 [1949]) destacou-se por dar relevo ao importante papel das instituições do sistema de justiça na reprodução da ordem coronelista, um sistema de democracia formal que abrigava a perpetuação dos poderes privados locais na organização estatal.

Nos anos 60 e 70, com o predomínio do marxismo, houve desinteresse em pesquisar o aparato judicial e policial; a ditadura militar deixava evidente o papel da legalidade na repressão política e parecia não haver grandes dúvidas sobre a falta de autonomia das instituições judiciais e policiais com relação aos processos políticos mais gerais. No entanto, o interesse foi maior do que o reconhecido por Sadek (2002).[4] São dignos de nota, ao menos, dois estudos. Maria Sylvia de Carvalho Franco (1976), reconstituindo as relações políticas entre os cidadãos e um estado nacional emergente através da leitura de processos penais do século XIX, iluminou em método e teoria uma análise sobre a administração da justiça. Heloisa Fernandes (1973) elegeu como objeto a instituição policial no estado de São Paulo. De fato, foi no contexto da resistência à ditadura militar, sobretudo quando já se admitia alguma oposição política e se pensava a transição, que diversos estudos passaram a investigar as instituições do sistema de justiça e o tema do acesso à justiça, abordando-o pelo seu oposto, a exclusão jurídica, inaugurando um campo científico novo.

Internacionalmente, algumas condições teóricas e históricas foram destacadas por Boaventura de Sousa Santos (1995) para a emergência de uma sociologia da administração da justiça na segunda metade do século XX. Entre as condições teóricas, ele enfatiza as mudanças de entendimento dos fenômenos jurídicos propiciadas pelo desenvolvimento da antropologia jurídica, preocupada em compreender as transformações na esfera do direito nas sociedades que viviam a transição de modelos tribais ou coloniais para o modelo estatal; progressivamente voltando seu interesse para os litígios e os processos de resolução, observando os graus de formalização em que ocorrem e sua eficácia simbólica. Essas contribuições somaram-se a uma tradição que já dava relevo às formas jurídicas não escritas, à convivência entre sistemas jurídicos diversos, à coexistência entre direito formal e informal. O autor ressalta ainda o desenvolvimento da ciência política e suas abordagens sistêmicas ou institucionalistas propiciando a compreensão de processos contínuos de construção e redefinição de perfis e identidades institucionais, envolvendo a política inter e intrainstitucional. Igualmente importante é, para Santos, a contribuição das sociologias das profissões e das organizações para os estudos da administração da justiça, deslocando o olhar das questões normativas e substantivas do direito para as questões processuais, institucionais e organizacionais.

Entre as mudanças históricas que despertaram a atenção dos pesquisadores para o campo jurídico, Santos destaca as transformações globais da esfera estatal e da esfera econômica, trazidas pelo declínio do modelo do Estado Providência e sua substituição por formas estatais marcadas

---

4. Na revisão de literatura apresentada por Kant de Lima, Michel Misse e Ana Paula Miranda (2000) foram identificados diversos trabalhos sobre crime e instituições do sistema de justiça produzidos nos anos 1970.

pelas reformas de cunho neoliberal, com objetivo de reduzir a participação do Estado como agente econômico, desregulamentando a economia. O modelo do bem-estar estava assentado no compromisso fordista, que estabelecia um padrão para as lutas sociais e para a participação das classes populares na redistribuição da riqueza.[5] Seu declínio intensificou a expressão dos conflitos por novas vias e canais de resolução, incrementando o apelo à via judicial. Coincidentemente ao aumento de demanda para garantia judicial de direitos sociais ameaçados pelas reformas um novo processo de codificação de direitos surgia, provocado pela emergência de novos sujeitos sociais protagonizando novos conflitos: de gênero, ambientais, de defesa de minorias étnicas e culturais. Tão importantes para as transformações jurídicas da contemporaneidade quanto aquelas ocorridas na esfera econômica e na esfera das nações, as transformações culturais que reorganizaram a família, o trabalho feminino, a ecologia, as políticas do corpo, as relações com as diferenças sexuais, religiosas, raciais, afetaram o cotidiano de todas as classes, em praticamente todos os países do mundo (em alguns já no pós-guerra, em outros mais recentemente). Antes de tudo, iniciava-se um questionamento do estatuto da igualdade formal diante das desigualdades de fato, abrindo a crítica do tratamento desigual da lei às demandas dos diferentes segmentos. Essas transformações, que redefiniram a micropolítica do cotidiano, também impactaram o sistema judicial na medida em que invocaram novos direitos, os quais trouxeram uma inovação, por não serem postulados e tutelados individualmente, requerendo a criação de institutos processuais inéditos como as ações judiciais coletivas.

Ao crescimento da demanda por tutela judicial motivado, de um lado, pelo declínio do Estado de Bem-estar social e, de outro, pelo surgimento dos "novos direitos"[6] designa-se *explosão de litigiosidade*, isto é, uma requalificação da busca dos tribunais para a garantia de direitos já efetivados (e atualmente ameaçados) e para a efetivação de direitos recém-conquistados e ainda não institucionalizados[7] (Santos, 1995 e 1996).

---

5. Vianna *et al* (1999), citando Adam Przeworski, falam em um compromisso keynesiano, base do capitalismo organizado, assentado sobre o programa de pleno emprego (regulação do nível de emprego) e igualdade (oferta de serviços sociais de bem-estar).

6. Os "novos direitos" ou direitos de terceira geração correspondem aos direitos difusos e coletivos, como os direitos sociais (saúde, educação, moradia, alimentação, saneamento, renda), os direitos ambientais e aqueles relativos ao patrimônio histórico, cultural e natural, os direitos das mulheres, os direitos sexuais. Suas principais características são: serem postulados por movimentos sociais ligados a minorias políticas, étnicas ou sexuais; não serem tutelados individualmente, mas coletivamente; exigirem políticas pró-ativas, o exercício de liberdades positivas e não apenas as já conhecidas liberdades negativas. Para entender essa última característica, tome-se o direito de não-discriminação do trabalho feminino ou o direito de alimentar-se com produtos livres de substâncias nocivas à saúde – para que sejam efetivos, não basta punir os empregadores ou os produtores de alimentos contaminados para que a violação ao direito seja restituída, pois o mercado de trabalho continuará a ser discriminador e o mercado de alimentos continuará ambientalmente incorreto; será preciso criar programas de conscientização e valorização de novas práticas que deem conta de tornar possível uma realidade que foi antes traduzida em direitos do que em práticas. Dito de outra forma, os "novos direitos" têm um caráter prospectivo, de transformação da realidade, por não serem o registro jurídico de relações sociais já consolidadas.

7. A efetivação dos direitos depende, além de sua nomeação nos códigos, também da sua institucionalização, isto é, da criação de estruturas estatais e societais que garantam a execução de políticas que tornem esses direitos concretos para os cidadãos.

Até aqui, o campo dos estudos sobre o sistema de justiça parece ter sido influenciado por transformações nas esferas econômica, política, estatal e do cotidiano que tiveram impacto sobre a busca dos tribunais. No entanto, dinâmicas próprias da formulação e aplicação de normas conheceram transformações que despertaram a atenção dos cientistas sociais. Se os estudos sobre o sistema de justiça transcenderam o interesse dos juristas, é também porque a atuação do Judiciário começou a transcender o modelo do juiz como mero aplicador da lei, consagrado no sistema de *civil law* adotado pelos países da Europa continental e suas ex-colônias. O fenômeno do *novo constitucionalismo*, típico da construção formal das democracias erigidas no pós-guerra, representa a preocupação em codificar e garantir a efetividade de direitos fundamentais nas diversas esferas da vida social, introduzindo, com isso, princípios de justiça social na aplicação do direito (Barroso, 2006).

Werneck Vianna, Carvalho, Melo e Burgos (1997) citam diversos constitucionalistas, internacionais e brasileiros, como Celso Lafer, Sampaio Ferraz, R. Dworkin, Mauro Cappelletti e Marcelo Neves, para explicar o caráter simbólico dos textos constitucionais contemporâneos e como eles "desneutralizam" a figura do juiz. Segundo os autores, ao introduzir princípios de justiça (e não apenas de legalidade) na aplicação das normas, o constitucionalismo democrático passou a levar em consideração efeitos sociais desejáveis, expectativas de promoção de direitos embutidas nas decisões judiciais. O Judiciário passou a ser um ator relevante no processo de efetivação dos direitos sociais, incorporando um sentido prospectivo nas suas decisões. Dito de outra forma, passou a partilhar da formulação de políticas públicas ao lado do Executivo e do Legislativo. A atividade de interpretação das normas tornou-se, com o constitucionalismo democrático, muito mais complexa por envolver, além da coerência interna das normas, a realização de princípios defendidos na Constituição, mas ainda não institucionalizados. O juiz passa então de intérprete cego da lei a "legislador implícito" (Vianna *et al*, 1999).

Com o declínio do modelo estatal do bem-estar, o controle constitucional dos atos de governo se tornou cada vez mais uma atividade política: na medida em que a política convencional se enfraquecia como arena de expansão dos direitos sociais, politizava-se a atividade jurisdicional, buscada como alternativa de realização desses direitos. A esse processo de "desneutralização" e politização da atividade jurisdicional se deu o nome de *judicialização da política*.

O processo tem várias consequências, entre as quais se pode destacar o protagonismo social assumido pelo Poder Judiciário e pelo Ministério Público. A quebra do modelo kelseniano[8] abriu fissuras para diversas experiências criativas na implementação das normas

---

Como exemplo, se não houver um sistema de previdência social, de nada adianta proclamar o direito à aposentadoria. Para discussão mais aprofundada consultar T. H. Marshall (1967) e N. Bobbio (1992).

8. Como já informado, o modelo kelseniano propugnava a separação entre o direito (positivado nas normas estatais) e a justiça (valores sociais de justiça), separando ao mesmo tempo o direito dos movimentos da sociedade e da esfera política, tornando-o esfera autônoma (Kelsen, 1985).

e na relação institucional do sistema de justiça com outros poderes republicanos e com os segmentos sociais interessados na defesa de direitos e garantias fundamentais coletivos. Entre elas pode-se incluir o movimento que culminou com a criação do CIC. Os abalos na partição clássica dos três poderes e as mudanças nas práticas interpretativas dos códigos produziram uma aproximação dos sistemas jurídicos tributários da *civil law* e da *common law*. Isto é, a judicialização da política significa que a interpretação e aplicação das leis passa a ser criativa, conferindo ao Judiciário poderes legislativos e de implementação de políticas públicas – classicamente executivos (Vianna *et al*, 1997).

O processo de judicialização da política não é uniforme, linear ou homogêneo para todos os países, muito menos aceito acriticamente por todos os analistas. Se nos anos 70 e 80 já era percebido e debatido na Europa, no Brasil só passou a fazer sentido no processo de democratização.

O acesso à justiça

A constituição de um Poder Judiciário independente, de um direito estatal positivado, operado por um corpo de especialistas, que criam e manipulam o saber jurídico é um dos elementos fundamentais da consolidação do Estado moderno. Sua legitimidade está assentada sobre o exercício do poder regulado por normas legais, inclusive no que tange ao uso da violência, considerada legítima quando aplicada em condições autorizadas pela lei (Weber, 1999 [1922]). A consolidação do direito estatal significou um marco político e cultural nas sociedades ocidentais, tornando-se o modo dominante de resolução de conflitos, todavia, outras fontes de direito informal e outros canais de resolução de controvérsias não desapareceram, e, ainda que não reconhecidos pelo Estado, são praticados pelas populações (Santos, 1995).

O Estado nacional não detém o monopólio de produção do direito e de distribuição de justiça, situação a que se dá o nome de *pluralismo jurídico*. Isto é, nas sociedades contemporâneas, outras instâncias sociais produzem direitos não-oficiais e administram conflitos através de mecanismos e rituais extralegais. Se as formas alternativas são pelo menos tão antigas quanto o direito estatal, no mundo contemporâneo, elas adquirem uma importância singular, por uma série de dificuldades na universalização da oferta de serviços de justiça pelo Estado.

Ao estudar o campo da administração de conflitos, Boaventura de Sousa Santos utilizou a noção de *pirâmide de litigiosidade* como forma de representar a realidade em que apenas uma parte dos conflitos judicializáveis efetivamente ingressa nas instâncias oficiais de resolução (polícias, Ministério Público, Poder Judiciário). A base dessa pirâmide é composta por todos os confrontos de interesses, sejam individuais ou coletivos, envolvendo violações de direitos, disputas interpessoais ou entre grupos sociais, empresas, administração pública. Apenas uma parte dos conflitos é absorvida e administrada pelo sistema oficial, podendo ou não se converter em litigação judicial. Esta corresponde ao topo da pirâmide, que é geralmente estreito, sobretudo em países como o Brasil, em que não são poucos os problemas de acesso da população à litigação judicial.[9] Assim, as situações sociais não canalizadas para as vias formais de resolução tendem, em parte, a ser absorvidas por sistemas alternativos de administração de conflitos, extralegais; e, em parte, a serem administradas de forma privada, onde o recurso à violência ilegal, a supressão do oponente, podem ter lugar.

Ainda segundo Santos (1995), não apenas o sistema oficial coexiste com os mecanismos informais de administração de conflitos, como esses são preferidos pelos cidadãos, por serem mais baratos, rápidos, compreensíveis e oferecerem soluções consideradas mais adequadas às peculiaridades dos litigantes e suas expectativas de resolução. De acordo com o autor, na vida cotidiana, apenas quando os meios informais fracassam na dissolução da controvérsia é buscada a intervenção do sistema oficial.

No campo de estudos sobre acesso à justiça oficial, para Santos, destacam-se problemas de diversas ordens. Há barreiras econômicas de acesso ao Judiciário, devido aos elevados custos de litigação judicial, determinantes para os pobres, mas não apenas. As causas de pequeno valor, mesmo envolvendo cidadãos mais abastados, acabam excluídas da proteção judicial quando a litigação se torna financeiramente desvantajosa, embora seja, de fato, a população pobre a mais prejudicada, uma vez que suas causas frequentemente são de pequenos valores. Existem ainda as barreiras sociais e culturais decorrentes da distância social existente entre os operadores jurídicos e a maioria dos cidadãos, representadas pela linguagem técnico-jurídica, por ritos e procedimentos judiciais desconhecidos do público leigo, pelo desconhecimento das leis que afeta a maioria da população e, em alguns casos, pela identificação de classe dos operadores jurídicos. As barreiras sociais e culturais tendem a ser mais relevantes quanto mais baixo é o estrato social dos litigantes. Entretanto, estar informado a respeito dos direitos e dos procedimentos judiciais ainda não garante a canalização do conflito para o Poder Judiciário. Experiências negativas anteriores – um repertório social de exclusão do acesso à justiça – e concepções culturais sobre justiça social, desigualdade política e valores morais podem impactar a decisão de procurar os tribunais. Distâncias territoriais também costumam significar entraves, seja em áreas rurais ou urbanas, sobretudo quando se somam a dificuldades econômicas para o transporte (Santos, 1995).

Um grande projeto internacional, coordenado por Mauro Cappelletti e Bryant Garth (1988), conhecido como *Florence Project*, dedicou-se a mapear essas dificuldades de acesso à justiça oficial e identificar as diferentes políticas criadas pelos estados nacionais a fim de minimizar os entraves ao acesso, já que ele é considerado condição elementar do exercício da cidadania. Na medida em que o edifício da cidadania moderna é baseado na codificação progressiva de direitos civis, políticos e sociais, a realização da cidadania só é possível quando

---

9. Lembrem-se dos dados do IBGE (1990), colhidos através da PNAD em 1988, que dimensionaram em 55% o percentual dos litígios não canalizados para as vias oficiais.

o Judiciário é acessível para garantir a realização dos direitos de todos (Marshall, 1967). Na célebre expressão de Boaventura Santos, o direito de acesso à justiça é um "direito charneira, um direito cuja denegação acarretaria a de todos os demais" (Santos, 1995: 167).

Cappelletti e Garth (1988) identificaram três "ondas" nas políticas públicas de acesso à justiça. A primeira consistindo na oferta de serviços de assistência jurídica gratuita ou subsidiada. Trata-se de políticas de caráter assistencialista e individualista, o que a segunda onda procurava corrigir, ao viabilizar a representação de interesses coletivos, ou da criação de direitos coletivos e difusos, seja através da criação de instrumentos jurídicos para a postulação da proteção judicial desses direitos. A terceira onda abrange tanto as reformas institucionais e legais no sentido da informalização dos procedimentos judiciais (como a criação de cortes de pequenas causas), quanto o investimento em alternativas extrajudiciais de resolução pacífica de disputas.

No Brasil, o movimento das "três ondas" não se deu nos mesmos moldes da discussão dos países centrais. A assistência judiciária gratuita foi, até os anos 80, praticamente a única política pública compensatória nessa área. Após a abertura democrática e, sobretudo, após a edição da Lei 9.099/95, que regulamentou os juizados especiais cíveis e criminais, iniciativas de ampliação da oferta de serviços judiciais vêm se multiplicando, ao espírito da "terceira onda", como é o caso do CIC. A sociedade civil desempenhou papel preponderante na ampliação de oportunidades de solução de conflitos. Até recentemente, todo o trabalho de educação em direitos era realizado pelos movimentos sociais, associações civis e sindicatos. A sociedade civil organizada sempre se responsabilizou pela oferta de assistência jurídica gratuita aos cidadãos, mas também pela formação e difusão de uma cultura cívica que valoriza o conhecimento e a defesa dos direitos, principalmente no que tange os interesses coletivos (Campilongo, 1994).

Eliane Junqueira (1996) considera que mapear as pesquisas sobre acesso à justiça é reescrever a história da sociologia do direito no Brasil. As primeiras pesquisas no campo iniciaram-se com o interesse de juristas-sociólogos na emergência dos movimentos sociais que, no contexto da transição política dos anos 80, invocavam direitos sociais coletivos, como saúde e moradia. O interesse dos estudiosos, embora contemporâneo à divulgação dos resultados do *Florence Project*, não parece ser por ele influenciado.

A discussão dos países centrais estava pautada pela necessidade de expandir o *welfare state*, ampliando os direitos sociais às minorias étnicas e sexuais, efetivando os chamados "novos direitos". No caso brasileiro, onde a discussão do *welfare* não estava colocada, em razão da inversão de etapas do processo típico de construção da cidadania moderna (W. Santos, 1987; Carvalho, 2002), tratava-se de refletir a respeito da necessidade de efetivar direitos básicos, aos quais a maioria não tinha acesso

> tanto em razão da tradição liberal-individualista do ordenamento jurídico brasileiro, como em razão da histórica marginalização socioeconômica dos setores subalternizados e da exclusão político-jurídica provocada pelo regime pós-64. (Junqueira, 1996: 390).

Assim, os motivos do interesse brasileiro pelo tema devem ser buscados no contexto nacional dos anos 80, marcado pela emergência dos movimentos sociais e pelas discussões sobre direitos coletivos e informalização das agências de resolução de conflitos. Junqueira (1996) periodiza o movimento acadêmico em torno do acesso à justiça em dois momentos, que corresponderiam também a dois eixos de preocupações: pesquisas sobre acesso coletivo à justiça (primeira metade dos 80); e investigações de formas estatais e não-estatais de resolução de conflitos individuais, incluindo os novos mecanismos informais, como os juizados de pequenas causas, introduzidos em meados dos 80. Nos dois eixos sobressai profunda influência de Boaventura de Sousa Santos (1977, 1988) e sua pesquisa na favela do Jacarezinho, no Rio de Janeiro.

Trata-se do estudo na comunidade que ele chamou Pasárgada, onde se verificava, num espaço de ocupação ilegal do solo (uma favela), a vigência de um direito informal mobilizado para prevenir e solucionar disputas a respeito da posse e dos direitos de construção, organizado em torno da associação de moradores. A pesquisa procurou perceber as ligações e os conflitos entre o direito oficial e o direito de Pasárgada: os procedimentos informais de ajustamento incorporavam ritos próprios do discurso jurídico estatal (como a prática de arquivamento de documentos escritos, a produção de provas testemunhais), com vistas a conferir respeitabilidade e autoridade às decisões, contudo, o direito não-oficial não podia coexistir em relação de igualdade com o direito estatal, não podendo traduzir suas figuras ao direito civil. Assim, as instâncias oficiais de resolução – polícia, Poder Judiciário – não eram capazes de atender às necessidades de regulamentação e mediação decorrentes das condições de vida e das relações sociais peculiares da favela. Ainda, ao contrário, podiam representar uma ameaça à sobrevivência da comunidade, cuja existência era permanentemente ameaçada em razão da ilegalidade da propriedade do solo. Nessas circunstâncias, os agentes de autoridade pública eram interpretados pelos moradores como potenciais repressores e dificilmente vistos como recursos eficazes de resolução de conflitos. Junto à população de Pasárgada, era nítido o distanciamento de classe em relação os operadores jurídicos, cujos interesses estariam em conflito com os interesses da população desprovida do patrimônio material. A avaliação sobre a atuação da polícia denunciava igualmente um viés de classe, na medida em que se formava um repertório de experiências no qual a polícia atuava na defesa de interesses outros que não os dos moradores. Contudo, o "direito dos oprimidos" identificado em Pasárgada era desafiado em sua eficácia em promover relações pacíficas e estáveis em razão da relativa instabilidade da organização social da comunidade, em si, fonte de conflitos.

A pesquisa de Santos (1977) documentava a inacessibilidade do sistema de justiça para os setores populares e correspondia à experiência cotidiana dos brasileiros. Não eram os dados surpreendes, mas o método de investigar os procedimentos estatais e não estatais de resolução de conflitos – que marcou aquela geração e os pesquisadores por ela formados.

Teoricamente, segundo Junqueira (1996) se chegou ao tema do acesso à justiça pelo tema do pluralismo jurídico. Os estudos dos conflitos urbanos na cidade de Recife, realizados por Joaquim Falcão (1981 e 1984), inauguraram a preocupação científica com os direitos coletivos. Ao analisar invasões urbanas, Falcão conjugou pluralismo jurídico e acesso à justiça, a fim de compreender que, diante das necessidades de responder às demandas sociais emergentes, coexistem lógicas jurídicas diferentes dentro do próprio Judiciário, lento e tecnicamente incapaz de resolver as novas demandas. Se Santos observara o potencial libertário da organização local, Falcão enfocava a necessidade de processar judicialmente interesses difusos e coletivos, os quais demandavam um *aggiornamento* do Poder Judiciário no Brasil, para torná-lo capaz de institucionalizar e mediar a conflitualidade emergente. A mudança do sistema de justiça começava a ser vista como condição decisiva da transição democrática.

O argumento de Falcão (1981) tornou-se referência no campo ao relacionar a democratização a transformações na cultura jurídica liberal e individualista que subjazia os institutos processuais brasileiros, impedindo a representação coletiva dos cidadãos. Na medida em que novos conflitos apresentavam demandas coletivas, o acesso das classes sociais majoritárias à efetivação da cidadania, passaria necessariamente pela abertura dos códigos e dos magistrados para o processamento das causas coletivas. Essa seria a principal contribuição do Judiciário à democratização e as bases da sua independência na sociedade democrática.

A fim de questionar a representação coletiva diante do Judiciário como condição indispensável do aperfeiçoamento do ideal democrático, Falcão nomeia um problema que será pouco retomado nos estudos dos cientistas políticos interessados em conhecer o perfil e a visão de mundo dos operadores das instituições do sistema justiça; esse problema conhecerá uma continuação nas pesquisas sobre o sistema de justiça criminal e, de certa forma, retornará qualificado ao final deste livro. Trata-se, segundo o autor, de

> perguntarmos como numa sociedade de classes como a nossa esta organização do poder pode deixar de ser apenas operacionalização do interesse egoístico da elite. Ou seja, estaria o Judiciário cumprindo a função que na democracia o legitima aos olhos do cidadão: de equacionar os conflitos sociais? E mais: de que maneira, na sociedade hierarquicamente estratificada, a favor de quem, contra quem e em nome de quem está cumprindo esta função?
> (Falcão, 1981: 4)

Daí o interesse do autor pernambucano em investigar "os mecanismos da cultura jurídica dominante que viabilizam ou não o acesso das classes sociais à Justiça" (*idem*), considerando que a tipologia dos conflitos embutida na ordem legal é sempre correspondente à estratificação social e, assim, opera uma seleção dos conflitos que merecem a apreciação do Judiciário, que é ao mesmo tempo uma seleção de classe. É essa seleção, operada pelo aparato técnico da Justiça que lhe confere um conteúdo político: quais conflitos são abrigados pela técnica jurídica vigente e quais são isolados desta esfera e relegados a formas extralegais ou ilegais de resolução, como o mercado ou a violência.

Para Joaquim Falcão, identificar a função seletiva do direito processual exige um duplo esforço, de ultrapassar a evidência do discurso jurídico, que nega a seleção, e de constatar empiricamente as consequências da interferência do Judiciário (ou de sua ausência) nos processos em que as classes sociais disputam o poder. Para realizar isso, ele propõe uma análise da concepção de contrato e conflito subjacente à ordem legal e à práxis do Judiciário, buscando mostrar que a cultura jurídica liberal reduz os conflitos sociais a conflitos individuais, privilegiando aqueles que têm maiores conhecimentos, posições políticas mais vantajosas e os grandes infratores, legitimando, com isso, a desigualdade social; com alto preço para o Judiciário de perda de legitimidade junto aos cidadãos, reduzindo sua pretensão de independência e afastando o sistema do ideal democrático. O caminho da democratização da sociedade brasileira passava, para Falcão (1981), pela democratização do Judiciário, mediante a crítica da cultura jurídica subjacente aos códigos e procedimentos judiciais.[10]

A reivindicação de direitos coletivos difusos chamou também a atenção dos pesquisadores cariocas. Junqueira (1996) destacou a pesquisa de Eduardo Guimarães Carvalho (1991) sobre ações judiciais de reintegração de posse, utilizadas não como recurso clássico de resolução de conflitos pela via estatal, mas antes como pressão para obter a resolução do conflito em outras esferas; o que também documentava a inacessibilidade do sistema legal para os movimentos de reivindicação de direitos difusos.

Outro conjunto de pesquisas pioneiras identificado por Junqueira (1996) foram as investigações sobre a reivindicação do acesso individual à justiça, até então, visto como tática instrumental e atomizante. Porém, as pesquisas do fim dos anos 80 vinham ressaltar sua função na extensão de uma cultura cívica de luta pelos direitos. A autora cita o estudo de Luciano Oliveira (2004 [1985]) sobre as funções "judiciais" da polícia (discutido mais à frente), mostrando uma face da inacessibilidade do sistema de justiça às demandas das classes populares. Outros estudos problematizaram o tratamento judicial das demandas individuais, como o de Maria Cecília Mac Dowell dos Santos (1989) e o de Maria Celina D'Araújo (1996) sobre os Juizados Informais de Conciliação e juizados de pequenas causas

---

10. O argumento de Falcão é semelhante ao questionamento dos juízes garantistas, segundo os quais a "mentalidade dos juízes" os transforma em instrumentos cegos de uma ordem social injusta.

(ver a seguir), ambos concluindo pela limitação desses órgãos para a realização necessária da ampliação do acesso à justiça na sociedade democrática.

Junqueira e Rodrigues (1988), ao "revisitarem" Pasárgada, 15 anos depois, repetiram a constatação da grande distância simbólica a separar a população mais subalterna e o Poder Judiciário, considerado um dispositivo privado das elites, criando indisposições em relação ao "mundo dos ricos" e funcionando como bloqueio simbólico do acesso a dispositivos estatais de intermediação de conflitos. Naquele momento, os autores perceberam os traficantes de drogas invocando pretensões de mediar conflitos e instituindo outras formas de direito não-oficial nas favelas cariocas.

Entre a literatura comentada por Junqueira (1996), é mencionada ainda a pesquisa do Cediso da USP sobre serviços legais em São Bernardo do Campo, relatada por Campilongo (1994). Foi construída uma tipologia de serviços legais, dividindo-os em tradicionais e inovadores, a fim de comparar os serviços de assistência gratuita oferecidos pelo Sindicato dos Metalúrgicos e pela OAB, buscando identificar fórmulas alternativas de acesso à justiça e resolução de conflitos. O serviço do Sindicato foi associado ao tipo inovador, de reivindicação coletivista, valorizando o associativismo, a participação popular, a disseminação do conhecimento legal, as formas alternativas de resolução, o multiprofissionalismo na resolução das lides, a transformação social, a ética comunitária, a justiça social. O serviço da OAB, por seu turno, foi associado ao tipo tradicional, de valorização da demanda individual, da prestação paternalista, estimulando a apatia da parte, a relação sacralizada e distante com o conhecimento técnico-jurídico, na busca de soluções formais e legais, tendo o advogado em posição central devido a seu saber exclusivo e técnico-profissional, orientado por uma ética utilitária para a solução de problemas individuais clássicos e pela busca de certeza jurídica. Embora a dicotomia pudesse levar à supervalorização do serviço do sindicato e à desqualificação do serviço da OAB, não é esta a conclusão do autor. Ele chama a atenção para a seleção de clientes operada pelo sindicato, em contrapartida à abertura do serviço da OAB àqueles mais pobres e menos amparados por outras instâncias. Conclui também que o fenômeno do "novo sindicalismo", que provocou transformações políticas decisivas para a abertura democrática e a consolidação da democracia, não resultou no florescimento de uma sociedade civil fortemente organizada para cobranças e transformações no mundo do direito e da resolução dos conflitos, isto é, nessa área pouco se avança e não se chega a formular novos problemas.

Apesar disso, ambos os serviços apontam para um fenômeno comum: seja demandando direitos individuais ou coletivos, parece haver um despertar de consciência entre os setores da base da pirâmide social a respeito da cidadania. Para Campilongo (1994), a invocação de direitos, mesmo pelas vias tradicionais, representa a ocupação de um espaço político-jurídico do qual as classes populares sempre estiveram ausentes.

Ao encerrar seu levantamento dos estudos brasileiros sobre acesso à justiça dos anos 80, Eliane Junqueira (1996) conclui ter havido preocupação com a utilização dos canais oficiais de resolução de conflitos como um caminho para o alargamento da cultura cívica democrática no país. Do ponto de vista político, os estudos teriam contribuído para introduzir transformações na ordem legal, como a criação dos Juizados Especiais e a instituição da representação coletiva da cidadania. Do ponto de vista teórico, eles teriam instituído um diálogo entre a perspectiva crítica, preocupada com a desigualdade de classe, e o referencial teórico liberal, centrado no conceito da cidadania. Ainda segundo a autora da resenha, haveria nessa matriz de estudos um pressuposto raramente explicitado de que a construção da cidadania no Brasil deveria percorrer um caminho inverso àquele descrito por Marshall (1967): aqui a conquista de direitos sociais seria condição necessária para a construção dos direitos civis.

A resenha proposta por Eliane Junqueira (1996) permite reconstruir um percurso teórico pelo qual se interroga o sistema de justiça, a partir da desigualdade de acesso dos segmentos sociais à proteção judicial dos direitos. Não obstante, seu recorte exclui o diálogo com um conjunto de estudos com preocupações muito semelhantes, mas objetos distintos. Trata-se dos estudos sobre justiça criminal, cuja preocupação é com o tratamento diferencial dado pelo sistema, inicialmente, às diferentes classes sociais, em seguida, a outras clivagens de hierarquia (de gênero e racial, por exemplo). Como lembrou Boaventura Santos (1995), quando se trata da justiça criminal, não se pode falar propriamente de procura pelas instâncias oficiais, já que as condições de vítima e réu de um crime retiram de cena o caráter voluntário dessa busca: os réus é que são procurados pela Justiça; e no caso das vítimas, nem sempre podem escolher a procura ou as estratégias de processo, já que a maior parte das ações penais é de titularidade do Ministério Público, em nada dependendo dos indivíduos lesados. Mesmo assim, o tema do acesso à justiça é uma constante nos estudos do sistema de justiça criminal: qual o tipo de defesa é exercido pelos réus, quais as condições em que as vítimas ingressam no processo penal, ou o evitam?

Os temas de democratização das instituições e de efetivação dos direitos de cidadania repetem-se também nos estudos sobre o sistema criminal, o qual, afinal, é parte do sistema de justiça, com funcionamento todo articulado: juízes e promotores criminais e cíveis são os mesmos e as especialidades a que se dedicam são função muito mais da progressão na carreira do que da especialização de conhecimento ou de uma escolha ideológica. Nas comarcas menores, por onde ingressam todos os juízes e promotores, as varas costumam ser cumulativas. Na medida em que vão progredindo nas carreiras, os profissionais podem transitar entre varas cíveis e criminais. Até mesmo os ingressantes pelas vagas do Quinto Constitucional, cuja carreira institucional na magistratura segue percursos diversos daqueles que ingressam na primeira instância, transitam entre câmaras cíveis e criminais. Se os operadores são os mesmos, a estrutura institucional também não é diversa: todos estão submetidos aos mesmos conselhos, aos mesmos provimentos, às mesmas escolas da magistratura, às mesmas hierarquias, a rotinas burocráticas semelhantes, aos espaços físicos comuns.

É difícil compreender por que Junqueira (1996) e sobretudo Sadek (2002) – que se propôs a um mapeamento mais completo e chega a citar os autores em sua bibliografia – não considerem necessário explicitar as razões da exclusão dos trabalhos sobre justiça criminal no mapeamento dos estudos sobre justiça. Se enxergam diferenças substantivas no funcionamento, na composição, na organização, nos processos, na "cultura jurídica" da justiça cível em relação à criminal, isto poderia ser explicitado e demonstrado. Em relação aos trabalhos dos anos 90, esse silenciamento é ainda mais estranho, na medida em que os estudos sobre "o sistema de justiça" e os estudos sobre "o sistema de justiça criminal" apontarão diagnósticos inconciliáveis do balanço do impacto da democratização política sobre o Judiciário, o Ministério Público e a Polícia Civil. É bom que se diga que o silenciamento é duplo, na medida em que os estudos sobre a justiça criminal também pouco ou nada dialogam com as conclusões das pesquisas do outro grupo.

Nos estudos do sistema de justiça que excluem a dimensão criminal, dois temas foram identificados por Sadek (2002) como principais: o papel político das instituições de justiça, com ênfase para o tema da judicialização da política, e a função de prestação de serviço das instituições, em que se avalia a atribuição de realização de direitos e arbitragem de conflitos e disputas, bem como suas consequências para a vida social. No primeiro tema, a autora citou basicamente os estudos produzidos por ela mesma, à frente da equipe do Idesp, e os estudos do Iuperj, liderados por Werneck Vianna. O segundo tema foi mencionado, mas nenhum autor citado.

Para introduzir o tema do acesso à justiça, Sadek (1999) recorda os dados do IBGE, que, pela primeira vez, dimensionaram a utilização das instâncias oficiais para a resolução de conflitos. Naquele momento, 55% dos brasileiros não recorria à Justiça oficial,[11] seja por descrédito, desconhecimento ou falta de recursos; especificamente para os conflitos criminais, a taxa de não procura era ainda superior, 72% (IBGE,1990); o que se tornava, de um lado assustador, de outro verossímil, quando se olhavam as estatísticas criminais de tendência crescente.[12] Sadek considerou preponderar a procura pela justiça nos casos de pensão alimentícia, questões trabalhistas e separações conjugais; ao passo que nos conflitos de vizinhança, nas questões criminais e nas cobranças de dívida a procura se reduziria. Concluiu que a busca por solução judicial é maior para os problemas em que as conse-

---

11. Uma atualização desse estudo só foi publicada em dezembro de 2010, informando que o índice de procura da Justiça aumentou para 58%. A esse número devem ser acrescidos os 12% que responderam terem procurado os juizados especiais (IBGE, 2010).

12. Para ilustrar o impacto gerado pelos dados do IBGE sobre o imaginário dos cientistas sociais, consultar Wanderley Guilherme dos Santos, em seu *Razões da desordem* (1994); Maria Tereza Sadek, em diversos textos, como *O Sistema de Justiça* (1999); a pesquisa e o seminário relatados em Pandolfi e outros, Cidadania, justiça e violência (1999).

quências da sentença judicial são mais concretas, rápidas e efetivas, ou ainda quando a atuação judicial é indispensável. Observou maior eficiência da justiça em casos que afetam indistintamente os segmentos sociais, como o direito de família, ramo em que a justiça mais se aproximaria de um ideal de eficiência e igualdade. Se, nesses casos, a educação não hierarquiza o acesso à justiça, o mesmo não se pode dizer da renda: a utilização de serviços gratuitos reforça a imagem popular da justiça como cara, elitista e discriminatória, em razão do empenho diferencial verificado entre advogados pagos e gratuitos. Essa parece ser, para a autora, uma questão fundamental para que a desigualdade no acesso à justiça não reproduza ou acentue a desigualdade econômica e social.

Em livro de 2001, Sadek organizou o que chama de "ensaio fotográfico" do sistema de justiça, analisando os números de processos entrados e julgados durante dos anos 90, em todo o país, e algumas experiências selecionadas de acesso à justiça, entre as quais está o CIC, ao lado de relatos sobre os Juizados Especiais Cíveis, a assistência judiciária de São Paulo e programas institucionais na Bahia. O "ensaio fotográfico" revelou alto grau de utilização do Judiciário, mesmo se comparado internacionalmente, havendo a média entre 1990 e 1998 de um processo instaurado para cada 31 habitantes. Não apenas os números da procura do Judiciário eram grandiosos, como eles aumentaram no período analisado (106,44%), muito acima do que aumentou a população (11,33%) (Sadek, 2001). Os dados recolhidos rebatiam o impacto da pesquisa do IBGE (1990) que indicavam a baixa procura da justiça. Passada uma década, na qual os efeitos da nova Constituição para a melhoria do acesso podiam se fazer notar, o sistema de justiça parecia mais acessível, revelando um movimento sempre crescente: um serviço público de primeira grandeza, procurando ajustar-se, mesmo com deficiências, ao crescimento da demanda, isto é, a defasagem entre processos entrados e julgados variava, mas mantinha um padrão de constância.

Diferenças regionais foram ressaltadas, tornado difícil afastar aquilo que a pesquisa parecia evitar: o reconhecimento de que "a justiça estatal reproduz a desigualdade social" (Sadek, 2001: 9). A análise apontou correlações estatísticas entre a quantidade de processos iniciados num estado e o seu grau de desenvolvimento humano, medido pelo IDH.[13] A utilização do Judiciário concentra-se em São Paulo e no Rio Grande do Sul e é diluída nos estados com IDH menor. O diagnóstico identificou também uma importante proporção de cargos de juízes vagos, apesar de ser bastante elevado o estoque de processos entrados e não julgados. Porém, conclusões definitivas foram prejudicadas pela imensa variação encontrada nos processos julgados por juiz em cada estado, indo de 31 processos julgados em um ano por juiz, na Bahia, a 1724 processos julgados por juiz em São Paulo.

---

13. Desenvolvido pelo Programa das Nações Unidas para o Desenvolvimento – PNUD, o índice combina indicadores de esperança de vida, educação e renda.

A grande hipótese formulada com a análise dos números sobre o acesso à justiça no Brasil, nos anos 80, apontou para um paradoxo: "existência de demandas demais e de demandas de menos; ou, dizendo-se de outra forma, poucos procurando muito e muitos procurando pouco" (Sadek, 2001: 40). Isto é, embora os números da Justiça possam surpreender por sua magnitude, é difícil não acreditar que essa procura esteja concentrada entre "aqueles que sabem tirar vantagens de sua utilização" (*idem*). Se os números de nossa Justiça não contivessem esse viés,

> estaríamos diante de uma sociedade marcada por uma cidadania ativa e de um Judiciário alçado a um serviço público de primeira necessidade, uma instituição realmente presente no cotidiano de todos os cidadãos. (Sadek, 2001: 40).

Como o inverso parece mais verdadeiro, seria preciso qualificar os autores e réus dos processos,[14] para

> saber se, de fato, a utilização do Judiciário está estreitamente correlacionada a um grupo específico da sociedade, exatamente aquele que dispõe de mais recursos econômicos, sociais e intelectuais. (*idem*).

Para Sadek, a discussão do acesso à justiça deveria ser requalificada para discutir qual acesso deve ser privilegiado, combatendo excessivas facilidades para o litigante que quer apenas protelar decisões, ocupando o sistema com demandas que "pouco tem a ver com a garantia de direitos" (*idem*: 41).

Sobre os Juizados Especiais, a mesma publicação ressaltou que sua utilização crescente indica consolidação e eficiência em aceitar novas demandas e solucioná-las com acordos. Enxergam-se, entretanto, problemas na formação e atuação de conciliadores e deficiências de estrutura material e de pessoal, o que leva a concluir que embora os Juizados signifiquem um primeiro passo para a efetivação do direito de acesso à Justiça, ainda se está longe de garanti-lo para todas as camadas da população (Cunha, 2001b). Foi também identificado efeito perverso do aumento do formalismo processual introduzido pela Lei 9.099/95 na regulamentação dos Juizados Especiais, que enfrentam também a resistência da OAB (Desasso, 2001). Em relação às demais experiências institucionais de acesso à justiça as conclusões parecem apontar sempre para a sua importância na ampliação do

---

14. Conclusões semelhantes foram obtidas em levantamentos realizados em outros países. Em especial, a pesquisa liderada por Boaventura Santos (1996), em Portugal, também teve a oportunidade de traçar o perfil dos litigantes, demonstrando que a justiça portuguesa estava sobrecarregada com a imensa demanda de algumas poucas empresas que utilizavam o Judiciário sobretudo para cobrar o pagamento de cheques sem fundos.

acesso das pessoas mais pobres e das causas mais simples, apesar dos diversos problemas que essas experiências apresentam.

Perfil da magistratura e politização do Judiciário

Os estudos sobre o perfil da magistratura, nos anos 90, foram influenciados pelo momento da consolidação da democracia, em que alguns novos arranjos institucionais, criados pela Carta de 1988, estavam sendo experimentados. Daí terem privilegiado a composição social da magistratura e seu posicionamento ideológico diante das principais questões em pauta no debate público sobre a reforma do Poder Judiciário.

De acordo com Sadek, os novos papéis constitucionais no sistema de justiça representaram uma mudança radical no perfil das instituições e de seus integrantes, bem como de suas possibilidades de atuação na arena política. As alterações na atuação e na identidade das instituições teriam sido tais "a ponto de poucos contestarem que foi construído um outro cenário com protagonistas originais" (Sadek, 2002: 253). A constatação era de que o Poder Judiciário dos anos 90 havia ganhado vitalidade e se fortalecido, ocupando lugar de destaque na cena política nacional, no noticiário de mídia e também nos estudos dos cientistas políticos. A ordem democrática havia criado condições para romper o encapsulamento em que os juízes tinham vivido até então. Nos termos de Vianna *et al* (1997), foi o período da politização e da desneutralização da função jurisdicional, associadas à nova Constituição.

A primeira pesquisa a mapear nacionalmente o perfil e algumas opiniões dos magistrados sobre a chamada crise da justiça e as principais propostas de reforma foi realizada pelo IDESP (Sadek, 1995). Apontou-se que metade dos magistrados havia ingressado na carreira antes dos 30 anos; mais de três quartos concordava no todo ou em parte com o diagnóstico de uma crise na justiça, responsabilizando por ela, em primeiro lugar, o Executivo, como parte litigante e pelas deficiências materiais do conjunto das instituições da justiça. Considerou-se haver heterogeneidade de opiniões, a exceção de algumas propostas de reforma apoiadas por ampla maioria, como a democratização do Poder Judiciário (65,5%), a expansão dos Juizados Especiais (85%), a redução das possibilidades de recurso (83%) e a quarentena para a nomeação de membros em cargos públicos (80%). 86,5% eram contrários à criação do Conselho Nacional de Justiça com participação de membros externos à corporação. Essa discordância decresceu (para 61%), na medida em que a proposta se fortaleceu na sociedade (Sadek, 2004b). Apenas 32% eram a favor da súmula vinculante. 73% concordavam que o juiz não pode restringir-se a ser mero aplicador da lei; 74% consideraram que as decisões judiciais refletem as posições políticas dos magistrados ocasional ou frequentemente e 73% se disseram favoráveis a que o juiz cumpra um papel social, mesmo sob o risco de violar contratos (*idem*).

Também o Iuperj realizou levantamento sobre a composição e o ideário da magistratura (Vianna *et al*, 1997). Na opinião de Sadek, a principal diferença entre os dois levantamentos "está menos no retrato e mais nos supostos e implicações" (Sadek, 2002: 258), uma vez que seu grupo teria sido mais cauteloso em concluir que mudanças no perfil social da magistratura poderiam resultar em transformações mais profundas na cultura jurídica.

O estudo de Vianna, Carvalho, Melo e Burgos (1997) inicia-se com a interrogação sobre a compatibilidade entre o perfil do magistrado e a democratização da prática judicante. Os autores destacam que durante o período autoritário, embora já houvesse um contexto mundial de transformações na esfera do Poder Judiciário, os magistrados brasileiros permaneceram em sua função tradicional na resolução dos conflitos. Mesmo durante a transição, não teria havido necessidade de redefinir sua identidade.[15] Isso só teria ocorrido como consequência inesperada de um protagonismo não totalmente desejado, posto que ambiguidades da própria Constituição depositaram no Poder Judiciário a responsabilidade de decidir disputas entre o Executivo e o Legislativo, originadas num sistema presidencialista que incorpora diversas instituições parlamentaristas. Além disso, a ampliação dos direitos e a possibilidade da representação coletiva de interesses introduziram o princípio de justiça social na atividade de decisão judicial. Isto significa que as transformações institucionais não foram pequenas, embora tenham atingido um Poder Judiciário despreparado teórica e materialmente para elas. Daí ter-se tornado lugar comum falar em crise do Judiciário e em reforma constitucional.

Três são as principais características de perfil social encontradas entre os magistrados brasileiros por Vianna e colaboradores: o crescimento da participação feminina, a juvenilização e a predominância de magistrados oriundos de setores médios e inferiores da hierarquia social, recrutados entre famílias dedicadas preferencialmente a funções públicas. Esta última característica aproximaria o Judiciário do eixo do Estado, da ética pública, e o distanciaria do eixo do mercado, marcado pela busca de eficiência econômica e racionalização instrumental. Porém, diferentemente da elite de tradição ibérica, o Judiciário teria se distanciado do perfil dos dirigentes do Estado e se aproximado de um grupo técnico, qualificado pela educação e pela atuação profissional, ampliando a participação de setores médios e subalternos em sua composição, graças à ampliação do acesso à universidade ocorrida desde os anos 70. Para os autores isso significa uma pluralização da corporação, ainda possibilitada pela baixa socialização formal interna: os magistrados ingressam cada vez mais jovens e não são obrigatoriamente submetidos a uma escola

---

15. Diagnóstico que, evidentemente, não se aplica ao grupo dos juízes paulistas garantistas historiados no capítulo 1, os quais procuravam, no contexto da democratização, implementar mudanças profundas no sistema de justiça e na "mentalidade dos juízes".

preparatória.[16] Por aí explicam os autores a heterogeneidade de opiniões e posicionamentos encontrados entre os magistrados sobre os temas investigados, ressalvando-se duas temáticas: a da neutralidade do magistrado diante das mudanças sociais (rechaçada por 74% dos juízes, número interpretado pelos autores como verdadeira transgressão à tradição normativista) e a da autonomia institucional, amplamente defendida pelos magistrados. Os consensos, segundo os autores, apontam para o papel do juiz individual como agente de mudança social e certa descrença em relação ao papel transformador da cúpula do Judiciário, daí a importância da autonomia defendida para o juiz, realmente visto na imagem contemporânea do guardião das promessas de liberdades e garantias.[17] Vianna, Carvalho, Melo e Burgos (1997) concluem que esse perfil é compatível com as exigências de democratização e ampliação do acesso à justiça, posto que poderiam os magistrados, em função do seu perfil e de seus valores, contrapor-se ao predomínio da razão econômica que tem regido o Executivo.

Em relação às peculiaridades do processo de judicialização da política no Brasil, Vianna, Carvalho, Melo e Burgos (1999) destacam seu caráter tardio em relação a outros países, relacionando isso ao isolamento da corporação judicial no contexto da ditadura. Com a promulgação da Constituição de 1988 iniciam-se as mudanças, decorrentes de inovações na arquitetura institucional. Segundo os autores, essa carta é singular em relação às anteriores, por não ter sido fruto de uma vontade política prévia sobre os rumos a seguir. Nas reformas mais remotas sempre houve um anteprojeto a traduzir a vontade hegemônica em princípios e arquitetura institucional pré-definidos. Em 1988, não havia predomínio de nenhum grupo político com força suficiente para impor visão hegemônica. Talvez até pela falta de um pensamento homogêneo que desse coerência ao texto constitucional, optou-se por uma constituição como sistema aberto, incorporando princípios do constitucionalismo comunitário. Isso representaria inovação e ruptura com a cultura política que havia predominado. O processo de transição, porém, não permitia ao novo texto constitucional identificar-se com a agenda das forças de mudança, amplamente apoiadas pela opinião pública. A solução de compromisso dos constituintes, segundo a análise aqui citada, foi incluir uma generosa declaração de direitos fundamentais, face à impossibilidade de efetivar imediatamente conquistas substantivas. A concretização dos direitos fundamentais e da democracia participativa restou como obra aberta confiada às futuras gerações, a quem

---

16. Observar no capítulo 5 a construção do argumento de haver no campo jurídico uma intensa socialização informal e meticulosa vigilância das fronteiras internas e externas das carreiras.

17. *Le Guardien des promesses* é o título de um livro de Antoine Garapon, juiz e intelectual francês, de larga importância nas reflexões sobre o novo papel do juiz na contemporaneidade. Segundo ele, o momento cultural atribui ao juiz o papel de guardião das promessas, isto é, de direitos e liberdades ainda não efetivados concretamente em razão do esvaziamento da política como meio de luta social. Embora seja um entusiasta do engajamento dos juízes na busca incessante de justiça social, Garapon (1999) aponta o perigo do esvaziamento da política para a vida democrática e procura demonstrar a necessidade de reinventar a legitimidade judicial e a cultura política republicana sob risco de retorno a processos autoritários.

competiria garantir a efetividade dos direitos constitucionalmente assegurados. Esta inovação teria sido obra da *intelligentzia* jurídica e não dos partidos de esquerda ou da sociedade civil organizada, não sendo também alinhada ao pensamento predominante no vértice do Poder Judiciário. Na avaliação de algumas forças políticas, a declaração de direitos cumpria apenas funções simbólicas. Na de outras, os novos institutos e as inovações institucionais seriam um caminho para aprofundar as mudanças e efetivar os direitos assegurados. A esta última linha se filiam Vianna e seus colaboradores (1999), acreditando que, provocado pelos mais diferentes agentes políticos, o Judiciário aumentou gradativamente seu papel como guardião dos direitos fundamentais e da racionalidade jurídica, contribuindo para criar uma cultura política nova e democrática no país.[18]

Reforma do Judiciário

Tema recorrente na literatura dos anos 90 é a reforma constitucional do Poder Judiciário. Como lembram Vianna *et allii* (1997) as transformações ocorridas no contexto da democratização surpreenderam a organização judiciária, despreparada para lidar com todos os desafios concretos dos novos papéis institucionais. A necessidade da reforma do Judiciário, discussão inaugurada no fim dos anos 70 pelos cientistas sociais e juristas mais à esquerda, não desapareceu com a promulgação da Carta de 1988. Ao contrário, já nos primeiros anos notava-se a extensão do processo de judicialização da política, de um lado, e, de outro, a insuficiência ou mesmo a ambiguidade das novas regras para tornar o sistema de justiça mais acessível e atuante nos casos de graves violações aos direitos humanos.

Em 1991, o deputado Hélio Bicudo (PT-SP), conhecido militante na área dos direitos humanos, redigiu um projeto de emenda constitucional (PEC 96/92) que propunha alterações visando reduzir a impunidade de graves violações aos direitos humanos, impetradas sobretudo por agentes do Estado, com o objetivo de provocar o debate sobre a democratização do sistema de justiça.[19] A questão não era consensual e as negociações não avançavam. Na revisão constitucional de 93-94, a PEC do Judiciário foi discutida, tendo o seu conteúdo inteiramente reformulado por inúmeras contribuições recebidas, e relatada pelo deputado Nelson Jobim (PMDB-RS), dando novos contornos à discussão, incluindo a polêmica

---

18. Maciel e Koerner (2002) chamam a atenção para a divergência de interpretações sobre o sentido da judicialização da política no Brasil. Como não é objeto do presente estudo, basta mencionar a existência desse debate, no qual Vianna e colaboradores (1999) tomam parte.

19. Hélio Bicudo acreditava ser necessário politizar o debate sobre democratização do sistema de justiça no Congresso Nacional, como forma de fazer frente à aprovação de leis conservadoras e dissonantes da opção garantista adotada pela Constituição, como é o caso da Lei dos Crimes Hediondos, de 1990. O movimento humanitário sempre viu a aprovação dessa lei como um perigo para a efetivação dos princípios e garantias liberais incluídos no texto da Carta. Entretanto, a contestação da lei perante o Supremo Tribunal Federal demorou mais de quinze anos para ser aceita, dependendo mais do ingresso de ministros garantistas a essa Corte do que de transformação na atuação judicial ou na criação jurisprudencial.

proposta da súmula de efeito vinculante dos tribunais superiores. Sem consensos, em 1995, foi instalada uma comissão na Câmara dos Deputados para analisar a PEC 96/92 modificada pelo relatório de Jobim. O relator da comissão foi o deputado Jairo Carneiro (PFL-BA), que após 10 meses de audiências públicas, apresentou um parecer que incluía a súmula vinculante e a criação do Conselho Nacional de Justiça, órgão de controle externo do Judiciário, entre outras ideias consideradas polêmicas. O relatório de Carneiro foi muito criticado por sua tendência de centralização do sistema judicial e redução do acesso à justiça (Sadek e Arantes, 2001). Não houve condições sequer de votar o relatório na comissão, dadas as críticas contundentes de inconstitucionalidade feitas pelo deputado José Genoino (PT-SP), que denunciava interesses políticos do Governo Federal na reforma do Judiciário alinhados às reformas de caráter neoliberal que predominaram na década de 90.

Em 1999, a comissão foi reativada, à mesma época em que o Senado Federal instaurava a CPI do Judiciário, tendo seu presidente Antonio Carlos Magalhães (PFL-BA) escolhido como alvo principal a Justiça do Trabalho, acusando-a de ser o pior ramo da justiça em eficiência e práticas de corrupção e nepotismo. A instalação da CPI ecoou com a repercussão negativa da apuração de desvio de recursos públicos da construção do edifício do Tribunal Regional do Trabalho, em São Paulo, tendo como centro a figura do juiz Nicolau dos Santos Neto.[20] Toda a discussão da instalação da CPI desenvolvia-se em um momento político e econômico delicado e foi interpretada como forma de pressão sobre os magistrados para barrar interferências na política econômica (Sadek e Arantes, 2001). Como a CPI criada no Senado foi vista por diversos setores políticos e jurídicos como uma tentativa de intimidação do Judiciário, a comissão da Câmara propunha-se como uma alternativa de discussão mais democrática e positiva para implementar as reformas. Crescia o consenso sobre a necessidade de reformar, mas não havia consenso sobre o que reformar e como, nem mesmo sobre a composição política da comissão. Mas para a opinião comum era cada vez mais evidente que o Judiciário precisava de uma transformação importante, possibilitando o resgate de sua legitimidade e confiança.

A década de 1990 chegava ao fim com um balanço negativo da democratização do sistema de justiça. Perpetuavam-se as denúncias de graves violações dos direitos humanos, incluindo uma coleção de casos de repercussão internacional[21] (Adorno, 1999). Entretanto,

---

20. Conhecido pela mídia e pela população em geral como Lalau, o juiz Santos Neto, ex-presidente do Tribunal Regional do Trabalho – SP (1990-94) e presidente da Comissão de Obras (1994-1998), em 1998 foi acusado, indiciado e processado pelo desvio de R$ 169 milhões destinado à construção do novo edifício do tribunal, no bairro da Barra Funda. Foi condenado em 2006 a 26 anos e seis meses de prisão, podendo cumpri-los em prisão domiciliar, por ter mais de 70 anos. O processo contra ele foi marcado por diversos incidentes provocados pela defesa, acusada de protelar o processo. Oriundo do Ministério Público do Trabalho, Santos Neto ingressou no TRT pelas vagas do Quinto Constitucional, em 1981, indicado por um presidente militar – seus opositores sempre relembraram não ter ele jamais se submetido a concurso público, tendo sempre sido indicado aos cargos que ocupou em razão de suas ligações políticas.

21. Entre os casos estão o Massacre do Carandiru e as rebeliões na Febem de São Paulo, comentados no capítulo 1; o assassinato de oito crianças que dormiam numa marquise ao lado da Igreja da Candelária, no Rio de Janeiro, por policiais militares em

mais desanimadora era a constatação de que se perpetuavam também os casos cotidianos de assassinatos, linchamentos, espancamentos e toda sorte de maus-tratos e violações no ambiente doméstico, nas lutas pela terra e nas relações de trabalho no campo.[22] Os anos 90 foram os anos da emergência da violência como questão das mais relevantes no espaço público, e ainda mais nos espaços privados. Não há quem não encontre o que relatar em primeira pessoa quando o assunto é o medo da violência, cada vez mais frequente nas conversas cotidianas. A violência ganhou dimensões de epidemia.[23] Houve uma escalada assustadora dos homicídios nas grandes cidades e a produção social do medo da violência[24] introduziu modificações na sociabilidade, nas relações entre as classes sociais e entre os cidadãos e o Estado. Ao final da década, a questão da segurança ganhou um alto grau de politização, alojando-se no discurso eleitoral de todos os partidos. No Congresso Nacional, a discussão e a produção legislativa ganhou ares de "legislação de emergência",[25] com a aprovação de leis como a dos crimes hediondos,[26] que só depois de muitos anos de luta de garantistas e outros humanistas foi considerada inconstitucional. O tema da reforma do sistema de justiça como etapa necessária da democratização da sociedade perdia, com isso, espaço para o tema do combate à violência. E, se não havia consenso para aprovar reformas democratizantes, era possível aprovar legislações pontuais que indicavam um endurecimento no tratamento penal (Azevedo, 2003). Essas alterações pontuais contribuíram para conferir um caráter ainda mais inconsistente para a ordem normativa.

Na Câmara dos Deputados, a comissão que discutia a reforma constitucional conseguiu votar um relatório em 2000, depois de muita disputa e idas e vindas. Sadek e Arantes (2001) identificaram três dimensões principais da reforma discutida na Câmara e encaminhada ao Senado. A primeira delas seria o controle constitucional dos atos legislativos, pensado em 1988 como um sistema híbrido,[27] com consequências importantes para o fun-

---

1993, teve repercussão internacional como signo do abandono e da violência contra as crianças de rua; a chacina de 21 pessoas na favela de Vigário Geral, no Rio de Janeiro, promovida por 52 policiais militares, dos quais dois cumprem pena e quatro recorrem da sentença em liberdade – após a chacina várias ONGs se instalaram na favela promovendo a educação artística dos jovens, a mais famosa é o AfroReggae; o assassinato de 19 trabalhadores rurais sem-terra pela Polícia Militar do Pará, em Eldorado dos Carajás, em 1996, por ocasião da desocupação de uma estrada por onde passava uma marcha de 1500 pessoas que protestavam contra a demora na desapropriação de uma fazenda para fins de reforma agrária, mais duas pessoas morreram e outras 67 guardaram sequelas permanentes, o episódio é anualmente lembrado com marchas de sem-terra pelo país; o assassinato do índio pataxó Galdino, em 1997, por jovens de classe alta de Brasília que atearam fogo a seu corpo enquanto dormia num ponto de ônibus e foram condenados por lesão corporal seguida de morte.

22. Ver dados em Mesquita Neto e Affonso (2002).
23. Ver Zaluar (1999) e os estudos por ela reunidos.
24. Consultar Caldeira (1989), Feiguin e Lima (1995), Adorno (1996).
25. Para uma discussão a esse respeito ver Azevedo (2003).
26. A Lei dos Crimes Hediondos de 1995, aumentou a pena e agravou o regime de execução para um série de crimes, interditando a progressão de regime. Isso foi considerado inconstitucional em 2006, pelo STF, após uma década de luta de juristas garantistas.
27. Para melhor compreensão do modelo brasileiro híbrido de controle constitucional, ver Arantes (1997).

cionamento da justiça, dentre elas o congestionamento dos tribunais superiores. Rogério Arantes avaliou a pec 96/92 como ineficaz, por não resolver as ambiguidades do sistema híbrido de controle constitucional. A segunda dimensão, a do controle externo do Poder Judiciário, vista como desejável para o regime republicano democrático, sofreu críticas pela escolha do modelo do Conselho Nacional de Justiça, um órgão centralizado. Diversos analistas têm criticado a opção por um conselho centralizado (Sadek, 2001; Bicudo, 2004; Cintra Jr., 2004; Comparato, 2004; Faria, 2004; Vieira, 2004). Na terceira dimensão, do acesso à justiça, o relatório teria trazido propostas bastante diversas, algumas de caráter pontual, outras até já superadas por leis ordinárias promulgadas no interregno. Mais consensuais seriam as proposições para aumentar o acesso dos cidadãos à justiça, seu efeito, porém, não seria necessariamente o de democratização da instituição.

Com a eleição de Luís Ignácio Lula da Silva (2003-2006) para a Presidência da República, o tema da reforma ganhou um novo fôlego. Ainda antes da posse, seu Ministro da Justiça, Márcio Thomaz Bastos, já nos primeiros discursos e entrevistas, retomava a discussão da reforma do sistema de justiça, reafirmando compromisso com a democratização das instituições.

O ministro Thomaz Bastos tematizou a democratização do Judiciário, retomando a referência do período da abertura política. Pouco depois, o presidente Lula incendiou a discussão quando, num discurso, defendeu a abertura da "caixa preta do Judiciário",[28] recolocando em pauta a questão do controle social do poder republicano. Em abril de 2003, foi criada no Ministério da Justiça uma Secretaria, que oscilando entre chamar-se da Modernização ou da Democratização, foi instituída como de Reforma do Judiciário.

Ainda em 2003, o Judiciário ocupou lugar de destaque no noticiário nacional, com a discussão da Reforma da Previdência, na qual a cúpula do Judiciário manifestou-se de modo tão corporativo que não pode conquistar aliados fora da categoria, defendendo privilégios previdenciários não extensivos a nenhum outro servidor público ou trabalhador do setor privado. A repercussão foi extremamente negativa para a imagem do Judiciário, uma instituição já acusada de tantos vícios, com dificuldades de sustentar privilégios que outras carreiras estavam perdendo. O Presidente do Supremo Tribunal Federal, Maurício Corrêa (2003-4), em razão dos debates sobre a Reforma da Previdência, tornou-se, na circunstância, um dos maiores opositores do Governo Lula, com declarações quase cotidianas à mídia. O tom do seu discurso foi fortemente corporativista, de defesa dos privilégios classistas dos magistrados, justificado na

---

28. Segundo o texto da matéria de jornal: "Ao defender uma Justiça igual para todos os cidadãos, independentemente de sua situação financeira, Lula pregou o fim da Justiça "classista", "aquela Justiça que tem lado, que tem classe". E citou o cangaceiro Virgulino Ferreira da Silva (nascido por volta de 1897 e morto em 1938), o Lampião: "Como dizia Lampião, em 1927, neste país, quem tiver 30 contos de réis não vai para a cadeia. Ainda em muitos casos prevalece exatamente isso [...] É por isso que nós defendemos há tanto tempo o controle externo do Poder Judiciário. Não é meter a mão na decisão do juiz. É pelo menos saber como funciona a caixa-preta de um Judiciário que muitas vezes se sente intocável", afirmou o presidente." (Sombra do poder: Lula critica caixa-preta do Judiciário e defende controle. *Folha de S. Paulo*, 23 de abril de 2003, Caderno Brasil. Texto de Lilian Christofoletti.)

natureza ímpar do ofício. Jamais se assistiu a uma crítica do projeto de Reforma da Previdência por parte dos principais líderes do Poder Judiciário, ao menos no grande espaço que ocuparam nas mídias, refletindo uma preocupação com a democratização do direito à previdência social ou sustentada num ideário de igualdade de direitos.

A defesa corporativa agressiva combinava-se com o que Sadek (2004a) identificara como uma redução da tolerância da população com a baixa eficiência do sistema de justiça, contribuindo para a corrosão do prestígio da instituição. Tornava-se cada vez mais difícil para a magistratura resistir à ideia da necessidade do controle externo. O presidente Lula passou a defender a criação do Conselho Nacional de Justiça, como uma instância de fiscalização e planejamento, com a presença de membros "externos" às carreiras jurídicas. Novos escândalos envolvendo atividades criminosas de juízes federais e ministros do STJ na venda de sentenças e acórdãos reforçavam a ideia de que era preciso moralizar o Judiciário, cujos controles internos não coibiam atividades criminosas e práticas corporativistas. O cerco fechava-se. Entidades internacionais, como a Anistia Internacional e até mesmo a ONU inseriram em seus relatórios de 2003 denúncias e recomendações focalizando a falta de independência do Judiciário brasileiro na apuração de graves violações aos direitos humanos. No ano seguinte, o Brasil recebeu a visita de um relator especial das Nações Unidas para observar o sistema de justiça criminal.

Com a aposentadoria compulsória de Maurício Corrêa, Nelson Jobim (2004-6), favorável à reforma do Judiciário e à criação do Conselho Nacional de Justiça, tomou posse como presidente do Supremo, aliviando a tensão entre o Judiciário e o Executivo sobre a tramitação da PEC no Congresso. Essa era a prioridade da Secretaria da Reforma do Judiciário, sob a estratégia de trabalhar apenas os pontos consensuais, "fatiando" a reforma: iniciar alguma mudança era simbolicamente importante.

A emenda constitucional 45 foi aprovada no Senado em 07 de julho de 2004, tendo como pontos principais a criação do Conselho Nacional de Justiça, a adoção da súmula vinculante, a extinção dos Tribunais de Alçada, a previsão do deslocamento de competência para a Justiça Federal das graves violações de direitos humanos, a autonomia administrativa e financeira das Defensorias Públicas, a criação de varas agrárias.

O reforço do fechamento corporativo, as denúncias de corrupção, a cobrança de organismos internacionais e o próprio movimento interno da magistratura, através das associações de classe favoráveis a mudanças, foram suficientemente fortes para derrotar o discurso, sempre muito forte no sistema de justiça, de que a interferência do Executivo no Judiciário deve ser afastada a todo custo.[29]

A primeira importante decisão do Conselho Nacional de Justiça foi atacar o nepotismo em todas as instâncias da magistratura. Todos os tribunais foram impelidos a

---

29. Além disso, na composição do Conselho Nacional de Justiça, o candidato natural do Governo Federal, o Secretário da Reforma do Judiciário, Sergio Renault, perdeu na eleição no Senado para o ex-promotor de justiça Alexandre de Morais, Secretário de Justiça de São Paulo, tido pelos mais conservadores como um aliado, o que conferia "independência" ao CNJ em relação ao Executivo.

desligar parentes de juízes, desembargadores e ministros em cargos de confiança sem concurso público. A repercussão da medida surpreendeu por revelar a magnitude da prática nepotista. Calcula-se que tenham sido desligados 4 mil parentes de magistrados em todo o país.[30]

Embora poucos discordem que a aprovação da emenda constitucional da Reforma do Judiciário tenha sido significativa para demonstrar que mudanças são necessárias e possíveis, muitos veem essa reforma como tímida, insuficiente, conservadora e até pouco eficaz.

As associações de juízes defendiam a criação de um conselho fiscalizador de composição mais plural e atuação descentralizada.[31] A adoção da súmula vinculante é criticada não apenas por muitos juízes de primeira instância (Sadek, 1995) como por pesquisadores (Comparato, 2004; Vieira, 2004). O aperfeiçoamento da eficiência judicial na punição de graves violações aos direitos humanos, apesar da federalização do julgamento dos crimes mais graves, deixou a desejar com a manutenção do julgamento de policiais militares pela Justiça Militar (exceto nos crimes dolosos contra a vida), e com a manutenção de foro privilegiado (Vieira, 2004; Bicudo, 2004). Apenas a autonomia das Defensorias Públicas parece poder produzir algum efeito concreto no aumento da oferta de acesso à justiça para a população mais pobre e também um efeito de democratização institucional. Por força da emenda 45, com a exigência de autonomia foi definitivamente derrotado, em São Paulo, o argumento de que a Defensoria não era necessária porque outros órgãos públicos assumiam as tarefas da assistência judiciária, e o estado finalmente criou a sua Defensoria, em dezembro de 2005, após uma luta de setores da sociedade civil organizada pela implementação de um projeto de instituição moderna, democrática internamente, aberta às demandas populares e descentralizada. Em outros estados, é provável ocorrer o fortalecimento das Defensorias devido à autonomia financeira e administrativa conquistada na reforma.

Entretanto, é muito pequena a expectativa de que a emenda 45 produza efeitos importantes sobre o aumento da oferta de prestação jurisdicional e sobre a participação popular na administração da justiça. As mudanças mais significativas nesses aspectos têm brotado de iniciativas individuais ou coletivas de alguns magistrados no sentido de implementar experiências inovadoras na gestão administrativas de varas e fóruns e também de implementar experiências de acesso alternativo à justiça.[32]

Este livro é dedicado a analisar uma dessas experiências e indicar suas virtudes e limites.

---

30. O número de magistrados em todas as instâncias judiciais no país não excede 11 mil.
31. Como é o caso da Anamatra – Associação Nacional dos Magistrados da Justiça do Trabalho e da Ajufe – Associação dos Juízes Federais do Brasil. A Associação Juízes para a Democracia defende uma proposta mais ampla de controle democrático.
32. A respeito desses dois aspectos consultar no site do Ministério da Justiça, área da Reforma do Judiciário, as informações sobre o banco de dados do Prêmio Innovare, destinado a divulgar experiências de gestão modernizada e o mapeamento "Acesso à justiça por sistemas alternativos de administração de conflitos", que identificou experiências de resolução alternativa no país, indicando que parte significativa delas é criada e mantida pelo próprio Poder Judiciário.

Posições e disputas profissionais no mundo jurídico

Outra linha dos anos 90 dedicou-se à descrição das funções, dos procedimentos e das posições de poder no funcionamento cotidiano das instituições e dos espaços de trabalho. É como a linha de investigação dos cientistas políticos mais se distancia de uma abordagem macro e passa a observar os microcontextos e as práticas do cotidiano no espaço dos fóruns.[33]

Em *O sistema de justiça*, de 1999, Sadek, Bonelli e Faisting elaboraram análises sobre a construção das hierarquias entre as profissões jurídicas e as suas disputas por posições no campo. Sadek trabalhou as visões de senso comum sobre os atores; Bonelli observou fronteiras e conflitos entre as profissões e suas disputas internas. Faisting também centrou a análise na disputa profissional entre juízes, conciliadores e advogados no espaço dos juizados especiais. Reforçam a leitura, também advogada aqui (*capítulo 5*), sobre o esquadrinhamento do espaço e das práticas no ambiente forense que, de muitas formas, reproduz hierarquias, criando aquilo que Bonelli chamou de "mística em torno da figura do juiz", da qual participam os outros atores forenses que, ao invés de «aproximar o juiz do cidadão comum», como quer uma nova ideologia profissional, alimenta o distanciamento de sua figura e de seu saber em relação ao homem comum, interferindo nos processos de confiança da população no sistema.

Sadek (1999) descreveu o percurso dos usuários na utilização das instâncias oficiais de resolução, lembrando que nem sempre se completa para todos os usuários e é inteiramente desconhecido para a maior parte da população. Há desconhecimento sobre os atores do sistema e os papéis por eles desempenhados – compartilhado pela imensa maioria da população brasileira, sem distinção de escolaridade ou renda. Apenas nas cidades pequenas é que a proximidade física com delegados, juízes e promotores pode aumentar a familiaridade com o mundo da justiça. Mas para o grande senso comum, o sistema de justiça resume-se à figura do juiz, a quem se atribui amplas funções e um grande poder: iniciar a ação, localizar o culpado, prendê-lo, puni-lo, reparar o mal causado, tudo de forma rápida, independente de provas e favorável à opinião pública. Fazer justiça, nessa imagem imprecisa, tem um sentido muito amplo e raramente está associada à noção de imparcialidade do julgador, à necessidade de obtenção de provas válidas, ao procedimento legal e ao respeito às garantias do acusado.

O agente mais conhecido é o delegado de polícia, por sua proximidade do cotidiano do cidadão médio, que, por vezes, se dá pela extrapolação das funções legais da polícia, quando ela arbitra conflitos no exercício da tradicional e extralegal «função social da polícia», discutida a seguir. Na autoimagem dos delegados, a polícia é um serviço público

---

[33]. Observe-se o diálogo das pesquisas aqui relatadas com a análise proposta no capítulo 5.

que funciona as 24 horas do dia, nos bairros, atendendo todo tipo de problema social, enquanto juízes e promotores são inacessíveis (Sadek, 1999).

O promotor seria a figura menos conhecida, muitos acreditando ser um estágio para atingir o cargo de juiz. Apenas nas cidades pequenas, ressalta Sadek (1999), a realidade é diversa, em razão de tanto o juiz como o promotor pertencerem à elite local. No caso do promotor, este pode ser ainda figura muito popular em virtude da atividade de atendimento ao público.

Geograficamente – ainda pela autora – nas cidades menores o fórum ocupa lugar de destaque na organização da cidade, no mesmo nível da sede do Poder Executivo, sendo geralmente um dos prédios públicos de melhor qualidade. Se essa característica contribui para a imagem da justiça como algo importante, pode também funcionar como fator inibidor, forçando à atitude de recato e ao constrangimento. No interior do fórum, a sala do juiz é inacessível a quem chega, localizando-se em "situação espacial que estimula a imagem do juiz como alguém distante, fechado em seu gabinete, uma autoridade com a qual não se mantém contato, insensível a pressões" (Sadek, 1999). Além disso, o juiz não recebe livremente os cidadãos, apenas na condição de vítimas, acusados ou testemunhas, situações nas quais as pessoas não falam o que desejam, mas apenas respondem a perguntas interpostas.

Esse distanciamento é reforçado pela reverência que os funcionários do fórum cultivam em relação ao juiz. Mesmo ocupando o mesmo espaço, tratam o juiz com deferência, cerimônia e respeito, atuando no sentido de mediar, quando não dificultar o acesso do público ao juiz. Nas salas de audiência, todo o cenário montado, com as vestimentas e a linguagem, transmite a imagem do juiz como alguém da máxima importância, distinto do cidadão comum (Sadek, 1999). Valendo-se das entrevistas realizadas com juízes, a autora percebeu que eles estimulam a atitude de reverência, desejando permanecer alheios à rotina das cidades pela quais passam. Muitos evitam o contato descontraído com os moradores das cidades e outros evitam mesmo qualquer contato fora das audiências. Enxergam o distanciamento de vínculos com os moradores das cidades por onde passam como uma condição da sua independência e mesmo do respeito à sua profissão. Transmitem a imagem do juiz que não pode frequentar bares, que trabalha o tempo todo e que vive sem luxo nem mordomias, em situação de sofrimento pessoal e abnegação. As cidades pequenas por onde passam são vistas como localidades pobres, sem atrativos para alguém como o nível social e cultural do juiz, que está ali em situação transitória, aguardando sua promoção. Sadek vê nessa postura do juiz diante de seu local de atuação um reforço do seu distanciamento em relação à realidade em que está inserido e uma tendência excessivamente burocrática e tecnicista. Da parte da população confirma-se a imagem do homem distante, superior e sem compromisso com a cidade – o oposto do perfil do político, compromissado e disponível para receber e interagir com os eleitores.

A relação com a cidade do interior parece dividir os juízes quanto às suas estratégias de ascensão na carreira. Há aqueles que querem passar o mais rapidamente possível pelas cidades pequenas, onde as condições de trabalho são tidas como péssimas. Esses, em seu discurso, enfatizam suas qualidades intelectuais, reforçam o prestígio e poder da instituição, mas consideram-se pouco recompensados pessoalmente. O «juiz de interior», ao contrário, vislumbra essa passagem pelas cidades pequenas como a realização de sua vocação, evidenciando sempre um compromisso com os problemas sociais da localidade, atribuindo-se uma posição de árbitro, que deve permanecer isolado para se manter imparcial, enfatizando sempre o privilégio que lhe é conferido de julgar seus semelhantes; daí enxergarem a profissão como sacerdócio e sacrifício. Ambas as estratégias enfatizam o distanciamento, seja como contrapartida da responsabilidade e do pesado fardo do julgador, seja como desejo de quem considera não poder encontrar semelhantes no ambiente em que é obrigado a exercer as primeiras etapas da carreira. Sadek (1999) salienta que as diferenças entre os dois tipos são tênues, sendo enorme a homogeneidade entre os integrantes da magistratura, o que não impede, entretanto, haver movimentos de questionamento desse distanciamento social, seja dos grupos ligados ao "direito alternativo", seja por parte dos "juízes para a democracia", seja ainda pelos que buscam imprimir outros sentidos para sua atuação.

Ressalte-se, contudo, a percepção do controle sobre a vida privada do juiz, que seria mais intenso nas pequenas cidades. De acordo com as entrevistas coletadas pela equipe de Sadek, os juízes sentem-se vigiados e acreditam ser necessário desempenhar um comportamento específico correspondente à adequada moralidade de um juiz. Este comportamento tem por base o isolamento social e o principal impedimento, repetido nas falas, é o de frequentar bares e ter amigos. A prerrogativa de julgar os cidadãos parece ser vivida como a exigência de diferenciar-se das pessoas comuns, de não se comportar como um igual, sob o risco de perder a autoridade, cujo fundamento então parece ser moral e não legal. Outra característica importante para o desempenho do comportamento é ressaltar a ausência do "luxo" no estilo de vida dos juízes. Eles repetiram nas entrevistas reproduzidas que o ambiente de trabalho e mesmo a sua casa (cedida pelo Poder Judiciário) "não tem luxo". Semelhante menção recorre também à ausência de mordomia. O discurso ao mesmo tempo expressa a frustração de expectativa (que houvesse "luxo" e "mordomia") e rebate as mais frequentes críticas sobre privilégios econômicos e previdenciários gozados por magistrados (Sadek, 1999).

O dia-a-dia do fórum distingue ainda o juiz, não apenas do cidadão, mas também do promotor, do advogado, do delegado e dos cartorários. Em relação aos promotores, suas autoimagens se distinguem: o bom juiz é aquele que não emite opiniões pessoais e não se deixa envolver pelas partes, o bom promotor é aquele que tem as portas de sua sala abertas para as reclamações da população e compromete-se com as causas sociais. Para o promotor, o juiz é agente passivo, inerte. Para o juiz, o promotor comporta-se com liberdade de opinião porque não tem responsabilidades com a justiça e, se errar, o juiz estará ali para corrigi-lo; além disso, estabelecem ligações perigosas com o mundo político. Os promotores se autorrepresentam com uma categoria acessível, envolvida com a sociedade, por ser sua representante legal. Em suas novas atribuições na representação coletiva de interesses, os promotores passaram a ocupar um espaço antes privativo dos políticos na canalização de demandas populares (Sadek, 1999).

Os advogados são os que têm o perfil mais heterogêneo: nessa categoria estariam tanto os melhor preparados, geralmente na área privada, bem como os que teriam as maiores deficiências de formação, estereotipadamente os advogados públicos e dativos que fazem a assistência jurídica gratuita (Sadek, 1999). A competição no mercado privado, colocaria os advogados de elite em posição superior à dos juízes, que por medo da competição do mercado teriam optado por uma carreira pública, com estabilidade no emprego. Abaixo dos juízes, viriam os promotores, cujos concursos seriam mais fáceis e as exigências profissionais menores. Depois viriam os advogados de "porta de cadeia", com pouco conhecimento, baixo sucesso profissional e ética duvidosa. Por último, entre os bacharéis estariam os delegados, compartilhando a má imagem dos advogados de cadeia e ainda protegidos pela estabilidade do funcionário público (Sadek, 1999, Bonelli, 1999). Ou seja, há um campo permeado de disputas e estereótipos.

Ainda em relação aos advogados, Sadek destaca as diferenças de perfil entre os dativos nas pequenas cidades e nas grandes. Nas pequenas, os dativos são, em geral, mais experientes do que juízes e promotores e têm os conhecimentos para influenciar o andamento das audiências a seu favor. Nas capitais, a cena seria oposta: advogados dativos estariam em franca desvantagem diante de promotores e juízes experientes, concentrando todas as deficiências do sistema público de assistência judiciária.[34]

Bonelli (1999) ao tratar a construção das fronteiras profissionais entre as carreiras jurídicas descreve as diferenças estabelecidas entre os funcionários do cartório, divididos em seis categorias. As quatro primeiras são subalternas e correspondem aos faxineiros, copeiros e manutenção e não dão acesso às posições superiores, que lidam com o público e os demais profissionais do mundo jurídico. Diretor do cartório é a função mais prestigiada, porque divide com o juiz algumas decisões administrativas, como promoção de funcionários e organização do atendimento ao público. Em sua ausência, quem responde é o oficial-maior. O escrevente-chefe vem logo abaixo, com funções específicas na divisão interna do trabalho. O oficial de justiça é diretamente subordinado ao juiz e não participa da divisão de trabalho interna do cartório, desenvolvendo sua atividade na rua, cumprindo

---

34. Sobre a prestação da assistência judiciária em São Paulo, ver estudo de Cunha (2001a) sobre a PAJ, que conclui ser este um serviço burocratizado e de perfil assistencialista. Ver também estudo de Sapori (1995) sobre a atuação dos defensores públicos em BH, no qual empregou o conceito de "justiça linha de montagem".

os mandados judiciais. Lembra a autora que os concursos públicos no mundo jurídico reproduzem a hierarquia profissional e são considerados mais concorridos e difíceis aqueles para os cargos tidos como mais prestigiosos e bem remunerados. Essa hierarquia de prestígio também corresponde a uma hierarquia de salários e benefícios. A representação de promotores como carreira subordinada aos juízes advém do recente passado em que não tinham a equiparação salarial e as mesmas garantias, o que os aproximava mais dos delegados. Com a conquista de equiparação à magistratura em termos de salário e garantias, a posição dos promotores ascendeu na hierarquia das profissões, conservando entretanto os juízes no topo, como a referência de poder. Assim, os juízes «sempre estiveram lá», os promotores «chegaram lá recentemente» e os delegados «ainda não chegaram lá».

As disputas interprofissionais também evidenciam a hierarquia das profissões e instituições do sistema de justiça. Segundo Bonelli (1999), é mais intensa a disputa entre os segmentos imediatamente mais próximos na hierarquia: juízes "irritam-se" com o legislador, promotores "indispõem-se" com juízes, delegados com promotores, advogados com juízes, funcionários do cartório bacharéis em direito "irritam-se" com advogados novatos e funcionários menos qualificados disputam posições entre si. A escolha do inimigo evidencia a posição social: um funcionário do cartório não ousará se indispor com o juiz, por exemplo, e este não discute com os outros, porque detém o poder de decisão. Existe também a valorização pelo mercado, na qual os advogados desdenham das carreiras públicas, associando-as ao refúgio da incompetência. Do lado dessas carreiras é necessário fazer a autodefesa, fazendo constante menção ao excesso de trabalho e à abnegação do funcionário, a qual o advogado desconhece por interessar-se exclusivamente pelo lucro financeiro. Daí o estereótipo social do advogado como inescrupuloso e interesseiro.

Juizados Especiais

Tanto Vianna *et al* (1999) quanto Sadek (2002) consideram a criação dos juizados especiais, no Brasil, o movimento mais importante de reforma do Poder Judiciário no que tange a administração da justiça e a democratização de seu acesso ao cidadão comum.

Para Vianna, Carvalho, Melo e Burgos (1999), trata-se de uma transformação na judicialização das relações sociais no país com a potencialidade de mudar a cultura cívica do brasileiro[35] e possibilitar a consolidação da democracia ao reforçar o direito como medida ética das relações cotidianas. É a mais completa análise da implantação dos juizados já publicada, que procura contextualizá-la nas transformações mundiais das esferas jurídica e política e nas transformações sociais nacionais. Procura também localizar teoricamente a proposta de criação dos juizados no campo jurídico e da ciência política.

---

35. Ver adiante o item "A hipótese do papel ético-pedagógico dos juizados especiais".

Do ponto de vista teórico, os juizados especiais representam, para os autores, a expansão do direito na regulação das práticas sociais, incluindo áreas anteriormente tratadas como privadas, impermeáveis à intervenção do Estado, como a regulação do ambiente doméstico, ou mesmo novas áreas como a ecologia e os direitos difusos. A expansão normativa impulsionou o desenvolvimento institucional do Judiciário, no sentido de adequá-lo a essas novas funções. O surgimento de novas personagens no cenário social (mulheres vitimadas, consumidores, pobres, usuários de drogas, ambientalistas) reivindicando novos direitos faz com que "as sociedades contemporâneas se vejam, cada vez mais, enredadas na semântica da justiça" (Vianna *et al*, 1999: 149). Esse processo de expansão do direito na organização da vida social é chamado de judicialização das relações sociais.

A expansão do direito coincide com a expansão do uso do Judiciário como esfera de reivindicação de sua efetividade, num panorama mundial de declínio do estado de bem-estar social, de diminuição da capacidade dos poderes Executivo e Judiciário em fornecer respostas efetivas às demandas sociais por justiça distributiva. Com inspiração em Garapon (1999), os autores brasileiros afirmam:

> A emergência do Judiciário corresponderia, portanto, a um contexto em que o social, na ausência do Estado, das ideologias, da religião, e diante de estruturas familiares e associativas continuamente desorganizadas, se identifica com a bandeira do direito, com seus procedimentos e instituições, para pleitear as promessas democráticas ainda não realizadas na modernidade. (Vianna *et al*, 1999: 149)

A nova presença do direito na esfera social, no contexto do esvaziamento da política convencional como forma de efetivação de direitos, tem suscitado o debate sobre a democratização do acesso à justiça como um item da agenda igualitária. Conforme já foi mencionado na discussão dos estudos sobre o acesso à justiça, houve grande preocupação dos países democráticos com a eliminação de barreiras econômicas, sociais, culturais, organizacionais e processuais do acesso dos cidadãos comuns ao sistema de justiça. Segundo Vianna, com apoio na corrente cappellettiana, as principais inovações concentraram-se na facilitação do processamento das "pequenas causas" e nos atores individuais mais pobres, como forma de corrigir as distorções históricas das políticas de acesso à justiça que, sob o liberalismo clássico, limitavam-se a formalizar os direitos sem a preocupação com condições desiguais de postulação, e sob o *welfare state* privilegiavam as demandas organizadas e os atores coletivos. A preocupação em garantir o acesso individual aos segmentos sociais mais subalternos apareceu apenas com a "terceira onda" de reformas das políticas de acesso à justiça, segundo Cappelletti e Garth (1988), com o movimento de informatização processual e criação de equipamentos de justiça direcionados aos públicos menos favorecidos social e economicamente. É o momento de criar alternativas de resolução de conflitos não apenas mais baratas e rápidas, mas também mais compreensíveis e próximas da realidade cotidiana dos atores sociais envolvidos nos conflitos. Assim, surgem os tribunais especializados em pequenas causas, bem como juízos arbitrais, centros de justiça de vizinhança e outras alternativas (como o CIC) que possibilitam a incorporação do direito na regulação das relações sociais face-a-face.

Ao menos é essa a visão de Cappelletti e Garth (1988), incorporada por Vianna e sua equipe (1999): a informalização da justiça, com a instituição de procedimentos mais simplificados, rápidos e baratos, contribuiu para dar realidade aos novos direitos junto às populações mais pobres. Outra vertente, de matriz crítica, representada entre outros por Laura Nader (1994), analisa o movimento de informalização como uma resposta conservadora de flexibilização da garantia de direitos recém-conquistados por segmentos hierarquicamente subalternos, despolitizando a conquista desses direitos pela necessidade de negociá-los individualmente na arena judicial. Para ela, os mecanismos alternativos de solução de conflitos significam a negação da igualdade e a imposição de uma ideologia de "harmonia coerciva", em nome da qual os indivíduos são levados a aceitar que os direitos não são princípios absolutos, devendo subordinar-se à proteção da paz social.[36]

Retomando a reconstrução teórica de Vianna, Melo, Carvalho e Burgos (1999), observa-se que a "terceira onda" da democratização do acesso à Justiça no Brasil emerge sem que a política de assistência judiciária individual estivesse universalizada, e sem que a postulação de demandas coletivas tivesse demonstrado efeitos concretos, conferindo singularidade à experiência nacional: novamente aqui aparece a ideia de inversão de um fluxo de conquistas que faz com que a expansão do acesso à justiça no Brasil não esteja ligada à participação da sociedade civil, mas seja resultado de um movimento de autorreforma do Poder Judiciário. Antes de ser um movimento da sociedade em direção à conquista de espaços na estrutura estatal, é um movimento da corporação judiciária em direção às demandas cotidianas do cidadão. Daí – reconhecem os autores – as dificuldades da instituição em estabelecer laços efetivos com a comunidade a que se destina.

A história da criação dos juizados de pequenas causas brasileiros aponta serem eles claramente inspirados nas experiências de *Small Claims Courts* nos EUA, sobretudo a experiência de Nova Iorque,[37] que proíbe o acesso de pessoas jurídicas e privilegia a informalidade do processo e as técnicas de mediação e arbitragem (algo que também foi incorporado por outros países da *common law*), desenvolvendo um rito essencialmente oral e simplificado, no qual a adjudicação só ocorre quando se esgotam as possibilidades de solução negociada. O espaço físico também procura distanciar-se da forma dos tribunais convencionais, sendo que nas salas de conciliação as partes e o árbitro (que trabalha

---

36. Para outras referências sobre informalização da justiça no contexto internacional, ver Sinhoretto (2002).

37. Para mais referências sobre os juizados de pequenas causas em cidades americanas, ver Luís R. C. de Oliveira (1996).

sem remuneração) sentam-se à mesma mesa; e nas salas de audiência o juiz fica sobre um tablado e o ambiente é mais solene. Canadá, Austrália e Nova Zelândia também são exemplos de países em que a justiça de negociação, informal e de acesso facilitado desenvolveu-se enormemente, privilegiando as pequenas causas.

No contexto da *civil law* a "terceira onda" não se caracterizou pela adoção de juizados de pequenas causas. A Alemanha optou por reformas processuais visando acelerar obtenção da sentença. A França, por sua vez, investiu em estruturas paralelas ao Judiciário, com casas de conciliação, onde os próprios cidadãos procuram encontrar soluções negociadas, sem a interferência estatal. A Itália também aderiu aos princípios de informalidade e oralidade no âmbito das justiças especializadas. Na América Latina, quase todos os países aderiram a reformas do sistema de justiça para atender as pequenas causas e incorporar princípios negociais na solução de conflitos. A singularidade do Brasil reside no fato de a inovação ser fomentada pelo centro, pela vanguarda da *intelligentzia* jurídica – ao contrário de outros países latino-americanos, onde as reformas têm revitalizado instituições tradicionais de mediação de conflitos associadas ao localismo (Vianna *et al*, 1999).

Juizados Especiais no Brasil

Os antecedentes da Lei 9.099/95, que criou os Juizados Especiais Cíveis e Criminais, remontam ao início dos anos 80, com a criação dos Conselhos de Conciliação e Arbitragem, no Rio Grande do Sul, apoiados pela associação de juízes do estado, AJURIS, com o objetivo de ampliar o acesso à justiça, na chave da democratização social. A experiência local atraiu a atenção do Ministério da Desburocratização, cuja agenda de racionalização da máquina administrativa elegia o Judiciário como instituição central para uma reforma de eficiência (Vianna *et al*, 1999).

O Conselho de Conciliação e Arbitragem foi instituído em 1982, na Comarca de Rio Grande, com inspiração nas experiências internacionais, com o objetivo de solucionar extrajudicialmente as causas com valores até 40 ORTN (medida de conversão da moeda e indexação de preços, correspondente a 4,7 salários mínimos à época), onde atuavam árbitros não remunerados, designados pela AJURIS entre bacharéis de Direito experientes. O árbitro devia tentar uma composição e apenas se ela não fosse possível poderia propor um juízo arbitral.[38]

---

38. O conciliador opera como facilitador de um acordo em termos debatidos pelas partes e não interfere no julgamento de mérito da causa, já o árbitro tem o poder de decidir o mérito e produzir uma "sentença", chamada juízo arbitral, a qual as partes se comprometem a cumprir voluntariamente com a intenção de poupar a adjudicação estatal. Empresas têm investido no modelo arbitral para dirimir conflitos em transações internacionais, sob a crença de ser uma via mais rápida, barata e confiável, à prova de corrupção e interferência governamental no julgamento. A possibilidade de definir um árbitro especializado permitiria ainda decisões mais "técnicas" quanto se disputam conhecimentos sobre produtos, métodos e normas muito específicos de um ramo de atividade.

A solução tinha caráter extrajudicial, ainda que promovida e apoiada pelos magistrados. Entretanto, o fato de ser liderada pelos membros do Poder Judiciário tinha um significado no contexto da época, em que surgem propostas de criação de formas de resolução de disputas fora da organização judicial: ao assumir a liderança das iniciativas de informalização, os juízes afastavam a possibilidade de iniciativas não controladas por eles.

A avaliação da experiência gerou um relatório concluindo que as demandas levadas ao Conselho não ingressariam pelas vias convencionais, significando que a experiência ampliava a oferta de justiça e contribuía, em razão de sua rapidez e simplicidade, para melhorar a imagem pública do Judiciário. Rapidez e simplicidade era também fórmula buscada pelo Programa Nacional de Desburocratização, que se interessou pela experiência gaúcha, contribuindo para a emergência de uma proposta que combinava pressões sociais por efetivação de direitos com uma racionalidade tecnocrática de modernização do aparato estatal. A linguagem de eficiência do Executivo Federal, combinava-se com a linguagem da "abertura do Poder Judiciário ao povo", e embora fossem suportadas por interesses distintos, alinhavam-se taticamente na criação dos juizados de pequenas causas. Estes surgiram num campo de disputas entre economia e democratização, sendo estes dois os principais vetores da autorreforma do Judiciário (Vianna *et al*, 1999).

Do lado do Programa Nacional de Desburocratização, colocava-se o problema da baixa qualidade dos serviços de justiça, que alimentava a insatisfação dos cidadãos, vistos como consumidores de serviços públicos. Assim, importava melhorar o atendimento do indivíduo que procurava o serviço, reduzindo os custos e maximizando os benefícios dessa procura. Não estava colocada a defesa de direitos coletivos ou a representação coletiva, nem tinha importância a semântica da conquista de direitos e espaços políticos. Essa filiação ideológica dos juizados à racionalidade econômica e à legitimação do governo (autocrático), entre outras questões, invocou a desconfiança da Ordem dos Advogados do Brasil, comprometida com as forças democratizantes, acusando os juizados de serem uma solução paliativa e precarizante do acesso pleno dos cidadãos à Justiça.[39] Ao lado da OAB ficaram os segmentos minoritários da magistratura que viam na representação coletiva e na interpretação alternativa do direito a saída para a democratização da instituição (Vianna *et al*, 1999).

O secretário executivo do Programa Nacional de Desburocratização, João Geraldo Piquet Carneiro, expôs as diretrizes de implantação dos juizados de pequenas causas num artigo ao jornal O *Estado de S. Paulo*, de 4 de julho de 1982. Considerava que a ampliação do acesso à Justiça devia dar-se pelo cuidado com as pequenas causas cíveis, protagonizadas pelos segmentos mais pobres da população: o título do artigo, *A justiça do pobre*, dava a dimensão da proposição. Embora o texto iniciasse com a contextualização do problema

---

[39]. Para o aprofundamento do debate da OAB sobre os juizados especiais e o tema do acesso à justiça, consultar Frederico de Almeida (2005).

num cenário de explosão de ações coletivas violentas que marcavam o início dos anos 80 (Benevides, 1982; Moisés, 1982; Pinheiro, 1983; Martins, 1989; Sinhoretto, 2002; Singer, 2003), a resposta pensada referia-se à postulação de direitos individuais patrimoniais. O autor fez clara referência aos saques e quebra-quebras como uma expressão da ausência de acesso à justiça, mas diferentemente dos analistas sociais daquele momento, pensava o papel do sistema judiciário na proteção individual das causas de pequeno valor protagonizadas pelos pobres. Carneiro considerava o acesso à justiça no Brasil elitizado e mencionava os números de uma enorme pobreza impossibilitada de invocar a proteção judicial, que atingiria 70% dos brasileiros. Seu diagnóstico não difere grandemente daquele dos cientistas sociais que escreviam na época sobre violência e exclusão, mas o caminho da ação é que se diferencia. Embora sejam claramente destinados aos pobres, os juizados de pequenas causas privilegiavam esses atores sociais enquanto consumidores e não como sujeitos de direitos sociais.

Elisa Reis, em sua análise sobre o Programa Nacional de Desburocratização, faz lembrar que

> Somente ganhos relativos em eficiência podiam ser realisticamente previstos sob a ordem autoritária estabelecida. Sem a garantia de que os cidadãos tivessem qualquer participação ativa para resistirem à opressão burocrática, a única coisa que eles podiam esperar era beneficiar-se de rotinas administrativas simplificadas e de melhorias semelhantes na administração burocrática. (Reis, 1990: 177)

Simplificar os procedimentos da Justiça, entendidos como excessivamente burocráticos, era sem dúvida algo importante a ser conquistado; mas nunca sem perder de vista o contexto do regime autoritário em que essa saída pôde ser pensada e implementada. As críticas ao sistema de justiça não se esgotavam nas soluções propostas pelos juizados de pequenas causas, daí não terem sido poucos os seus opositores.

Os apoiadores do juizado entre a magistratura foram decisivos para a formatação técnica da lei e entre os mentores do anteprojeto que resultou na lei aprovada em 1984 destacava-se o Desembargador Kazuo Watanabe, de São Paulo, ligado ao grupo de civilistas e processualistas que também redigiu a proposta da lei de 1995. A lei de 84, segundo sua própria exposição de motivos, combina mecanismos extrajudiciais, como a conciliação e a arbitragem, com a solução judicial. Mas ainda que mencionada a arbitragem, a conciliação é que foi priorizada, abrindo para o próprio juiz um campo de ação inovadora em relação aos ritos clássicos do processo civil: os juizados são norteados pelos princípios de simplicidade, celeridade, economia e ampliação dos poderes do juiz (Vianna *et al*, 1999).

Uma série de comentadores da lei esforçou-se para mostrar seu caráter inovador e a aproximação que ela representava entre o direito e a justiça. Vianna *et al* (1999) apontam na lei a aproximação entre formas de solução de conflitos judiciais e extrajudiciais, combinando-as e diluindo suas fronteiras. Porém, consideram fato o sistema judicial não se ter aberto para a figura do juiz leigo ou do árbitro, privilegiando a figura do conciliador como um animador da autocomposição entre as partes e como um filtro de acesso ao juiz. Assim, o procedimento do juizado combina técnicas de solução extrajudicial, rápidas, baratas e simplificadas, com a manutenção do monopólio do poder de julgamento detido pelo magistrado togado.

Do lado dos opositores da lei que criou os Juizados de Pequenas Causas estavam a OAB e os juristas ligados ao movimento democrático, críticos da iniciativa do governo militar, que traria uma marca autoritária de racionalização econômica, a serviço unicamente do desafogamento da Justiça Comum, através da perda de certeza jurídica, flexibilização de garantias e exclusão da advocacia e do Ministério Público; quando suas bandeiras reivindicavam a ampliação da assistência jurídica às classes populares e a possibilidade da representação coletiva (Vianna et al, 1999; Almeida, 2005).

Na Constituição de 1988, foi incluída a previsão para a criação dos juizados especiais, trazendo como novidade a extensão dos procedimentos às infrações de menor potencial ofensivo. Isso coincidia com uma tendência internacional de crítica à "inflação penal" e defesa de desjudicialização, despenalização e descriminação, correspondendo respectivamente à adoção de técnicas de mediação ou reparação do dano, civilização dos delitos, abolição da sanção. O juizado passou a ser visto como experiência extremamente inovadora na contração penal, mesmo se comparada com experiências alemã ou italiana. Há crítica por parte dos penalistas garantistas quanto à flexibilização de garantias. Mas os civilistas idealizadores da lei são entusiastas. Ada Grinover o considera "um dos mais avançados programas de despenalização do mundo" (Grinover apud Vianna et al, 1999). Com os entusiastas concorda a equipe de Vianna, ao considerar que os Juizados Especiais Criminais respondem à tendência internacional de redução das reclusões penais e valorizam a negociação como forma de solucionar conflitos criminais.

Nos debates da Constituinte, foi feita a crítica da expressão "pequenas causas" pelo Deputado Plínio de Arruda Sampaio, que não obstante apoiou a iniciativa da criação dos juizados especiais por "aproximar o Judiciário do povo", solucionando a litigiosidade contida e reduzindo a violência dela decorrente (apud Vianna et al, 1999: 181). Significa dizer que, mesmo entre os críticos do regime autoritário, havia os que enxergavam nos juizados especiais uma possibilidade de aprofundamento da democracia, pela via da «aproximação com o povo».

Em 1995 foi sancionada a Lei 9.099 que, ao estabelecer a criação dos juizados especiais, submeteu as áreas cível e criminal a um mesmo conjunto de princípios norteadores do processo judicial: oralidade, simplicidade, informalidade, celeridade, economia processual, conciliação e transação penal, seguindo a legislação dos anos 80. Isso iria exigir do juiz novas atribuições, ampliando seus poderes, mas colocava em debate a necessidade da requalificação profissional (Faisting, 1999). Seguindo aquilo que já tinha ocorrido durante os debates da Constituinte, com a aprovação da 9.099, os civilistas tornam-se seus defensores entusiasmados, enquanto os penalistas, notadamente os mais garantistas, manifestaram críticas à flexibilização das garantias e ao desrespeito ao direito de ampla defesa. Entretanto, Vianna *et al* (1999) consideram que o campo de debates sobre os juizados especiais está ainda restrito à comunidade jurídica e a alguns segmentos da burocracia estatal, sem atingir setores mais amplos da sociedade civil.[40]

Outra inovação importante da Lei de 95, em relação aos juizados cíveis refere-se à ampliação de sua competência para processar causas de até 40 salários mínimos, introduzindo a obrigatoriedade de representação por advogado nas causas acima de 20 salários mínimos. Em 1999, outra lei estendeu a competência para aceitar causas movidas por microempresas. Em 2001, foram criados os Juizados Especiais Federais, com competência para atuar em causas cíveis de até 60 salários mínimos e criminais com penas máximas de até dois anos (Cunha, 2004).

Segundo os dados do Banco Nacional do Poder Judiciário, analisados por Luciana Cunha (2004), de fato, os juizados expandiram-se pelo país, respondendo em alguns estados por uma movimentação superior àquela da justiça comum, como é o caso do Amapá. Numericamente, a implantação dos juizados especiais ampliou o acesso à justiça. Os pesquisadores têm coletado dados que comprovam a rapidez e a informalidade do sistema, mas há conclusões divergentes quanto ao caráter democratizante da instituição, sobretudo quando as análises debruçam-se sobre os juizados criminais.

Sobre seu potencial para aumentar a participação da comunidade na administração da justiça, também não há resultados inequívocos, pois, para uns, essa participação fica assegurada pelos conciliadores, embora limitada pela inexistência de juízes leigos e pelos perigos de aprisionamento desses atores por redes de clientelismo e patronagem (Vianna *et al*, 1999). Para outros, os conciliadores passam a fazer parte de um jogo institucional, disputando, antes de uma representação dos interesses da sociedade civil, uma identidade profissional e um saber específico (Faisting, 1999). Há ainda os que enxergam excessiva burocratização na condução dos processos, compondo uma "linha de montagem", evidenciada pela padronização da linguagem em termos técnico-jurídicos, criação de categorias pré-definidas de conflitos e agentes, instituição de formulários padronizados para os acordos e sentenças, pressão por produtividade (Ribeiro, Cruz e Batittucci, 2004).

---

40. Os autores citados não contemplam nessa análise o movimento de resistência aos juizados criminais liderados por setores feministas, culminando com a edição de uma nova lei em 2006, retirando os crimes da violência contra a mulher da competência dos juizados, a Lei Maria da Penha.

A hipótese do papel ético-pedagógico dos juizados especiais

O aspecto teórico mais relevante da análise de Vianna, Melo, Carvalho e Burgos (1999) sobre os juizados especiais reside na interpretação por eles oferecida, comum a outros cientistas políticos, notadamente cariocas, a respeito do papel pedagógico dos juizados para a cultura cívica brasileira, considerada aspecto fundamental para o sucesso da democracia no país.

A hipótese é a de que na sociedade brasileira, um caso de capitalismo retardatário e democracia incipiente, a presença expansiva do direito e de suas instituições seja expressão do avanço da agenda igualitária em um contexto que tradicionalmente não conheceu as instituições da liberdade. Assim, ecoando com a leitura de Garapon e discordando de Habermas, enxergam a expansão do direito no Brasil não como substituto da política e da República, dos partidos, do associativismo. Seria apenas a ocupação de um vazio, possivelmente como solução temporária. Consideram que décadas de autoritarismo desorganizaram a vida social, desestimularam a participação, valorizaram o individualismo selvagem; a construção de uma esfera pública vinculada ao Judiciário, como no caso das ações públicas e dos Juizados Especiais, "pode se constituir, dependendo dos operadores sociais, em uma pedagogia para o exercício das virtudes cívicas" (Vianna *et al*, 1999: 150). Isto é, num cenário em que o indivíduo pode ter acesso à tradução do seu interesse em direitos, o movimento em direção ao direito, mesmo isolado, pode guiá-lo em suas primeiras experiências acerca do significado democrático da deliberação, visto como trânsito necessário para a percepção do bem-comum.

Os autores lembram que desde Oliveira Vianna existe um diagnóstico sobre a *malaise* brasileira como ausência de cultura cívica na base da sociabilidade. Segundo este antigo diagnóstico, a insociabilidade seria marca natural de uma formação rural, patrimonial e clientelista. A sociabilidade deveria então ser obra transformadora da ciência, através da criação de corpos intermediários com função de pedagogia cívica, sem a qual os modelos liberais importados não funcionariam. Daí a necessidade de criar a organização e o direito corporativos como uma escola brasileira do civismo, por meio da qual se internalizaria a coesão social; como é exemplo o modelo do Direito do Trabalho dos anos 1930, cujo objetivo não era produzir a autonomia, mas exercer uma ação pedagógica acerca do bem-comum, centrada nas ideias de colaboração e harmonia entre as classes. A intenção da *intelligentzia* jurídica de 30 teria sido induzir a sociabilidade, através da produção do consenso, criando instituições que aproximassem o indivíduo do Estado, convertendo-o em cidadão.

Este modelo teria se mantido até 1964, quando Vianna e colaboradores (1999) consideram ter o regime autoritário conduzido uma lógica de separação entre as esferas pública e privada, aprofundando a atitude de indiferença política da população, dificultando o reconhecimento da cidadania, especialmente no caso dos setores subalternos do campo, que migraram em massa aos polos urbano-industriais, onde chegavam destituídos de direitos e de proteção das políticas públicas. Em razão disso, o processo de transição para a democracia política chegava, nos anos 80, sem a possibilidade de assentar-se sobre uma cultura cívica, dada a degradação da dimensão pública na esfera estatal e na própria sociedade civil. Considera-se a ausência de vida associativa enraizada, de partidos de massa ou de normas e instituições confiáveis para a garantia da reprodução de um sistema democrático. O processo de modernização econômica, com profundas alterações na estrutura demográfica, ocupacional e de classes, somado ao impedimento à livre expressão e organização da sociedade, teria coincidido com a emergência de seres sociais para os quais a ideia do outro, do bem-comum e da esfera pública são estrangeiras.

Os mencionados autores alinham-se com o diagnóstico de Wanderley G. Santos (1994) sobre a desordem na vida nacional, segundo o qual a erosão das normas favorece a desconfiança, criando temor da convivência social, diluindo laços sociais, reforçando o individualismo, e sobrepondo o privado ao público. Santos vê, no Brasil, o universo social espatifado em microagrupamentos definindo suas próprias referências de comportamento e de justiça, sem que entre eles haja uma linguagem comum, um direito comum. "Não há cultura cívica no país, apenas natureza" (Santos, 1994: 115). Daí o papel pedagógico do poder adquirir suprema responsabilidade como matriz de valores e paradigma de conduta. Dessa vez, para incremento da democracia política,

> o direito, seus procedimentos e instituições passam a ser mobilizados em favor da agregação e da solidarização social, como campo de exercício de uma pedagogia para o civismo. (Vianna *et al*, 1999: 151).

Assim, considera-se que a expansão do direito e do Judiciário, numa sociedade que não conheceu a liberdade, reveste-se de dupla inspiração: 1) como em outras sociedades, nasce como a ocupação de um vazio deixado pela crise das ideologias, da família, do Estado, dos partidos; 2) reitera uma prática com raízes profundas na história brasileira, em que o direito é um instrumento da *intelligentzia* jurídica na construção da cidadania e na animação da vida republicana (Vianna *et al*, 1999).

Os autores lembram ainda que José Murilo de Carvalho, em *A construção da cidadania no Brasil*, visualizava os Juizados de pequenas causas como um requisito de afirmação da plena cidadania (*apud* Vianna *et al*, 1999). Se fossem disseminados pelas periferias das grandes cidades e pelas zonas rurais, poderiam ter um efeito revolucionário, transmitindo aos pobres a mensagem de que a justiça é para todos e que o cidadão tem o direito à sua proteção.

A hipótese ético-pedagógica é incorporação da leitura cappellettiana do caráter estratégico do acesso à justiça para a formação da cidadania. Essa hipótese foi compartilhada, de acordo com Vianna *et al* (1999), pela vanguarda intelectual da magistratura brasileira, que idealizou um "movimento em direção à sociedade", implementando formas mais simples e rápidas de acesso à justiça. Essa aproximação seria capaz de alterar a "mentalidade popular" quanto à defesa dos seus direitos, favorecer o cumprimento das normas e dar vitalidade à ordem jurídica. O movimento que ensejou a criação do Juizado de Pequenas Causas teria se associado ao movimento de expansão dos direitos às grandes massas, ligando a ideia de acesso ao Judiciário à de democracia. O modo de pensar o direito como pedagógico foi reatualizado no contexto da democracia, concebendo-se os juizados especiais como local de exercício do aprendizado democrático. Com isso, o Judiciário atribui-se um papel ético-moral, mantendo-se porém circunscrito no seu universo específico de atuação profissional. Seu papel é pedagógico e transformador, porém realizado dentro da prática técnico-científica, nos limites do sistema jurídico. A hipótese ético-pedagógica compartilhada pelos juristas reformistas e pelos cientistas políticos cariocas, considera que, com a instituição dos juizados especiais, o Poder Judiciário

> tem sido exposto à questão social em sua expressão bruta, tomando conhecimento dos dramas vividos pelos segmentos mais pobres da população, dos seus clamores e expectativas em relação à justiça. (Vianna *et al*, 1999: 155).

Sendo assim, prosseguem os autores, os juízes dos juizados seriam potenciais "engenheiros" da organização social, atuando no reduto da "invenção" social e institucional do juiz. O movimento de autorreforma do Poder Judiciário que a criação dos juizados significa, permitiria dar resposta às demandas crescentes por justiça e por regulação judicial da vida social, fortalecendo o direito como elemento fundamental para a consolidação da cidadania.[41]

Juizados Especiais no Rio de Janeiro

A pesquisa de Vianna e colaboradores (1999) realizou uma análise de caráter etnográfico sobre o funcionamento dos juizados especiais no Rio de Janeiro. Tiveram como precursora a pesquisa de Maria Celina D'Araújo (1996) sobre os Juizados de Pequenas Causas, anteriores à Lei 9.099, a qual indicava tendência de perda de agilidade dos juizados e de utilização predominante da classe média em relação à população residente nas favelas – local de instalação dos juizados – indicando que o equipamento não era utilizado pela população mais pobre e com maiores dificuldades de acesso. Esta avaliação colocava em dúvida a vocação dos juizados para a ampliação e a democratização da justiça, já que

---

[41]. Os juízes criadores do CIC, embora reservando um papel específico para sua categoria profissional na construção da democracia e no fortalecimento da regulação social pelo direito, divergem do diagnóstico da insociabilidade e atomização da população pobre; para eles, a pedagogia é de mão dupla e o processo de construção da cidadania tanto de juízes quanto dos "homens comuns" é dialético.

o seu funcionamento e a relação estabelecida com o público não eram substancialmente diferentes do que era praticado no restante do sistema de justiça, resistente a reformas.

Depois da publicação da Lei de 95, os Juizados do Rio foram reestruturados e ampliados, coincidindo, segundo Vianna *et al* (1999), sua expansão com movimentos sociais de valorização de iniciativas públicas e privadas para a requalificação do espaço público de resolução dos problemas da cidade. De acordo com os dados, os juizados tiveram rápida expansão de demanda, com destaque para a área criminal, levando à conclusão de maior controle estatal sobre as infrações de menor potencial ofensivo. Apesar do aumento da demanda, os autores não constataram tendência de burocratização ou morosidade no movimento dos juizados. O aumento é analisado segundo a influência de dois fatores: o movimento dos consumidores face às empresas e a judicialização de conflitos interpessoais anteriormente canalizados para as instâncias da vida comunitária, como associações, grupos religiosos e redes de patronagem, às quais o Judiciário tem atuado substitutivamente. Por essas conclusões, Vianna e seus colaboradores afirmam ser a instituição dos juizados especiais "relevante movimento de aproximação do Poder Judiciário em relação à sociedade" (1999: 187).

> O controle social dos crimes contra a pessoa tem sido o efeito mais evidente dos Juizados Especiais Criminais, ampliando a jurisdição do direito sobre as contendas individuais, como nos casos de ameaça, brigas de rua, violência doméstica, agressões entre vizinhos, assim como as lesões provocadas por acidentes de trânsito. (*idem*, p.200).

Apostam, em seu diagnóstico, na hipótese ético-pedagógica quando consideram que a ampliação dos juizados tem levado à difusão da ordem jurídica e à afirmação da cidade, com a apropriação de regras, procedimentos e valores por "seres sociais" até então à margem deles. Acreditam que isso possa ter como consequência uma sociedade mais "integrada" pela "linguagem universalizadora do direito", combatendo códigos informais e "práticas perversas" de ajustamento, principalmente se os juizados vierem a estabelecer uma rede comunitária e democrática ao seu redor, contribuindo para que o consenso prevaleça sobre a repressão (Vianna *et al*, 1999:200).

Constataram ainda que a instituição dos JECrim teve o efeito de desafogar as delegacias, resultando em controle mais efetivo de todos os crimes, melhorando o desempenho das varas criminais para os crimes mais graves. Nos JECrim localizados na periferia, a facilitação do acesso à justiça estaria contribuindo para incrementar a proteção judicial da integridade física, servindo de instrumento de uma nova engenharia social, principalmente no que tange à violência doméstica. Nos juizados cíveis não haveria o mesmo efeito de desafogamento das varas cíveis, porque eles atenderiam a uma demanda diferente da que ingressa nas varas comuns. Estes têm atuado sobretudo na proteção dos indivíduos diante das empresas e servido para legitimar a ordem jurídica na relação entre os indivíduos no que tange a cobranças e indenizações. A avaliação do sucesso dos juizados liga-se, segundo os autores, à sua capacidade de recompor "práticas 'horizontais' de sociabilidade e reciprocidade entre os indivíduos" (Vianna *et al*, 1999: 214).

A perspectiva etnográfica de Vianna, Carvalho, Melo e Burgos (1999) permitiu recolher informações importantes para a comparação com outras realidades locais. Um dos achados revelou que cada juizado é o "império" do juiz, seguindo em regra seu estilo de gerência e prestação jurisdicional. Quanto aos juizados criminais, foi constatada uma tendência à promoção automática da transação penal pelos próprios conciliadores, muitas vezes sem a presença do Ministério Público, conduta que foi tanto criticada quanto elogiada por juízes e conciliadores. Notou-se também que o ambiente do primeiro atendimento nos juizados cíveis não se parece com outros ambientes da justiça ou mesmo com outras repartições públicas, por parecer haver ali um entusiasmo com a facilitação do acesso à justiça, uma disposição em atender bem e satisfazer o cidadão que vem procurar o juizado. Esse clima é alimentado pela disputa profissional entre voluntários e serventuários, na qual os primeiros procuram destacar-se para conquistar a oportunidade de trabalhar como conciliadores, função considerada mais importante e mais próxima simbolicamente da função do juiz, tanto que alguns conciliadores apresentavam-se às partes como «juízes conciliadores».

Na relação entre consumidores e empresas parece residir a face mais eficiente do juizado, observando-se o ingresso de ações com valores muito pequenos, reforçando a ideia de que o recurso ao direito tem uma ação educadora sobre as empresas. A participação dos advogados nessas audiências facilitaria propostas de acordo. Mais difícil revelou-se a obtenção de acordos entre conhecidos, quando, mesmo em casos simples, as partes não cedem ao acordo. Os autores concluem que, nesses casos, transparece uma impossibilidade de diálogo sem a intermediação de um terceiro, revelando agudo individualismo e fraqueza de mecanismos horizontais de sociabilidade, tornado o Judiciário instância substitutiva da vida comunitária. Os casos em que os demandados não se apresentam ao juizado quando convocados são as situações mais críticas, para os autores, pois serem aquelas de maior frustração do reclamante e tendência de alta inadimplência (Vianna *et al*, 1999). A pesquisa conclui que, apesar das dificuldades, os juizados têm significado um espaço de expressão de demandas igualitárias, reanimando a vida republicana, em razão do vazio de outras instâncias políticas.

Juizados Especiais em São Paulo

A pesquisa mais completa já publicada sobre os Juizados Especiais Cíveis em São Paulo é a de Luciana Gross Siqueira Cunha (2001b, 2004), que teve como objetivo investigar se os juizados especiais vêm cumprindo a finalidade de democratização do acesso à justiça, entendendo que essa democratização envolve, além da eliminação de barreiras econômicas, sociais e culturais de acesso, a eficiência na resolução dos problemas comuns dos cidadãos e também a participação da comunidade na resolução dos conflitos.

Em São Paulo está o maior sistema de Juizados Especiais Cíveis do país no que tange aos números de movimentação judicial. Na cidade de São Paulo, funcionam quinze juizados cíveis, dos quais três estão nas unidades dos CIC. Desde 1988, quando foram instalados os primeiros juizados no estado, a demanda cresceu extraordinariamente, sobretudo com a instalação de unidades autônomas das varas comuns. Apesar da demanda crescente, os juizados ainda não são parte da estrutura oficial do Poder Judiciário paulista, já que não há cargos ou juízes nomeados, sendo a demanda coberta pelos juízes auxiliares, com designação pela presidência do Tribunal, o que contraria o princípio de independência do magistrado. Os conciliadores não são remunerados nem recebem nenhum treinamento para o desempenho da função. A autora chama a atenção para a baixa institucionalização dessa via de acesso à Justiça, que torna o subsistema suscetível a modificações na política interna do Tribunal de Justiça, e ainda para o fato de a maioria dos juizados, principalmente os criminais, funcionar juntamente com as varas comuns, sendo uma opção de rito para o processamento de um conflito, compartilhando dos problemas de estruturação do espaço e do trabalho da Justiça Comum (Cunha 2001b). Essa informação foi corroborada por Desasso (2001) e por Debert e Oliveira (2004).

Desasso (2001), ao realizar sua pesquisa no município de Carapicuíba, na região metropolitana de São Paulo, observou ainda as dificuldades de recrutamento de conciliadores, em razão de não ser a atividade remunerada e das pressões da OAB sobre seus membros para implementar o boicote aos juizados. Anotou também o autor a imensa proporção de partes que comparecem desacompanhadas de advogados (93%) numa região de concentração de população de baixa renda, criando diferenças simbólicas significativas no momento das audiências, sobretudo quando a parte oponente é uma empresa representada por advogados, os quais mobilizam um arsenal jurídico com a função de intimidar a outra parte. Outra peculiaridade local notada foi a alta incidência de casos envolvendo imóveis irregulares, num município que apresenta sérios problemas ligados à moradia, sem que, contudo, o juizado apresente alguma especialização ou preparo diferencial para lidar com essas questões mais complexas.

A pesquisa de Cunha (2004) focalizou o Juizado Central, no bairro do Paraíso, que responde também pelas ações ingressadas no Juizado Itinerante (que funciona num *trailer* que se desloca pelos bairros da capital e região metropolitana) e nos anexos instalados nas faculdades de Direito. No Juizado Central atuavam 11 juízes, 82 funcionários e 95 conciliadores, realizando diariamente, em média, 35 audiências e resolvendo 56 processos, tendo atendido mais de 78 mil pessoas em quatro anos. De acordo com a autora, se a democratização do acesso à justiça fosse definida pelo número de pessoas atendidas, seria automática a conclusão de que o sistema democratizou-se. Porém, é preciso conhecer como se deu o atendimento desses casos e como se encaminhou a sua resolução.

Utilizando apenas dados quantitativos, Luciana Cunha (2004) concluiu que os Juizados Cíveis de São Paulo representam a democratização do acesso à justiça, já que são utilizados majoritariamente por pessoas físicas (99%), que trazem ao juizado demandas individuais de baixo valor (em média inferiores a 12 salários mínimos), sem a intervenção de advogados (71%). Os mais frequentes são conflitos nas relações de consumo (49%) e acidentes de trânsito (21%). Isto é, os juizados atendem conflitos cotidianos dos cidadãos comuns, que se relacionam diretamente com a justiça sem a necessidade de intermediação dos profissionais. Quanto à resolução, a maioria dos casos é resolvida por acordo (43%) e as sentenças são relativamente pouco utilizadas (24%). A grande maioria dos acordos ocorre na primeira audiência. Foi verificada baixa incidência de recursos das decisões. Isso permitiu a Cunha concluir que os juizados são eficientes na solução dos conflitos de forma simples, rápida e econômica, por meio das conciliações, diferenciando-os das outras instâncias da justiça comum.

Ana Carolina Chasin (2008) desenvolveu uma pesquisa sobre os juizados cíveis paulistanos utilizando metodologias qualitativas para a observação das audiências de conciliação. Concluiu que os juizados, em geral, reduzem as demandas apresentadas apenas à dimensão material, discutindo os valores a serem pagos, mas negligenciam as discussões sobre direitos. Observou também que as assimetrias de poder entre as partes ficam preservadas apesar do recurso à justiça. Essas conclusões põem em dúvida a realização da hipótese ético-pedagogica na utilização dos juizados.

Juizados Especiais Criminais

Se a Constituição Federal e a Lei 9.099/95 colocaram os juizados cíveis e criminais sob os mesmos princípios norteadores de informalidade, economia processual e simplificação, os contextos teóricos mobilizados pelos cientistas sociais para avaliar o impacto da implantação dessas reformas do sistema de justiça são diversos.

Quando a análise dos juizados criminais é referenciada às discussões próprias do campo de análise da justiça penal, suas perspectivas e suas conclusões tendem a ser bastante díspares em relação às conclusões daqueles que estudam os juizados cíveis, tendo as pesquisas sobre "sistema de justiça" como referência. Todavia, é na discussão dos juizados especiais que essas duas bibliografia distintas (sobre "sistema de justiça" e sobre "justiça criminal"), mais tendem a se aproximar.

Além do estudo de Vianna *et al* (1999) que, conforme já comentado, orienta-se pela hipótese de que os Juizados Especiais Criminais têm um potencial ético-pedagógico de fortalecer a cultura cívica de autocomposição, outros trabalhos de referência sobre o tema concordam que a Lei 9.099 introduziu uma grande transformação substantiva e processual no direito e no sistema de justiça brasileiro, aproximando-os do modelo da *Common Law*, orientado pela oralidade e pela possibilidade de negociação da verdade jurídica, da culpa e da pena.

Os pesquisadores do JECrim adotam a perspectiva de Kant de Lima (1989, 1995, 2004), ao diferenciar, de um lado, a produção da verdade jurídica no sistema de justiça criminal brasileiro, de tradição inquisitorial, e, de outro, o sistema de *Common Law*, adversarial e pautado pela negociação do conflito na esfera pública. Nesse sentido, a inovação da lei dos juizados é recebida pelos analistas como uma possibilidade de transformação da cultura jurídica enraizada nos institutos materiais e processuais da justiça criminal, vista como elitista, naturalizadora de desigualdades, orientada preferencialmente para a punição dos agentes perturbadores da ordem.

Mesmo inovadora, a introdução do JECrim no sistema criminal é vista por Amorim, Burgos e Kant de Lima (2002) como a criação de mais uma instância de produção de verdade jurídica a concorrer com outras lógicas paradoxais entre si, como a do inquérito policial, a do processo judicial ordinário e a do tribunal do júri. O efeito da coexistência dessas lógicas distintas entre os subsistemas é a possibilidade de processar um delito e administrar sua resolução de formas díspares, não raro ocorrendo trânsito entre essas lógicas, presididas por tradições e princípios contraditórios, abrindo margem para uma ação diferenciada do sistema para julgar condutas semelhantes, porém praticadas por agentes que ocupam posições hierárquicas diferentes na estrutura social.

A perspectiva de Rodrigo Ghiringhelli de Azevedo (2000, 2001), embora não divirja de Kant de Lima na análise das especificidades nacionais, procura localizar a emergência do JECrim num movimento internacional de transformações na organização das sociedades ocidentais, com impactos sobre a esfera estatal e os conflitos cotidianos. Em sua visão, as mudanças sociais ao longo do século XX foram transformando os mecanismos de controle social, ampliando o sentimento social de desordem e as demandas por restauração estatal da ordem em espaços anteriormente considerados privados ou comunitários. Assim, se as décadas de 60 e 70 conheceram uma explosão de litigiosidade cível, as décadas mais recentes puseram evidência nos conflitos criminais e nas soluções penais. Quando o aumento de demanda por controle penal da conflitualidade coincide com restrições fiscais do Estado, a informalização da administração da justiça surge como uma possibilidade de ampliar o escopo de ação do sistema criminal, com custos reduzidos, rapidez e aposta na mediação como mecanismo de solução eficaz. Em termos do direito material, a despenalização pode significar descriminalização ou "civilização" do controle das condutas (isto é, transferir o controle para o âmbito cível). Em termos processuais, trata-se de alargar o princípio de oportunidade da ação penal, aumentando as alternativas de negociação de acordos durante o processamento do delito. Se essa tendência significa um encolhimento do sistema penal tradicional no controle das condutas, representa também uma ampliação da mediação estatal dos conflitos, conquistando a adesão da população pela facilidade do acesso, pela possibilidade da mediação e pela associação a estratégias comunitárias de controle.

As diversas pesquisas, em várias cidades brasileiras, demonstraram[42] que o tipo de conflito predominante nos Juizados Especiais Criminais são as lesões corporais leves e as ameaças, ocorridas nas relações conjugais, familiares e de vizinhança (Amorim, Burgos e Kant de Lima, 2002; Azevedo, 2000, 2001; Cunha, 2001b; Debert e Oliveira, 2004; Faisting, 1999; Izumino, 2004; Ribeiro, Cruz e Batittucci, 2004). São conflitos que antes não ingressavam na arena judicial, os quais, para Azevedo (2001) e Kant de Lima (2004), eram anteriormente resolvidos por processos informais e extralegais nas delegacias de Polícia Civil.

O tempo médio de tramitação é, de fato, inferior ao das varas criminais (Azevedo, 2000, 2001). Os tipos de solução mais frequentes, no Rio de Janeiro, para Amorim, Burgos e Kant de Lima (2002) são a composição cível (33%), a transação penal (23%) e a desistência (39%). Menos de 5% é julgado e recebe uma sentença judicial. Grande número de feitos arquivados sem que nenhuma audiência tenha se realizado também foi encontrado por Azevedo, que explica o fato como uma falha na orientação das vítimas quanto aos procedimentos necessários para prosseguir com o caso no juizado.

De acordo com os autores fluminenses, o papel dos juízes não é o de julgadores, mas de administradores de um sistema que envolve a supervisão de conciliadores, defensores e promotores. Isso abre para o exercício de outros papéis pelo juiz na administração de conflitos, inclusive fora do juizado, na articulação de redes com a sociedade civil para a difusão de conhecimentos e para a execução de medidas alternativas. Exatamente a respeito do que consideram inovação e democratização, Faisting (1999) enxerga um dilema para o juiz, socializado na lógica da adjudicação, dificultando a operacionalização da reforma pretendida com a introdução dos juizados.[43]

Ainda para os fluminenses, a alta desistência sinaliza que o sistema não vem administrando a contento os conflitos. Sobre a eficácia das medidas alternativas aplicadas não há dados, mas foram coletados comentários críticos sobre sua aplicação como forma de impunidade (Amorim, Burgos e Kant de Lima, 2002).

Azevedo (2000) ainda considera que esse novo papel dos juízes deve-se também à necessidade de administrar um tipo de conflitualidade incomum na justiça criminal,

---

42. Refiro-me às pesquisas realizadas no curso dos anos 2000, antes da vigência da Lei Maria da Penha, que retirou a competência dos juizados especiais para os casos de violência conjugal.

43. Comentando a pesquisa de Faisting (1999) e algumas informações sobre a implantação do CIC, J. Rodrigo Rodriguez (2004) considerou que a introdução de novas exigências profissionais para os juízes dos juizados poderiam ter consequências severas na fragmentação da imagem da justiça, abalando os princípios fundamentais sobre os quais se assenta a sua legitimidade. Essa leitura, embora preocupada com as garantias civis propiciadas pelo procedimento judicial, minimiza radicalmente a possibilidade de introduzir reformas democratizantes, amparando-se mais numa imagem normativa do funcionamento da justiça do que num inventário das múltiplas funções já assumidas pelos juízes na diversidade de matérias e ritos judiciais abrigados nos diferentes ramos da Justiça pública e nas legislações processuais.

por meio de técnicas de conciliação para cujo uso a maioria não foi previamente preparada. Nas entrevistas que coletou, os juízes trabalham com uma distinção da figura do juiz criminal comum, neutro e distante do ambiente social em que atua, e do juiz do juizado, um conciliador, conselheiro, cujo objetivo deve ser a reconciliação de laços de solidariedade entre as pessoas, um agente de pacificação social. Esse achado coloca em pauta, em praticamente todas as pesquisas sobre juizados, a questão da capacitação profissional e da formação universitária recebida pelos operadores jurídicos. Azevedo assegura que muito pouco tem sido feito para melhorar o preparo dos profissionais para as novas funções.

Sobre a capacidade de responder aos conflitos há dois cenários. Se administrado de maneira burocrática e formalista, dentro das concepções do direito penal ordinário, pode ter um efeito de desjuridificação das relações sociais, no sentido de devolver a resolução do conflito às partes sem lhe alterar as feições, resultando num ritual burocrático sem sentido para o cidadão. Mas se concebido como porta aberta para a administração dos conflitos pode ser um espaço de juridificação das relações,[44] restabelecendo regras de convívio e consensos entre as partes e expandindo fronteiras do conhecimento. Esse segundo tipo de atuação do JECrim aproxima o controle social da prevenção de delitos por meio da disciplina e internalização de regras e valores – seria uma prática mais próxima do igualitarismo e da democracia. Ao passo que o outro tipo aproxima-se de um controle social repressivo punitivo, aplicado a sujeitos formalmente desiguais. A coexistência entre os tipos corresponderia à coexistência de características ambíguas próprias da sociedade brasileira, que torna difícil a realização plena da cidadania (Amorim, Burgos e Kant de Lima, 2002; Kant de Lima, 2004). Difícil, mas não impossível, pois no horizonte vislumbra-se um potencial ético-pedagógico do JECrim, ainda que os estudos empíricos apontem para a predominância da prática de conciliação como desjuridificação do conflito, como mais uma instância de tratamento desigual das partes em função de seu *status* social, posto que contaminada por uma tradição judiciária pré-republicana (Kant de Lima, 2004).

As antinomias da informalização da justiça para Azevedo podem ser traduzidas na tensão entre os potenciais emancipatórios e regulatórios propiciados pela introdução de novas técnicas de agenciamento da conflitualidade. A impressão de um sentido emancipatório depende

> de níveis de entusiasmo moral, consenso e convencimento por parte dos operadores jurídicos, especialmente os juízes/conciliadores, a fim de evitar que procurem reforçar seu status e autoridade adotando toda a pompa formalista: trajes e discursos, procedimentos etc. (Azevedo, 2001: 108)

---

44. Juridificação das relações sociais ocorre quando a resolução de um conflito ocorre de modo a assegurar às partes a efetividade de seus direitos e garantias. A desjuridificação, ao contrário, tem lugar quando a resolução desconsidera ou mesmo viola a eficácia do direito oficial.

Mas o perigo da expansão regulatória, prossegue Azevedo, é sempre presente, ainda mais numa sociedade como a brasileira, em que o Estado de direito não foi plenamente consolidado e o sistema de justiça permanece seletivo. Nessas condições, formalidades judiciais criam barreiras de acesso e mantém abafada a conflitualidade protagonizada pela maioria da população, que então se socorre dos meios extralegais da polícia ou mesmo da violência interpessoal. Contudo, as mesmas formalidades regulamentam procedimentos que permitem a "proteção dos setores socialmente desfavorecidos, enquanto que procedimentos informais são mais facilmente manipuláveis" (idem). A informalização, para Azevedo, só pode trazer resultados favoráveis à emancipação se forem ultrapassadas as barreiras advindas do desconhecimento dos direitos e, justamente essas parecem as mais relegadas na experiência brasileira de informalização. Entretanto, como caminho para resolver disputas por meio da comunicação e do entendimento, o autor acredita que os juizados podem contribuir para reverter a dissolução de laços de sociabilidade própria do momento contemporâneo.

Influenciados por Azevedo e Kant de Lima, com seus argumentos sobre a promessa da justiça dialogal, Ribeiro, Cruz e Batittucci (2004) concluem que a burocratização dos procedimentos do Juizado Especial Criminal de Belo Horizonte significa a inversão dos princípios inovadores da Lei 9.099, aproximando cada vez mais o JECrim da justiça criminal comum, concebida como uma "linha de montagem", organizada para melhorar a produtividade e alcançar a punição com o mínimo dispêndio de recursos. A chave dessa conclusão encontra-se na constatação de que o JECrim põe em movimento a racionalidade da economia de diálogos, de explicações e de entendimentos, na qual a produção quantitativa de desfechos torna-se um fim em si mesmo, abortando a inovação contida em sua proposta.[45]

Wânia Izumino não enxerga o mesmo resultado. Para ela, o JECrim vem ao encontro das expectativas das mulheres que procuram o sistema de justiça em casos de violência conjugal, por se tratar de um espaço aberto à discussão pública do problema, à negociação de soluções diversas da prisão e das consequências sociais de uma punição penal (Izumino, 2002). Rebate argumentos de que a Lei 9.099 representa uma discriminação das mulheres no acesso à justiça e um retrocesso na politização dos problemas de gênero. Por causa de sua filiação teórica ao conceito relacional de gênero e ao referencial foucaultiano sobre relações de poder, a autora rejeita a abordagem vitimizante e prefere tratar as mulheres que procuram o sistema de justiça como sujeitos exercendo relações de poder e procurando definir limites para o seu corpo, sua sexualidade e sua liberdade, assumindo posturas ativas no ato da denúncia. Assim, o exercício das relações de gênero e os usos que fazem as mulheres dos espaços de

---

45. O trabalho de Ribeiro, Cruz e Batittucci dialoga com os conceitos de Sapori (1995) sobre burocracia no sistema criminal e "justiça linha de montagem", discutidos a seguir.

denúncia e conciliação, para a autora, não precisam resultar numa sentença judicial para que a solução do conflito atenda às expectativas das mulheres, porque a resolução poderia se dar em várias instâncias da vida social e não precisa obrigatoriamente acontecer na sala de audiências. Para ela, a reprivatização do conflito não significa necessariamente a frustração da expectativa de conciliação, pois a circulação do conflito pelos espaços públicos, como a delegacia ou o JECrim, pode requalificar as posições dos envolvidos, os quais podem encontrar novos arranjos de poder também nos espaços privados.

Todavia, adverte Izumino, não significa que os JECrim estejam de fato operando segundo as expectativas das mulheres e contribuindo para a solução de todos os conflitos que por eles passam. O espaço de conciliação aberto pelo Judiciário, com a possibilidade de imposição de medidas de caráter social (como o atendimento de saúde pública para alcoolistas e atendimento psicológico) ou medidas socioeducativas (com finalidade de despertar para a consciência dos direitos das mulheres e para a equidade nas relações de gênero), pode efetivamente contribuir para a consolidação da cidadania e uma vida livre de violência. Mas alguns obstáculos parecem distanciar o Judiciário desse ideal, apropriando o espaço inovador pela lógica própria das instituições estatais, seja um aprisionamento no discurso criminal, seja em outro discurso refratário à defesa dos direitos das mulheres. O conservadorismo, a postura, o jargão jurídico parecem estar impedindo a compreensão das especificidades da problemática dos conflitos de gênero, bloqueando dessa forma a necessária negociação buscada pelas mulheres junto ao sistema de justiça (Izumino, 2004).

Os estudos feministas, em geral, têm sido muito críticos dos Juizados Especiais Criminais, por considerar que eles recusam o reconhecimento das mulheres como sujeitos de direitos, trabalhando na lógica identificada por Laura Nader (1994) como "ideologia da harmonia coercitiva", desqualificando a violência contra a mulher como fato criminal. Para Debert e Oliveira (2004), por exemplo, isso significa reconhecer um estatuto inferior da violência contra a mulher na hierarquia dos crimes. Elas, porém, enxergam diferenças nos modelos de conciliação, argumentando não ser a possibilidade de negociação a trazer efeitos nefastos para a consolidação da cidadania das mulheres, mas um tipo específico de conciliação que privilegia a proteção da família e do casamento, em detrimento dos direitos das mulheres. Assim, a conciliação nas Delegacias de Defesa da Mulher seria pautada pelo reconhecimento das mulheres como sujeitos de direitos e da violência como evento criminal, ao passo que nos Juizados (que funcionam juntamente com as varas criminais em Campinas, onde foi realizada a pesquisa) a conciliação pautar-se-ia por uma visão hierarquizada das relações conjugais na qual o casamento é uma relação de complementaridade entre desiguais. Essa diferença é atribuída à especialização do conhecimento e do trabalho policial e à falta de preparo dos operadores jurídicos para lidar com o tema da violência contra a mulher.

Mesmo tendo visões inconciliáveis sobre o papel e as potencialidades do JECrim, são as pesquisadoras das questões de gênero as que mais têm se preocupado em estudar a informalização do Judiciário na sua articulação com a instância policial e com organismos da sociedade civil.

Justiça Criminal

O campo dos estudos de justiça criminal no Brasil é permeado por questões que não provocam impacto sobre os problemas de investigação e as análises empreendidas pelos cientistas políticos que se propõem a pesquisar o sistema de justiça, seja através da perspectiva da construção das instituições no processo de democratização, seja da perspectiva do acesso à justiça. Os problemas peculiares do funcionamento da justiça criminal apenas tangenciam a preocupação daqueles pesquisadores quando se recordam da intensa demanda sobre o sistema de justiça provocada pela emergência da questão da violência no cenário nacional nas duas últimas décadas. Sadek (2002), em sua revisão bibliográfica sobre os estudos do sistema de justiça, é explicita em relação a isso, considerando que os estudos sobre violência e criminalidade produzidos por Edmundo Campos Coelho, Antônio Luís Paixão, Maria Célia Paoli, Sérgio Adorno e Paulo Sérgio Pinheiro não problematizavam o sistema de justiça, apenas tomavam as suas instituições como referências.[46] Porém, ao contrário do que sustenta Sadek, esses e outros autores, estabeleceram as bases de um campo de investigação sobre o sistema de justiça criminal, com objetos e perspectivas que não apenas exploram as singularidades brasileiras como dialogam com as matrizes teóricas internacionais que tomam a justiça e o crime como objeto.

A maioria dos pesquisadores do sistema de justiça criminal tem formação em Sociologia e Antropologia e os estudos etnográficos têm prestígio no campo. Talvez em razão disso, o principal contexto dos cientistas políticos – a transição democrática – apareça nos estudos sobre a justiça criminal refletido a partir de outra perspectiva. Para eles, a democratização do sistema político e a promulgação da Constituição Federal em 1988 não têm em si significado de ruptura, já que as instituições do sistema de justiça criminal não foram redefinidas no processo da abertura política, mantendo-se a divisão de papéis e competências que vigoravam anteriormente: a divisão de trabalho entre as polícias Civil e Militar, o papel do Ministério Público na ação penal, a competências dos tribunais estaduais e federais. A legislação substantiva e processual criminal não sofreu reformas em seus princípios, apenas alterações pontuais, sendo a mais significativa em matéria processual a lei que criou os Juizados Especiais.

---

46. "Embora em nenhum desses trabalhos o sistema de justiça fosse problematizado, o Judiciário, a polícia, o sistema prisional, o tribunal do júri aparecem, não apenas como pano de fundo, mas como referências" (Sadek, 2002: 243)

As atribuições e os papéis de policiais, delegados, defensores, promotores e juízes criminais mantiveram-se praticamente os mesmos. No plano formal, ao trabalho policial acrescentaram-se algumas restrições legais, como a redefinição das situações de prisão provisória e o cumprimento de ordens de busca e apreensão, ou a tipificação do crime de tortura, o que, como se verá, não chegou a significar uma reforma da organização, da cultura policial ou do cotidiano do trabalho.

Como já foi mencionado, os integrantes do Poder Judiciário, do Ministério Público e da Defensoria Pública transitam por varas cumulativas e especializadas em matéria cível e criminal ao longo de sua vida profissional, conforme realizam a progressão na carreira e não se conhece socialização formal específica no interior das instituições para os diferentes ramos do Direito. Assim, não deixa de ser intrigante – e um campo ainda aberto a hipóteses e esforços explicativos – que os estudos sobre o "sistema de justiça" e "justiça criminal" produzam interpretações tão divergentes. Se aqueles valorizam a novidade e a redefinição das instituições no contexto democrático, esses enfatizam as continuidades de práticas autoritárias (ou hierárquicas, como preferem os antropólogos) a despeito de inovações constitucionais.

Para os que lidam com a justiça criminal, o momento da transição democrática não pode ser desvinculado dos movimentos da sociedade brasileira diante das alterações do fenômeno da violência. Trata-se da constatação de que o retorno à democracia política não significou o aumento do controle sobre a violência, o crime, a desordem. Mesmo o controle sobre a violência dos agentes estatais, parece sofrer pouca influência da democracia política, como mostram os estudos sobre a violência policial, comentados a seguir.

De acordo com Sérgio Adorno (1996, 1998a), os anos 90 correspondem ao momento da exacerbação da crise do sistema criminal, composta por três ordens de problemas: a) crescimento exacerbado da criminalidade violenta, b) emergência de formas mais complexas de crime organizado, c) exacerbação de crimes contra os direitos humanos (tortura, violência policial, execuções sumárias, chacinas, linchamentos), com a ocorrência de casos de intensa repercussão nacional e internacional. Para ele, o resultado mais visível dessa crise é a impunidade penal, acompanhada de um sentimento de que o crime cresce cada vez mais e se torna mais violento, sendo a impunidade acionada como explicação da gravidade da situação. Mas há, segundo o autor um outro lado da questão. Se muitos crimes não são punidos, não significa que a justiça criminal seja pouco rigorosa:

> A isenção de aplicação das leis penais em áreas determinadas é quase compensada pela aplicação viesada das sanções penais que recaem preferencialmente sobre determinados grupos, como negros e migrantes, comparativamente às sanções aplicadas a cidadãos brancos, procedentes das classes médias e altas da sociedade. (Adorno, 1998a: 241)

O diagnóstico de Adorno sobre a crise do sistema penal é complementado pelas constatações do envelhecimento da legislação penal e processual penal face ao cenário emergente da criminalidade nos anos 80; da regularidade da ocorrência de tumultos no andamento dos inquéritos fundados em falhas técnicas na condução do trabalho policial; da longa morosidade que contribui para a diluição das provas e materialidade dos crimes, agravando o problema da impunidade; crise fiscal que promove redução de investimentos na área de segurança e justiça, repercutindo nas condições de trabalho, no relacionamento interno das agências de controle criminal e nas relações entre as diferentes agências, na produtividade dos profissionais e nos processos de seu recrutamento, seleção e treinamento (Adorno, 1998a).

Para Kant de Lima (2004), a proteção constitucional dos direitos civis e o debate sobre direitos humanos, próprio do momento da redemocratização recente, colocaram o tema da cidadania em pauta, criando uma disposição de luta por sua plenitude, a começar pela reivindicação de direitos civis e igualdade perante as leis. Porém, segundo ele, esse debate tem pouca penetração na literatura jurídica brasileira, menos ainda na sua tradição judiciária, em razão de ser a desigualdade um princípio organizador da sociedade brasileira, ao qual o sistema de justiça criminal não é imune, percebendo, ao contrário, a desigualdade jurídica como natural e inscrita na legislação processual penal.

O tema do acesso à justiça, aparece na literatura sobre a justiça criminal também pensado de maneira peculiar, já que, como advertiu Sousa Santos (1995), nesse ramo do sistema, o contato das partes com as agências públicas nem sempre é voluntário, no caso das vítimas, e sempre involuntária, no caso dos réus. Assim, o acesso à justiça é pensado, de um lado, na chave da impunidade, isto é, conhecer as dificuldades que as vítimas de violência encontram para exercer o direito à intervenção pública; e, de outro, do direito de defesa e do respeito às garantias constitucionais devidas ao acusado no processo penal. Não obstante, o tema da justiça social, subjacente aos estudos de acesso à justiça, também está presente na maioria dos estudos sobre o sistema de justiça criminal no Brasil.

Antes de passar ao relato das principais perspectivas e conclusões dos estudos é preciso mencionar que, para os pesquisadores, a atuação das instâncias da justiça criminal nunca é descolada da análise da polícia, ainda que sejam formuladas hipóteses a respeito da frouxa integração entre a polícia e as instâncias judiciais (Coelho, 1986) ou de relações hierárquicas entre essas instâncias (Kant de Lima, 1989 e 1995).

Os estudos de justiça criminal têm confrontado sua prática e seus efeitos ao princípio da igualdade jurídica e têm, de maneira geral, constatado a aplicação desigual da justiça entre os grupos étnicos, as classes, os gêneros, responsável pela disjunção entre justiça penal e justiça social.

Um dos marcos dessa abordagem é a pesquisa de Mariza Corrêa realizada nos anos 70, em Campinas, e publicada em 1983. A antropóloga procurou mostrar como a justiça penal reproduz a desigualdade de gênero e legitima o uso da violência na solução de conflitos. Sustentada em dados coletados junto a processos penais de homicídio, a autora demonstrou que a aplicação da justiça penal tinha por efeito produzir e perpetuar a desigualdade de papéis sexuais, criminalizando o desajustamento a esses papéis. Assim, as mulheres que se adequavam ao papel feminino, doméstico, maternal, submisso ao homem eram absolvidas quando matavam parceiros que descumpriam suas obrigações no provimento da casa, na atenção com os filhos e, sobretudo, no mundo do trabalho; quando eram elas que morriam, eles eram condenados; mulheres que não se enquadravam no estereótipo acima eram condenadas quando matavam, ou quando morriam seus assassinos ficavam impunes. O rito processual e as formas de produção da verdade judicial foram compreendidas por Corrêa (1983) como descontextualização do conflito e dos atores sociais, através da qual a justiça penal abdicava de intervir nas situações sociais concretas. O discurso dos operadores jurídicos no processo focalizava a adequação aos papéis de gênero, ocultando o conflito que produziu a eliminação de um indivíduo. A pesquisa leva à conclusão de que o funcionamento da justiça penal não gera o efeito de redução da violência nas relações conflitivas entre homens e mulheres. Ao observar o debate jurídico nos julgamentos do júri, ao invés de contemplar a aplicação dos direitos civis pelo Judiciário, notou-se o julgamento da adequação das condutas privadas dos indivíduos a modelos estereotipados de conduta ligados aos papéis culturais de gênero.

Conclusão semelhante foi encontrada, alguns anos depois, pela pesquisa de Ardaillon e Debert (1987) sobre o tratamento da justiça penal aos crimes contra a mulher, incluindo além de homicídios, casos de estupro e lesões corporais. As autoras concluíram que o tratamento judicial não buscava a individualização dos fatos e a tipificação criminal das condutas, na medida em que reiteradamente os processos criminais eram conduzidos em torno da contextualização dos fatos em relação a papéis sociais masculinos e femininos estereotipados. A transformação da realidade dos conflitos em fatos jurídicos opera no sentido de sancionar uma estrutura de relações na qual a desigualdade de gênero é vista como natural. Em seu trabalho, porém, as autoras notaram uma incorporação crescente, ainda minoritária, do discurso sobre direitos individuais nos processos de homicídio, o que poderia mostrar que a politização do combate à violência contra a mulher, iniciada nos anos 80, surtia algum resultado sobre os operadores da justiça, ainda que tímido.

Uma década mais tarde, uma pesquisa em processos e acórdãos de diversos tribunais, sobre o crime de estupro, constatava a persistência da desigualdade de gênero no julgamento dos crimes sexuais contra mulheres, em que a absolvição e a condenação ainda estavam relacionadas ao julgamento sobre a adequação de vítima e acusado aos papéis sexuais tradicionais e à conduta sexual considerada apropriada a cada um dos sexos (Pimentel, Schritzmeyer e Pandjiarjian, 1998).

No diálogo com a interpretação de Corrêa sobre os julgamentos pelo júri, Sérgio Adorno (1994) expandiu a análise para o tratamento de outros tipos de conflito interpessoal. Para o autor, as decisões do júri são perpassadas pelo julgamento do ajustamento de réus e vítimas a papéis sociais estereotipados, como os de trabalhador honesto, marginal, homem de bem, bêbado, pai provedor do lar: o fato criminal perde relevância nos debates judiciais para a análise da moralidade das pessoas envolvidas nos conflitos do cotidiano, sendo a intervenção da justiça criminal pautada pelo reforço das desigualdades sociais, ao invés de assegurar a igualdade dos indivíduos perante a lei e à ordem jurídica. O funcionamento concreto da justiça criminal

> tem, por efeito, a objetivação das diferenças e das desigualdades, a manutenção das assimetrias, a preservação das distâncias e das hierarquias. Assim, não há porque falar na existência de contradição ou conflito entre justiça social e desigualdade jurídica; a desigualdade jurídica é o efeito de práticas judiciárias destinadas a separar, dividir, revelar diferenças, ordenar partilhas. É sob essa rubrica que subjaz a 'vontade de saber' que percorre todo o processo penal e cujo resultado é promover a aplicação desigual das leis penais. (Adorno, 1994: 149)

As práticas judiciárias que ordenam e separam, analisadas por Adorno, revelam-se incapazes de traduzir diferenças e desigualdades em direitos universais. Assim, os dados de pesquisa permitiram observar que a punição recai com maior rigor sobre alguns grupos do que outros. Negros, migrantes e pobres conhecem resultados diferentes – mais rigorosos – na aplicação das leis pela justiça estatal. A influência foucaultiana do autor o faz dissociar o direito das práticas do sistema de justiça criminal, essas permeadas pela produção e circulação de discursos de verdade que podem ou não estar inscritos nos códigos legais: para tornar o sistema de justiça mais acessível e igualitário não se trata de promover reformas administrativas racionalizadoras, que tornem o sistema mais rápido e coerente; mas de procurar mecanismos que permitam encontrar no sistema de justiça espaços de produção de consensos e de tradução de desigualdades em direitos.

Outra pesquisa de Adorno (1995), publicada no ano seguinte, demonstrava o tratamento desigual da justiça criminal no processamento de réus brancos e negros enquadrados em tipos penais semelhantes de roubo. Verificava serem os negros mais suscetíveis à perseguição policial, à prisão em flagrante e à desigualdade nas condições de defesa, onde os brancos usufruíam melhor das estratégias e dos recursos de defesa. Esses fatores combinados resultavam em diferentes taxas de punição, mais incidentes sobre os réus negros.

> Mais grave do que constatar a desigualdade de direitos e de acesso à justiça penal, é constatar que os 'direitos' valem para os réus brancos, porém não parecem ter o mesmo valor para o destino da maioria dos negros que se encontram sob as malhas da agência encarregada de distribuir punições. (Adorno, 1995: 63)

A avaliação da atuação da justiça penal, mais uma vez, não permite falar em igualdade formal entre etnias, classes ou gêneros. Para os estudos apresentados nesse marco, a questão do acesso (diferencial) à justiça está referida à possibilidade de ter conflitos mediados pela intervenção do Estado e de ter direitos assegurados no recurso à justiça (Sinhoretto, 2003).

Em uma revisão bibliográfica que incluiu os estudos sobre justiça criminal, Kant de Lima, Misse e Miranda (2000) sintetizaram a exposição de outra corrente importante nos estudos de justiça criminal, a qual, ainda que diferente das perspectivas de Adorno e de Corrêa, também pensa o sistema a partir da chave da desigualdade jurídica que ele reproduz. Representada pelos estudos de Kant de Lima (1989, 1995, 2004), essa corrente propõe que:

> as chamadas distorções ou desvios observáveis nas práticas da polícia e da justiça criminal, no Brasil, representam não casos pontuais de mau funcionamento do sistema ou eventuais desvios de conduta de seus operadores, mas adesão maciça, ainda que implícita, a um outro sistema de administração de conflitos e produção da verdade, de caráter inquisitorial, próprio de sociedades segmentadas, holistas e hierárquicas. Esse sistema é assemelhado àquele dos procedimentos penais vigentes no reino português, em que crime e pecado se confundiam e no qual era sempre preciso aplicar particularmente lei geral, desigualmente ao desiguais para se fazer justiça" (Kant de Lima, Misse e Miranda, 2000: 52)

O sistema de justiça criminal, para eles, reproduz o "dilema brasileiro" (DaMatta, 1979), que opõe um universo simbólico em que a desigualdade é naturalizada ao discurso político democrático, republicano, igualitário, individualista, aplicado universalmente a todos os diferentes – concepção esta que naturaliza a igualdade. Esse dilema é operado por uma cultura jurídico-política fundada pela tradição inquisitorial na produção de verdades jurídicas no sistema processual penal, que se opõe ao sistema constitucional vigente na República, mas com ele convive. Este consagra a presunção da inocência, enquanto aquela pende para a presunção de culpa, apoiada em procedimentos de investigação sigilosa e secreta, como é o inquérito policial.

Em relação às formas de produção da verdade no sistema criminal brasileiro, Kant de Lima descreve uma falsa complementaridade entre três lógicas mutuamente excludentes, permitindo enorme dose de arbítrio aos julgadores (juízes ou jurados): lógica inquisitorial do inquérito, "do contraditório" no processo criminal e a da "prova legal", no caso dos debates no tribunal do júri para os crimes dolosos contra a vida humana. Na convivência conflitiva de lógicas distintas, ocorre a desqualificação recíproca das peças processuais produzidas e dos operadores que as produziram, dificultando para eles mesmos uma visão sistêmica das instituições e do papel da justiça criminal. Essa interpretação permite reconhecer, na justiça brasileira, a oposição de sistemas de administração de conflitos, vinculados a distintas representações jurídicas do espaço público, presentes na legislação processual e constitucional (Kant de Lima, Misse e Miranda, 2000; Kant de Lima, 1989, 1995, 2004). A operação desse complexo sistema resulta na aplicação desigual de regras e procedimentos judiciais a indivíduos hierarquicamente desiguais.

Uma terceira linha de estudos sobre a justiça criminal procura aplicar a abordagem organizacional à administração da justiça. Introduzida por Antonio Luiz Paixão (1982), com sua análise sobre a organização policial, comentada adiante, essa linha também conheceu a contribuição de Edmundo Campos Coelho (1986), com um estudo sobre o fluxo da justiça criminal no Rio de Janeiro, entre 1942 e 1967. Nesse trabalho, demonstrou que o fluxo corresponde a um funil, em que certos grupos de cor, nível de educação e situação ocupacional sofrem a vigilância policial mais intensa, sendo mantida sobre eles uma pressão constante. Coelho identificou interferências políticas agindo sobre o movimento dos indiciamentos por contravenções, isto é, certos governos aumentavam a pressão criminal sobre grupos considerados "suspeitos" e outros a reduziam. Observou ainda haver uma correlação entre as taxas de aprisionamento e a capacidade de absorção de novos presos pelo sistema prisional, ocorrendo um atrelamento da "produção" do sistema de justiça aos problemas da superlotação carcerária; dado que os recursos do sistema criminal e prisional não se expandem no ritmo de crescimento das taxas de ocorrência criminal, o sistema se torna mais seletivo. Devido à seletividade, Coelho pôde apontar ser o sistema mais eficiente em denunciar e condenar os autores de crimes patrimoniais do que os de crimes contra a pessoa, ainda sendo os patrimoniais mais difíceis de esclarecer. No caso das contravenções, percebeu-se serem baixas as taxas de condenação, o que leva a supor que a maioria dos indiciamentos em contravenções não tem por objetivo a sentença judicial, mas a punição nesses casos parece ser o próprio envolvimento com a justiça criminal.

Da mesma forma como o sistema não pode sentenciar à prisão mais pessoas do que as unidades prisionais podem conter, também não pode apresentar uma baixa produtividade, sob o risco de congestionar a máquina judicial. Isso faria os operadores orientarem-se por uma lógica de produção, necessariamente menor que a produção de indiciados pela polícia. Isso criaria uma disjunção entre o trabalho policial e o trabalho judicial, tornando o sistema frouxamente integrado. De outro lado, a pressão por produtividade na justiça criminal introduz princípios burocráticos de eficiência que podem ameaçar seriamente os direitos do réu a um tratamento justo (Coelho, 1986).

Anos depois, Luís Flávio Sapori combinou em seu estudo sobre a justiça criminal em Belo Horizonte as influências de Edmundo Coelho e Antonio Paixão, ao analisar a organização judiciária como um aparelho burocrático, identificando a pressão produtiva sobre o trabalho judicial como responsável pela constituição de uma comunidade de interesses entre magistrados, acusadores e defensores, orientada pela maximização da eficiência, comprometida com metas de produção que, se de um lado, integram as instituições, de outro, criam acordos tácitos que se sobrepõem ao cumprimento dos ritos processuais definidos pela lei e limitam o amplo direito de defesa. Normas informais de conduta são aceitas por promotores e defensores públicos, delineando o que Sapori (1995) chamou de "justiça linha de montagem". Ao invés de individualizar o tratamento dos casos, a justiça linha de montagem os classifica em categorias passíveis de aplicação de técnicas padronizadas de despacho dos processos em série, e procura conduzi-los a desfechos informalmente acordados entre os atores legais. A pressão por eficiência implica na negação da estrutura burocrática formal e na adoção de informalidades institucionalizadas que, contudo, violam os princípios inscritos no ordenamento jurídico do Estado de direito (devido processo legal, presunção de inocência, direito amplo à defesa, busca da verdade real), criando tensão entre demanda por agilidade e demanda por garantia dos direitos civis.

O fluxo da justiça criminal foi objeto da pesquisa de Joana Domingues Vargas sobre o processamento criminal de casos de estupro e violência sexual, em Campinas, na qual a autora buscou dialogar com as três abordagens aqui apresentadas. Mesclando métodos de análise quantitativa e qualitativa, a antropóloga concluiu que a integração entre as diversas instâncias do sistema de justiça criminal ocorre em razão da convergência de concepções de senso comum partilhadas por agentes jurídicos, vítimas, policiais, testemunhas. Dado o caráter cumulativo do processo penal, os suspeitos estão, ao final do fluxo, repetidamente estigmatizados por sua condição social, sua relação com a vítima, sua cor e pela ocorrência de prisão durante o processo (Vargas, 2000).

É reforçada a imagem do fluxo da justiça criminal como um funil, em que o desfecho processual está correlacionado com a existência de prisão durante o processo e com o perfil do réu. Constata-se o tratamento diferencial da justiça a réus de cor preta e parda, lançando-se mão do referencial das teorias de rotulagem e estigmatização, segundo as quais a operação de estigmatização dos réus não brancos funciona como uma "profecia autocumprida", porque os réus de cor preta são mais frequentemente presos durante o processo, sendo também mais condenados do que os réus brancos, embora sejam minoria em termos absolutos. Neste caso, a prisão representa uma punição de fato àquele que é acusado, dada a existência de rituais de punição dos acusados de estupro no interior das cadeias. Os casos de réus pretos tramitam mais rapidamente do que os outros por várias razões, as quais a autora analisa detidamente para concluir que há uma disposição do sistema em categorizar, prender e condenar mais recorrentemente réus pretos como estupradores. O grau de relacionamento entre réu e vítima também foi objeto de investigação, levando a autora a contrariar o senso comum sobre a ocorrência de estupros. Ao contrário do que se imagina, a maioria dos casos que chega à justiça é relativa a réus conhecidos da vítima, entretanto, todos os processos julgados em que os réus eram desconhecidos receberam sentenças de condenação. Chamou a atenção da autora o número de inquéritos não instaurados quando o acusado de crime sexual é pai da vítima, uma vez que a lei torna obrigatória a ação penal nessas situações (Vargas, 2000).

Uma pesquisa da Fundação SEADE tratou todos os registros criminais do estado de São Paulo, relativos aos crimes de roubo, entre os anos de 1991 a 1998, constatando que os réus negros são proporcionalmente mais condenados que os brancos, permanecendo em média mais tempo presos durante o processo judicial. Em relação às mulheres, a situação torna-se ainda mais desigual, na medida em que a maioria das indiciadas é de cor branca e a maioria das condenadas é de cor negra. A descoberta mostra que a direção do processo de seleção progressiva de indivíduos pelo sistema criminal acompanha outros indicadores de desigualdade da sociedade brasileira, especialmente a renda (Lima, Teixeira e Sinhoretto, 2003).

O panorama colhido por todas essas pesquisas é o de funcionamento discriminatório da justiça penal, no qual as hierarquias sociais são reproduzidas e reforçadas, principalmente em relação a diferenças étnicas, de gênero, de renda e ocupação. Os estudos, desde os anos 90, não permitem reconhecer rupturas introduzidas pela democratização política no sistema de justiça criminal. Os estudos sobre a polícia corroboram essa perspectiva e permitem esmiuçar as explicações do funcionamento desigual da justiça criminal no Brasil.

Polícia Civil

Na última década, o campo de estudos de polícia no Brasil foi incrementado com muitas publicações e o ingresso de novos pesquisadores,[47] refletindo os interesses social e científico na instituição que desempenha importante papel no controle social (Kant de Lima, Misse e Miranda, 2000), exatamente no momento em que a segurança pública se converteu num problema nacional. Porém, desde as lutas pelo fim da ditadura militar pós-64, vários pesquisadores já se dedicavam a refletir sobre a polícia, seus modelos de organização e o seu papel como instituição de um Estado democrático de direito.

Os trabalhos pioneiros de Paulo Sérgio Pinheiro (1979), Antônio Luiz Paixão (1982) e Roberto Kant de Lima (1995), cada qual com uma perspectiva diversa, elegeram como objeto de reflexão e pesquisa as práticas policiais e suas ligações com a sociedade e o Estado autoritário, buscando compreender as mudanças necessárias às organizações policiais para completar a transição de um governo militar autoritário para um governo civil democrático. Mas, ainda que o contexto fosse o da transição política, e que ela conferisse um significado peculiar à própria atividade de pesquisar a polícia, o tom geral das conclusões dos autores pioneiros, bem como das pesquisas que se seguiram, corroborando ou

---

[47]. Consulta de Renato Lima ao Banco de Teses e Dissertações da CAPES revelou 595 trabalhos sobre polícia concluídos até abril de 2006 (Lima, 2006).

enriquecendo as análises, é o de chamar a atenção prioritariamente para as continuidades do que para as tão desejadas rupturas que o momento da transição sugeria.

Diferentemente do que os cientistas políticos enfatizam em relação ao Poder Judiciário e ao Ministério Público, os estudos sobre polícia no Brasil têm apontado importantes conexões das práticas policiais no contexto de consolidação da democracia com práticas do passado, mas sobretudo têm sugerido a existência de um espaço de grande autonomia das organizações policiais em relação aos governantes civis e aos controles formais próprios da nova ordem constitucional. Ou seja, não apenas as polícias não mudaram significativamente, como há fortes razões para duvidar que essa mudança possa ocorrer apenas em decorrência da reforma das leis e da troca das chefias.

Este argumento, desenvolvido de maneira diversa em cada um dos autores pioneiros citados, foi reforçado pelo estudo de Guaracy Mingardi (1992), que analisou o cotidiano da polícia civil paulista no contexto da transição dos governos "biônicos" para os governos eleitos. Com outra perspectiva, porém reforçando as linhas de continuidade entre práticas do passado e práticas do presente, situam-se os estudos do historiador Marcos Bretas (1996, 1997, 1998). Luciano Oliveira (2004), trabalhando na interface do direito com a sociologia, igualmente descreveu as práticas policiais no Recife, apontando seus descompassos com uma ordem igualitária, pautada na vigência dos direitos de cidadania.

José Vicente Tavares do Santos (1997), César Caldeira (1997), Jorge Zaverucha (1998, 2001), Paula Poncioni (1995), Paulo Mesquita (1999a), Jacqueline Muniz (Muniz *et al*, 1997), Arthur Costa (2004), Cláudio Beato Filho (1999), Julita Lemgruber, Leonarda Musumeci e Ignácio Cano (2003), Luís Eduardo Soares (2000), para citar alguns, têm produzido pesquisas sobre a instituição policial e seu papel na ordem democrática e, mesmo não adotando interpretações homogêneas do fenômeno, têm todos destacado as dificuldades atuais das polícias em exercer o monopólio legítimo da força física, dentro dos marcos legais de respeito aos direitos civis, os quais contemplam ao mesmo tempo a garantia de segurança, a integridade física e o acesso igualitário aos mecanismos de resolução da justiça pública.

Neste tópico procura-se apontar o que as pesquisas sobre polícia no Brasil têm constatado a respeito das possibilidades e limites de reformas das organizações policiais e do trabalho de polícia desde a redemocratização, com especial atenção às pesquisas de caráter etnográfico, com o objetivo de contextualizar a reforma pretendida pelo projeto de criação dos Centros de Integração da Cidadania em face de outras propostas de reforma da polícia, bem como contextualizar as práticas policiais observadas no atendimento policial dos

CIC diante do conhecimento mais amplo sobre essas práticas. Ainda que a Polícia Militar também esteja presente nos CIC, o estudo atual privilegiou o atendimento da Polícia Civil, por isso a revisão de literatura concentrou-se nessa instituição.[48]

A formação da organização policial e seu papel político

De acordo com Marcos Bretas (1998), a história da formação do Estado Brasileiro, já desde o período monárquico, esteve muito ligada à formação da instituição e dos órgãos do sistema de justiça criminal. Mesmo que esse aspecto não tenha recebido muita atenção dos historiadores, a constituição do sistema de justiça criminal representou um campo de luta entre os ideais do liberalismo e as forças conservadoras herdadas do modelo centralizador próprio do absolutismo português, no qual estas preponderaram (Carvalho, 1980). Bretas menciona duas vertentes analíticas, uma delas exposta por Vitor Nunes Leal (1975), para a qual a própria forma legal conferida à polícia promoveu o deslocamento de sua função de manutenção da ordem para o papel de garantidor de resultados eleitorais favoráveis ao governo central. Outra linha da história das instituições enfatiza o papel da polícia na manutenção de um sistema de dominação de um grande contingente de escravos e homens livres pobres, como é o caso de Thomas Holloway (1989) e Paulo Sérgio Pinheiro (1979).

Vitor Nunes Leal procurou demonstrar como a polícia, e também a justiça criminal, constituíram peças fundamentais para a manutenção do sistema político já no Império, mas sobretudo na Primeira República, jogando importante papel na incriminação dos opositores do governo central e na impunidade dos crimes cometidos pelos correligionários. Tal cooperação era obtida em função das nomeações dos cargos estarem centralizadas nos governadores ou em seus aliados locais. Sem garantias profissionais, estavam as autoridades policiais e judiciais suscetíveis ao jogo político, o que conferia a todo o sistema, ao invés de um suposto caráter público, uma forte vulnerabilidade aos interesses particulares dos poderosos. A influência cada vez maior dos governantes na política local não significou, no período, a derrota do poder privado sob as instituições estatais, mas antes uma estratégia de sobrevivência do poder privado no interior das estruturas públicas (Leal, 1975). Franco (1976) reforçou essa conclusão ao mostrar como o domínio pessoal persistia, no século XIX, conjugando-se com as instituições da justiça.

Thomas Holloway (1989) viu na polícia do Império um poderoso instrumento de dominação de classe, através da perseguição e incriminação de condutas próprias das classes

---

48. Os estudos sobre a Polícia Militar apontam as importantes diferenças na organização entre esta e a Polícia Civil. Não obstante, no que tange ao tema das reformas e do controle civil da força policial, os tópicos e as conclusões das principais pesquisas não diferem muito daquilo que foi registrado a respeito da Polícia Civil. Estudo pioneiro sobre a PM é o de Heloisa Fernandes (1973). Consultar também Cristina Neme (1999), Ignacio Cano e J. Carlos Fragoso (2000), Gláucio Soares (2000). Para uma história social da polícia militar da Corte, ver Bretas (1998).

dominadas, sobretudo escravos e negros libertos, como é o caso da capoeira – atividade não tipificada no Código Criminal ou proibida por outras leis, mas severamente repreendida pela polícia, que administrava também a punição, sem processo judicial. A intensidade da repressão encontrada pelo pesquisador levou-o a crer que a capoeira significava naquele contexto uma modalidade de contestação do sistema social baseado na escravidão dos negros. Ao longo do século XIX, as forças policiais passaram a assumir funções de controle social e punição de escravos, anteriormente de atribuição dos proprietários. Ao mesmo tempo em que o Estado passava a mediar as relações entre os grupos proprietários e escravos, reconhecendo para esses algumas garantias e para aqueles alguns limites, comprometia-se com a ordem escravista e reforçava o sistema de dominação, no qual o reconhecimento da condição humana do escravo "não era inconsistente com ser amarrado, açoitado, jogado nas masmorras do Calabouço, ter ferros pesados prendidos no pescoço e pernas, e tudo o mais" (Holloway, 1989: 133-4). Na visão dos dirigentes da polícia, o controle social não prescindia do exercício por parte da polícia de um "saudável terror".[49]

O "saudável terror", administrado ao largo de leis, códigos e procedimentos – tão caros esses à tradição jurídica do país – também foi enfatizado por Pinheiro (1979). Em sua tese, a polícia teria desempenhado importante papel na repressão das classes populares durante a Primeira República (embora não só nesse período), utilizando-se dos maus-tratos e da tortura como instrumento de intimidação e desmobilização das lutas operárias.

Segundo o argumento, a lei penal e a repressão policial constituíram um dos principais instrumentos ideológicos das classes dominantes, importantes para manter laços de obediência e deferência das classes subalternas e legitimar o *status quo*, recriando e reproduzindo a estrutura de autoridade decorrente da propriedade e dos interesses de seus detentores. Seriam esses os fundamentos da tradição de maus tratos e torturas postas em prática pelo aparelho de repressão em relação às classes subalternas. O mecanismo dessa repressão é assentado no não-reconhecimento de distinção entre "classes trabalhadoras" e "classes perigosas" (entre greve e insurreição), patente no procedimento do aparelho estatal diante das manifestações populares urbanas. Além da violência, a pretensão da repressão era livrar-se dos «maus elementos», fazendo-os desaparecer, de forma a pôr em prática a teoria de que os agitadores seriam estranhos às classes populares, sendo necessário identificá-los e eliminá-los para promover o controle social. Assim o desterro tornou-se uma resposta constitucional, em 1891, às manifestações populares. Revoltas urbanas serviram de pretexto para que a repressão se ampliasse e deportações em massa foram método comum, sendo encaminhados os acusados para os territórios da Amazônia, sem que o devido processo legal fosse exigido. Em decorrência das revoltas do

---

49. Numa interpretação bem diversa, Andrei Koerner descreveu a disciplina escravista do século XIX como dependente da ostentação dos instrumentos de produção da violência física aos escravos, como parte das técnicas de obtenção da obediência (Koerner, 2006).

início da República, começou-se a se falar da «questão social» no Brasil, a qual se imaginou combater com repressão "depurativa" das classes populares.

Nos anos 30, prossegue Pinheiro, quando aparece o temor do comunismo, mudam os termos da repressão organizada, sem que desapareça a violência policial contra as classes subalternas. A legislação trabalhista produziu efeito de dissimulação das pautas de violência ilegal, ao criar uma separação entre os que trabalham, contribuem e são assegurados[50] e os que não trabalham, considerados doravante fora da lei. A legislação social então se articula com a repressão policial. E para concluir:

> A continuidade no emprego dos maus tratos às classes subalternas apresenta na história política brasileira uma espantosa continuidade, pouco abalada pelas formas que assume a organização política: principalmente quando o Estado jamais renuncia, mesmo nos interregnos, curtos, de autoritarismo mitigado aos instrumentos com que foi dotado nos períodos de exceção. Mas com instrumentos legais ou não, estamos diante de uma prática jamais interrompida, sempre alargada e cada vez mais intensificada. (Pinheiro, 1979:18-9)

Se a repressão policial das classes pobres apresentou refluxo nas questões políticas, ela permaneceu no crime comum: houve um deslocamento da repressão das classes subalternas do crime político para o crime comum. O "aparelho policial no Brasil jamais se deixou permear pela democratização", a polícia continuou a exercer o controle das classes subalternas. "Especialmente porque nenhuma alteração dessa fundamentação política do Estado pôs em causa a exclusão das classes subalternas do processo de decisão". (*Idem*: 20)

A transição democrática e os primeiros relatos etnográficos

Ainda que os estudos anteriormente citados estivessem sendo produzidos no contexto da abertura democrática e a tivessem como preocupação de fundo, alguns pesquisadores dedicaram-se a realizar a etnografia das práticas policiais, buscando transcender o conhecimento formal da instituição, predominante ainda nos anos 80, a fim de observar os problemas e os caminhos da mudança das práticas, no momento em que a substituição dos governos autoritários por governos democraticamente eleitos já se revelava insuficiente propulsor de reformas.[51] Não se tratava mais de denunciar os vínculos íntimos estabelecidos

---

50. O argumento de que a legislação trabalhista veio separar as classes populares entre os legalmente incluídos e os excluídos da cidadania foi trabalhando também por Wanderley Guilherme dos Santos (1987).
51. Pinheiro (1991) valoriza a pertinência da análise de G. O'Donnell sobre as transições políticas na América Latina, segundo a qual haveria duas transições distintas a serem enfrentadas: uma no sistema representativo, na política convencional, em que se tratava de regulamentar e fiscalizar o sistema eleitoral competitivo; outra, mais complexa e demorada, nas instituições estatais, em que seria preciso reformar as práticas do Estado em sua relação com os cidadãos, desenhar e implementar novas

entre práticas policiais violentas e governos autoritários, mas de compreender as permanências e resistências à mudança que tornavam inócuos, quando não sabotavam, os projetos de reforma dos governos eleitos durante a transição dos anos 80.

O primeiro trabalho de perspectiva etnográfica sobre polícia civil surgiu nos anos 80 com Antônio Luiz Paixão (1982) e sua análise da organização policial em Belo Horizonte. O enfoque de Paixão consistiu em perceber a polícia a partir do modelo de análise forjado nos estudos organizacionais, os quais enfatizam – ao invés da instrumentalização do aparato estatal na relação entre as classes sociais – a política interna, lançando mão de conceitos como organização informal e cultura organizacional. Paixão procurou explorar a capacidade organizacional de formular objetivos próprios, de estruturar o ambiente, definindo um espaço de social de práticas autônomas, que, de certa forma, protegem-na de influências externas. A resistência à mudança seria típica das organizações, e no caso da polícia, o problema da implementação da lei impessoal seria a grande problemática de estudo.

De acordo com as análises que privilegiam a dimensão formal da organização policial, ela é parte do sistema de justiça e sua função é a implementação da lei, como atividade auxiliar prestada pelo Executivo ao Poder Judiciário. Entretanto, o que a etnografia vinha revelar era a existência de antagonismos e conflitos no interior dessa divisão formal de atribuições, evidenciando disputas e apropriações de funções judiciárias pela polícia, como no caso do Esquadrão da Morte. Mas não só. O exercício rotineiro do poder de polícia, discricionário, também vinha convertê-la numa instância de decisão sobre o que seria ou não passível de apreciação do Poder Judiciário, e em que termos essa apreciação se iniciaria. Paixão (1982) demonstrava a existência de uma realidade informal do trabalho policial, que modificava a prescrição formal e com ela interagia. Essa demonstração marcava os limites das propostas de reforma que enfatizavam as alterações legislativas e reconheciam apenas a dimensão formal e explícita do trabalho de polícia.

A estrutura formal da polícia civil corresponde ao rígido modelo burocrático, um modelo denominado por Paixão "quase-militar", de autoridade centralizada, níveis hierárquicos claramente distintos, em que níveis mais baixos limitam-se a executar comandos da cúpula. Porém, o exercício cotidiano desse modelo apresenta ruídos e resistências advindos da organização informal e do senso comum compartilhado pelos policiais. Os padrões burocráticos rígidos orientam o acesso às carreiras policiais, mediante concurso público e universal, a obrigatoriedade de cursos formais preparatórios, existência de instâncias de controle interno da conduta dos funcionários, a estrutura piramidal de poder, a organização do trabalho em torno de procedimentos escritos regulamentados pelas normas jurídicas. Essa estrutura formal é perturbada pela forte presença de relações pessoalizadas entre as pequenas chefias,

---

políticas que tivessem por efeito a democratização não apenas do aparato estatal, mas das próprias relações sociais, de modo a combater o que Pinheiro chamou de autoritarismo socialmente implantado.

ocupadas pelos delegados, e suas equipes, pela formação de microgrupos que exercitam uma disputada política interna, a qual interfere na alocação de pessoas e recursos e possibilita deslocamentos horizontais no interior das carreiras com objetivos particularistas e corporativos. A própria discrição, definidora da atividade de polícia, cria problemas para as estratégias formais de controle organizacional, na medida em que confere autonomia aos funcionários de nível inferior, criando um paradoxo entre burocracia e profissionalismo, estrutura formal e atividades práticas. A existência dessa ambiguidade e desse paradoxo caracteriza a organização policial como um sistema pouco integrado, frouxamente articulado, tornando facilmente compreensível o fracasso dos planos de reforma da polícia.

A estrutura formal é pouco permeável a mudanças porque confere poder a um grupo restrito de delegados especiais que, pela regras do profissionalismo, monopolizam o exercício dos cargos administrativos mais importantes, produzindo insulamento da organização a pressões políticas externas. A organização informal, por sua vez, é também refratária a mudanças na medida em que é operada por uma lógica própria, que cria e se reproduz mediante um "estoque de conhecimento policial" que estrutura a atividade cotidiana do policial e lhe confere o sentido. Essa lógica visa melhorar a eficiência e tornar o trabalho policial mais econômico, possibilitando ao policial obter uma leitura organizada do mundo.

> "Lógica em uso" do policial implica normalmente inversão dos formalismos legais de processamento de criminosos. Mais do que categorias legais, ideologias e estereótipos formulados organizacionalmente orientam a ação dos membros de "linha" em sua atividade rotineira e estas ideologias e tipificações tornam mais econômica a ação policial, na medida em que esta é orientada para a vigilância e controle das "classes perigosas" (Paixão, 1982:64).

Entretanto, a legitimidade da instituição policial junto ao público vem da crença de que suas atividades são controladas por um desenho racional da estrutura e das atividades de investigação e conhecimento. A estrutura das delegacias é análoga à do Judiciário, expressando exigências do Código de Processo Penal. Porém, seria ilusório, para Paixão, confundir a atividade rotineira da polícia judiciária como a atividade do distrito policial, já que muitos dos casos que ingressam no distrito não são ocorrências criminais e boa parte da atividade da polícia é administrativa (concessão de alvarás, atestados, licenciamentos, etc.). Além disso, nem todas as ocorrências criminais convertem-se em ocorrências policiais (fenômeno conhecido como cifras negras) e nem todas as ocorrências registradas resultam em inquéritos,

> seja por falta de informação, seja por constituírem instâncias de 'bagunça', arbitradas pelo policial local ou mediante a pacificação das partes na delegacia. (Paixão, 1982:73-4).

A legitimidade da atividade judiciária da polícia está na observância do rito processual penal e dos procedimentos estabelecidos pelo ordenamento jurídico. Existe uma observância cerimonial ao rito formal cuja importância está diretamente relacionada à necessidade de legitimação do inquérito policial na ordem formal. Entretanto, a prática do inquérito ocorre de maneira inversa: na maior parte das vezes, quando é instaurado já está quase pronto e já se conhece o acusado. A organização informal orienta a avaliação da adequação dos instrumentos legais para a apuração dos casos concretos e, muitas vezes, os policiais consideram que a lei «manieta» a polícia, colocando na ilegalidade aquele que é considerado o principal instrumento de investigação: a prisão correcional. A pesquisa de Paixão (1982) identificou a prevalência da mobilização dos "estoques de conhecimento policial" sobre o cumprimento da lei na atividade cotidiana da polícia. Dada a importância da dimensão informal da cultura organizacional, o policial (cujo trabalho envolve a dimensão discricionária) «vê-se obrigado» a trabalhar «fora do formalismo», isto é, interpretando, transmutando e até ignorando as categorias legais.

A característica discricionária é a que permite ao policial decidir se uma situação será enquadrada como tentativa de homicídio ou disparo de arma de fogo, furto ou roubo, lesão corporal ou «briga de pinico», criando problemas para a implementação de políticas penais diferenciadas da visão de mundo dos policiais. A dificuldade de uma estrita observância das leis na atividade policial – levada ao paroxismo no caso de as leis serem reformadas no sentido de ampliar o rol de direitos individuais e garantias processuais – reside no ponto central do trabalho «fora do formalismo»: a prisão correcional como condição da eficiência da atividade policial. Para ter sucesso, sob a ótica majoritária dos membros da organização policial, o inquérito deve ser feito de trás para frente, iniciando com a detenção dos suspeitos. Esse procedimento é visto como o mais viável e econômico, na medida em que a atividade de investigação é vivenciada como o ponto de conexão entre um ato (o crime) e uma «clientela marginal» conhecida, dotada de comportamentos e atitudes típicas. Para realizar essa conexão, não são necessárias (e nem úteis) categorias legais, e sim o treinamento prático e a experiência subjetiva, adquiridos através dos mecanismos informais de socialização – os quais, portanto, tem maior peso no cotidiano policial do que o treinamento formal oferecido na Academia de Polícia e com este estão em contradição.

O "estoque de conhecimento do policial", formado por tipificações dos «vagabundos», permite a ele distinguir membros das "classes perigosas" e das "classes trabalhadoras", o reconhecimento dos criminosos e de todo o universo criminal. Integram os critérios de reconhecimento características formais, como a documentação, sobretudo a carteira de trabalho, mas também outros recursos identificadores inscritos na corporalidade, como as mãos calejadas ou bem tratadas e o «jeito», isto é, um conjunto coerente de linguagem, expressão corporal, facial, postura e vestimenta. O "estoque de conhecimento" permite não apenas o reconhecimento do «vagabundo», mas sua organização em tipos («da leve» e «da pesada») e a inter-relação entre eles. Por isso, o policial deve ter intimidade com o «mundo marginal» e nele ter contatos que lhe permitam mapear as trajetórias dos indivíduos e identificar seus atos.

> Tipificações sobre a natureza e composição da clientela marginal, sobre fontes competentes de informação e modos de processamento de suspeitos constituem a cultura da organização e a socialização profissional significa o uso competente dessa cultura. (Paixão, 1982: 78)

Essa proximidade com o «mundo marginal», acaba por contaminar o policial com sua «marginalidade», tornando-o malvisto para a sociedade abrangente. Na constituição e ampliação de seu "estoque de conhecimento", o policial passa a estabelecer ligações complexas com infratores, informantes, bicheiros, prostitutas e com os familiares dos suspeitos. Essa proximidade funcional é ainda completada pelo recrutamento de policiais entre as classes populares. Paixão aponta que, na representação da divisão de trabalho no sistema de justiça, por origem social ou por exercício profissional, a polícia sente-se simbolicamente distante dos juízes e promotores, cujo trabalho é visto como «formal», lento e ineficaz. O Judiciário é tido por uma esfera «teórica», descolada da «realidade», responsável pela produção da impunidade, ao passo que a Polícia Civil é a instância que «faz a justiça na prática», sobretudo quando utiliza seus métodos informais de resolução dos conflitos e aplicação de sanções.

Não obstante, a distância simbólica que separa a polícia do Judiciário, não lhe faculta uma avaliação positiva junto à população, seja porque sua atividade é tipicamente impopular na medida em que é repressora, seja porque a polícia «está divorciada do povo». Esse «divórcio» seria um reconhecimento de que, dadas dificuldades concretas interpostas ao trabalho de policiar as classes superiores, a polícia concentra-se na vigilância e repressão dos grupos pobres da população. O policial se vê "distribuindo justiça por amostragem", e confundindo, em sua atividade prática, crime e pobreza (Paixão, 1982). Entretanto, essa crítica ao caráter classista da atividade policial liga-se a uma visão negativa das classes superiores, sem ameaçar a legitimidade interna do sistema informal de trabalho e dos "estoques de conhecimento policial".

> Nessa atividade, o policial desempenha um papel de mãe e madrasta da pobreza urbana: esta é objeto de vigilância e repressão, mas, ao mesmo tempo, a polícia é para ela uma organização aberta (pela origem comum de classe, pela proximidade ecológica entre distrito e periferia ou por relações de vizinhança entre policiais e pobres). Esta abertura é percebida na busca de resolução policial de problemas domésticos ("brigas de pinico"), como alternativa a soluções judiciárias, na demanda de arbitragem policial de problemas de vizinhança ou na assunção, pela polícia, de

papéis assistenciais (prestação de socorro médico, assistência a parturientes, conselhos e advertências a filhos e maridos rebeldes, etc.). Mas a mobilização da polícia para resolução de problemas é um recurso utilizado em bases individuais, não criando identidade entre polícia e pobreza: "o pessoal da favela não entrega nada para a polícia". (Paixão, 1982: 82)

Diferentemente do que vinha sendo proposto pelos analistas que viam a polícia como peça fundamental de dominação política, Paixão apontou pontos de tensão entre as autorrepresentações da polícia e o papel de controle social a ela atribuída por outros setores do Estado. Para a polícia, a ordem estatal é razão de sua existência, mas é também fonte de limitação de seu poder. O Estado interfere na polícia através da legislação, da divisão de funções com outras organizações, como a Polícia Militar, a Federal, e interfere, sobretudo, por meio da política salarial, que pode promover ou desacreditar as carreiras de polícia. Mas o Estado se faz presente no cotidiano da organização também através de sua política de segurança, que, embora tenha pouco poder de transformar práticas e políticas internas, pode contribuir para reduzir ou aprofundar o isolamento social e político em que vive a organização policial. Isolamento esse sempre defendido pelos membros em relação à política partidária, às instâncias judiciais (que «soltam os criminosos que a polícia prende», levando a polícia a ter que «realizar uma justiça na prática»), sobretudo, a qualquer mecanismo que implique um controle societal da organização.

O teste da validade da perspectiva organizacional nos estudos de polícia e dos achados etnográficos de Paixão veio, alguns anos depois, com a publicação da pesquisa de Guaracy Mingardi (1992), que não apenas validou a perspectiva, como corroborou a maior parte da descrição da organização informal policial. E, por força de seu método de observação (a pesquisa participante[52]), Mingardi pode aprofundar a descrição dos mecanismos informais e investigar a política interna da polícia, como um "de dentro", permitindo-lhe qualificar a política dentro da polícia civil e a política da polícia civil paulista. A pesquisa de Kant de Lima (1989, 1995) é anterior à de Mingardi, porém, em razão da coerência do presente relato será descrita mais adiante.

O relato de Mingardi (1992) é contundente e afasta praticamente toda a possibilidade de se pensar a polícia apenas a partir das funções explícitas e formais. Mingardi concentra-se na descrição do complexo *tira-ganso/truta-devo*, a partir do qual confere realidade etnográfica à inversão dos procedimentos formais do inquérito produzida pelo *métier* policial, em que se inicia a atividade judiciária com a prisão do suspeito e a partir daí é que são produzidas as evidências da culpa e, até mesmo, da existência de um crime. A percepção do referido complexo é que permite ao pesquisador compreender que corrupção e violência policial são faces de um mesmo fenômeno e que, ambos, são inerentes

---

52. Mingardi prestou concurso público e foi investigador da Polícia Civil paulista para a realização de sua pesquisa.

ao cotidiano policial, e não significam apenas um desvio dos maus policiais. Sua pesquisa aponta para a persistência dos métodos de trabalho ilegais, mesmo após a tentativa de reforma da polícia civil no governo Montoro, por ele analisada no sentido de demonstrar que a organização da polícia guarda inúmeros pontos de comunicação com a organização política da sociedade.

> A violência como forma de trabalho ainda predominava, e continuavam existindo inúmeros focos de corrupção dentro da Polícia Civil. (Mingardi, 1992: 8)

O complexo é descrito a partir da simbiose entre seus atores: *trutas* ou *ladrões* (os suspeitos ou acusados), advogados de *porta de cadeia* ou *devos*, *gansos* (que negociam informações com a polícia e participam de todas as atividades do distrito policial, na condição de auxiliares) e policiais corruptos ou *tiras*. Cada um auxilia a sobrevivência dos demais. O *ganso* fornece ao *tira* as informações que o levam a prender o *truta*. Através da administração racionalmente controlada da tortura (ou *pau*), o *tira* aceita uma proposta de *acerto*, ou quantia em dinheiro paga pelo *truta*, negociada com o intermédio do advogado, a fim de eliminar dos autos do inquérito informações que possam justificar uma condenação mais grave. O dinheiro do *acerto* remunera o *tira*, o *ganso* e o *devo*. Nenhum deles tem interesse em romper as relações simbióticas que os ligam entre si e às práticas da corrupção e da violência. O *tira* encontra os meios mais econômicos de solucionar os casos, apresentando boas taxas de produtividade e complementando sua renda. O *truta*, através do pagamento, obtém o acesso à negociação dos elementos que o incriminam e diminui sua exposição à violência. O *ganso*, mais do que um informante, participa da organização policial, à qual não poderia de outra forma ingressar por não preencher os requisitos dos concursos de ingresso no que respeita à educação formal ou à vida pregressa (a «ficha limpa»), obtendo pelo mecanismo descrito um meio de vida e garantia de renda. O advogado de *porta de cadeia* maximiza os seus lucros, tornando-se figura participante da apuração policial, a qual, pelas regras formais do processo penal, dispensaria sua presença.

A atividade policial estudada por Mingardi está inserida antes na lógica da esfera econômica do que jurídica. Nessa lógica, existe uma organização da administração da violência, com divisão de trabalhos e responsabilidades, visando obter lucro da maneira mais rápida e segura. Essa divisão do trabalho gera tipos diferentes de policiais, com visões e interesses diversos no interior da organização. Os policiais do plantão têm pouco contato com o mecanismo da tortura e da corrupção e muito contato com a população que vai aos distritos fazer queixas. Os policiais que atuam nas chefias são responsáveis por produzir a solução dos casos, tendo acesso às atividades rentáveis da polícia. Nessa divisão estão incluídos também os delegados. E por conta dessa divisão, a lealdade interna de cada equipe policial tende a suplantar as éticas horizontais, mobilizadas apenas quando há interferências externas ao trabalho da polícia.

Sobre o atendimento à população que procura os distritos policiais da capital paulista, Mingardi constatou heterogeneidade entre as equipes, mas pôde identificar algumas regras de organização da atividade policial, relativas, sobretudo, aos tipos de denúncia e à origem social do denunciante.

O furto, por exemplo, tende a ser tratado como coisa sem importância. Já o furto de residência, é muito bem tratado se ocorrer em bairro de classe média ou alta, tendo um atendimento rápido e, em casos realmente importantes, solicita-se a perícia técnica. Porém, as técnicas científicas de investigação são reservadas a uma reduzida minoria dos casos.

> Uma residência pobre dificilmente teria a honra de receber a visita de um perito, e raras vezes a de um investigador, pelo menos enquanto o morador for vítima. Se ele fosse acusado de furto, então com certeza o tira iria lá. (Mingardi, 1992: 42)

Interessante para o estudo do CIC é a descrição do tratamento dado às *zicas*:

> Gíria que engloba várias situações, algumas previstas no Código Penal. Pode ser uma rixa (art. 137), uma difamação (art. 139), ou algo do tipo. O que caracteriza é o desentendimento entre duas ou mais pessoas, tendo alguém discado 190 para acalmar os ânimos. Os tipos mais comuns são as discussões entre vizinhos e conflitos marido/mulher, geralmente envolvendo outros membros da família. (Mingardi, 1992: 45)

Se a violência for apenas verbal, o policial tende a acionar os mecanismos extrajudiciais de resolução apontados por Oliveira (2004) – e descritos logo a seguir – não resultando em instauração de inquérito, ou mesmo na feitura de um boletim de ocorrência. Em geral, as *zicas* raramente chegam ao conhecimento do delegado. Fazem também parte da categoria de *zicas* as agressões ocorridas entre os casais, sendo a elas destinadas os métodos extrajudiciais e resolução.

> Contudo, se uma das partes, geralmente a mulher, foi espancada ou ferida, redige-se um BO. Existe muita má vontade dos escrivães em atender um caso desses. Não só pelo machismo que lhes é imputado, mesmo porque a carreira policial com o maior número de mulheres é a de escrivão, mas também devido a tendência dos casais de se reconciliarem, fazendo com que a mulher compareça ao DP após alguns dias tentando retirar a queixa, o que não é possível." (Mingardi, 1992: 45-6)

Mais do que "mero fruto do preconceito", o tratamento da *zica* entre casais figura nos conhecimentos informais da polícia, segundo os quais, as pessoas que procuram o distrito nessas situações não querem uma solução penal para o seu conflito, mas querem, antes de tudo «desabafar» e, muitas vezes, elas «entram em acordo». Ainda segundo a pesquisa de Mingardi, brigas familiares e agressões domésticas e entre vizinhos só chegam ao conhecimento da polícia nos bairros de periferia, o que faz o cotidiano policial ser inteiramente diverso num distrito de periferia e nos bairros mais abastados. Nos primeiros predominam as «zicas», nos outros, os «crimes mesmo».

Assim como há seleção das vítimas e tratamento diferenciado conforme sua condição social e o tipo criminal, o mesmo ocorre em relação aos suspeitos. Conforme já foi mencionado, a tortura é um método de trabalho e não é aplicada de maneira indiscriminada, mas "faz parte de um processo, que se inicia com a seleção do suspeito e termina na entrega dele à justiça, ou então no acerto que o liberta" (Mingardi, 1992: 52). E, evidentemente, não são todos os acusados que apanham. Existem regras para a aplicação da tortura e sua utilidade relaciona-se aos ganhos da corrupção. Assim, suspeitos primários e de boa condição social raramente serão fisicamente agredidos. Suspeitos com antecedentes criminais e posição de destaque na carreira criminal, sobretudo ser tiverem dinheiro, também não sofrem maus-tratos. Esses são dedicados àqueles que a polícia considera que têm informações relevantes a prestar na elucidação de crimes. A tortura só tem utilidade se resultar em ganhos financeiros ou numa confissão. Esta, aliás, é um importante respaldo para o policial, caso ocorra uma denúncia à Corregedoria ou ao Judiciário.

Além da descrição etnográfica do complexo tortura-corrupção, Mingardi procurou mostrar no seu livro algumas características da organização policial e do momento político da transição democrática que podem ajudar a compreender porque foi e continua sendo tão difícil implementar uma reforma da polícia, principalmente se ela se originar ou for conduzida por pessoas de fora da organização ou de grupos minoritários de policiais. Na medida em que o cotidiano da polícia muito pouco tem a ver com a aplicação das leis, mudá-las pode ter efeito praticamente insignificante para a organização policial. Do mesmo modo, como a defesa e a garantia dos direitos fundamentais pouco tem a ver com as metas e a ética policial, lutar pela sua implementação é quase necessariamente recorrer a uma semântica diversa da semântica policial.

A abordagem organizacional e da micropolítica da polícia trouxe enorme ampliação da compreensão das dificuldades de transformar e democratizar as instituições policiais no Brasil. Porém, há ainda a abordagem antropológica de Roberto Kant de Lima (1989, 1995, 1997), que procurou, tal como Paixão e Mingardi fizeram, delinear os contornos do *ethos* policial civil. Mas ao contrário de Paixão, que se esforçou por enfatizar a autonomia e isolamento da organização em relação à ordem política da sociedade brasileira, Kant de Lima procurou localizar a instituição policial, suas práticas e normas, em relação a um princípio de organização mais geral presente na sociedade brasileira que busca conjugar uma ordem política igualitária, baseada no universalismo e na isonomia de tratamento diante das leis, com uma ordem social hierárquica, que a todo instante divide as pessoas em categorias distintas, reservando privilégios e tratamento diferenciados, traduzidos no próprio ordenamento jurídico. Sem negar uma especificidade à identidade e à ética policial e sem deixar de reconhecer a micropolítica da organização, o autor apresenta uma teoria que permite compreender a organização social brasileira a partir do estudo do sistema criminal, em particular da polícia. Com isso, torna ainda mais problemática a crença de que a eleição de governos civis e alterações no ordenamento constitucional sejam elementos importantes para a reforma das instituições judiciais.

Ao recorrer a uma perspectiva comparada, Kant de Lima (1989) percebeu que as categorias da ordem jurídica estão relacionadas a duas tradições jurídicas distintas que se combinam de forma particular na cultura brasileira. Nela estão combinadas concepções hierárquicas e igualitárias, individualistas e holistas, herdadas tanto de sistemas processuais com ênfase inquisitorial quanto de sistemas com ênfase acusatorial. As práticas policiais brasileiras seriam expressivas de um sistema inquisitorial de produção de verdades, típico de sociedades hierárquicas, ambiguamente combinados com princípios acusatoriais do processo penal, próprios dos sistemas políticos igualitários. Esse sistema misto marcaria a instituição policial com um caráter de liminaridade, isto é, um potencial desestruturador da ordem, sujeitando-a a acusações sistemáticas de violação da legalidade, de suspeição. O caráter liminar da atividade policial, que a impede de explicitar seus métodos próprios, dificulta enormemente o controle tanto interno quanto externo do desempenho e das práticas policiais. Isso significa que, mesmo ao cumprir suas funções formais, a polícia pode entrar em conflito com instâncias legais e judiciais, pois a tensão e a ambiguidade estão no próprio ordenamento formal.

Kant de Lima foi o primeiro cientista social a descrever e analisar os procedimentos e as etapas do inquérito policial e do processo penal, mostrando que o inquérito é baseado no sistema inquisitorial, com procedimentos sigilosos, que visam proteger não os direitos individuais do acusado, mas aqueles que colaborarem com o Estado na apuração dos crimes. No sistema inquisitorial presume-se a culpa e buscam-se provas para a condenação. Durante o processo penal, no entanto, o procedimento é acusatório, em que a inocência é presumida, a investigação é pública, baseada no equilíbrio de direitos entre a acusação e a defesa (Kant de Lima, 1989). Isto é, a ordem constitucional igualitária afirma sua adesão aos princípios acusatoriais, mas tolera que seja incluído no processo o procedimento extrajudicial de caráter inquisitorial, produzido sem a interferência da defesa e sem o controle judicial. A saída do sistema judicial para lidar com esse paradoxo é a desqualificação do trabalho policial, sob permanente suspeita de ilegalidade, ou seja de ser um trabalho "impuro", tendo como resultado a preservação da "pureza" do

Judiciário e o Ministério Público. Operação evidentemente apenas simbólica na medida em que os autos do inquérito ficam entranhados no processo penal e podem servir de provas para condenação do acusado (Kant de Lima, 1995).

A prática policial reserva, como também demonstraram Paixão (1982) e Mingardi (1992), tratamento diferenciado para tipos penais e sujeitos sociais diversos. Para além da prática informal, Kant de Lima (1995) explicitou que o próprio tratamento legal diferencia a situação social ou profissional dos acusados: existem regimes carcerários diferentes, que não variam conforme a natureza do crime, mas segundo atributos sociais e profissionais do acusado, como é o caso do direito à prisão especial para aqueles que possuem diploma universitário ou são militares, anteriormente à condenação definitiva.[53] A existência de foros privilegiados (para ocupantes de mandatos eletivos, policiais militares, juízes e promotores) também garante tratamento diferenciado, reservando, de certa forma, os distritos policiais e as varas criminais comuns ao processamento das pessoas com menos prestígio social.

No sistema judicial, por causa da aplicação dessas hierarquias e também por causa do modelo da ação penal progressiva, na qual diferentes regimes de produção de verdades se sobrepõem, à polícia é atribuída uma função subalterna (Kant de Lima, 1995).

> O sistema brasileiro, ao enfatizar distintas lógicas em procedimentos judiciários hierarquizados diferentemente, incentiva a competição interna pela "melhor" verdade e termina por produzir uma progressiva desqualificação de um sistema sobre o outro. [...] Mais dramática, no entanto, é a situação da polícia [...] Situada no lugar mais inferior deste sistema hierárquico, sua verdade também é a que menos vale. Entretanto, não se deve esquecer que é ela que se defronta, no dia-a-dia, com a população, impregnando-a e por ela sendo impregnada com seus critérios de justiça e de verdade, ao mesmo tempo em que assume, cada vez mais, sua degradação institucional. (Kant de Lima, 1997: 180-1).

Ocupando um lugar subalterno, é a polícia quem seleciona os clientes do sistema penal e utiliza para essa seleção métodos organizados que fazem parte da cultura organizacional. Se a polícia "erra" na seleção, ou se essa seleção produz vieses classistas, racistas ou sexistas, toda a "culpa" pelas distorções da ordem igualitária recai sobre os policiais, mantendo o sistema judiciário e os formuladores das políticas de segurança isentos de responsabilidades pela seleção praticada pela polícia. Entretanto, a cultura organizacional da polícia incorpora e reproduz estereótipos que são mais gerais sobre a origem do crime,

---

53. A prisão especial atinge várias categorias profissionais e quando, recentemente, foi discutida sua extinção no Congresso Nacional, este aprovou a ampliação das categorias incluídas no privilégio (Lei nº 10.258, de 11.7.2001), constituindo na vigência da chamada Constituição Cidadã, uma reatualização do conceito de cidadania regulada, formulado por Wanderley G. Santos (1987). Segundo Kant de Lima, o benefício da prisão especial acaba se estendendo por boa parte do período de cumprimento de pena, enquanto houver a tramitação de recursos, que podem demorar muitos anos para serem julgados.

o perfil dos criminosos e a maneira de exercer o controle social, isto é, bases sociais sustentam as práticas e representações da polícia (Kant de Lima, 1995). Entretanto, a cultura policial não deixa de ser uma zona especializada da cultura brasileira, que produz e reproduz uma tradição própria. Em relação à lei, por exemplo, a polícia pode aplicá-la, negociar sua aplicação em condições mais favoráveis ao interesse de uma parte, pode distorcê-la em sua aplicação ou pode violá-la, procedimentos esses todos, de certa forma, regulados por uma ética profissional, a qual também regula as funções ilegais ou extralegais da polícia, como as práticas de julgamento (ou arbitramento) e de punição.

Kant de Lima (1995) percebeu que a aplicação da lei, além de ser um campo de práticas heterogêneas, adquire um significado especial na formação de grupos internos ou de malhas, redes de relacionamento, na medida em que o conhecimento das leis constitui o saber profissional de todos dentro do sistema judicial. Assim, a acusação de desconhecer a lei serve para marcar posições diferentes no campo e também marcar práticas inaceitáveis, mesmo que seja impossível a qualquer um conhecer todas as leis e que a cultura organizacional e as práticas cotidianas não sejam pautadas estritamente pela lei.

Foram identificadas duas funções distintas atribuídas pelo sistema legal à polícia: a função de vigilância, na qual se busca prever a ocorrência de delitos e se adiantar para preveni-los, e a função judiciária, que é a da investigação criminal, que tem lugar após a ocorrência dos fatos. Cada uma dessas funções é presidida por uma lógica distinta, mas na atividade prática elas se combinam e se confundem resultando aquilo que havia sido explicado por Paixão em outra linguagem: primeiro se prende o suspeito, obtém-se a sua confissão, para em seguida investigar sua culpa. Para descobrir os criminosos potenciais e distingui-los dos cidadãos respeitadores da lei, a polícia usa critérios policiais e métodos inquisitoriais, isto é, sigilosos, estabelecendo uma relação de desconfiança com a população, a qual responde com reciprocidade, desconfiando do que faz a polícia e se indispondo a cooperar.

No seu exercício profissional, a polícia muitas vezes se depara com «conhecidos marginais», sobre os quais ela alega conhecer condutas que não pode provar nos procedimentos judiciais. Isto motiva e justifica para a polícia o «tomar a justiça em suas próprias mãos», isto é, aplicar a sua *ética* para adjudicar e punir, no lugar de seguir os procedimentos judiciários, legais. Sua proximidade com o «mundo do crime», sua «experiência», seu conhecimento da «realidade» justificam e legitimam o exercício de sua ética, a seus olhos. Perante o sistema judiciário, a constatação de tortura ou coação pode servir para sustentar uma absolvição, interpretada pela polícia como a impunidade de um réu confesso e um estímulo à utilização dos métodos ilegais de justiçamento.

Ocorre que vários dos princípios identificados por Kant de Lima como característicos da ética policial não derivam de experiências concretas dos policiais, mas correspondem a imagens e certezas que circulam para além da corporação, também no conhecimento jurídico e no senso comum. Um desses princípios é a representação das diferenças culturais concebida segundo o modelo do evolucionismo cultural, para o qual as diferenças podem ser reduzidas numa escala "natural" que vai do simples ao complexo, que considera haver categorias de pessoas mais primitivas, mais suscetíveis às forças da natureza, portanto moralmente inferiores, e categorias superiores, de pessoas mais evoluídas, mais civilizadas, «com mais cultura». Segundo o achado etnográfico de Kant de Lima, "o processo de decisão da polícia quando lida com as práticas consideradas criminosas depende desse esquema evolutivo" (1989: 75). Assim, diferentes categorias de ocorrências policiais podem emergir de um fato, a depender do código cultural em que serão enquadrados os participantes do fato: acredita-se que as pessoas muito pobres, das classes mais baixas da sociedade estão mais familiarizadas com a violência, por seu «grau de civilização menor», ao passo que as pessoas das camadas mais abastadas, por serem «mais civilizadas», estão mais distantes desse universo «atrasado», assim, a violência entre membros das classes pobres é vista como uma ocorrência menos grave do que aquela que ocorre entre os que «tem mais cultura», ou dinheiro, ou educação formal.

Pelo mesmo princípio, é dificílimo compreender porque um membro da elite, com alta escolaridade, «que tem tudo», adota uma conduta violenta (Kant de Lima, 1995). As explicações plausíveis nesse caso seriam ligadas a deficiências de cognição, como doenças mentais ou possessões sobrenaturais, já que é difícil explicar a conduta irracional das «pessoas mais evoluídas».[54] Esses estereótipos evolutivos sobre as diferenças culturais estão presentes na cultura jurídica brasileira, de característica elitista, e podem ser facilmente encontrados em manuais e livros adotados em cursos de Direito.[55]

> Não é de admirar, pois, que, para segmentos da sociedade brasileira considerados pela cultura jurídica como incivilizados, torne-se necessário aplicar procedimentos adjudicativos e punitivos específicos. Estes procedimentos são parte de um código não-oficial que 'combina' com o nível de civilização inferior das pessoas às quais ele se aplica. Somente este código pode ser adequadamente 'compreendido' por elas. A maior parte das práticas de 'vigilância' da polícia são justificadas como sendo uma aplicação deste código. Assim, suas práticas adjudicativas e

---

[54]. Não é difícil encontrar exemplos que ilustram o mal-estar dos brasileiros com a criminalidade violenta cometidas por membros das classes altas. Recentemente (2002), o caso de Suzane von Richthofen – 19 anos, branca, loira, de classe alta, ex-estudante de uma escola alemã e aluna do curso de Direito da puc-sp, condenada em 2006, por arquitetar e executar a morte de seus pais a golpes de objetos contundentes – teve imensa repercussão na mídia e nas conversas informais. Entre professores universitários e sociólogos ouvidos em conversas informais era comum o sentimento de "choque" e a expressão de uma incompreensão profunda do caso. As explicações encontradas recorriam frequentemente a sintomas de avançada desagregação moral da sociedade e a indícios apocalípticos. Entende-se que uma pessoa acusada de duplo homicídio só possa ser responsabilizada por consequências tão profundas na medida em que ela não é vista como uma pessoa comum, mas uma representante de uma classe especial, do melhor de nossa sociedade, ou como se costuma dizer, «da fina flor».

[55]. É comum na cultura jurídica universitária conceber o processo histórico aos moldes do modelo evolutivo, sem rupturas, como se as formas jurídicas contemporâneas viessem sendo aperfeiçoadas ao longo dos milênios, desde "as cavernas", passando pelas mais diferentes civilizações até chegar à forma atual, logicamente superior após tão longo processo de depuração. Para uma análise do persistente fenômeno, consultar Luciano Oliveira (2004), em especial o capítulo "Não fale do código de Hamurábi!".

punitivas podem ser consideradas como uma espécie de 'adaptação cultural', não-oficial, dos procedimentos judiciais. (Kant de Lima, 1989: 77)

Para o antropólogo, a polícia aplica sua ética, suas práticas de arbitragem e punição, quando entende que a aplicação da lei seria ineficaz para «fazer justiça», seja pelas características dos envolvidos, pelas dificuldades técnicas da apuração, ou pela quebra de um código de honra que não é protegido pela lei. Porém, essa ética, desenvolvida de maneira clandestina, não é incompatível com o sistema jurídico brasileiro, na medida em que lhe é complementar: algumas categorias de pessoas são julgadas e punidas por essa ética clandestina que todos sabem existir e operar, enquanto outras têm acesso ao exercício dos direitos constitucionais e aos procedimentos judiciais regulados pela lei.

Para se compreender o funcionamento dessa seleção é importante compreender os procedimentos de arbitragem praticados pela Polícia Civil e as suas práticas na resolução extrajudicial dos conflitos, como se procurará fazer adiante. Isso será fundamental para que se entenda o que foi proposto pelo projeto de idealização dos Centros de Integração da Cidadania e se consiga contextualizar situações ali observadas.

Anos 90 e o inventário das continuidades

Os pioneiros dos estudos da polícia no contexto da transição política permaneceram, nos anos 90, aperfeiçoando suas perspectivas. Foram seguidos por um grupo sempre crescente de pesquisadores, em parte motivados para compreender as respostas estatais diante do crescimento do fenômeno e da politização da chamada violência urbana, em parte para refletir sobre a persistência da continuidade das práticas violentas e arbitrárias da polícia. A abertura ou a resistência dos governos democráticos em buscar estratégias de reforma das polícias passou a oferecer um vasto material de análise aos cientistas sociais. Entretanto, a maioria dos estudos mais recentes tem validado as perspectivas e as conclusões que já estavam embutidas nas obras pioneiras.

Paulo Sérgio Pinheiro (1991 e 1997), cuja perspectiva incomodava os pesquisadores interessados na micropolítica da polícia, refina sua perspectiva nos anos 90, passando a focalizar o fracasso da democracia em estabelecer um controle legítimo da violência. A partir do conceito de autoritarismo socialmente implantado, analisa a persistência da violência policial nos regimes democráticos (não só do Brasil, mas das democracias recentes) como expressão de um sistema de dominação no qual o regime da lei é precário e funciona para manter e aprofundar desigualdades e discriminações. Para ele, as instituições estatais, como tribunais e polícias, têm pouca autonomia por serem peças fundamentais no controle das classes populares. Embora veja iniciativas da sociedade civil por mudanças, Pinheiro acredita em avanços lentos, prejudicados pela globalização econômica e pela adoção de políticas neoliberais pelos governos nacionais, que aprofundam o sistema de desigualdades (Pinheiro, 1997). Sua perspectiva é adotada em vários estudos, como o de Paes Machado e Noronha (2002), sobre a violência policial em Salvador.

Os estudos sobre violência policial multiplicaram-se, buscando explicar sua persistência e descobrir mecanismos de controle eficaz o uso da força pelas organizações policiais. Entre esses estudos, podem ser citados os de Paulo Mesquita (1999b), César Caldeira (1997), Cano e Fragoso (2000), Arthur Costa (2004). Nas comparações com estudos internacionais, os brasileiros passam a valorizar as estratégias de controle interno em seus estudos, enfocando substancialmente a profissionalização como perspectiva de controle interno de ações ilegais da polícia. Vários estudos sobre a formação dos policiais e os currículos das Academias aparecem, como o de Tavares dos Santos (1997).

Uma das principais características dos estudos mais recentes é a comparação internacional de modelos e práticas policiais. A sociologia das organizações policiais, tal como praticada por Jerome Skolnick (1966) ou David Bayley (2006), passou a ser referência constante. Os pesquisadores brasileiros começam a compreender que o controle da sociedade e dos governos sobre a polícia é um fenômeno geral, comum a muitos países e começam também a trabalhar com o conceito de cultura policial como um sistema de pensamento mais amplo do que a realidade nacional. Por comparações, percebe-se que muitas práticas encontradas no comportamento dos policiais brasileiros aparecem nos países centrais e também em outros países do terceiro mundo, como África do Sul e Índia. Com isso, alguns caminhos de transformação, experimentados no contexto de outros países começam a ser divisados.[56] Não obstante sempre ficar remarcado por esses estudos que as polícias são organizações resistentes a mudanças e principalmente a mudanças motivadas por agentes e demandas externas à organização, daí não ser fácil estabelecer um controle civil da polícia (Bretas, 1997; Bretas e Poncioni, 1999; Paixão, 1995; Soares, 2000; Souza, 2003 e 2004). A polícia torna-se um tema central para se refletir sobre a própria democracia brasileira e a maioria dos pesquisadores avalia sérios obstáculos à consolidação da democracia brasileira ao observar a persistência de práticas autoritárias e ilegais da polícia (Adorno, 1998b e 2002; Lima, 2011; Paixão, 1995; Pinheiro, 1997; Soares, 2000; Zaluar, 1999; Zaverucha, 1998 e 2001).

É digno de nota o estudo realizado pelo Idesp, sob a coordenação de Maria Tereza Sadek sobre o perfil social e algumas opiniões dos delegados de polícia. Através de um *survey*, foram levantadas as principais dificuldades para o exercício da atividade policial e para a segurança pública, sob a ótica dos delegados. O estudo ressaltou a renovação dos quadros após 1988, mostrando que a imensa maioria ingressou na organização já no período democrático, destacando o papel renovador que poderia ser desempenhado por uma inovadora

---

56. Alguns trabalhos, na esteira de identificar e avaliar a implementação no Brasil de estratégias de controle da atividade policial razoavelmente bem sucedidas em outros países, buscaram analisar os programas de policiamento comunitário (Mesquita, 1999a; Muniz *et al*, 1997).

presença feminina na polícia (Sadek, 2003). Na visão dos policiais, captada pela pesquisa, violência policial e corrupção são práticas indesejáveis e que contribuem para piorar a imagem pública da polícia. Competência técnica para lidar com os inquéritos e saber jurídico são mencionadas como as características mais importantes para ser um bom delegado. É perceptível o esforço dos pesquisadores do Idesp em enxergar rupturas na mentalidade e na ação dos delegados com o ingresso do país na ordem democrática, tal como constatado nas suas pesquisas sobre a magistratura e o Ministério Público. Assim, são ressaltadas a renovação dos quadros e a presença feminina como elementos indicativos de mudança. Porém, o recrutamento endógeno e o baixo insulamento institucional constatados são tomados como indícios de reprodução de práticas orientadas por uma forte cultura organizacional.

Num campo de estudos em que desde há muito se aceita a existência de diferenças entre discursos explicitados e práticas clandestinas, diferenças entre a legitimação formal e a importância do informalismo das práticas que vão de encontro ao papel republicano da polícia, é sempre necessário contextualizar a autoimagem explícita dos delegados com as etnografias do cotidiano policial, sob o risco de deixar-se contaminar pelo cerimonialismo do mundo formal de todos os profissionais do direito, que quer levar a crer que a atividade policial identifique-se à atividade de aplicar a lei.

As funções extrajudiciais da Polícia Civil

Recordando o que foi proposto para a participação da Polícia Civil nos Centros de Integração da Cidadania, ressalta como principal traço a intervenção não-penal e a interdição de realizar procedimentos de investigação criminal, inquéritos policiais, prisões. Para compreender os rumos do que ocorreu no âmbito do programa estudado, faz-se necessário relatar aquilo que os etnógrafos da Polícia Civil observaram ocorrer quando esta não está realizando sua função judiciária.

Da mesma maneira como ocorre em relação à maioria dos trabalhos sobre polícia nas ciências sociais, a preocupação dos pesquisadores está em localizar essas práticas, chamadas de extrajudiciais ou adjudicatórias ou de arbitragem, em relação ao universo de valores, direitos e garantias da cidadania, que deveriam orientar as instituições do sistema de justiça na ordem democrática.

O primeiro estudo a enfocar especificamente essas práticas foi o de Luciano Oliveira ([1985]2004), que teve a oportunidade de observá-las, nos anos 80, ocorrendo nos postos policiais da Grande Recife. O estudo também tem um caráter inaugural e foi, como relatado por Eliane Junqueira no prefácio do livro de Oliveira, inspirado no estudo de Pasárgada de Boaventura de Sousa Santos (1977). Tratava-se de descobrir os usos que a população pobre fazia das instâncias formais de justiça e qualificar o tipo de acesso que tinham ao sistema de justiça estatal. Ainda segundo a informação de Junqueira, a pesquisa de Oliveira foi debatida pelos constituintes do final dos anos 80 e deu base empírica para a previsão constitucional da criação dos Juizados Especiais Cíveis e Criminais. Oliveira, na republicação do estudo em 2004, afirmou acreditar que uma parte dos conflitos antes resolvidos no posto policial são atualmente canalizados para os Juizados Especiais. Mas nem todos, talvez sequer a maioria. Segundo os dados que ele recolheu, os Juizados vêm sendo utilizados pela parcela mais escolarizada da população e a as agências policiais ainda continuam sendo procuradas para a resolução dos conflitos cotidianos da população de baixa renda.

Seu estudo enfocou

> as práticas de feição nitidamente judiciária (pois que existem partes, audiência de julgamento e decisões) exercitadas pela polícia quando confrontada com pequenos ilícitos protagonizados pelas classes populares. (Oliveira, 2004: 24).

E como era quase obrigatório nessa linha de trabalho, havia a necessidade de diferenciar-se dos estudos que tratavam das ações repressivas da polícia contra as classes populares, sendo Pinheiro marcado como ícone desta literatura.

Os casos observados por Oliveira eram de pequenos delitos, como ameaças, calúnias, difamações, agressões físicas e também casos de natureza cível, porém para os quais a polícia não aplicava os procedimentos legais do inquérito a ser encaminhado ao Judiciário, mas aplicava ela mesma o seu método de resolução. Nos postos policiais localizados em regiões pobres do Recife, em geral, quem se ocupava desses casos era o comissário, uma vez que não havia delegados e não eram realizadas as atividades de polícia judiciária – os casos que motivariam inquéritos eram encaminhados às delegacias.

O processo narrado por Oliveira era iniciado com a oitiva da queixa, que podia ou não ser anotada num livro. Uma intimação era enviada ao acusado de maneira muito informal, pela própria parte queixosa ou levada por um policial. Mas nem sempre intimações eram enviadas, pois nem todos os "queixosos" tinham um contencioso, tendo interesse numa orientação jurídica; outros iam ao posto policial solicitar serviços que não são típicos da polícia, como utilizar o telefone ou pedir um emprego. Quando a intimação era levada à outra parte, geralmente a audiência ficava marcada para o dia útil seguinte. Se o acusado não comparecesse, recebia uma nova intimação e, se ainda assim não se manifestasse, o comissário poderia mandar buscá-lo.

As audiências costumavam ser rápidas (em torno de 30 minutos) e únicas. Inicialmente era dada a palavra a quem prestou a queixa e o comissário devia regular a interferência da outra parte, que se manifestava a seguir. Havia uma segunda parte da audiência em que predominava a peroração do comissário, encerrando-se com a resolução do caso ou com a decisão de "livrar-se dos querelantes".

Os casos mais frequentes foram classificados por Oliveira (2004), a partir das categorias locais, em desordem, ofensa moral e agressão, classificações estranhas ao ordenamento legal. Havia ainda os pequenos casos patrimoniais, versando sobre desentendimentos os mais variados.

O desempenho policial justificava-se pela tentativa de impedir, através de procedimentos orais, o cometimento de um delito mais grave. Oliveira identificou três atitudes básicas assumidas pela autoridade policial: *retórica, ameaça* e *admoestação*. Na *retórica*, "o comissário faz apelo a valores éticos socialmente aceitos, como a família, a paz social – etc". Quando o comissário mobilizava a possibilidade de aplicar o direito oficial, o que poderia resultar num indiciamento e numa possível prisão, estava acionando a *ameaça*. "A admoestação refere-se a uma atitude marcadamente policial, caracterizada por palavras de descompostura dirigidas às partes" (Oliveira, 2004: 41-2). As três atitudes apareceriam mescladas nas mesmas situações e não era possível identificar um uso típico de cada uma delas em relação ao tipo de caso, nem às características pessoais dos envolvidos. Apenas nos casos configurados como pequenos delitos patrimoniais é que havia tendência à adoção de uma postura repressiva, fazendo-se inclusive o uso da prisão e de incisivas ameaças de processo, que poderiam se concretizar se não houvesse "acordo". Oliveira reconheceu nesses casos o mesmo mecanismo já descrito de utilizar a prisão ilegal como primeiro procedimento da investigação.

O autor argumenta que as funções "alternativas" da polícia não são reflexo apenas da inacessibilidade do Judiciário, já que a polícia sempre desempenhou papel de destaque na resolução deste tipo de conflito. O Código Criminal do Império (1830) regulamentou a competência judicial da polícia sobre os pequenos delitos, chamados *crimes policiais*, os quais eram genericamente os mesmos observados na pesquisa dos anos 80. O código imperial previa a assinatura do "Termo de Bem Viver" ou "Termo de Segurança", os quais, tendo sido abolidos do ordenamento jurídico, ainda hoje são assinados diante das autoridades policiais. Para Oliveira, as pessoas que procuram a polícia desejam que o conflito seja solucionado naquela instância, de maneira rápida e informal, aplicando-se "um corretivo" ao ofensor. E há ainda um motivo estrutural que permitiria compreender a popularidade das práticas judiciais da polícia: a quantidade dos casos simplesmente inviabilizaria seu processamento pelos procedimentos legais do Judiciário.

> As práticas judiciárias da polícia são, a um só tempo, um escoadouro para pequenos delitos e, também, um coadouro a proteger o Judiciário de avalanche de pequenos casos que, se para lá dirigidos, certamente terminariam por afogar de vez esse Poder eternamente às voltas com uma endêmica asfixia. (Oliveira, 2004: 50).

Se esse uso alternativo tem tantas vantagens, qual o seu problema? O problema sociológico do uso alternativo da polícia como instância judicial – argumenta Oliveira – está nos direitos de cidadania e no direito de acesso a uma justiça igualitária, que se realize com estrita observância de outros direitos. As práticas policiais podem ser eficientes para por fim à queixa, mas são excessivamente dependentes do favor que presta o policial às partes e sempre sujeitas a violação de garantias individuais. Qualidade e a justiça social são o centro da crítica da instância policial de resolução de conflitos. A crítica lembra que o formalismo do direito oficial é – ou deveria ser – uma garantia, um direito.

Se Oliveira abriu a crítica à desigualdade dos procedimentos policiais, ligando-a a uma desigualdade estrutural do sistema de justiça e da sociedade brasileira, Kant de Lima (1989), como se viu, aprofundou-a. Para ele, as funções adjucatórias e punitivas da polícia são justificadas por uma cultura jurídica elitista, que concebe a sociedade como um sistema hierarquizado, no qual apenas algumas categorias de pessoas teriam acesso ao exercício dos direitos e ao Judiciário, ficando reservados para as categorias inferiores os procedimentos policiais, vistos como mais adequados ao seu estágio evolutivo.

Segundo o que observou Kant de Lima no Rio de Janeiro, as audiências policiais precedem sempre o registro da ocorrência policial naqueles casos tradicionalmente reconhecidos como casos de polícia, que são os mesmos descritos por Oliveira, acrescentados das brigas de família e das brigas de vizinhos. Acrescenta que, embora possa se tornar explícito que o procedimento ocorre contra a lei, para a maior parte das pessoas, o delegado representa a lei e o procedimento aparece como uma contribuição à lei (Kant de Lima, 1995). Quanto ao rito que seguem, observou enorme similaridade com as práticas descritas por Oliveira, ressaltando o lugar ocupado pela ameaça de um inquérito na peroração da autoridade.

Kant de Lima (1995) acrescentou que a conduta policial nos casos em que as partes pertencem a classes sociais diferentes tende à intimidação da parte menos privilegiada, para que aceite um "acordo". E chamou a atenção para um tipo especial de conflito – as brigas de família – para as quais parece existir uma opinião comum de policiais, juízes e usuários de que o procedimento judicial formal também não é instrumento eficaz de resolução. E, nesses casos, a informalidade do tratamento policial poderia ser mais eficiente. Entretanto, embora analisasse o limite formal do direito brasileiro para lidar com esses casos, o autor descreveu uma recusa sistemática da polícia em tratá-los, limitando-se a procurar diminuir a exaltação das partes e devolver o conflito à esfera privada. Quando aceita tratá-los, recorre a procedimentos de negociação e impõe a aceitação de um acordo, o que seria impossível para o Judiciário. E assim, enuncia-se um paradoxo de legitimação: se aceita o caso e o resolve por negociação, a polícia viola a lei; mas, se cumpre a lei, frustra a expectativa daqueles que a procuram como instância de resolução. A arbitragem policial prevalece nos casos em que a lei dificilmente seria aplicada, por não ter sido feita para esses casos.

Marcos Bretas (1996), ao estudar as funções informais da Polícia Civil carioca no início da República, chama a atenção para a antiguidade das práticas de justiça da polícia. De acordo com seu argumento, a busca dessa instância para a resolução de conflitos assenta-se no prestígio que tinha o cargo de autoridade policial no momento de construção do Estado Nacional, no qual as tradicionais instâncias privadas de proteção paternalista estavam refluindo, porém, uma justiça estatal não estava ainda suficientemente consolidada para canalizar os conflitos de modo universal e impessoal. Num período de transição, no século XIX, as autoridades policiais eram indicadas por chefes políticos locais, tendo por função a regulação de pequenas disputas e um amplo poder de decisão. Com a profissionalização da polícia, o poder legal para o exercício dessa regulação foi reduzido, "mesmo assim, o papel dos policiais como provedores de regulação social permaneceu" (Bretas, 1996: 214). A explicação para essa permanência, e para o prestígio das autoridades policiais junto às classes populares, está na rápida desagregação das hierarquias tradicionais (patrimonialismo, trabalho escravo) e na incorporação massiva de novos atores na cidade (imigrantes, migrantes do interior, trabalhadores assalariados, excluídos do mercado de trabalho), que descolados das formas tradicionais de autoridade, passavam a enxergar na polícia uma instância de justiça alternativa e rápida.

Numa época de mudanças na estrutura social e na organização política, a elite estava preocupada com a desagregação social e com o estabelecimento de formas de controle das novas manifestações de pobreza urbana. Segundo Bretas, nesse período, os intelectuais e a elite desinteressavam-se do exercício da autoridade policial, que passava então a se tornar mais profissional. E esse novo corpo, armado de novos poderes regulatórios da vida cotidiana, encontrava, no final do século XIX, no exercício do poder de influência, um espaço próprio de atuação e de legitimação junto ao público. As pessoas buscavam a polícia para a resolução dos assuntos mais variados, de pequenos delitos criminais a questões trabalhistas, dívidas, desentendimentos interpessoais, educação dos filhos. Nesses casos, em geral, buscava-se antes da aplicação da lei o apoio dos policiais para assegurar um direito que se imaginava deter. E assim os policiais procuravam agir: como negociadores de situações conflituosas, nas quais a lei e a justiça eram mobilizadas como ameaça, como barganha para fazer entender aos recalcitrantes as vantagens da aceitação de um acordo informal. A medida das arbitragens era o suposto "bom senso" dos policiais.

Essas atividades não eram vistas por eles como o verdadeiro trabalho policial, por estarem fora da esfera criminal – e poucos registros escritos podem ser encontrados. Mas o historiador pôde perceber que, em geral, pequenos conflitos ocupavam a maior parte do trabalho policial e que, se não mediados rapidamente, de fato, tinham potencial de evoluir a grandes desordens, por ocorrer em locais de grande aglomeração de pessoas, onde a convivência nem sempre era fácil. Assim, ainda que a imagem da polícia não fosse exatamente positiva, as partes procuram a autoridade na expectativa de atrair o apoio de uma força poderosa e presente no cotidiano popular. Isto é, onde não havia a presença de outras autoridades estatais, a possibilidade de encontrar um canal de resolução rápida e acessível junto à autoridade policial era única. Mesmo que a solução fosse "estranha à legalidade", as decisões dos policiais acabam acatadas, sobretudo porque se baseavam num conjunto de valores e preconceitos do senso comum. E assim, a polícia constituiu um outro tipo de autoridade, que ultrapassava ou mesmo competia com aquela que lhe era atribuída pela lei (Bretas, 1996).

A função de autoridade que compete com a atribuição legal da polícia judiciária, parece realmente ter se consolidado, através da tradição policial, reatualizando-se sempre no cotidiano dos distritos policiais. Ela parece legitimar-se sempre na necessidade de proteger os tribunais dos «pequenos casos», protegê-los das «zicas» observadas por Mingardi (1992), das «briga de pinico» conhecidas por Paixão (1982), da «feijoada», estudada por Poncioni (1995).

Paula Poncioni Mota dedicou-se a decifrar as representações da «feijoada» – designação atribuída aos «casos sociais» – na Polícia Civil do Rio de Janeiro. A pesquisadora percebeu sua importância no cotidiano dos distritos, bem como a avaliação pejorativa que sobre esses conflitos pesa, ligada estreitamente com o status de seus protagonistas. Lembra a autora que é comum, em muitos países, que a polícia desempenhe o que ela qualifica de funções societais, isto é, que seja buscada pelos cidadãos como um serviço público capaz de encaminhar e orientar a solução de uma infinidade de problemas não-criminais. No caso brasileiro, essa função societal tem sido desempenhada menos como garantia dos direitos do cidadão do que como um obstáculo ao exercício da cidadania, na medida em que nega sistematicamente o acesso à justiça e à concretização dos direitos individuais e sociais. Não hesita a autora em qualificar o exercício da função societal como uma forma de violência policial contra os mais pobres, uma vez se tratar do uso de estratégias arbitrárias e discriminatórias para diferenciar o atendimento policial conforme a classe e a posição social de quem o busca (Poncioni, 1995). É interessante ainda pontuar que a pesquisadora realizou seu trabalho já no meado dos anos 90, portanto posteriormente à vigência da nova ordem constitucional, concluindo que o tratamento diferencial oferecido pela polícia aos «pequenos» conflitos não se transforma com a mudança dos governos.

É bem generalizado, no conjunto de pesquisas reunido, o achado da necessidade de proteção do sistema judicial de um conjunto de conflitos, cujos protagonistas são das classes populares, os quais, curiosamente são tratados na condição de «pequenos casos», já que muitas vezes, como lembram sempre os cientistas sociais que os estudaram, esses casos são de difícil solução para o ordenamento jurídico: a ameaça de agressão a uma esposa ou a um vizinho, o exercício violento das hierarquias no ambiente doméstico. A falta de interesse do sistema judicial na canalização desse tipo de conflito e a ausência de remédios jurídicos para solucioná-los mediante o devido processo legal são constatações que não permitem escapar ao reconhecimento de que o sistema de justiça no Brasil aplica-se de acordo com uma hierarquia de instâncias oficiais, de tipos de conflitos e de protagonistas desses conflitos. É com o olhar nesse contexto do sistema de justiça que se poderá analisar o papel da Polícia Civil num programa criado para prevenir a violência nos «pequenos» conflitos das classes populares.

Ministério Público

No domínio das ciências sociais, os estudos sobre a instituição do Ministério Público despertaram bem menos interesse do que o Poder Judiciário, as polícias e o sistema prisional. Os estudos disponíveis estão inseridos na voga contemporânea dos cientistas para conhecer e investigar as instituições do sistema de justiça no contexto da redemocratização.

Assim, no final dos anos 90, alguns estudos na área de Ciência Política foram empreendidos na esfera do Idesp e junto à USP. A tônica geral desses trabalhos é a defesa de que o Ministério Público, na redemocratização, passou por transformações institucionais, funcionais e ideológicas, tornando-se um ator importante na vida democrática, sobretudo no que tange a conquista e a defesa dos direitos coletivos e difusos, assim como na fiscalização da administração pública. Ressaltam a nova arquitetura institucional e as novas atribuições adquiridas e analisam a atuação do Ministério Público no contexto da judicialização da política. A atividade típica do MP como titular da ação penal foi desconsiderada por essa linha de estudos.

Rogério Bastos Arantes expôs as bases dessa linha de interpretação. Para o autor, o reconhecimento de novos direitos, coletivos e difusos, na década de 80, e a criação de novos instrumentos jurídicos para a defesa desses direitos, associaram-se a um processo de reconstrução institucional, alçando o Ministério Público a "agente mais importante da defesa de direitos coletivos pela via judicial", o que, pela natureza eminentemente política desses direitos, tem impulsionado, de um lado, a judicialização dos conflitos políticos e, de outro, a politização das instituições de justiça (Arantes, 1999: 83). O reconhecimento de novos direitos e o aumento da importância institucional do MP na defesa dos mesmos são vistos como alargamento do acesso à justiça no Brasil.

O marco desse processo, do ponto de vista político e jurídico, foi a Constituição de 1988, que tratou de consolidar os direitos coletivos e individuais, reivindicados nas lutas sociais do final do período autoritário – direitos da infância e juventude, meio ambiente, patrimônio histórico e cultural, direitos do consumidor, mas também controle sobre a administração pública e os direitos sociais. Com ela, o Ministério Público ganhou autonomia administrativa e independência funcional, ganhando também as prerrogativas de atuar, através das ações civis públicas, na defesa dos "novos direitos". Em relação à partição republicana do poder, o MP adquiriu prerrogativas no controle da constitucionalidade de atos dos outros poderes (como no caso as ações diretas de inconstitucionalidade). No contexto do reordenamento jurídico e do reenquadramento institucional, segundo afirma Arantes, houve um deslocamento do Ministério Público "da tarefa de defender o Estado para a condição de fiscal e guardião dos direitos da sociedade" (Arantes, 1999: 84).

Esse deslocamento para o papel de «defensor da sociedade», está, segundo os pesquisadores, representado no discurso e nas práticas dos promotores e procuradores ao longo dos anos 80 e 90. Ele teria sido o resultado de um largo processo de autorreforma, que teria se caracterizado pela luta de líderes e organizações profissionais do Ministério Público – com destaque para a atuação dos paulistas – para criar legislações que, ao mesmo tempo, reconheciam novos direitos, alargando o estatuto da cidadania, e conferiam novas atribuições ao Ministério Público na defesa judicial desses direitos.

Essa articulação política teria provocado impacto sobre o significado do profissionalismo de promotores e procuradores, como foi descrito por Maria da Glória Bonelli (2002), em seu trabalho de recuperação da memória dos principais atores e de análise de discursos nas publicações da instituição. O primeiro marco legal dessa autorreforma foi a Lei Orgânica Nacional do Ministério Público, de 1981, que incluiu a defesa dos interesses difusos e coletivos entre as principais atribuições da instituição reorganizada e previu a propositura de ação civil pública. A partir disso, promotores e procuradores engajaram-se na codificação desses direitos e na regulamentação do rito judicial. No mesmo ano, a legislação de meio ambiente estabeleceu atribuições importantes para o MP nessa área. Em 1985, a lei que regulamentou a ação civil pública, veio disciplinar sua propositura e consagrar a importância do Ministério Público como ator legitimado para propô-la.

Durante o processo constituinte de 1987-8, promotores e procuradores constituíram um dos mais fortes *lobbies*, que atuava na defesa da codificação dos direitos difusos e coletivos e, simultaneamente, na defesa das prerrogativas do MP para atuar nessa área. Assim, autonomia administrativa, independência funcional, equiparação salarial à magistratura, inamovibilidade justificavam-se em nome da politização que decorreria dos seus novos papéis. Essa atuação foi descrita e analisada por Fábio Nunes (1998), Arantes (1999), Silva (2001) e Bonelli (2002).

Diante das possibilidades abertas pela nova Constituição, o processo de autorreforma persistiu, por exemplo, na mobilização em torno da redação e aprovação do Estatuto da Criança e do Adolescente, de 1990, na qual também o Ministério Público teve papel central. Essa legislação introduziu prerrogativas importantes para os promotores, seja na defesa dos direitos, seja no rito de processamento dos atos infracionais, conforme a análise de Cátia Silva (1996; Gregori e Silva, 2000).

O mesmo se deu com o Código de Defesa do Consumidor, de 1990, cujas redação e aprovação também contaram com a decisiva participação de membros do MP e, novamente seu papel institucional foi reforçado e alargado com a possibilidade de propositura de ação na defesa de interesses individuais homogêneos. Outras legislações que completam a extensão desse processo de reforma legislativa e institucional são as Leis de Proteção aos Deficientes Físicos (1989), Proteção aos Investidores do Mercado Imobiliário (1989), Anticorrupção (1992), Defesa do Patrimônio Público (1993) e da Concorrência (1994), conforme o levantamento de Silva (2001).

Essa redefinição institucional do Ministério Público culminou na aprovação de uma nova lei orgânica nacional – seguida por leis estaduais – em 1993. Curiosamente, o ponto alto da renovada participação dos membros do MP na vida política coincidiu com a crítica interna e externa da participação de promotores na política convencional, exercendo cargos no Executivo e no Judiciário. A discussão da nova lei orgânica deu-se no período em que procurador Luis Antônio Fleury Filho foi secretário de Estado e governador de São Paulo:

> É no contexto das conquistas institucionais que o procurador Luis Antônio Fleury Filho (1990-1994) é eleito governador, sendo sua gestão apelida de República dos Procuradores, devido à presença de colegas provenientes da carreira no governo. Neste cenário, as fronteiras entre profissão e política foram enevoadas. Internamente, predominou a percepção que os contornos profissionais que o MPP[57] vinha lentamente construindo desde sua organização, em 1946 tinham sido minados por membros identificados com a corporação. As consequências foram a clivagem do grupo e o rompimento das redes de sociabilidade internas, dando a esse processo uma feição dramática e dolorosa para seus participantes. (Bonelli, 2002: 141-2)

Maria da Glória Bonelli informa que o período foi de crescimento e equipamento da instituição. Porém, denúncias de corrupção no governo e intensificação de críticas de excessiva ligação da cúpula do MP com o Executivo resultaram numa grave disputa interna sobre os sentidos e as possibilidades da atuação política dos membros. Nessa disputa, segundo a autora, a ideologia do profissionalismo sobressaiu, fixando-se a visão majoritária de que promotores e procuradores têm responsabilidades e compromissos de natureza política, que devem porém ser exercidos estritamente por meio de sua atuação profissional na defesa da sociedade e da cidadania. Assim é entendida a interdição de exercício de cargo legislativo ou executivo aos membros do MP, bem como a afirmação de que esses membros têm um papel transformador na sociedade (Bonelli, 2002).

O discurso de transformação social disseminado entre promotores está ligado à sua atuação na defesa dos interesses transindividuais, apontando "no sentido de um posicionamento ideológico de seus integrantes diante dos desafios de redução de desigualdades sociais e ampliação da cidadania", conforme Arantes (1999: 98). Também Maciel (2002) identifica abertura da instituição aos interesses e valores sociais, seja através de sua atuação judicial (proposição de ações civis públicas) ou de sua atuação extrajudicial, promovendo soluções negociadas, as quais significam uma ampliação das possibilidades de acesso à justiça para a defesa dos direitos de cidadania.

Não obstante a semântica da cidadania e dos direitos estar presente na defesa de uma politização do exercício profissional de promotores, chamou a atenção de Bonelli (2002) a

---

57. Sigla de Ministério Público Paulista.

ênfase conferida ao conhecimento técnico-jurídico como critério relevante para a defesa dos direitos, sobretudo coletivos e difusos, por parte do *lobby* profissional do Ministério Público. De certo modo, segundo as análises dos cientistas sociais consultados, propugnar a judicialização desses conflitos, neste contexto, contrapõe-se ao exercício convencional da política, de maneira que a valorização do conhecimento técnico-jurídico e da judicialização contribui para desqualificar a política convencional e o papel da sociedade civil e de sua organização.

Arantes também aponta para o predomínio de uma visão conservadora da política e da sociedade brasileira sustentada por grande parte dos integrantes do MP (84% de seus entrevistados[58]), para os quais, o papel de um órgão público na defesa dos direitos de cidadania é fundamental em razão da fraqueza da organização da sociedade civil brasileira, a qual se caracteriza por sua «hipossuficiência». O maior violador dos direitos fundamentais, ainda segundo a visão dos promotores, é o próprio Poder Público. Assim,

> «alguém» tem de tutelar os direitos fundamentais do cidadão, até que ele mesmo, conscientizado pelo exemplo da ação de seu protetor, desenvolva autonomamente a defesa de seus interesses. (Arantes, 1999: 96).

E esse «alguém» é o Ministério Público, cuja missão maior é defender os cidadãos dos abusos do Estado. Essa defesa deve dar-se preferencialmente por vias judiciais, por excelência antipolíticas, já que a vida política está definitivamente pervertida pela fraqueza da sociedade e pela hipertrofia do Estado, tornando viciadas as instituições políticas.

Também Cátia Silva identificou a influência do pensamento político de matriz conservadora (Oliveira Vianna, Alberto Torres, Nina Rodrigues) sobre a visão de mundo dos promotores que entrevistou para sua pesquisa:

> À semelhança desse pensamento [conservador], as representações dos promotores apontam para uma sociedade incapaz de defender os seus próprios interesses diante dos interesses particularistas que imperam no sistema político. Se o poder público não garante a defesa dos interesses comuns, há que existir uma instituição dirigida por uma elite imparcial e com formação insuspeita que defenda os interesses sociais. (Silva, 2001: 109)

A mesma autora, porém, identificou uma fissura nessa visão, que nomeou como ambivalência, mas que pode ser entendida como um jogo de oportunidade na fala dos promotores: ora a sociedade aparece como hipossuficiente e objeto de tutela, ora aparece

---

58. Os dados citados por Arantes (1999) são provenientes de um survey aplicado a 763 promotores e procuradores de Justiça e da República em 7 estados da federação, realizado pelo IDESP em 1996.

como sociedade organizada que elege o MP parceiro de lutas sociais – parceria esta que seria a fonte da legitimidade do MP para agir em nome da sociedade.

> Tudo depende da «sociedade» em questão. Quando lembram o engajamento de membros do Ministério Público na Constituinte e na elaboração das leis de proteção aos interesses metaindividuais, os entrevistados relatam articulações de setores do Ministério Público com organizações não-governamentais e se referem às demandas de grupos sociais pelo alargamento dos direitos sociais e coletivos. Mas quando se trata de justificar e defender as atribuições que o Ministério Público desempenha hoje, recorre-se à imagem de uma «sociedade» frágil e desorganizada, mesmo no caso de promotores que dão prioridade à articulação com organizações não-governamentais, sindicatos e movimentos sociais." (Silva, 2001: 109)

O discurso de oportunidade estabelece que o Ministério Público tornou-se ator legitimado para a defesa da cidadania, uma vez que a sociedade, organizada na luta por leis e códigos, elegeu o MP seu defensor. Ao mesmo tempo, o MP é ator legítimo porque a sociedade é desorganizada e incapaz de lutar autonomamente por seus interesses. Por isso, é imprescindível que a instituição seja forte, independente financeira e funcionalmente dos outros poderes. Daí também que a ideia de um controle externo do Ministério Público seja vista como dispensável e até mesmo como impossível. Autonomia e independência são garantias institucionais necessárias para uma organização com tantas responsabilidades, que não pode correr o risco de ser controlada pelo hipertrofiado Poder Executivo. Ao mesmo tempo, por falta de interlocutor à altura, cabe ao próprio promotor a definição de critérios e prioridades para sua ação.

Na medida em que a instituição passa pelo processo de insulamento (Bonelli, 2002), na medida em que se legitima pelo domínio técnico-jurídico e que se distancia simbolicamente dos grupos sociais, passa a se imaginar como uma instituição sem laço de classe, sem vínculo com qualquer outro grupo social, portanto, livre das obrigações de prestação contas e das expectativas alheias. Sua autonomia e sua independência em relação ao Poder Executivo, ao Judiciário, ao poderio econômico, revelam-se também como autonomia e independência em relação a qualquer valor ou interesse dos diferentes grupos sociais.

Não que tivessem faltado críticas ao acúmulo de funções na área cível, na área penal e na área dos direitos metaindividuais pelo Ministério Público. Seja nos estudos acadêmicos, seja nas lutas políticas da redemocratização, o MP teve que derrubar argumentos e propostas para que o seu projeto institucional prevalecesse. Durante a Constituinte, foram apresentadas propostas de criação de uma Ouvidoria-Geral, de uma Defensoria do Povo e até mesmo da instituição de *ombudsman* parlamentar.

Mas os promotores e procuradores politicamente engajados na defesa da exclusividade de sua atuação na área da defesa da cidadania invocaram as antigas práticas de atendimento ao público e recebimento de reclamações contra «os poderosos», para argumentar que essa sempre fora a sua vocação (Silva, 2001). Nessa defesa, invocaram a imagem tradicional do promotor da cidade pequena, que recebe, ouve e encaminha os «comarcanos», aquele agente público que está «próximo» da população e que conhece como nenhum outro as suas dificuldades e expectativas, que está em contato permanente com o dia-a-dia da população. A velha prática é, nesse contexto, ressignificada, valorizada e atualizada para conter e justificar as novas atribuições pretendidas. É esse, sem dúvida, um dos elementos mais importantes do discurso institucional de autolegitimação.

Na pesquisa sobre as Promotorias de Justiça da Comunidade, um programa do Ministério Público do Estado do Paraná, Rosângela Cavalcanti (1999) reiterou a importância simbólica do atendimento ao público na legitimação do papel da instituição na defesa da cidadania. A retórica da própria organização esmera-se em valorizar o atendimento ao público, através do qual se acredita poder o promotor entrar em contato com a «realidade social» do lugar em que atua. No trabalho das Promotorias da Comunidade, esta atividade é central, constituindo um meio de acesso alternativo à justiça: ao atender ao público, o promotor media extrajudicialmente muitos conflitos individuais, e até alguns coletivos. Na avaliação da pesquisadora, ainda que a maioria dos atendimentos prestados pelas Promotorias não se desdobre em ações judiciais, significam uma efetiva ampliação da garantia dos direitos individuais e um passo na consolidação do Estado de direito.

As Promotorias da Comunidade são atendimentos organizados, realizados em espaços existentes em bairros pobres, como escolas ou igrejas, prestados por estagiários, promotores e advogados contratados pelo MP ou de instituições conveniadas. O objetivo é possibilitar à população, antes de tudo, acesso facilitado e rápido à negociação alternativa de conflitos. Porém também são propostas ações judiciais, sobretudo ligadas a direitos civis, como divórcios, alimentos e consumo. Segundo Cavalcanti (1999), a experiência é uma oportunidade de observar como, na prática, se combinam as duas funções do Ministério Público: a jurídica e a política. Como a Promotoria também encaminha a exigência de cumprimento de demandas sociais, como garantia de acesso à saúde, à educação e ao saneamento, poder-se-ia até cogitar que sua atuação poderia inibir o desenvolvimento de uma cidadania ativa, no sentido de agir como substituto da sociedade civil, em seu papel tradicional de reivindicação de direitos diante do poder público. Numa visão liberal radical, poder-se-ia ver nessa atuação um inibidor da autonomia e da liberdade dos cidadãos.

Mas Cavalcanti considera que, na especificidade da construção da cidadania no Brasil, a própria reivindicação dos direitos individuais pode ter um potencial transformador, na medida em que sua garantia nunca foi efetiva para a maioria dos cidadãos. Embora o caminho possa parecer enviesado, a oferta de acesso à justiça favorece a afirmação da cidadania, muito mais num país em que a via judicial sempre foi pouco acessível. Não obstante, pondera a analista, a frequente intervenção do agente estatal na mediação dos interesses da sociedade civil pode vir a criar uma dependência pouco benéfica para o desenvolvimento da cidadania (Cavalcanti, 1999).

O Idesp realizou ainda uma investigação, em vários estados, sobre a atuação do MP como agente político, particularmente como agente promotor da cidadania (Sadek, 2000). Foram analisados quatro experiências que retratam as novas atribuições e novo papel que a instituição tem representado na defesa dos interesses difusos e na fiscalização de outras instâncias do poder público. Foi analisada a atuação na corrupção política nos municípios e no crime organizado, o controle externo da polícia e as iniciativas de ampliação do acesso à justiça. Os autores esforçam-se por afirmar a heterogeneidade das atuações, as diferenças entre os estados e também no interior de cada instituição. Apesar disso, algumas conclusões foram apontadas: o MP encontra-se num processo de transformação, afirmou-se como ator político, estreitou laços com a população e sua atuação tem produzido efeitos positivos na garantia dos direitos de cidadania (Sadek, 2000). Procura-se destacar as novas práticas, ainda que se reconheça limites muito claros à efetivação de algumas atribuições, como ocorre com o controle externo da polícia (Sanchez Filho, 2000; Debert, 2000).

Se há falhas no que tange à garantia de direitos humanos e ao combate à violência policial, foi identificado, como no caso do Pará, o surgimento de "uma nova ética do atendimento das parcelas mais pobres da população" e um estreitamento da relação com as organizações não-governamentais (Debert, 2000: 211). Essa mudança de mentalidade é vista pelos protagonistas como potencialmente revolucionária, ruptura profunda com práticas do passado. Foram analisados programas de melhoria do atendimento à população de baixa renda, semelhantes ao citado programa do Paraná de promotorias da comunidade. Avaliou-se que esses programas têm um potencial de efetivação dos direitos de cidadania, ao possibilitar um acesso facilitado aos serviços de documentação e à resolução de problemas jurídicos, que de outra forma não seriam conquistados. Além do atendimento das demandas da população, esses programas de aproximação com a comunidade parecem também ter o efeito de redefinir a autoimagem e apontar para uma nova ética entre os promotores que deles tomam parte, como pontua Debert. De fato, são iniciativas desenvolvidas para atender especificamente a população pobre, dependendo de uma articulação com lideranças populares, associações civis e outros órgãos públicos, de maneira a compensar de várias formas os obstáculos educacionais, sociais e culturais ao exercício dos direitos.

Os estudos realizados no âmbito do Idesp sobre o Ministério Público dedicaram-se substancialmente às questões das novas atribuições constitucionais e da autorreforma institucional. Olhando por esse prisma, a leitura enfatiza mudanças legais, institucionais, de comportamento e mentalidade, convergindo com as análises mais amplas sobre o sistema de justiça sustentadas por Maria Tereza Sadek (2002). Mas são mais raros os estudos que analisam o Ministério Público em sua atuação nas áreas penal e de fiscal da lei nos direitos indisponíveis, áreas em que a legislação tem se alterado pouco, à exceção da implantação dos Juizados Especiais Criminais.

Os estudos sobre os Juizados vêm acumulando-se e aprofundando-se nas interpretações sobre seus significados e efeitos. Mas, na literatura das ciências sociais, a atuação específica dos promotores não tem concentrado a atenção dos pesquisadores, em oposição à figura do juiz, este sim bastante investigado.

Rodrigo Azevedo (2000), no estudo sobre os juizados de Porto Alegre, aponta para as funções especiais adquiridas pelos promotores na instituição da transação penal, na qual o Ministério Público negocia com o acusado uma medida em troca da suspensão do processo. No processo penal ordinário, esse procedimento não existe, sendo que penas ou medidas só podem ser aplicadas mediante uma sentença judicial baseada em provas de autoria e materialidade do delito. No âmbito das ciências criminais discute-se muito sobre a possibilidade da transação penal consistir numa violação das garantias constitucionais do acusado, pois se trataria de uma pena sem condenação ou ainda de uma condenação sem apuração. No domínio das ciências sociais, essa questão não se converteu em problema de investigação. Sobre o momento da transação penal, Azevedo observou que:

> Embora a Lei estabeleça a obrigatoriedade da presença do Promotor de Justiça (art. 72 da Lei 9.099/95), que tem a competência exclusiva para oferecer a proposta de transação penal, com a aplicação imediata de pena restritiva de direitos ou multa (art. 76 da Lei 9.099/95), o que se constatou foi que em 58% das audiências observadas o representante do Ministério Público não estava presente, o que implicou tanto em aumento da morosidade judicial, pela necessidade de nova audiência, como o oferecimento da proposta de transação pelo juiz, fato gerador da nulidade do processo em caso de recurso. (Azevedo, 2000: 169)

Também Azevedo publicou um estudo a respeito dos promotores e procuradores do Rio Grande do Sul e de suas concepções de política criminal. Como resultado, descobriu-se que 54% dos respondentes identificam-se com a corrente da Tolerância Zero, de matriz conservadora – uma espécie de fundamentalismo penal, para a qual a intervenção repressiva deve ser máxima e mesmo os pequenos desvios de conduta devem ser criminalizados e punidos, como exemplo a vadiagem. A corrente garantista, que em sentido oposto defende que a persecução penal não pode violar das garantias constitucionais do indivíduo acusado, conquista 8% de adeptos nos quadros do MP gaúcho. 22% responderam não se identificar com nenhuma corrente específica (Azevedo, 2005). Aqui, parece que se caminha em sentido contrário ao ideário identificado pelos cientistas políticos paulistas: ao invés de defensores da cidadania contra os abusos do poder estatal, os penalistas do MP gaúcho reivindicam maiores poderes punitivos para o Estado e menos garantias de cidadania. Ou há uma grande diferença ideológica entre paulistas e gaúchos, ou – o que mais provável – a pesquisa da atuação do MP na defesa dos interesses metaindividuais traduz senão uma faceta do que sejam o ideário e as práticas da instituição.

Ainda no sentido de apontar fraturas na prática do Ministério Público paulista na defesa de garantias constitucionais dos cidadãos e da coletividade diante de abusos do Poder Público, é importante mencionar a pesquisa de Beatriz Affonso (2004) sobre a atuação dos promotores no oferecimento de denúncia à Justiça Comum em mortes de civis praticadas por policiais militares. Em seu levantamento junto a 226 casos ocorridos em dois anos, em 72% os promotores deixaram de oferecer a denúncia e pediram o arquivamento dos autos, abrindo mão de exercer o controle judicial da atividade policial. Nos casos descritos pelos inquéritos policiais militares como "resistência seguida de morte", a desistência de controle judicial da atividade da polícia ultrapassa os 90%.[59] Esses dados corroboram o que havia sido apurado por Cano e Fragoso (2000), numa pesquisa do ISER cujos resultados apontaram uma taxa de 98% de arquivamento de inquéritos apurando a morte de civis por policiais militares no Rio de Janeiro, o que significa que, na prática, os promotores abrem mão de apurar a ilicitude da ocorrência dessas mortes.[60]

Esses levantamentos apontam para três leituras: ou existe enorme incoerência entre o discurso institucional de defesa da sociedade contra os abusos do Poder Público e a prática cotidiana dos promotores paulistas e cariocas, ou a violência policial não é entendida como abuso do Poder Público na cultura jurídica dos promotores, ou a análise dos cientistas políticos mencionados não tem validade para a atuação do Ministério Público na área penal. É provável que novas pesquisas apontem para combinações entre essas três hipóteses.

Até aqui, a literatura existente nas ciências sociais sobre o Ministério Público tem enfatizado, majoritariamente, as mudanças no perfil profissional e no ideário institucional provocadas pela incorporação de novas atribuições na defesa dos direitos metaindividuais,

---

[59]. Igualmente relevante é destacar a existência de fortes tensões institucionais entre o Ministério Público e a Polícia Civil por conta da luta em torno do significado e das práticas toleráveis a respeito do controle externo da atividade policial exercido pelo MP. O único estudo identificado que tomou essa tensão por objeto é o de Sanches Filho (2000), embora ela também seja relatada por diversos pesquisadores, sobretudo aqueles que praticam a etnografia das polícias. Silva (2001) menciona a existência dessa tensão que é, entre outros fatores, responsável por distanciar simbolicamente as duas instituições e aproximar, ainda no plano simbólico, o Ministério Público e o Poder Judiciário. No final do ano de 2005, foi colhido um relato pessoal de uma promotora paulista que esteve à frente de uma denúncia ao Judiciário que resultou na condenação de vários delegados e agentes da Polícia Civil que desviaram verbas da construção de uma delegacia nos anos 1980. O relato enfatizava as dificuldades de se exercer esse tipo de controle sobre a conduta de policiais, pois envolve tanto especificidades criminais (criminalidade econômica), quanto constrangimentos institucionais e a política interna dos órgãos. O caso dessas prisões é, de certa forma, emblemático por evidenciar tanto o empenho pessoal de promotores em investigar casos de corrupção e abuso de autoridade na instituição policial, quanto por sua raridade.

[60]. "Do total de 301 inquéritos encontrados, 295 (98%) foram arquivados sem que o promotor chegasse a oferecer denúncia. Todavia, em muitos desses casos o promotor pede arquivamento baseado em excludentes de ilicitude na conduta dos agentes, normalmente legítima defesa ('repelir a injusta agressão'). Ora, o promotor está legalmente obrigado a oferecer denúncia se tiver prova da materialidade do crime e indícios de sua autoria, deixando para a fase processual a consideração das excludentes de ilicitude. Corresponde ao juiz a avaliação final de tais excludentes. Assim agindo, o promotor arvora-se competências que correspondem ao juiz, e parece constituir mais um elemento da defesa do que da acusação." (Cano e Fragoso, 2000: 230)

apontando também para a identificação de leituras conservadoras sobre a sociedade civil. Outras pesquisas apontam para uma valorização das práticas exclusivamente retributivas na área penal, entre promotores e procuradores, e também para a conivência deles com a violência policial. Resta agora procurar descrever e contextualizar a prática do Ministério Público observada nos Centros de Integração da Cidadania e procurar compreender para quais caminhos ela se abre.

✱✱✱

A revisão da literatura brasileira de ciências sociais sobre o sistema de justiça indica a centralidade do tema da democracia e das reformas efetivadas e imaginadas com a finalidade de democratizar a justiça. Quanto à avaliação dos resultados e dos prognósticos para as reformas democratizantes do sistema de justiça, duas visões da realidade se distinguem entre os principais autores do campo: os que privilegiam as análises da dimensão normativa e das opiniões e discursos dos operadores jurídicos são claros em afirmar grandes mudanças introduzidas no funcionamento da justiça brasileira com o advento da democratização do Estado e da sociedade nas duas últimas décadas. Chega-se a afirmar a construção de "outro cenário com protagonistas originais".

No debate dessa corrente, embasando a avaliação positiva das transformações do sistema de justiça rumo à democracia, subjaz a construção de uma hipótese sobre o papel ético-pedagógico a ser exercido sobre os cidadãos com a universalização do acesso à justiça e do primado do direito estatal como medida para o equacionamento da conflitualidade social. A popularização do uso da justiça – e a adoção da lei e do direito na regulação da vida cotidiana, daí decorrente – seria o caminho para uma sociedade que não conheceu o percurso clássico da construção da cidadania atingir a consolidação do Estado de direito.

Essa hipótese é importante não apenas para a compreensão do que se produz no campo das ciências sociais. Ela é muito semelhante à proposta que fundamentou a criação do CIC e ofereceu-lhe as balizas de uma reforma democratizante da justiça, com o fim maior de democratizar a sociedade e implementar a efetividade dos direitos humanos; embora partam ambas de diagnósticos diferentes e trilhem caminhos diversos.

A outra corrente do debate das ciências sociais sobre justiça também crê num potencial ético-pedagógico da utilização da justiça como meio para construir medidas éticas igualitárias na negociação dos conflitos entre os cidadãos, mas é cética quanto ao resultado das reformas já implementadas para atingir esse resultado. Observa o sistema de justiça pelas interações cotidianas de seus protagonistas e aponta o quão distante está esse cotidiano das normas e imaginários que o identificam às atitudes de implementação da lei e operação de um direito igualitário, próprio da democracia republicana.

Autores que avaliam a introdução de inovações na justiça penal, como o JECrim, concordam em afirmar que os potenciais inovadores das experiências de reforma acabam aprisionados pela reprodução de culturas jurídicas hierarquizantes, elitistas, por lógicas punitivas ou ainda pela racionalidade burocrática direcionada à produção da quantidade de casos encerrados com o menor custo. Concordam ainda que o desempenho de formalismos e posturas de distanciamento dos operadores contribui para o aprisionamento do novo pelo antigo.

Estudiosos da polícia também se afinam ao concluir uma enormidade de obstáculos interpostos pela cultura policial a reformas propostas do exterior. Sendo a polícia uma organização muito pouco permeável a mudanças, alterações legislativas possuem pouco impacto sobre a organização policial, na medida em que o cotidiano da polícia pouco tem a ver com a atividade de implementação da lei e de um direito igualitário e democrático.

A presente pesquisa se situa nesse debate sobre os efeitos das reformas no funcionamento do sistema de justiça, a partir dos resultados de pesquisa apresentados nos próximos capítulos. Irá reforçar ou refutar a hipótese de que a ampliação do acesso à justiça à população pobre tenha o efeito de consolidar o primado do direito estatal na gestão da conflitualidade, contribuindo para a consolidação do Estado de direito no Brasil.

O próximo capítulo traça a caracterização da população dos bairros onde foram implantados os postos do CIC em São Paulo, e oferece pistas sobre as demandas por gestão da conflitualidade. Descreve também como o projeto de criação dos CIC foi recepcionado e gerido no interior das instituições do sistema de justiça, formatando a oferta de serviços de justiça.

III
Onde e como são os Centros de Integração da Cidadania

Mapa 1 – Subprefeituras e distritos do município de São Paulo

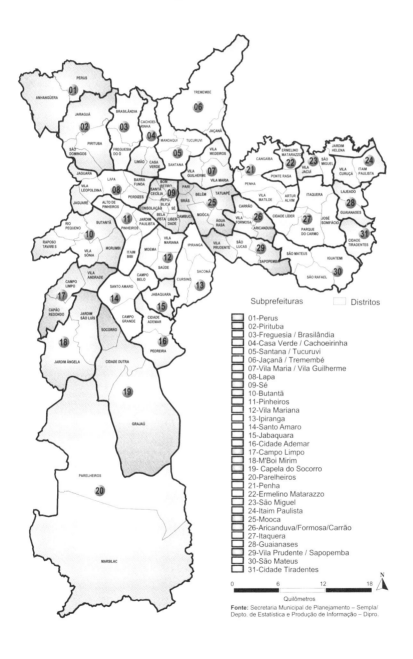

Fonte: Secretaria Municipal de Planejamento – Sempla/ Depto. de Estatística e Produção de Informação – Dipro.

Mapa 2 – Circunscrição jurídica no município de São Paulo – 2006

Fonte: Corregedoria Geral da Justiça / Tribunal de Justiça do Estado de São Paulo

Legenda:
- ◯ Sede da Comarca - Fórum Central
- ◇ Foro regional
- △ Foro distrital
- ❖ Unidade de Juizado Especial Cível
- __ Unidades não instaladas

ESTE CAPÍTULO É dedicado à descrição espacial, demográfica e social dos distritos em que estão localizados os Centros de Integração da Cidadania escolhidos para a análise, utilizando indicadores sociais, entre os quais os relativos à segurança e ao acesso à justiça, obtidos por fontes secundárias ou especialmente produzidos para o conhecimento dos resultados do programa. Aqui se encontra uma descrição dos serviços que compõem o CIC e de como é organizada a sua oferta, discutindo como os serviços foram pensados pelos criadores do programa e ofertados pelas instituições parceiras. É enriquecido por observações colhidas em campo e pela pesquisa do significado e das representações dos idealizadores, dos operadores e funcionários sobre o espaço e o público-alvo, através da análise de entrevistas com eles realizadas.

Localização

As unidades do Centro de Integração da Cidadania criadas na cidade de São Paulo entre 1996 e 2001, selecionadas para a pesquisa, estão localizadas em regiões periféricas, em terrenos de propriedade do CDHU, contíguos a conjuntos habitacionais. Nos anos posteriores, o CIC passou a ter um posto de atendimento na antiga unidade da

Febem Imigrantes,[1] hoje chamada de Casa da Cidadania, onde, entretanto, não funcionam os serviços de justiça e segurança. Em 2003 e 2004 foram inauguradas unidades em municípios da Grande São Paulo, Francisco Morato e Ferraz de Vasconcelos. Em 2006 foi inaugurado o posto Sul 2 (conhecido como Feitiço da Vila), no Campo Limpo, São Paulo; também foram inaugurados postos nas cidades de Guarulhos e Campinas. Essa pesquisa concentrou-se na investigação dos postos instalados na cidade de São Paulo até 2001: CIC Leste, Sul, Oeste e Norte – embora também incorpore dados e observações colhidos sobre as demais unidades criadas posteriormente.

Para compreender melhor o significado da localização dos postos na capital paulista, é preciso conhecer as características espaciais, sociais e demográficas dos bairros escolhidos para a implantação do programa. O quadro abaixo indica a localização dos postos e deve servir de orientação para a compreensão dos dados que vêm a seguir. Consultar também o Mapa 1, do Município de São Paulo.

Quadro 1 – Localização dos Centros de Integração da Cidadania Município de São Paulo, 1996 a 2001

Unidade	Ano de Inauguração	Bairro	Distrito Administrativo	Subprefeitura	Região
Leste 1	1996	Encosta Norte	Itaim Paulista	Itaim Paulista	Leste 2
Oeste 1	1999	Parada de Taipas	Jaraguá	Pirituba	Norte 2
Sul 1	2000	Jardim São Luís	Jardim São Luís	M´Boi Mirim	Sul 2
Norte 1	2001	Jova Rural	Jaçanã	Tremembé/Jaçanã	Norte 1

De maneira geral, os quatro distritos (menor base de agregação das estatísticas do município) apresentam indicadores de renda, escolaridade, emprego, vulnerabilidade juvenil, habitação e saúde abaixo da média do município. Em relação à frequência de mortes por homicídio, à

---

1. A unidade da Febem Imigrantes, destinada à internação de jovens em conflito com a lei, chegou a abrigar 2000 adolescentes e foi desativada em 1999, após uma sequência de rebeliões que resultaram em mortes, fugas massivas e intervenções violentas da Tropa de Choque da PM para extinguir os motins. Foram denunciadas práticas de tortura sistemática aos internos e exibidos pelo MP e pelas entidades de direitos humanos os instrumentos de tortura e as marcas corporais por eles deixadas. Durante as rebeliões, os funcionários apareceram encapuzados, agredindo fisicamente internos já rendidos; familiares que buscavam notícias dos jovens foram agredidos por policiais na frente do complexo. A mídia e a sociedade organizada difundiram críticas à gestão da Febem, por conta das rebeliões e altas taxas de fuga em diversas unidades. Após o episódio mais sangrento, no mês de outubro, em que morreram quatro adolescentes, o Governador Mário Covas admitiu falhas na gestão, determinando a transferência de todos os internos e a demolição das instalações da Imigrantes, já bastante destruídas pela sucessão de motins e confrontos com a polícia. Na ocasião, o governador buscou mostrar determinação e engajamento em transformações profundas, prometendo soluções definitivas até o final daquele ano (num prazo de 135 dias), chegando mesmo a declarar que se mudaria para a sede da Febem, se fosse preciso. O governador criticou prefeitos paulistas que recusaram a construção de novas unidades, menores e melhor projetadas, por medo de atrair para suas cidades o estigma que marcava a Febem. A maioria dos internos foi transferida para os complexos do Tatuapé e Franco da Rocha, persistindo as denúncias de maus-tratos e descumprimento da lei na execução das medidas socioeducativas. A área da Imigrantes foi demolida e integrada ao Parque Estadual Fontes do Ipiranga, transformando-se em área de lazer e atividades esportivas e culturais.

porcentagem de população jovem residente, à porcentagem de população negra residente, em geral, os distritos apresentam indicadores acima da média da cidade, conforme os dados a seguir.

De acordo com os indicadores de saneamento básico (abastecimento por água encanada e rede de esgoto), os distritos em que estão instalados os CIC mantêm-se na média do município e, nos quatro casos, apresentam-se acima da média nas subprefeituras a que pertencem (FSEADE, 2004). A presença dos conjuntos habitacionais é relevante para esse perfil nas condições de saneamento.

O Itaim Paulista destaca-se como um dos piores distritos numa série de análises de dados sobre condições de vida. Era o terceiro pior distrito da cidade segundo os critérios do Índice de Desenvolvimento Humano – IDH, conforme o Mapa da Inclusão/Exclusão Social (Sposati, 1996). No ano de 2004, 30,4% da população da Subprefeitura de Itaim Paulista tinha menos de 15 anos (FSEADE, 2004). A população de 15 a 19 também é numerosa e considerada muito vulnerável pelo índice de vulnerabilidade juvenil construído pela Fundação seade, sendo a 89ª pior classificação na cidade, num rol de 96 distritos (ver tabela 2 abaixo).

O território dispõe de menos de 10 equipamentos culturais (em contrapartida a distritos centrais, com pequena população jovem, que contam com mais de 60 equipamentos). A população negra ultrapassa 40%, quando na média da cidade é 30%. Menos de 1% dos trabalhadores que possuem empregos formais reside na Subprefeitura de Itaim Paulista (FSEADE, 2004).

Em relação às taxas de homicídio de jovens (15 a 24 anos), entre 2000 e 2004, este território acompanhou a altíssima média da cidade, que foi de 247 mortos por 100 mil habitantes (FSEADE/MSP, 2004).[2] No caso dos homicídios de jovens, a taxa média oculta o fato de que a maioria das subprefeituras tem taxas abaixo da média, resultado da nítida concentração espacial dos homicídios em algumas localidades.

Quanto à renda, 60% das famílias de Itaim Paulista têm rendimento abaixo de 5 salários mínimos por mês. Na cidade como um todo, 38% das famílias obtém essa renda, o que indica uma concentração de famílias pobres no Itaim Paulista. 23% das famílias têm rendimento inferior a 2 salários mínimos (FSEADE, 2004 – ver tabela 2 a seguir).

---

2. Comparar a taxa de homicídios de jovens (15 a 24 anos) com a taxa geral de homicídios do município de São Paulo, apresentada na tabela 3, a seguir.

Tabela 1 – Índice de Vulnerabilidade Juvenil (1) e População de 15 a 19 Anos, por Grupos de Vulnerabilidade, segundo Distritos Classificados
Município de São Paulo, 2000

Distritos	Índice de Vulnerabilidade Juvenil	Grupos de Vulnerabilidade	População de 15 a 19 Anos
MUNICÍPIO DE SÃO PAULO			992.660
68 Jaçanã	60	Vulnerável	9.034
76 Jaraguá	65	Vulnerável	15.159
77 Jardim São Luís	65	Vulnerável	25.255
89 Itaim Paulista	72	Mais Vulnerável	22.996

Fonte: Fundação Seade; IBGE – Censo Demográfico 2000.

(1) O Índice de Vulnerabilidade Juvenil (IVJ), criado pela Fundação Seade, é calculado a partir da identificação dos fatores socioeconômicos e demográficos potencialmente capazes de afetar a vida dos adolescentes e jovens residentes nos distritos da capital. O IVJ varia em uma escala de 0 a 100 pontos, em que o zero representa o distrito com a menor vulnerabilidade e 100 com a maior. Este índice pode ser resumido em cinco categorias, que agrupam os 96 distritos da cidade segundo níveis de vulnerabilidade: até 21 pontos (vulnerabilidade muito baixa); de 22 a 38 pontos (baixa vulnerabilidade); de 39 a 52 pontos (média vulnerabilidade); de 53 a 65 (alta vulnerabilidade) e mais de 65 pontos (vulnerabilidade muito alta).

De acordo com os dados do Censo Demográfico de 2001 analisados pelo Mapa da Inclusão/Exclusão, se tomada a renda dos chefes de família, o Itaim Paulista era o quarto distrito com o pior desempenho, com grande concentração de chefes de família que obtém renda mensal inferior a 1,5 salários mínimos. Mais de um terço dos chefes de família tem escolaridade inferior a 3 anos ou é analfabeto (Sposati, 1996).

É um distrito muito populoso e dos mais densamente povoados, que apresentou crescimento médio anual de 2,6% entre seus residentes entre 1991 e 2004, quando a média da cidade foi 0,8% (FSEADE, 2004). A infraestrutura de transportes públicos faz com que esteja entre os piores em tempo de deslocamentos (Sposati, 1996). Os ônibus urbanos são a principal forma de transporte coletivo e o trem é a opção em transporte de massa para o centro da cidade. Após a reestruturação do transporte coletivo, em 2003, as vans (legalizadas ou clandestinas), que vieram desempenhar um papel importantíssimo no transporte da região, foram substituídas por micro-ônibus, melhorando a qualidade e a segurança das viagens.

O Itaim Paulista apresenta uma relativa homogeneidade sociodemográfica no interior do território, ainda que diferenças significativas possam ser constatadas entre as regiões de maior concentração de comércio e serviços e as regiões mais periféricas do próprio distrito. Isto pode ser facilmente constatado pela condição das moradias e dos edifícios comerciais na área mais central do Itaim Paulista, ao longo da Avenida Marechal Tito, onde estão localizados agências bancárias, redes de *fast food*, lojas de móveis e eletrodomésticos, grandes supermercados e lojas de material de construção, o distrito policial, o CEU (escola municipal com equipamentos para cultura, esportes e lazer), a subprefeitura, a casa de cultura e o hospital estadual. No entorno do CIC, a qualidade urbanística é empobrecida, a rede de serviços é estritamente local e, muitas vezes, informal.

Encosta Norte, o bairro onde está o CIC Leste, tem uma boa parte de sua área ocupada pelos conjuntos habitacionais horizontais e verticais, todos mais ou menos recentes, mas de idades diferentes. O restante do espaço é ocupado por moradias autoconstruídas. Nas regiões mais baixas encontram-se as favelas.

A área do conjunto habitacional inicialmente composta por casas térreas foi bastante modificada pelos moradores, que construíram novos cômodos, alteraram as fachadas, criaram pequenos salões que movimentam uma economia local, garantindo alguma ocupação informal aos residentes. Ali funcionam salões de cabeleireiro, manicures, botecos, pequenas vendas, comércio de doces, oficinas de autos, pontos de jogo eletrônico, de jogo do bicho, creches improvisadas. Inclusive as associações civis locais, de moradores e entidades assistenciais realizam suas atividades em espaços semelhantes, os populares "puxadinhos".[3] Nessa forma de ocupação, é comum que as calçadas e o próprio espaço da rua sejam aproveitados como continuidade dos espaços internos. A preocupação com a segurança também imprime um tom comum às edificações em toda a região: os terrenos são cercados por muros de blocos, muitas vezes sem reboco, no alto dos muros é comum encravar cacos de vidro ou uma fileira de pontas de lança metálicas, ou arame farpado. Dentro dos muros, o aproveitamento máximo do espaço é orientado pela razão econômica: podem ser erguidos cômodos que servem de fonte de renda de aluguéis ou como acomodação de novos casais e filhos da mesma família. Daí que o adensamento populacional, as condições econômicas da população e a total ausência de planejamento e racionalidade urbanística resultam num espaço habitacional prenhe de conflitos: entre vizinhos que estão constantemente modificando as edificações, que dividem quintais e áreas funcionais, entre parentes que precisam dividir os cômodos de uma casa, entre casais que se separam e permanecem residindo no mesmo terreno, entre as lógicas do comércio, do lazer e do descanso. Em virtude da intensiva ocupação do solo e da falta de planejamento das construções são comuns os problemas de barulho, infiltrações hidráulicas, instalações elétricas problemáticas, escoamento de águas de chuva e esgoto.

As ruas têm trânsito local e geralmente sua largura obedece à hierarquia de importância na malha viária: aquelas que servem de passagem aos ônibus são mais largas e as de circulação privilegiada de pedestres, as mais estreitas. A circulação de pessoas é intensa tanto durante a semana como nos finais de semana, durante todo o dia. As ruas do bairro pulsam, indicando que há uma significativa parcela da população que desenvolve suas ocupações no entorno ou então está sem ocupação.

---

3. Um personagem de programa humorístico da Rede Globo, Caco Antibes, interpretado pelo ator Miguel Falabella, identificava o uso das moradias e as soluções de construção de baixo custo típicos dos bairros populares de São Paulo, ridicularizando-os a partir do bordão "pobre adora um puxadinho".

O distrito de Jaraguá apresenta uma heterogeneidade maior na paisagem urbana. Parada de Taipas desenvolveu um pequeno núcleo comercial ao redor da estação de trem, que lhe deu o nome. Este núcleo se diferencia de outros bairros do distrito, como o entorno do Pico do Jaraguá, onde há umas poucas residências de alto padrão, mas também ocupações irregulares e até um pequeno assentamento indígena. Diferencia-se também das áreas de encosta, com habitações precaríssimas. Ou das regiões de vales, onde não são incomuns moradias de classe média-baixa, havendo inclusive alguns condomínios horizontais de classe média. Essa paisagem traduz-se no desempenho de renda da população, um pouco mais heterogêneo do que no Itaim Paulista. Em Jaraguá, mais de 60% das famílias ganha entre 2 e 10 salários mínimos, sendo que há mais famílias que ganham menos de 10 salários mínimos do que na média da cidade (tabela 2).

Pelos indicadores de educação, lazer e cultura, sua população jovem é considerada vulnerável. Na subprefeitura a que pertence – Pirituba – 25% dos habitantes têm menos de 15 anos, existem pouquíssimos equipamentos culturais, a escolaridade média fica abaixo dos oito anos de estudo.

Em relação a diversos indicadores sociais, o distrito de Jaraguá mantém-se na média do município. Todavia é necessário ressaltar que essa média é obtida a partir da reunião de um imenso cinturão de pobreza e precariedade de serviços e oportunidades e uma grande concentração de riqueza, serviços de qualidade e oportunidade de desenvolvimento em poucos distritos do centro expandido. No Mapa da Exclusão de 2002, dos 96 distritos de São Paulo, 76 foram considerados excluídos (Isique, 2003). Assim, ter um desempenho mediano não significa necessariamente proporcionar boas condições de vida à população residente, já que a distribuição da riqueza não é homogênea.

No distrito, mesclam-se áreas de alto adensamento e grandes áreas de uso industrial, de especulação, e até áreas desocupadas, como é o caso, sobretudo das encostas. O crescimento de sua população nos últimos 15 anos foi um dos maiores da cidade: 4,5% em média ao ano, quando a média anual dos distritos foi 0,8% (FSEADE, 2004).

Tabela 2 – Distribuição dos Domicílios, por Faixas de Renda Familiar, segundo Distritos
Município de São Paulo, 2000

Distritos	Faixas de Renda (em Salários Mínimos)					
	Menos de 2	De 2 a 5	De 5 a 10	De 10 a 15	De 15 a 25	Mais de 25
MUNICÍPIO DE S. PAULO	13,30	24,39	25,97	11,29	10,98	14,06
Itaim Paulista	22,99	37,29	26,86	7,20	4,13	1,54
Jaçanã	12,37	25,74	28,58	12,99	12,29	8,02
Jaraguá	15,66	31,57	32,01	10,77	7,42	2,58
Jardim São Luís	16,16	31,76	30,08	10,26	7,85	3,89

Fonte: IBGE; Fundação Seade. Nota: Excluindo-se os domicílios cuja espécie é do tipo coletivo. Salário mínimo de referência do Censo 2000: R$151,00

A malha viária é deficiente para o adensamento ocorrido nos últimos anos. A principal via de ligação às regiões comerciais, como Pirituba ou Lapa, é pela velha estrada de Campinas (Avenida Raimundo Pereira de Magalhães). O trem é uma opção rápida ao centro e outras regiões da cidade.

No entorno do CIC existem algumas fábricas. Existe também um comércio local nos quarteirões mais próximos, com farmácia, supermercado, padaria, serviço de cópias. Como no Itaim Paulista, o CIC Oeste fica ao lado de uma escola estadual, encravado num conjunto habitacional vertical. No entorno do conjunto, as residências são heterogêneas, oferecendo um panorama semelhante ao já relatado, com áreas de casas regulares e áreas irregulares.

O distrito do Jardim São Luís, de forma semelhante ao Itaim Paulista, faz triste figura no retrato da desigualdade social, econômica, de acesso aos direitos e às oportunidades na cidade de São Paulo.

Nesse distrito concentram-se famílias que obtêm rendimentos entre 2 e 10 salários mínimos por mês (61%). 16% das famílias obtêm renda mensal inferior a 2 salários mínimos. Isto significa um desempenho de renda abaixo da média do município (tabela 2). Acima da média foi o crescimento populacional anual: 1,5% desde 1991, quando a média da cidade foi 0,8% (FSEADE, 2004).

Juntamente com o Jardim Ângela, compõe a subprefeitura do M'Boi Mirim. Nela, há uma grande concentração de população negra[4] (mais de 40%) e de crianças e jovens (29% têm menos de 15 anos). Das áreas onde foram implantados os CIC, o Jardim São Luís é onde há o maior número de jovens entre 15 e 19 anos, considerados vulneráveis, pelo índice da Fundação Seade (tabela 1).

É uma região em que as taxas de homicídio tiveram contínua aceleração nas décadas de 80 e 90, ainda que nos últimos anos tenha havido um contínuo decréscimo. No Jardim São Luís, em 2002, a taxa foi de 108/100 mil assassinados/habitante. Entretanto, essa taxa ainda é desigualmente distribuída entre a população local: a média de homicídios de homens, de 15 a 24 anos, entre 2000 e 2002, superou 350/100 mil (FSEADE, 2004).

Não bastasse a violência fatal constituir terrível problema, que provoca medo, dor e revolta em milhares de pessoas, ela também atrai para a região o estigma da violência, que se torna mais um elemento do circuito reprodutor da morte e a ausência de oportunidades de desenvolvimento. Este estigma tem impacto negativo no mercado imobiliário, na rede de serviços e no tipo de atividade pública ou comunitária atraída para a região. Muitas organizações não-governamentais e alguns programas públicos concentram-se na região, visando, sobretudo, o público jovem com programas de prevenção da violência, o que introduz um contraponto aos efeitos negativos do estigma violento.

---

4. A população negra em toda a cidade de São Paulo, segundo o último Censo Demográfico, é de 30%. A concentração de população negra e pobre em distritos da periferia metropolitana ilustra espacialmente a clivagem racial que reveste as desigualdades econômicas e sociais.

A paisagem urbana do São Luís não é muito diferente daquela descrita no Itaim Paulista. O CIC Sul também está encravado num conjunto de prédios públicos (creche, escola, centro comunitário) e habitacionais. A presença de habitações irregulares é marcante na paisagem, principalmente nas áreas de baixada. O comércio local parece mais intenso, existindo nas imediações uma concentração de serviços como supermercados, sacolões,[5] açougues, feira livre, comércio de roupas, padarias. O transporte coletivo é melhor estruturado na região, sendo servido por ônibus e pela Linha 5 do Metrô.[6]

De todos os postos fixos, o Sul é o que está mais próximo da maior área de concentração de riqueza, serviços e oportunidades na cidade de São Paulo, batizada pelos urbanistas de "Vetor Sudoeste",[7] embora se apresente como o seu contraste. A poucos quilômetros do Jardim São Luís está o Centro Empresarial, que é um grande conjunto de escritórios. Em curta distância, chega-se ao rebordo do Morumbi, uma região de edifícios de apartamentos de alto padrão, que abrange vários distritos; e à região da Avenida Luís Carlos Berrini, o novíssimo centro empresarial de São Paulo. Por causa dessa proximidade, os terrenos junto à Estrada de Itapecerica, a maior avenida da região do São Luís, foram valorizados e atraíram condomínios verticais de classe média. Nessa avenida existem agências bancárias, comércio de móveis e alimentação, incluindo redes de *fast food*. Não muito distante do CIC, ao longo desta avenida existe um terminal de ônibus que, a depender da política de transporte adotada pelas gestões municipais, permite a baldeação gratuita entre os passageiros que vêm dos bairros e vão para o centro e vice-versa. Na medida, porém, em que se afasta da avenida, a qualidade das residências declina, existindo grandes favelas no distrito. Esse também é conhecido por sediar o cemitério municipal da região Sul, para onde vai grande parte das vítimas de homicídio.

O quarto CIC foi implantando numa região mais pobre do distrito do Jaçanã, o qual apresenta uma razoável heterogeneidade socioeconômica nas porções de seu território. Pela tabela 2, se pode verificar que a maioria das famílias do distrito tem renda mensal superior a cinco salários mínimos, sem se tratar, entretanto, de um polo de concentração de ricos. Nas franjas do distrito localizam-se as famílias mais pobres e os problemas de ocupação irregular do solo.

---

5. Sacolão é um ponto de venda de produtos alimentícios in natura, vendidos a quilo por preços fixos. Oferece diversidade semelhante às feiras-livres semanais, funcionando diariamente.
6. Há 4 linhas de metrô operando na cidade. A linha 5 liga o Largo Treze à estação Capão Redondo, passando pelo grande terminal de ônibus de Santo Amaro, percorrendo diversos bairros da Zona Sul. Esta linha é de superfície e não está interligada às demais linhas de metrô, interliga-se à linha C do trem urbano, que corre na direção Oeste-Sul. É o ramal de menor movimento dado o seu trajeto relativamente curto e seu isolamento ao restante da rede metroviária. Curiosamente, começou a ser construída da periferia para o centro da cidade, contrariando a lógica concentradora, porém produzindo o isolamento das estações já inauguradas. O alto custo de construção do metrô faz com que uma linha possa demorar décadas para ser finalizada.
7. Também chamado de Quadrante Sudoeste, o "Vetor" refere-se a um tipo de ocupação urbana, de característica segregadora, orientada pelo deslocamento histórico do "centro" da cidade em direção a novas áreas (daí a imagem do vetor), de modo a garantir o isolamento das classes médias e altas em áreas de residência, trabalho e consumo. Conforme as oportunidades de emprego e serviços "popularizam" as áreas centrais, os estratos abastados deslocam-se para outras áreas. Este processo está associado à especulação imobiliária de novas áreas, à degradação urbanística dos antigos centros, à segregação espacial das classes de renda e ao investimento público seletivo. Consultar, entre outras, as seguintes referências: Flávio Villaça (2003), Suzana Taschner e Lúcia Boges (2001), Marta Grostein (2001), Raquel Rolnik (1999), Haroldo Torres (2004), Pedro Hughes (2004).

Não é um dos distritos mais populosos (e sua população cresceu 0,5% ao ano desde 91, abaixo da média da cidade), mas abriga uma pequena concentração de trabalhadores com empregos formais: menos de 1% dos empregados formais do município reside ali. Há uma grande proporção de jovens na composição da população (FSEADE, 2004). Embora o desempenho de renda do distrito não esteja abaixo da média do município, o Jaçanã está bem distante do Vetor Sudeste, o eixo de concentração de riqueza, serviços e oportunidades culturais, educacionais e econômicas da cidade de São Paulo, o que dificulta o acesso a essas oportunidades, mesmo para as faixas intermediárias de renda.

O entorno do CIC é muito diferenciado do núcleo urbano do Jaçanã. O conjunto habitacional onde está localizado é cercado por uma grande área de ocupação irregular, com moradias muito precárias e praticamente não existe comércio legalizado no entorno. O transporte público é difícil e as viagens até os centros comerciais são longas.

Detalhamento de dados socioeconômicos de Itaim Paulista e Jardim São Luís

Durante o desenvolvimento desta pesquisa, foi possível obter os resultados de um *survey* aplicado junto à população residente nos distritos administrativos de Itaim Paulista e Jardim São Luís, conduzido para o Ministério da Justiça.[8] Os principais resultados desse levantamento podem contribuir com a descrição da população-alvo do programa CIC.[9]

Em 2003, 79% das famílias dessas localidades tinha renda inferior a R$ 1.200,00 (o que correspondia a cinco salários mínimos em vigor). Quanto à ocupação, 29% dos entrevistados estavam inseridos no mercado formal de trabalho, 21% no mercado informal e 18% se declararam desempregados. Aposentados, estudantes e donas de casa representavam 33% dos entrevistados (todos maiores de 16 anos). Esses dados nos mostram um quadro de baixo acesso ao mercado formal de trabalho, que se combina com a baixa renda, sendo que as posições de melhor renda concentraram-se entre os empregados do mercado formal (já que autônomos e empregadores foram muito raros na amostra).

Em relação à escolaridade, 28% cursaram até a 4ª série do ensino fundamental. 47% não concluíram o ensino fundamental. Os que concluíram o ensino médio somam 19%. O acesso ao ensino superior foi possível para 5% dos entrevistados, ainda que mais da metade não tivesse concluído o grau. A escolaridade é, além da inserção no mercado de trabalho, associada de forma estrita à renda, sendo que os de menor escolaridade são aqueles que auferem as menores rendas.

---

8. O *survey* foi conduzido entre maio de agosto de 2003, por força de uma consultoria prestada à Secretaria Nacional de Segurança Pública/Ministério da Justiça por Eneida G. de M. Haddad para o Projeto "Sistema Integrado Nacional de Informações de Justiça e Segurança Pública". Seus resultados principais estão publicados em Haddad, Sinhoretto e Teixeira (2005) e Haddad e Sinhoretto (2006).

9. A sondagem baseou-se em 400 entrevistas, com pessoas de 16 ou mais anos, estratificadas em cotas de sexo, idade e distribuição geográfica segundo os dados populacionais do Censo Demográfico IBGE 2000. A margem de erro foi de ± 5 pontos.

A composição racial da população aponta um predomínio da população negra: 44% declaram-se brancos, 44% declaram-se pardos e 10% declararam-se pretos. A respeito do lugar de nascimento, 52% nasceram em outros estados do Brasil e 48% nasceram no Estado de São Paulo; 69% foram criados em área urbana, 21% foram criados em área rural e 10% tiveram experiência mista.

Os dados de cor da pele e procedência, cruzados com os dados de renda, revelaram que os brancos têm maior oportunidade de acesso às faixas mais altas de renda familiar, ocorrendo o mesmo com os paulistas. Os pardos e pretos concentram-se nas faixas de renda menor, ocorrendo o mesmo aos migrantes de outros Estados.

Se os distritos analisados se diferenciam das áreas nobres da cidade quanto ao perfil socioeconômico da população, através dos dados desta sondagem, pode-se verificar que, no interior da população residente em distritos da periferia de São Paulo, também existem desigualdades: essas áreas concentram população pobre, negra, migrante e de baixa escolaridade, revelando a desigualdade existente entre os bairros da cidade; mas entre essa população da periferia verificam-se situações desiguais entre brancos e negros, mulheres e homens, migrantes e paulistas, criados na cidade ou em área rural, no que tange à renda, à escolaridade, à vivência de conflitos e à busca de recursos para solução dos conflitos.

Dados sobre violência e acesso à justiça

Por terem sido concebidos como estratégia de prevenção da violência e melhoria do acesso à justiça, vale buscar, em dados secundários disponíveis, indicações do impacto da implantação dos postos do CIC no movimento de registro de ocorrências policiais nas áreas em que foram instalados.

Na cidade de São Paulo, a divisão político-administrativa adotada pela legislação municipal, que orienta os dados demográficos, não corresponde à divisão de distritos policiais, que serve de base para as estatísticas criminais. Assim, tentou-se uma aproximação buscando os dados relativos aos distritos policiais correspondentes às áreas em que estão os postos do CIC, sabendo que o alcance da ação dos serviços ali sediados não é limitado pela circunscrição policial.

Para cada um dos quatro CIC instalados na cidade de São Paulo, até 2004, buscou-se uma série de dados sobre crimes contra a pessoa, destacando do total de crimes contra a pessoa os homicídios (e tentativas, quando possível) e as lesões corporais.

No geral, verificou-se que a implantação dos Centros de Integração da Cidadania não parece ter produzido impacto no movimento de registro de ocorrências policiais contra a pessoa. Como se verá, esse movimento se manteve estável e, em alguns casos, até cresceu após o ano de inauguração das unidades. Quando houve declínio, ele se generalizou para as demais regiões da cidade, mesmo as não atendidas pelo programa CIC.

Assim, o registro de ocorrências policiais não foi afetado com a política governamental aqui analisada. Mas isso não significa que o CIC não tenha nenhum efeito em prevenção da violência. Significa apenas que esse efeito não é visível através das estatísticas criminais clássicas coletadas pelos órgãos estatísticos do Estado de São Paulo.[10] A análise do movimento das estatísticas criminais revela antes uma espécie de saturação no registro de ocorrências policiais (Coelho, 1986), não evidenciando nenhuma tendência de declínio de delitos contra a pessoa, apenas acomodações e oscilações entre os tipos criminais registrados.

Para que fique registrado, a seguir se reproduzem as séries de dados para os quatros distritos policiais observados e também para o conjunto dos distritos no Município de São Paulo, a fim de que se possam estabelecer comparações.

Os gráficos 1 a 5, apresentados na próxima página, oferecem a representação do movimento do registro dos crimes contra a pessoa e permitem comparar os distritos entre si e a média desse movimento na cidade como um todo. Observou-se que o registro de crimes contra a pessoa na cidade de São Paulo teve uma queda brusca (20%) no ano de 1996 e, nos anos seguintes, uma retomada constante de crescimento, chegando a 2002 com quantidade de registros semelhante a 1995 (na ordem de mais de 98 mil ocorrências).

O registro policial de homicídios na cidade teve constante elevação até 1998, conhecendo crescimento maior que 400% em relação a 1981. A partir de 1999, a estatística oficial passou a separar as ocorrências de homicídios em consumados e tentativas, criando um efeito de declínio: os números de homicídios consumados diminuíram ano a ano e as tentativas de homicídios mantiveram-se em discreto crescimento. A percepção de declínio foi ainda mais acentuada se observada a ponderação com o crescimento da população no período, como na tabela a seguir que apresenta as taxas de homicídio por 100 mil habitantes. Em 2008, a taxa de homicídios chegou a 10,6 por 100 mil habitantes e nos anos seguintes teve a tendência invertida, com ligeiro crescimento.

---

10. Para uma sociologia das estatísticas criminais paulistas e para uma discussão sobre os efeitos de segredo e opacidade por elas produzidos, consultar Renato Lima (2005). O autor discute a produção de dados no contexto de uma sociologia política das instituições de justiça e segurança e critica a capacidade descritiva da realidade do crime através da estatística. A produção de dados estatísticos é entendida por ele num campo de lutas entre democracia, transparência, segredo e opacidade. Assim, a dificuldade em ler resultados objetivos sobre a implantação do CIC através das estatísticas criminais demonstra como é pouco transparente a política de prevenção e gestão da violência em São Paulo.

Tabela 3 – Taxa de homicídios por 100 mil habitantes
Município de São Paulo, 1999-2004

Ano	Homicídio Doloso
1999	52,58
2000	51,23
2001	49,30
2002	43,73
2003	40,20
2004	31,87

Fonte: Secretaria de Segurança Pública/SP

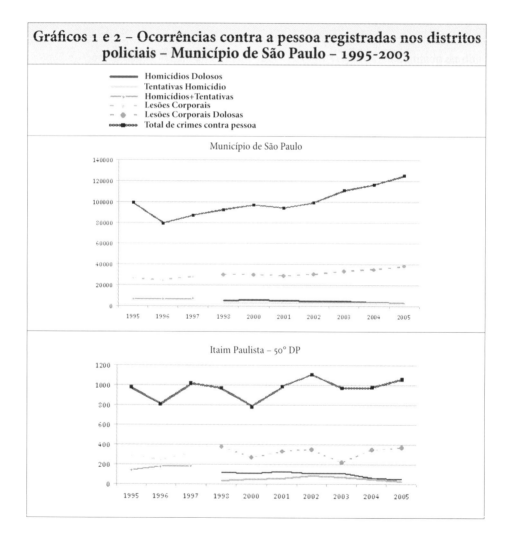

Gráficos 1 e 2 – Ocorrências contra a pessoa registradas nos distritos policiais – Município de São Paulo – 1995-2003

A JUSTIÇA PERTO DO POVO   207

Gráficos 3 a 5 – Ocorrências contra a pessoa registradas nos distritos policiais – Município de São Paulo – 1995-2003

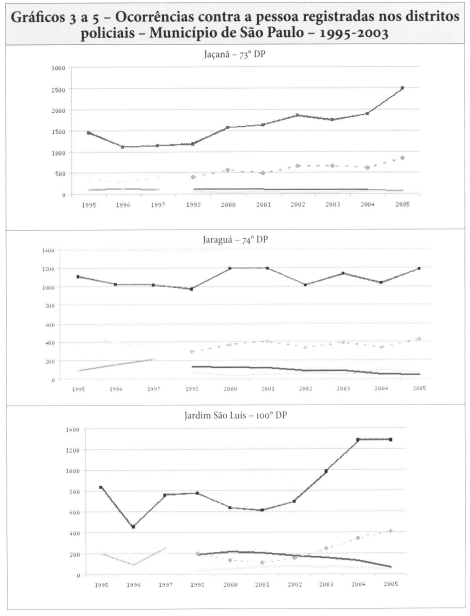

Fonte: Secretaria da Segurança Pública – SSP/Fundação Sistema Estadual de Análise de Dados – SEADE
Obs.: No decorrer do ano de 1999 houve mudanças na circunscrição territorial dos distritos policiais, por isso os dados não são divulgados pelas fontes. A linha vertical no gráfico indica o momento de inauguração do posto do CIC.

As ocorrências policiais de lesões corporais, indubitavelmente, apresentaram crescimento, ainda reforçado pela separação da contabilidade oficial entre lesões corporais culposas e dolosas. Ao observar as lesões dolosas se constata um discreto crescimento no período. É o que mostra a tabela abaixo:

Tabela 4 – Ocorrências policiais contra a pessoa por tipo
Município de São Paulo, 1995-2005

Ocorrências	1995	1996	1997	1998	2000	2001	2002	2003	2004	2005
Homicídios Dolosos				4891	5320	5185	4697	4373	3431	2581
Tentativas Homicídio				2357	2512	2535	2635	2638	2367	1827
Homicídios+Tentativas	6287	6704	6837							
Lesões Corporais	26317	23925	27546							
Lesões Corporais Dolosas				29458	29777	28511	30177	33010	34749	37934
Total de crimes contra pessoa	98781	78587	86090	91973	96230	93472	98849	110434	115928	124470

Fonte: Secretaria de Segurança Pública/SP e Fundação Seade (Anuários Estatísticos)

No distrito policial do Itaim Paulista, também se observou uma queda no ano de 1996 no total de ocorrências contra a pessoa registradas (tabela 5). A tendência foi de oscilação anual, indicando relativa estabilidade ao longo do período. Em relação aos homicídios, eles se mantiveram em crescimento ao longo da série, embora desacelerado. Como os números da cidade nos anos mais recentes apresentaram declínio, pode-se dizer que as ocorrências de homicídios no Itaim Paulista cresceram acima a média, ainda que na ponderação com a população o efeito seja de discreto declínio; mesmo após a implantação do Centro de Integração da Cidadania em 1996. O registro de lesões corporais no Itaim Paulista também apresentou um crescimento importante de 1996 a 2002.

Tabela 5 – Ocorrências policiais contra a pessoa registradas
50º Distrito Policial – Itaim Paulista, 1995-2005

Ocorrências	1995	1996	1997	1998	2000	2001	2002	2003	2004	2005
Homicídios Dolosos				119	110	126	105	116	69	50
Tentativas Homicídio				38	51	57	83	74	46	33
Homicídios+Tentativas	139	178	184							
Lesões Corporais	283	241	309							
Lesões Corporais Dolosas				376	266	328	343	216	347	362
Total de crimes contra pessoa	970	798	1013	962	776	982	1102	963	972	1055

Fonte: Secretaria de Segurança Pública e Fundação Seade

No Jaraguá, a despeito do alto crescimento anual da população, houve uma estabilidade no registro de crimes contra a pessoa em torno de 1000 a 1100 ocorrências por ano. Embora isto esteja em correspondência com o que aconteceu no restante na cidade, é de formular-se a hipótese, também plausível para o Itaim Paulista, de que esses indicadores revelem na verdade uma saturação das agências policiais na absorção dos crimes, cujo registro não cresce ainda que a população cresça. O efeito da ponderação populacional neste caso revela decréscimo das taxas de crimes contra a pessoa registrados na polícia ao longo dos anos, mesmo antes da instalação do CIC.

Ali, os homicídios registraram enorme crescimento até 1997 e em seguida passaram a declinar ano a ano, condizendo com o que ocorreu em outras regiões da cidade. O registro de lesões corporais fez o movimento inverso: conheceu um declínio de 95 a 97 e a seguir apresentou crescimento. Esse movimento mais uma vez reforça a suspeita que de esses dados apenas revelam acomodações internas dos tipos de crime contra a pessoa que a agência policial é capaz de captar.[11] O período de funcionamento do CIC, a partir de 1999, acompanhou o declínio dos homicídios, o crescimento das lesões corporais e a estabilidade do conjunto dos delitos contra a pessoa.

Tabela 6 – Ocorrências policiais contra a pessoa registradas
74º Distrito Policial – Jaraguá, 1995-2003

Ocorrências	1995	1996	1997	1998	2000	2001	2002	2003	2004	2005
Homicídios Dolosos				130	123	117	87	85	47	43
Tentativas Homicídio				72	40	41	62	44	102	67
Homicídios+Tentativas	90	156	212							
Lesões Corporais	458	389	321							
Lesões Corporais Dolosas				288	364	401	330	387	329	423
Total de crimes contra pessoa	1108	1021	1015	969	1192	1193	1010	1133	1033	1185

Fonte: Secretaria de Segurança Pública/SP e Fundação Seade (Anuários Estatísticos)

No caso do Jardim São Luís, a avaliação do impacto da implementação do CIC no movimento de ocorrências é ainda dificultado pelo fato de que esse distrito administrativo é atendido por dois distritos policiais. Optou-se por coletar os dados relativos apenas ao 100º DP.

Nesse distrito, os homicídios declinaram a partir de 2000, em proporções compatíveis com o que ocorreu em outros distritos policiais. O registro de lesões corporais oscilou, sempre crescendo num ano e diminuindo no outro. O movimento geral de crimes contra a pessoa também oscilou, mas apresentou tendência de crescimento nos anos que coincidem com o funcionamento do CIC Sul. Mais uma vez não se pode observar nos registros policiais o impacto da implantação deste equipamento público.

---

11. Observe-se que fenômeno semelhante de saturação no registro de ocorrências policiais foi observado por Coelho (1986), quando contrastava o registro de crimes e o de contravenções penais: um declinava quando o outro crescia. O autor formulou a hipótese de que esses movimentos precisam ser lidos mais como expressão de lógicas internas ao trabalho policial do que como expressão do movimento real da criminalidade, no mesmo sentido em que se argumenta aqui.

Tabela 7 – Ocorrências policiais contra a pessoa registradas
100º Distrito Policial – Jardim Herculano, 1995-2003

Ocorrências	1995	1996	1997	1998	2000	2001	2002	2003	2004	2005
Homicídios Dolosos				190	220	204	173	158	131	64
Tentativas Homicídio				36	56	70	74	68	66	44
Homicídios+Tentativas	197	95	254							
Lesões Corporais	223	137	210							
Lesões Corporais Dolosas				201	134	109	150	244	342	408
Total de crimes contra pessoa	836	455	760	772	635	609	693	985	1283	1279

Fonte: Secretaria de Segurança Pública/SP e Fundação Seade (Anuários Estatísticos)

Por fim, no Jaçanã foi observado o maior crescimento do registro de crimes contra a pessoa. O registro de lesões corporais cresceu significativamente, mais que o crescimento da população. O registro de homicídios se manteve praticamente estável após 1998, sendo que na média da cidade houve um declínio.

Tabela 8 – Ocorrências policiais contra a pessoa registradas
73º Distrito Policial – Jaçanã, 1995-2003

Ocorrências	1995	1996	1997	1998	2000	2001	2002	2003	2004	2005
Homicídios Dolosos				98	101	108	96	98	91	67
Tentativas Homicídio				69	43	53	32	29	63	50
Homicídios+Tentativas	103	129	122							
Lesões Corporais	328	276	356							
Lesões Corporais Dolosas				386	553	478	643	645	607	827
Total de crimes contra pessoa	1453	1109	1139	1177	1559	1624	1847	1742	1886	2490

Fonte: Secretaria de Segurança Pública/SP e Fundação Seade (Anuários Estatísticos)

Se nos outros distritos é muito difícil observar algum impacto da criação do CIC no movimento do registro de ocorrências contra a pessoa, em relação ao CIC Norte pode-se afirmar que houve tendência de crescimento das estatísticas criminais contra pessoa, como ocorreu com as lesões corporais dolosas.

Ainda numa tentativa de caracterizar sociologicamente os bairros onde os CIC foram instalados e procurar avaliar o impacto de sua implantação, outros dados a respeito de conflitos sociais podem ser agregados, bem como dados sobre mecanismos institucionais e informais de resolução de conflitos.

De acordo com a sondagem de opinião realizada em 2003, no Itaim Paulista e no Jardim São Luís, relatada e analisada em Haddad e Sinhoretto (2006), 44% dos moradores desses distritos informou ter estado envolvido, nos cinco anos anteriores, em pelo menos uma de dezessete categorias de conflitos investigadas, reunindo roubos e furtos, violência interpessoal, doméstica, questões de direito de família, trabalhistas, de consumidor, relativas a aluguéis e dívidas, violência sexual, relacionamento com vizinhos, problemas com álcool e drogas, ameaças por parte de traficantes, ameaças à vida e preconceitos.

Esses 44% oferecem a magnitude da demanda por acesso à justiça e segurança nos bairros em que estão instalados os CIC. Entre os envolvidos em conflitos, em torno de um terço informou ter pedido a ajuda de alguém ou de alguma instituição para solucionar o conflito. Esse dado indica a demanda reprimida para a canalização dos conflitos seja para os mecanismos oficiais de resolução de antagonismos, seja para os informais, já que mesmo esses são relativamente pouco buscados.

Os dados da sondagem permitiram observar que, se os mecanismos formais são insuficientes para atender a toda a demanda por mediação de conflitos, as redes informais de solidariedade também não são capazes de canalizar e absorver a maior parte da conflitualidade, abrindo margem, de um lado, para a cristalização das situações de opressão e, de outro, para a administração privada dos conflitos, onde pode figurar o recurso à violência (Haddad e Sinhoretto, 2006).

35% dos que relataram envolvimento em conflitos utilizaram formas alternativas de resolução de controvérsias, embora não se saiba se essas alternativas excluem o recurso à violência, bem como não se sabe se excluem o recurso a agentes públicos, já que é comum que os agentes públicos utilizem expedientes de negociação de conflitos, às vezes com o intuito até de evitar o acionamento das vias formais. Sabe-se que esse dado informa a magnitude da prática da negociação e o espaço que pode ser ocupado por uma política pública que contemple estratégias de administração alternativa de conflitos.

Dentre os envolvidos em algum conflito, 27% informou ter havido processo judicial para o caso, sendo esse indicador um pouco superior quando o conflito é de natureza criminal (34%). É importante mencionar que a sondagem não se preocupou em identificar quais desses indivíduos figuraram como vítimas e quais figuraram como réus, pois a unidade de análise adotada foi o envolvimento em conflitos. Dos que se envolveram com processo judicial, 42% não ficaram nada satisfeitos com o resultado. Os cruzamentos com o perfil socioeconômico dos entrevistados revelaram que os grupos que mais se envolveram com processos são também aqueles menos satisfeitos com o resultado (Haddad e Sinhoretto, 2006).

Com base nas observações realizadas em 2002 nos postos do CIC, foram construídas 17 categorias de conflitos investigadas pelo *survey*. A construção dessas categorias procurou mapear os diferentes conflitos interpessoais que apareceram entre as demandas apresentadas ao CIC. A tabela abaixo mostra a distribuição da vivência desses conflitos entre a população de Itaim Paulista e Jardim São Luís.

Tabela 9 – Distribuição do relato de conflitos com potencial de solução violenta (respostas múltiplas)
Distritos administrativos de Itaim Paulista e Jardim São Luís, São Paulo, 2003
Em porcentagem

TIPOS DE CONFLITO	%
Guarda dos filhos, pensão alimentícia, separação ou divórcio	8
Briga com vizinhos sobre convivência ou problemas de condomínio	3
Briga com vizinhos por causa de problemas relacionados à moradia, divisão de terreno, quintal ou construção	2
Direitos trabalhistas; ou seja ameaça ou perda dos direitos enquanto trabalhador/a	7
Direitos de consumidor; compra/venda de coisa ou pagamento/não recebimento por algum serviço	5
Pagamento ou cobrança de aluguel	3
Pagamento ou cobrança de dívidas	9
Roubo – com ameaça	8
Furto – sem ameaça	7
Uso de drogas ou álcool	2
Ameaças por parte de traficantes ou pessoas envolvidas com drogas	3
Estupro ou crime sexual	-
Violência fora de casa, ocorrida no bairro, do tipo ameaça, chantagem ou xingamento	5
Violência fora de casa, ocorrida no bairro, do tipo tapa, surra ou espancamento	-
Violência dentro de casa do tipo ameaça, chantagem ou xingamento	3
Violência dentro de casa do tipo tapa, surra ou espancamento	1
Tentativa de assassinato, ou homicídio	-
Preconceito em relação a cor, aparência, idade, sexo ou condição econômica	3
Não esteve envolvido em nenhum conflito	66

Fonte: Haddad e Sinhoretto, 2006

O total supera 100%, pois a pergunta suportava respostas múltiplas.

Pagamento ou cobrança de dívidas apareceu como o relato mais frequente, seguido por questões de direito de família, roubos e furtos. As questões trabalhistas também foram relatadas com frequência. Esses relatos provêm tanto de homens (49% dos entrevistados) como de mulheres (39% das entrevistadas), com ligeira predominância para os homens. Não se verificou predominância entre os sexos para a busca de agências formais de resolução. A vivência de conflitos não se concentra em faixas etárias específicas, embora os jovens e os idosos tenham revelado uma tendência menor a procurar ajuda externa para a resolução. Os mais escolarizados são os que relatam a vivência de conflitos com a maior frequência, mas são os que menos buscam ajuda de outros para resolvê-los, incluindo os mecanismos formais; movimento semelhante ocorre com os negros. Nas faixas de renda familiar mais altas são mais frequentes os relatos de vivência de conflitos, sendo também mais comum a busca por instâncias formais de resolução e resolução por conta própria (Haddad e Sinhoretto, 2006). Nesse aspecto, deve-se considerar que a maior escolaridade e a renda mais alta podem influenciar a percepção da vivência do conflito, por possibilitarem maior acesso à informação e conhecimento sobre os mecanismos de resolução de conflitos.[12]

O *survey* permitiu ainda perceber que nos casos de roubo e furto os caminhos de resolução indicados pelos entrevistados são exclusivamente as instâncias formais de repressão criminal. Já nos conflitos envolvendo direitos de família, preconceito e situações ligadas a drogas, o repertório dos canais de resolução é mais amplo, destacando o apelo às redes de solidariedade existentes nos bairros, como associações, igrejas, parentes, vizinhos, conhecidos. Nos conflitos envolvendo drogas surgiu o apelo à figura do médico.

Mesmo assim, nos conflitos tipificados como crimes, 68% relatou não ter sido buscada a intervenção das agências oficiais de controle social. Esse número é de 70% para os demais conflitos (Haddad e Sinhoretto, 2006).

A sondagem avaliou ainda o grau de confiança da população em diversas instituições. A família encabeça a lista das mais confiáveis. Embora em termos absolutos as instituições e profissões ligadas ao sistema de justiça possam aparecer como confiáveis, eles estão abaixo de todas as outras opções oferecidas, conforme mostra a tabela 10 abaixo. Note-se ainda que os profissionais aparecem como mais confiáveis do que as instituições a que estão ligados (como os juízes em relação à justiça ou às prisões).

Tabela 10 – Distribuição da confiança nas instituições
Distritos administrativos de Itaim Paulista e Jardim São Luís, São Paulo, 2003
Em porcentagem

Confiança nas instituições	Total
Na sua família	98
Nos professores	96
Nos médicos	92
Na igreja	90
Nos assistentes sociais	84
Nos juízes	80
Nos promotores de justiça	78
Nos advogados	77
Nos delegados	71
Na justiça	67
Nos policiais	65
Nas prisões	44

Fonte: Haddad e Sinhoretto, 2006

---
12. Sobre o tema, consultar W. G. Santos (1994), que relaciona a percepção dos conflitos à qualidade do exercício da cidadania.

Tabela 11 – Justificação da confiança/desconfiança da Justiça no Brasil
Distritos administrativos de Itaim Paulista e Jardim São Luís, São Paulo, 2003
Em porcentagem

POR QUE VOCÊ CONFIA MUITO/UM POUCO/NÃO CONFIA NA JUSTIÇA ?	%
MENÇÕES NEGATIVAS	77
- justiça beneficia os ricos/discrimina os pobres	29
- a justiça é corrupta/se vende/é comprada	18
- impunidade	16
- a justiça erra (prende inocentes e solta culpados)	12
- a justiça é lenta	10
- problema na legislação (leis arcaicas/pouco rígidas)	4
- justiça é injusta (prende pobres/trabalhadores/desempregados/pais de família)	3
- a justiça não resolve	3
- os presos fogem da cadeia	2
- a justiça atende/trata mal	2
- há abuso de autoridade/necessidade de mostrar poder	2
- a justiça não informa o resultado/sobre critérios para deter/soltar	1
MENÇÕES POSITIVAS	23
- justiça cumpre seu papel/funciona/a justiça é feita	18
- justiça é imparcial/não se vende	3
- na justiça trabalham pessoas honestas/sérias	2
- nunca teve problemas com a justiça	1
- a justiça resolve/soluciona	1
- justiça tem preocupação social	1
- justiça é eficiente	1
TOTAL	100

Fonte: Haddad e Sinhoretto, 2006

Se o grau de confiança parece bastante alto, o mesmo não se dá com a avaliação de desempenho da Justiça no Brasil: apenas 19% considera essa atuação boa. Dentre às menções negativas à Justiça destaca-se o reconhecimento do viés introduzido pelo poder econômico nas questões de Justiça: 29% afirmou espontaneamente não confiar na Justiça por acreditar que ela beneficia os ricos e discrimina os pobres. Outras menções numericamente relevantes referem-se à crença na existência de corrupção, impunidade, erros judiciais e lentidão. É o que se vê na tabela 11 acima reproduzida.

As Instalações

As instalações das diferentes unidades dos Centros de Integração da Cidadania inauguradas ao longo de sua história revelam as camadas de um programa que foi se transformando. A unidade de Encosta Norte, no Itaim Paulista, Zona Leste, inaugurada em setembro de 1996, resulta da adaptação na planta de uma edificação projetada para sediar uma creche ou centro comunitário, no espaço de um conjunto habitacional, ao lado de uma escola de ensino fundamental. Era uma construção térrea, de alvenaria convencional, com telhado de duas águas, coberto de telhas cerâmicas comuns, onde havia um salão de usos múltiplos. A fachada do prédio era pintada em cor clara e composta pelos vitrôs das salas de trabalho. Tudo era muito simples, desde a construção ao mobiliário e até a circulação das pessoas que aguardavam o atendimento nas varandas, se refrescando no calor e se aquecendo ao sol do inverno. O edifício foi parcialmente destruído num incêndio criminoso em maio de 2006, tendo sido reconstruído e ligeiramente ampliado.

No interior, alguns serviços dispunham de sala própria, enquanto outros compartilhavam o mesmo espaço, em revezamento de horários. Foi comum, durante o período da pesquisa, o empréstimo de salas para pequenas reuniões e entrevistas. Assim como as salas, equipamentos eletrônicos costumavam ser compartilhados entre os parceiros em diversas circunstâncias.

O pátio de estacionamento nos fundos tem capacidade para poucos veículos, que em geral são viaturas do serviço público. Dali se tem uma vista ampla do entorno. Descendo pela escada, ou pela rampa, se atinge o prédio que abriga o Juizado, no mesmo estilo arquitetônico de simplicidade, poupado no incêndio. Ao lado, foi posteriormente implantado o teatro de arena.

Em algumas salas havia toaletes privativos para uso dos funcionários e autoridades. Havia um banheiro para funcionários, cuja chave permanecia em poder da direção e havia um outro para os usuários, de livre acesso. O difícil era mover-se no interior das cabinas.

Na mesma calçada do CIC, há um equipamento fisicamente semelhante, destinado ao atendimento de pré-escolares e a escola estadual, que já é um prédio bem maior, de estrutura de concreto e que apresenta um aspecto de falta de manutenção. O muro que divide a escola, o CIC e um terreno desocupado é utilizado por jovens para a entrada clandestina na escola a fim de comercializar e utilizar drogas.

Do outro lado da rua, estão os edifícios residenciais do conjunto habitacional. Fora dele, predominam as habitações autoconstruídas que promovem uma ocupação intensiva do espaço. No mesmo imóvel, em geral, há mais de um domicílio. As fachadas são geralmente gradeadas ou muradas e há uma grande quantidade de salas de uso comercial.

A segunda unidade, o CIC Oeste, foi inaugurada em 1999, no Jardim Panamericano, distrito de Jaraguá, e guarda semelhança na concepção arquitetônica: estrutura térrea, alvenaria de acabamento rústico, salas pequenas, iluminadas e ventiladas por vitrôs.

Banheiros de louça e azulejo brancos, alguns privativos, outros de uso comum. Tudo econômico. A diferença nesse edifício é a sala ocupada pela Polícia Militar, de fachada envidraçada, na entrada do prédio. Uma movimentação constante de viaturas policiais ocupa a entrada, algumas permanecem ali estacionadas por algum tempo.

Não há um salão destinado a reuniões e eventos. O corredor que dá acesso às salas é utilizado pelos usuários que aguardam atendimento sentados nos bancos de madeira ou cadeiras posicionados ao longo das paredes. Este ambiente não tem iluminação natural e nem vedação de correntes de ar, o que o torna muito frio no inverno. Inicialmente era animado por uma televisão, suprimida com o passar do tempo em razão de reclamações da interferência do barulho no interior das salas.

Nas imediações do posto Oeste há um cruzamento de duas movimentadas vias, onde há padaria, supermercado e um pequeno núcleo de comércio. O conjunto habitacional tem prédios em tons terrosos. No entorno, há algumas instalações industriais e diversos terrenos ainda desocupados, até mesmo alguma área erma, conferindo à região heterogeneidade de uso urbano e contraste com áreas próximas densamente povoadas.

Inaugurado em 2000, com a presença do Ministro da Justiça, o CIC Sul, no Jardim São Luís, à semelhança dos dois antecessores, é uma edificação térrea, adaptada entre as construções típicas dos conjuntos habitacionais, que teria sido inicialmente projetada para ser um centro comunitário ou uma creche. Uma marca neste prédio é o muro, que acompanha toda a calçada. Está localizado numa via secundária, que dá acesso aos prédios do conjunto e, mais adiante, a uma baixada de ocupação irregular – uma enorme favela – misturando precárias moradias de alvenaria e de materiais reciclados.

Do lado de dentro do muro, contíguo ao pequeno pátio de estacionamento, há um teatro de arena, ao ar livre. Durante uma fase do trabalho de campo, o teatro era usado pelos jovens para eventos do circuito *hip hop* da região sul. Ainda na parte externa, um salão abriga reuniões e eventos.

Logo na entrada, uma sala de amplas janelas sediou inicialmente a Polícia Militar. Posteriormente, essa sala passou a ser ocupada pelo Balcão de Empregos. No prédio em formato de "U", de um lado alinham-se as salas dos serviços do Poder Judiciário e do Ministério Público, e de outro lado, os serviços da Polícia Civil, a diretoria, o CDHU, a assistência social. No centro, um jardim. Ao fundo, salas de uso privativo dos funcionários, como sanitários e a cozinha (onde membros da frente de trabalho preparam o almoço e o lanche que serve autoridades e funcionários). Nas salas dos serviços há banheiros privativos de autoridades e funcionários. As únicas instalações sanitárias que servem ao público estão localizadas fora do prédio.

As três edificações descritas correspondem ao momento inicial do programa, em que os recursos de investimento nas instalações eram exíguos. O apelo do programa era a integração entre os serviços e seu objetivo era a oferta de solução pacífica dos conflitos interpessoais, a partir das técnicas de mediação e conciliação e do uso alternativo do direito.[13] O comando da Secretaria de Justiça e Defesa da Cidadania permanecia o mesmo desde a época da formulação do projeto. O investimento na parceria entre os órgãos públicos garantiu a inauguração dos equipamentos com os serviços de justiça, segurança pública, orientação jurídica, assistência social e documentação. São os três CIC onde, desde o início, implantou-se juizado permanente, com juiz designado, funcionando diariamente. Ministério Público, Polícias Civil e Militar, Procon, serviço social também contaram com equipes permanentes, ainda que com rotatividade de pessoal.

O entusiasmo com o projeto e seu prestígio eram crescentes, atraindo a atenção de estudiosos e formuladores de políticas, embora fosse sempre muito restrito o orçamento a ele destinado pelo governo estadual. A tônica do discurso era a de que valia muito mais o investimento nos recursos humanos, nas parcerias, no gerenciamento em modelo matricial, do que despender grandes recursos com edificações. Manifestava-se uma intencionalidade em fazer com que a sede do CIC não se destacasse das construções habitacionais e comerciais da região, o era considerado uma tentativa de superação, pela simplicidade da arquitetura, das famosas barreiras simbólicas do acesso à justiça,[14] seria «a justiça se aproximando do povo». O apelo «popular» e «comunitário» do programa foi importante na decisão de repasses de recursos do Ministério da Justiça para instalação de novas unidades e de equipamentos, como rede de computadores.

Na narrativa dos membros da primeira equipe que trabalhou no primeiro CIC, na prestação de serviços e na gestão, os poucos recursos eram motivadores de solidariedade entre os profissionais e um elemento relevante na constituição de um ethos de integração e cooperação entre os órgãos públicos.[15] Segundo essa narrativa, o compartilhamento de recursos físicos e materiais propiciava a tomada de consciência da necessidade de superar a fragmentação característica da operação dos serviços públicos.[16]

Com a injeção de recursos, por meio de convênio com a Secretaria Nacional de Segurança Pública, o quarto CIC foi inaugurado em 2001, no Jova Rural, Jaçanã, Zona Norte, num prédio construído para abrigá-lo. De três andares, em estrutura de aço, pintada de vermelho, e toda envidraçada, a construção se destaca na paisagem da região,[17] que é estritamente residencial, de classe popular, que combina casas autoconstruídas em terrenos ocupados legal e ilegalmente. Situado numa encosta, o prédio pode ser avistado

---

13. Conforme os folhetos de divulgação coletados à época, o Decreto 46000/01 que instituiu o programa e as entrevistas com os idealizadores.
14. Esse argumento foi reiterado nas entrevistas com os primeiros gestores do CIC em São Paulo e também com os primeiros gestores federais.
15. Para uma análise dos dados coletados em entrevistas a esse respeito, consultar Haddad, Sinhoretto e Pietrocolla, 2003.
16. Conforme entrevista de assistente social que trabalhou no primeiro posto inaugurado e depois foi sua diretora.
17. A fachada do CIC Norte foi alvejada por tiros em julho de 2006, por ocasião da segundo onda de ataques atribuídos ao PCC na cidade.

a boa distância. Todo o terreno é circundado por altas grades de ferro. Na rua em frente está o conjunto habitacional e na rua dos fundos está a escola, em condições precárias de manutenção. Nessas ruas há apenas trânsito local e o transporte era inicialmente realizado em vans (os conhecidos "perueiros"), substituídas por micro-ônibus, em razão de reestruturação do sistema de transporte municipal.

O prédio é amplo, oferecendo possibilidade de instalações confortáveis, dispõe de diversas salas e um salão para reuniões grandes. Há ainda um espaço externo, jardinado, e um teatro de arena que podem ser ocupados com atividades ao ar livre. Não foram utilizados materiais sofisticados ou mesmo de alto custo em acabamentos. Concreto aparente, conduites à mostra, louça branca nos sanitários, escadaria de ferro, denotam preocupação com baixos custos, mas se torna evidente que as soluções quase caseiras dos primeiros prédios deram lugar a uma construção moderna, de processo industrial, projetada para a sua finalidade e com capacidade para abrigar vários serviços e um fluxo maior de pessoas.

Na entrada do edifício, uma grande placa anuncia as parcerias que compõem o Centro de Integração da Cidadania. Se não estiver bem informado, o usuário pode acreditar que todos aqueles serviços estão ali disponíveis e acessíveis. Mas não é o caso. Parece haver uma relação paradoxal entre a estrutura física e a rede de serviços que a ocupa. Nunca se instalou um juizado permanente no CIC Norte e nem houve constância dos serviços do Ministério Público e de orientação jurídica, como se verá logo adiante. O mesmo ocorreu com os serviços sociais. Por isso, durante a maior parte dos dias, o prédio permanecia quase vazio, sendo ocupado quando havia reuniões e outros eventos. A única exceção é feita ao Acessa São Paulo,[18] utilizado por um grande número de jovens e crianças em idade escolar, que aguardam a fila na parte externa do prédio.

Representantes de associações civis atuantes na região do Jaçanã, e que participam de reuniões e eventos ligados ao CIC, queixaram-se de sua localização. Argumentaram que o local não foi bem escolhido, por estar atrás de uma encosta, dificultando o acesso de boa parte dos moradores do distrito que, em alguns casos, precisam utilizar duas conduções para chegar até o posto. Acrescentaram ainda que o esforço até seria justificado se houvesse um conjunto de serviços a permitir a resolução efetiva das demandas; mas, contrariamente, há poucos serviços e a maior parte das pessoas é encaminhada para outros locais. Assim, embora tenham elogiado a implantação e reconheçam elementos interessantes na proposta do CIC, têm optado por encaminhar as pessoas diretamente ao Poupatempo do centro da cidade.

A partir da inauguração do posto Norte, mudanças de governo e mudanças na condução do programa apenas alimentaram a tendência de grandiloquência das construções.

---

18. Programa público estadual de acesso à internet, o qual permaneceu desativado por longos meses em 2005 e 2006, por problemas com a licitação dos serviços.

Em 2003, num convênio entre estado, município e financiamento da União, foi inaugurado o CIC em Francisco Morato, cidade da região metropolitana de São Paulo.[19] Bem próximo ao centro, à margem da linha do trem metropolitano, principal transporte coletivo, o prédio de dois andares é um dos mais vistosos da cidade. Ainda maior que o prédio de Jova Rural, conta com uma semi-abóbada que serve de cobertura ao grande saguão de entrada. Amplas também são as dezenas de salas destinadas a abrigar serviços e espaços de uso comunitário. À espera por atendimento, o usuário senta-se em cadeiras estofadas e aguarda a chamada por senha eletrônica, em espaços iluminados naturalmente e com vista externa. Amplas também são as instalações sanitárias, de uso comum ou privativo.

Bem mais estreita, ventilada por uma abertura no alto da parede, com pouquíssima iluminação natural e equipada com uma latrina no chão, é a cela destinada aos presos em flagrante e em inquéritos da Delegacia de Defesa da Mulher que funciona ali. Mesmo tendo sido destinada a outro uso, após ter sido alvo de protestos,[20] a cela do CIC não foi descaracterizada, possibilitando que volte a assumir a função para a qual foi concebida e edificada.

Cumpre ressaltar que a construção se faz grandiosa não pelo uso de materiais sofisticados, mas pelo seu tamanho, pela tecnologia de edificação e pelos conhecimentos de arquitetura mobilizados. O que acentua ainda esta percepção é o entorno, composto por pequenos comércios e moradias de classe popular. Do outro lado da linha férrea, veem-se os conjuntos de predinhos do CDHU, muitos em ruas sem asfalto. Aliás, na zona urbana do município, uma grande quantidade de ruas é de terra e carente de outros equipamentos como iluminação e serviço de água e esgoto, tema que foi tratado até pelo governador do Estado em seu discurso na inauguração do CIC, para uma grande quantidade de pessoas, a partir de um palanque montado no saguão do prédio – o que permite dimensionar o espaço edificado.

O espaço é abundante, entretanto, toda uma ala do edifício permanece sem uso, à espera de que os serviços dos órgãos parceiros venham ocupá-la. Justamente os serviços de justiça, orientação jurídica e mediação de conflitos interpessoais – que constituíam o cerne do programa iniciado em 1996 e que, de acordo com o decreto de criação do programa, são sua razão de existir. Uma placa monumental, na entrada, enuncia um rol de serviços, a maioria dos quais não está ali disponível ao usuário. A partir de 2005, por esforço e financiamento do Ministério da Justiça, através da Secretaria da Reforma do Judiciário e com o apoio técnico e financeiro do PNUD, passou a funcionar no CIC de Francisco Morato um posto avançado do Juizado Especial Federal, onde podem ser entrados e acompanhados os processos, graças à instalação de uma

---

19. Não foi incluído nas delimitações deste estudo, mas a implantação do CIC no município de Santo André, na grande São Paulo, num convênio entre União e prefeitura, também se iniciou com a confecção de uma maquete de edifício imponente, tal como documentado em Haddad, Sinhoretto e Pietrocolla, 2003.

20. Entre maio e outubro de 2003, o IBCCrim coordenou eventos, em razão de um pedido informal da Chefia de Gabinete do Ministério da Justiça, com a participação de organizações da sociedade civil, representantes de órgão públicos e pesquisadores, para discutir diretrizes de implementação dos CIC. Nessa oportunidade, a existência da cela foi amplamente criticada e foi cobrado um posicionamento da Secretaria de Justiça, que decidiu desativar a cela.

linha de comunicação eletrônica com a sede do juizado, no centro da capital. O Judiciário estadual, no entanto, não desenvolve nenhuma atividade no posto do CIC.

A mesma planta arquitetônica foi aproveitada[21] para a construção do CIC em Ferraz de Vasconcelos, outro município da Grande São Paulo, que tem no trem metropolitano um importante meio de transporte e um eixo de desenvolvimento urbano. Foi às suas margens, nas proximidades de uma estação, ao longo de uma larga avenida, que se ergueu um prédio ainda mais imponente, em razão de estar localizado num terreno de grande desnível em relação à rua. No alto, um letreiro garrafal com o nome do equipamento, avistado a quilômetros na extensão do município, graças à sua rara localização. E ali, novamente a imponência da instalação contrasta com a ociosidade e a ausência dos serviços de acesso à justiça.

Não se pretende, com essa descrição, fazer oposição à construção de obras nos espaços da periferia. Reconhece-se que os prédios públicos podem (e devem) influenciar positivamente a requalificação urbana dos espaços em que se instalam. E investir nisso pode ser um modo de contribuir para o desenvolvimento local, atraindo outros equipamentos e o interesse privado para as áreas ao redor, valorizadas pelo investimento público. Tampouco se pretende tomar as instalações dos primeiros Centros de Integração da Cidadania como um modelo a ser seguido: em diversas ocasiões, durante a coleta de dados, ficou evidente a precariedade de algumas soluções para certos tipos de atividade, gerando conflito entre os parceiros, desconforto e constrangimento para o usuário. Em múltiplas ocasiões, membros do Conselho Local de Integração da Cidadania reivindicaram a reforma e ampliação do edifício do Itaim Paulista, considerando-se desprestigiados por contarem com instalações tão modestas, quando os novos prédios são tão bonitos e espaçosos.

No Jardim Panamericano ocorreu um atrito entre a direção da unidade e o juiz em razão da exibição de um vídeo numa atividade com adolescentes. O juiz alegou que o barulho incomodava o andamento das atividades judiciais e a direção insistiu que o vídeo era relevante e não poderia ser interrompido. Neste caso, as instalações revelavam-se inadequadas para ambos, tornando as condições de trabalho precárias. No Jardim São Luís, defeitos na rede elétrica motivaram atrito semelhante, resultando em constantes dificuldades na instalação e utilização dos computadores. Ali também o espaço representava um obstáculo à incorporação de novos serviços, pois já não havia sala disponível, não tendo sido instalado o Acessa São Paulo, presente nas demais, por falta de acomodações. Diversas outras queixas das instalações foram comunicadas nas situações de entrevistas informais, como o fato de o material do telhado do CIC Sul provocar muito barulho durante as chuvas, ou das grades das janelas dificultarem a abertura dos vitrôs, tornando as salas abafadas. Durante o campo realizado em 2005, muitos problemas de manutenção dos edi-

---

21. Postos do CIC inaugurados em 2006, em Guarulhos e em Campinas, têm a mesma planta, incluindo a cela.

fícios foram identificados, como goteiras, vazamentos, infiltrações, instalações sanitárias inadequadas, problemas com vedação de água e vento.

O que se pretende aqui é buscar tornar inteligível a disputa pela condução da política pública através do que se produz no espaço, das relações de força ali materializadas, da facilitação ou obstrução da circulação dos corpos e o modo que se alocam. Os edifícios, desde seu planejamento, sua ocupação e sua manutenção revelam as intenções e os usos neles impressos.

O modelo do "fórum em cima da cadeia"

O espaço físico nunca foi uma questão sem importância na história do CIC. Os idealizadores do projeto acreditavam que o espaço poderia colaborar com o sucesso da experiência. Já de saída, defendiam a criação de um equipamento novo em que se pudesse reunir as diferentes instituições do sistema de justiça sob o argumento de tornar o trabalho entre elas não só mais acessível à população da periferia, mas também mais integrado. Quando o projeto foi concebido, a partir das discussões encabeçadas por Alberto Silva Franco, e redigido por Antonio Cezar Peluso, o redator incluiu no projeto um desenho esboçando o que deveria ser o edifício.

O seu referencial era o fórum das cidades pequenas mais antigas, que dividiam o mesmo prédio com a delegacia e a cadeia pública, facilitando, segundo eles, a vigilância entre as instituições, assim como o contato humano entre os operadores entre si e deles com os presos. Fisicamente, os prédios do CIC não iriam reproduzir a arquitetura clássica dos velhos foros do interior, já que a arquitetura dos "foros em cima da cadeia" não era apenas física, mas também institucional, implicando numa certa circulação dos operadores jurídicos e das autoridades pelos diferentes ambientes, situações e procedimentos do sistema penal. Circulação que também faziam os sujeitos do poder na condição de réus. Proximidade, vigilância e circulação que expressavam certa relação de forças que se desejava recriar e reinventar através do CIC – o espaço capaz de propiciar, segundo a narrativa dos idealizadores, a produção de relações de «proximidade», mais «democráticas», entre o Estado e o cidadão.

Diversas imagens foram mobilizadas para produzir as analogias entre o espaço e essa relação «democrática» que se desejava construir. Numa delas, o redator do projeto, rememorando o "fórum em cima da cadeia", relata o episódio de um carcereiro que subiu as escadas do prédio – indo da "cadeia" ao "fórum" – e veio ter com o juiz e o promotor, que conversavam ao final do dia. O carcereiro relatou sua preocupação com o fato de um preso em regime de semi-liberdade, que passava o dia fora e tinha horário definido para recolher-se à prisão, ainda não ter retornado. Ouvindo a questão, o promotor de justiça – que no sistema penal desempenha o papel de acusação e persecução do réu – interveio: "Então, à hora em que ele chegar, você diz que hoje ele vai dormir na rua!"

O narrador afirma a veracidade do relato, embora a narrativa tenha estrutura anedótica, referenciada a situações associadas às hospedarias tradicionais, pensionatos, conventos e até mesmo famílias conservadoras, procurando descontextualizar a prisão e o sistema penal das suas práticas de sujeição e disciplina. É como se o preso fosse um hóspede inconveniente ou um filho rebelde, cometendo ato sem importância. A atitude que se gostaria de reconstruir no sistema penal parece, portanto, ser uma atitude menos repressiva e de maior solidariedade entre as partes: uma atitude de mútua compreensão e de discussão conjunta de problemas que deveriam ser resolvidos antes pela via informal, do que pela força impositiva das leis. O trânsito do carcereiro também é significativo das relações que se quer valorizar: imediatamente a administração penitenciária consulta-se com a autoridade judicial, tendo já, no mesmo momento, a manifestação do Ministério Público e a decisão, sanando imediatamente todas as dúvidas sobre as condições em que é mantida a custódia dos presos e sobre a finalidade da pena de prisão. A integração do espaço representa um sistema que funciona de maneira descomplicada e inteiramente voltada aos interesses da ressocialização do preso.

A função de controle mútuo do comportamento entre os agentes do sistema de justiça, foi ressaltada em outra entrevista, com Adauto Suannes: o "fórum em cima da cadeia" permitia um controle da autoridade policial e do sistema carcerário realizado diretamente pelo Ministério Público e pelo Judiciário. Os agentes e as instituições conviviam no mesmo espaço com o produto do funcionamento do sistema penal, que era o cárcere. Qualquer irregularidade nas condições carcerárias poderia ser imediatamente percebida pelo juiz e pelo promotor, diariamente, ao transitar pelo edifício onde trabalhavam e conviviam. Ilegalidades na ação policial também poderiam ser facilmente identificáveis numa rápida visita ao xadrez, no andar térreo. A própria estrutura do processo penal parecia simplificada no espaço ideal: quando um caso transitava entre as salas, isso significava que uma ação judicial transitava entre as instâncias do sistema de justiça, em poucos minutos. Além disso, a convivência entre as pessoas, num espaço comum de trabalho, significava o controle externo mútuo entre as corporações.

A narrativa do "fórum em cima da cadeia" foi bastante elaborada pelos idealizadores, mas ela se atualiza em outros discursos ouvidos no decorrer da pesquisa, na figura do trabalho nas "cidades do interior". Outras pesquisas já identificaram como é representada a divisão entre o trabalho de juízes e promotores no interior e na cidade grande, onde o interior significaria a «proximidade» com a população e a metrópole significaria o «distanciamento» (Sadek, 1999; Silva, 2001). Nas entrevistas com os operadores não foi raro ouvir dizer que o trabalho no CIC é semelhante ao trabalho nas cidades do interior, onde existe condição e tempo para ouvir os problemas das partes, conversar sobre eles, compreender as situações que os engendraram.

Antoine Garapon (1997) em sua análise do ritual judiciário lembra que uma das funções do palácio de justiça – isto é, de uma sede própria, totalmente diferenciada do entorno – é criar o distanciamento espacial, garantindo um lugar para justiça, diferente do espaço da rua e da vida cotidiana, produzindo também um tempo diferenciado no seu interior, diferente das motivações e do sentimento de vingança e dos movimentos de opinião da vida comum. Nesse caso, a reivindicação de um espaço de justiça que fosse menos distante decorreria da associação entre o grande centro urbano, com uma justiça distante demais, e a pequena cidade, com um distanciamento mais adequado. Justiça próxima, mas não indiferenciada do entorno, já que para a eficácia simbólica da justiça, como lembrou Garapon, é preciso haver alguma diferenciação. Mas, na leitura dos reformadores do CIC, era preciso recalibrar o distanciamento, tornado demasiado, por isso distorcendo os resultados da justiça.

Voltando ao projeto arquitetônico do centro integrado, sua primeira versão já continha um esboço de planta: uma construção em semicírculo na qual os órgãos de justiça estivessem lado-a-lado, em cujo centro haveria uma praça pública para uso da comunidade local. Um lugar assim definido por Peluso:

> Na frente, eu queria que aquilo funcionasse como uma praça, onde o povo pudesse ter acesso e o povo pudesse ficar. E atrás então fazer estacionamento, mas tudo atrás. Mas o arco tinha que ser assim para, na frente, ter um lugar para o povo se concentrar.

O Secretário de Justiça que implantou o projeto relatou o cuidado com que o lugar foi escolhido e reformado. Segundo ele, não havia recursos disponíveis para a construção em semicírculo, de concreto aparente e tijolinho à vista, como proposto inicialmente.

No 1º Relatório do Programa Estadual de Direitos Humanos, elaborado em sua gestão, em 1998, constam fichas técnicas de dezenas de projetos governamentais. Na ficha do CIC, lê-se "Maiores obstáculos identificados: espaço físico (construção do prédio)".

Se não havia recursos para custear o ideal, também o prédio não poderia ser uma delegacia desativada, conforme oferta recebida, em virtude da necessidade de conferir uma identidade ao CIC, diferente daquela da polícia.

> ... eles vinham com a ideia de que era preciso ter uma forma de arquitetura própria, para que ele fosse identificado, né? É... Isso não foi possível no início, porque nós tínhamos que aproveitar a ideia de que... Vamos dizer, nos grandes núcleos habitacionais que acabavam de ser implantados pela CDHU, ela tinha a responsabilidade de criar os espaços de convivência, enfim, uma casinha, uma mesa de pingue-pongue, o local da diretoria, aquela história toda, né? E, então, isso não tinha uma cara própria. Mas, com o tempo, nós fomos entendendo que alguma coisa tinha que ser marca, né? Então, se você for verificar, hoje nós temos – e a marca é exatamente uma coisa que não tem nada a ver com a justiça – a marca é um anfiteatro. Hoje existe um anfiteatro. Em

> quase todos tem um pequeno anfiteatro. Todos hoje, até no CIC Leste, que não tinha no início, foi feita uma reforma, e tem anfiteatro. Porque é onde marca a presença notadamente da juventude. [...] Então, essa marca da arquitetura, por razões até, de início, de ordem orçamentária e, depois, ela foi ficando desta forma marcada. Quer dizer, o anfiteatro será sempre uma coisa, quer dizer, o anfiteatro traduzindo a ideia do espaço aberto, do espaço a ser aproveitado pela juventude, espaço para ser usado pela comunidade... (Santos Jr.)

Assim, explicitava-se a visão de que a arquitetura traduz uma relação política entre as instituições públicas e os usuários dos serviços, organiza um ritual de produção da justiça. Para o Secretário de Justiça, a expansão dos equipamentos do Estado para a periferia deveria requalificar não apenas este espaço, mas funcionar como impulsionador de uma reforma do Estado:

> O CIC é um espaço onde o Estado não tem parede, quer dizer, e às vezes não tem parede fisicamente mesmo; em alguns lugares, você não nota a diferença entre alguns serviços". (Santos Jr.)

Incorporou-se à narrativa sobre a trajetória do CIC a fala de uma mulher qualificada como líder comunitária, que, na visita do Ministro da Justiça José Carlos Dias ao CIC Leste, a ele teria se dirigido:

> O senhor sabe qual a diferença entre um CIC e um fórum? No CIC o juiz fica na entrada. E no fórum ele fica no último andar, no fim do corredor.

Não que isso corresponda à real distribuição física dos serviços e das pessoas no interior de qualquer dos CIC. Já foi mencionado que, no primeiro CIC inaugurado, depois de algum tempo de funcionamento, o Poder Judiciário passou a ocupar exclusivamente um anexo ao prédio principal. Neste anexo, a sala do juiz é a mais distante da porta de entrada, no fim do corredor. Nas unidades Oeste e Sul não há andares, mas as salas dos juízes situam-se no final dos corredores. Nem haveria motivo para ser diferente, já que o fluxo de atendimento do Poder Judiciário não se altera substancialmente nesses lugares: o balcão de atendimento do cartório, onde se registram as queixas e se trocam informações, por onde obrigatoriamente os usuários têm que passar antes de acessar o juiz, situa-se em geral mais próximo à entrada. A despeito disso, parece que, no plano simbólico, o lugar ocupado pelo juiz no CIC é outro: o juiz deve ser fisicamente acessível, antes até das vias formais de acesso do cidadão ao Poder Judiciário.

Dentro desta lógica, um CIC sem juiz é incompleto, opõe-se à mística desta política pública.

Embora houvesse uma diretriz para a concepção arquitetônica, o Secretário da Justiça revelava em meados de 2000, numa apresentação do programa realizada no IBCCrim,[22] que no início da implantação do programa avaliou-se necessário abrir mão de um projeto arquitetônico único para evitar o risco de uma futura gestão de governo desmontar ou sucatear o programa, por identificá-lo a um partido. Assim, muito mais do que ser uma marca de governo, afirmava o Secretário a necessidade de que o CIC estivesse "enraizado na comunidade", a fim, inclusive, de que esta lutasse pela sua continuidade. Como àquela altura os gestores avaliavam estar ocorrendo esse enraizamento, passaram a revalorizar os prédios e a estrutura física. Foi elaborada uma planta básica, de 1.082 m², cuja construção e equipamento custariam R$ 1.080.000,00, na capital e, no interior, graças aos convênios com as prefeituras, esse custo poderia reduzir-se a R$ 399.487,00. Na mesma reunião, o Secretário comunicou ter obtido um recurso de 10 milhões de reais, com os quais seria possível construir entre 8 e 10 unidades até o fim da gestão.[23] A política de custo zero, ao menos em relação às instalações, começava a dar lugar a outros pensamentos: "se gasta dinheiro com fórum, então tem que gastar com CIC".

Novos prédios, novos rumos

A observação a respeito dos novos prédios é reveladora de mudança nos rumos do programa. Já foi mencionada a existência da cela no prédio de Francisco Morato e o mal-estar provocado entre os idealizadores, antigos gestores e apoiadores do CIC, denotando que a intervenção penal é inadequada dentro do programa – pensado para oferecer alternativas de solução de conflitos diversas do tratamento penal. Mas nada foi dito a respeito da sala de reconhecimento, equipada com o vidro de uma face espelhada, utilizada nos procedimentos de inquérito policial. A existência da sala evidencia que o trabalho policial no interior do CIC não é tão diferente daquele realizado nos distritos policiais, baseado em procedimentos sigilosos, em investigação de suspeitos, inquirição de testemunha e indiciamento de acusados.[24] A sala de reconhecimento é um dispositivo que permite ver sem ser visto, conhecer o outro sem ser reconhecido, evidencia discrepância de poder entre as partes envolvidas no conflito. Nisso há uma ruptura com o que vinha sendo preconizado

---

22. Visita de Belisário dos Santos Jr., Secretário da Justiça e Defesa da Cidadania ao IBCCrim, no dia 01 de junho de 2000, para apresentação e prestação de contas do programa Centros de Integração da Cidadania, com a participação da diretoria e colaboradores do Instituto, entre os quais os principais idealizadores, como Alberto Silva Franco, Adauto Suannes e Ranulfo de Mello Freire.

23. O Secretário informou ainda haver gestões para construir essas unidades nos seguintes bairros da capital: Perus, Cidade Tiradentes, Capão Redondo, Cidade Ademar, Grajaú, São Mateus e Brasilândia. Na grande São Paulo, havia interesse em construir unidades em Francisco Morato, Guarulhos, Ferraz de Vasconcelos, Diadema, São Bernardo e Carapicuíba. Em convênios com as prefeituras havia a intenção de instalar o programa nas principais cidades, exceto Campinas, por razões políticas (onde a prefeitura era do partido rival). O projeto era implantar 25 unidades e realizar um diagnóstico para avaliar os resultados alcançados antes de investir na ampliação. Dados oferecidos em reunião no IBCCrim, em 01 de junho de 2000.

24. Conforme o sistema inquisitorial de produção de verdade jurídica discutido por Kant de Lima (1989, 1995, 2004).

pelos idealizadores para a atuação policial nos primeiros CIC: neles não se poderia realizar inquérito policial ou registrar boletins de ocorrência – desqualificados como tecnologias de administração de conflitos de caráter repressivo. Essas tecnologias deveriam dar lugar à metodologia da mediação de conflitos – associada a um saber que não tem preocupação com a produção dos papéis de vítima e agressor e, sobretudo, que se opõe ao saber penal – produzindo um outro saber sobre o conflito e sobre os sujeitos. Adiante se verá a análise da atuação policial no interior dos CIC e esse aspecto será novamente abordado.

A reflexão acerca das instalações levou ainda à constatação de que o maior investimento na estrutura física coincidiu com a redução do investimento em recursos humanos e do desenvolvimento de uma metodologia de trabalho integrado entre as instituições públicas voltado a incrementar o acesso dos usuários aos mecanismos formais de justiça. Também decresceu o interesse no "enraizamento na comunidade", cuja participação no programa institucionalizou-se, tornando-se restrita às reuniões do CLIC, quando elas ocorressem.

As unidades mais recentes, construídas com o apoio financeiro da Secretaria Nacional de Segurança Pública, são, paradoxalmente, aquelas que oferecem menos recursos para absorver e canalizar os conflitos, seja para soluções formais (judicialização), seja informais (mediação de conflitos, intervenção de programas sociais), em virtude da ausência dos serviços do Poder Judiciário, do Ministério Público, dos serviços de orientação jurídica e assistência judiciária (sejam eles prestados pela Procuradoria de Assistência Judiciária, pela Ordem dos Advogados ou pela inexistente Defensoria Pública[25]), dos programas destinados ao acompanhamento de vítimas e autores de violência, de programas para jovens em situação de risco ou de outros programas de prevenção de violência apoiados e recomendados pelo Governo Federal. Desde 2003, o Estado de São Paulo não recebeu apoio federal para o seu programa, por não ter apresentado resultados na área de prevenção da violência e por não ter redigido um projeto integrado de políticas para a área – conforme a entrevista concedida pela gestora federal dos programas de prevenção da violência da Secretaria Nacional de Segurança Pública.

Isto contrasta com as preocupações dos primeiros gestores do programa paulista. Segundo eles, a primeira ampliação do programa só se deu na medida em que as parcerias com os órgãos públicos iam sendo negociadas, em que os profissionais eram designados, que as lideranças populares mobilizavam-se para apoiar e acompanhar a implantação. O processo foi sempre por eles descrito como lento.

As unidades mais recentes (inauguradas a partir de 2003) foram orientadas por lógica inversa: inicialmente inaugura-se o prédio, em seguida buscam-se as parcerias para ocupá-lo. Nos municípios da Grande São Paulo, as instalações físicas são inclusive uti-

---

25. Criada em dezembro de 2005, quando já estava concluída a pesquisa de campo.

lizadas como moeda de troca nas negociações com as organizações prospectadas para incorporarem-se como parceiras no CIC.[26.]

Esta argumentação a respeito da relação inversa entre investimento nos serviços e investimento nas edificações pode ser reforçada com a narração de um episódio que a ilustra. Em 2005, um convênio entre o Ministério da Justiça, o PNUD e a Justiça Federal – 3ª Região possibilitou a instalação do Juizado Especial Federal no CIC de Francisco Morato, um dos novos prédios. A parceria foi muito bem aceita pelo governo estadual, já que viria contrapesar a ausência do Judiciário estadual naquele posto. O projeto de preparação da instalação do novo serviço previa a capacitação dos funcionários de todos os serviços do CIC para receber e trabalhar com o novo parceiro. Durante o evento de capacitação, custeado pelo PNUD, tornou-se claro ser aquela a primeira atividade de integração promovida entre os funcionários dos diferentes serviços. Comentava-se da excelente oportunidade que todos estavam tendo de saber o que faziam os outros serviços do CIC. Ao final, num ritual de despedida, típico das técnicas de dinâmica de grupo, os servidores pediam aos outros mais integração e parceria. O fato ganha relevância, uma vez que na instalação dos primeiros postos, as dinâmicas de integração faziam parte da implantação dos serviços. Em Francisco Morato, ela veio ocorrer muito tempo depois do início das atividades e patrocinada pelo novo parceiro, que vinha aportando recursos federais e internacionais.

O controle da circulação das pessoas pelos prédios do CIC é de responsabilidade dos guardas patrimoniais, mas depende substancialmente da orientação que a direção do posto imprime para o relacionamento com o público usuário. A utilização dos espaços pela comunidade do entorno difere em cada unidade e também ao longo do tempo, conforme as táticas de aproximação e distanciamento dos gestores públicos em relação à participação popular no programa.

A construção do primeiro prédio (uma reforma, na verdade), no Itaim Paulista, foi precedida de reuniões com lideranças e organizações populares locais, em que a implantação do programa foi debatida e as opiniões dos destinatários foram acatadas. Nessas reuniões, por exemplo, foi vetada pela opinião popular a instalação de um posto bancário no CIC, o que, segundo ela, atrairia a ocorrência de roubos, perturbando o sentido do espaço comunitário que se queria imprimir ali. As indicações de que um acompanhamento popular descentralizado da implantação do equipamento efetivamente ocorreu estão em entrevistas com usuários que se puseram a narrar sua participação no programa, afirmando terem participado desde o início, "ajudando a levantar as paredes". Ali, ainda até hoje, existem reuniões periódicas do conselho, o CLIC, sobre os problemas do edifício e da ocupação dos espaços. Existe uma resistência, por parte de algumas lideranças, às mudanças

---

26. Isso se depreende das entrevistas com as diretoras das unidades, em que foram relatadas as negociações com a Delegacia da Mulher, a OAB e as prefeituras.

no rumo da política pública, que se faz, entre outras coisas, pela vigilância do espaço: cobra-se da diretora o motivo de ter sido retirada a torneira do bebedouro, cobra-se também terem sido retirados do saguão os aparelhos de TV e vídeo, "doados à comunidade e não à diretora". Cobra-se ainda uma propalada reforma no edifício. Tanto as lideranças quanto os gestores mais antigos gostavam de repetir que a fachada do CIC nunca tinha sido pichada ou danificada, diferente dos demais equipamentos públicos do bairro, como a escola e a creche. Isso seria efeito, para eles, do fato de a comunidade ter tomado para si o CIC, conservando-o como algo importante, por isso preservado. Após o incêndio de 2006, novamente as lideranças se articularam e cobraram a imediata reconstrução do prédio ou a mudança para outro edifício; muito se afirmou a preservação do espaço do Judiciário pelos incendiários, denotativa do respeito que até mesmo os criminosos têm pelo trabalho desenvolvido.

Na unidade Leste, a vigilância sobre a circulação das pessoas é muito discreta e de pouca intervenção. O espaço do CIC Leste sempre foi utilizado para reuniões promovidas pelo próprio programa, na área de educação em direitos, com o apoio das organizações civis locais. Eram frequentes os cursos e as oficinas organizadas pelas associações, inclusive com a cessão do espaço para aulas de curso preparatório para o vestibular. Eventos abertos ao público ocorriam periodicamente, no saguão central, podendo ser facilmente acompanhados por qualquer pessoa que ingressasse no prédio.

No posto Sul, nos primeiros anos, muitos conflitos sobre a ocupação ocorreram entre os serviços, protagonizados principalmente pelo Poder Judiciário e a direção do posto. Havia uma disputa de liderança entre o juiz e a diretora vinculada à Secretaria de Justiça, indicada um tempo depois da inauguração. Na sua chegada, precisou disputar espaço com o juiz, que agia como um típico diretor de fórum, controlando as atividades e o horário dos servidores de outros órgãos. Em entrevista, o juiz e o diretor do cartório referiam-se à diretora do posto como a síndica de um condomínio, que tem a responsabilidade de zelar pelas instalações físicas, e constantemente interpunham-lhe demandas de melhorias.

A diretora, porém, interessava-se mais pelo papel de aglutinar e incentivar atividades voltadas aos jovens. A formação do conselho local com representantes de organizações da sociedade civil não ocorreu conforme o esperado, dado às disputas próprias dos movimentos sociais, que envolvem a conexão com partidos políticos os mais diversos. A opção da diretora parece ter sido investir no segmento de juventude e de cultura *hip hop*. Um grupo de jovens se organizou em torno da criação de festas mensais (nem sempre era possível corresponder a essa periodicidade), aos sábados, no pátio externo do CIC, onde há a arena. Nessas festas se apresentavam grupos de jovens com manifestações artísticas próprias do circuito *hip hop*: cantores, dançarinos, DJ, MC, leituras de textos e poemas. Centenas de pessoas circulavam nas festas, durante a tarde e a noite. A organização envolvia grandes preparativos, ocupando um grupo de dez a vinte jovens, que se reuniam e utilizavam os telefones e computadores do CIC para a comunicação, os convites e as parcerias entre os grupos do circuito *hip hop*, facilitando o custeio e a divulgação das festas. Uma aparelhagem de som e luz era requisito indispensável e seu custo precisava ser negociado com a própria Secretaria de Justiça, com organizações sociais, comerciantes locais e entre os próprios participantes. Os funcionários do CIC participavam da festa apenas para assegurar a preservação da parte interna do prédio, onde ficam as salas, os processos judiciais, os computadores; os promotores do evento eram os jovens, organizados num grupo chamado Soldados do Baixo Escalão que, em contrapartida, promoviam o CIC como um programa "aberto à comunidade", não apenas no bairro, mas em todas as regiões da cidade de onde vinham os grupos que se apresentavam no Jardim São Luís.

No dia das festas, a circulação de pessoas era livre. Nos outros dias, a circulação dos organizadores era permitida nas salas da diretoria, mas não havia um entrosamento maior com os outros serviços e agentes. Tanto que, com a saída da diretora, os eventos nesses moldes se extinguiram, tendo sido transmutados em eventos anuais institucionalizados, com forte intervenção da comunicação social do governo do Estado. A circulação interna no CIC Sul passou depois a ser regulada pela distribuição de senhas para utilização dos serviços, como será descrito adiante, tornando, cada vez mais, o espaço "comunitário" em um local oficial. No bairro, o CIC é conhecido como "forinho" ou como "poupatempinho", revelando sua identificação a um posto de prestação de serviços do Estado, de alguma forma desqualificado pelo diminutivo.

Em 2005, um soldado feminino da Polícia Militar, diariamente, se dedicava a proteger a porta de entrada da sala de audiências do Juizado e a passagem para um corredor reservado aos servidores. Ela abordava todas as pessoas e só permitia a permanência junto à porta daquelas que estavam aguardando audiência.

Algumas reuniões e cursos sempre ocorreram no CIC Sul, principalmente articuladas pela coordenação do programa, mas nunca tiveram a mesma importância das festas *hip hop* ou das reuniões dos postos Leste e Norte.

O CIC Oeste, o segundo a ser inaugurado, embora gestado e gerido pela mesma equipe que inaugurou o programa no Itaim Paulista, nunca conheceu uma participação popular mais consistente. Reuniões com lideranças locais nunca foram frequentes e, com o tempo, mesmo as atividades da coordenação do CIC foram se tornando cada vez mais esparsas. Assim, o espaço nunca teve a característica de um centro de atividades comunitárias, como chegou a ocorrer em outros postos da capital. O programa da liberdade assistida, ligado à Febem, promovia cursos e reuniões, mas com as mudanças na instituição, o número de jovens atendidos no local foi reduzido, diminuindo também a ocorrência de eventos.

Como já foi descrito, a presença do posto da Polícia Militar à frente do edifício e o movimento das viaturas já marca o CIC Oeste como um lugar estatal, também conhecido na região como "forinho". Ali se observou a atuação mais ostensiva dos guardas patrimoniais, controlando desde o ingresso das pessoas, até o lugar onde devem sentar-se para aguardar o atendimento. Durante as atividades de coleta de dados em 2002, ficou registrado um estrito agenciamento do espaço realizado pelo segurança terceirizado. Nos dias em que o promotor comparecia, formava-se uma grande fila, a maioria de mulheres, esperando atendimento por ordem de chegada. Algumas chegavam muito cedo e aguardavam por seis ou sete horas. O local de espera era o corredor do prédio e o guarda preocupava-se em organizar minuciosamente a fila, indicando as cadeiras onde cada pessoa deveria sentar-se, de modo a ficarem todas as lado-a-lado, na ordem certa da entrada na sala. Ele não permitia mudanças de lugar e sequer pequenas ausências, repreendendo aqueles que se levantassem com a ameaça de perderem a sua vez. Todos tinham que ficar concentrados no mesmo lugar e o restante do corredor e do edifício ficava vazio. Dada a longa espera e o desconforto imposto, uma das mulheres que aguardava manifestou-se:

— Por que vocês não me atenderam? Eu estou com fome, estou aqui desde seis e meia.
— Então você foi embora! — respondeu o guarda em tom agressivo.
— Eu não! — retrucou incisiva a usuária — E ainda passaram gente na minha frente.

Como outras pessoas faziam menção de apoio à mulher, o guarda respondeu com nova reorganização da fila, perguntando a cada pessoa qual serviço aguardava e em que ordem havia chegado, mudando a todos de lugar: "o pessoal da audiência – só da audiência! – senta desse lado". Todas tiveram que mudar de cadeira, permanecendo apertadas, porém, em outra fileira. O clima naquele dia estava tenso porque o promotor tinha saído da sala aos brados para mandar calar duas mulheres envolvidas num conflito familiar. Sendo mantidas lado-a-lado, na fila de espera, as opositoras iniciaram uma altercação que findou com a intervenção do promotor. A reação do guarda foi intensificar a ordem na fila, posicionando sua cadeira bem em frente às mulheres e procedendo como relatado, tentando manter seu controle através da restrição do espaço e da limitação do movimento dos corpos. Ainda que isso não ocorresse com essa intensidade todos os dias, no CIC Oeste a liberdade de circulação sempre foi restrita pelos guardas patrimoniais, autorizados inclusive a revistar usuários com a mesma atitude militar empregada pelo policiamento de rua.

No CIC Norte, um prédio bem mais espaçoso tornava em si a espera mais confortável, embora não fosse permitido aos jovens que utilizavam os computadores do Acessa São Paulo aguardarem sua vez no interior do CIC. Eles se aglomeravam na área externa, em frente à entrada. As atividades de caráter "comunitário", como reuniões, eventos e cursos, promovidos pelas entidades sociais do bairro já eram frequentes desde os primeiros meses de funcionamento. Eram essas atividades que movimentavam o prédio, que permanece abrigando uma quantidade de serviços bem menor do que sua capacidade. Igrejas e associações como os Alcoólicos Anônimos utilizavam o espaço para seus eventos. Atividades propriamente políticas também aconteciam ali, incentivadas pela diretora do CIC. Diversas reuniões de reivindicação ocorreram, com a presença de gestores públicos, como na área da saúde e dos transportes. Eram reuniões curiosas, em que uma funcionária do governo estadual, com cargo de confiança, usava sua função pública para interpelar, na presença de dezenas de pessoas, representantes do governo municipal exercido por partido político opositor. As reuniões tratavam sempre de temas administrados pela esfera municipal e nunca de temas de esfera estadual. As organizações locais expunham suas demandas nessas reuniões aos representantes do governo municipal, mas não conseguiram mobilizar-se para exigir do governo estadual a alocação de servidores para ampliar a oferta de serviços no CIC Norte.

Ainda uma observação. Nos prédios da primeira fase, à exceção do posto policial na entrada do CIC Oeste, são muito limitados os dispositivos panóticos.[27] Ao invés de minuciosamente esquadrinhado, o espaço dos postos tende à confusão e à mistura, com vários ambientes de múltiplo uso e de intensa circulação. Se a vigilância interna não é muito valorizada, tampouco o é a vigilância externa. Se não é fácil aos transeuntes e aos visitantes perscrutar o que se passa dentro da unidade, também não há facilidade em investigar as residências populares do entorno, avistadas dos pátios dos CIC. Já foi descrita a intensificação das áreas construídas, com pavimentos sobrepostos, muros, "puxadinhos". O olho que observa não distingue com facilidade a separação entre as unidades domiciliares coexistentes no mesmo terreno, nem há obviedade na distribuição dos cômodos e do uso a eles destinados. A periferia urbana observada não tem as características da cidade operária ou do *banlieu*, analisados por Michel Foucault, onde se produz a separação das famílias em unidades residenciais, no interior das quais se separam os adultos das crianças, e ainda as idades e os sexos; onde, ainda se resguarda e se protege a intimidade do casal, normalizando a sexualidade saudável, conjugal, higienizada, destinada à reprodução da força vital e à produção da descendência (Foucault, 2002). Na periferia urbana paulistana, os dispositivos de vigilância, disciplina e regulamentação não estão operando fortemente sobre a arquitetura e a espacialidade das moradias.

Nos prédios dos novos CIC encontram-se as mesmas resistências de perscrutação das habitações populares da periferia e da circulação de pessoas em quintais, vielas

---

27. O dispositivo panótico foi analisado por Michel Foucault (1991).

e becos. No seu interior, também não há esquadrinhamento de postos de trabalho, o usuário não pode controlar facilmente quem está e quem não está presente, embora a separação entre os diferentes órgãos que dividem o prédio seja nítida e marcada, não apenas pelas divisórias físicas, mas também por símbolos afixados nas portas. Todavia, os movimentos dos usuários são acompanhados pelos guardas patrimoniais e pelos atendentes da recepção. A vigilância mais evidente é sobre os jovens que utilizam o Acessa São Paulo – computadores conectados à internet, localizados em ambiente sem paredes. Qualquer um pode ver os computadores, um bem de elevado valor simbólico, assim como qualquer um pode ver o que se vê através deles, controlando os conteúdos visitados. Os guardas fazem o controle dos usuários e também garantem a separação entre esses e os agentes do Estado.

Apesar disso, as imponentes estruturas parecem importar-se menos em ver e muito mais em serem vistas. São peças publicitárias monumentais, servindo à divulgação do governo estadual. Se fosse lícito pedir uma licença poética, dir-se-ia que são estruturas cheias de si mesmas, tão mais grandiosas em sua construção quanto vazias na sua utilização pelos cidadãos.

Os serviços ofertados

O quadro 2, a seguir, consta do relatório de atividades de 2003, o único divulgado pelo Centro de Integração da Cidadania, através do sítio de internet, durante a coleta dos dados para essa pesquisa. Nele podem-se ver as instituições que compõem o programa e os serviços por elas prestados em cada um dos postos fixos até aquele ano.

A partir do quadro, se pode observar que nem todos os órgãos e serviços estão presentes em todos os postos, e como já foi assinalado em relação às instalações físicas, cada posto do CIC tem características diferentes dos outros. Em pesquisa anterior (Haddad, Sinhoretto e Pietrocolla, 2003), revelou-se que os serviços diferentes em cada CIC podem ainda ser prestados de forma diferente, com resultados diferentes.

Os Centros de Integração da Cidadania são resultado de parceria entre diversos órgãos públicos e instituições, de âmbito estadual, para a prestação de serviços de acesso à justiça, segurança pública, documentação e assistência social. Nos postos da capital, só há a presença de órgãos estaduais, e nos postos da Grande São Paulo, estão presentes serviços municipais, os quais, contudo, administram programas federais, como o Bolsa-Família e os benefícios previdenciários (nomeado no quadro de Cadastro Único).

Quadro 2 – Órgãos parceiros e serviços oferecidos nos Centros de Integração da Cidadania São Paulo, 2003

ÓRGÃO	SERVIÇO	Postos de CIC					
		N	S	L	O	FM	FV
PODER JUDICIÁRIO	Juizado Especial Cível		X	X	X		
	Posto Juizado Itinerante	X					
	Juiz Aux. da Vara da Família de Sto Amaro			X			
	Juiz Aux. da Vara da Infância e da Juventude de Santo Amaro			X			
MISTÉRIO PUBLICO DO ESTADO DE SÃO PAULO	Promotoria		X	X	X		
SECR. DE SEGURANÇA PÚBLICA	Delegacia de Policia Civil	X	X	X	X		X
	Posto do IIRGD		X	X	X	X	X
	Posto da Policia Militar	X	X	X	X		X
	Delegacia da Defesa da Mulher					X	
SECR. DO EMPREGO E RELAÇÕES DO TRABALHO	PAT		X	X	X	X	X
	Carteira de Trabalho	X	X	X	X	X	X
SECR. DA JUSTIÇA E DA DEFESA DA CIDADANIA	PROCON	X	X	X	X		X
SECR. DE ASSISTÊNCIA E DESENVOLVIMENTO SOCIAL	Orientação Social		X	X	X	X	X
SECR. DA HABITAÇÃO	CDHU			X	X	X	
SECR. DA CASA CIVIL	Infocentro			X	X	X	
PROCURADORIA DE ASSISTÊNCIA JUDICIÁRIA			X			X	X
O.A.B.						X	
CONSELHO TUTELAR						X	
CONSELHO MUNICIPAL ANTI-DROGAS						X	
CADASTRO ÚNICO						X	
FEBEM	Liberdade Assistida	X			X		
INSS							X
TRIBUNAL ARBITRAL DO COMÉRCIO	Escritório de Mediação			X			

Fonte: Secretaria da Justiça e Defesa da Cidadania/Coordenadoria de Integração da Cidadania
Legenda: N – CIC Norte; S – CIC Sul; L – CIC Leste; O – CIC Oeste; FM – CIC Francisco Morato; FV – CIC Ferraz de Vasconcelos.
Nota: Esta tabela foi reproduzida do Relatório disponível no sítio de internet da Secretaria de Justiça e Defesa da Cidadania (www.justica.sp.gov.br), tendo sido mantida conforme o original. Onde se lê "Infocentro", registre-se que o programa estadual de acesso gratuito à internet é o "Acessa São Paulo", embora tenha se tornado corrente o uso do nome do programa municipal.

Na área do acesso à justiça, registra-se a participação do Poder Judiciário estadual (principalmente através dos Juizados Especiais Cíveis), do Ministério Público (que realiza atendimento ao público), do Procon (que faz orientação nas questões de direito de consumo), do serviço de orientação jurídica (que pode ser prestado pela Procuradoria Geral do Estado, por advogados conveniados à mesma Procuradoria, por advogados indicados pela OAB, por estudantes de Direito estagiários). Embora em todos os serviços exista a possibilidade da resolução extrajudicial dos conflitos, por meio da celebração de acordos informais entre as partes, em alguns postos funciona um serviço de mediação extrajudicial, organizado pela Secretaria de Justiça e Defesa da Cidadania, chamado de Escritório de Mediação, no qual os mediadores são voluntários e receberam um treinamento custeado pela Secretaria e ministrado pelo Tribunal Arbitral do Comércio. Na segurança pública, registra-se a presença das Polícias Civil e Militar, fazendo o que é denominado trabalho preventivo por meio de, respectivamente, solução extrajudicial de conflitos e policiamento comunitário.

Na documentação, atuam: Secretaria de Segurança Pública, fornecendo carteiras de identidade e atestado de antecedentes criminais; Secretaria do Emprego e Relações do Trabalho, com a carteira de trabalho; Ministério Público, com a solicitação de segunda via de certidões emitidas pelos cartórios de registro civil. Serviços de assistência social são prestados por diversos órgãos como CDHU (onde os mutuários do programa habitacional podem resolver diversos problemas ligados ao pagamento das prestações e à fiscalização dos condomínios), a Secretaria de Estado de Desenvolvimento e Assistência Social (que faz orientação e encaminhamento para outros órgãos públicos e entidades sociais), o Balcão de Empregos, da Secretaria do Emprego e Relações do Trabalho.

O CIC cede espaço ao funcionamento de conselhos municipais, nas unidades fora da capital, e para reuniões de eventos de entidades da sociedade civil, desde que feita e aprovada pela diretoria do posto uma solicitação formal. A Febem, pela proposta inicial, instalaria nos postos do CIC unidades para a execução de medidas socioeducativas em meio aberto, porém, na reorganização da instituição, esse serviço passou a ser executado exclusivamente por entidades conveniadas com a Febem, restando apenas um posto de supervisão no CIC Oeste.

De acordo com o relatório estatístico oficial da Coordenação de Integração da Cidadania, órgão da Secretaria de Justiça e Defesa da Cidadania do Estado de São Paulo, em 2003, foram realizados 699.109 atendimentos[28] em todos os postos fixos instalados, conforme a tabela 12 a seguir:

---

28. Destaque-se que o número de atendimentos é hipoteticamente superior ao número de indivíduos atendidos, já que um mesmo indivíduo pode ter retornado diversas vezes ao CIC para ter seu problema solucionado, sendo contabilizados diversos atendimentos.

Tabela 12 – Atendimentos realizados nos postos do CIC
São Paulo, 2003

Postos fixos	Atendimentos
Leste	240.061
Oeste	114.431
Sul	109.950
Norte	185.637
Francisco Morato (inaugurado em maio)	39.000
Ferraz de Vasconcelos (inaugurado em novembro)	10.030
TOTAL	699.109

Fonte: Secretaria da Justiça e Defesa da Cidadania/CIC – www.justica.sp.gov.br

Na tabela 13 abaixo estão reproduzidos os números de atendimentos registrados por cada órgão parceiro, na soma de todos os postos, no ano de 2003, o único para o qual estão publicadas as estatísticas gerais. A tabela foi reproduzida do sítio de internet da Secretaria da Justiça e Defesa da Cidadania, sendo mantidas as classificações e denominações utilizadas no original.

Observe-se que o total da tabela 13 não corresponde àquele da tabela 12, tendo sido ambos colhidos na mesma fonte, em tabelas diferentes.

Tabela 13 – Atendimentos realizados nos postos fixos do CIC segundo o órgão parceiro
São Paulo, 2003

Órgão	Atendimentos
SERT	144.308
S.J.D.C/CIC	109.620
AC.S.PAULO INFOCENTRO	86.633
IIRGD	52.972
CDHU	45.962
RECEP.	44.723
MP	37.577
COMUM.	21.261
PM	18.828
SEADS	17.107
PC	11.515
SOCIAL	4.876
PAJ	4.432
PROCON	2.416
FEBEM	2.157
EDUCAFRO	1.194
E.PAULO	1.041
ASS.ANT.ALCOL.	506
EXTERNO	2.249
OUTROS	105.791
TOTAL	715.168

Obs.: OUTROS (CTPS,TJ/JIC,SGGE/USP,DELEGACIA DE POLÍCIA, INFOCENTRO, SAÚDE, COORD., DECAP E CARTÓRIO)
Fonte: Secretaria da Justiça e Defesa da Cidadania/CIC – www.justica.gov.br

Note-se que a SERT foi o parceiro mais procurado (20%), com o Balcão de Empregos e a emissão de carteira de trabalho. Em seguida aparecem os atendimentos prestados pela própria Secretaria de Justiça/CIC (15,3%), podendo representar orientações, encaminhamentos, registro de reclamações, sem uma descrição precisa do que este dado significa. A categoria "outros" (14,8%), conforme se lê no rodapé da tabela, agrega serviços já descritos, indicando pouco rigor na produção dessas estatísticas. Mesmo os números não sendo precisos ou confiáveis, eles ilustram a distribuição da procura dos serviços do CIC. A mesma fonte indica que nos primeiros quatro meses de 2004 o total de atendimentos em todos os serviços e postos atingiu 347.311.

A pesquisa aqui relatada circunscreveu-se à observação e descrição dos serviços prestados pelo Poder Judiciário, Ministério Público, Polícia Civil e orientação jurídica, nos postos Leste, Oeste, Sul e Norte, instalados na cidade de São Paulo, de 1996 a 2001. A coleta de dados sobre os serviços realizou-se em três etapas: em 2002, no âmbito de um projeto coletivo de pesquisa desenvolvido pelo Núcleo de Pesquisas do IBCCrim, em que foi coletado o registro etnográfico de 108 casos atendidos nos quatro postos estudados; em 2004, em coleta individual realizada no Juizado do CIC Leste, nos meses de outubro a dezembro, em que foram acompanhados 30 audiências de conciliação e instrução e julgamento; e em 2005, novamente no âmbito de uma pesquisa coletiva do IBCCrim, de maio a setembro em que foram observados 336 atendimentos, com registros quantitativos e qualitativos.

Para compreender melhor o que é o CIC e quais os resultados produzidos com seu funcionamento, é preciso mergulhar numa primeira descrição daquilo que foi observado nos postos e serviços incluídos na presente pesquisa, para aprofundar a análise a seguir.

Recepção e triagem

Em todas as unidades há um balcão de recepção, onde os usuários geralmente apresentam sua demanda a um atendente, que a decodifica de acordo com a oferta de serviços disponíveis e encaminha o usuário ao atendimento de cada órgão.

O usuário mais frequente é morador da região, mas não necessariamente do entorno do posto. Chega a pé ou de transporte coletivo.

Muitos, antes de atingir o balcão, abordam ou são abordados pelos seguranças patrimoniais, funcionários de empresas terceirizadas, uniformizados e armados. Geralmente esse contato se dá junto ao portão ou porta de entrada, quando há uma brevíssima troca de informações em que ambos se certificam de que o usuário está no local correto.

Junto ao balcão, o usuário permanece em pé – com exceção do CIC Leste, onde há cadeiras. O atendente pode ser um funcionário público ou membro das Frentes de Trabalho,[29] que permanece no CIC por seis meses. Em razão disso, há grande rotatividade nessa tarefa.

Uma parte dos usuários chega ao CIC procurando um serviço específico e, em alguns casos, procurando um agente específico. Quando isso ocorre é porque já houve um acesso prévio a informações sobre a oferta e a organização dos serviços. Mesmo assim, é comum que o atendente faça perguntas para checar se o usuário enquadrou corretamente sua demanda, podendo contestá-lo.

Também pode acontecer que o usuário chegue ao CIC encaminhado por outro órgão público ou por organizações da sociedade civil, trazendo sua demanda já traduzida conforme a lógica de organização das agências públicas.

---

29. A Frente de Trabalho proporciona mão-de-obra para diversos órgãos públicos, em variadas atividades (limpeza, serviços gerais, auxílio de escritório), mediante o pagamento de uma ajuda de custo, a oferta de alguns cursos e orientação sobre conduta e desempenho no ambiente de trabalho. Os desempregados inscrevem-se no programa com a expectativa de adquirir experiência e conhecimentos que facilitem seu ingresso no mercado formal de trabalho.

A maioria das demandas é de fácil enquadramento para os atendentes: documentação, utilização dos computadores, posto do CDHU para os mutuários dos conjuntos habitacionais, balcão de empregos. Mas, numa quantidade significativa de casos, o atendente deve interpretar e decidir como enquadrar a demanda do usuário: conflitos nas relações de consumo podem ser tratados pelo Procon ou pelo Juizado Especial Cível, conflitos familiares podem ser encaminhados para a polícia, para o serviço social ou para o Ministério Público. Conflitos entre vizinhos podem ser assunto de polícia, do Juizado ou do CDHU. A decisão sobre o enquadramento depende de uma série de fatores que combinam características da demanda, a existência do serviço naquele posto, a disponibilidade do agente público à frente daquele serviço, a existência de lista de espera, a experiência do atendente. Não é alto o grau de racionalização da seleção de casos.

Como a oferta de serviços varia em cada posto, também em cada um deles sempre há um dos serviços que canaliza os casos mais difíceis de enquadrar e isso se deve às características pessoais do agente à frente daquele serviço.

Nos primeiros anos do CIC Leste houve um delegado que cultivava relações de tipo carismático com a população do Itaim Paulista. Dedicando-se integralmente à atividade de arbitragem extrajudicial dos conflitos cotidianos, combinava sua prática policial (que será analisada adiante) com sua inserção no movimento religioso evangélico, produzindo uma forma peculiar de proselitismo. Seus clientes, em geral, chegavam ao CIC procurando por ele e se recusavam a dar detalhes sobre sua demanda aos atendentes da triagem. O delegado os ouvia, acrescentava perguntas, demonstrava interesse pelo caso, de maneira que o encaminhamento para outro órgão – geralmente o Juizado – se dava como resultado da sua intervenção. Mais de uma vez se pôde observá-lo dizendo:

> Eu tenho aqui um Juiz de Direito que trabalha comigo neste CIC. Eu vou pessoalmente levar o senhor até ele. Ele vai atendê-lo muito bem. Por favor, me acompanhe.

E conduzia o usuário até o balcão de atendimento do Juizado, fazendo recomendações ao funcionário de fazer o melhor por aquele caso. Dado esse perfil pessoal do delegado, todos os casos de dúvidas na triagem eram para ele encaminhados.

No CIC Oeste, algumas funções da arbitragem extrajudicial de conflitos interpessoais eram incorporadas pelo promotor de justiça, que também passou a ter uma grande clientela. Com sua saída, e a chegada de um estagiário de Direito voluntário, essas funções foram a ele atribuídas, mostrando que ficou compreendido pelos demais agentes daquele posto que esses eram casos típicos do Ministério Público.

Assim, a Polícia Civil pode atender casos que, pelo enquadramento formal dos códigos legais, nada teriam a ver com a esfera criminal ou com a iminência de violência, como questões de consumo ou imobiliárias. O Ministério Público pode atender casos envolvendo direitos individuais disponíveis, o Escritório de Mediação ou o atendimento de assistência social podem atender casos de violência. Isso depende de como o atendente da triagem decodifica a demanda brevemente exposta pelo usuário, através de seu conhecimento prático. Esse conhecimento prático combina conhecimentos limitados dos direitos e do funcionamento das instituições com a experiência cotidiana sobre o «estilo» dos agentes que trabalham naquele posto. É um conhecimento assistemático, informal e transmitido oralmente entre os próprios atendentes de cada posto. O resultado pode ser ilustrado na tabela abaixo, extraída do banco de dados da pesquisa do IBCCrim, de 2005 (Haddad, Sinhoretto, Almeida e Paula, 2006), em que se vê conflitos de mesma natureza canalizados para serviços diferentes:

Tabela 14 – Tipo de conflito observado no CIC segundo o serviço utilizado
São Paulo, 2005

Tipo de conflito	Serviços					Total
	Juizado	Polícia Civil	Minist. Público	Mediação Extrajud.	Orientação Jurídica	
Consumo/Serviços	90	3		3	7	103
Família – Gênero	1	8	1	2	12	24
Família	14	5	32	3	20	74
Vizinhança	8	3	1	1	3	16
Questões imobiliárias	11	6		1	6	24
Acidente de trânsito	40				1	41
Acesso a serviços públicos	1	1	3		15	20
Questões trabalhistas	1				4	5
Outros	1	1	1	1	5	11
Total	169	27	38	11	73	318

Fonte: Centros de Integração da Cidadania/Instituto Brasileiro de Ciências Criminais; Haddad e outros, 2006.

Uma tentativa de reorganizar o serviço de seleção e triagem de usuários e demandas teve lugar, por um tempo, no CIC Oeste, deixando-o sob a responsabilidade de um profissional de nível universitário da Secretaria de Assistência e Desenvolvimento Social. Havia um senso comum entre os gestores do CIC de que boa parte dos usuários tinha demandas ocultas, que poderiam tornar-se explícitas com a ajuda de um profissional que soubesse ouvi-las e identificá-las. É comum, no discurso dos gestores, a informação de que o usuário nunca utiliza um único serviço, pois tem carências e demandas em diversas áreas, expressadas quando ele toma conhecimento de todos os serviços e possibilidades disponíveis. O procedimento do posto Oeste ficou sendo chamado de triagem "diferenciada". Ou ainda acolhimento, o que na opinião da primeira diretora do posto comunicava uma ideia mais próxima do que acontecia no CIC, onde ninguém era dispensado sem uma orientação, já que a palavra triagem poderia comunicar o entendimento equivocado de que realizasse uma seleção de usuários. O acolhimento "diferenciado" seria uma das principais táticas do CIC Oeste na oferta de um serviço também "diferenciado", que trabalhasse a demanda do cidadão de acordo com a sua necessidade e não de acordo com a lógica interna dos serviços públicos convencionais. Algo que fazia alusão ao "Estado sem paredes", pensado pelo Secretário que criou o programa.

Na prática, na maioria absoluta dos casos, contudo, o procedimento não diferia daquele existente em outros CIC, salvo que a funcionária coletava dados dos usuários para realizar uma estatística. Mas nem sempre ela perguntava informações como idade ou local de moradia, preenchendo os campos de seu formulário aleatoriamente. Segundo ela, não havia sentido em ficar perguntando uma série de coisas para todas as pessoas, já que elas teriam ainda que repetir todos os seus dados no momento do atendimento no serviço ao qual seriam encaminhados, assim essa economia implicava em respeito com o cidadão. De fato, as decisões mais importantes sobre a oferta de serviços e abertura de novos postos nunca foram baseadas em pesquisas com os usuários ou em estatísticas.

Em 2005, a triagem "diferenciada", realizada por um profissional qualificado, não ocorria mais no posto Oeste. Dela manteve-se o procedimento de anotar informações dos usuários na entrada do prédio, agora de responsabilidade do guarda patrimonial que, com uma prancheta nas mãos, abordava as pessoas. O guarda perguntava e anotava o nome da pessoa e o serviço a ser utilizado. Para alguns, fazia todas as perguntadas num tom seco e inquisitivo. Outros tinham passagem franca, como os pesquisadores e os advogados mais frequentes naquele posto. Para outros ainda, algumas perguntas não eram interpostas a fim de, na visão do guarda, não provocar constrangimentos, como a idade das mulheres mais velhas e a cor da pele, sendo deixados esses campos em branco no formulário estatístico.

Quando o serviço buscado não é oferecido pela unidade procurada, a prática é não dispensar a pessoa sem uma orientação, mesmo que isso seja oferecer o nome ou o endereço do órgão para onde sua demanda deve ser encaminhada. Este procedimento é contabilizado como "orientação" e é somado à estatística de atendimentos realizados pelo CIC.

Como há serviços com horários restritos de atendimento, cabe ao atendente informá-los e, em alguns casos, agendar o retorno ou distribuir senhas. Se a fila de espera do serviço buscado for considerada muito grande, é possível sugerir ao usuário uma alternativa de resolução do problema. Para exemplificar, pode-se citar o serviço de orientação jurídica prestado pela Procuradoria de Assistência Judiciária, cuja oferta é infinitamente menor do que a demanda. Para driblar a escassez, o usuário pode ser encaminhado ao serviço social, à polícia, ao promotor de Justiça ou ao serviço de mediação extrajudicial de conflitos.

Com o passar dos anos, a demanda pelo Juizado no CIC Sul tornou-se maior que a capacidade de absorção da triagem. Alguns expedientes foram criados para lidar com a demanda inflada e a oferta constrita, com destaque para a distribuição de senhas no período da manhã, sendo o atendimento ao público prestado somente à tarde. Antes da abertura do prédio, às 8 horas, a fila de pleiteantes formava-se do lado de fora. As senhas começavam a ser distribuídas às 9 horas e o atendimento iniciava-se às 13. Este procedimento tornou-se padrão para todos os serviços do CIC Sul. O ingresso dos portadores de senha só era permitido às 12H45, momento em que o segurança patrimonial encarregava-se de gerenciar a fila do lado de fora, permitindo a entrada de advogados e visitantes autorizados, entre os quais sempre estiveram incluídos os pesquisadores. A quantidade de senhas distribuídas passou a regular o horário de funcionamento dos serviços: o atendimento da última senha marcava o fim do expediente ao público. Em junho de 2005, o cartório passou a receber as queixas também pela manhã, o que diminuiu, para uma parte do público, o tempo de espera entre o recebimento da senha e o efetivo atendimento.

Embora o controle de senhas para o registro de reclamação no Juizado fosse rigoroso, expondo o cidadão à longa espera na fila, do lado de fora de prédio, desabrigado do calor e do frio, nem todos os cidadãos que usam o Juizado do CIC Sul passam por ele. Aqueles que podem contratar um advogado, compareceem ao posto apenas no dia e hora agendados para a audiência. Os advogados têm livre acesso ao edifício, dirigindo-se diretamente ao balcão do cartório, onde protocolam suas petições iniciais, sem a necessidade de senhas, durante o horário de atendimento do balcão, das 11 às 17 horas.

Poder Judiciário

A presença do Poder Judiciário nos Centros de Integração da Cidadania se dá por meio da instalação de Juizados Especiais Cíveis, tributários da reforma organizacional introduzida pela Lei 9.099/95. Esse não era o projeto dos idealizadores, os quais haviam proposto para o funcionamento do CIC a designação de um juiz com ampla competência para assegurar o acesso à justiça para a população da região, nas mais diferentes áreas da justiça. A ideia seria aprofundar a descentralização do Poder Judiciário, dado o diagnóstico de que os foros regionais[30] ainda não davam conta de realizar a tão necessária «aproximação» da justiça aos problemas das periferias da grande cidade (consultar o Mapa 2). Essa «aproximação» não seria apenas física, antes de tudo, implicaria uma

---

30. Os foros regionais foram implantados em São Paulo seguindo o projeto de descentralização do Poder Judiciário. No entanto, vários deles ficam localizados em bairros centrais como a Vila Madalena (Pinheiros), a Lapa, o Brooklin (Santo Amaro) e Santana, cujas características sociodemográficas do entorno revelam um desempenho de riqueza, escolaridade e estilo de vida bem acima da média da cidade de São Paulo. Foram criadas circunscrições em distritos, de fato, muito distantes do centro, com características sociodemográficas que evidenciam serem regiões pobres e carentes de todo tipo de serviços públicos e privados, como é o caso de Nossa Senhora do Ó, São Mateus, Ermelino Matarazzo ou da parte mais pobre do Butantã, mas essas circunscrições são apenas uma ficção judiciária, na medida em que suas sedes físicas não foram construídas e funcionam nas dependências dos foros regionais mais centrais. Apesar da instalação, ainda que incompleta, da rede de 15 foros regionais, praticamente todas as varas criminais da cidade de São Paulo funcionam no mesmo prédio, na Barra Funda, o mesmo ocorrendo com as Justiças Federal e do Trabalho, que não atendem nos foros regionais. Consultar o Mapa 2.

transformação de grande alcance na relação do Estado com a sociedade civil, do juiz com os cidadãos, do direito e dos procedimentos da Justiça.

Novamente, a respeito do que deveria ser a atuação ideal do Poder Judiciário no CIC, é relembrada, por alguns, a comparação com o trabalho do «juiz do interior», que vivencia a vida comum da localidade em que atua, que conhece os problemas e possui os conhecimentos práticos necessários a encontrar as melhores soluções para a realidade local. Esse discurso aparece em alguns idealizadores, ferozes críticos da reforma proposta pela Lei 9.099, justamente por considerar que ela abre a possibilidade da precarização do acesso à justiça, ao invés de significar a descentralização de todo o sistema judiciário. Mas o discurso repete-se mesmo entre os administradores do Judiciário paulista entusiastas da 9.099, como o responsável pela designação dos juízes para as unidades do CIC: vislumbra-se um ideal, num breve futuro, em que causas criminais, previdenciárias e trabalhistas também possam ser atendidas nos postos localizados nas mais distantes periferias. O modelo do «juiz do interior» é forte a ponto de as referências de comparação de experiências semelhantes ao CIC, para o gestor do Tribunal de Justiça, estarem nos estados menores, de perfil rural, como Amapá e Sergipe, ou ainda em países de perfil agrícola e população rural, como Moçambique e Cabo Verde.[31]

Sobre a crítica à associação entre o projeto do CIC e a Lei 9.099, é reproduzida a opinião de Alberto Silva Franco a respeito. Ele crê que a institucionalização do Juizado Especial Cível como a única participação possível do Poder Judiciário destrói o espírito da proposta reformadora dos idealizadores do CIC:

> Um juiz que tivesse as condições para resolver os conflitos que pudessem surgir. Seria mais um juiz com uma visão do social. Um juiz que pudesse acertar as dificuldades. Não se tinha ideia de formalizar através de um juizado. E isso eu acho que é uma coisa muito séria porque no momento em que você faz um juizado, o juiz deixa de ser esse elemento desformalizado e ele se formaliza, né... Ele traz um cartório, ele traz funcionários, você monta processos. Eu não tenho acompanhado o juizado, mas a impressão que me causa... É todo um trabalho novamente de formalização, com o ônus dessa formalização. Quer dizer, não é que ela seja protetora dos direitos de liberdade etc.. Ela é formalização em si mesma. É um complicador para a posição que a gente deveria ter dentro da comunidade. Agora, o juiz é um fator dentro desta comunidade. O grande drama é esse. A turma está se esquecendo de que o mais importante é ter a comunidade. O juiz integrado à comunidade. Não como uma pessoa estranha à comunidade. Mas uma pessoa que participa da comunidade. Pelo menos a ideia primitiva era essa. (Franco)

---

31. Mais interessante se torna a comparação com estados e países pequenos e rurais, quando o entrevistado afirma que apesar de tudo, "nós" – o Judiciário paulista – ainda servimos como "carro-chefe deles", em razão da estrutura e do número de pessoas ou montante de recursos disponíveis aqui. Mesmo assim, esses países são referência para o CIC.

Além da crítica ao distanciamento do juiz em relação à comunidade, ainda presente no funcionamento dos Juizados Especiais, o fato de eles dedicarem-se exclusivamente às questões cíveis também foi criticado, como a interferência de uma "visão economicista" de que o Poder Judiciário deve, antes de tudo, cuidar do capital, do patrimônio. Em sendo assim, aqueles que identificam o CIC à reforma proposta pela Lei 9.099, enxergam uma "identificação falsa", já que se propunha algo muito mais radical e perturbador para a ordem formalmente estabelecida.

> Quer dizer, a forma para você chegar a uma comunidade é feita através destes instrumentos anteriores que você já esboçou. E agora tudo vai se modificar porque este instrumento chegou lá? Nada se modifica com a chegada deste instrumento, se este instrumento tem este teor. Né? Não é um instrumento destinado a fortalecer a comunidade, a fazer com que a comunidade tenha a liberdade de expressar o que ela pensa e o que ela quer. É um órgão interventor, com outro nome e com aparentes propósitos de equacionamento de questões. Eu acho que é só aparente, real não é! O real faz pressupor que não só se mude isso, mas mude a cabeça do operador. O que também não é fácil. Mas não significa desânimo. Eu acho que nós temos que continuar a pensar, a brigar e a dizer o que está errado! E há alguma coisa que deve ser feita. (Franco)

O CIC acabou incorporando-se ao Poder Judiciário paulista como parte da implementação dos juizados especiais no estado. Em realidade, embora alguns magistrados possam reconhecer a idealização de um projeto distinto, para o Tribunal de Justiça, os CIC são uma estrutura física para abrigar o Juizado Especial Cível, podendo-se tomar uma coisa pela outra.

Com a inauguração do primeiro CIC, foi instituído o Juizado Informal de Conciliação – JIC, com a designação de um juiz auxiliar da Capital e de um quadro mínimo de oito funcionários de cartório. A competência desse órgão, definida pela lei, é de causas cíveis de valor inferior a 20 salários mínimos, nas quais não é necessário que as partes apresentem advogado. A lei ainda estabelece que as causas cíveis com valor entre 20 e 40 salários mínimos possam tramitar nos juizados, mas é obrigatória a representação das partes por advogado.

O impacto da instituição desse juizado no Itaim Paulista foi grande, já que a lei era ainda muito recente (a lei é de 1995 e o CIC de 1996) e o serviço de juizados especiais ainda não possuía a estrutura e a divulgação que tem nos dias atuais na cidade de São Paulo.

Os usuários poderiam agora se dirigir diretamente ao balcão de atendimento, de posse de sua documentação civil e dar início a uma ação judicial, sem custos. E com a vantagem de ser nas proximidades de sua casa.

O serviço rapidamente demonstrou necessitar de um espaço físico maior. Era preciso realizar o atendimento, manipular os autos, conservá-los. Era preciso separar o atendimento de quem vinha fazer a primeira reclamação, daqueles que vinham para a audiência. E um anexo acabou sendo construído para abrigar as instalações do juizado, segundo as necessidades de organização do fluxo de atendimento e do ritual judiciário.

Como o próprio nome sugere, num Juizado Informal de Conciliação fazem-se audiências de conciliação, com a presença do magistrado ou de um conciliador, com o objetivo de compor um acordo entre as partes, relatado numa ata e homologado pelo juiz. Mas este não tem o poder de adjudicar, ou seja, de decidir o mérito da causa. Se o acordo não for cumprido, ele tem validade perante o Poder Judiciário, mas deve ser executado mediante a abertura de um processo de execução cível em uma vara comum ou em um Juizado Especial Cível.

Os idealizadores acreditavam no Juizado Informal e viam nele a possibilidade de se criar formas alternativas de aplicação do direito e de relacionamento do juiz com a comunidade. O fato de ser informal correspondia àquela exigência de «desformalizar» o juiz e a justiça, abrindo a possibilidade para aplicar os princípios constitucionais a uma realidade concreta, criando real empatia entre o agente mediador do conflito e as partes. Faz parte da mitologia do Juizado Informal repetir-se incansavelmente que os acordos perante ele firmados são todos cumpridos, porque se estabelece uma relação de confiança e autoridade. Os acordos seriam cumpridos sem que nada precisasse ser formalizado, porque no Juizado Informal seria possível conscientizar as partes sobre os seus direitos e sobre os direitos dos outros, produzindo um consenso.

> Se você falar num tom certo, aquilo funciona. Eles não precisam de papel. (Santos Jr.)

> O homem do povo, o homem comum, quando ele respeita quem faz a mediação... Ele chega lá, vê que é um juiz, etc... Ele faz o acordo e isso é cumprido. Não precisava ter execução [...] Então eu tenho a impressão em um outro nível. Eu não sei se é preciso absolutamente ser colocado em regras explícitas, transformar aquilo em papel, em depoimentos, em acervos. (Franco)

Embora a experiência fosse considerada um sucesso, havia um estranhamento entre os funcionários do cartório quanto à ineficácia da intervenção do Juizado Informal, pois não havia de fato como coagir as partes a cumprir os acordos ali celebrados. O receio era que a destituição do ritual judiciário trouxesse a desmoralização do juizado do CIC e, com ela, a deslegitimação do Poder Judiciário junto à população:

> As notícias por aqui correm muito rápido. Se souberem que o juiz mandou prender dois ou três por descumprimento de acordo, aí sim as pessoas começariam a dar valor às conciliações. (Funcionário do JIC)

A história caminhou no sentido de implantar no CIC Leste o Juizado Especial Cível – JEC, cuja instalação foi aprovada pelo Conselho Superior da Magistratura em 2001, mas vetada pelo Presidente do Tribunal de Justiça por falta de recursos. Era necessário deslocar funcionários (23 pessoas era a equipe ideal de um JEC à época) e computadores. Só no ano de 2003 é que o JEC foi inaugurado, sem, no entanto, ter ocorrido a ampliação da equipe.

Nesse ínterim, o juiz aproveitava a informalidade de procedimentos e de registros burocráticos que caracterizava o JIC para tentar solucionar conflitos que, pelas regras formais, estariam excluídos da competência do juizado. Foram relatados casos levados ao juiz por menores de idade (que pela lei não podem ingressar com processos judiciais) e conflitos das relações econômicas informais, mediados com a intervenção do poder público, tendo o direito oficial como referência.[32]

Com a instalação do JEC, em 2003, os processos de execução cível passaram a tramitar ali, ampliando as possibilidades jurídicas à disposição dos cidadãos. Para os integrantes da instituição, a instalação da máxima competência do Juizado significava o reconhecimento da importância daquela unidade do Poder Judiciário, significava aumentar o seu poder e os seus recursos.

Notou-se que, com a passagem do tempo, a incidência de causas contra empresas, envolvendo conflitos nas relações de consumo aumentou, ofuscando de certa maneira o papel do juizado do CIC como um mediador de conflitos interpessoais – uma imagem sistematicamente trabalhada pelos idealizadores e gestores do programa. Sua vocação atual claramente é a mediação de conflitos entre os indivíduos e as empresas de serviços públicos (telefone e eletricidade), empresas financeiras (empréstimos e taxas cobradas por bancos e financeiras), empresas da área de educação (cursos de informática e línguas, mas também educação básica e profissionalizante). Opondo indivíduos entre si, destacam-se os conflitos na prestação de serviços (mecânicos, pedreiros), os acidentes de trânsito e as locações de residência.

Numa das muitas visitas de pessoas e organizações ao CIC Leste, o juiz explicou para um grupo de estudantes estrangeiros o que faz o juizado: cuida de conflitos patrimoniais envolvendo pequenas quantias, atendendo com isso a maior parte dos conflitos patrimoniais da população do entorno.

Os CIC Oeste e Sul foram inaugurados com os Juizados Especiais Cíveis funcionando com vocação semelhante, focada nos conflitos patrimoniais, com destaque para as relações de consumo.

Entretanto, no CIC Sul foi introduzida uma inovação organizacional que permitiu ampliar a oferta de serviços judiciais: o juiz lotado no CIC obteve uma designação para atuar como juiz auxiliar da Vara de Infância e Juventude, sediada no fórum regional de Santo

---

32. Para descrição desses procedimentos e análise da entrevista com o juiz, consultar também Haddad, Sinhoretto e Pietrocolla, 2003.

Amaro[33] e, devido a isso, processos relativos a guarda, tutela, pensão alimentícia, dentre outros, tramitam ali. Além de sua atuação nos autos e audiências, o juiz manifestou grande orgulho das atividades que, como juiz da Infância, realizava fora do gabinete, como a fiscalização e a prevenção de conflitos, promovidas mediante reuniões com diretoras de escola e com comunidades escolares. Essas atividades não são circunscritas apenas à jurisdição do CIC Sul e do Fórum Regional de Santo Amaro, mas já se estenderam a outras regiões da cidade e até a municípios da região metropolitana. Não há um calendário fixo ou rotina para a realização dessas reuniões e as informações colhidas indicam confundir-se a lógica desse trabalho com a lógica da atuação individual do juiz como militante de causas filantrópicas.

Em relação ao posto Norte, a participação do Poder Judiciário no CIC também é peculiar. Logo após a inauguração, o local foi incluído como um dos pontos de atendimento avançado do Juizado Itinerante. Esse é um programa do Tribunal de Justiça de São Paulo, vinculado ao Juizado Especial Cível Central,[34] em que um *trailler* equipado com máquinas e funcionários, presta o atendimento do juizado, possuindo uma agenda de pontos pré-determinados por onde circula, permanecendo um dia em cada local. Os juízes do JEC Central são alocados no Itinerante em escala de rodízio e a cada jornada atendem a uma localidade diversa.

No CIC Norte, a parceria com o Juizado Itinerante seria provisória, por três meses, até se instalar definitivamente um juizado no local. Ainda no primeiro ano de funcionamento do posto Norte, o Secretário da Justiça abriu negociações com o Fórum Regional de Santana, a fim de garantir os serviços do Poder Judiciário, mas recebeu a resposta de ausência de recursos para ampliação do atendimento. Segundo as informações colhidas, abriu então negociações com o Presidente do Tribunal de Justiça, que sugeriu a instalação de um juizado misto cível e criminal. A informação circulou e os funcionários do CIC Norte davam como certa a instalação do juizado misto. O acordo com o Juizado Itinerante, porém, foi prorrogado e prorrogado, perdurando até os dias atuais.

O Juizado Itinerante tinha uma funcionária fixa no CIC Norte, responsável por orientar os usuários, realizar o atendimento de balcão e redigir as iniciais das ações. Duas vezes por semana, ela encerrava o atendimento ao público para se deslocar até a sede do Itinerante, na Vergueiro, para dar andamento aos processos. A pauta das audiências já chegou a superar seis meses. Não eram recebidas ações de execução e, em caso de descumprimento de acordo ou sentença, o cidadão deveria dirigir-se ao JEC Central ou às varas cíveis dos fóruns regionais de Santana ou da Lapa.

No dia agendado para as audiências, o *trailler* estacionava ao lado do CIC e eram trazidos para dentro do prédio todo o equipamento de informática, os funcionários, o juiz e o policial militar que fazia a segurança. O retorno se dava num lapso de 10 a 15 dias, e por

---

33. O Fórum Regional de Santo Amaro é um dos maiores da cidade, tendo jurisdição sobre praticamente toda a Zona Sul.
34. Ver os dados de Cunha (2001a, 2004), citados na revisão de bibliografia, no capítulo 2.

vezes chegava a três semanas, trazendo sempre um juiz e funcionários diferentes. Dada a escala, o retorno de um mesmo juiz ao CIC Norte levava até mais de um ano, o que tornava seu contato com cada ação e com as partes reduzido a alguns minutos. Também a possibilidade de integração desse corpo aos outros serviços do CIC é praticamente impossível. O próprio conhecimento do programa, de seus princípios e de suas metas é reduzidíssimo. Segundo uma juíza entrevistada:

> Ninguém quer vir para o CIC porque aqui tem causas muito simples e as pessoas ficam longe do estudo. Revezando é melhor para o juiz, porque no Juizado Central você faz sentenças mais fundamentadas. Então, você não se distancia muito do estudo.

O Juizado Itinerante, na realidade, representa o oposto dos princípios norteadores dos Centros de Integração da Cidadania, como a integração entre os serviços e com a comunidade à qual se destina: ao invés de enraizar o juiz numa certa localidade, promove o seu distanciamento em relação ao trabalho e ao público. O Juizado Itinerante, mesmo conflitante com os princípios que motivaram a criação do CIC, taticamente supre-lhe uma carência diante da inflexibilidade do Tribunal de Justiça para instalar novos Juizados Especiais Cíveis. Ainda segundo a mesma juíza entrevistada essa não era uma prioridade da gestão do Tribunal, que temia um crescimento desorganizado da demanda por justiça.

Para realizar uma investigação sobre o Juizado Itinerante, seria preciso acompanhar suas atividades fora do CIC. Na medida em que isso escaparia aos objetivos desta pesquisa, não foi realizado um levantamento sistemático sobre o seu funcionamento.

Parece que o problema de alocação de juízes no CIC vai além dos problemas do Juizado Itinerante, sendo assim descrito pelo responsável pelas designações:

> Infelizmente não é propriamente um lugar dos sonhos para se trabalhar. A maioria dos juízes hoje, até por questão econômica, dá aula. E não é fácil para o sujeito dar aula às sete horas da noite e se deslocar, por exemplo, da região da Parada de Taipas para a Paulista. Complicado. Então, um primeiro trabalho que foi feito foi um trabalho de tentar ter uma pessoa que fosse com boa vontade e que não tivesse um perfil totalmente dissociado do trabalho (Juiz)

Por isso, se considerava que os juízes lotados nos postos podiam não ser "os ideais", com formação específica, "mas são os melhores dentro das possibilidades que nós temos". Da parte dos juízes, parecia haver interesse em permanecer no posto, já que os três inicialmente designados permaneceram todos os anos em que durou a pesquisa. Comunicavam, nas entrevistas, algum entusiasmo com as possibilidades de realizar um trabalho socialmente relevante, à frente dos juizados especiais. Em relação aos funcionários dos cartórios, os juízes teciam comentários elogiosos, porque teriam sido escolhidos a dedo para estarem ali, em razão de seu perfil. Os próprios funcionários, em geral, se declaravam identificados com a proposta do juizado especial e também do cic, onde podiam servir a um público que realmente necessita do Judiciário.

Quanto ao funcionamento dos Juizados Especiais Cíveis, instalados nos demais postos, neles existem três momentos-chave no fluxo do processamento: o atendimento inicial e a confecção da peça inicial da ação judicial, a audiência de conciliação e a audiência de instrução e julgamento (se a ação não for resolvida por acordo na primeira audiência).

No atendimento inicial, o cidadão, vindo da triagem do cic, relata o seu problema a um escrevente ou oficial de cartório – funcionário que se "especializa" nessa função. Em dias de muito movimento, estagiários e outros funcionários podem auxiliar nessa tarefa, dirimindo suas dúvidas com o funcionário mais experiente. Essa é a fase da tradução do problema em um conflito jurídico de natureza cível. Como a grande maioria dos cidadãos comparece sem ter sido orientado por um advogado, a relação entre o cidadão e o funcionário é de certa cumplicidade: o cidadão faz o relato da injustiça que acredita ter sofrido e se orienta conforme a reação de maior ou menor empatia do funcionário com a sua situação. O funcionário tem o poder de definir qual será a ação cabível e o pedido a ser feito. Em geral, diante da narração de sofrimento, de sensação de injustiça ou de impotência, utilizada pelo reclamante para conquistar a simpatia do funcionário, este responde incluindo no pleito a indenização por danos morais, cujo valor frequentemente é por ele estipulado com base numa tabela informal.

As diferenças entre as linguagens utilizadas pelo reclamante e pelo funcionário podem redundar em divergências de interpretação que só virão à tona, porém, em fase mais adiantada do processo, quando o reclamante se deparar com uma situação não condizente com sua expectativa e for informado, nem sempre de modo polido, que só é válido o escrito na inicial. Teoricamente, esse problema tenderia a ser muito reduzido, já que o autor da causa tem a oportunidade de ler e sugerir alterações na inicial antes de assiná-la. Mas, na prática, a maioria não tem conhecimento do significado e das consequências jurídicas das palavras empregadas e, mais além, não é capaz de reformular, de forma autônoma, o texto proposto. Embora, haja reclamantes que propõem sugestões à inicial, elas nem sempre alteram juridicamente a demanda formulada. Assim, a oralidade, um dos princípios da Lei 9.099/95, que regulamenta os juizados, na prática do que foi observado no funcionamento dos cic, é submetida à formalidade da redação da peça inicial da ação judicial, congelando numa tipificação jurídica, que o cidadão no mais das vezes não controla, as possibilidades de resolução do conflito.

É nessa fase que as questões não patrimoniais, para usar a autodefinição do juiz, iniciam seu trânsito ao esquecimento. Os valores de justiça, de honra e de equidade compartilhados pelo reclamante podem aqui ser silenciados, preparando o que ocorrerá nas fases seguintes.

Quando a queixa do reclamante é registrada na inicial, a ação judicial cível tem início e a outra parte será intimada a comparecer na audiência e conhecerá o teor da ação. Importante registrar que o autor deve fornecer o endereço do réu, sem o quê a ação não é iniciada. Se o endereço fornecido não for localizado ou estiver incorreto, é da responsabilidade do autor informá-lo corretamente, ou a ação não prosseguirá. Isto é, o acesso à justiça é condicionado pela possibilidade concreta de fornecer o endereço correto do opositor.

Se o autor faltar à audiência, o processo é extinto automaticamente. Nesse caso, ele poderá ingressar novamente com a ação, apenas depois de pagar as custas processuais relativas à ação extinta. A ausência do réu à audiência pode ocorrer em duas situações distintas: se ele não tiver sido intimado, haverá nova tentativa; se ele tiver sido intimado, a causa é julgada procedente. Em razão da importância dos efeitos que a ausência de uma das partes acarreta para o processo, mesmo as audiências tendo um horário marcado, existe uma tolerância informal para os atrasos, adiantando-se o atendimento das duplas já presentes. Essa tolerância finda no momento mais conveniente para a organização interna do trabalho do juizado e, mesmo que a parte ainda compareça em horário posterior no mesmo dia, não se volta atrás no encaminhamento dado. Nesse ponto, litigantes frequentes conhecem alguns expedientes para lidar com as situações de atraso, ficando em vantagem aos litigantes eventuais.[35] Eles podem telefonar ao cartório, pedindo uma tolerância. Ou podem constituir mais de um advogado, aumentando as chances de ao menos um deles estar presente no horário. Litigantes muito frequentes, como é o caso das companhias de telefonia e eletricidade, beneficiam-se ainda na montagem da pauta, tendo várias audiências concentradas no mesmo dia, para as quais são designados o mesmo preposto e o mesmo advogado em todas elas. As situações mais tensas relativas a atrasos são protagonizadas por litigantes eventuais, que arcam financeiramente com as consequências de seus atrasos, mesmo sem compreender ou concordar com a lógica burocrática por trás da regra legal.

Diariamente, nos três juizados observados, várias ausências são registradas. O que varia entre eles é a condução do procedimento. Num deles, apregoa-se a audiência, a parte presente entra na sala e é constatada a ausência da outra parte. O presente aguarda a digitação e impressão da sentença, assina e só então é liberado. Em outros, os funcionários do cartório adiantam o expediente, consultando-se com o juiz, e trazem a sentença já assinada para a parte tomar ciência. Esse procedimento tem o efeito de acelerar a pauta, liberando a todos mais brevemente, e confere mais informalidade no trato com o cidadão, embora limite seu contato com a pessoa do juiz.

---

35. Mauro Cappelletti e Bryan Garth descreveram as condições de acesso diferencial à justiça entre litigantes frequentes e eventuais, levando em consideração a experiência e o conhecimento das regras e dos procedimentos, sejam eles formais ou informais, e até mesmo o conhecimento pessoal de advogados e prepostos com funcionários da justiça (Cappelletti e Garth, 1988). Ver também Economides (1999).

A pontualidade é o comportamento mais frequente, sobretudo para os autores das ações. Estar adiantado tem ainda um efeito mais incisivo de interesse e compromisso com o que está para se realizar. A seguir, um diálogo sobre pontualidade ilustra o sentimento de superioridade dos que estão adiantados e ainda revela desconhecimentos e confusões sobre os procedimentos do juizado. Quem inicia o diálogo com o pesquisador é o usuário:

> — Que demora, heim!
> — O senhor vai para a audiência?
> — Não. Um amigo meu teve uma causa aqui e eu resolvi abrir uma também.
> — Eles marcaram hora com o senhor?
> — Marcaram para as 2 horas.
> — Mas falta ainda.
> — É, falta 25 minutos. Mas eu já tô aqui há meia hora já!
> — O senhor chegou bem cedo, então.
> — É, porque eu gosto de chegar antes, ainda mais em coisa assim. Não pode atrasar! {Pausa} Aqui é pequenas causas, né?
> — É.
> — As grandes causas é no Poupatempo, né? É. É no Poupatempo[36] sim.

A audiência de conciliação pode ser conduzida pelo juiz ou por um conciliador. Não é constante, nem frequente a colaboração de conciliadores leigos nos juizados dos CIC. Segundo os juízes, isso acontece porque dificilmente alguém responde aos editais de seleção, já que os juizados estão em bairros distantes e a função não é remunerada. Em outros juizados especiais é comum estudantes de direito trabalharem como conciliadores, nas atividades de estágio supervisionado (ver Vianna *et al*, 1999), isso, porém, só foi observado durante um período no CIC Sul. Há estados brasileiros em que a função de conciliador é remunerada. No CIC, geralmente, é o próprio juiz que realiza as conciliações. No Leste, funcionários do cartório assumem a função de conciliador, dividindo com o juiz a pauta do dia. Se houver acordo, ele é redigido numa ata e é homologado pelo juiz. Se não, é marcada a audiência de instrução e julgamento.

Na segunda audiência novamente é tentado o acordo e, se ele não for celebrado, o juiz ouvirá o réu e o autor e, em seguida, as testemunhas, se houver. Analisará também provas juntadas aos autos e formará sua convicção, redigindo uma sentença. Esta pode ser proferida ainda

---

36. Note-se que o CIC é conhecido no Jardim São Luís como "poupatempinho", daí a associação do usuário entre ele e "pequenas causas" e o Poupatempo e as "grandes causas". O Poupatempo é um programa estadual de atendimento descentralizado de diversos órgãos públicos, reunidos num mesmo lugar. Em algumas unidades funcionam Juizados Especiais Cíveis. Mais de um entrevistado afirmou que a ideia inicial do Poupatempo surgiu das discussões em torno da criação do CIC. Provavelmente "as grandes causas" a que o usuário se referiu sejam aquelas julgadas nos foros, pelas varas comuns.

durante a audiência, saindo as partes cientes do seu teor; ou, se o juiz não tiver formado ainda sua convicção, se quiser consultar a jurisprudência ou refletir melhor sobre as provas, ele pode redigir a sentença em ocasião posterior, segundo o prazo legal fixado. As partes, nesse caso, saberão o resultado quando forem intimadas a comparecer ao cartório novamente.

A designação especial para atuar como juízo auxiliar das Varas de Família e Infância e Juventude, no CIC Sul, foi a primeira experiência de atrelar essas competências a um Juizado Especial Cível. São atendidos os casos de pedidos de alimentos, regularização de guarda e tutela, curatela, os quais não exigem a representação por advogado, podendo ser substituída pela atuação do Ministério Público, se o postulante comprovar carência material. Podem tramitar ali também os casos mais complexos, exigindo representação por advogado, como adoção, mas quando requerem procedimentos especiais, como laudos técnicos, precisam ser encaminhados para o Fórum Regional de Santo Amaro, e seguem tramitando na Vara de Família de lá. Separações e divórcios, mesmo consensuais, não se realizam ali. O juiz do CIC Sul pode aplicar medidas protetivas da infância, mas não tem jurisdição para aplicar a parte especial do Estatuto da Criança e do Adolescente relativa aos atos infracionais e à aplicação de medidas socioeducativas; estas só podem ser aplicadas, em São Paulo, pelos juízes das varas especiais cuja localização é concentrada no fórum do bairro do Brás. Essa ampliação de competência não é, porém, um consenso entre os juízes. Um deles pensava que o ideal seria ter um rito especial para tratar a violência doméstica, incluindo todos os aspectos cíveis, criminais e de família; mas, para isso, seria necessário investir na elaboração de uma legislação específica que atendesse à Constituição Federal e aos tratados internacionais de que o Brasil é signatário.[37] Outro pensava que a estrutura dos juizados especiais não comporta esse tipo de ação, por envolver relações humanas complexas e precisar de abordagens interdisciplinares, as quais o juizado do CIC não tem condições de realizar; na sua visão, utopicamente seria muito bom se houvesse essa estrutura e um trabalho diferenciado, mas a prática já demonstrou não ser possível, por isso era contra a ampliação da competência.

Além da participação do Poder Judiciário Estadual, através dos juizados informal, especial, itinerante e do juízo auxiliar da Vara de Infância e Juventude, em 2005 a Justiça Federal – 3ª Região passou a integrar o rol de parceiros do CIC, com a instalação de um posto de atendimento do Juizado Especial Federal no CIC de Francisco Morato. Trata-se de um posto fixo remoto do Juizado sediado na Avenida Paulista[38] que, graças à interligação propiciada por uma rede de dados, realiza o atendimento inicial, o enquadramento da demanda, a confecção da inicial da ação judicial, a digitalização dos documentos e exige do

---

37. Essa legislação foi aprovada em 2006, com a promulgação da Lei Maria da Penha, estabelecendo a tramitação de matéria cível e criminal na mesma ação, nos casos de violência contra a mulher.
38. A Avenida mais famosa da cidade de São Paulo, localizada no centro novo, dividindo os bairros de Cerqueira César e Jardins, ligando-os ao bairro do Paraíso.

autor da ação o deslocamento até à Avenida Paulista apenas nos dias de audiência. Todo o acompanhamento do processo pode ser feito no posto remoto, uma vez todos os atos do processo (os "autos") serem digitalizados, podendo ser consultados em qualquer terminal da rede. Essa "justiça sem papel" possibilitaria inclusive que as audiências fossem feitas em Francisco Morato. As principais causas a tramitar no Juizado Especial Federal – JEF são contra o INSS, relativas aos benefícios previdenciários; mas são aceitas todas as causas de valor inferior a 60 salários mínimos, tendo no polo passivo entes federais, como as autarquias e empresas, beneficiando assim os mutuários do sistema de habitação e os clientes de bancos públicos e dos correios.

Sempre muito criticado por parte dos gestores da Secretaria de Justiça, e por outros funcionários atuantes nos CIC, acusado de resistir à integração, o Poder Judiciário é o serviço mais presente nas unidades em que está instalado, sendo o órgão a apresentar os maiores investimentos em recursos humanos e constância na prestação de serviços. Apesar da resistência em ampliar a sua participação nos novos postos – sempre atribuída às restrições trazidas pela Lei de Responsabilidade Fiscal, que limitou os gastos com pessoal – a estabilidade de seu corpo de funcionários e de seus procedimentos supera a da própria Secretaria de Justiça, responsável pela gestão do CIC.

Em fevereiro de 2006, segundo os dados oficiais do Tribunal de Justiça, foram iniciadas 264 ações nos Juizados Especiais Cíveis instalados nos CIC. A tabela abaixo exibe os dados mais detalhados e possibilita a comparação com juizados semelhantes localizados nos foros regionais mais próximos.

Tabela 15 – Feitos distribuídos e em andamento nos Juizados Especiais Cíveis
São Paulo, Fevereiro de 2006

Juizado Especial Cível	Feitos distribuídos	Feitos em andamento
Itaim Paulista – CIC Leste	94	8.122
São Luís – CIC Sul	95	10.996
Parada de Taipas – CIC Oeste	75	2.012
Guaianazes – Unidade JEC	554	32.366
São Miguel Paulista – Foro regional	432	19.102
Santo Amaro – Foro regional	1.396	40.003
Lapa – Foro regional	407	22.203

Fonte: Corregedoria Geral da Justiça/Tribunal de Justiça do Estado de São Paulo

Embora com uma demanda bem inferior àquela dos foros regionais, o movimento processual dos juizados nos CIC acompanha de alguma forma o movimento do foro mais próximo. Lapa e Parada de Taipas (CIC Oeste), com jurisdição sobre a mesma região, apresentam o menor movimento. Ao passo que o foro regional com maior movimento é Santo Amaro, que corresponde à circunscrição do CIC Sul.

Ministério Público

A parceria do Ministério Público sempre foi pensada como fundamental pelos que elaboraram os primeiros projetos de implantação dos Centros de Integração da Cidadania. Por ser uma das instituições do sistema de justiça, essencial à função jurisdicional, segundo o texto constitucional, ator relevante na defesa dos interesses coletivos e direitos metaindividuais (Arantes, 1999; Silva, 2001), tornou-se muito natural pensar, da mesma maneira como ocorreu com o Poder Judiciário, o engajamento do Ministério Público no programa CIC. Na própria elaboração das primeiras ideias, no grupo dos idealizadores, havia membros dessa instituição, reforçando o entendimento de que não é possível imaginar o sistema de justiça sem a sua integração.

O papel do Ministério Público, inicialmente associado à persecução criminal, foi ainda redimensionado e muito valorizado quando a Constituição de 1988 conferiu-lhe grandes responsabilidades no tangente à proteção judicial da cidadania e na fiscalização da administração pública. Nas legislações surgidas logo após a mobilização constituinte, como infância e juventude, consumidor e meio ambiente, a instituição ocupa lugar de destaque, seja como parte das ações judiciais ordinárias, na condição de fiscal da lei, seja como autor das ações civis públicas (Arantes, 1999). Por ser ator relevante e legitimado no cenário da defesa da cidadania, sua associação ao CIC pretendia reforçar a atuação de defesa dos interesses coletivos e metaindividuais, com a qual o Ministério Público pretendeu se caracterizar ao longo dos anos 90 (Silva, 2001). Como a garantia de direitos sociais era uma das tarefas atribuídas ao CIC pelos idealizadores, ele poderia bem ser o espaço de desenvolvimento das novas atribuições do MP nessa área.

A defesa de direitos coletivos e difusos, por meio de intervenção cível, constituía um campo de ação novo para os promotores de justiça e a novidade do CIC trazia consigo o desafio de compreender como se daria o seu engajamento. Afinal qual seria o trabalho do promotor no CIC, se nele a participação do Poder Judiciário circunscreve-se aos Juizados Especiais Cíveis, nos quais o Ministério Público não atua? Não há varas criminais, não há varas cíveis onde possam ser julgadas as ações ordinárias ou as civis públicas propostas por um promotor. Se assim é, como então realizar um trabalho integrado com os outros órgãos no interior do CIC, se toda ação judicial proposta teria que, necessariamente, desenvolver-se no espaço de um fórum?

A equação resolveu-se privilegiando a atuação do promotor fora do processo judicial. No CIC, o promotor fazia orientação jurídica, individual ou coletiva, fazia intervenções relacionadas à prevenção de conflitos e atuava na defesa dos interesses dos "hipossuficientes", em especial da população pobre. E podia também, sem dúvida, ingressar com as ações em varas dos fóruns regionais.

Essas atribuições significavam, no cotidiano do CIC, o atendimento ao público. Eram distribuídas senhas ou agendados horários em que o promotor atendia os cidadãos que lhe traziam demandas de resolução de conflitos. A imensa maioria concentrava-se nas relações familiares e naquilo que delas decorre: o cuidado com os filhos, com os idosos e a partilha dos recursos econômicos. E, como para que tudo isso seja possível do ponto de vista legal, é necessário possuir a documentação civil adequada, o promotor atuava na regularização das certidões e documentos civis (mudanças de nome, correção de dados incorretamente registrados, reconhecimento de paternidade e a obtenção de segunda via das certidões geradas em outras comarcas).

No que tange às relações familiares, os promotores atuavam numa imensa demanda, que incluía reconhecimento de paternidade, acordos de separação consensual de casais, acordos de guarda de filhos e fixação de pensão alimentícia, acordo de partilha de bens, levantamento de quantias de FGTS e benefícios do INSS favorecendo familiares de pessoas recém-falecidas, ações de tutela e curatela. Nesses casos, o promotor preparava peças judiciais que deviam ser homologadas ou deferidas por um juiz de vara de família ou de infância e juventude. Daí poder-se compreender a facilidade criada no CIC Sul com a ampliação da competência do juiz para atuar nos casos de infância e juventude. Ali, apenas os casos de separação, divórcio e inventários precisavam ser encaminhados ao fórum regional.

Os promotores atuavam ainda nos casos que envolviam os direitos sociais, mas o faziam diretamente, através do encaminhamento de ofício, quando já houvesse ação civil tramitando ou com sentença favorável, como é o caso da obtenção de vagas em creches e escolas públicas. Podiam atuar também na intermediação para obtenção de vagas em hospitais para as crianças. Embora pudessem propor ações civis públicas, isso nunca ocorreu no âmbito de atuação do CIC.

Inicialmente, logo que foram inaugurados, os postos recebiam um promotor em sistema de rodízio mensal até que um deles aceitasse ser designado para atuar naquele CIC. No Leste, uma promotora permaneceu, com cargo fixo, por vários anos; mas o sistema de promoções da instituição implica necessariamente que, para progredir na carreira, um outro posto seja assumido. Segundo seu relato, ela havia dispensado uma oportunidade de promoção, por ter se adaptado ao trabalho do CIC e considerá-lo muito relevante. Porém, em 2005, deixou o posto, não sendo substituída. No CIC Oeste, também houve um promotor que permaneceu no cargo por algum período, sendo depois afastado do serviço público, sem ser substituído. No CIC Norte, houve a designação de uma promotora logo no início de operação do posto, mas ela foi transferida a pedido da

Secretaria de Justiça e a pedido próprio, por não ter se adaptado.[39] O CIC Sul é o único posto a ainda contar com uma promotora, designada aproximadamente um ano após a inauguração. Os novos postos não contam com a parceria do Ministério Público.

Isto significa que, embora a demanda por atendimento seja grande, a participação do Ministério Público no programa foi reduzindo, existindo a possibilidade de extinguir-se na prática. O programa não é tido como prioritário para a instituição, a qual não hesita em remover os subordinados para outros cargos, em face de haver cargos vagos na estrutura do Ministério Público Estadual paulista, resultando no preterimento dos postos do CIC, a não ser que o promotor tenha interesse em permanecer no cargo.

O desprestígio do programa junto aos promotores permaneceu mesmo quando a pasta da Secretaria de Justiça foi ocupada por oriundos do Ministério Público, como Alexandre de Morais (2002-05) e seu adjunto José Cazetta. Na gestão deles, embora novos postos tenham sido inaugurados, o número de promotores servindo no CIC refluiu.

Em sua pesquisa sobre o Ministério Público paulista, Cátia Aida Silva coletou e analisou informações sobre a transformação do significado da atuação dos promotores na área cível, desde a Constituição de 1988, e as representações de seus entrevistados sobre a atividade de atendimento ao público. Segundo a pesquisadora, as novas atribuições conquistadas pelo MP na defesa de interesses difusos e metaindividuais e no controle da administração pública apareceram sempre associadas

> pelos membros do MP a antigas práticas de atendimento ao público realizadas pelos promotores de justiça, principalmente no interior, tais como: orientação, recebimento de reclamações e denúncias, encaminhamento de cidadãos e problemas para órgãos competentes e conciliações. (Silva, 2001: 52-3)

Assim, o atendimento ao público é visto como função inerente à atividade do promotor e como prática antiga e costumeira, reatualizada e ressignificada em função da reivindicação de novas atribuições e responsabilidades institucionais. Assim, como relata a pesquisadora, ela tornou-se uma atribuição tradicional da instituição, no passado, incumbida de prestar assistência judiciária aos necessitados. Embora hoje, a assistência judiciária não seja mais da sua atribuição, rechaçada até por alguns, o atendimento ao público permanece como marca da instituição, fonte da sua legitimidade junto à população.

Os promotores entrevistados por Silva consideram o atendimento ao público uma fonte de informações sobre os problemas da população e um canal de comunicação direta com os cidadãos. Na visão deles, esse contato direto e a atuação dele decorrente fazem do promotor um

---

39. Os promotores gozam do direito de inamovibilidade garantido constitucionalmente, assim como de independência funcional, não podendo assim ser removidos de seus cargos por demandas externas ou internas. No caso tratado, os conflitos entre a diretora da unidade (ligada ao Poder Executivo) e a promotora redundaram num ofício da Secretaria de Justiça à Procuradoria Geral de Justiça, solicitando a remoção. Mas ela ocorreu, de fato, quando a promotora solicitou sua transferência para uma vara comum.

agente acessível, próximo; em contraposição ao juiz, que seria a autoridade distante e formalista. Na fala dos entrevistados de Silva, o atendimento é o momento em que o promotor entra em contato direto com os problemas concretos da população e resolve casos "por meio de um simples telefonema". Seria inclusive essa a origem do nome *promotor público* e da consagração do Ministério Público como "órgão de proteção dos fracos" (Silva, 2001: 84-5).

O atendimento ao público é também o lugar do exercício da função conciliativa, tradicionalmente atribuída ao MP, sobretudo nas comarcas do interior (Grinover *apud* Silva, 2001). Essa função conciliativa, composição amigável ou atividade extrajudicial, exercida pelos promotores é típica, embora não esteja regulamentada no ordenamento jurídico. É considerada uma espécie de trunfo da mão dos promotores, a colocá-los em boa avaliação junto à população e em vantagem junto a outras instituições do sistema de justiça, como o Poder Judiciário, as quais só podem ser acionadas por vias formais.

Pois essa «proximidade» com a população, conforme Silva, foi utilizada na disputa pela ampliação das atribuições constitucionais do Ministério Público na defesa dos direitos difusos. E o atendimento ao público foi ressignificado, constituindo-se em espaço de intervenções extrajudiciais promovidas pelos promotores na busca de resolução dos conflitos por acordos e negociações.

Ainda segundo a pesquisa de Silva, é nas comarcas do interior que o atendimento ao público parece alcançar a mais alta realização de seu potencial, dada a intervenção direta e informal do promotor nas relações políticas das pequenas cidades, onde o contato face-a-face facilita a resolução dos problemas por vias informais. Por isso, no interior, o promotor estaria mais próximo do público e suas intervenções teriam um impacto mais imediato, visível e efetivo. Daí que, pelas narrativas corporativas típicas, todo promotor deveria começar sua carreira pelas comarcas do interior, onde, segundo um promotor substituto que serviu no CIC Sul, "a população precisa muito do Ministério Público":

> O CIC sul me lembrou muito a minha passagem por Rondônia. Porque é uma atuação próxima da população, é onde você pode efetivamente prestar um auxílio para a população, no sentido de resolver os problemas de cada um, dentro dos mecanismos que a legislação permite ao Ministério Público atuar e fazer alguma coisa para as pessoas. Rondônia tinha [...] uma população muito carente e, por essa característica, precisava muito do Ministério Público. No CIC Sul é a mesma coisa, você tem esse contato muito próximo, o atendimento ao público é muito intenso. [...] É uma atuação que eu, particularmente, gosto muito, porque você presta efetivamente um serviço para população. (Promotor de justiça)

O paralelo estabelecido entre o trabalho típico da comarca do interior e a atuação no CIC parece ser uma outra forma de representar a mesma relação expressa pela imagem do "fórum em cima da cadeia", mobilizadas pelos idealizadores do CIC. A proximidade que o

CIC propicia com a «realidade» evoca a nostalgia da relação vivenciada na pequena comarca. Daí o apelo do trabalho específico ali desenvolvido, comentado por outra promotora:

> Eu fui promovida para ir para a primeira entrância. Até foi uma experiência, de certa forma, parecida aqui com o CIC. Porque é uma região super carente, onde o nível de pobreza da população é muito elevado. Então apareciam problemas parecidos com o que eu estou vendo aqui. (Promotora de justiça)

Mas nem todos apreciam ou avaliam positivamente o trabalho de atendimento ao público, conforme o terceiro depoimento:

> O trabalho de promotor aqui no CIC não tem nada a ver com nada, porque não devia existir. Não devia ter promotor no CIC. No CIC devia ter procurador do Estado. Porque hoje, por exemplo, dei orientação jurídica para diversas pessoas, atendi casos de alimentos, atendi casos de separação, mas coisas que qualquer procurador do Estado faz! Isso é trabalho de procurador do Estado! O Ministério Público é instituição vocacionada para a área criminal, que não existe no CIC, por enquanto. Então, quer dizer, não sei até que ponto tem relevância social o trabalho do promotor aqui. E segundo, o promotor tem uma vocação para a área de interesses difusos e coletivos – que aparecem pouquíssimos casos aqui, quase nenhum caso. Nesses três anos, se eu peguei quatro ou cinco casos já é muito, na área de interesses difusos e coletivos, que é a grande vocação do Ministério Público, né?
> Conclusão: o que tem aqui são interesses patrimoniais, interesses de família, ao mais das vezes, são interesses individuais, embora indisponíveis, mas individuais. Então não tem muita lógica o Ministério Público presente no CIC. Aqui tem espaço para pelo menos três procuradores, no mínimo! (Promotor de justiça)

Em relação à demanda por ações de defesa dos interesses difusos e coletivos, o mesmo promotor a considera enorme, mas vê que não há procura por desconhecimento da população. Para que se justificasse a presença do promotor no CIC, segundo ele, deveria haver um grande investimento na educação em direitos – atividade na qual se declarou pessoalmente engajado.

Mesmo concordando que a ausência da Defensoria Pública[40] é um problema grave para o funcionamento do CIC, outros promotores consideram seu trabalho indispensável ao CIC.

---

40. Criada em dezembro de 2005, mais de três anos após a concessão da entrevista.

> Ninguém mais sabe chegar tão perto da população do que um promotor de justiça, porque é ele quem vai defender aquela pessoa se ela for litigar. [...] O MP tem que dar uma resposta pra sociedade. (Promotora de justiça)
>
> Eu acho que isso faz uma diferença brutal, porque quem vem aqui são pessoas pobres, são pessoas que já não tem muito acesso à informação e à justiça. Para elas, fica uma coisa muito distante. Então, a oportunidade que elas têm de virem aqui, conversar com o promotor, com um profissional super especializado, super é... Concursado, que prestou... que tem realmente um conhecimento é... diferenciado – modéstia à parte, porque a gente estuda muito, um juiz também, né. Vem aqui, não marca hora, na hora já é atendido, na hora já recebe um encaminhamento... Eu acho que é uma oportunidade.... Faz muita diferença. Ainda mais que os CIC já foram instalados em locais carentes [...] Facilita muito o acesso à justiça para a população mais carente, que é a que mais precisa. Porque a pessoa que tem recursos, não sofre com isso, ela tem acesso aos melhores advogados e tudo mais, não é? [...] Embora o promotor atenda público em qualquer lugar, eu acho que a proximidade geográfica do CIC com essas populações mais carentes é que está sendo a novidade (Promotora de justiça)

Também é preciso mencionar que a definição das atribuições do promotor de justiça no CIC foi motivo de sérios conflitos entre uma promotora, a direção da unidade e a Secretaria de Justiça, tendo havido a intervenção da Procuradoria Geral de Justiça no sentido de desestimular a atuação clássica por parte da promotora. No caso, uma investigação criminal estava sendo conduzida, resultando em prisão em flagrante, a respeito da atuação de cooperativas habitacionais fraudulentas. O caso seria típico da intervenção do MP, por envolver prática criminosa e por atingir um grande número de pessoas. Entretanto, firmou-se o entendimento de que não era esse o trabalho esperado por parte do promotor no CIC. Ali ele devia concentrar-se no atendimento ao público, na orientação jurídica, na curadoria de certidões e na área de infância e juventude, exercendo também as funções conciliatórias, extrajudiciais. E poderia também atuar na defesa dos interesses difusos e coletivos, porém os relatos são de pouca atuação nessa área.

Para compreender essa configuração é necessário entender a organização interna do Ministério Público, que constituiu promotorias específicas e centros de apoio especializados. Assim, é provável que os casos mais complexos, envolvendo a necessidade de inquéritos civis e uma articulação política mais ampla sejam encaminhados para as áreas especializadas e não para os promotores do CIC.

Um segundo elemento a colaborar na compreensão do perfil de atuação dos promotores no CIC é a tipologia criada por Cátia Silva para analisar as diversas formas de atuação dos promotores de justiça, sobretudo no que diz respeito aos conflitos envolvendo direitos difusos. Segundo essa tipologia, há o promotor de fatos – ou seja, aqueles que, tipicamente, "estabelece contatos, define prioridades, toma iniciativas, articula forças locais e participa de campanhas, mobilizações e eventos" – e o promotor de gabinete, o qual atende ao público, oficia autoridades, instaura inquéritos civis, propõe ações, entretanto "coloca limites claros na atuação conjunta com órgãos governamentais e organizações não governamentais" (Silva, 2001: 99). Esse último é o tipo encontrado no CIC, aquele que atende a demanda que lhe chega (majoritariamente individual), antes de atuar em casos que envolvam políticas públicas e os interesses de um grande número de pessoas.

Atender a essa demanda, no cotidiano do CIC, significa, na maior parte das vezes, encaminhar os usuários para outros serviços ou instâncias. No caso de promover conciliações, o acordo precisa ser homologado numa vara do fórum regional, frequentemente de família. Ou o promotor inicia uma ação judicial numa vara comum, fora do CIC. No caso da dificuldade em conseguir vagas em escolas, o promotor prepara o ofício ao diretor do estabelecimento e o usuário o encaminha. Todos os promotores entrevistados queixaram-se da falta de funcionários e estagiários, o que, segundo eles, poderia contribuir decisivamente na montagem de rotinas de atendimento e burocracia, resultando na ampliação da capacidade de atendimento.

Polícia Civil

De acordo com a Constituição Federal, cabe à Polícia Civil o desempenho das tarefas da polícia judiciária, isto é, as tarefas de investigação das ocorrências criminais, mediante a instauração do inquérito policial, no qual as circunstâncias da ocorrência são investigadas, com o auxílio de provas técnicas, são identificados os suspeitos, os acusados são indiciados e o inquérito concluído é remetido ao juiz criminal, que ouvirá a manifestação do Ministério Público sobre a necessidade de abertura de um processo judicial.

A Polícia Civil é uma corporação composta por delegados, bacharéis em Direito, e por investigadores e escrivães, dos quais é exigida escolaridade média. Está submetida à Secretaria de Segurança Pública, parte do Poder Executivo estadual.

As atividades de prevenção dos crimes são, pela Constituição, de atribuição da Polícia Militar, a qual desenvolve a atividade de policiar as ruas e evitar que os crimes sejam cometidos. É ela, porém, que atende aos chamados telefônicos ao número 190, circunstância em que pode socorrer as vítimas e tentar perseguir os agressores, encaminhando a todos, juntamente com testemunhas, a um distrito policial. Nesse momento, termina a intervenção da Polícia Militar e inicia-se a da Polícia Civil. Pode ocorrer também de a vítima dirigir-se diretamente ao distrito policial e iniciar sua queixa à Polícia Civil sem um contato prévio com a Polícia Militar, assim como é frequente uma ação da Polícia Militar não resultar em intervenção da Polícia Civil. O sistema de segurança pública é fragmentado, malgrado as tentativas de integrar a ação das duas polícias.

Assim, à primeira aproximação, pode parecer contraditório propor à Polícia Civil uma ação preventiva, como ocorre com o atendimento policial no âmbito do CIC. A prevenção, nesse caso, é compreendida com uma intervenção da polícia para a resolução de um conflito, na expectativa de impedir que um crime seja cometido como consequência do atrito entre as partes. Quando se diz ser preventivo o trabalho da Polícia Civil no CIC, deve-se entender que ele resulta num esforço de intermediação pacífica de um conflito, para impedir sua evolução até o cometimento de um crime, e que esse esforço é diverso da intervenção da polícia judiciária. A atuação «preventiva» só pode ser compreendida no contraste com a atuação «repressiva», característica da atividade policial clássica. Como se viu com os etnógrafos da polícia, a atividade «preventiva» é tão antiga quanto a própria corporação, embora durante toda a República tenha sido desenvolvida à margem das normas jurídicas, as quais circunscrevem a atuação da Polícia Civil às atividades do inquérito policial, «repressivas».

Na medida em que o CIC foi idealizado como um projeto amplo de reforma do sistema de justiça, sua implementação poderia servir à reforma da polícia, daí sua atuação ter sido pensada para além daquilo que a legalidade vigente propunha para a atividade policial. Tratar-se-ia de uma atuação inovadora, oposta à contaminação das atividades do inquérito policial pela violência e pela corrupção (Mingardi, 1992); oposta ao lado «repressivo» da polícia, só poderia então ser «preventiva». A atividade «preventiva» da Polícia Civil corresponde à descrição reiterada de um serviço público «aberto 24 horas por dia para atender o cidadão», cuja relação mais significativa dá-se entre o policial e a vítima, quando na atitude «repressiva» o interesse prioritário do policial é o agressor.

Para escapar do tratamento penal, repressivo, consensualmente criticado pelos idealizadores, tanto nas suas formas legais, como – e principalmente – nas suas formas ilegais, a opção foi por uma prática policial que prescindisse dos instrumentos costumeiros como o inquérito, o indiciamento, e se voltasse para uma atuação «social», preocupada em resolver os conflitos de maneira fácil e rápida e, sobretudo, sem o uso da violência e da repressão. Seria o correlato da «desformalização» proposta para o juiz. Daí terem sido interditados, deixados de lado, os instrumentos do inquérito e do tratamento penal: o boletim de ocorrência e o inquérito. Isso coloca o trabalho policial do CIC, ao mesmo tempo, na informalidade e no terreno da inovação, da «criatividade», tornando aquele um espaço de criação de um novo perfil policial. Talvez uma "polícia de primeiro mundo", preocupada com a efetivação dos direitos humanos, com a «aproximação» entre o cidadão pobre da periferia e as autoridades do Estado.

Nas palavras de um delegado que se tornou referência de atuação no CIC:

> Às vezes, o marido ameaça a mulher... Não é que você prevarica quanto à ameaça feita. Mas é que aí você percebe que se você for punir, indiciando esse cidadão com um inquérito policial ou um termo circunstanciado, na Lei 9.099, ele já vai ter uma mancha. Quando ele for procurar um emprego, vão levantar o prontuário dele e vai constar que ele fez qualquer coisa, uma coisinha. Então já tem dez, vinte pessoas para a mesma função, sem problema nenhum. E ele já é descartado.

A função «social» da polícia envolve assim uma preocupação em minimizar os efeitos nefastos do aprisionamento e do estigma que recai sobre o delinquente. Mas é também vista como extremamente eficaz na resolução dos conflitos, de uma maneira desburocratizada, utilizando uma linguagem simples, adotando uma ação criativa, adequada ao contexto específico de cada conflito.

Isso correspondia aos anseios de uma parte da corporação policial que desejava uma reforma de métodos e procedimentos na Polícia Civil, para torná-la não apenas mais democrática, afinada à nova Constituição e à abertura política, mas também efetiva e eficaz no tratamento dos conflitos próprios de uma população que está distante da linguagem formal dos códigos legais, da população que sofre nas periferias com a ausência de um policiamento pautado pelas suas necessidades de segurança.

> Quando eu cheguei e conheci o programa do CIC, realmente eu senti um grande arrepio, porque eu estava de frente com aquilo que eu sempre imaginei na minha vida. E de tamanha dimensão. Eu não imaginava algo tão grande. (Delegado)

A atuação necessariamente não codificada pelas técnicas formais da polícia tornou-se um espaço livre, disponível para aceitar conteúdos. Foi propositalmente aberta à criação dos policiais, sem que houvesse a imposição de um método específico de trabalho, sem prévia discussão de limites, sem prévio treinamento. Era próprio do CIC ser um espaço de experimentação.

> Eu tenho feito um trabalho... eu acho muito interessante esse trabalho... Esse trabalho surgiu de mim mesmo – e eu me orgulho de falar disso, porque eu tenho aí as pessoas que estão na nossa frente e têm visto o nosso trabalho. [...] Então, é um desafio, nós estamos aprendendo. Nós aprendemos com o povo. Isto que é importante. Hoje eu posso te dizer que eu aprendi em 5 anos aqui o que eu não aprendi nos 33 restantes que eu tinha de polícia. Aprendi aqui. É muito bom. Eu não lido com um preso, mas eu lido com um ser humano. Os problemas do dia-a-dia – aquilo que vai fazer com que esse ser humano se torne um preso. Então nós entramos antes. [...] Porque, quando nós viemos para cá, eu não sabia o que ia fazer aqui. O juiz também não sabia. Porque nós fazemos tudo o que não é da nossa função. Por exemplo, a promotora pública não denuncia ninguém – aqui ela faz uma outra função, percebe? O delegado não prende ninguém. Eu não faço boletim de ocorrência, eu não faço inquérito. Eu trabalho muito. Então, nós saímos da nossa característica, porque nós queremos evitar o mal maior, porque nós já estamos lá na frente! O juiz condenando, a promotora denunciando e eu indiciando: nós não fazemos nada disso aqui! Nós preparamos o terreno para não destruir vidas. Esta é a nossa função. (Delegado)

O que ocorreu com a Polícia Civil foi semelhante ao que ocorreu com as demais instituições: o espaço vazio da experimentação foi ocupado pela prática costumeira da mediação extrajudicial de conflitos pela polícia. Como já se viu pela literatura etnográfica, e como se verá pelo relato da pesquisa, essa prática contempla uma ambiguidade que tanto pode significar o reforço ou a negação do ideário de criação do CIC. Garapon (1997) referiu-se a este como sendo o drama da justiça: na medida em que se abre mão do ritual judiciário, por considerá-lo violento, abre-se a porta para que outras formas de violência possam se manifestar em seu lugar, quando não se introduz um ritual que encene, represente e simbolize a democracia.

Quando o cidadão dirige-se à Delegacia Especial do CIC, ele encontra um serviço permanente, com um delegado titular designado e um ou dois policiais. Os cargos existem na estrutura da Polícia Civil, mas o que é feito ali não ingressa nas estatísticas policiais. Existem dois perfis profissionais que podem ser designados para a função, e eles podem se confundir na hierarquia informal de postos de trabalho vigente na corporação. Para os CIC devem ser designados policiais «com perfil», isto é, interessados no «trabalho social» da polícia. Ou podem ser designados aqueles que buscam um posto com pouco trabalho, com baixas exigências de produtividade e que não necessita de esforço ou preparo físico ou técnico, os «encostados» – para a cultura policial – alguém que está com problemas de saúde ou «amargando uma bronca». Entretanto, com a aplicação de um raciocínio lógico pouco sofisticado, pode-se facilmente concluir que se os «encostados» são enviados para o posto de trabalho «social», é porque este é tão valorizado quanto aqueles. Daí a preocupação generalizada entre os gestores e os agentes policiais do CIC com o perfil do profissional ali alocado: não pode ser alguém muito jovem, que não tenha vivência para escapar ao tratamento formal dos conflitos, como não pode ser alguém muito contaminado pela cultura «autoritária» da polícia. Essas pessoas podem ser encontradas, desde que «escolhidas a dedo», e nesse caso o trabalho torna-se satisfatório para o policial como para a população, ao menos na avaliação de gestores e agentes.

O cidadão ingressa na sala, senta-se e conta seu caso, sempre respondendo a diversas perguntas. Deveria sempre ser ouvido pelo delegado, mas há postos onde os investigadores ou escrivães assumem essa tarefa. O policial vai ouvindo o caso e procurando enquadrar as circunstâncias relatadas em tipos penais, geralmente de pequeno potencial ofensivo (apropriação indébita, injúria, exercício das próprias razões), podendo ou não informar ao narrador os enquadramentos jurídico-penais que percebe. O atendimento pode encerrar-se com uma orientação jurídica e o encaminhamento a outro serviço da polícia, à assistência judiciária gratuita, ou a outro serviço disponível no CIC. Se for um caso de conciliação, é expedida uma intimação, em papel timbrado da Polícia Civil para a outra parte, sendo agendada uma data para a «audiência». A intimação geralmente é entregue pessoalmente pelo reclamante ao seu opositor. Em raros casos pode ser entregue pelo policial.

A atividade de entregar intimações é muito valiosa no cotidiano de trabalho dos agentes. É ela que permite justificar todas as ausências de investigadores e escrivães. Longas horas desses profissionais são a ela creditadas. Os delegados, quando se ausentam, é comum que estejam num distrito policial.

No dia agendado para a audiência, quando as partes comparecem, inicia-se a tentativa de composição de conflitos. Como não existe um rito formalmente codificado para a audiência, em realidade, todo tipo de argumento pode ser mobilizado. Dependendo do tipo de caso, o policial pode ter à sua disposição dados da ficha criminal das partes, os quais podem ser mobilizados para facilitar a aceitação de um acordo. A arma de fogo está sempre presente no ambiente, embora não se tenha notícia de que seja utilizada com frequência nas audiências. Contudo, comuns mesmo são os argumentos religiosos e morais, apelos à honra e à imagem são quase obrigatórios. Investigação criminal e arma de fogo são rechaçados pelos idealizadores do CIC[41] exatamente por remeterem à indesejada função «repressiva».

Segundo a avaliação dos policiais, muitas vezes se atinge o resultado esperado de resolução do conflito, melhoria na qualidade de vida das partes e redução da criminalidade, mesmo que nenhum procedimento formal garanta o cumprimento do acordo firmado na presença da autoridade policial. E novamente se repete um argumento já visto:

> Esta população é uma população muito obediente, uma população que se você souber conversar com ele, você consegue obter dele tudo aquilo que o Estado espera. É um povo civilizado, sem o conhecimento que eles deveriam ter, mas nós estamos fazendo um trabalho pedagógico – isso é importante! É o Estado fazendo um trabalho pedagógico. (Delegado)

Mas a outra parte pode não comparecer. Nesse caso, repete-se a intimação e pode-se telefonar para o ausente, informando-lhe as possíveis consequências de seu não comparecimento. Se o comportamento persistir, a viatura policial pode buscá-lo. Nesse caso, a condução coercitiva não está amparada em nenhum procedimento judicial e poderia ser chamada, por um desavisado, de prisão arbitrária. Mas pode acontecer também que o delegado faça uma diligência ao local do conflito, procurando fazer ali a composição.

Os policiais afirmam a relevância do seu trabalho por possibilitar o acesso à mediação dos conflitos pelo Estado, de forma acessível, simples, sem custos e rápida. Além disso, enxergam-se como disseminadores de valores e de conhecimentos sobre direitos e obrigações, prestando uma orientação jurídica que, em si, tem efeitos preventivos de violência, por nortearem condutas futuras. Por tudo isso, consideram que a atividade melhora a imagem da polícia, pois o cidadão que os procura é bem atendido, tem seu problema resolvido e percebe que a polícia está a seu lado, para ajudá-lo a resolver seus conflitos do cotidiano.

---

41. No documento chamado "Diretrizes para a implantação dos Centros de Integração da Cidadania", discutido no grupo de estudos reunido no IBCCrim em 2003, essa proibição foi expressa.

Alguns percebem a armadilha em que facilmente podem se aprisionar quando desempenham uma atividade que não está codificada e que está inteiramente mergulhada na informalidade. Sabem que deles não é esperado um exercício costumeiro de polícia, mas não têm clareza sobre qual ofício de polícia devem exercer. Estes reclamam constantemente da falta de preparo, da falta de «estrutura» para desempenhar um bom trabalho. Queixam-se de não receber treinamento e não terem sido preparados para lidar com questões tão complexas. Às vezes dispõem-se a abrir mão de sua tarefa e delegar a condução da audiência ao pesquisador, supostamente mais capacitado nas «questões sociais». Esta atitude, aliás, tem um duplo sentido: ao mesmo tempo em que é o reconhecimento de suas limitações, é um desafio para quem achar que pode fazer melhor.

Outros procuram aproveitar a oportunidade para imprimir um novo perfil profissional, procurando explorar as potencialidades da sua liberdade de ação. E se orgulham de implementar inovações, sentem-se modernos, transformadores:

> O meu filho fala: 'Papai, o senhor faz uma polícia de primeiro mundo'. Interessante quando ele fala 'o senhor faz uma polícia de primeiro mundo', ele me destaca como um policial. Eu me vejo como um assistente social. Mas ele falou: 'o senhor faz uma polícia de primeiro mundo' – e ele tem essa autoridade para falar porque ele é formado. Então ele me coloca novamente como policial. E vindo dele me engrandece novamente. (Delegado)

E, assim, tentam revalorizar, dentro de sua própria corporação o sentido do trabalho «social» ou «preventivo» da Polícia Civil, reconhecendo o CIC como um lugar diferenciado em relação ao restante da polícia.

Orientação jurídica e assistência judiciária

Os estudos clássicos sobre o acesso à justiça localizam a assistência judiciária gratuita aos pobres como a primeira política, historicamente, a surgir com o objetivo de eliminar ou dirimir as barreiras de acesso à justiça (Cappelletti e Garth, 1988; Economides, 1999). No Estado de São Paulo essa função passou a ser desempenhada por uma seção da Procuradoria Geral do Estado – PGE, sendo a assistência judiciária aos pobres prestada pelos procuradores do Estado, lotados na Procuradoria de Assistência Judiciária – PAJ. Só podiam beneficiar-se dos serviços da PAJ aqueles cuja renda familiar não ultrapassasse três salários mínimos.

Entretanto, como o efetivo da PAJ fosse muito reduzido, desde os anos 80, um convênio entre a PGE e a OAB, remunera advogados inscritos numa lista controlada pela Ordem para prestar a assistência judiciária gratuita, com os recursos do Fundo de Assistência Judiciária.[42] Esses advogados são chamados de dativos.

Quando o CIC foi criado, a função de orientação jurídica e assistência judiciária foi pensada como imprescindível, por ser um caminho de acesso formal ao sistema de justiça, mas sobretudo por ser uma possibilidade de educação da população da periferia no reconhecimento e no exercício dos direitos.

Contudo, após a assinatura do termo de cooperação e a inauguração do primeiro CIC, a realidade da assistência judiciária revelou-se muito pouco favorável ao engajamento da PAJ no programa. Ficou estabelecido que o CIC seria servido em sistema de rodízio entre os últimos procuradores na lista de promoção por antiguidade. A primeira procuradora, ao final de um mês de permanência, redigiu um relatório para a chefia informando ser a demanda muito pequena e não haver relevância naquele posto de trabalho. Na sua visão, o atendimento realizado no CIC poderia ser perfeitamente realizado no atendimento central da PAJ, na Avenida Liberdade, número 32.

Ocorre que a "Liberdade, 32" (como o atendimento central costuma ser chamado) fica a quarenta quilômetros da Encosta Norte e tinha um atendimento regulado por senhas, exigindo que as pessoas pernoitassem na fila, pois havia muito menos procuradores do que a demanda exigia.

O segundo procurador a servir no CIC Leste deveria permanecer por um mês no sistema do rodízio, mas por ter se identificado imensamente com o projeto ficou um ano e meio, deixando o posto apenas para assumir outro projeto ligado à defesa de direitos humanos. Apesar de seu engajamento pessoal e de seu entusiasmo com o trabalho, o envolvimento institucional da PAJ declinou até a sua extinção, no período coincidente com a promoção da primeira procuradora, mencionada acima, à chefia da assistência judiciária.

O engajamento pessoal do segundo procurador decorreu de ter encontrado no CIC a possibilidade do exercício de um tipo de advocacia inovador:

> Ir pro CIC pra mim foi um grande achado, porque eu estava super desiludido com advocacia.
> (Procurador do Estado)

Sua desilusão decorria da atuação nas varas criminais, onde percebia que, por melhor que fosse o rigor técnico dos advogados, não se conseguia absolver ninguém, em razão de interferências ideológicas na atuação dos juízes. Por mais que se esforçasse, para o advogado público, a justiça parecia não ser igualitária e nem justa.

---

42. Em dezembro de 2005 foi criada a Defensoria Pública do Estado de São Paulo. Oitenta e sete procuradores fizeram a opção pela carreira de defensor, percebendo uma redução nos vencimentos líquidos. Um concurso com trezentas e trinta vagas foi aprovado para o ano de 2006. Em razão deste reduzido quadro, o convênio com a OAB foi mantido, apesar das críticas sobre a ausência de controle sobre o desempenho profissional e ético dos advogados conveniados (ver Almeida, 2005).

O CIC passou a ser então uma possibilidade de servir com mais eficácia à realização dos direitos da população mais pobre. Mesmo que isso representasse um retrocesso na carreira. Na cultura organizacional da Procuradoria, servir nas áreas centrais da cidade era visto como ascensão: todos lutavam para sair da periferia. E ele, a fim de desenvolver seu trabalho no CIC, requisitou o inverso, ser deslocado para um posto na periferia. Como não havia possibilidade de um procurador exclusivo para o CIC, em razão da escassez de pessoal, ele se dispôs a trabalhar ali de manhã e à tarde no fórum de São Miguel. Internamente à instituição, isso foi visto como a assunção voluntária de dupla jornada e assim não houve oposição.

Por estar fora da estrutura dos foros e da PAJ, no CIC não era possível ingressar com ações judiciais e o trabalho limitava-se à orientação jurídica. Porém, com o passar do tempo, o procurador sentia-se impelido a fazer mais. Percebia que a maior parte da demanda era de questões de separação e divórcio já consumados, ações simples. Passou então a colher os documentos e elaborar a petição inicial. Por sua conta e risco, levava os processos aos colegas procuradores nos foros regionais e pedia para assistirem as partes nas audiências. Passou a atender por volta de 60 pedidos de separação e divórcio consensual por semana.

Considera que sua experiência no CIC contribuiu para a redefinição de sua visão sobre a profissão e o direito, ajudando-o a compreender como é incompleta e insuficiente a ação fragmentada do processo judicial, que resolve a lide jurídica, mas muitas vezes não soluciona o conflito. Como acontece nos casos de divórcio, quando, após a solução jurídica, muitas vezes permanece o conflito sobre a educação e o custeio dos filhos. E passou a ver a intervenção multidisciplinar que ocorria no CIC como uma transformação no modelo de resolução dos conflitos.

Com sua saída, ficou estabelecido que quem assumisse a procuradoria criminal de São Miguel, assumiria também o CIC. Essa tarefa, porém, foi encarada pelos sucessores como algo indesejável e complicado. O arranjo interno para ingressar com as ações de divórcio foi logo abandonado, por ser considerado institucionalmente inviável e até injusto, porque seria uma forma de burlar a penosa espera na fila da "Liberdade, 32".

> Quando eu assumi a vara criminal de S. Miguel eu fiquei com o CIC também. A gente é obrigada a ficar com o CIC... Eu falo obrigada porque, pra mim, é obrigada mesmo. Eu fiquei contra a vontade, não vou de livre e espontânea vontade, porque o trabalho não era para mim. Tem pessoas muito mais capacitadas para fazer aquele trabalho, porque são civilistas. Eu não sou civilista, sou penalista, estudei civil pra entrar no concurso, mas desde 94 eu só faço penal. Tenho mestrado em direito penal, dou aula em direito penal. Não que eu não saiba das informações que eu dou, mesmo porque a maior parte das pessoas são muito simples, mas eu acho que se fosse uma pessoa que fizesse cível ia fazer melhor. Poderia fazer melhor, poderia fazer com mais gosto talvez até. Então, fui obrigada mesmo e desde então eu estou lá. [...] É um sala improvisada... já mudei de sala 3 vezes. Uma época eu atendia lá na recepção... Então, levo os papeizinhos numa pastinha lá no fórum, porque eu não tenho um computador, se eu precisar

> usar um computador ali, eu não tenho. Então é um trabalho duro, acho que é difícil, e tem uma
> outra coisa, né, é um trabalho que fica limitado a uma certa barreira. Porque não se pode entrar
> com um processo das coisas que eu atendo no CIC, porque se eu estiver entrando com um pro-
> cesso do pessoal da Encosta Norte, eu estou passando na frente do resto de São Paulo. Porque
> existe uma fila na Liberdade, que tem uma ordem, para todas as pessoas. Quer dizer, por que o
> pessoal da Encosta Norte não tem que ir até a Liberdade e o pessoal lá do Jardim Ângela tem
> que ir pra Liberdade? (Procuradora do Estado)

A descrição da precariedade do trabalho permite compreender porque ele acabou sendo desativado no CIC Leste e porque nunca foi expandido para os demais postos. Sem o apoio da chefia, tornava-se inviável pleitear melhorias nas condições de trabalho e atendimento. Até mesmo os foros regionais da periferia padeciam de investimento:

> Estar na periferia é complicado. A importância que se dá à periferia é uma importância
> um pouco relegada. Tanto assim, ao invés de tirar um procurador do centro, vamos tirar
> um procurador do fórum regional. (Procuradora do Estado)

Apesar da precariedade e das reclamações, o CIC era visto pela procuradora como uma iniciativa importante, embora não atingisse seus objetivos por falta de investimento do Poder Executivo em todo o sistema de assistência judiciária. Em sua opinião, o CIC seria o espaço para um trabalho de orientação coletiva, "um trabalho maior", que não ficasse restrito à assistência individual – um tipo de atividade desejável e compatível com a função da advocacia pública. Infelizmente, para ela, esse "trabalho maior" esbarrava na falta de recursos tanto da PAJ como do Judiciário, cuja representação no CIC era limitada diante da diversidade de problemas jurídicos trazidos pelos usuários.

Após 2003, a PAJ não participou efetivamente do CIC. Sua ausência foi, de certa forma, compensada pela orientação jurídica oferecida pelos promotores e delegados, vista com bons olhos por alguns e criticada por outros como desvio de função.

Advogados dativos, do convênio PGE-OAB, faziam a assistência judiciária nas audiências dos Juizados Especiais Cíveis, em sistema de rodízio. A maioria deles não chegava a ter conhecimento do programa dos Centros de Integração da Cidadania e ali comparecia apenas para realizar as audiências.

No CIC Sul, a atuação dos dativos era mais ampla: eles realizavam a orientação jurídica, nos intervalos das audiências, e recebiam uma imensa demanda diária. Mas eles não podiam ingressar com ações, dedicando-se tão-somente à orientação individual.

Entre 2005 e 2007, a Secretaria de Justiça procurou suprir a deficiência da orientação jurídica através de um convênio com a Associação dos Registradores de Pessoas Naturais do Estado de São Paulo – ARPEN. Por esse convênio, foram recrutados estagiários de direito para atuar na orientação sobre a retificação e obtenção de segunda via de certidões de nascimento, casamento e óbito. Esses estudantes, contudo, atendem a uma demanda que transcende a matéria para a qual foram capacitados. Embora os estagiários tenham revelado muito boa vontade e entusiasmo com o CIC, seus recursos eram limitados e eles acabavam encaminhando os usuários para a "Liberdade, 32" ou para os escritórios de prática jurídica das faculdades de Direito.

Após o término da coleta de dados, em 2006, a Defensoria Pública do Estado de São Paulo estruturou-se para realizar o atendimento descentralizado nos postos do CIC. Esta era uma proposição da Lei Orgânica e um projeto político de lideranças dos defensores. Gestores do CIC participaram das reuniões abertas das instâncias de gestão participativa da Defensoria, reivindicando, ao lado das organizações civis, essa forma de descentralização. Com isso, o atendimento da Defensoria é hoje permanente nos postos do CIC, realizando orientação jurídica e ingresso de ações judiciais na defesa de direitos individuais e até mesmo de ações coletivas, como a interposta na defesa do direito à saúde da população da Zona Sul. Informações colhidas junto a gestores e defensores apontam para uma grande mudança nos serviços de acesso à justiça com o ingresso efetivo da Defensoria nos postos do CIC, contudo esse é assunto para ser abordado por novas pesquisas.

Assistência social

Um dos elementos fundamentais na concepção do projeto de criação dos Centros de Integração da Cidadania era a reunião de um conjunto de serviços e órgãos que permitisse fazer frente às dificuldades de acesso ao exercício da cidadania enfrentadas pela população pobre dos bairros de periferia. Nesse sentido, o acesso à efetivação de direitos sociais não poderia ser negligenciado: a participação dos órgãos de assistência social no programa foi, desde o início, considerada.

A assistência social foi definida pela Constituição como um direito dos cidadãos, aproximando o Estado brasileiro da experiência da social-democracia. Ela é vista como um mecanismo de justiça distributiva, uma forma de acesso aos direitos constitucionais sem necessitar da intervenção do Judiciário. Ao menos no plano das regras jurídicas.

Quando, no âmbito do governo estadual, se foi colocar em prática a proposta do CIC, desenhou-se a parceria com as secretarias estaduais, de maneira a integrá-lo na execução das políticas sociais existentes. Porém, uma coisa é assinar um termo de cooperação, outra é tornar o CIC um centro de convergência de políticas sociais.

Concretamente, a parceria mais significativa para os rumos do CIC foi estabelecida com a CDHU – que executa a política habitacional estadual – porque garantia a construção dos postos fixos. Aqueles instalados na capital estão em terrenos de propriedade do CDHU, em áreas contíguas aos conjuntos habitacionais, o mesmo ocorrendo em Ferraz de Vasconcelos.

O movimento de usuários do CIC com problemas ligados à sua condição de mutuários é dos mais relevantes, por ser um posto descentralizado quase dentro do próprio conjunto. Muitas das demandas são relacionadas à dificuldade de pagar as prestações do financiamento das moradias, por não serem cedidas, mas compradas pelos moradores, mediante um financiamento de longo prazo. As situações de desemprego ou queda da renda exigem renegociações.

Outro tipo de ocorrência comum é relacionado à administração dos condomínios, por regulamento, supervisionada pela CDHU. As atas de eleição dos síndicos precisam ser registradas para serem reconhecidas pela companhia e para que os problemas de inadimplência possam ser por ela tratados. As dívidas de condomínio podem chegar a resultar na perda do direito ao imóvel. A companhia orienta o processo de eleição de síndico e a realização de assembleias e promove campanhas educativas para os moradores a respeito das obrigações solidárias contraídas pelos mutuários em relação ao condomínio. É muito comum ouvir que os moradores dos conjuntos habitacionais viviam antes em favelas ou moradias precárias, onde nunca tinham pagado condomínio ou contas de consumo e precisam ser ensinados para a nova realidade, na qual esses encargos financeiros precisam ser honrados.[43]

No início, os Juizados Especiais Cíveis não recebiam reclamações de cobrança de dívidas de condomínios, por serem ações movidas por pessoas jurídicas, mas os juizados dos CIC sempre conciliaram informalmente esse tipo de conflito, dado a sua importância para o local e à numerosa demanda. Nessas conciliações, procura-se estabelecer um parcelamento da dívida e garantir o compromisso do condômino no seu pagamento; em geral, os conciliadores reforçam os argumentos do síndico sobre o caráter comum da vida vicinal e a injustiça de forçar os vizinhos, com as mesmas privações econômicas, a arcar com a inadimplência.

Assim, de fato, existe uma ação conjunta entre o CIC e a CDHU, voltada a assegurar o atendimento aos mutuários. Em relação àqueles que necessitam de uma moradia subsidiada pelo Estado, o atendimento não é tão simples. Em geral, as pessoas que procuram o CIC com demandas de moradia não podem ser ali contempladas. Em muitos atendimentos realizados pela polícia, pelo Judiciário ou pela promotoria existem conflitos motivados pela carência ou pela precariedade da moradia, mas é muito raro haver um encaminhamento para o CDHU em busca de acessar o direito à moradia. Parece que já se parte do pressuposto de que é impossível assegurar a moradia para todos. Particularmente nos casos de violência doméstica, isso se torna relevante, na medida em que as mulheres sistematicamente reclamam de não ter para onde ir com seus filhos, sendo obrigadas a continuar a conviver com os agressores. Nos atendimentos observados para essa pesquisa, não houve nenhum encaminhamento para o CDHU, sendo frequentes as orientações de buscar apoio e refúgio junto aos familiares e amigos.

---

43. Os moradores dos conjuntos habitacionais do CDHU têm de pagar mensalmente a prestação do financiamento habitacional, a taxa de condomínio (que cobre as despesas comuns do prédio, incluindo a água utilizada nos apartamentos) e as contas de consumo do domicílio, como energia elétrica e telefone.

Para ser contemplado com um imóvel do CDHU é preciso corresponder a quesitos de idade, renda e perfil; além disso, é necessário que as inscrições estejam abertas, ou seja, haver um investimento programado para o município. Quando são abertas as inscrições, 17% das vagas são reservadas a idosos, policiais e famílias de portadores de deficiências. Outro modo de pleitear a inclusão na política estadual de habitação é pertencer a uma associação de luta pela moradia e, através dela, participar de mutirões ou do assentamento de famílias em razão de remoção de favelas e áreas de risco.

Outra parceria destacada pelo número de usuários é com a Secretaria do Emprego e das Relações do Trabalho. Muitos usuários procuram esse serviço para a expedição da carteira, necessária para a formalização de um contrato de trabalho. Mas é a administração do Balcão de Empregos, uma rede de dados custeada com os recursos do Fundo de Amparo ao Trabalhador, que torna a SERT executora de uma política assistencial. A demanda por uma vaga ou um auxílio para conseguir um emprego é a mais comum entre os usuários do CIC. Não existem dados disponíveis sobre a efetividade da obtenção de um emprego entre os inscritos no Balcão, mas a inscrição em si parece ter um efeito simbólico motivador, a ponto de ser considerado pelos gestores um serviço prioritário a ser implantado em postos do CIC. A SERT ainda realiza, em seus programas, atividades de capacitação para o mercado de trabalho e até alguns cursos profissionalizantes, porém essa oferta não chega a atingir uma quantidade significativa de usuários do CIC.

A Secretaria de Estado de Assistência e Desenvolvimento Social – SEADS participa do CIC com um serviço chamado orientação social: um funcionário da secretaria é alocado para atender nos postos e realizar orientações e encaminhamentos a respeito das políticas sociais. A orientação pode também ser feita por entidades conveniadas com a SEADS, trabalhando com políticas específicas. Este foi o caso dos primeiros anos de funcionamento do CIC Leste, em que a participação da SEADS deu-se pelo custeio do convênio com a organização Pró-Mulher, Família e Cidadania, especializada na mediação de conflitos familiares, incluindo as situações de violência doméstica. Essa organização desenvolveu uma metodologia de atendimento multiprofissional, utilizando técnicas de mediação de conflitos familiares, pela qual as famílias eram atendidas por assistentes sociais, psicólogos e advogados no CIC Leste, sendo encaminhadas para serviços externos apenas quando o caso exigisse uma intervenção de saúde ou demandasse um processo judicial em varas comuns. A experiência era elogiadíssima pelos gestores do CIC e condizia com a sua vocação de atuar na resolução dos conflitos mais presentes no cotidiano da população do entorno e na prevenção da violência.

A opção pelo tratamento dos conflitos por mediação extrajudicial, incorporando os conhecimentos de psicanálise, serviço social e direito, adequava-se à vocação do CIC para métodos não-penais de resolução de controvérsias. O serviço afinava-se ainda com a tese de que a prevenção da violência deve privilegiar os conflitos interpessoais nos espaços mais cotidianos, como o lar, a vizinhança, a escola – tese esta cara aos idealizadores. O serviço parecia ir muito bem e entusiasmar os gestores e funcionários, captando a simpatia e a colaboração do juiz e do procurador do Estado. Os técnicos da mediação passaram a se relacionar com as lideranças locais e com a escola vizinha, emprestando sua metodologia para a resolução de problemas fora do âmbito doméstico, experimentando atuar nos conflitos dentro da escola.

A mediação extrajudicial profissionalizada tornou-se uma marca do cic, a ponto de ser definida como um de seus objetivos no decreto que o institucionalizou.

Apesar do entusiasmo, o convênio com a Pró-Mulher, Família e Cidadania não foi renovado pela seads e o serviço praticamente se extinguiu. A solução da Secretaria de Justiça foi contratar uma técnica da organização para ser a diretora do posto Leste. Ela continuou realizando alguns atendimentos, mas agora sem o respaldo de uma organização especializada e sem a equipe multidisciplinar, acumulando, além disso, as atividades da direção. Entretanto, sua presença servia para marcar um campo de saberes e práticas no qual o cic deveria estar inscrito. Incansavelmente era afirmada a afinidade entre a mediação e o projeto de criação do cic. Para o procurador do Estado que serviu no Itaim Paulista na fase de implantação do programa, a mediação era definidora do que era o cic. Seu contato com a equipe multiprofissional foi fundamental para rever e reafirmar valores e práticas em relação à sua própria atuação.

Nos outros postos nunca houve o convênio referido. Mas a retórica sobre a mediação extrajudicial de conflitos como uma característica do cic disseminou-se.

Findo o contrato com a ong de mediação, a participação da seads limitou-se definitivamente à orientação social. Embora o governo estadual desenvolva alguns programas próprios na área de assistência social, a maior parte dos recursos e programas existentes é federal. Por força da Constituição, o recurso da União é repassado às prefeituras, que cadastram e selecionam os contemplados. Assim, a atuação do governo estadual na assistência social é marginal. Existiam basicamente dois programas: o Renda Cidadã, para famílias em situação de risco social, e o Ação Jovem para jovens entre 15 e 24 anos que estão fora da escola formal ou em risco de abandoná-la. Ambos também têm seus cadastros gerenciados pelas prefeituras.

O funcionário da seads no cic não tem autonomia para incluir as pessoas que atende em nenhum programa assistencial. Ele só pode informar o usuário sobre os programas existentes e encaminhá-lo para a Subprefeitura, onde é possível realizar o cadastro tanto nos programas federais quanto estaduais.

Motivos político-partidários tornavam inviável uma parceria entre o governo estadual, administrado pelo psdb (1994-2006), e a Prefeitura de São Paulo, administrada inicialmente pelo pp (1992-2000), posteriormente pelo pt (2000-2004), para que o cic realmente pudesse integrar uma rede de órgãos públicos para a assistência social. E mesmo quando ambos os governos estiveram sob o comando do mesmo partido, a partir de 2005, essa parceria também não ocorreu.

A totalidade das demandas de assistência social atendidas pelo cic, na capital, é encaminhada para entidades filantrópicas ou para a prefeitura; daí o serviço chamar-se orientação. O funcionário da SEADS pode também telefonar aos órgãos públicos ou às entidades sociais, buscando fornecer mais informações ao usuário. Embora a informação por si mesma seja uma importante arma na busca da efetivação dos direitos de cidadania, ela nada resolve se o acesso aos programas assistenciais não é disponível.

Uma situação emblemática da precariedade da atuação do programa estudado na área de assistência social ocorreu numa reunião no CIC Sul. A diretora do posto, ex-funcionária da SEADS, pedia ajuda aos participantes de entidades sociais para inscrever uma família em um programa de fornecimento de cesta básica. Como ninguém se manifestou, ela voltou a insistir, relatando a miserável condição da família, com tom dramático. Tratava-se de um agente governamental pedindo socorro às entidades sociais para garantir a uma família a assistência estatal aos pobres, não sendo bem sucedido. A situação observada revela que não funcionam mecanismos institucionais para a garantia do atendimento das demandas de assistência social.

Nessa área, o CIC serve ao analista como uma vitrine para contemplar a insuficiência e a ineficiência das políticas públicas de assistência social, as quais, na visão de muitos, seriam ações importantíssimas para a prevenção da violência.

Em Francisco Morato, a prefeitura participa do CIC realizando as atividades do Cadastro Único, que centraliza o acesso aos programas federais administrados pelos municípios, como Bolsa-Família.

Apenas para que se possam compreender os dados registrados pela Secretaria de Justiça, reproduzidos na tabela 13, anteriormente apresentada, cumpre mencionar que, nas observações de campo, notou-se que o atendimento prestado a uma família na orientação social é registrado segundo o número de pessoas daquela família. Se, como num exemplo coletado, uma mulher comparece com dois filhos e menciona ter um terceiro filho, os dados de todos são anotados para compor a estatística, já que todos estariam sendo beneficiados pela orientação social.

✯✯✯

Com essa primeira descrição sobre como e onde são os Centros de Integração da Cidadania, foram reunidas informações necessárias para a compreensão de como se materializou o projeto de levar «a justiça ao povo». Foram caracterizados os locais de implantação, reconhecendo que o CIC insere-se no contexto da segregação espacial da cidade de São Paulo, oferecendo-lhe a oportunidade de um contraponto. A população destinatária do programa foi descrita por meio de dados que levam a perceber as desigualdades econômicas, sociais e raciais, caracterizando o CIC como um programa destinado à população com precárias condições de vida. Essa população é fortemente atingida por altas taxas de violência e manifesta imenso volume de demandas por solução de conflitos não judicializados.

Talvez pela vivência de conflitos violentos e de conflitos não judicializados, este público revela descrença relativa nas instituições de justiça, desconfiando da discriminação de classe e da interferência da ordem econômica na administração da justiça. Entretanto, a melhoria do funcionamento da justiça, com celeridade, acessibilidade e precisão, é desejada e festejada, sendo o CIC bem avaliado pela população-alvo. Não se verificou evidência de que o programa tenha produzido impacto sobre as estatísticas de crimes contra a pessoa, ao contrário do que veicula o discurso de seus administradores e operadores.

A par da imensa demanda por serviços de justiça, a história da implantação do programa paulista de melhoria do acesso à justiça e segurança mostra o afastamento em relação aos objetivos iniciais, com o declínio da participação das instituições de justiça, ocorrendo a inauguração de postos novos sem os serviços judiciais.

A descrição dos serviços oferecidos aponta para a falta de relevância da prestação de serviço às classes pobres e às regiões de periferia para as instituições de justiça, fazendo do CIC um projeto absolutamente minoritário no interior de cada instituição, recebendo o mínimo investimento em recursos humanos, processuais e técnicos. Foi percebido um desinteresse sistemático na administração pública da conflitualidade típica dessa população, sendo rarefeitos os dispositivos de vigilância, disciplina e normalização dos contingentes pobres da periferia.

O mergulho etnográfico, pautado pela minuciosa descrição de como o projeto de reforma da justiça se materializou, permitiu observar o CIC como o resultado de lutas micropolíticas por sentidos e apropriação de recursos, contribuindo para a sociologia política das instituições de justiça, observadas pelo cotidiano da distribuição desigual do prestígio profissional, pela lógica de investimentos públicos e privados, pelos discursos de verdade que organizam e qualificam as hierarquias. Assim percebe-se que o CIC, imaginado como uma estratégia de colonização do sistema de justiça por discursos dissonantes e reformadores, acaba sendo colonizado pelas lógicas predominantes do sistema de justiça e nos serviços estatais em geral, que garantem distribuição desigual de recursos e direitos entre os estratos hierarquizados tanto econômica quanto simbolicamente.

O CIC é resultado de lutas concretas e simbólicas em que acabam predominando as práticas políticas e organizacionais majoritárias nas instituições de justiça. Exatamente por isso, ele é uma vitrine privilegiada para o estudo do sistema de justiça e das maneiras pelas quais este canaliza, trata, categoriza e administra a conflitualidade. O próximo capítulo é dedicado à análise da administração de conflitos praticada no âmbito do programa estudado.

IV
A administração de conflitos no CIC

ESTE CAPÍTULO APRESENTARÁ os dados sobre os conflitos levados aos Centros de Integração da Cidadania, no município de São Paulo, procurando descrevê-los, e analisará seu processamento pelos diferentes serviços de justiça disponíveis nos postos do CIC Leste, Sul e Oeste.[1] Os dados quantitativos são oriundos do Núcleo de Pesquisas do IBCCrim (2003 e 2006) e os qualitativos são o resultado de um trabalho etnográfico realizado em diversas etapas entre 2002 e 2005.

Um retrato dos conflitos

Em 2005, a equipe de pesquisas do IBCCrim coletou 336 formulários de atendimentos de conflitos nos postos do CIC Leste, Oeste e Sul. Este número não corresponde ao total de atendimentos realizados no período da coleta, não podendo ser confrontado com a estatística oficial, não disponível ao público. Ele, no entanto dá conta de oferecer um retrato fidedigno do cotidiano de atendimento dos órgãos executores do CIC e do tipo de conflito levado a essas instâncias (Haddad, Sinhoretto, Almeida e Paula, 2006).

---

[1]. O posto Norte, inicialmente incluído no estudo, teve que ser excluídos pela ausência dos serviços do Poder Judiciário e Ministério Público.

Na tabela 16 abaixo, observa-se uma predominância de atendimentos realizados pelo Poder Judiciário, não casual. Nos postos observados, onde há Juizados Especiais funcionando permanentemente, eles respondem por boa parte do movimento de usuários que procuram o CIC para resolver conflitos. Os serviços de documentação, acesso à internet e balcão de empregos não foram pesquisados. A grande procura pelo Poder Judiciário deve estar relacionada à constância e à organização do serviço que, desde sua instalação nos postos não sofreu interrupções ou troca de equipes, como ocorreu com o Ministério Público e a Polícia Civil. Observações de 2002 e 2004, anotadas em diário de campo, permitem perceber que promotores e delegados, quando mantém constância no seu atendimento, também são muito procurados pelos usuários.

O Poder Judiciário foi a instância buscada para a resolução do conflito em 54,7% das observações da pesquisa. Das audiências observadas, 61% foram audiências de conciliação do Juizado Especial Cível e o restante, instrução e julgamento (tabela 16).

Tabela 16 – Situações observadas nos postos dos CIC
São Paulo, 2005

Situação Observada	CIC Leste	CIC Sul	CIC Oeste	Total	%
PJ – Conciliação	42	45	26	113	33,6
PJ – Instrução e julgamento	18	31	22	71	21,1
Orientação Jurídica	30	19	25	74	22,0
Ministério Público		38		38	11,3
Polícia Civil	3	20	6	29	8,6
Mediação Comunitária	11			11	3,3
Total	104	153	79	336	100,0
%	30,9	45,5	23,5	100,0	

Fonte: IBCCrim/Núcleo de Pesquisas/Haddad, Sinhoretto, Almeida e Paula, 2006

A orientação jurídica foi também um serviço muito demandado pelos usuários do CIC (21% das observações), embora não seja prestado por um único órgão, sendo às vezes desempenhado por estagiários estudantes de Direito. O Ministério Público também foi procurado, embora estivesse presente apenas no CIC Sul. A Polícia Civil só contava com atendimento diário neste mesmo CIC.

As relações de consumo motivaram a maior procura por serviços de justiça no CIC, correspondendo a praticamente um terço das observações. Conflitos atinentes ao direito de família constituíram pouco menos de um quarto do que foi observado. Somados aos conflitos envolvendo relações de gênero, os conflitos no interior da família atingiram 30% dos casos identificados (tabela 17).

Consumo, família e vizinhança concentraram mais de 68% dos conflitos observados entre os usuários do CIC. Consumo teve um peso maior entre nas situações presenciadas no CIC Leste, já que ali o Poder Judiciário trata basicamente este tipo de causa. No CIC oeste, os acidentes de trânsito dividiram com as ações de consumo a atenção do Juizado, chegando ali a 25% das observações. Isto se deve ao ativismo de uma advogada do sindicato de taxistas da região, presente quase diariamente no CIC Oeste representando seus clientes. Segundo ela, o atendimento daquele JEC é melhor, pois a solução é mais rápida e o serviço bem organizado, sendo preferencialmente escolhido por ela para o ingresso das causas de seus clientes sediados na região oeste da cidade.

Tabela 17 – Conflitos observados segundo o tipo por unidade do CIC
São Paulo, 2005

Tipo de conflito	CIC Leste	CIC Sul	CIC Oeste	Total	%
Consumo/Prestação de Serviço	48	35	20	103	32,4
Família/Filhos/Pensão/Paternidade	6	59	9	74	23,3
Acidente de Trânsito	9	13	19	41	12,9
Família/Gênero	8	9	7	24	7,5
Questões Imobiliárias	10	7	7	24	7,5
Acesso a Serviços Públicos	11	4	5	20	6,3
Vizinhança	3	6	7	16	5,0
Questões Trabalhistas	4	1		5	1,6
Outros	5	5	1	11	3,5
Total	104	139	75	318	100,0
%	32,7	43,7	23,6	100,0	

Fonte: IBCCrim/Núcleo de Pesquisas/Haddad, Sinhoretto, Almeida e Paula, 2006
Obs: O total da tabela é inferior a 336 casos em razão de ausência de informação ou problemas na coleta.

Os casos de família são tratados pelo Judiciário apenas do CIC Sul, por isso, vê-se na tabela 18 abaixo que a maioria deles, no total dos três postos pesquisados, foi canalizada para o Ministério Público e para a orientação jurídica. Este último serviço não promove a representação judicial dos interessados, oferecendo apenas informação, significando que necessariamente o usuário teve que procurar um órgão fora do CIC. De certa forma, a orientação jurídica canalizou os usuários não atendidos pelos outros serviços do CIC. Ainda no CIC Sul, o Ministério Público atendeu a maior parte dos conflitos de família, mas apenas aqueles envolvendo os direitos da infância, deixando para o atendimento policial os casos entre cônjuges, com ou sem violência.

A Polícia Civil atendeu preferencialmente conflitos no interior da família, mesmo aqueles que não envolviam o cometimento de crimes. Atuaram também em questões imobiliárias, os quais também podiam ou não envolver ameaças e agressões entre os litigantes. Embora os casos de família predominassem, a Polícia desenvolve uma espécie de clínica geral de conciliações e orientações, atuando naqueles casos não recebidos pelos outros serviços do CIC.

A demanda por acesso a serviços públicos foi preferencialmente canalizada para a orientação jurídica (tabela 18).

Tabela 18 – Conflitos observados no CIC segundo o tipo por serviço
São Paulo, 2005

Tipo de Conflito	Poder Judiciário	Polícia Civil	Ministério Público	Orientação Jurídica	Mediação Comunitária	Total
Consumo/Prestação de Serviço	90	3		7	3	103
Família/Filhos/Pensão/Paternidade	14	5	32	20	3	74
Família/Gênero	1	8	1	12	2	24
Acidente de Trânsito	40			1		41
Questões Imobiliárias	11	6		6	1	24
Acesso a Serviços Públicos	1	1	3	15		20
Vizinhança	8	3	1	3	1	16
Questões Trabalhistas	1			4		5
Outros	3	1	1	5	1	11
Total	169	27	38	73	11	318

Fonte: IBCCrim/Núcleo de Pesquisas
Obs: O total da tabela é inferior a 336 casos em razão de ausência de informação ou problemas na coleta.

Os conflitos no interior das famílias foram protagonizados preferencialmente por casais, a discutir direitos dos filhos. As questões imobiliárias foram mais vivenciadas nas relações de inquilinato. 49% dos conflitos levados ao CIC referiam-se a relações pessoais, entre casais, familiares ou conhecidos. A outra metade referia-se à impessoalidade das relações de consumo, trânsito e inquilinato (tabela 19).

Tabela 19 – Conflitos observados no CIC segundo o tipo por relação entre as partes
São Paulo, 2005

Tipo de conflito	Consumo	Parentes	Casal	Pais/Filhos	Vizinhos	Inquilino/Proprietário	Conhecidos	Desconhecidos	Total
Consumo/Prestação de Serviço	92	1			2		4	3	102
Família/Filhos/Pensão/Paternidade		9	51	12			2		74
Família/Gênero			18	3		1	2		24
Acidente de Trânsito			1		1			38	40
Questões Imobiliárias			4		2	10	6	2	24
Vizinhança		3			13				16
Acesso a Serviços Públicos		1		2			1	6	10
Questões Trabalhistas							5		5
Outros		1	1				6	1	9
Total	92	14	76	17	18	11	26	50	304

Fonte: IBCCrim/Núcleo de Pesquisas
Obs: O total da tabela é inferior a 336 casos em razão de ausência de informação ou problemas na coleta.

Assim, foi verificada uma tendência do Juizado Especial Cível em tratar conflitos nas relações impessoais, ao passo que o Ministério Público e a Polícia Civil tenderam majoritariamente a canalizar conflitos entre familiares, casais e vizinhos ou conhecidos.

Durante a observação do atendimento, o pesquisador procurava registrar informações do relato das partes sobre tentativas de solução informal antes da procura aos serviços de justiça do CIC, sem interferir com perguntas. Em 43% dos casos foi possível identificar a busca de solução informal anterior. Mas esse percentual foi menor nos casos envolvendo os direitos dos filhos a pensão alimentícia e reconhecimento de paternidade (35%).

Sobre o desfecho, 26,2% foi resolvido por acordo entre as partes. As sentenças judiciais encerraram 18% dos casos observados. 13,8% deles não puderam ser resolvidos no CIC e foram encaminhados para outro órgão. 42% dependeram de outros encaminhamentos e novos atendimentos dentro do CIC, não tendo sido possível apurar seu desfecho no período da pesquisa. Pistas sobre o desfecho podem ser extraídas da tabela que relaciona os serviços observados (tabela 20).

Tabela 20 – Conflitos observados no CIC segundo o tipo por desfecho
São Paulo, 2005

Tipo de conflito	Desfecho				Total
	Acordo	Sentença	Encaminhamento externo	Outros[1]	
Consumo/Prestação de Serviço	36	22	7	28	101
Família/Gênero	1	2	5	11	19
Família/Filhos/Pensão/Paternidade	12	4	12	34	62
Vizinhança	3	2	3	7	15
Questões Imobiliárias	8	2	1	10	21
Acidente de Trânsito	12	17	1	11	41
Acesso a Serviços Públicos	1		6	9	16
Questões Trabalhistas	1		3	1	5
Outros	2	3	2	3	10
Total	76	52	40	122	290

Fonte: IBCCrim/Núcleo de Pesquisas
Obs: O total da tabela é inferior a 336 casos em razão de ausência de informação ou problemas na coleta.
1 Inclui encaminhamentos a outros serviços no CIC, o retorno ao mesmo serviço ou a ausência de desfecho conhecido.

A maior frequência de acordos foi obtida nas relações de consumo. Essas e os acidentes de trânsito foram mais frequentemente resolvidas com sentenças judiciais. As questões de família, imobiliárias e de vizinhança foram as que mais exigiram novos atendimentos, cujo desfecho não pôde ser apurado no período da pesquisa; o que, de certa forma, aponta os conflitos nas relações pessoais como aqueles que demandam intervenções mais específicas, enquanto as relações tipicamente impessoais e facilmente reduzidas à discussão econômica, como trânsito e consumo, encontram desfechos mais ágeis e melhor codificados.

60% das pessoas que procuram o CIC para fazer reclamações junto aos serviços de justiça, na condição de pessoas físicas (98,5%), são mulheres. Quando a parte reclamada é uma pessoa física (62,4%), em 68% dos casos trata-se de um homem. Ou seja, o CIC é um espaço de resolução de conflitos acionado majoritariamente por mulheres que reclamam contra homens e contra empresas.

Partes reclamantes estiveram acompanhadas de advogados em 14,6% dos casos observados e os reclamados foram assistidos em 24,4%. Os advogados dos reclamantes eram do sexo masculino em 58,8%; 70% dos advogados dos reclamados eram homens.

Informações sobre cor e faixa etária das partes foram atribuídas pelo pesquisador que estava observando a situação, sendo, portanto, contaminadas pelo viés subjetivo. 48,4%

dos reclamantes foram descritos como negros e mestiços e 46,8% como brancos. Entre os reclamados, a proporção é de 54,7% descritos como brancos e 42,8% como negros ou mestiços. 49,7% dos reclamantes aparentavam ter menos de 30 anos e 2,6% aparentavam ter mais de 60 anos. Entre os reclamados, 55,9% aparentavam ter menos de 30 anos e 3,7% aparentavam ter mais de 60. Assim, o CIC é um local onde a população feminina residente nos bairros de periferia, negra e jovem busca o acesso à justiça para litigar contra empresas ou indivíduos do sexo masculino de estrato social semelhante.

Todos os operadores dos serviços de administração de conflitos conhecidos durante a pesquisa eram brancos, com larga predominância de homens.

Polícia Civil

Serão apresentadas e analisadas a seguir as observações de caráter etnográfico recolhidas na pesquisa de campo empreendida junto ao atendimento da Polícia Civil prestado nos três postos onde ela foi acompanhada de modo sistemático. Não se verifica uma atuação homogênea, embora o relato dos registros no diário de campo tenha o objetivo de conduzir a investigação pelos fatos e abordagens que se repetem, pelas redundâncias percebidas.

A análise do ritual de administração mobilizado privilegia os papéis e posições assumidos por quem dirige o ritual e pelos seus participantes, buscando conhecer as relações estabelecidas entre eles, as equidades e hierarquias produzidas, a produção e circulação de verdades, a referência a leis, normas, valores e direitos postas em circulação. Toda a leitura do ritual judiciário está orientada pela interpretação oferecida por Antoine Garapon (1997), segundo a qual o espaço, o tempo, a vestimenta, a linguagem e os atos ritualizados dos operadores jurídicos e das partes encarnam valores e relações políticas que orientam o desempenho do ritual e seus efeitos.

CIC Leste – a brasileiríssima polícia de primeiro mundo

Quando o campo desta pesquisa iniciou-se no CIC Leste, em 2002, o delegado atendia muitas pessoas nos dias em que ia ao CIC, duas ou três vezes por semana. Numa jornada registrada no diário de campo, às 10 horas da manhã já havia 22 pessoas aguardando a sua chegada. Segundo o juiz do CIC Leste, tão saudado pelos criadores e entusiastas do CIC, a maior parte da "freguesia" era do delegado e muitos usuários do famoso juizado do Itaim Paulista eram por ele encaminhados.

O delegado era um policial experiente e uma figura incomum. Ingressou na carreira da Guarda Civil, rememorada contemporaneamente por seu prestígio e sua autoridade – até hoje, os policiais e as profissões fardadas da segurança são designadas popularmente como "guardas". Depois, tornou-se membro da Força Pública, policial militar. Ingressou posteriormente na Polícia Civil, mas só assumiu o cargo de delegado nos anos 90. Quando chegou ao CIC, era ainda um delegado recém-ingressado, embora um policial de longa experiência.

Vangloriava-se da polícia preventiva que praticava, "polícia de primeiro mundo". E tinha métodos muito peculiares de resolução de conflitos; na verdade, atualizações criativas de uma forma de atuação policial tão antiga quanto a própria polícia brasileira.

O método "preventivo" é aquele em que o policial atua como um terceiro numa disputa entre duas partes, dando-se a resolução do conflito por vias informais, com a ajuda de expedientes de resolução estranhos à lei. Não são propriamente procedimentos ilegais, mas mobilizam um ritual e um referencial normativo que não têm nenhum amparo nas normas penais, cíveis ou constitucionais ou no ritual judiciário clássico (Oliveira, 2004; Mingardi, 1992; Bretas, 1996; Kant de Lima, 1995, 2004).

Muitos nomes poderiam ser atribuídos ao referencial normativo que orienta a conduta dos policiais à frente de sua "função preventiva": *costume*, conceituado pelo historiador social E.P. Thompson (1998); *habitus*, como para o sociólogo Pierre Bourdieu (1989); *lógica-em-uso* para o sociólogo Antônio Luiz Paixão (1982); *cultura jurídica* ou *saber policial* para o antropólogo Roberto Kant de Lima (1989, 1995); *cultura policial* para o historiador Marcos Bretas (Bretas e Poncioni, 1999). A aplicação desses conceitos, alguns teoricamente mais sofisticados, outros mais instrumentais para a pesquisa de campo, indica ser esse referencial normativo orientado por disposições mais gerais que estabelecem padrões à ação da polícia que não são globais para toda a sociedade, mas específicos do grupo policial; não estão referidos à universalidade da lei, mas com ela interagem, a ela se referem, apropriando-se de conteúdos da lei considerados válidos pelo saber interno; e ignorando, ocultando – ou declaradamente transgredindo – outros conteúdos da lei. Isto é, a prática policial, como indicam os conceitos mencionados, tem autonomia relativa a outras áreas da cultura e a outros grupos sociais, mesmo que a formalidade e a autodescrição pública representem o contrário. Autonomia porque sua prática não é permanentemente referenciada a valores externos, ao contrário, ela constitui um *campo*, na acepção de Bourdieu (1989). É relativa, na medida em que todo *campo* também o é: guarda ligações estruturais com relações políticas e econômicas, embora todo campo tenda a ocultar sistematicamente essas determinações externas.

No caso deste delegado, a cultura jurídica policial associa-se ao seu *habitus* de evangélico da Congregação Cristã no Brasil. O que o faz por em circulação um discurso de verdade, para retornar a Foucault (1987, 1988), e assumir um desempenho corporal (Butler, 1997) de um policial preventivo e cristão. O policial preventivo é de uma calma inabalável, fala mansa, tom baixo. O policial cristão pontua suas frases com o bordão "Deus te ama", repetido centenas de vezes num dia.

Embora trabalhe longe de uma estrutura de delegacia, o policial preventivo do CIC é bem articulado fora de sua sala: ele se comunica com os delegados dos distritos da região, almoça com eles, os visita, relaciona-se com radialistas da região e com toda sorte de entidades religiosas cristãs, como pastorais católicas, asilos, creches, entidades de assistência social controladas por padres, freiras e irmãos evangélicos. Relaciona-se também com as entidades sociais do bairro. Articula-se com políticos, e em 2002 estava pleiteando uma vaga numa lista partidária para concorrer ao cargo de deputado. Exercendo sua "polícia de primeiro mundo", estava em plena campanha eleitoral. Campanha esta que o afastou do CIC. E ele acabou não conseguindo disputar a vaga.

Enquanto esteve no CIC ouviam-se apenas elogios à sua atuação preventiva. Muitas vezes foi comunicada a ideia de que o delegado do CIC, ou um delegado no Itaim Paulista "tem que saber trabalhar". Nunca se explicita claramente o que isso quer dizer – faz parte da relação da população com a polícia nunca explicitar o que é ser um bom policial. Mas as pessoas sabem reconhecê-lo. O bom policial tem que ter um "bom conhecimento" do local em que trabalha, conhecimento evidentemente empírico. Um cabo da Polícia Militar, também muito experiente, assim descreveu a habilidade policial de "saber trabalhar" referindo-se ao delegado:

> O trabalho aqui era muito bom, porque se a pessoa não respondia aos convites para comparecer em audiência, o delegado ia buscar. O delegado aqui tem que saber trabalhar. Tem que saber a hora de se impor e tem que ter um bom conhecimento. E tem que saber escrever, escrever carta para o governador, carta para o secretário. Isso aí é muito importante. Carta para os deputados.

A audiência a que se refere o cabo não é judicial. É o procedimento informal e ritualizado da polícia preventiva, ou seja, o mesmo procedimento extrajudicial da polícia classicamente descrito por Luciano Oliveira (2004).

O "saber trabalhar" é tão específico que se tornou tarefa quase impossível substituir o delegado do CIC Leste, ou alocar delegados "com perfil" nas outras unidades inauguradas. Afinal, a relação carismática é da ordem do irracional e não pode ser rotinizada (Weber, 1999). O diálogo a seguir foi presenciado na sala do delegado no CIC, entre ele e um radialista da região:

> — Não esqueça de falar no meu nome! — recomendou o delegado.
> — Falo todo dia. Agora vou dizer: se o senhor sair daqui vai ficar uma la-cu-na, para usar uma palavra que não é muito usada. Se o senhor sair daqui, não há quem o substitua.
> — Já tem quatro CIC e vai ter mais 10 e já está difícil arrumar alguém no perfil.
> — É, porque tem que saber conversar, saber entender e saber a hora de descer a porrada também, porque se passa muita manteiga, os caras querem sempre! — teorizou o radialista.

A sala do delegado e o ritual de atendimento, de certa forma, reproduziam o ambiente de um plantão policial. Várias pessoas eram chamadas ao mesmo tempo para a sala e aguardavam num banco a sua vez, enquanto iam escutando e se inteirando das outras histórias e do modo de proceder do delegado. Se o investigador estivesse presente, também ele realizava atendimentos simultâneos, na mesma sala, o que fazia quatro ou cinco pessoas conversarem ao mesmo tempo. O telefone tocava constantemente e tinha primazia sobre o presente. Quando sua vez chegava, sempre depois de considerável espera, o usuário era convidado a sentar-se na cadeira à frente da mesa do delegado. O ambiente aparentemente caótico era, contudo, ordenado para a centralidade do delegado na cena. Ele podia comandar a entrada e a saída das pessoas. Com gestos e postura podia chamar a atenção de todos para si e silenciá-los. Podia pedir que todos se retirassem um instante e atender alguém a portas fechadas.

O atendimento inicia-se com um "e então?", ou "vamos lá!", ou ainda "em que posso ser útil?". Mas a concessão de fala não garante o direito de fala. O usuário pode ser interrompido em sua narrativa antes mesmo de terminar a primeira frase, e isso pode ocorrer inúmeras vezes, sem restrição. Mas em algum momento, acontece. O delegado se solidariza, elogia a integridade moral do interlocutor, expressa confiança em sua boa fé, coloca-se como caminho para a resolução, revela sua conexão com um sistema mais amplo: o juiz, a polícia, Deus. Tudo vai se resolver porque o trabalho ali é especial, as partes são pessoas honradas e Deus ama a todos.

Num dia de trabalho, o delegado podia conversar com meia centena de pessoas, ao vivo ou ao telefone, desempenhando uma postura que combinava técnica profissional, proselitismo religioso e campanha eleitoral. Um breve relato dos casos registrados no diário de campo pode ajudar a compreender do que se trata o trabalho "preventivo" da polícia no CIC.

O caso 1 referia-se a problemas com documentação irregular de um carro comprado pelo reclamante sem a transferência da propriedade. O veículo foi apreendido pela polícia e o reclamante passou a noite na delegacia, sem conseguir liberá-lo. O delegado fez contas para saber quem era plantonista e quando estaria novamente no distrito, prometendo telefonar-lhe e interceder. Pediu para ver o documento do carro e percebeu que estava em nome de outra pessoa, esclarecendo a necessidade de transferir a propriedade para não prejudicar outras pessoas e encorajando o reclamante:

— Você é um cabra macho e não pode andar com as coisas mal-feitas.
— Mal-feita não, que eu sou honrado! — retrucou o dono do carro.
— Então, mais um motivo para você fazer a coisa certinha! Mas eu vou te ajudar. Eu vou.

Prosseguiu na conversa até o homem concordar em transferir o documento, ressalvando não querer o veículo em seu nome, para não assumir problemas anteriores. O delegado encerrou o atendimento: "Eu te conheço, Francisco, vai sair tudo certo. Deus te ama!"

Para a solução foi acionada uma referência à honra, ao *ethos* masculino, de "cabra macho". Não se falou em lei, embora a orientação tenha sido no sentido de cumpri-la, não por se tratar de norma positivada, mas para fazer "as coisas certas", não prejudicar outras pessoas, como cabe a um homem honrado e macho. Houve a empatia, o elogio, o compromisso de ajuda e o homem concordou com uma resolução parcial do conflito.

No caso 2, um homem apresentou-se em roupas de trabalho, com as mãos sujas de graxa. Houve uma colisão, seu carro estava na funilaria de um vizinho, ele pagara algum dinheiro, mas o funileiro estaria cobrando R$ 4.000,00, que ele não possuía, nem achava justa quantia. O delegado fez uma intimação e orientou o reclamante a entregá-la ao funileiro vizinho, dizendo que alguém a havia deixado e não sabia do que se tratava. No dia marcado, os dois tentariam fixar um acordo na presença do juiz.

O atendimento do caso 2 foi interrompido por um telefonema pedindo a intervenção do delegado junto ao trâmite de um falecimento, no qual os familiares consideravam excessiva a demora para a liberação do corpo pelo hospital e tentavam evitar a autópsia. O delegado explicou o procedimento do serviço de verificação de óbitos e esclareceu que a única maneira de evitá-lo seria um médico da família atestar a morte, evitando assim "cortar o velhinho".

O caso 3 deveria ser uma audiência para tentar um acordo, mas a parte intimada não compareceu. Tratava-se de um comerciante que vendeu tapetes, mas não recebeu o pagamento. O delegado e o investigador visitaram a outra parte, mas não conseguiram acordo. A outra parte acionou também um policial civil, o qual ligou para o delegado do CIC. O delegado optou então por encaminhar o comerciante ao Judiciário: "nós temos um juiz aqui." Evidenciam-se os usos que a população faz da Polícia Civil: as duas partes podem recorrer a ela na defesa de seus interesses. E o policial do CIC não apenas corresponde a este uso, como se interpõe como caminho para uma resolução, em razão de sua conexão com um sistema mais amplo, expressa pelo juiz que está ali.

O caso 4 foi uma audiência bem sucedida, firmando-se o acordo. Chama a atenção pelo procedimento tipicamente policial de resolução aplicado. Envolve dois homens em desacordo por uma dívida, os quais se apresentaram ao delegado com roupas muito simples, o devedor de bermuda e chinelo, os pés muito sujos. Este havia oferecido ao credor uma promissória assinada por outra pessoa, que não foi saldada. Não havia consenso sobre o valor devido, vez que o devedor afirmava já ter pagado parte da dívida; o credor cobrava alguma correção pelo transcurso do tempo. O devedor ofereceu um parcelamento de R$ 100,00 por mês, o credor achou "difícil". O delegado informou que o acordo seria transcrito no papel, na frente do juiz. Explicou a um que o dinheiro se desvaloriza com o tempo, "um agiota cobraria juros", explicou ao outro que, para quem ganha pouco, pagar a quantia mensal significa um sacrifício. Diante das resistências silenciosas de ambos, o mediador acionou um desempenho tipicamente policial, dirigindo-se ao devedor:

— O Ministério Público sabe que você tem o desmanche?

— Não, senhor.

— Você compra carro de quem?

— Carro velho e que dá baixa.

— Como é o seu apelido?

O devedor respondeu e o delegado já interpôs mais uma pergunta, com ar de intimidação, sobre a localização do desmanche. O delegado fez uma pausa de suspense e declarou conclusivo:

— Você pode pagar R$ 150,00 por mês.

— Não posso, doutor!

— 120, então. Dez vezes de 120.

O devedor acabou acedendo, para encerrar a pressão e evitar que sua situação transitasse de uma dívida para uma ação criminal por causa de alguma irregularidade no desmanche, ramo de atividade associada, no senso comum e no saber policial, ao roubo de carros. O procedimento é tipicamente policial por acionar a possibilidade de mobilizar o tratamento criminal do conflito, como uma ameaça: firma-se o acordo ou arca-se com o peso da investigação policial e da repressão criminal. A tática policial consiste em lançar uma informação, supostamente privilegiada, para colher outra ainda não revelada. É o popular "jogar verde para colher maduro". O delegado não sabia a localização do desmanche, mas sugeriu conhecer o ramo de atividade e a ilicitude no negócio. Advertiu sobre o poder de conhecimento e ação da polícia. Tudo sem expor uma acusação formal. Trabalhou apenas com os sentidos implícitos e os subentendidos. Mostrou que "sabe trabalhar", sabe "endurecer quando é preciso". Mais um acordo firmado, mais um conflito resolvido com rapidez, baixo custo, acessibilidade, descentralização e proximidade com a linguagem das partes e seu universo cultural. Um reforço para a estatística de acordos firmados e casos resolvidos, sem recurso ao uso da força física. Só não se pode dizer ter-se tratado de uma mediação pautada na transparência, no equilíbrio de forças entre cidadãos livres e iguais, dialogando e produzindo o consenso. A solução do conflito surgiu da imposição de um poder maior, irrecorrível; o poder estatal que se ramifica num lado obscuro da relação social. E dificilmente traduzido nos termos de uma relação de cidadania. Na primeira tentativa do acordo, uma conexão com o juiz foi acionada, sem provocar o efeito esperado; é a conexão com o sistema civil, onde os homens livres e iguais entram em acordo exercendo sua racionalidade, estabelecendo entre si reciprocidades (um paga os juros, o outro aceita um parcelamento de longo prazo). Outra conexão foi acionada, então, com o Ministério Público e a atuação penal do Estado, onde a liberdade e a igualdade individuais já não têm o mesmo significado, tratando de fazer pesar sobre o indivíduo a mão firme do Estado. O indivíduo, então, aceita negociar com o poder punitivo do Estado. Isto diferencia a resolução policial de todas as outras mediações presenciadas no CIC.

O caso 5 também é expressão do estilo policial de mediação de conflitos, novamente tratando-se de uma dívida ligada ao comércio, em que um comerciante "emprestou seu nome" a outro, isto é, cedeu o uso da razão social para algumas transações, porém as dívidas contraídas não foram quitadas e o comerciante não queria assumi-las. O delegado anotou o nome do acusado e determinou a seu auxiliar que verificasse os antecedentes criminais. Enquanto aguardaram, atendeu outro caso. Obtida a resposta, soube-se que o acusado "tem passagem, mas não é procurado, então ele vem aqui". Enquanto a intimação era preenchida, o reclamante esclarecia que as dívidas somam R$ 100 mil, e o delegado informou o limite do juizado em ações até 40 salários mínimos (R$ 8 mil). Mesmo assim, o reclamante levou a intimação, provavelmente na expectativa de conseguir, por intermédio da polícia, aquilo que não seria possível através do Judiciário. Novamente, o ritual de resolução do conflito refere-se à manipulação do poder coercitivo do Estado sobre o indivíduo para com ele negociar o pagamento de uma dívida (contraída num contrato livre entre indivíduos) em troca de não ser molestado pela polícia em razão de seus antecedentes criminais, os quais, numa corte cível nunca poderiam ser mobilizados como pressão contra o reclamado.

No caso 6, um casal idoso compareceu respondendo a uma intimação. São proprietários de uma "casinha", recebida como herança, invadida por uma mulher com suas quatro crianças. O delegado propôs encaminhá-los ao juiz para a realização de um acordo, prevendo trinta dias para a desocupação "por causa das crianças, até que nós aqui arrumemos um lugar para ela". A mulher, porém, não compareceu à audiência agendada, por isso, o investigador foi buscá-la na viatura para que o acordo se realizasse ainda naquele dia. O casal externou preocupação com o relógio de água rompido e as possíveis consequências. O delegado sugeriu um boletim de ocorrência de preservação de direitos, sendo informado que a alternativa já tinha sido tentada, mas recusada pelo delegado do distrito policial. O doutor, então, os reconfortou afirmando que se o acordo fosse firmado, eles ficariam resguardados juridicamente. O casal saiu com a viatura em busca da mulher. Voltaram com ela e foram atendidos no juizado, onde o acordo foi firmado, já no fim do dia. Antes de sair, foram agradecer o delegado pela boa solução encontrada, esperando que "a moça consiga seguir o caminho dela". O homem felicitou-se de terem sido muito bem atendidos. O delegado pôs a mão em seu ombro, fechou e abriu os olhos, dizendo:

— Eu tenho certeza de que conversei com um homem honrado. Esse é o tratamento que um homem honrado merece. Toda vez que precisar, me procure. Tome aqui o meu cartão.

— Ah, é bom mesmo, eu ia mesmo pedir.

— Vai com Deus.

— Amém.

Novamente o referencial de honra masculina tomado como medida de justiça, havendo um tratamento adequado aos homens honrados e, por consequência, outro tratamento a quem não corresponda a essa classificação. Quanto à eficiência do tratamento recebido, de fato, em nenhuma instância da justiça cível do país a parte reclamada seria conduzida prontamente numa viatura policial a fim de assinar um acordo assegurando a reintegração de posse.

Dois últimos registros do diário de campo ilustrarão o espaço do proselitismo e a intensa contaminação pela vida privada na atividade pública. Tendo já recomendado ao radialista que divulgasse seu nome, e tendo distribuído seu cartão, ainda ao telefone, o delegado deu resposta a um usuário: "se eu já fui candidato? Eu não, eu não gosto de política". Mas além de campanha eleitoral, fazia também campanha religiosa através de sua atividade pública.

Um usuário aguardava atendimento à sua frente, enquanto o delegado combinava ao telefone uma palestra sobre o Estatuto da Criança e do Adolescente e a liberdade assistida na Obra Social Dom Bosco, uma entidade católica que prestava serviços à Febem. Procurava outra data para mais uma palestra com a mesma entidade, mas tinha dificuldades de agenda: estava muito ocupado com a organização da passeata pela paz com o Padre Ticão e o Padre Rosalvino – a quem elogia "pelo trabalho que orgulha a Zona Leste", findando a conversa.

O homem à sua frente disse conhecer o Padre Ticão. Mas não pôde prosseguir em razão de mais um telefonema atendido: era a irmã Rosa do asilo. Nisso, entram na sala duas mulheres de cabelos e saias longos, seguidoras da estética evangélica, saudando a todos: "a paz de Jesus". A irmã Rosa foi chamada a comparecer numa delegacia e está pedindo a intervenção do doutor para esclarecer o caso.

O delegado ouviu então o usuário, redigiu a intimação e acrescentou que se a parte reclamada não comparecesse, os policiais iriam buscá-la, "porque estelionatário é mais complicado, tem que tratar com mais dureza". Perguntou se outras vítimas da mesma pessoa eram conhecidas e orientou para trazê-las também no dia marcado, pois "conforme for, ele já sai daqui devidamente processado". A filha do usuário, que o acompanhava, perguntou ao doutor:

— O senhor é da Congregação? — recebendo resposta afirmativa, continuou:
— Meu namorado também é.
— E você não?
— Eu acompanho ele.

O pai se queixou: "aos poucos ela está deixando a nossa igreja". O delegado se interessou e soube que o pai trabalha na diocese da Igreja Católica, porém dirigiu-se à jovem:

— Mas você gosta de acompanhar seu namorado?
— Gosto.
— Isso que é importante.
— A gente tem que procurar Deus.
— Amém.

Na saída, o pai cumprimentou o delegado pelo bonito trabalho. As duas mulheres da saudação religiosa foram atendidas. Uma delas iniciou também o elogio ao trabalho do delegado, dizendo sobre o CIC:

> é muito bom porque tem muitos coitadinhos que não têm nem quem atende eles. O senhor é muito bom porque tem amor aos pobres. É a obra de Deus aqui, porque Deus ama muito aos pobres. O dia em que acabar os pobres, acaba a obra de Deus.

Ela convidou-o a tomar um café em sua igreja. O delegado se disse atarefado com a campanha pela paz e fez um longo discurso sobre a situação da segurança, o despreparo da polícia, o benefício a ser trazido pela unificação das duas polícias, a necessidade de aumentar o efetivo, com a "qualidade dos bons profissionais". Com a palavra, a irmã (como ele a tratava) contou que seu marido morreu. O delegado ofereceu condolências, confortando-a: "agora sabemos onde ele está". Ela tentava receber o resgate de um seguro de vida e ele indicou um advogado:

> Vou pôr o doutor ... para cuidar disso, advogado bom, briguento! Esse advogado é daquela associação do delegado social.

Os membros da referida associação frequentavam o CIC, identificando-se como "delegados sociais", ligados ao «trabalho social» do delegado. Não houve tempo hábil para esta pesquisa esclarecer quem financiava a associação e no que consistia exatamente a atividade de "delegado social". Também não foi possível verificar no que consistia a «dureza» propalada no tratamento dos estelionatários, pois o dia acompanhado pela pesquisa foi um dos últimos do delegado no CIC. Inicialmente, foi transferindo por motivos políticos, devido à sua campanha eleitoral; posteriormente, teve-se notícia, no CIC, de seu afastamento da Polícia Civil por envolvimento em atividades ilegais, incluindo a suspeita de homicídio.

Note-se que o trabalho preventivo da polícia desenvolvido no CIC Leste – tido como referência para o programa – lidava basicamente com questões patrimoniais ligadas ao comércio de automóveis e dívidas, de acordo com aquilo que pôde ser presenciado. São conflitos surgidos em decorrência da circulação informal de dinheiro. A polícia ainda orientava usuários diante de procedimentos administrativos, como falecimentos, e nas relações com a própria polícia, como a irmã que queria informar-se sobre o procedimento diante da intimação recebida, como também no caso 2. Mas a predominância é dos conflitos do mercado informal, cuja instância de resolução também é informal, embora possa guardar conexões com a justiça formal, como quando o acordo é firmado na presença do juiz. No entanto, isso não torna o ritual de negociação da polícia preventiva semelhante ao rito judicial de acordos sobre quebras de contratos legalmente estabelecidos. A polícia até pode mimetizar o ritual de produção do consenso entre indivíduos livres e iguais, balizando suas condutas pelas normas escritas; mas sua eficiência na produção de acordos está justamente na ambiguidade de estabelecer conexões com dois sistemas diferentes: ela pode mimetizar o ritual da justiça civil, mas constantemente ameaça a mobilização do ritual penal, invoca o perigo da perseguição do Estado sobre o indivíduo. Essa ambiguidade é, na verdade, o "saber trabalhar" ao qual se referem os apoiadores do trabalho policial preventivo: é saber quando se deve aplicar um ou outro ritual de administração do conflito, quando se deve "conversar" e quando se deve "endurecer". Esta escolha será orientada pela posição dos sujeitos na hierarquia social, que tem os homens honrados, cristãos, no topo e estelionatários, proprietários de desmanches, pessoas com antecedentes criminais, mulheres sem moradia em posições inferiores. A economia informal tem na polícia seu espaço privilegiado de resolução de conflitos em razão desta sua ambiguidade.

Assim entende-se que comerciantes, mesmo lidando com quantias altas, preferem a ação da polícia à intervenção da justiça formal, como no caso do "empréstimo de nome" da sua empresa. Mesmo se tratando de um negócio informal, já que o próprio "empréstimo de nome" é uma transação à margem da lei, ele ainda poderia ser reconhecido na justiça civil, com um acordo entre iguais firmado com a chancela do Estado. Mas parece interessar muito mais ao comerciante a solução policial, na medida em que ela possibilita acionar o poder do Estado penal contra o seu opositor, sem os riscos que ele próprio estaria sujeito estando também à margem da lei. Assim, os negócios firmados à margem da lei são resolvidos por negociações à margem da lei; mesmo a intervenção do Estado na resolução de um conflito não assegura a formalização dessa economia.

Mesmo para quem não está à margem da lei, o poder ambíguo da polícia é interessante, por permitir expedientes de resolução proibidos à justiça formal, como a condução "coercitiva" da parte oponente. A justiça formal não tem o poder de mandar buscar o reclamado e trazê-lo à presença do juiz imediatamente. No caso 6, uma ação de despejo ou de reintegração de posse tramitaria por longos meses, ao passo que o ritual policial durou algumas horas até assinatura do acordo, graças ao poder de uma viatura policial. Daí a ambiguidade da polícia na resolução dos conflitos corresponder aos usos que a população faz desse serviço. As pessoas procuram a polícia preventiva porque veem nela um espaço de resolução de conflitos diferente dos outros, melhor do que outros – basta prestar atenção aos elogios endereçados constantemente ao delegado. Verifica-se aquilo que Marcos Bretas (1996) também já havia verificado a respeito da satisfação da expectativa popular quanto ao poder ambíguo da polícia: as pessoas a procuram porque vêem a eficácia da sua atuação e porque desejam atrair o poder da polícia para a defesa de seus interesses particulares. Em dois relatos aqui comentados, ambas as partes do conflito invocam a polícia para a sua defesa, como no 3 e na situação da irmã que telefonou ao delegado porque foi intimada a ir a um distrito policial.

Significa que o trabalho preventivo da polícia, de característica ambígua, se desenvolve ao longo das normas positivadas e não contribui para o reforço da ordem jurídica (de fato, não se viu o delegado invocar jamais a lei), não contribui para a comunicação das virtudes de um Estado de direito (ou pelo menos de um direito liberal). Mas corresponde à expectativa dos que procuram o espaço para a resolução de seus conflitos.

O sociólogo não pode deixar de observar que o serviço preventivo da polícia no CIC serve sim à população dos bairros distantes da periferia. Os usuários do CIC geralmente moram no bairro ou na vizinhança, com condições sociais semelhantes. Mas de maneira nenhuma as relações estabelecidas entre si, ou firmadas por intermédio da resolução policial do conflito, apontam para a igualdade entre eles. Neste espaço, nunca se representa um discurso de identidade da pobreza ou da periferia. Ao contrário, como já se disse, uma hierarquia é desempenhada, mesmo que ela não possa ser enxergada pela elite que concebeu o CIC. O discurso sobre a comunidade da periferia aparece em todas as falas dos criadores e dos gestores do CIC, mas essa comunidade não é referida e nem representada na sala do delegado, a não ser que ela possa servir à operacionalização da hierarquização constante, como no caso da irmã que louva o trabalho do delegado junto aos "coitadinhos" e aos pobres, destinatários daquele serviço, aos quais, certamente ela não pertence.

Desde 2002, o CIC Leste nunca mais teve um delegado com tal entrosamento com o serviço, os sucessores já não se dedicaram à atividade de administração de conflitos e resta uma saudade daqueles tempos na voz dos interlocutores desta pesquisa.

CIC Oeste – Atividade gratificante e descriminalizadora

No período de atividade de campo houve oportunidade de contato com dois delegados do CIC Oeste, uma jovem em 2002 e um delegado já com alguma experiência em 2005. Ambos foram muito incisivos em comunicar a mensagem de gratificação pelo trabalho preventivo desenvolvido no CIC, o qual, além de tudo afinar-se-ia com a tendência descriminalizadora que propõe reservar o tratamento penal apenas para as questões mais sérias, resolvendo por métodos conciliatórios os pequenos conflitos, apelando para o bom senso e a racionalidade. Por vezes, quando o conflito é familiar, apela-se para a afetividade, a fim de reunir uma família, neste momento então, a gratificação é enorme e vivo o sentimento de servir a uma causa nobre.

Apesar da nobreza e da gratificação, a delegada de 2002 aproveitou rapidamente uma oportunidade para ser alocada em outro posto de maior prestígio, o mesmo ocorrendo com seus sucessores. O delegado conhecido em 2005 preconizava o caráter descriminalizador do atendimento policial no CIC, mas não se furtava ao uso do poder ambíguo de resolução da polícia.

Conhecendo as ligações da pesquisadora com o IBCCrim, rapidamente pôs sobre a mesa uma pilha de boletins do Instituto, citou associados e procurou demonstrar seu compartilhamento das teses do direito penal mínimo: "é a saída; precisa desafogar os distritos policiais e a polícia cuidar das coisas mais sérias". As coisas menos sérias das quais se ocupa, seriam ligadas a moradia, despejo, alcoolismo e embriaguez, problemas com drogas. Mesmo assim, ele estava pleiteando o acesso a um terminal do Infocrim, a fim de mapear as ocorrências criminais da região. Afirmou ainda manter contato com o serviço reservado da Polícia Militar e com os delegados da área, a fim de obter um perfil criminal da região e "levantar os pontos de drogas", informações que julga relevantes para a ação preventiva. Comentou a ausência de cativeiros de sequestros no entorno, evidenciando que seu cotidiano é o de lidar com as "coisas menos sérias", mas seu olhar está voltado para a grande criminalidade, como o tráfico de drogas e o crime organizado.

Procurou demonstrar-se interessado na interface entre o Direito e a Sociologia, já que, a seu ver, muito do que atende são "casos sociais, mas que têm uma interface no Direito", daí a necessidade de conhecer e estudar os autores da Sociologia – o que, se nota, ele não faz. Considera uma das importantes contribuições da Sociologia para seu trabalho o desvendamento das relações entre criminalidade e meteorologia. O delegado incansavelmente justificava a baixa procura por seu serviço nos dias de observação de campo em virtude do clima: a Criminologia já teria comprovado, e as estatísticas também demonstrariam, que nos dias frios a criminalidade diminui, aumentando nos dias quentes. É por esse motivo, segundo ele, que nas cidades mais quentes cometer-se-iam mais homicídios, como em Recife, ao passo que nos lugares frios, como Santa Catarina, a criminalidade seria baixa. Em sendo assim, nos dias frios, como diminuiriam os índices de criminalidade, a procura pelos serviços da polícia também diminuiria. Voltando assim, a vincular sua atividade ao trabalho clássico da polícia no controle da criminalidade.

O diário de campo registrou o atendimento de seis casos em uma jornada, sendo cinco deles ligados a problemas cíveis e apenas um envolvendo propriamente delito criminal, com ameaças à pessoa e danos patrimoniais. Nos primeiros, a intervenção policial deu-se apenas como alternativa à intervenção clássica do direito civil, servindo a polícia como uma das vias de acesso ao sistema de justiça. Novamente se poderá observar a ambiguidade do «trabalho social» da polícia relatada na análise do cic Leste.

No caso 1, uma mulher procurou o delegado para fazer um BO porque o síndico do prédio em que mora cortou o fornecimento de água, alegando atraso no pagamento. Ela disse ter pagado, mas não ter recibo. O delegado esclareceu o enquadramento: apropriação indébita, já que síndico é obrigado a fornecer recibo, de acordo com interpretação adaptada da Lei do Inquilinato, segundo a qual a recusa em fornecer recibo de pagamento constitui infração. Toda a explicação foi feita para a pesquisadora e não para a usuária. Orientou a mulher a procurar o Juizado para obter uma liminar com base no Artigo 5º da Constituição, que assegura o direito à vida. Ligou para o Juizado e se certificou de que o procedimento poderia ser feito mesmo sem a apresentação dos recibos de pagamento. A usuária informou já ter encaminhando a liminar junto ao Juizado. Mesmo assim, o delegado decidiu intimar o síndico, por haver indício do cometimento de três crimes:

apropriação indébita, exercício das próprias razões e não dar recibo. Acrescentou que no Juizado tramitaria a ação de obrigação de fazer e, na polícia, "a gente já reforça isso". A mulher iniciou o choro, dando detalhes sobre o conflito entre ela e o síndico, acrescentando estar desempregada e não se recusar a pagar, porém não ter o dinheiro. O delegado respondeu reiteradamente com a frase: "o caso da senhora já está bem encaminhado". Orientou-a a trazer os documentos do imóvel. Na saída, ela manifestou incômodo em levar o vizinho à polícia, mas o delegado a apoiou ao dizer que o síndico não poderia ter feito o que fez.

O síndico compareceu no dia agendado. O delegado mudou completamente sua perspectiva ao ouvi-lo e constatar o atraso da reclamante em pagar suas parcelas do condomínio. A situação inverteu-se completamente, passando o síndico a ser vítima de má pagadora, em cuja casa moram muitas pessoas, incrementando a conta de água. O caso foi dado por encerrado, aguardando-se a audiência do Juizado para acordo sobre os atrasados.

É interessante notar o procedimento de incriminação constante de todas as condutas: ao ouvir o relato da reclamante, o delegado vai traduzindo cada nova informação em um tipo penal e, ao final do relato, diversos crimes são identificados num conflito bastante comum nas relações de condomínio. Paradoxalmente, o delegado considera sua atuação descriminalizante e afinada à aplicação mínima do direito penal, mas pratica a sua extensão máxima, até mesmo para os conflitos de natureza cível, já regulados por outras esferas do direito. Como não são obtidas as provas do cometimento dos crimes aventados, a atuação policial se encerra, sem que as partes possam celebrar um consenso. Antes de optar por conduzir uma negociação entre indivíduos livres e iguais, a polícia optou por invocar sobre o indivíduo a pressão do Estado: mesmo numa ação cível a correr no Juizado, "a gente já reforça isso", comunicando a ideia de que a ameaça penal pode ser um facilitador da aceitação do acordo.

Diante de visões contraditórias como as apresentadas pela mulher e pelo síndico, vê-se que o atendimento policial não tem vocação para negociação de uma visão consensual: ou mulher está certa, é vítima de uma série de pequenos crimes; ou ela está errada e é desqualificada, destratada. Enquanto era vista como boa pagadora e honrava seus compromissos financeiros, mesmo desempregada, estava com toda a razão e todo o direito a seu lado. Quando foi revelada como má pagadora, agente econômica incompetente, rapidamente perdeu qualquer direito, passando à condição de ré.

O caso 2 refere-se a duas mulheres representando dezesseis famílias moradoras do mesmo quintal, em conflito com uma vizinha negligente com seus cinco filhos, os quais provocavam inúmeros problemas de convivência e segurança, cometendo incêndios e atirando objetos contra pessoas. As reclamantes fizeram um abaixo-assinado no quintal e telefonaram para o CIC a fim de serem recebidas pelo delegado.

Assim começaram a narrar suas dificuldades: "estamos com uma senhora no nosso quintal que usa droga". Durante a noite recebe visitas de pessoas estranhas. "As crianças dela ficam lá dando trabalho para todo mundo. As crianças aprontam e até a polícia já não quer mais saber, porque eles desacataram até o capitão". No domingo anterior, uma das reclamantes e a vizinha indesejada haviam lutado fisicamente. A reclamante fora ao distrito policial, onde foi lavrado um BO e a "obrigaram" a ir a um pronto socorro para fazer sutura, por isso ela tinha o braço enfaixado.

O delegado disse que ia anotar uma ocorrência de conflito de vizinhos e, se fosse o caso, posteriormente, uma acusação por tráfico de drogas. E perguntou às mulheres: "ela usa ou também faz função?". Elas não compreenderam o significado exato da pergunta e ele repetiu perguntas sobre atividades de tráfico. Elas negaram, a vizinha era só usuária. Perguntou então por que não procuravam o Conselho Tutelar (CT). Elas respondem já tê-lo feito, as crianças teriam ido para um orfanato, de onde fugiram, não podendo o CT fazer mais nada. Já telefonaram à Vara da Infância e Juventude, sendo novamente orientadas a procurar o CT. Ouvindo o relato, o delegado afirmou tratar-se de um crime de abandono material.

Elas se animaram e recomeçaram a narrar: "os filhos dela bagunçam demais. Jogam fralda de cocô no quintal!"

O delegado perguntou se a acusada usava os filhos para pedir dinheiro em faróis. Elas respondem que agora não mais, pois o pai do último bebezinho ("aquele que eles dizem que é o pai, né") "dá de tudo". Tendo conseguido a atual moradia, a mãe acusada foi ao orfanato e "roubou" as crianças. Segundo as vizinhas, "as crianças dela estão no Conselho desde que nasceram". Diante do comentário, o delegado queixou-se:

> Esse CT tem me decepcionado. Em outros casos que precisamos deles, eles não tem atendido bem. Mas eu não posso também julgar, eu precisaria fazer uma visita.

Uma das reclamantes mostrou-lhe um papel do CT, ele anotou o telefone e comprometeu-se a mandar um fax. Em seguida, completou informando ser delegado e preferir intimá-la separadamente para "não dar mais confusão". As mulheres demonstraram-se receosas de que ela mentisse. Ele então iniciou um discurso no qual responsabilizou a lei por ser muito branda com o usuário de drogas, entendendo a questão como doença, forçando a sociedade a pagar por isso um alto preço ao não retirar essas pessoas do convívio social. "Infelizmente, se essa pessoa não fica um tempo no Pinel, aqui perto, isso não vai mudar!" Encorajou assim as mulheres a continuarem o relato de acusação, o qual concluíram afirmando seu objetivo de apenas afastá-la do quintal, por causa do mau exemplo dado pelas crianças deseducadas aos seus filhos. E perguntaram se não haveria um jeito de retirá-la de lá. O policial quis saber como ela foi morar lá.

Elas relataram morar num terreno particular, onde nenhum morador paga aluguel já que dono sabe que são muito pobres. Uma das reclamantes cedeu cômodos de sua casa para uma família de sem-teto, por solidariedade. Por problemas de relacionamento, a família mudou-se e cedeu o espaço para a atual reclamada, com seus cinco filhos.

> A mulher a quem eu dei os cômodos, infernizou a cabeça do meu marido com fofoca. Eu dei um pau nela. Ela foi embora porque os vizinhos fizeram um abaixo-assinado para eles irem embora. O marido deu um cascudo nela e isso parou. Eles foram embora, mas a mulher me falou: 'eu vou dar a casa para uma pessoa pior que eu'. E deu a casa para ela.

O atendimento foi encerrado pelo delegado com a afirmação da necessidade de agir dentro da lei, mesmo não sendo fácil. Elas se retiraram com a esperança de terem sido compreendidas nas suas reclamações. Porém, a intervenção não prosseguiu devido a uma licença que afastou o delegado do serviço nos dias seguintes.

Repete-se a leitura criminal do conflito: abandono material e intelectual de menores e tráfico de drogas. Como não se pode comprovar a última acusação, pode-se punir o uso de drogas; o que porém não surtirá o efeito desejado de afastar a vizinha leniente, por culpa do abrandamento da lei penal. E, no fim, o CIC converte-se numa instância onde os conflitos insolúveis são compartilhados, onde as partes representam a defesa dos seus interesses, discursos de verdade são postos em circulação, mas a normalização das condutas tem pouquíssima eficácia. O espaço não regulamentado oficialmente, onde todas aquelas relações se desenvolveram, é de nenhuma valia para o interesse policial, a não ser que pudesse ligá-lo a um "grande crime", como o tráfico de drogas ou a exploração econômica do trabalho infantil. Como os indícios para isso são falhos, a melhor conduta é deixar essas relações desregulamentadas. Comenta-se sobre o que deveria ser feito, mas o que de fato se verifica é a retirada do poder regulatório estatal destes espaços. Há no discurso sombras de uma "polícia das famílias" (Donzelot, 1980), reivindicada pelas vizinhas reclamantes, mas ela não se encontra aparelhada e não produz efeitos concretos. A única regulamentação pensada é a ordem penal e psiquiátrica (contida na sugestão do Pinel, um manicômio), mas como a atuação do CIC é "descriminalizadora e preventiva", o delegado optou por não exercê-la.

Ao que tudo indica, a descriminalização praticada no CIC não é a substituição da regulação criminal por outra sorte de regulação estatal, mas a simples abdicação do exercício do poder criminal. Não é feita a passagem da ilegalidade para a ordem legal, como pensavam os antigos agentes políticos que lutavam pela expansão do Estado de direito, através de um tipo de sujeição chamada cidadania. Antes de observar o domínio das disciplinas na regulação dos conflitos trazidos ao CIC, o analista observa o recolhimento do agente estatal e a vigência da indisciplina dos comportamentos e desregulamentação da ordem social. A análise deste caso sugere desinteresse no enfoque da sociedade disciplinar (Foucault, 1987) e predomínio de um outro modelo de controle social, operado por ambiguidades, como sugere David Garland (1999), onde há ambivalência entre o reconhecimento do Estado de que não pode punir todos os crimes e uma "histeria punitivista" que procura reagir a todo custo a este reconhecimento, reafirmando ao menos discursivamente a soberania do Estado sobre o crime. A operação dessa ambivalência é que daria lugar a políticas diferenciadas de tratamento dos crimes, dos criminosos e das vítimas, jogando por terra qualquer pretensão universalista de política criminal. Esse modelo de ambivalência seria característico da sociedade pós-moderna, desregulamentada e individualizada, segundo Zygmunt Bauman (1998), também discutido por Boaventura Santos (2001) na sua tese sobre os fascismos sociais ou a coexistência de lugares sociais diferenciados, uns regulamentados e protegidos pela ordem penal, outros desregulamentados e ameaçados pela ordem penal.

O terceiro caso referia-se à locação de um cômodo e teve como encaminhamento a convocação do inquilino e uma ordem verbal de desocupação. A reclamante alugou um cômodo de sua casa a um homem com problemas psiquiátricos, mas não o queria mais na residência, pois a situação estaria irritando seus filhos. O delegado intimou o homem, que compareceu para receber imediata ordem de desocupar a casa e voltar para um albergue da prefeitura. Afirmou que ele estava "de graça na casa dos outros", advertindo-o: "a qualquer hora, o senhor vai tomar um couro lá". O homem resistiu, afirmou pagar o aluguel corretamente e tentou verbalizar outra versão, apresentando papéis que poderiam comprová-la. Não foi ouvido e a fala foi-lhe negada. Recebeu apenas o encaminhamento para a assistente social do CIC, a fim de conseguir vaga num albergue. O homem tentou novamente:

— Doutor, eu estou lá pagando há 1 ano. O pequenas causas tem que me ajudar, porque eu pago, eu tenho duas testemunhas!

— Eu não posso me ater a essa questão do aluguel, eu estou só fazendo o encaminhamento social.

Em seguida, o delegado encerrou na linguagem que acreditava mais compreensível para o acusado:

— É isso aí, se coça aí porque tá ficando pequeninho para o seu lado.

Com isso, vê-se a intervenção policial nos conflitos cíveis pautada não pela formulação de um acordo entre duas partes iguais, mas pela pressão da ameaça criminal sobre uma delas, como forma de empoderar a outra parte na resolução cível, o que já foi apontado como a virtude – ou vício – da administração dos conflitos realizada pela Polícia Civil.

Um último caso (4) esclarece a diferença no atendimento quando os usuários são reconhecidos como pertencendo a um estrato social mais elevado do que aquele que utiliza o CIC com maior frequência. É o único que se enquadraria numa intervenção penal clássica, por se tratar de ameaça e danos patrimoniais ocorridos num bairro de classe média na região Oeste. O móvel teria sido a instalação ilegal de um portão para fechar uma rua, motivando uma reclamação e a intervenção da prefeitura para remover o portão. Desde então, o presidente da associação de moradores estaria lançando muitas ameaças à reclamante e à sua família, e até uma bomba caseira teria sido jogada no seu quintal. O delegado ouviu, coletou detalhes e verificou a existência de BO e de inquérito correndo no distrito policial da região. Esclareceu que, por uma questão de ética profissional, não iria fazer nenhum procedimento ou julgamento do trabalho, para não desrespeitar o seu colega à frente das investigações. Mesmo assim, respondeu a muitas perguntas das reclamantes, que queriam informar-se sobre os procedimentos policiais. O delegado orientou a fazer a representação sobre as acusações de danos e ameaças, leu o artigo sobre danos no Código Penal e explicou a importância de aguardar o resultado da perícia científica já realizada. Elas ainda tinham dúvidas sobre a necessidade de contratar advogado para acompanhar o inquérito. Souberam não ser necessário, pois "são pessoas bem informadas e podem representar-se". Em seguida explicou o papel do delegado e do Ministério Público nos procedimentos penais. Orientou para ligarem para o número 190 da Polícia Militar, se mais algum episódio acontecesse. Antes de se retirar, as mulheres perguntaram se não existe um procedimento especial garantido pela lei quando as vítimas são crianças. O delegado explicou que não, pois a agressão não provinha dos pais ou de autoridade estatal, afirmando estar o caso formalmente bem encaminhado. Elas teceram duras críticas ao Estatuto da Criança e do Adolescente, que "só protege bandidos". Ele novamente expôs seu constrangimento ético. Elas se retiraram aparentemente satisfeitas com as orientações, embora frustradas nos objetivos maiores.

Quando as mulheres se retiraram, o delegado comentou com a pesquisadora seu estranhamento por mulheres tão distintas e bem informadas estarem passando por uma situação tão violenta. Em realidade, embora tivessem sido assim nomeadas por mais de uma vez, as mulheres não eram nada bem informadas sobre o mundo das leis e dos procedimentos judiciais e policiais; todo o atendimento não passou de uma orientação jurídica sobre os papéis e a sequência do ritual judiciário penal. Esse desconhecimento do mundo do direito é a situação mais comum em praticamente todos os estratos sociais no Brasil, excetuando, é claro os bacharéis em Direito e aqueles que, por dever de ofício, entram em contato com o funcionamento da justiça e a vigência das leis (como pode ocorrer com economistas, sociólogos, assistentes sociais, administradores). O mundo das leis é uma realidade consideravelmente autônoma em relação à vida cotidiana, é coisa para especialistas; no entanto, os especialistas repetidamente expressam algum espanto quando o alheamento ao mundo do direito atinge as classes médias e altas, supostamente bem informadas, ou seja, escolarizadas. Um dos objetivos da criação do CIC seria a superação deste alheamento, constatado quando os antigos desembargadores foram visitar a periferia e se depararam com o desconhecimento e a ignorância sobre o mundo jurídico. Assim, o delegado estaria correspondendo ao que seria esperado do papel preventivo da polícia no CIC. Porém, esse papel disseminador das leis e dos procedimentos só foi desempenhado diante de uma classe especial de pessoas, as "bem informadas"; diante das demais, a polícia desempenha seu ritual ambíguo de resolução.

CIC Sul – A polícia das famílias

No atendimento policial do CIC Sul, entre os postos pesquisados, verificou-se a maior procura por resolução de conflitos violentos, sobretudo de violência contra a mulher: 58% dos casos observados ali pela pesquisa do IBCCrim, enquanto os conflitos de natureza cível somaram 26%. É onde a eficácia do CIC para a prevenção da violência foi posta à prova de modo mais explícito.

Havia um delegado designado desde 2000, com uma equipe de dois investigadores. Os contatos com o delegado durante a pesquisa foram raros, de certa forma, por ele evitados. O atendimento ao público e a intervenção nos casos era realizada quase exclusivamente pelos investigadores. O delegado do posto Sul tinha no currículo uma experiência na Delegacia Especial de Proteção ao Idoso, um outro posto identificado ao «trabalho social» da polícia; ao comentá-la, explicou a designação como decorrência de um problema havido com o seccional àquela época, isto é, uma punição. Ao contrário do que procuram manifestar seus colegas do Leste e do Oeste, mostra-se pouco satisfeito com tipo de trabalho proporcionado pelo CIC. Na primeira visita do delegado seccional ao posto, o juiz e a promotora parecem ter recebido mais atenção do que os próprios policiais civis, evidenciando o reconhecimento de uma hierarquia. Na ocasião, o delegado teria se queixado da precariedade das condições de trabalho, já que os computadores não estavam conectados ao sistema da polícia e nem um simples BO poderia ser registrado. Para reforçar sua posição, teria argumentado com o seccional que, se o juiz pedisse o "histórico" de uma pessoa, não haveria o que fazer a não ser telefonar a um distrito e pedir favor a um colega. Não fica esclarecido porque um juiz civil (o único existente no CIC) faria um pedido dessa natureza, mas isso expressa o descontentamento com a desimportância do posto de trabalho, revela as concepções sobre estratégia profissional e a posição de subalternidade do delegado em relação ao juiz.

O delegado considera ainda que o CIC não seria o lugar adequado para se tratar de homicídios ou roubos, mas que em situações mais simples, como furtos, caberia a providência do registro formal da ocorrência. Mas como isso não é possível, segundo ele, a maioria dos usuários é encaminhada aos distritos policiais; o que não foi verificado na pesquisa de campo: mesmo ameaças à vida e espancamentos não foram encaminhados, mas tratados pelo ritual preventivo da polícia. Porém, isso não é reconhecido pelo delegado, que se queixa do limite estrito imposto ao trabalho policial no CIC: "não pode ter um BO simples. Não pode nada. Então a gente fica mesmo com os casos mais simples".

Os casos simples são as dívidas contraídas no circuito da economia informal, tal como também ocorre nos outros CIC, e sobretudo problemas decorrentes da separação de casais com filhos. Simples, se abordados do ponto de vista jurídico, havendo normas legais consolidadas para a separação dos bens e a divisão de responsabilidades perante os filhos; entretanto, raramente o direito orienta a resolução policial dos conflitos, abrindo espaço para a discussão ética das condutas e para o aconselhamento moral, tornando os casos muito mais complicados e impedindo a rotinização de um procedimento eficaz de resolução. Tanto é que a duração do atendimento pode variar de alguns minutos a muitas horas.

Alguns registros do diário de campo ilustrarão a complexidade dos conflitos e as dificuldades interpostas à sua resolução pela polícia civil.

No caso 1, uma mulher, muito nervosa, segurando o choro, depois de longo tempo de espera saiu com uma intimação a ser entregue ao ex-marido, para tentar um acordo sobre a conduta da filha de treze anos, que andava passando as noites fora. Quando a mãe tentava repreendê-la, a adolescente mudava-se para a casa do pai, o qual também não exercia controle sobre a conduta da filha. Como não era possível o diálogo entre os três, a mulher veio pedir a intervenção da polícia.

No caso 2 um rapaz, bem arrumado, veio responder à intimação por ter ameaçado a ex-mulher. Ele iniciou esclarecendo não ter nada a ver com a reclamação, sendo injustamente acusado pela mulher de uma confusão ocorrida no prédio em que mora. Ele se considerava vítima dela, por receber telefonemas que perturbavam seu ambiente de trabalho – trouxe consigo o encarregado do setor em que é funcionário para testemunhar a seu favor. O policial recebeu o encarregado e ouviu sobre as confusões provocadas pela mulher com seus telefonemas, pois ela já procurara a supervisora e agora tentava falar com o dono da empresa, o que poderia prejudicar o funcionário. O investigador ligou para a mulher:

> Eu vou te reafirmar: para com isso, você quer é prejudicar ele na empresa. De hoje em diante é vida nova. Esquece esse rapaz. Não fique ligando nem indo atrás de polícia por causa disso. Ninguém é obrigado a ficar com ninguém.

A mulher disse algo e o policial recusou-se a discutir com ela, afirmando: "investigação de paternidade é com a promotora, não tem nada a ver com polícia. Se você incomodar ele no trabalho, tem lei que protege ele". Persistiu na "dura": "você dizer de um crime que não houve é crime, e aí você vai ter que responder por isso." E, ao final, garantiu: "ele não vai mais procurar você".

Disse ao rapaz para não mais procurá-la e aprender a lição de não levar ninguém "para dentro de casa sem conhecer direito a pessoa". O homem estranhou ser a terceira vez que uma mulher "apronta com ele" e o policial concluiu estar ele procurando as pessoas erradas e necessitando ter mais cuidado. Um pouco constrangido, o rapaz agradeceu a atenção, por saber que os policiais têm "coisas mais urgentes para tratar". E pediu o número do telefone da delegacia. O chefe que o acompanhava, nessa hora, aproveitou para pedir orientação sobre a resolução de um "problema de nome sujo" vivido pela empresa. O policial orientou o comparecimento do responsável com os documentos e se comprometeu a telefonar para a parte reclamada. O encarregado acrescentou: "pra pressionar, né?". O policial retrucou: "Não! A gente aqui não pressiona ninguém! A gente procura esclarecer!"

"Desculpa, eu usei a palavra errada..." – respondeu o encarregado, compreendendo haver dado uma gafe por se exceder na verbalização de seus pensamentos.

O caso foi encerrado a contento para o rapaz e para o policial, mas o conflito certamente persistiu, uma vez parecer haver uma obrigação de paternidade a ser cumprida, a qual o policial se recusou a mediar. Nota-se ter prevalecido a preocupação com a normalização do comportamento conjugal: o policial aconselhou o homem a agir com cautela antes de levar alguém para casa e tentou estabelecer regras para o comportamento da mulher: se o relacionamento terminou, o certo é esquecer e nunca mais procurar o ex. O policial tentou comunicar regras para o comportamento sexual e afetivo de homens e mulheres, mas em momento algum fez referência às previsões legais para a dissolução de um vínculo conjugal e se recusou a tratar os direitos e obrigações da paternidade. Orientou os dois a nunca mais se procurarem e ignorou a menção à existência de um filho – não considerou isso assunto da sua alçada. Para ele, o caso estava resolvido. E com acordo, obtido através da costumeira ambiguidade da polícia: ou a mulher cessaria com a pressão sobre o rapaz, ou ela poderia ser processada por cometimento de crime. O rapaz, apoiado pela autoridade da polícia, poderia considerar qualquer tentativa de contato como uma quebra do acordo celebrado.

O encarregado, ao final, repetiu o comportamento comercial já relatado anteriormente: os agentes econômicos consideram vantajosa a procura da polícia para a solução de negócios informais, destacando o prestígio desta agência na regulação da economia informal, exatamente porque existe a possibilidade da solução por "pressão". Mesmo estando a poucos passos do balcão de atendimento do Poder Judiciário, preferiu procurar a intervenção da polícia.

No caso 3, novamente um casal, e dessa vez o marido compareceu para queixar-se da mulher que saíra de casa, com o filho, após ter sido comunicada de que ele pretendia a separação. Ela não o deixa visitar o filho, ameaça criar problemas no trabalho e até de mandar matá-lo. Ele admitiu tê-la agredido, por ter sido atingido com uma paulada no rosto e com a depredação de seu carro; devolveu-lhe assim a paulada e ela foi para o hospital, indo também dar queixa na delegacia. Ele, prosseguindo na relação recíproca, igualmente foi procurar a ajuda da polícia. O policial informou ser necessário fazer a separação e definir a guarda do filho na vara de família. Ele assentiu em "resolver tudo na justiça", mas não aceita que ela lhe "tire tudo, que é o meu filho". O investigador perguntou sobre a propriedade da casa em que viviam e soube ser da família dele; a intenção do homem era um acordo no qual a mulher permanecesse habitando no quintal da ex-sogra, possibilitando o acesso da família à criança; o policial advertiu que isso deveria ser pactuado entre sogra e nora. Mas marcou uma conversa entre os dois na sua presença. O homem ficou satisfeito: "eu gostaria de conversar com ela na presença de alguém para ver se a gente chega num acordo". O policial ponderou: "mas você também está errado, porque você agrediu ela e não pode ser assim também! E hoje não vai falar com ela, deixa para conversar amanhã."

Aqui, ao contrário do caso anterior, a regulação dos direitos e obrigações da paternidade é aceita como tarefa da polícia, sobressaindo até mesmo sobre o uso da violência, verbalmente desaprovada, mas esquecida na negociação da matéria civil. As questões penais são acionadas apenas para garantir a execução do acordo civil, à maneira do poder ambíguo de resolução de conflitos mobilizado pela polícia. Mais uma vez está presente no caso 4 o uso da polícia como estratégia de empoderamento utilizada pelas partes num conflito: a mulher procura a delegacia para queixar-se de uma agressão, ao mesmo tempo em que o homem procura o CIC para se queixar da violação de seus direitos. Trata-se de um jogo de forças em que a violência, a polícia e a justiça são recursos alternativos e sucessivos de resolução. A parte afirma querer "resolver tudo numa boa, na justiça", o que não exclui o uso da violência e da pressão e não necessariamente significa uma reivindicação de direitos iguais. A resposta policial corresponde a essa estratégia, na medida em que não garante e não exige ser a única via de resolução possível, exatamente por não se pautar, não se apoiar e não se comunicar com uma ordem normativa superior.

Mais um conflito de separação de casal é relatado no caso 5, em que uma mulher veio ao CIC informar-se sobre um pedido de pensão alimentícia e, vendo a presença da polícia, decidiu informar-se sobre um protesto de cheques. Ela disse ter "emprestado" os cheques para o ex-marido comprar uma moto, ele porém os teria repassado a um terceiro. Os cheques voltaram sem fundos e, por intermédio de um advogado, ele registrou o protesto contra ela. Ela agora estaria sendo pressionada por um advogado com ameaças de confiscar bens em sua casa e processá-la na justiça. O investigador intimou o ex-marido. Ele alegou ter emprestado a ela um dinheiro, cujo pagamento realizou-se com os cheques sem fundos, repassados para saldar uma dívida. Ela negou dever e afirmou ser a credora. Ele reagiu mencionando as contas do telefone instalado na casa dela e pagas por ele. Ela manifestou o interesse em discutir a pensão alimentícia da filha.

Nesse momento, o policial interveio proibindo ampliar a discussão: deveriam concentrar-se exclusivamente no assunto dos cheques. Uma nova rodada dos mesmos argumentos sobre os cheques se repetiu, cada um negando dever ao outro. No meio do impasse, o juiz do CIC entrou na sala da delegacia, num ato incomum. O policial aproveitou para informá-lo do caso e pedir uma orientação. O juiz sugeriu a ela entrar com uma ação contra quem protestou os cheques. O homem assustou-se: "mas fui eu!". O juiz orientou o policial a fazer um acordo entre os dois e depois tentar um acordo entre ela e o detentor dos cheques, encontrando uma forma de saldar a dívida. O casal prosseguiu na negação de responsabilidade sobre a dívida. O policial disse ao juiz que nenhum dos dois dispunha-se a ceder, sendo a saída a divisão de responsabilidade entre eles. O juiz afirmou a responsabilidade dela pelos cheques assinados e postos em circulação, "uma coisa muito séria". Ela defendeu-se afirmando o erro do ex-marido, por ter passado os cheques sem a sua autorização. E o juiz retrucou que o erro dela teria sido passar cheques em branco, mesmo tendo assinado "um contrato no banco onde estava escrito o que pode e não pode ser feito com um cheque". Ela refletiu, dirigindo-se ao juiz: "Você já parou para pensar que é injustiça você pagar uma coisa que não deve para um homem que é pai da sua filha?"

O juiz então orientou o policial a tentar um acordo entre eles, firmando o compromisso do homem em resgatar os cheques, ou a dívida se cancelaria. O policial dirigiu-se a ela: "Tenta seguir direitinho, porque ele é juiz e não é em qualquer lugar que você vai ouvir uma orientação assim."

Apesar disso, a mulher continuou afirmando ser absurdo arcar com metade da dívida, sendo novamente relembrada de sua responsabilidade ao assinar os cheques. O policial afirmou que ambos não tinham provas do que estavam dizendo; percebendo sua assinatura nos cheques como uma prova contra si, a mulher propôs arcar com 30% da dívida. O homem não aceitou, queria metade. Ela exaltou-se, sendo repreendida pelo policial. Fez-se a proposta de saírem da sala para conversar melhor, possibilidade negada dado que a atual mulher do ex-marido esperava no corredor e acompanhava o desenrolar do caso. O policial insistiu no acordo. Ela aumentou um pouco a oferta, a ser paga em três parcelas, advertindo que a alternativa seria seguir num processo, pior para os dois. Ele novamente recusou. O policial repetiu a sugestão de conversarem fora da sala e ele se constrangeu, "não há nada para conversar". O policial e ela refizeram a proposta de acordo, até que ela se pôs resoluta: "minha proposta é essa, tivesse parado para pensar antes de dar meu cheque". A discussão ainda prosseguiu por alguns minutos, com a repetição dos mesmos argumentos, a rememoração da pensão alimentícia e da conta de telefone.

O policial mais uma vez podou a discussão mais ampliada do conflito, argumentando haver muitas pessoas esperando por atendimento, não cabendo a discussão de "outros assuntos"; orientou-os a ir embora, pensar e voltar no dia seguinte. A mulher tomou a iniciativa de retirar-se, confirmando voltar. O homem pediu ao policial para telefonar-lhe se ela retornasse.

A informalidade do ritual de resolução adotado pela polícia dá-lhe o poder de limitar a fala e os argumentos das partes, impedindo que construam a própria representação do conflito. Na medida em que as partes não manifestaram adesão ao acordo proposto, o exercício do poder revelou-se improdutivo para o desfecho do acordo, pois para elas não se tratava apenas de uma discussão sobre quem pagaria pelos cheques, mas de uma divisão de responsabilidades decorrentes da dissolução do vínculo conjugal – o que o policial recusou-se abordar, sem possibilidade de recurso. A intervenção informal do juiz também não contribuiu para uma resolução amigável do conflito, na medida em que expressou um julgamento apressado, fora do ritual judiciário, sem análise de provas e sem garantia de equidade das partes, suscitando a resistência da mulher – não motivada pelo conhecimento da formalidade judicial, mas pela ineficácia simbólica de um ato do qual sente não ter participado; mesmo sem conhecer o código de processo, intuiu que a justiça deveria ouvir e contemplar dois lados e dois direitos. Como o procedimento era informal e a decisão do juiz não podia ser coercitiva, era inócua. Percebendo isso, o policial procurou dotá-la de conteúdo simbólico, lembrando tratar-se da manifestação de um juiz, não encontrada "em qualquer lugar", por seu conteúdo diferenciado do senso comum. Mas como nada naquele ritual, para relembrar Garapon (1997), representava a superioridade da justiça e do direito como discurso e vivência de resolução de conflitos – ou ainda além, superioridade da própria organização social democrática do Estado de direito e das relações sociais e políticas daí decorrentes – ao final de cinquenta minutos, o conflito persistia na mesma situação de antes, com teses de mesmo peso circulando numa arena que era um "lugar qualquer".

Mais uma vez prevaleceu a regulação das relações econômicas informais: a principal preocupação do policial e do juiz eram os cheques que precisam ser saldados; ao passo que o reconhecimento do conflito sobre direitos e deveres de paternidade foi negado. A apreensão dessa lógica pela mulher a fez recusar aquele como um ritual de justiça: pois não é injusto discutir vínculos econômicos e negar os afetivos e parentais ("pagar uma coisa que não deve a um homem que é o pai de sua filha")?

Destaca-se ainda um argumento mobilizado pelo policial, recorrente também na fala de promotores, conciliadores e juízes. Procurando apressar um desfecho e atender às exigências quantitativas de trabalho, o policial lembra haver outras pessoas aguardando o atendimento e tenta com isso pressionar as partes para um entendimento rápido. Os usuários são lembrados de que o acesso à justiça é um recurso escasso, negociado. Ao mesmo tempo, são impedidos de manifestar, representar e desenvolver o verdadeiro conflito que os trazia em busca de uma mediação. Ironicamente, a necessidade de eficiência invocada pelo agente público funciona como ingrediente decisivo de ineficiência: não se pode discutir esse conflito agora, porque há muitos outros conflitos a serem discutidos.

O caso 6 também é relativo aos conflitos decorrentes da dissolução do vínculo conjugal, apontando que, embora a polícia evite reconhecer a enunciação desses conflitos, ela é uma instância requisitada para sua administração. Antes de iniciar o atendimento do caso, o policial fez saber que a sua intervenção havia sido pedida pela promotora. Significa que, havendo um juiz de Família e uma promotora no CIC Sul, a Polícia Civil tem um papel próprio a desempenhar no encaminhamento dos conflitos de família. Não se trata apenas de canalizar a resolução informal de um conflito diante da ausência de outros canais: a polícia é antes uma opção de resolução, uma via possível, um caminho alternativo ao tratamento judicial clássico, também possível no CIC. Lembre-se ainda que a polícia preventiva do CIC é, em si, uma alternativa de tratamento policial. Pratica-se um feixe de opções de tratamento, que configuram um campo de possibilidades que é também um campo de lutas, onde o direito estatal não tem a primazia. A questão interessante, por ora, é verificar que as opções de resolução não são igualmente apresentadas a todas as partes e o exercício de opção não é igualmente usufruído por todos os indivíduos em conflito.

A primeira pergunta do policial à mulher do caso 6 foi sobre o tempo de separação do casal (cinco meses). A segunda foi sobre o estatuto legal da união. Em todos os casos observados, percebe-se a preocupação em distinguir a situação dos "casados legalmente" e outra, a dos "amigados". A mesma preocupação foi externada pela promotora, descrita a seguir. Esta distinção de *status* entre dois tipos de casamento pode ter uma aparência jurídica, já que a pergunta sugere um estatuto legal (casados legalmente?), mas a distinção que ela marca não é jurídica, porém de outra natureza, uma vez que a legislação brasileira garante à união estável os mesmos direitos e responsabilidades decorrentes da oficialização do vínculo. Fica assim indicado que o caminho de resolução tentado pela polícia não é informado pelo universo legal, como já está se tornando redundante afirmar.

A mulher recebeu uma intimação para a audiência policial. Mas diferentemente do caso anterior, não houve proposição de acordo e debate entre as partes, ocorreu uma peroração e o exercício de imposição de uma norma de conduta a ser observada pela mulher. Tendo perguntado apenas sobre o estatuto do casamento e tendo a mulher pronunciado senão três palavras (cinco meses e sim), o policial iniciou seu discurso:

> Então, parece que você está levando namorado para dentro de casa. Não pode acontecer, porque os filhos ficaram mal, não aceitaram bem. A menina foi até para o hospital. Não sei se seu namorado olhou feio para ela... Você que tem menina tem que ter cuidado redobrado. Tem muito caso de mulher que põe homem dentro de casa e acaba forçando a filha... você sabe, né. Você pode até perder a guarda!

A mulher, chorando, perante essa ameaça balbuciou: "Não! Eu posso cuidar...". O policial não desistiu da ameaça: "tem mulher que prefere que o pai cuide..." Ela se pôs forte: "Não, mas eu vou cuidar! Ele também pôs namorada dentro de casa". O policial confirmou que os dois estavam errados, pois a separação era ainda muito recente e os filhos não conseguem "associar" a situação. Mas abriu uma possibilidade:

> Se você pretende casar, constituir família, é diferente. Mas está cedo ainda. Você tem que ir passear e levar seus filhos. No zoológico, no Butantã, sei lá... tem que levar os filhos! E não arrumar homem e pôr dentro de casa!

A mulher apenas chorava e assentia. Nesse momento, o policial convidou o ex-marido a entrar. Era um homem forte, com dois grandes anéis de ouro e uma postura autoritária. Sua primeira manifestação foi seca e dura, com dedo em riste: "enquanto não sair a separação, ela não pode pôr outro dentro de casa! E você sabe por quê!"

Ela então se colocou, dizendo só ter voltado à casa mediante a ameaça dele em "pôr outra para tomar conta das coisas, de tudo". Ele negou que isso tenha se passado dessa forma e ofereceu dar a casa a ela, desde que "não ponha ninguém dentro de casa". O policial, como mediador, decidiu impor também a ele a proibição de namorar outra mulher. Acrescentou que eles não podiam falar mal um do outro na presença dos filhos, "tem que elogiar". O homem reafirmou a decisão de deixar a mulher vivendo na casa, proibindo-lhe um novo relacionamento.

O policial o apoiou: "você conheceu o cara ontem e já pôs em casa, isso está errado. Você não pode mais ter esse comportamento." Fortalecido, o ex-marido prosseguiu: "eu leio jornal e não conheço nenhum padrasto que respeite filha dos outros". O policial já não pôde concordar com a generalização. Com o apoio policial abalado, o ex-marido introduziu uma justificativa "jurídica" para sustentar seus argumentos morais e suas posições de poder no relacionamento: a advogada lhe teria garantido que enquanto "não saírem os papéis da casa" a mulher não poderia ter outro. Mencionou já estarem com problemas demais. O policial se interessou em saber e a mulher o desafiou a contar. Ele declinou, ela insistiu, sem ousar usar a palavra, mas o desafiando novamente a contar o ocorrido entre ele e a família dela. Ele se calou e ela arrematou: "antes de arrumar briga, ele tem que pensar nos filhos dele". Atendendo ao pedido do policial, ela se retirou da sala e o homem cedeu:

— Doutor, o traído foi eu.
— E você está preocupado com isso?
— Não, mas estão dizendo que a culpa é minha.

O mediador iniciou seu discurso final, indicando como as coisas devem ser. "Deixa isso de lado. Já não separaram? O que é que tem que ir atrás de família? Tá correto?" Esperou a concordância do homem, que demorou a ocorrer e apenas condicionalmente: "enquanto não sair a separação, ela não pode pôr outro dentro de casa!" O policial declarou que, no futuro, a mulher inevitavelmente encontraria outro marido, sendo tão jovem, circunstância até mesmo positiva para o cuidado com as crianças. E assim provocou a reivindicação do marido-machão: "ela vai ficar sem os filhos. Quem cuida da minha filha sou eu!" Pela primeira vez, o policial relembrou a existência de uma ordem mais universal do que aquela disputa moralizante: "Não, mas você não decide isso. Você pode até pedir a guarda, conseguir é outra coisa. Então, não precisa ter mais briga." Não convenceu porém o homem, que, na última possibilidade de exercício da fala, demonstrou não ter sido tocado em suas convicções: "eu sei das coisas que acontecem, principalmente em São Paulo", reforçando sua identidade nordestina.[2]

O ritual de audiência foi iniciado a partir da definição do estatuto legal do casamento dissolvido, contudo a legalidade e a ordem jurídica não organizaram o ritual e não

---

2. Tanto aqui como no caso 7, a invocação da nordestinidade aparece como uma espécie de resistência cultural à imposição de valores de igualdade de gênero e parece funcionar como invocação de excludente jurídica baseada em valores; contestando a possibilidade de se aplicar uma ordem universalista a contextos de diversidade. Essa tensão pode remeter a novas investigações sobre cultura jurídica e tensões entre particularismo e universalismo.

orientaram a conduta dos participantes. A polícia foi acionada como uma instância de normalização de condutas (Foucault, 1987, 1988). O ritual serviu a colocar em circulação um discurso sobre a dissolução "normal" de um casamento, para a qual existem prazos "normais" de luto, sob o risco de prejudicar a integridade das crianças, as quais não teriam capacidade de entender o que está ocorrendo. Serviu a reafirmar a conduta sexual normal da mulher recém-separada com filhos, cujo espaço é vigiado e controlado e até mesmo os lugares de "passeio" são discriminados: o zoológico ou o Butantã, ou seja, lugares públicos, adequados a um passeio recatado, na companhia das crianças. A regulação da conduta sexual das mulheres separadas é tarefa assumida pela polícia. A proteção dos direitos individuais não está em cogitação. A ordem apoiada pela atuação policial é a hierarquia entre marido e mulher, persistindo mesmo após a dissolução do casamento: ele tem o direito de ditar-lhe prazos, condutas, opções, de vetar-lhe o direito de liberdade e de individualidade, e é ele quem decide o destino dos bens e dos filhos. Ele concede a ela ou não o direito de usufruto da casa, condicionalmente. E ele aciona a polícia para constrangê-la a aceitar suas condições. E assim ocorre. A mulher é obrigada a permanecer na relação de poder e não encontra junto à polícia a possibilidade de resistir ao poder privado do marido, ao menos enquanto não vence o prazo do luto, durante o qual deve vigorar o tabu do sexo para a mulher. Mesmo tendo, num momento, defendido a igualdade do luto para ambos, o policial não se pôs a ditar regras de comportamento sexual para o homem, da mesma forma como se dedicou a fazer com a mulher. Fala-se, no caso dele, da existência de uma "namorada", uma categoria mais legítima do ponto de vista da ordem moral adotada – a namorada é uma pessoa, no sentido mais holístico; ao passo que a mulher é sistematicamente acusada de "pôr outro dentro de casa", reduzindo a relação humana a um ato espúrio que viola um lugar sagrado. O ex-marido namora, a ex-mulher põe dentro de casa um cara que conheceu ontem. O ritual policial legitima essas diferenças, ao invés de ser um espaço de representação da igualdade e da liberdade do indivíduo.

O perigo da violência sexual contra criança é invocado, sem que nenhuma formalização ou garantia de defesa ocorra; assim, a mulher fica condenada a cumprir a pena de luto com abstinência sexual, sem ter tido o direito de defender-se da acusação e de pleitear uma pena mais branda. Por isso, o ritual policial de resolução de conflitos foi acionado pelo ex-marido reivindicador, ao invés do ritual judicial – ao qual também revelou ter acesso, mencionando estar sendo assistido por uma advogada. A intervenção policial é legitimada como um ato de polícia preventiva, aquela que evita que um crime seja cometido, nesse caso a violência sexual contra criança – um nobre objetivo.

A análise do caso 6 permite perceber assim que a pluralidade de canais de resolução de conflito, no CIC, pode ser mobilizada como recurso de exercício de poder. Entre a expectativa de tratamento igualitário pelo Judiciário e a da polícia das famílias (Donzelot, 1980) praticada pela Polícia Civil, os indivíduos podem perseguir o tipo de ritual que atende melhor a seus interesses e objetivos ou que corresponde melhor à sua cultura jurídica. Estivesse essa opção assegurada pelo livre exercício de escolha das partes, seria este um sistema de justiça democrático; em sendo as partes, todavia, desiguais no poder de escolher os canais de resolução de seus conflitos, como ocorreu no caso 6, não há que se falar em democracia, porém em hierarquia de acesso aos canais estatais de resolução de conflitos, onde os mais poderosos escolhem melhor e manipulam autonomamente suas escolhas, e os mais fracos têm escolhas restritas. Nessa hierarquia, a restrição de escolhas é resultado da subalternidade (sua reprodução), mas é também o seu veículo de produção: quanto mais subalterna ao ex-marido é a mulher tanto mais restrita é sua opção de acesso à justiça. O ex-marido está em posição inversa, sua possibilidade de triunfar é tão maior quanto melhores são as suas chances de manipular o acesso à justiça e o recurso a ordens jurídicas paralelas. No caso 5, a perspectiva de escolha entre caminhos diversos, permitiu às partes a possibilidade de negociar melhor seus interesses, realmente escolhendo aderir ou não a um acordo, estabelecendo certo equilíbrio na relação entre as partes, para o qual foi decisivo o exercício de resistência da mulher, desconfiada da justiça do procedimento.

 O último caso, o sétimo a ser relatado ilustra a produção de relações de poder no acesso à justiça por outra perspectiva. O relato anotado no caderno de campo iniciou-se quando a pesquisadora chegou ao CIC e deparou-se com um homem algemado, em pé, num canto da sala da delegacia. Conversando com ele estava uma mulher, sentada de costas, sem olhá-lo, explicando-lhe que só pretendia fazer um acordo, manifestando sua falta de controle sobre a situação. Os policiais estavam perfilados no fundo do corredor do CIC, o delegado, o investigador, o papiloscopista e um policial militar. Este entrou na sala e passou a interrogar o preso, o qual apenas afirmava ser trabalhador. Foi colocado em dúvida, acusado de estar bêbado e sujo. O soldado perguntou se ele era "birrio" e ele, sem entender a pergunta, repetiu que trabalhava como segurança de rua. O soldado disse "sendo segurança, você ameaçar, desacatar o delegado, você nunca mais trabalha, você sabe disso". A mulher defendeu o preso, declarando que "ele não é assim", é um trabalhador e ela pretendia apenas fazer um acordo.

 A prisão foi motivada por ameaça e desacato ao delegado. Os policiais se aproximaram e mostraram à pesquisadora um saco, trazido pelo preso, comentando "olha os clientes do CIC o que trazem: galinha, despacho e pinga, quer ver?" No saco havia uma galinha morta, de penas pretas, e uma garrafa vazia. Os policiais riam e caçoavam dos objetos associados ao uso religioso: "roubou o despacho na encruzilhada! Dá para vender esse despacho? A pinga ele já bebeu. A galinha pode vender para uma mãe-de-santo aí". Compartilharam todo o seu preconceito religioso. O delegado não disse palavra e permaneceu à porta, observando.

 O investigador entrou na sala e perguntou ao preso se havia acordo. Ele começou a se manifestar, sendo interrompido pela mulher com o pedido para adotar outro modo de fala a fim de não piorar a situação, respondendo apenas se aceitava ou não que ela ficasse na casa. Buscando aparentar calma inabalável, o investigador perguntou: "Você está de acordo com ela ficar na casa e você fica dispensado de pagar pensão? Ou você quer que ela vá embora e você paga pensão?" Tratava-se agora de um conflito conjugal, uma tentativa de acordo em que as partes têm o direito de se manifestar segundo sua vontade.

Havia então dois conflitos e duas formas distintas de resolvê-los. Havia um problema conjugal, semelhante a todos os outros já relatados: vínculo conjugal dissolvido, filhos, partilha da casa. E várias possibilidades de resolução, através do procedimento policial, mecanismo alternativo de justiça, ou um processo judicial clássico, regulado pelas normas legais e constitucionais. Havia também um problema entre um agressor e uma vítima que, sendo policial (portanto senhora da regra do jogo), tinha o poder de decidir a maneira como o conflito seria encaminhado. Num conflito a polícia é o terceiro neutro, fiscal da regra, interessado no melhor acordo, submetido a uma ordem civil de indivíduos iguais e livres para decidir e escolher. No outro, a polícia é parte agredida, invocando uma ordem penal e impondo sobre o indivíduo o poder infinitamente superior do Estado, impossível de ser revidado.[3] Como é possível a coexistência de duas lógicas distintas no mesmo tempo e no mesmo espaço? Este é o poder ambíguo da polícia. O poder de fazer transitar a situação de uma lógica a outra, de mudar a regra no meio do jogo. É preciso deixar claro, entretanto, que a polícia pode exercer o poder de escolha entre as lógicas civil e penal de justiça, mas não detém o poder de fazer os dois sistemas jurídicos conviverem: a interveniência de um, destrói a realização do outro.

Algemado e subjugado, o preso não tem diante de si exatamente o poder de escolha livre: ele tem que aceitar o acordo. "Ela sabe que eu não tenho como pagar pensão. Ela fica então com a casa". Decidiria ele a mesma coisa se não estivesse algemado e dominado fisicamente? Como também duvidava, a mulher pedia ao investigador que soltasse o marido, pois sua intenção era apenas a de tentar um acordo.

— De jeito nenhum! Ele desacatou o delegado e vai ficar preso! — retirando-se em seguida e evitando o revide da fala.

Na ausência do policial, as partes tentaram reapropriar-se da condução de seu conflito, mas estavam limitadas pelo fato de ele estar preso. Ele então passou a falar compulsivamente, chorou, mostrando as algemas e cobrando dela a responsabilidade pelo que estava lhe acontecendo. "Onde já se viu me botar na delegacia algemado?". Contou ter recebido a notícia da morte de sua mãe, por isso ter ficado tão abalado e passado a noite em claro. Ela se chocou com a notícia, sem saber como agir, manifestando profundo arrependimento por ter iniciado o pesadelo. Ambos choravam e discutiam seus passos anteriores na resolução do problema, ela disse ter procurado a polícia por ele ter se recusado a dialogar e não atender o celular, ele reclamou dela ter saído de casa e ele ter sido preso. Prosseguiram no seu diálogo e ela o consolou: "já está acabando, logo tudo vai se resolver e a gente vai poder sair daqui".

Enquanto dialogavam, o investigador entrou na sala da promotora para uma conversa a portas fechadas. A presença de pesquisadores do IBCCrim não era um dado sem

---

3. Sobre o sistema estatal penal como um poder impossível de ser revidado, consultar René Girard (1990).

importância e representava uma resistência silenciosa à transição definitiva do conflito à resolução penal clássica. Pelo que se apurou, a promotora exigia a condução imediata do preso ao distrito policial, por não se poder admitir um preso nas dependências do CIC – de certa forma transformando esse num espaço realmente diferente de um distrito policial, um espaço devassável ao olhar e ao controle interinstitucional, algo mais parecido com o "fórum em cima da cadeia" da narrativa dos idealizadores.

No seu retorno, o investigador ordenou a saída da mulher e convidou a pesquisadora a entrar em sua sala ("está muito frio aí fora"), iniciando um relato sobre o ocorrido.

> Esse cara aí ontem botou aquela senhora, que está grávida, para fora de casa. E tem outros filhos. Aí chamamos ele aqui e ele apareceu assim, nervosinho e já [fazendo um gesto que indica consumo de bebida alcoólica]. Quer dizer, uma coisa dessas faz isso, põe a mulher grávida para fora, com os filhos e ela ainda acha que ele é bonzinho. Agora tá com pena. E já outros, gente super direita, vem aqui e a mulher quer o terror. Então, é uma inversão de valores que a gente vê, não é? Eu estou te contando porque é para você entender. Ela veio aqui ontem porque ele pôs ela na rua, grávida, no frio.

A inversão de valores da qual se queixou o investigador pode ser lida como a perturbação do exercício do poder de resolução ambíguo (fazendo conflitos cíveis transitarem para a solução penal) em razão da presença dos pesquisadores, motivando o controle da promotora sobre sua ação. Um espaço de trabalho que se tornava incômodo:

> Você vê o que acontece nesse CIC? Olha, eu estou sujo [mostra marcas de sapato na calça]. Ele chegou aqui batendo em todo mundo e deu o que fazer para algemar. O cara está bêbado, tomou pinga de encruzilhada e vai saber a força extra que ele não ganhou nessa. Para você é bom, porque só fica aí anotando, não tem que... não é?

Várias horas depois da confusão inicial, uma viatura do distrito policial veio buscar o preso: "é daqui que pediram reforço para dar um jeito num nervosinho?" Convidado a entrar, o policial do distrito, ao passar pelo preso lhe disse, gritando: "não encosta em mim, não encosta em mim senão eu nem sei... nem rela!" Com dois movimentos os policiais do CIC colocaram o colega dentro do gabinete do delegado, fecham a porta e pediram para que baixasse o tom de voz. Fora da sala ouviu-se o recém-chegado irritar-se com os pesquisadores: "na delegacia eles não entram, né. Lá eles não querem ir!" Depois de algum tempo, o investigador do CIC saiu e disse à pesquisadora para ficar a vontade.

O preso, percebendo a importância daquela pessoa silenciosa, com um caderno na mão, pediu intervenção em seu favor. Em sendo mulher, a pesquisadora saberia entendê-lo, enquanto "os polícias", por serem homens, entendiam o lado de sua mulher. Contou que construiu sua casa sozinho, com o dinheiro honesto de seu trabalho, num terreno da prefeitura que "comprou e pagou uma nota em cima da outra". Quando a mulher veio morar com ele, outros cômodos foram construídos para acomodar os filhos dela, que já estava grávida – estava gostando dela. No último domingo, a pegou conversando com outro e "não gostou do jeito". Estando juntos há cinco anos, acredita que ela já poderia saber que aquele comportamento não o agradaria. Revelou duvidar da paternidade da atual gravidez, andara percebendo olhares estranhos no bairro e temia perder o respeito entre os vizinhos. Percebia que, sendo alagoano e criado na roça, seus referenciais morais diferiam daqueles adotados em São Paulo.[4] Descreveu seu local de trabalho em minúcias (a cadeira, a árvore, os portões das casas, a fachada do comércio) e o respeito com que seus patrões o tratavam, embora soubesse que a profissão de vigilante não tem nenhum valor. Em contrapartida, no seu bairro era muito respeitado como trabalhador. Relatou suas preferências alimentares, transmitidas às filhas, "loucas por ele". Ele também era

> louco por elas, capaz de matar quem fizesse mal a elas. Tem gente, deus me livre, que abusa das filhas – a gente ouve na TV. Mas eu não, nem pensar numa coisa dessas, matava quem fizesse isso.

Foi assim reconstruindo sua imagem de homem, trabalhador, pai, membro de uma rede social, representante de uma cultura e de uma moralidade, operação realizada apenas para si e para a quase muda pesquisadora; negada porém pelo investigador que retornava à sala:

> Me dá até raiva ele dizendo isso, porque ele pôs a mulher e as filhas fora de casa, no frio. Isso aí toca o terror dentro de casa, as filhas têm medo dele e ele vem aqui dizer que faz de tudo pelas filhas! Eu fico indignado em ver uma coisa dessas. A mulher esteve aqui ontem, ele bateu, ameaçou e agora fica aí contando mentiras! Ele é violento!

Quatro policiais o escoltaram até a viatura. A mulher, sentada no corredor, chorava muito, perguntando à pesquisadora:

> Eles vão judiar dele? Eu não sabia que ia dar nisso. Não era para ter acontecido isso. Eu já vim aqui outras vezes e fui orientada. Eu queria só um acordo. Não sabia que ia dar nisso.

Na delegacia foi lavrado um termo circunstanciado de perturbação do sossego e o preso foi liberado. A policial militar feminina alocada no CIC expressou sua revolta às pesquisadoras, na cozinha, durante um café.

> A polícia do CIC não é para prender ninguém. Não precisava ter prendido. Porque a pessoa que recebe uma intimação fica mesmo muito nervosa. Se é estressante para o policial, é estressante para

---

4. Ver nota 2 deste capítulo.

o usuário também. O pior de tudo são as conversas cruzadas que ficam, pois agora um quer dar palpite no trabalho do outro. Todo mundo se abalou. Mas eu tenho raiva mesmo é da mulher que vem, denuncia o marido, diz que ele bateu, pôs para fora, depois dá escândalo porque não quer que faça nada contra ele... Estou com muita raiva, porque a mulher aprontou uma gritaria. Mas o que ela queria? Foi ela que denunciou, foi ela que quis que a polícia resolvesse o problema dela. Acho elas todas vagabundas, pois dormem com homens que as agridem. Elas dizem que não tem do que viver, mas não vão à luta, são acomodadas [...] E o governo piora tudo com esse negócio de cesta básica e renda mínima, pois aí é que elas acomodam mesmo e não querem trabalhar.

Outro funcionário, ao invés de estranhamento, comunicou não ser inusitado um episódio de prisão no CIC, tendo ocorrido em outras circunstâncias de desacato a funcionários. Até mesmo o juiz já teria dado voz de prisão a uma testemunha que teria "mentido" durante uma audiência. Em todos os casos, os presos teriam "ficado meia hora na delegacia". "O problema é que se não toma uma atitude, perde o respeito. Mas o CIC continua o mesmo e nós continuamos a gostar de trabalhar no CIC".

O caso 7 é emblemático das disputas em torno do sentido da polícia preventiva no CIC. Se já ficou claro que a abordagem penal continua tendo lugar *sui generis* no tratamento dos conflitos, também é claro o mal-estar com a prática costumeira da polícia, ainda que extravase às tentativas de controle. O comportamento dos policiais do CIC é controlado pelos outros servidores públicos, pelos pesquisadores, pela promotora e pelos próprios policiais que, ao repreenderem o colega do distrito, marcaram a diferença entre o que é aceitável num posto de trabalho e no outro. A soldado feminina confirmou a existência do controle mútuo (as conversas cruzadas e os palpites no trabalho do outro). A presença de pesquisadores é um evento excepcional e não cria regra, porém provoca uma reação e evidencia a existência de regras na visão compartilhada entre a maioria dos servidores do CIC, diferenciadas das que organizam os serviços em outros espaços, ainda que essas regras possam ser violadas. Sua violação é, de alguma forma, sancionada pela perturbação do clima e pela necessidade de longas justificações.

Sob o aspecto do ritual de solução, no caso 7 é explícito o risco envolvido no exercício de um poder ambíguo tal com o da polícia: ao procurar esta instância de mediação, a mulher não esperava que o potencial do poder penal se realizasse, era-lhe útil apenas enquanto potencial, como reforço à sua posição no jogo de forças. Quando a regra do jogo transita completamente para a ordem penal, a vítima é ejetada e seu papel ocupado pela própria polícia que, agredida, indignada e ultrajada, deixa de ser a terceira parte, apropriando-se da regra, do conflito e da solução. Se a antiga vítima resiste à desapropriação, é desacreditada, passa a "vagabunda" que denuncia depois "tem pena", apanha e ainda dorme com o agressor – deixa ela de ser um indivíduo livre em negociação de seus interesses e passa também a sentir a mão pesada do Estado. Aliás, "foi ela quem quis que a polícia resolvesse o problema".

A Polícia Civil no CIC Sul pratica a regulação da economia informal por meio do poder ambíguo de resolução de conflitos cíveis com expedientes típicos da atuação criminal. Entretanto, sua principal característica é a regulação de conflitos decorrentes da dissolução do vínculo conjugal. Ainda nesses casos, prevalece a negociação dos interesses cíveis (partilha dos bens, guarda dos filhos) sobre a proteção da integridade física. A violência intraconjugal é praticamente invisível, constituindo-se apenas num meio de luta entre as partes. Prevalece a regulação dos interesses econômicos e a proteção da integridade física situa-se numa esfera desregulamentada.

Nas observações do CIC Sul fica claro que a polícia preventiva atua num campo plural onde várias ordens de regulação e várias instâncias de solução de conflitos concorrem. A polícia é buscada para resolver conflitos regulados por outras instituições e por outros regimes normativos (o Ministério Público, o Poder Judiciário) – não é apenas o último recurso face à inacessibilidade dos demais. Seus rituais e resultados são específicos e, por isso, preferidos. A possibilidade de transitar e escolher entre as diversas ordens não apenas é resultado da existência de uma hierarquia social, é mecanismo de produção da hierarquia. Mais poderosos são os que estão em melhor condição de escolher as regras do jogo na mediação de seus conflitos de interesse. Não terá o leitor notado que nenhuma das mulheres dos casos relatados conseguiu inverter posições de poder nas relações com seus ex-maridos através do ritual policial de negociação de conflitos?

✳✳✳

A pesquisa da administração de conflitos pela Polícia Civil no CIC aponta que o trabalho da polícia preventiva não ocorre apenas em substituição à ausência de outras instâncias de acesso à justiça. O ritual policial de resolução informal de conflitos é peculiar, diferente dos rituais judiciários, por isso preferido por uma parcela de indivíduos e empresas na negociação de seus interesses. Sua especificidade reside na possibilidade de manipulação do poder coercitivo do Estado, através de expedientes típicos da repressão penal, para a resolução de conflitos de interesses econômicos e familiares, produzindo soluções impossíveis para o ritual judicial formal. Trata-se da possibilidade de exercício de um poder ambíguo, que permite a transição da negociação de uma regra do jogo tipicamente liberal – em que as partes em conflito representam-se como indivíduos livres e iguais negociando interesses pautados em direitos fundamentais – para uma regra em que o Estado pode impor-se sobre o indivíduo limitando suas garantias de defesa e possibilidades de escolha. O jogo ambíguo pode desde sugerir o envolvimento da parte em pequenos delitos até efetivamente envolvê-la numa persecução criminal com privação de liberdade ou perda de outros direitos.

O referencial normativo que orienta a regulação policial dos conflitos também é específico, tendo ficado demonstrado que a referência à lei e ao direito é raríssima. Trata-se de uma cultura jurídica específica, privilegiada para tratar, o mais frequentemente, de conflitos da economia informal e da regulação de relações conjugais hierárquicas. No tratamento desses conflitos, fortes conexões com a justiça formal podem ser mobilizadas, estabelecendo comunicações entre os rituais judicial e policial de administração de conflitos, sugerindo que antes de serem ordens jurídicas paralelas, são complementares.

Num campo de disputas entre ordens jurídicas, várias instâncias de administração de conflitos concorrem entre si, com lógicas de negociação de interesses distintas, produzindo resultados de justiça diversos. Os indivíduos que têm mais conhecimento, recursos e posições de apropriação de poder mais favoráveis (o capital social formulado por Bourdieu, 1989), usufruem melhor da liberdade de escolha oferecida num campo plural. O oposto ocorre com os que têm conhecimentos, recursos e possibilidades de intervenção mais restritas, tendo menores possibilidades de resistência à inversão da regra do jogo no decorrer da negociação.

Significa que, ao invés de um campo de recomposição do equilíbrio em relações de poder, o ritual policial de resolução de conflitos tende mais a reforçar ou até a produzir o desequilíbrio. Não sendo, portanto, um espaço privilegiado de construção de relações democráticas e igualitárias, tampouco um espaço de reforço das normas legais e constitucionais, de disseminação da linguagem dos direitos.

Embora o trabalho preventivo da Polícia Civil seja preconizado por seu caráter descriminalizador ou despenalizante, ele de fato amplia o escopo da ordem penal para a resolução de conflitos de naturezas diversas daqueles tipificados na legislação penal, chamados no vocabulário policial de conflitos "menos sérios", "menos graves" ou "menores". Entretanto, como o ritual de resolução difere do rito judicial clássico, ele representa uma modalidade de informalização da ordem penal.

A ampliação da regulação penal, entretanto, recobre preferencialmente os conflitos da economia informal e de relações conjugais hierárquicas, as quais são normalizadas e reguladas. No que tange ao tratamento da violência física, especialmente a doméstica, não se verifica o mesmo interesse regulador. Essas relações violentas permanecem desregulamentadas, sendo o ritual preventivo da polícia, além de desinteressado, quase totalmente ineficaz nesses casos. Verifica-se um processo de dupla direção: máxima penalização das desordens econômicas e desregulamentação das relações de paternidade e do uso da violência física. O poder regulatório estatal parece muito pouco interessado em disciplinar essas desordens, abdicando mesmo de exercer-se.

Ministério Público

Ainda que a participação do Ministério Público nos CIC de São Paulo tenha sido sensivelmente reduzida durante o período da pesquisa de campo (2002-2005), é possível, através da descrição e análise dos casos observados, identificar um padrão de atuação, com regularidades no tipo de conflito canalizado para seu atendimento e no papel desempenhado pelos promotores na sua administração, apesar das diferenças individuais e organizacionais apontadas. Pode-se dizer que o Ministério Público dedica-se, no CIC, quase exclusivamente à curadoria de documentos civis, à atuação em acordos e processos de pensão alimentícia, regularização de guarda e tutela de menores de idade e ao acesso individual de crianças à educação.

CIC Leste – Tratar bem as pessoas carentes

No início, o CIC Leste era atendido por promotores sem cargo fixo, designados em sistema de rodízio, para ocupar o posto durante um mês. Até que uma promotora se interessou por permanecer, completando três anos antes de pleitear uma promoção a outro cargo. Em 2002, havia atendimentos em vários dias da semana, mas não em todos, sempre à tarde, em geral das 13 às 17 horas. Duas funcionárias do MP auxiliavam a promotora na recepção dos usuários, coleta de documentação, instrução dos processos, controle da agenda, encaminhamento dos pedidos de certidões aos cartórios extrajudiciais.

Um arranjo de trabalho permitia à promotora receber demandas individuais, redigir a peça inicial do processo e encaminhar o cidadão, de posse dos autos, ao fórum regional mais próximo, no bairro de São Miguel Paulista, onde deveria dirigir-se a um oficial de promotoria, o qual recebia e protocolava a ação na vara cível ou de família, sendo os atos seguintes realizados pelo promotor cível local. O protocolo da ação era devolvido ao cidadão com a missão de entregá-lo à promotora do CIC para controle. A partir daí, todos os atos do processo se realizavam no fórum regional.

Embora se tratasse apenas de receber um indivíduo, ouvir sua demanda, traduzi-la juridicamente e recolher os documentos necessários, o serviço era considerado pela promotora e pelos usuários como muito importante, por facilitar o acesso dos moradores do Itaim Paulista à justiça. Uma usuária manifestou seu agradecimento pela "indicação" da promotora de uma pessoa no fórum para resolver seu problema, relatando já ter estado lá anteriormente sem conseguir obter resposta satisfatória.

A maior parte dos atendimentos observados referia-se a demandas jurídicas muito simples, como correção de nomes em certidões e alvarás para levantamento de fundos junto ao INSS, em caso de falecimento. Mas foi observada também alguma atuação em direitos coletivos, como acesso a atendimento hospitalar e educação básica, sempre atendendo ao procedimento da ação judicial protocolada no fórum regional de São Miguel.

A sala da promotora era pequena, mas recebeu uma decoração aconchegante. Tapetes, objetos, fotos e quadros contribuíam para uma atmosfera menos impessoal e, de certa forma, caseira. Vestia-se com menos rigidez do que suas colegas do fórum, com saias longas e largas e utilizava uma expressão oral coloquial, recorrendo com pouca frequência ao jargão jurídico. O público, feminino, era recebido com um gentil cumprimento de boa tarde, convidado a sentar-se e atendido em tom tranquilo e delicado. Na saída, agradecimentos, cumprimentos e bons desejos criavam um clima agradável, a estimular o retorno para outras demandas e o elogio aos conhecidos.

Foi assim com duas senhoras, mãe e irmã de um recém-falecido, reclamando alvará para receber fundos do PIS e do FGTS. Foram recebidas, ouvidas, os documentos foram reunidos. A promotora sentou-se ao computador, digitou, imprimiu, assinou, carimbou. Tudo rápido, sem complicações e sem aborrecimentos. Ou quase, posto que a mãe, andando com o auxílio de uma bengala, não se agradou de ter que ir ao fórum de São Miguel: "vim aqui e agora tem que ir em outro lugar!"

Sem perder a fleuma, a promotora explicou novamente o procedimento e esclareceu que a primeira etapa já estava resolvida e o procedimento no fórum não demoraria muito. Para reforçar o benefício, informou não ser preciso retornar ao CIC.

A filha teria ouvido contar do "pequenas causas", onde "eles resolvem tudo", através do contador de seu marido. Sua pressa era motivada pelo medo de a ex-mulher do falecido conseguir retirar todo o dinheiro antes delas. A mãe, de certa maneira, manifestou satisfação com o encaminhamento:

> — Só não tem lei para os ricos, né. Não vê o Lalau? Eles solta, prende, mas ele não dá o dinheiro! Também eu preferia dar o dinheiro, mas não ficar presa!
> — Ah, ele tem regalia, né, mãe...

A promotora pareceu não tomar conhecimento do diálogo das mulheres, enquanto digitava e preparava os documentos. A reflexão sobre o funcionamento da justiça foi aventada pelo acesso relativamente fácil com que se depararam, apesar de ainda terem que se dirigir a outro lugar, não desfazendo, mesmo assim, a imagem de que ali "eles resolvem tudo". Ou melhor, nem tudo, pois o caso do "Lalau"[5] ainda continuava a pesar negativamente sobre a avaliação da justiça. Não obstante, o comentário parece revelar o reconhecimento de que, mesmo ainda havendo desigualdades e regalias, a justiça estava desempenhando seu papel. Na despedida, a mais idosa reiterou comentário inicial sobre a promotora ser "tão novinha", acrescentando ter uma sobrinha juíza, também "novinha".

Após o rito de agradecimentos, benção e bons desejos, a promotora confessou à pesquisadora gostar do CIC; ouvindo que as pessoas são amorosas, respondeu:

> É, são bem tratados, que isso é obrigação. E tem a carência também. As pessoas são muito carentes. Então, quem trata bem...

---

5. Lalau' é o apelido pelo qual o juiz Nicolau dos Santos Neto, processado e preso por desvio de recursos na construção do edifício do Tribunal Regional do Trabalho, em São Paulo, do qual foi presidente, ficou conhecido na mídia e no cotidiano dos cidadãos. O processo penal é eivado de recursos e diversas decisões que ora o colocam preso, ora solto, ora em prisão domiciliar, causando a impressão de que goza de regalias e táticas processuais protelatórias. Ver nota anterior, cap. 2.

Carência é, significativamente, termo de duplo sentido no jargão dos que «trabalham com o social». No seu significado jurídico, a carência material é condição requerida para que o Ministério Público possa ingressar com ações judiciais de tutela de interesses indisponíveis. Assim, numa divisão de trabalho em que a assistência judiciária é deficitária, o promotor legitima juridicamente a propositura de ações judiciais cíveis amparando-se na carência do cidadão, termo consagrado até mesmo na Constituição Federal. Mas carência tem também a acepção comum relacionada a lacunas afetivas. A "pessoa carente" é uma construção que pressupõe a pobreza material, mas também deixa entendida uma pobreza espiritual e dificuldades afetivas, como a estabelecer uma conexão de sentido entre as duas situações: os pobres são carentes de afeto e respeitam quem os trata bem. Parece não se tratar apenas de uma retribuição inerente à civilidade, mas de uma ligação mais profunda com quem lhes dá algo com o qual não estão habituados. A fala sobre as "pessoas carentes" circula com facilidade e comunica ao mesmo tempo a relevância ética do «trabalho social» (isto é, ajudar os outros), mostrando o alto preparo e a solidez interior do agente público, e, por contraste, a imaturidade dos pobres, carentes, apegados a quem lhes ajuda, limitados a retribuir com afeto e emoção o que recebem dos outros. O deslocamento semântico propicia também outro deslizamento: da orientação jurídica à moral, como se será no segundo caso.

Uma senhora, dedicada a consertar os erros de grafia nos nomes dos sogros em certidões de casamento e nascimento de filhos, comenta seu longo percurso. Em outra ocasião, havia feito todo o procedimento formal e, na hora de registrar no cartório, numa comarca do interior do estado, outro erro foi cometido, forçando-a a reiniciar o percurso. Em sua narrativa, mencionou a migração de toda a família, de tradição japonesa, para São Paulo, despertando na promotora a iniciativa de estimular uma nova migração: "não foi um erro? A vida lá não era melhor? Você não pensa em voltar? Não estão vendo que as coisas aqui não estão dando certo para vocês?" Sempre que via a oportunidade, a promotora aconselhava seus usuários a retornarem a suas cidades de origem. A usuária, neste caso, manifestou um sorriso constrangido e uma reposta afirmativa polida.

No retorno ao campo, no final de 2004, com a saída da promotora, o atendimento do Ministério Público foi desativado.

CIC Oeste – A negociação das precariedades

No CIC Oeste, em 2002, o atendimento ao público tinha um clima bem diferente do observado acima. O promotor designado atendia apenas duas vezes por semana, recebendo muitos casos de conflitos familiares nos quais tentava um acordo informal, elevando bastante o movimento de pessoas. Ao invés de calmo e amigável, o atendimento aqui incluía longa espera, filas e eventualmente altercações e rispidez. Concentrada em poucos dias, a agenda do promotor era intensa, com 15 ou 20 casos numa tarde. À primeira vista, tratava-se de um serviço requisitadíssimo, porém se o atendimento fosse diário, não seria muito diferente do cotidiano de outros postos e de outros serviços.

Uma assistente de promotoria auxiliava no serviço administrativo e, segundo o promotor, em ocasiões, voluntários cooperavam para a realização de mutirões de atendimento. Era um promotor já experiente, de meia idade, corpo e voz fortes, de expressão incisiva. Andava de moto, por isso, às vezes, ao invés do terno clássico, usava jaqueta de couro, com infalível gravata e camisa social. Na comunicação verbal transitava entre a linguagem familiar, o tom didático e a expressão formal própria dos ambientes judiciais, criando efeitos alternados de proximidade e distância. No registro de uma jornada, foram atendidos quinze casos, apenas dois não envolvendo conflitos familiares.

Um homem veio pedir orientação por ter seu carro, recentemente comprado, sido apreendido pela polícia, sob a justificativa de ser um veículo roubado, reclamado pelo antigo dono. Mesmo estando sem a posse do veículo, foi intimado a apresentá-lo na perícia, necessitando agora da orientação sobre como proceder. Tratava-se de um homem com modos populares, expressando-se com muita cautela. Por duas vezes o promotor interrompeu seu relato, obrigando o homem a voltar ao início, aumentando sua dificuldade em encadear um discurso lógico e objetivo, introduzindo um nervosismo em ambos. A reação do promotor foi a de cercear a liberdade de fala do homem, demonstrando sua impaciência e conduzindo a situação como se fora um interrogatório: "responde só o que eu perguntar" – repetiu algumas vezes.

Em seguida, dois homens, com sotaque caipira, procuraram orientação e um deles iniciou a conversa de maneira desagradável ao promotor:

— Eu quero explicar o caso bem direitinho para o senhor entender. Meu tio é falecido...
— Certidão de óbito! — lançou brusco o promotor, revelando irritação.

Incomodou-se com o tom didático do usuário, que, no plano da comunicação, vinha representar inversão nos papéis, e reagiu para desordenar a fala do usuário e recuperar a condução da situação. O homem prosseguiu relatando que o tio, solteiro, deixou um terreno a ser partilhado. O promotor foi ao computador e imprimiu artigos do Código Civil, os quais leu junto com os dois homens, explicando o significado das palavras mais incomuns, revelando assim a ordem do direito de herança. Foi narrada então outra demanda, a de reaver bens deixados pelo pai na Espanha. Interessado no caso incomum, o promotor indicou o consulado espanhol, procurando na internet o endereço, e pediu que trouxessem o Código Civil espanhol para sua análise, marcando um retorno.

No mais, a grande demanda era por regulação de conflitos de separação e regularização de guarda e pensão alimentícia, envolvendo casais separados.

No caso 1, uma moça retornava para buscar uma petição e levá-la ao fórum regional da Lapa, para o protocolo na vara de família. Ouviu a seguinte orientação:

> Não pode amassar, nem rasgar, nem sujar, nem pisar em cima! Porque isso vai para a mão do juiz! E tem que levar logo para não perder o acordo, que é bom. Entendeu?

A mulher ainda teve que repetir em voz alta o nome do setor onde entregar o papel no fórum. O discurso do promotor alternava muita força na voz, irritação e mansidão. Expressava uma forma curiosa de valorizar a figura do juiz, ao mesmo tempo em que a cidadã foi rebaixada: não deve pisar em cima do papel porque ele vai para a mão do juiz – uma mão rara, incomum, daí os minuciosos cuidados com aquilo que ela toca; de outro lado, a acusação subliminar de desleixo da mulher que poderia sujar ou pisar num documento tão importante, caso não fosse alertada com ênfase e teatralização. O juiz, raro, não toca coisas sujas e a cidadã é como uma criança, posta a repetir uma ordem em voz alta.

No caso 2, um casal em separação comparece para uma tentativa de acordo de partilha da casa, construída num terreno invadido. O homem propôs que a mulher passasse a habitar o piso superior da casa, construindo uma saída independente. Ela se contrapôs: a parte superior não estava terminada, o banheiro não funcionava, criando problemas para a filha do casal. O promotor advertiu sobre a grande possibilidade de conflito quando um dos dois iniciasse um novo relacionamento, dado ao estreito convívio a que estariam obrigados, dividindo o mesmo imóvel. Eles persistiram, argumentando não haver outra solução, dado que a venda casa poderia demorar. O promotor sugeriu a ele ajudar a terminar rapidamente a construção da casa. Ele limitou-se a oferecer a mão-de-obra, alegando não poder arcar com os materiais. Ela comunicou interesse em separar-se o mais rapidamente, pois estando no mesmo espaço, ele a "procurava", levando-a a recusas sistemáticas e constantes conflitos. O promotor então propôs o início imediato do pagamento da pensão alimentícia e a mudança dela para uma casa alugada. Ela sugeriu ser mais fácil ele mudar-se, para não interferir na rotina escolar da criança. O argumento sensibilizou o promotor, mas sofreu a rejeição do ex-marido, em razão dos encargos com água e luz. O promotor reagiu:

> Ah, água é merreca, isso quando paga. Luz é gato, ninguém paga luz! Olha, eu quando me separei, deixei tudo para o meu filho e fui reconstruir a minha vida. Todo homem faz assim! Por que o senhor quer ser diferente?

Depois de mais alguma insistência, o acordo foi aceito: ela permaneceria residindo na parte inferior da casa, já habitada, e ele ficaria restrito à parte superior da casa, enquanto trabalharia nas obras de acabamento. Vencidos três meses, realizariam a troca e ele passaria a pagar a pensão alimentícia de R$150,00 mensais. Ele relutou em ficar sem as instalações sanitárias, o promotor, contudo, achou inaceitável a defesa de proposta inversa, por ser muito mais fácil para um homem arranjar-se do que para uma mulher e uma criança.

O acordo foi digitado num arquivo padronizado, com cláusulas comuns a qualquer caso. Em seguida, foi lido em voz alta, com explicações sobre as palavras menos usuais. Ao final da leitura, foi perguntado o motivo de o relacionamento não ter dado certo, mas a resposta não veio. O promotor tentou descontrair, brincando com o fato de ela ser pernambucana, pessoa de fibra, que não aceitaria "chifres". O ex-marido se crispou: "eu sou homem". Ela ferroou: "então, vai viver sozinho".

A ela foi dada a responsabilidade de levar o acordo ao fórum da Lapa para homologação e acompanhamento do processo. Foi explicado que a homologação começa com "Vistos, etc." e que é preciso guardar cópia desse documento. Foi orientada sobre o que fazer se o ex-marido descumprisse o acordo e recebeu o telefone do CIC para alguma eventualidade.

No caso 3, uma mulher desejava o reconhecimento da paternidade da filha de sete anos, mas o suposto pai exigia um exame de DNA. Foi encaminhada para a assistência judiciária, no centro da cidade, não sem antes ser repreendida por ter tardado tanto a tomar a iniciativa:

> Já devia ter feito isso há muito tempo. Essa ação demora dois anos e a senhora vai falar que a justiça demora. Se a senhora já tivesse feito, há cinco anos que estava pronto.

Orientou-a para pedir alimentos na mesma ação. E ela manifestou o interesse na pensão para o outro filho. Soube que isso poderia ser feito, aguardando-se porém dois meses para a audiência e, na hipótese de frustrar-se o acordo, seria necessário iniciar tudo novamente na justiça. Contudo, se o acordo for celebrado, "o juiz já dá a sentença na hora". A tentativa de acordo informal foi aceita.

No caso 4, um pedido de pensão foi motivado pelo descumprimento do acordo de separação judicial. O casal permaneceu habitando a mesma casa e a mulher ora queixava-se que o homem não contribuía com as despesas, apesar de comer e morar. Ele estaria aposentando-se por problemas mentais e ela decidiu regularizar a situação. Trouxe um envelope cheio de documentos, sem conseguir achar entre eles a homologação da separação. O promotor explicou que ela deveria dirigir-se à vara e requerer a segunda via das partes do processo. Quando foi mencionado o percurso do fórum e o processo judicial, a mulher lembrou de ter guardado uma pasta recebida do advogado com todos os papéis, contando o que ocorreu. "É isso?"

Este caso 4 guarda conexão com o caso 2, por tratar de circunstâncias semelhantes e das consequências do descumprimento de um acordo em que as partes permanecem habitando o mesmo teto. As relações reguladas por esses acordos são dinâmicas e a precariedade material que os embasa é difícil de ser mantida, levando a constantes renegociações da partilha e crescente necessidade de formalização.

Observe-se ainda que a minuciosa explicação dada a uma pessoa não necessariamente é repetida a outra. Em alguns casos há exagero na orientação ("não pode amassar, não pode rasgar, não pode sujar, não pode pisar em cima" etc.), repetição exaustiva da mesma informação, ditado, reiteração; ao passo que, em outros, a explicação é lacônica e a informação é transmitida num pequeno pedaço de papel com um endereço, como ocorreu no caso 3, no encaminhamento à PAJ. Em outra circunstância, não relatada, um homem ameaçado pela ex-mulher foi orientado a procurar a polícia, mas nada foi dito sobre a existência de um plantão policial no próprio CIC. A liberdade do procedimento informal em relação aos ritos codificados produz essas distorções, fazendo com que alguns usuários sejam saturados (por que não dizer humilhados?) com a reiteração de informações enquanto outros recebam informações fragmentadas.

O quinto caso traz uma mulher a solicitar a regularização da pensão alimentícia. O ex-marido vinha contribuindo, atendendo a um acordo informal ("de boca"), mas suspendeu o pagamento por pretender a reconciliação, não desejada pela mulher ("ele é alcoólatra e já me agrediu"), daí a exigência de formalização.

> — Não quero mais acordo de boca.
> — Quer que chame ele aqui ou quer ir para a justiça? Aqui não é a justiça, é uma tentativa de evitar um processo.
> — Quero que ele dê a palavra dele diante de uma pessoa como o senhor.
> — Tá bom, só que vai demorar dois meses.
> — Tá bom.
> — A senhora não deixa ele entrar em casa, porque senão só sai com mandado judicial e isso é bem mais difícil.

Foi redigida uma intimação a ser entregue por ela, com a orientação de ler "tudo direitinho o que está escrito".

No caso 6, um homem estava reivindicando a guarda do filho, em razão da ex-mulher ter se mudado para o Norte e planejar levar o filho com ela. A criança estava temporariamente na casa da avó. O pai dizia não permitir a mudança porque o clima faria mal ao menino. O promotor disse que o clima é um argumento fraco para se tirar uma criança de sua mãe e perguntou se o menino verbalizara rejeição à mãe. O pai admitiu que não e foi informado sobre seu direito de pleitear a guarda na justiça, mesmo que o argumento utilizado lhe desse chance muito grande de perder a ação.

Novamente, ainda que já judicializado, o conflito do antigo casal é dinâmico e necessita de constante renegociação de novas condições. Os casos 5 e 6 apontam sucessivas buscas por mediadores e instâncias de mediação, formais, informais, privadas ou públicas. Aparentemente, vários acordos e instâncias já tinham sido buscadas em ambos, porém as soluções encontradas não passam de arranjos provisórios, obsoletos com a mudança das situações e a dinâmica das relações.

O caso 7 está relacionado ao 2 e ao 4, versando sobre um acordo que, mesmo cumprido, não solucionou integralmente os problemas entre os ex-parceiros. O acordo anteriormente celebrado diante do promotor estabeleceu que permanecessem no mesmo quintal, em casas separadas, ele na antiga e ela na nova construção. Todavia, a água da chuva drenada da casa dele estaria criando poças na porta da casa dela, motivando seu desejo de cimentar o quintal, recusado por ele. Ela manifestou ainda sua revolta por ter ficado estabelecido no acordo que ela é quem deixaria a antiga casa: "onde está a justiça desse país?", clamou em voz embargada.

Sua conduta irritou o promotor, levando a uma resposta dura: "a senhora é maior, vacinada, sabia o que estava assinando". Mesmo com a "dura", ela exaltou-se mais, reclamando que o ex-marido a teria caluniado perante o seu grupo religioso, provocando sua expulsão. O promotor decidiu tratar-se de uma ação de danos morais, levantou-se, dirigindo-a até o balcão do JEC, enquanto ela prosseguia com sua queixa.

Um último relato deve ilustrar as dificuldades em criar arranjos duradouros entre os casais separados, nos mais diferentes graus de formalização dos ritos de solução de conflitos. O oitavo caso retrata o conflito vivido por um homem condenado a revelia a pagar uma pensão superior às suas possibilidades. Ele ingressou na sala informando estar intimado para uma audiência e necessitando de orientação. A ex-mulher o acusara de tentar entrar à força em sua casa, o que não seria procedente, visto ter apenas pretendido preservar a privacidade de suas filhas, arriscada de violação pelos visitantes da casa. Ele quis então saber quais direitos protegeriam suas filhas dessa invasão. Acrescentou que a casa ainda seria dele, dado a separação não ter sido homologada. Além disso, no processo, a ex-esposa fez constar ser ele dono de uma serralheria no valor de R$ 10 mil, reclamando direitos na partilha. Ele questionava a informação, argumentando possuir apenas ferramentas de trabalho, as quais estaria disposto a partilhar se ela o desejasse; ela ainda estaria pretendendo receber a metade de todos os serviços realizados por ele. Estava preocupado com a partilha dos valores de venda da casa, sendo esclarecido pelo promotor que na venda cada um aferiria sua metade, mas enquanto a ex-mulher residisse com as filhas, a vida doméstica seria de sua exclusiva coordenação.

O homem relatou ter perdido a ação judicial, na qual foi fixada a pensão de R$ 1 mil, por revelia, por ter sido a audiência realizada no dia do enterro de sua mãe. O promotor tudo ouviu e informou o direito de contestação da ação judicial, mediante advogado. Novamente o homem expôs sua contrariedade com o processo, por ter-lhe sido vetada a assistência gratuita, visto constar no processo uma renda mensal de R$ 1 mil (acima do limite aceito pela PAJ), não correspondente à realidade. Ao final, foi encaminhado à PAJ.

As observações realizadas no atendimento do Ministério Público, no tocante à resolução extrajudicial de conflitos, evidenciam o circuito inesgotável das demandas por regulação pública das relações entre ex-cônjuges. Cotejados os dados colhidos junto à Polícia Civil e junto ao Poder Judiciário, os relativos ao Ministério Público deixam ver que as possibilidades de mediação são buscadas em diversas instâncias e também em diversos momentos do conflito. O acordo fixado numa instância não soluciona definitivamente o conflito, já que o acordo pode contemplar apenas parcialmente as partes ou pode tornar-se obsoleto com a dinâmica das relações; assim, é preciso sempre renovar negociações e, para isso, buscar uma nova instância de resolução. Isto significa que, devido à precariedade característica dos acordos, a busca por mediação é inesgotável, requerendo a crescente ampliação e diversificação dos canais de negociação das demandas. O distrito policial, a Delegacia da Mulher, o plantão policial do CIC, o atendimento do Ministério Público, a assistência judiciária gratuita, a mediação alternativa de conflitos, o Poder Judiciário, são todas as possibilidades para negociar e renegociar constantemente os acordos, sem mencionar a família, a igreja, o uso da força. Os casos indicam que, mesmo havendo busca por crescente formalização, essas instâncias não são completamente hierarquizadas, sendo plausível que uma decisão judicial seja renegociada na polícia ou no atendimento do promotor.

A análise informa ainda que, embora o ritual informal apresente-se como dialogal e não-adversarial, na prática concreta da formulação de acordos, inclusive os homologados pelo Judiciário, há ganhadores e perdedores, aumentando a possibilidade de os perdedores buscarem outras instâncias de recurso, como ocorreu com o caso 8.

A pluralidade no acesso à justiça, nessas condições, requer a ampliação constante de novas instâncias e novos atores de mediação, criando a também inesgotável possibilidade de revanche. Os rituais de resolução são diversos e simbolizam ordens sociais diversas; são apropriados por indivíduos com interesses também diversos, envolvidos em relações dinâmicas, nas quais as hierarquias do presente estão arriscadas de subversão no futuro.

Se em certos espaços, como na Polícia Civil do CIC, a afirmação de relações de gênero hierárquicas opera no reforço da submissão das mulheres aos referenciais de honra masculina, no Ministério Público do CIC Oeste, a afirmação das hierarquias de gênero produz a valorização da autoridade materna e a obrigação masculina de cessão e proteção da prole (cabe ao homem deixar a casa na separação e zelar pelo conforto e as conveniências das crianças).

Não obstante, também os acordos fixados diante do promotor são recorríveis, sem a pretensão de significar a imposição de uma ordem superior às contingências do indivíduo, tanto que, ao final do ritual de composição, o telefone do CIC é oferecido para eventualidade do descumprimento, e nesse caso, ficou demonstrado que as partes realmente retornam. Sabe-se de antemão que a divisão dos cômodos de uma casa entre um casal em disputa não significa mais do que uma tentativa precária de regulação. A fixação de pensão alimentícia entre trabalhadores informais ou com vínculos precários de trabalho tem o mesmo significado, implicando o eterno retorno à renegociação.

No contexto da economia desregulada, típica do ciclo econômico contemporâneo, marcada pela flexibilidade dos vínculos com o trabalho e a redução dos empregos formais,[6] tornou-se muito difícil aferir os rendimentos e a circulação de recursos dos trabalhadores "flexíveis". Nesse mesmo contexto social, os hábitos de consumo se diversificaram e expandiram, universalizando a formação de identidades baseadas no consumo.[7] É pela vigilância desse consumo que as ex-mulheres supõem as mudanças do *status* econômico dos ex-maridos: eles sempre representam a exacerbação de sua pobreza e elas disputam a partilha das possibilidades de consumo. Os vínculos de paternidade e as obrigações relativas ao pagamento das pensões impelem as mulheres à constante vigilância sobre a vida financeira dos ex-maridos, através da perscrutação de seus hábitos de consumo, seus horários, da ostentação material. Encarregados da provisão material, eles exercem a vigilância minuciosa da vida social e dos hábitos de sociabilidade das ex-mulheres, sob a justificativa de controlar e proteger o ambiente de desenvolvimento dos filhos.

Os acordos observados indicam a vivência e a reivindicação de papéis de gênero bem demarcados, cabendo aos homens a obrigação de provisão material e proteção moral da família, e os direitos de regulação da sexualidade das mulheres. A elas não cabe propriamente a regulação da sexualidade deles, a não ser mediada pela regulação financeira (apertando as exigências quando desconfiam que eles estejam gastando com "outras" os recursos devidos à família), cabendo o cuidado com os filhos, o que inclui a administração dos fluxos financeiros inconstantes.

A intervenção estatal na regulação desses arranjos de papéis reforça a diferença, vigiando a extrapolação de suas fronteiras: homens que não querem arcar com suas obrigações masculinas são constrangidos a fazê-lo (caso 2) e mulheres que advogam direitos que não lhes cabem (caso 7) também são devolvidas aos seus lugares.

A precariedade dos acordos fixados perante a justiça (extrajudiciais ou judiciais) é perturbadora. Várias são as demandas por fixação dos limites e dos direitos. Os indivíduos comparecem diante das autoridades reconhecidas para reivindicar a fixação dos direitos ("quais são os meus direitos?", "quais os direitos dos meus filhos?", "quais os direitos numa partilha?"). Reclama-se um esquadrinhamento dos espaços individuais, a circunscrição individual dos direitos, quando o casal se dissolve. No entanto, o acesso à justiça possibilita apenas arranjos temporários e não esclarece a fronteira do direito. Não se ouve o promotor

---

6. David Harvey (199) e Otavio Ianni (2004) são dois dos sociólogos que procuraram descrever as características de um novo ciclo de expansão do capitalismo na contemporaneidade e seus impactos sobre o mundo do trabalho, dado a flexibilização da produção e das relações de trabalho. Richard Sennett (2006) está entre os que procuraram investigar os impactos do trabalho flexível na formação da identidade dos trabalhadores e na cultura da nova sociedade capitalista.

7. De acordo com o sociólogo Zigmunt Bauman (1998) a sociedade pós-moderna é uma sociedade de consumidores, por oposição à modernidade que foi uma sociedade de produtores. Ainda que sutil, essa transição modifica profundamente as normas que modelam as condutas de seus membros. É uma sociedade que produz integração pelo consumo e, evidentemente, excluídos do consumo.

comunicar o conteúdo das leis e justificar na linguagem dos direitos a legitimidade das obrigações e pretensões atribuídas no ritual de resolução dos conflitos.

Na medida em que não se administra um monopólio de circulação de normas jurídicas, mas ordens jurídicas plurais, não são mobilizados direitos universais, apenas arranjos particulares, válidos para situações concretas e temporárias. Esse modelo de governança, antes de esvaziar o sistema de justiça e interpor barreiras a seu acesso, opera para diversificar os canais e os rituais de composição de conflitos, repondo o circuito inesgotável de busca por novas negociações e novas técnicas de composição.

A ideia de uma explosão de litigiosidade deve assim ser explorada também pela investigação da oferta de justiça e não apenas pela ótica do crescimento da demanda. A hipótese da judicialização dos conflitos cotidianos, do mesmo modo, precisa ser analisada diante dos percursos realizados pelos indivíduos no circuito inesgotável dos acordos provisórios proporcionados pelo acesso plural à justiça.

CIC Sul – Serviço de qualidade e recompensador

O Ministério Público foi o segundo serviço de justiça mais procurado pelos usuários do CIC Sul, de acordo com os dados da pesquisa realizada pelo IBCCrim em 2005 (Haddad, Sinhoretto, Almeida e Paula, 2006). Com uma promotora designada logo após a inauguração, o atendimento concentra casos de conflitos de família como guarda, tutela, reconhecimento de paternidade. A maioria das demandas é remetida ao Poder Judiciário, no próprio CIC, mas são também fixados acordos diante da promotora, levados ao juiz apenas para homologação, embora sejam muito menos frequentes do que o observado no Oeste.

A recepção dos usuários e o encaminhamento da solução dos conflitos diferem significativamente dos outros postos. Nos atendimentos, a promotora adota o tom formal e uso do vocabulário jurídico, sem a preocupação de esclarecer as palavras menos comuns. Traja-se de forma clássica, respeitando a estética forense. Desenvolve uma postura de distanciamento, recorrendo a fórmulas generalizantes para marcar a diferença entre ela e os usuários do CIC ("vocês têm que entender...", "vocês não sabem namorar sem engravidar?").

Considera um privilégio a população atendida pelo CIC ser servida por um promotor público, qualificado pela sua elevada educação e selecionado num concorrido concurso. Verbaliza sentir-se recompensada pelo serviço de qualidade que presta a pessoas "muito carentes". Entretanto, não esconde ter aceitado a função no CIC por estar localizado perto de sua casa, propiciando um tempo de deslocamento curto. Quando se deparou com a possibilidade de transferir o atendimento para o novo posto Feitiço da Vila, a quatro quilômetros do Jardim São Luís, declarou a intenção de pedir sua transferência para um fórum, pois não seria compensador enfrentar um deslocamento mais longo; estava ali apenas porque era próximo, se tivesse que ir a um lugar mais distante, preferia trabalhar numa vara comum.

O atendimento é diário e, numa jornada, são atendidos em torno de dez usuários. Em 2002, o movimento verificado era menor. Pedidos de alvará, naquela época eram encaminhados para a assistência judiciária gratuita e pedidos de guarda eram encaminhados para o fórum de Santo Amaro, outros eram atendidos por ela mesma.

Num dos casos, uma senhora, acompanhada de seu filho adolescente, procurava receber uma quantia do recém-falecido companheiro. Em silêncio, a promotora digitou os dados num pedido padrão. No momento de assiná-lo avisou que, em vista do valor não ser "muito elevado", pediria ao juiz a liberação imediata, por se tratar de recurso necessário à subsistência dos filhos. Explicou:

> Será autuado pelo cartório e encaminhado ao juiz. Ele deve decidir em poucos dias, mas tem que transitar em julgado e ser publicado. Então deve demorar mais ou menos um mês.

A senhora permaneceu em silêncio e a promotora encerrou: "viu como resolveu rápido? Porque a senhora trouxe tudo. Tem gente que não traz e daí tem que voltar de novo."

Os problemas com os documentos requeridos às partes eram muito frequentes nos atendimentos realizados pela promotora. Os casos relatados a seguir foram coletados num dia de observação de campo, no qual a promotora contava com a ajuda de uma assistente, do quarto ano de Direito, uma mulher com mais de trinta anos, cuja falta de experiência profissional era compensada por um agudo senso moralizador e uma enorme disposição em estabelecer ordem nos atendimentos.

No caso 1, uma mulher pretendia obter o reconhecimento de paternidade de seu filho, de posse do resultado de um exame de DNA. A promotora pediu dados de testemunhas para o processo judicial. A mulher insistiu já possuir o resultado do exame e perguntou se as testemunhas ainda eram necessárias. Foi insistido que fornecesse o nome e o endereço das testemunhas. A mulher argumentou que as pessoas têm medo. "Gente! Medo de quê? É uma coisa tão simples!", manifestou-se com indignação a promotora. A usuária pretendia ainda obter uma vaga em creche para a criança. A promotora pedia a cópia dos documentos. A mulher disse que isso não havia sido pedido. A promotora irritou-se: "Eu pedi sim! Pra você não dizer depois que eu não pedi, você vai tirar o xerox e volta aqui depois."

A mulher retirou-se para providenciar as cópias e retornou mais tarde, sendo recepcionada pela assistente. Esta rejeitou o comprovante de endereço apresentado, insistindo que se tratava do endereço de outra pessoa e era necessário que fosse um comprovante em seu nome.

> — Mas é que eu não fico lá [em casa] e a minha mãe fica em casa o dia todo. Eu vou lá quase todo dia.

— Não, não pode ser. Tem que ser o seu.
— Mas não está aqui comigo.
— Então, volte outro dia.
— Eu não posso voltar. Hoje eu nem dormi ainda.
— E o que eu tenho a ver com isso?
— Eu só estou falando porque eu vou desistir.
— Espera aqui que vou ver, mas se você desistir é um problema seu.

Todo o diálogo entre a usuária e a assistente foi entravado na sala da promotora, em sua ausência. A estagiária saiu em sua busca. Quando retornaram, antes de dirigir-se à usuária a promotora atendeu a um telefonema de sua tia, com quem conversou alguns minutos. Então, num tom menos irado do que o da assistente, disse:

— Tem um probleminha. Você tem que trazer o comprovante seu.
— É que eu acabei de comprar essa casa. Lá não tem luz, nem água: não tem conta. E é quase na mesma rua da minha mãe.
— Sabe o que vocês não entendem? É que aqui no CIC a gente tem que ter os documentos. Aqui a gente pede o comprovante de residência da pessoa. Não pode ser de qualquer jeito!
— Então, tá bom, doutora!
— Você vai trazer?
— Não.
— Você não vai entrar mais com o processo?
— Não.
— Então, tá bom.

A usuária retirou-se muito nervosa, bufando. Quando saiu, a assistente perguntou à promotora se a mulher havia desistido, o que provocou uma reação da promotora:

— Sabe o que que é? Aqui eles acham que a gente pede as coisas por frescura.
— Ela disse isso?
— Não, mas pelo olhar da pessoa...
— É que eles têm a vida deles toda bagunçada e acha que a gente tem que ser aqui também. Ela foi grossa comigo. Eu falei que não tenho culpa. A regra é essa.

Ficaram as duas em silêncio e depois de uns instantes a assistente retomou:

— A [...] falou uma coisa certa. Às vezes não traz o documento porque não mora na região. Às vezes a criança mora com a mãe dela...

— Sabe o que é? Às vezes, a gente, por dó, para não fazer a pessoa voltar, deixa passar e depois se arrepende. A gente não pode transigir no que é obrigatório.

Mais tarde, a assistente queixou-se com a pesquisadora:

Olha, aqui é uma loucura. A gente é psicólogo, terapeuta, assistente social. A população é muito carente mesmo. E a gente ainda tem que aguentar mal-humor deles.

Vítima do "mal-humor deles" – essa gente "carente" e com a "vida bagunçada" – a assistente sente desdobrar-se em mil papéis para fazer o serviço "de qualidade", defendido pela promotora. Desdobrando-se em tantas frentes, não consegue garantir a finalidade do atendimento do Ministério Público e da existência do CIC, que é o acesso à justiça. Acreditando não transigir no que é obrigatório, seu comportamento, reforçado pela promotora, produziu a desistência de tutela de um direito legítimo.

O segundo caso trata de uma tia a pleitear a tutela do sobrinho cuja mãe faleceu. A tia veio de Fortaleza para regularizar a situação e levar consigo o menino. A promotora advertiu que, ao obter a tutela, a tia passaria a se responsabilizar pela criança como se fosse seu próprio filho. A tia assentiu, sorrindo.

Estavam presentes duas irmãs e o cunhado. A promotora indicou ao homem para sair da sala, por ter que utilizar a cadeira em que ele estava para trabalhar ao computador. O homem disse querer tratar de quantias que a falecida tinha a receber, ouvindo que não poderia ser atendido, por se tratar de outro caso, devendo agendar outro horário. As mulheres se interessaram em saber se a tutela demoraria a sair.

— Acredito que não, porque a senhora é tia. Já viu escola para ele?
— Já, e é particular. Eu consegui um desconto.
— É escola militar?
— Não — disse a tia, um pouco surpresa com a pergunta — mas eu posso ver isso — considerando que talvez se tratasse de uma condição.
— Agora, a senhora tem que esperar o fim do semestre para levá-lo.
— A professa disse que eu já posso levar.

Interessada em saber por que a tia de São Paulo não ficaria com a criança, a promotora soube que, quando jovem, a falecida cuidou dos filhos da irmã mais velha e, agora chegara o momento da retribuição. Já doente, a mãe vinha preparando o filho para a mudança de vida. A promotora fez perguntas sobre imóveis, óbito dos avós e benefício previdenciário e informou o prazo de trinta dias para o trâmite judicial. A tia preocupou-se em ter que permanecer tanto tempo fora de sua cidade.

— Não sei como a senhora vai fazer, mas a senhora tem que estar aqui para assinar o termo de tutela — despachou-se a promotora.

— Nada é de um dia para o outro. Na mesma situação que está a senhora tem outras pessoas! — acudiu a assistente, encerrando o atendimento.

O caso 3 traz uma avó que pleiteia a guarda de sua neta, com a anuência dos pais. Foi preciso justificar porque a criança não seria criada pela mãe e a avó argumentou que a mãe tinha outra filha mais nova. A promotora dirigiu-se para a mais moça:

Se você não pode criar uma não deveria ter tido outra, não é? Vão tirar o xerox dos documentos e trazer aqui até às 4 horas.

Quando voltaram com os documentos, novamente perguntou-se para a avó:

— Por que é a senhora que cria?
— Ela morava comigo. Aí ela foi morar com o rapaz e a menina ficou comigo. Mas não deu certo entre eles e ela voltou a morar comigo e está até hoje — disse a avó.
— Mas se ela está junto...
— Mas ela não tem condições. Não trabalha.
— Mas ela tem uma vida desregrada? — quis saber a promotora.
— Hoje não.
— Hoje não? Mas o que acontecia antes?
— Ah, ela não trabalhava e teve essa outra filha.
— É melhor mesmo passar a guarda para a senhora porque fica numa situação de instabilidade. Não é bom para a criança — sentenciou a promotora.

A criança ouvia a conversa à porta, de olhos fixos na avó. Sua mãe e seu pai permaneceram fora da sala e não foram ouvidos. O pai foi chamado apenas para declarar sua profissão, a fim de ser identificado nos autos, e declarou ser autônomo liberal. A assistente, lendo os documentos juntados, perguntou: "o mercadinho está no seu nome?" Estava no nome da esposa. A promotora recomendou constar ser ele comerciante. Ele saiu da sala e ela considerou: "na verdade é informal, né". Mas dessa vez foi possível transigir.

A solução moralista foi a preferida. A suspeita de uma "vida desregrada" bastou para que estivesse justificada a transferência da guarda para a avó, sem que a mãe tivesse pronunciado uma só palavra. A justificativa de estabilidade serviu para legitimar a instrução do pedido judicial. Ao pai, que já não vivia com a criança ou com a mãe, também nada foi perguntado, além da profissão. A leitura do conflito feita pela promotora não reconheceu indivíduos livres e iguais deliberando racionalmente, mas hierarquias familiares em que a falta de trabalho é índice de problemas de caráter e alimenta suspeitas de falta moral. O direito reprodutivo da mulher ficou claramente subordinado à capacidade de sustentar financeiramente a criança. Ainda que o amparo material seja uma responsabilidade exigida dos pais pela na norma jurídica, a normalização moral recaiu apenas sobre a mãe, nada tendo sido dito em relação ao pai.

Novamente no caso 4, problemas com documentação, num relato que repete uma situação ocorrida no CIC Oeste. Dois jovens intencionavam um acordo de revisão da pensão alimentícia que ele paga a ela. A revisão é motivada por desemprego. A promotora perguntou se a pensão havia sido fixada no CIC e pediu a sentença. Eles afirmaram não possuí-la. Foi indicado o desarquivamento do processo no fórum da Barra Funda e, em seguida, lembrado que "o juiz dá uma cópia da sentença".

— Para nós não deram.
— Só se foi só para vocês, porque eles dão para todo mundo!
— Eu só tenho um papel do dia da audiência.
— Aquilo é a sentença.

A promotora pediu à assistente para pesquisar o número da ação e preencher os dados para a petição e foi agendado um retorno.

Mais uma vez se percebeu a dificuldade das pessoas em reconhecer e decodificar os documentos recebidos do Poder Judiciário, dificuldade que sempre redunda em tensionamento e endurecimento do discurso contra o usuário.

No caso 5 também se verificou uma confusão sobre o nome e as informações dos documentos. Uma senhora se apresentou, tendo sua demanda identificada como um pedido de tutela de seu filho, portador de uma deficiência. Trazia seus documentos em um envelope, entregue à promotora, que deu pela falta do essencial:

— Onde está o xerox do RG?
— Tá aí.
— Não, aqui tem CIC, tem carteira de vacina, que nem precisava. Onde está a identidade?
— A identidade? Tá aqui.
— Então, me passa.
— Ah, sim, desculpa, eu estou um pouco nervosa.

Ao ver os documentos, a promotora deu-se conta de que o filho era menor de idade, não podendo ser realizada a ação de interdição e tutela e informou não ser possível fazer a interdição.

— Mas é que ele tem problema — disse a mãe.

— Não, mas tem outras formas. Pode pedir pensão ao pai.

— É que eu não posso pedir pensão. Eu crio sozinha. Eu não trabalho.

— A senhora pode pedir pensão ao pai da criança.

— Mas ele sumiu e eu não sei onde ele está!

Com uma expressão facial, a promotora manifestou irritação e afirmou que a mulher teria que o localizar o pai da criança a fim de chamá-lo para a ação de alimentos. Com expressão desorientada, a mulher perguntou onde poderia achá-lo. Em nova expressão de irritação, elevando a voz e marcando cada sílaba, a promotora explodiu:

— Eu não sei! Eu só sei que eu não posso fazer nada pela senhora porque juridicamente não é possível interditar um menor.

— Mas, e agora, o que eu faço? Quer dizer que o caso vai ser encerrado? — já embargando a voz.

— Não é encerrado! Eu não posso fazer nada porque a criança já é incapaz pela lei. Eu não posso pedir ao juiz decretar a incapacidade de uma pessoa que já é incapaz!

A assistente então socorreu a promotora: "A responsabilidade de criar a criança é sua!"

— Mas eu não posso. Eu...

— A senhora... — a assistente foi interrompida pela chefe.

— A senhora tem que ir no INSS e lá eles podem dar a entrada em outros benefícios. Tem LOAS. Tem renda da família — esclareceu a promotora.

— Mas eu pensei que vindo aqui eu chegava com uma certeza de conseguir — ainda tentou a mulher, com os olhos marejados.

— Não, mas não tem certeza. A senhora tem que ir no INSS! — tentou a assistente novamente.

— Mas como que eu vou lá?

— Do mesmo jeito que a senhora veio aqui e me explicou o caso, a senhora vai lá e explica para eles! — disse a promotora, perdendo de vez a linha.

— Ah, mas a senhora está me deixando muito desanimada... — tentou a mulher.

— Não, não sou eu. Eu não posso fazer nada. O erro foi de quem falou que eu poderia resolver. Agora a senhora me dá licença que eu tenho que atender outras pessoas.

Como a mulher permanecia em sua frente, chorando, a promotora despachou: "olha, boa tarde!"

— Mas a senhora podia me ajudar... Eu não tenho como ir lá sozinha...

— Minha senhora, é uma coisa muito simples! Só que agora eu tenho outras pessoas para atender! Por favor! — a promotora mostrou-lhe a porta.

Tendo a mulher se retirado em pranto, a promotora comentou com a pesquisadora:

> Você vê o que as pessoas pedem? Eu não posso interditar uma criança. Mas ela tem dificuldade de se expressar, então eu não entendi que o filho é menor. Até pela idade que ela tem...

E, com isso, assumiu o erro da informação equivocada. Erro que não exigiu reparação. E, sem qualquer responsabilidade por assegurar o acesso à justiça, nenhum tipo de informação foi transmitido, nenhum endereço ou encaminhamento para a assistência social ou a orientação jurídica do próprio CIC. Os quinze minutos de altercação com a usuária encerraram uma demanda de acesso a direitos, sem um encaminhamento alternativo. Ao invés, a assistente afirmou não haver qualquer direito a ser reivindicado na situação: "a responsabilidade de criar a criança é sua", como se essa responsabilidade não estivesse, pela legislação do país, compartilhada entre o Estado, a família e a sociedade.

Repete-se ainda o argumento de impossibilidade de atender um usuário por haver outros esperando o atendimento. O procedimento de linha de montagem impele o servidor público a livrar-se o mais rapidamente possível de uma situação embaraçosa, e ao mesmo tempo protege o agente público da responsabilidade de envolver-se com a melhor solução de uma questão. Note-se que é lançado mão do procedimento de linha montagem mesmo em casos de fácil resolução jurídica. Não é complexidade técnica, mas a qualidade da relação estabelecida com o cidadão e com sua demanda que é decisiva para a dispensa sumária do usuário e a admissão de outro.

O caso 6 versa sobre um alvará para recuperação de fundos junto ao INSS por razão de falecimento. Um homem idoso procurou o Ministério Público logo após o falecimento de sua companheira. Ao verificar a certidão de óbito, onde constava o estado civil, a promotora afirmou que o homem não podia receber a quantia por serem separados judicialmente. Como soube ser um irmão o único parente de sangue, decretou ser apenas esse o único beneficiário do dinheiro, novamente negando a pretensão do homem à sua frente. Ele ainda tentou explicar:

> — É que nós estávamos vivendo juntos de novo. Já faz dezesseis anos que nós voltamos. Eu tenho testemunhas. Eu que fiz o enterro. Tenho aqui os papéis do banco, que nós íamos junto receber a aposentadoria.
> — É, mas o senhor não pode receber. É o irmão dela que tem que receber. Aqui estão os documentos para ele vir aqui. Boa tarde.

Dois minutos foram necessários para que a prática cotidiana de um agente público com a responsabilidade constitucional de ser um fiscal da lei revogasse o estatuto jurídico da união civil estável. Nada de testemunhas, papéis ou relatos afetivos. Rituais mortuários não interessam à justiça, feita de documentos civis que são a realidade. E se os documentos não puderem ser a realidade é porque esta não tem a perfeição dos atos formais, daí a intervenção do agente da lei para prontamente corrigi-la.

O derradeiro relato, o caso 7, iniciou-se com um homem pedindo a regulamentação de suas visitas ao filho. Estava pagando a pensão, conforme o combinado, mas não conseguia exercer o direito de visitar o bebê, pois na casa havia um "cachorrão bravo" a impedir seu ingresso, estando ele temente por si e pelo bebê, também passível de ataque. Antes de arrematar a frase, foi interrompido pela promotora:

> — Eu não tenho que ouvir tudo isso! Confiei em vocês porque vocês disseram que não iam brigar. Agora, se vocês não conseguem se entender, o problema não é meu. O senhor, por favor, me deixa atender outras pessoas!
> — A senhora está me tratando como réu! Me encostou na parede e eu não estou tendo direito de nada!

Nisso interveio a assistente, sempre pronta a salvar o dia:

> — Não! Aqui ninguém faz isso! O senhor estava agendado?
> — Por favor, eu não sou uma máquina! Tenho outras pessoas agendadas — muito exaltada, reclamou a promotora.

A argumentação do homem centrou-se então na reclamação de não ter tido o direito de se manifestar livremente no dia da celebração do acordo da pensão alimentícia. Novamente repetiu estar sendo tratado como um réu, sem direito a nada, apenas a pagar a pensão. Queixou-se de todas as vezes em que tentou visitar a filha e a mãe recusou-lhe o ingresso na casa. Perguntou: "não posso ter o meu direito?"

A promotora, impaciente, prosseguiu na altercação, afirmando não ter a obrigação de ouvi-lo, por ter outras pessoas na fila de espera e por não ter sido agendado um horário. Toda a cena não durou quatro minutos e o homem retirou-se, deixando a interlocutora desabafar com sua fiel assistente: "eu aguento? O homem está nervoso e vem aqui descontar em mim? Você acha que ele pode falar assim comigo? Eu é que sou tratada como réu!" Depois disso, encerrou o expediente, fechando a porta.

O homem foi ao balcão do cartório do Juizado e recontou sua história. Seu processo foi buscado e, com a preocupação de tranquilizá-lo, a funcionária explicou que o acordo só passaria a ter validade quando a mãe da criança comparecesse para encaminhar o procedimento de abertura de uma conta bancária para o depósito da pensão. Como ela ainda não tinha cumprido sua parte, ele também estava desobrigado de honrar o pagamento naquela data. A assistente da promotora veio ao cartório e, ouvindo a explicação, interveio para desautorizar a orientação da cartorária, ordenando que o homem fosse à casa da mulher e a trouxesse ao

CIC imediatamente para abrir a conta e regularizar a situação. A cartorária, mais uma vez, afirmou ser desnecessária a pressa, estando ele juridicamente amparado, além de evitar o confronto num momento nervoso. A estagiária elevou o tom de voz, endureceu a postura, negou a colega do cartório, tomou o processo e foi ter com a promotora. Voltou dizendo ter telefonado à mãe da criança e comunicado que o homem iria buscá-la imediatamente. A ele proferiu a ordem em voz alta, escandindo as sílabas: "vai lá agora e traz ela aqui já!" Antes de sair, o homem aguardou a anuência da funcionária do cartório. Não voltou naquele dia.

O caso 7 trouxe a confirmação de dois movimentos já identificados na atuação do Ministério Público na resolução alternativa de conflitos: um deles é a imposição de condições, fazendo uma parte ganhadora e outra perdedora do acordo; tendendo a parte perdedora a tentar nova negociação. O homem compareceu reclamando de descumprimento de acordo, e em face da recepção hostil, sentiu-se tratado como réu, a quem se nega qualquer direito, rememorando que o próprio acordo teria sido fruto de constrangimento. Mas o interlocutor não era imparcial e, contudo, revelava-se desobrigado de ouvir as partes, por não se tratar de problema seu. Como os canais de resolução são de acesso restrito, por recusar os argumentos das partes, torna-se imperativa a busca de outros canais de resolução – nesse caso o Judiciário. O outro movimento revela a hierarquização imperfeita das instâncias de resolução, permitindo à estagiária do MP discordar da prática judicial de execução dos acordos e impor seus próprios procedimentos, funcionando como instância de recurso do rito judicial.

A análise dos casos observados no MP do CIC Sul conduz a um diálogo com a leitura do ritual judiciário proposta por A. Garapon (1997), segundo a qual a existência de três elementos na cena judiciária é requisito da representação democrática da figura do julgador e do próprio ritual. A imparcialidade do julgador estaria assegurada pela triangulação do debate, evitando exatamente a cena mais comum nos atendimentos do MP, isto é, a polarização de uma disputa entre o cidadão que reclama um direito e o promotor que lhe nega o direito. No ritual judicial clássico, esse embate entre a reivindicação e a negação do direito é regulado e mediado pelo terceiro imparcial. No ritual do atendimento do Ministério Público, quem regula a cena confunde necessariamente os papéis de acusador, fiscal da lei e julgador. No ritual judiciário clássico, a regra do jogo é pautada na legalidade e discute-se se as condutas e pretensões estão ou não amparadas na lei, se a violam. No ritual conduzido nas salas do CIC, a legalidade não opera como referência, a regra do jogo não é legalmente orientada, a comunicação não transmite conteúdo legal e algumas soluções abertamente violam a regra legalmente estabelecida, como no caso 6.

Na ausência da triangulação da cena, o eixo promotor-cidadão acaba por funcionar como obste do acesso à justiça, quando a identidade profissional e jurídica do promotor não estabelece a cumplicidade entre o par, nem a função de perseguição do melhor interesse do cidadão. O promotor se vê como defensor da sociedade, um conjunto geral e meta-individual, como fiscal da lei, entidade abstrata, sem compromisso com a defesa do direito individual. Este seria o papel do advogado, cuja cultura profissional o coloca sempre ao lado da incansável perseguição do direito individual. Daí entender-se a cena na qual, mesmo colocando-se como um canal de acesso à justiça para a defesa de direitos individuais, o promotor possa negar a existência de qualquer direito a ser defendido, como nos casos 1, 5, 6 e 7 – a cumplicidade desse agente é com entidades abstratas e genéricas, sem interesse pelos indivíduos concretos.

Isto remete novamente à configuração plural dos canais de acesso à justiça e à pluralidade dos ritos de administração de conflitos. Quanto maior a pluralidade, maiores as oportunidades de conhecer-se um canal e um ritual adequado ao tipo de direito a ser resguardado. Igualmente ao que já foi observado em relação à Polícia Civil, estão em melhores condições aqueles que podem negociar o acesso a múltiplos canais simultaneamente. Aqueles que percebem opções restritas de escolha estão arriscados à exclusão do acesso à justiça, no panorama de fragmentação das ordens jurídicas. Como os canais de resolução implementam ordens jurídicas fragmentárias – adotando ritos, práticas e discursos que fragmentam a esfera jurídica – certas demandas, certos direitos, certo público restam sempre alijados de expressão.

Desta forma, o funcionamento dos serviços de justiça no CIC estabelece complementaridade entre os canais e os ritos diversos, na justa medida em que implementam lógicas jurídicas fragmentárias. E exatamente porque não representam uma ordem impessoal e universal, como esperavam os defensores da ampliação do Estado de direito à periferia da cidade. O CIC parece realmente expandir as possibilidades de acesso à justiça, sem que isso possa ser tomado como sinônimo de expansão da regra da lei e dos ritos igualitários da democracia. O acesso à justiça, conforme se vem relatando, não se confunde com o acesso à resolução de conflitos orientada pela legalidade.

Não é a única leitura possível. Mas esta leitura leva à advertência aos defensores da informalidade e da resolução alternativa de conflitos: será preciso defender a proliferação infinita de novos mecanismos de administração de conflitos, ou ao menos a proliferação até que todos os direitos e todas as relações concretas possam ser contempladas nos fragmentos do sistema de justiça, ou se correrá ainda o risco de legitimar um sistema de justiça que produz hierarquias e exclusões jurídicas.

Poder Judiciário

Tem sido apontado nesta análise que tanto a Polícia Civil como o Ministério Público exploram, em sua atuação nos Centros de Integração da Cidadania, o desempenho de ritos de administração de conflitos alternativos ao rito judiciário orientado pela legalidade e pela eficácia de normas jurídicas codificadas. Cabe destarte verificar o que ocorre com o Poder Judiciário: diante dos ritos alternativos e informais, que fragmentam o campo estatal de administração de conflitos, estaria o rito judicial oferecendo o contraponto em termos de universalidade das regras de igualdade político-jurídica entre as partes? O que significa o acesso à justiça pelos juizados especiais cíveis localizados nos CIC? O que experimentam os usuários nesse acesso?

É comum ouvir um adágio jurídico sustentar que "cada caso é um caso". Quanto mais tempo se passa observando o que ocorre num juizado especial, mais se acredita neste adágio: cada conciliador, cada magistrado e cada audiência pode revelar tendência a um tipo de solução totalmente inédito. A característica de informalidade, de fato, permite abrigar muitos conteúdos, tendências e padrões de administração de conflitos. Simplesmente, obrigado a extrair uma conclusão sumária de tanta diversidade, diria o analista não haver um rito definido para o tratamento dos conflitos: o juizado é um caleidoscópio de lógicas de tratamento dos conflitos tão fragmentado, talvez, quanto o número de indivíduos que o operam. Mas é evidente ser possível um esforço de traçar grandes linhas de um padrão. Não se pode esperar, porém, padronização.[8] Não existe um rito padronizado, ou dois. O preparo e a interferência pessoal de quem comanda a cena (conciliador ou juiz) é decisivo para o desempenho do ritual. Não se está diante de procedimentos altamente racionalizados e burocratizados, operando no sentido de filtrar a interferência pessoal na aplicação da justiça; o interesse do corpo burocrático muitas vezes sobressai e influencia o desfecho e a solução.

Assim, uma conclusão desde já apontada refere-se à fragmentação das maneiras de se conduzir um ritual judiciário e das identidades rituais assumidas por seus operadores, havendo mais de um efeito na presença dos juizados especiais nos CIC e mais que um tipo de experiência na utilização da justiça.

Dado o número expressivo de observações coletados nos três juizados (CIC Leste, Oeste e Sul), que passam de 100 audiências de conciliação e instrução e julgamento observadas durante três meses em 2002 e de setembro de 2004 a setembro de 2005, enriquecidas com entrevistas com usuários, funcionários, conciliadores e juízes, o opção do relato etnográfico é pela descrição de alguns estilos de ritual, com suas categorias de pensamento, ação e discurso – cenas de audiências típicas. Ao invés de descrever uma jornada de atendimentos, como se fez em relação à Polícia Civil e ao Ministério Público, serão descritos casos típicos que descrevem esses estilos e traduzem suas categorias, configurando diferentes versões de rituais judiciários informais percebidas. Trata-se de um recurso metodológico menos "realista" – no sentido de que não pretende registrar todas as circunstâncias observadas – e mais generalizante – na procura de linhas de análise mais gerais e menos localizadas. Este trecho da narrativa não pretende esgotar as possibilidades de compreensão do acervo constituído a partir da observação, mas deve apontar elementos significativos para

---

8. Renato Ortiz (1994) esclarece a diferença dos conceitos de padrão (pattern) e padronização (standard), os quais na língua inglesa têm significados bem distintas, e no português podem dar margem a confusões. O primeiro termo refere-se a um padrão cultural, ou à repetição de categorias e relações mais gerais em eventos particulares; o segundo remete a eventos que se repetem em série, gerando resultados idênticos.

o diálogo proposto por esta pesquisa entre a idealização de certo modo de fazer justiça, a organização de um novo programa de ação e os efeitos concretos da prática judiciária neste contexto histórico. O leitor notará que, no lugar da descrição de cada unidade do CIC, serão descritos estilos de desempenho do ritual judicial.

A mediação de relações interpessoais

Tendo sido instalado como um juizado informal em 1996, o Juizado do CIC Leste seguiu privilegiando a atuação informal, mesmo depois de instalado o juizado especial cível em 2004. Já foi mencionada a construção positiva em torno da "conversão" do juiz à resolução informal dos conflitos, disseminada pelos criadores e gestores do CIC, e das críticas que ele mesmo veio elaborar às soluções apenas formais dos conflitos que passou a mediar.[9] Construiu-se, em torno da prática do juizado, uma retórica sobre a composição dos conflitos, a formulação dos acordos, a ação comunicativa deles decorrente e o potencial de prevenção da violência contido no ritual informal a propiciar aos antagonistas o diálogo e o consenso. Recorde-se que o juizado do CIC Leste foi implantado no ano seguinte à edição da Lei 9.099, quando a prática dos juizados especiais cíveis não estava definida. Ele era, antes de tudo, um espaço experimental. O mesmo já não ocorreu com os demais, Oeste e Sul, para onde foram designados juízes já experientes no rito informal da nova lei. Esse contexto de emergência deixou marcas no modo como o ritual judiciário é operado. No CIC Leste, parece prevalecer uma leitura negativa do rito e uma tentativa de transcendê-lo na crença de que a formalidade é inimiga da substância; enquanto nos demais parece ser mais fácil perceber o juizado especial cível como um tipo de ritual judiciário, caracterizado por oralidade e economia processual, mas ainda assim um tipo de processo, o da justiça informal.

O rito do juizado especial permite aos indivíduos representar diretamente seus interesses, sem a necessidade da intermediação do advogado, e seria, segundo sua retórica legitimadora, um espaço de compatibilização de expectativas, privilegiando a equidade à formalidade, a justiça cognitiva ao direito formal. Seria, deste modo, um instrumento de legitimação popular do Judiciário e um espaço de legitimação da ordem legal junto à maioria da população, de outro modo, excluída do acesso à justiça; representando, portanto, a democratização do discurso jurídico e do Poder Judiciário – ideias já apresentadas nos primeiros capítulos.

Vale remeter à discussão dos cientistas políticos sobre o potencial pedagógico do juizado para a construção de relações sociais pautadas pela legalidade e pela cidadania (capítulo 2 – *A hipótese do papel ético-pedagógico dos juizados especiais.*). Segundo a hipótese, a ampliação dos juizados especiais levaria à difusão da ordem jurídica estatal e a uma sociedade

---
9. Consultar também Haddad, Sinhoretto e Pietrocolla, 2003.

mais integrada por efeito da expansão da linguagem universalizadora do direito; combateria, assim, códigos informais e práticas perversas de ajustamento e favoreceria, ao invés, a recomposição de práticas horizontais entre os indivíduos, criando um substrato para a construção da cidadania e o fortalecimento da democracia.

Assim, uma apresentação de casos observados na atividade de campo, poderá orientar a análise do ritual judiciário especial em relação às funções lhe são atribuídas e às expectativas sobre ele depositadas.

A retórica legitimadora do juizado do CIC apela para a possibilidade de criar entendimento e consenso entre os indivíduos opositores, criando espaços de mediação pacífica de conflitos, através de uma linguagem comum – o direito – evitando a busca de canais violentos e opressivos de resolução (discurso da prevenção). Mais importante, neste discurso de prevenção, é o tratamento das questões subjetivas, já que o valor das causas quase sempre é menor do que o custo do seu processamento judicial. Como se verá, no entanto, é muito limitado o espaço para o desenvolvimento dos conflitos intersubjetivos no ritual judicial do juizado. A necessidade da prevalência de acordos em torno de quantias monetárias faz com que o padrão do rito seja o de limitar a discussão de motivações subjetivas e restringir todo o debate em torno das propostas de pagamento. Discutem-se quantidades, número de parcelas e prazos, atendendo, inclusive, ao interesse de produtividade do juizado e racionalidade econômica.

Pode-se argumentar que isso ocorre em cumprimento à norma legal de regulamentação dos juizados, segundo a qual na conciliação não se discute o mérito da causa, mas apenas alternativas de acordo para pôr fim à ação judicial, sem adjudicação. Entretanto, é evidente que tanto o discurso das partes como os discursos de verdade construídos em torno da prática dos juizados indicam expectativa oposta.

O discurso da prevenção e o da racionalidade econômica ou burocrática aparecem confrontados nos casos concretos, observando-se a recorrência de reclamações dos operadores quanto à intenção das partes em discutirem suas razões: "vocês não vão ficar aqui discutindo! Vamos lá", disse um juiz a advogados que esclareciam posições contrárias de mérito; "agora eu tenho que parar tudo para ficar conversando com vocês?", disse outro às partes, e um terceiro "se vocês querem ficar discutindo, eu posso sair da sala e deixar vocês aí". Não é mero interdito ritual de discutir responsabilidades jurídicas, sua eficácia é tal que os juízes realmente sentem-se desrespeitados e irritados ante a disposição das partes em explicitar motivações morais para a litigação judicial.

Por seu turno, também as partes pouco familiarizadas com a dinâmica das sessões de conciliação judicial sentem-se desrespeitadas por não terem a chance de defender-se, como tipicamente expressou um entrevistado recém-saído de uma audiência: "A bem dizer a verdade, eu não falei nada. Não me deram a chance. Trouxe todos os documentos. Mas parece que só o advogado pode falar." Sua advogada tentou explicar que apenas não era o momento de discutir o mérito. Ele, porém retomou seu entendimento:

> Então, os advogados é que têm que falar, mas eu acho que ao menos eles deviam ter me ouvido. Sou um homem de 70 anos, dependo desses aluguéis e não tive chance de defender meus direitos. Eu não tive chance de demonstrar meus direitos. Não me deixaram falar, expor meus direitos. Eu acho uma injustiça!

Outra entrevistada, sem a assessoria de um advogado, saiu da conciliação revoltadíssima por ter sido obrigada a fazer um acordo que não desejava. Confrontada com a ideia de que a adesão ao acordo é fruto de uma decisão, ela generosamente explicou à entrevistadora:

> Não é. É que aqui é só para fazer acordo. A mulher [conciliadora] me explicou, não tem outra condição. Eu tentei falar, mas ela disse que hoje era para fazer acordo. Eu fiz, né.

Além desse desencontro, que mina a eficácia simbólica do ritual na requalificação dos relacionamentos e na legitimação do Judiciário, observa-se, com esses depoimentos, que o aprendizado sobre as leis, confiado à experiência de democratização do acesso à justiça, pode também levar ao reforço da opinião de que "a justiça só funciona para os ricos" (percepção já amplamente difundida na opinião local do público-alvo do CIC, conforme os dados apresentados no capítulo 3).

Estudos antropológicos conduzidos por Luis Roberto Cardoso de Oliveira junto a juizados de pequenas causas norte-americanos mostraram que as partes revelam maior satisfação com a experiência da consensualidade quanto há espaço para discutir as questões sobre responsabilidades nos eventos que originaram a disputa, permitindo discutir questões de equidade e reconhecimento da legitimidade do outro e de suas ações e formas de pensar (Oliveira, 1996). Mesmo no contexto norte-americano, a quebra do protocolo legal não se revela contraproducente para a eficácia da justiça informal, porém o oposto, quando há reconhecimento da produção da equidade, dos direitos e da cidadania do oponente. Essa leitura parece aplicar-se também aqui, onde a interdição de discutir motivações e razões fica associada à interveniência indevida da lógica econômica em questões de justiça.

O discurso preventivo choca-se ainda com a racionalidade burocrática do juizado especial quanto são introduzidas reivindicações da ordem da segurança física dos cidadãos. Pelo discurso preventivo, estaria entre as funções atribuídas ao juizado especial e ao procedimento informal a possibilidade de criar consensos com o objetivo de desestimular a revanche violenta ou a solução do conflito por meios não-pacíficos. No entanto, a possibilidade de violência é sistematicamente ignorada, silenciada e prontamente rechaçada quando introduzida pelas partes.

A ignorância da violência ocorre, por exemplo, quando os autores iniciam ação contra conhecidos seus, aprofundando com isso a fissura no relacionamento cordial. Foi comum réus iniciarem suas falas afirmando a desnecessidade do recurso à justiça para resolver problemas interpessoais: "não precisava disso, a gente podia ter conversado", "gente civilizada resolve seus problemas conversando, não precisava de polícia nem de nada disso". Muitos autores também são impelidos a, ritualmente, justificar sua busca por resolução pública: "quero dizer que não tenho a intenção de prejudicar ninguém, somos vizinhos", "eu tenho uma esposa e quatro filhos, ele tem uma esposa e quatro filhos, nós podemos nos entender, eu não sou orgulhoso, mas eu realmente preciso desse dinheiro". Essas defesas de cunho moral são, em geral, podadas da cena da conciliação, convertendo o ritual numa dissolução de laços, ao invés de sua recomposição. É comum as partes permanecerem em tensão, mal-estar e recusem a troca de olhares. Recusar o olhar é recusar a troca, a reciprocidade, o reconhecimento do outro, sua imagem, seu direito. Em certos casos, é tão forte a recusa de reciprocidade que não se aceita sequer que o pagamento do acordo ou da sentença judicial seja feito pessoalmente ou com depósito em conta corrente pessoal, consignando o depósito judicial – forma trabalhosa, porém, mais impessoal de circulação do dinheiro.

As circunstâncias de aprofundamento da ruptura, porém, nada dizem a quem dirige o ritual cível. O foco é para a discussão de valores monetários e sistematicamente é repetido às partes para acertarem outras questões fora do ritual judicial cível. Quando a atitude de ignorância não é suficiente para afastar da cena a evocação da violência, rememorada pelas partes, a tendência dos juízes cíveis é negá-la.

Numa audiência, decretada a revelia do réu, o juiz proferiu sentença de ação procedente, determinando ao réu o pagamento de uma quantia. Ao ouvir a sentença, o autor preocupou-se:

> Mas ele vai na minha casa pagar? Não tem como depositar na minha conta? Porque a última vez que nós se vimos foi aqui e eu fiquei com medo. Ele falou que depois a gente ia acertar isso e eu fiquei com medo que ele vá na minha casa.

O juiz procurou não conhecer a circunstância e, depois de uma pausa, folheando os autos, declarou: "O pagamento tanto faz, pode ser depósito em conta. Quanto a isso não precisa se preocupar. Acho que ele não vai procurar."

Noutro caso, um homem muito simples cobrava o pagamento de um serviço de pedreiro e teria ido ao juizado por saber que a contratante teria dito aos conhecidos que usaria de violência contra ele. "Só que eu tenho oito filhos para sustentar e, se acontecer algo comigo, ela vai ter que pagar pensão para os meus oito filhos". Isso foi dito na presença da conciliadora, a qual nada comentou, remetendo as partes ao juiz, como era praxe. Na presença deste, firmou-se um acordo sobre o valor a ser pago. Ao término da audiência, o homem, muito humildemente, pediu o telefone do juiz. De certa forma surpreso, o juiz respondeu: "Do juizado? O senhor pede no cartório. Por quê? Está com algum problema?" O homem, constrangido e em voz baixa, explicou haver a mulher dito ao pessoal da rua que contraria alguém para matá-lo. Sem tirar os olhos dos papéis que analisava, o juiz encerrou a conversa: "Se o senhor está com algum problema, por favor, se oriente no cartório. Mas ela vai cumprir o acordo. Se ela não cumprir, o senhor volta aqui".

Quando apenas a ignorância e o silenciamento não isolam o ritual cível de tratar a existência da violência, sua lembrança deve ser prontamente rechaçada. Em outro juizado, outro caso entre pedreiro e contratante resultou numa discussão e na ameaça do pedreiro em destruir a obra já iniciada, resultando em intervenção da polícia. Durante o relato à juíza, as partes prosseguiam trocando acusações. Inicialmente foram advertidas de que não discutiriam os fatos, como persistissem, a juíza afirmou: "ameaça é questão de polícia, é um crime e a senhora pode fazer um boletim de ocorrência. Aqui nós vamos discutir a questão de valores, quem deve a quem". Na impossibilidade de um acordo, houve a instrução do processo com o depoimento das testemunhas. Ao final, o homem pediu para fazer uma pergunta: "da ameaça que ela falou que vai abrir um processo, a testemunha está aí, eu posso fazer a ela umas perguntas?". A juíza rejeitou o pedido, por ser de sua competência discutir apenas os pagamentos, encerrando imediatamente o diálogo.

A orientação geral do ritual cível é ignorar ou impedir o conhecimento de qualquer evidência de manifestação da violência, defendendo diligentemente a fronteira entre assuntos penais e assuntos cíveis. Com isso, não se realiza a efetividade do discurso preventivo: se há violência, ou se ela pode ser usada, isso absolutamente não diz respeito ao ritual cível, blindado contra essa indevida contaminação.

É significativo notar que o inverso não se produz, isto é, a polícia – agência penal – trata questões estritamente cíveis, no âmbito do CIC. Se há alguma coerência no sistema, ela está no predomínio do interesse de regulação econômica sobre a vigilância da proteção física dos cidadãos.

Edmundo Coelho (1986), ao pesquisar o fluxo da justiça criminal no Rio de Janeiro, havia percebido o sistema mais eficiente em denunciar e condenar autores de crimes patrimoniais do que autores de crimes contra a pessoa, mesmo sendo os primeiros mais difíceis de esclarecer. Em outro espaço e outro tempo, certa lógica da justiça brasileira parece reproduzir-se na periferia paulistana.

Se o discurso preventivo não orienta as etapas e o desfecho do ritual, para este ser compreendido deve-se observar outro discurso, o da racionalidade burocrática ou racionalização do uso do acesso à justiça e seus efeitos sobre o ritual judicial informal.

O caso 1 a ser discutido ilustra o empenho de quem dirige o ritual de solução de conflitos na busca de racionalizar o uso do acesso à justiça, quando o conflito atenta contra a racionalidade jurídica, tratando de relações econômicas alheias ao direito oficial. Refere-se à venda, sem transferência da documentação ou qualquer registro escrito, de um carro, alienado a uma dívida. O comprador ingressou com a ação ao constatar uma dívida superior ao valor combinado na venda. O acionado negou ter vendido o carro, argumentando ter sido o desentendimento motivado por conflitos na empresa onde ambos trabalhavam. O juiz incentivou um acordo:

um entendimento amigável imediato seria melhor do que responder a um processo, porque não havia provas e as testemunhas poderiam nada esclarecer. O réu identificou sua resistência a um acordo ao relacioná-lo à admissão de ofensas recebidas do autor:

> Se eu oferecer dez centavos, eu estou admitindo o que ele falou e não é verdade. Eu confio na justiça, doutor. O que o senhor disser, eu aceito. Eu não devo nada e não vou fabricar testemunha. Confio na justiça e em Nossa Senhora. Se ele estiver precisando de cinquenta reais, eu dou. Não empresto, eu dou. Mas eu não vendi o carro.

O autor reagiu, cobrando a admissão da venda do carro e recusando reivindicar qualquer quantia em dinheiro, dado o desafio do oponente. Aceitar dinheiro caracterizaria carência e submissão moral. Diante do impasse, o juiz novamente defendeu o acordo, reafirmando a ineficácia dos testemunhos. Os oponentes mantinham-se calados, decididos a recusar acordo. O juiz, por sua vez, estava decidido a não ouvir as testemunhas e não adjudicar; simulou diversas hipóteses de depoimentos, com o objetivo de demonstrar que a venda do carro seria comprovada, mas não os valores acertados – nenhum dos dois ganharia a causa. Os homens mantiveram-se mudos, tensos, sem olhar ao outro ou ao juiz. Este ainda insistiu alguns minutos e, ao final, esclareceu não estar interessado em saber o que se passara entre eles ("não se preocupem com isso, estou aqui o dia inteiro vendo isso"); faria constar do acordo a venda do carro, sem nenhum valor a ser cobrado. Como nada foi manifestado em contrário, o texto foi digitado, impresso e assinado.

Os homens deixaram a sala visivelmente ofendidos, ambos com suas pretensões frustradas. A solução, antes de seus interesses e demandas, atendeu à economia processual, de interesse do juiz, poupado do longo ritual de oitiva de testemunhas e de ajuizar uma causa sem baliza em prova escrita. Embora, do ponto de vista jurídico, tenha prevalecido uma solução informal, isto é, um acordo entre as partes, encerrando a ação judicial, as exigências do formalismo nunca deixaram de orientar a conduta do juiz que, preocupado em evitar o ajuizamento de uma causa sem provas escritas, praticamente impôs o acordo.

Para as partes, a preocupação formal não foi menos importante. A "solução" os manteve em igualdade formal, já que nenhum dos dois cedeu ao argumento do outro, tendo ambos igualmente cedido à "vontade" do juiz. A parte substantiva do conflito, relativa aos valores e normas de relacionamento entre os colegas de trabalho, foi devolvida à esfera privada. A passagem pela justiça assegurou o equilíbrio formal dos indivíduos e afirmou o desinteresse da esfera pública pelo conflito privado que originou a disputa. Não havendo mais questões materiais a serem disputadas, as questões morais e normativas deveriam doravante ser tratadas em outra esfera.

É interessante destacar, nesse caso, o uso retórico da afirmação da confiança na justiça, surgido em diversas situações de pressão do juiz sobre a parte para a aceitação de um acordo.

Desmunida de argumentos contra uma tese apresentada pelo juiz – lembrando sempre a situação de desigualdade de poder e conhecimento entre o juiz e a parte desacompanhada de um advogado – a afirmação da confiança na justiça, e em seguida na justiça e em Nossa Senhora, pode ser compreendida como uma resistência da parte à falta de neutralidade do mediador. A fala aparece não para legitimar a posição defendida pelo juiz ("ouvi e aceito, porque confio ser uma decisão de justiça"), porém para relembrar ao juiz a existência de uma ordem normativa superior representada pela justiça, diferente da vontade individual do juiz ("confio na justiça, doutor"). Ao mesmo tempo, como se admite que a aplicação da justiça possa ser falha ou equivocada, resta ainda a possibilidade do recurso a uma ordem transcendental, como Nossa Senhora ou a justiça divina.

O cânone do terceiro imparcial, considerado por Garapon (1997) fundamental para o desempenho do ritual judiciário democrático, não se aplica a esse caso, em que o juiz está claramente interessado em um desfecho específico (o acordo), evitando acúmulo de trabalho e dificuldades da regulação da economia informal por métodos jurídicos formais. Ao invés de o juiz regular o debate entre as partes, como na descrição de Garapon, o juiz debate com as partes, procurando convencê-las sobre o conteúdo do acordo. Daí ter sido lembrada pelo réu a desigualdade de poder ("o que o senhor decidir, eu aceito"), e também a responsabilidade decorrente desta relação ("confio na justiça, doutor; na justiça e em Nossa Senhora"). Deste ponto de vista, o ritual judicial informal não é qualitativamente diferente dos demais espaços de administração de conflitos por agentes estatais já descritos ao longo deste trabalho.

A afirmação retórica da confiança na justiça foi verificada ainda quando a parte é assistida por um advogado que, ao invés de defender suas posições, tenta impor-lhe a aceitação do acordo. Quando o defensor, geralmente dativo, publicamente pressiona seu cliente, mostrando a incerteza da decisão judicial e as vantagens do acordo, ao invés de discutir a viabilidade jurídica da pretensão, a resistência da parte aparece: "mesmo assim, eu confio na justiça".

A reivindicação de imparcialidade da justiça foi elaborada em diversas circunstâncias pelas partes, mas nem sempre articulada pelo juiz. No caso 2, uma mulher processou um pedreiro por desacertos relativos ao custo de um acréscimo à obra. Ela admitiu ter sido realizado mais do que o inicialmente combinado, mas recusou a quantia cobrada. O ritual de conciliação passou a assemelhar-se a um pregão, com sucessivas ofertas e recusas de ambas as partes, centrando-se a argumentação do juiz no prejuízo que a sentença judicial traria aos dois: o pedreiro não teria provas a sustentar o preço reivindicado; a cliente, se condenada, teria que pagar todo o montante estabelecido em uma só parcela. Mesmo assim, as partes prosseguiram no debate sobre o mérito da ação, até o juiz dizer:

> é melhor o senhor pegar [aceitar a proposta de acordo], porque a gente aqui conhece a justiça, sabe como funciona, pode ser que o senhor não ganhe.

A mulher prontamente desfilou um rol de acusações contra o pedreiro, como desvio de materiais de construção e uma série de danos e prejuízos financeiros. Ele se defendeu apenas de uma delas ("eu não roubei seu material, porque eu não sou ladrão!") e aceitou o acordo. A mulher era funcionária do Ministério Público, lotada no CIC, e certamente conhecia melhor o funcionamento da justiça do que o pedreiro. Quando se tornou explícito que o conhecimento desigual da justiça não poderia ser nivelado pela ação do juiz, o pedreiro percebeu ter esgotado suas alternativas.

No caso 3, outro conflito entre contratante e pedreiro, tendo este recebido antecipações de pagamento sem concluir o serviço. Ele assumia dívida de R$ 700 e ela pedia 4 mil, aceitando um parcelamento, "eu sei que ele é pobre e mente muito". O juiz não a deixou concluir sua queixa substantiva, fazendo uma contraproposta, aceita por ela. O pedreiro apenas pediu a devolução de ferramentas, sem pronunciar-se sobre o valor e as parcelas com que se comprometera ao assinar o acordo; o debate centrou-se entre a mulher e o juiz. Novamente, para vencer a resistência das partes ao acordo, o juiz mobilizou o argumento sobre falta de provas e incerteza do resultado da adjudicação. Enquanto o acordo era digitado, ela comunicava uma imagem negativa do pedreiro; a cada frase sua, o juiz respondia "tudo já está acertado". Como ela não desistisse da queixa, o escrivão ordenou que se retirassem da sala e aguardassem "um em cada canto" para assinatura. Ao final da cena, nenhuma das partes parece ter aderido ao acordo, antes interesse do magistrado, em face de dificuldades de solucionar, num julgamento formal, conflitos da economia informal.

Dificuldades não existentes em conflitos cuja resolução é regulada pelo ordenamento escrito, como no caso de inquilinos e proprietários. No caso 4, o proprietário cobrava danos ao imóvel, cujo valor de reparação era questionado pelo inquilino. A ausência de comprovação de cálculos foi mobilizada como incentivo ao acordo, sendo esclarecido que a regra é cobrar apenas danos comprovados, levando em consideração a depreciação do valor pelo uso. O proprietário foi limitado na sua pretensão de cobrar danos a uma janela usada estimando o preço de peça nova. O inquilino, por sua vez, foi lembrado da obrigação de devolver o imóvel no estado em que o recebeu. Enunciada a regra, chegou-se ao valor devido. Contemplou-se ainda a dimensão moral do conflito, dissuadindo o inquilino de que sua adesão implicasse acusação de vandalismo. Disse o juiz: "Não, não é isso, o senhor morou três anos, isso é normal, uma coisinha ou outra. Só que aluguel tem que entregar do jeito que recebeu". Foi acertado um parcelamento e um prazo para os pagamentos. Nos conflitos regulados pelo direito oficial, a garantia de imparcialidade do magistrado, mesmo sem a presença dos advogados, é muito mais facilmente cumprida. Ao menos quando a demanda é quantificada em valores monetários.

No caso 5, outro conflito entre inquilino e proprietário expôs a dificuldade da conformação do ritual de conciliação cível para a resolução de demandas de fundo moral. Trata-se de um inquilino que, tendo ficado desempregado, deixou de quitar os aluguéis. O proprietário reivindicou a devolução do imóvel e o pagamento de contas de consumo, sem porém formular um valor. O juiz se retirou da sala e os oponentes iniciaram uma altercação, continuando na sala de audiência a discussão iniciada em casa. No retorno, o juiz pronunciou-se: "vê se não dá para ele pagar parcelado. Se não der acordo, eu condeno ele, mas só depois de março, vale a pena esperar?"

O inquilino mudou seu comportamento após ouvir que seria condenado – trêmulo e consternado, advertiu ter pagado algumas das contas cobradas, mas não esclareceu sua proposta de valor. O juiz novamente saiu da sala. O proprietário iniciou um longo discurso justificando a legitimidade de sua pretensão. Foi interrompido pelo juiz, no retorno à sala, já assumindo um tom irritado: "Escuta, vocês vão ficar discutindo aí? Eu estou pedindo para vocês falarem quais são as contas. Agora eu vou ter que parar tudo para ficar conversando com vocês?" O proprietário pediu ao inquilino: "vamos resolver que o juiz tem muito o que fazer".

O juiz pediu a intervenção do escrevente: "vê aí essas contas, porque faz meia hora que eles estão discutindo!" O escrevente pegou as contas, somou-as e propôs: R$ 200 em quatro parcelas. O acordo foi aceito imediatamente por ambos.

A dificuldade de resolução do caso 5 não estava na ausência de regulamentação ou em dificuldades do formalismo jurídico. Tratava-se da dificuldade de entendimento das partes na ausência de um mediador neutro. Ausentando-se da cena, o juiz não pôde desempenhar este papel. Sua irritação evocou o interesse numa resolução rápida, obtida de forma imediata pela intervenção do escrevente, investido pelo juiz da autoridade para estabelecer um cálculo.

Diversas ocorrências ilustraram a parcialidade do juizado na preferência pela celebração de acordos. Em contraste com a irritação do juiz diante de partes que não se acordavam sem a sua intervenção, elogios foram formulados a partes que chegaram à audiência com um acordo para ser apenas homologado, no caso 6. Tratava-se de uma relação de consumo e o preposto da empresa iniciou desculpando-se:

> — Excelência, o senhor não vai me levar a mal, mas nós já conversamos e é desconstituição de contrato com inexigibilidade de débitos.
> — Vou levar bem, se o senhor sempre fizer isso...

Iniciada a digitação do acordo, o juiz ausentou-se da sala e o escrivão também externou o contentamento com a solução: "quando vi você na fila, eu fiquei contente, porque sei que vocês tem boa disposição e isso é muito bom, deixa a gente bem porque sabe que vai dar uma boa solução".

A melhor solução é aquela em que as partes não precisam do juizado, sendo capazes de elaborar por si mesmas acordos com valor jurídico. Qual seria assim a especificidade do juizado especial como ritual de administração de conflitos exclusivo? É provável que a dificuldade em legitimar o ritual judicial informal como exclusivo e único, diferenciado de outros canais de resolução de disputas, esteja relacionada à dificuldade de fixar sua eficácia simbólica. Pensando ainda com Garapon (1997), a distinção do ritual judiciário é a possibilidade de oferecer um campo e uma linguagem comum para as partes litigarem em condição de igualdade – o direito – quando outros espaços de regulação social fracassam nessa mediação. Se o ritual judiciário informal nega a mobilização do direito como campo e linguagem comum, perde sua especificidade e distinção social. A recusa do juizado em adjudicar, a qualquer custo, mina sua eficácia simbólica, mesmo que consiga formalmente extrair um acordo. Não por acaso, recente pesquisa sobre os juizados especiais no país mostrou que apenas 39% dos acordos fixados nos juizados são cumpridos (MJ/CEBEPEJ, 2006).

Daí compreender-se a baixa hierarquização entre os rituais informais da Polícia, do Ministério Público e do Poder Judiciário, possibilitando a eterna renegociação dos acordos. Em vários casos observados no juizado verificou-se menção a intervenção anterior da polícia ou de policiais, havendo mesmo casos em que estes serviram como testemunhas dos fatos nos processos judiciais, por terem presenciado a celebração de acordos anteriores. Isto sinaliza continuidade e articulação entre as instâncias de regulação de conflitos, todavia não no mesmo sentido pretendido pelo discurso dos reformadores da justiça interessados na expansão do primado do direito oficial, contudo em razão da porosidade do rito judicial informal a outras juridicidades.

A judicialização de conflitos cotidianos seria, para Garapon, o resultado de um declínio da tradição e dos costumes como regulador das condutas e dos conflitos. A modernização, assentada em nova dominação simbólica, teria depositado sobre a autoridade civil a função simbólica do arbitramento dos conflitos, instituindo o espaço público. Na medida em que a justiça informal recusa o julgamento e o ritual pelo qual as partes debatem em linguagem comum, mediados por um terceiro imparcial, ela esvazia o caráter público do exercício da justiça, devolvendo a resolução dos conflitos aos domínios privados – os quais também já não dispõem de valores substantivos comuns para ordenar as relações sociais.

A interpretação de Garapon não é única possível, mas dialoga com a realidade observada no âmbito dos Centros de Integração da Cidadania, sobre a dificuldade dos serviços de justiça em regular conflitos a partir de uma ordem jurídica comum. Na medida em que a modernidade significa o esfacelamento da tradição, dando origem à diversidade de referências éticas (Weber, 1999), o direito moderno constrói-se como campo possível da universalidade, do entendimento entre os diferentes. A recusa de um ritual que performa o campo do direito, recusa de ordem universal, restitui o campo de resolução ao domínio da fragmentação, da diversidade dos costumes jurídicos, tornando, em última instância, a adesão a regras gerais uma questão de escolha pessoal. No caso brasileiro, em que a construção da cidadania moderna sempre coexistiu com a persistência de um padrão hierárquico (DaMatta, 1979), caberia sugerir que a sociedade rapidamente transita de configurações jurídicas pré-modernas (insuficiência de Estado de direito e predomínio de ordens privadas) a configurações pós-modernas (superação do Estado de direito e encolhimento do espaço público), tornando a proposta original de criação dos Centros de Integração da Cidadania, de certa forma, anacrônica. Interpretação diferenciada a respeito da caracterização da modernidade levou Boaventura Santos (2001) a elaborar outra teoria sobre a pluralidade jurídica nas sociedades modernas capitalistas, pela qual se reconhece que o direito estatal é apenas uma das juridicidades coexistentes, embora se represente e se faça representar como única, quando sociologicamente disputa, se articula e se combina com outros direitos.

A lógica predominante entre alguns operadores do juizado ficou estabelecida num diálogo entre conciliador e parte:

> — Está bom assim para o senhor?
> — Está bom. O importante é que assim eu deito e durmo tranquilo.
> — O importante, senhor, é que saia acordo.

Em outra circunstância, o interesse burocrático no acordo manifestou-se em deturpação das próprias possibilidades de acesso à justiça e do conteúdo da lei, por força de um jogo de comunicação construído para confundir o cidadão e forçá-lo ao acordo. Após notar a indisposição para o acordo entre os indivíduos, o conciliador, em tom formalíssimo, utilizando jargão jurídico, foi repetindo várias vezes a mesma informação, mas por força da repetição e da alteração parcial do conteúdo, acabou por afirmar que a não aceitação de um acordo implicaria na obrigatoriedade de constituir um advogado e pagar custas do processo:

> Se for a julgamento, o réu pode recorrer, mas só pode fazer isso contratando um advogado e pagando custas. Isto é, se não houver um acordo, o réu pode recorrer da decisão e terá que contratar um advogado e pagar custas. Se não houver conciliação, irá a instrução e julgamento e só mediante advogados e custas. O senhor entendeu?

Jogo de linguagem semelhante convenceu a entrevistada anteriormente citada de que o juizado é apenas uma instância para fazer acordos.

Cenas desequilibradas: a denúncia da desigualdade

Nem tudo o que ocorre no âmbito de um juizado especial, entretanto, é negação da ordem jurídica estatal moderna. Como já foi apontado, nos conflitos orientados pela resolução através do direito oficial, o ritual judiciário informal pode ser um lugar de regulação diverso dos demais, específico. E, na maior parte das vezes, a presença de advogados a assistir as partes com menores conhecimentos jurídicos invoca a eficácia do direito universal, sob a informalidade do procedimento. A presença do advogado serve para equilibrar, através de um campo e de uma linguagem comum, diferenciais de poder existentes, por exemplo, entre o consumidor e a empresa. A ausência do advogado tende a criar um ambiente desfavorável ao consumidor no ritual judicial informal, já que as empresas estão sempre representadas por advogados e até os prepostos nomeados são experientes.[10] Passa-se à análise desses exemplos.

No caso 7, conflito entre consumidor e Eletropaulo, o consumidor recusara acordo na conciliação por não ter advogado. Na audiência de instrução e julgamento, novamente sem advogado, apresentou testemunha que desmentiu todas as alegações a seu favor, inviabilizando sua linha de defesa. Como a empresa, com dois advogados, apresentou prova "técnica", isto é, relatórios de consumo e inspeção local, o consumidor perdeu a ação. Não se discute aqui o mérito, mas a impossibilidade do ritual judiciário informal igualar as possibilidades de discurso entre as partes.

No caso 8, embora tenha ganhado a causa, o autor precisou lutar muito para preservar seu direito de litigar. O consumidor comprou uma TV com defeito, levou-a à assistência técnica e passou longo prazo sem resposta. No plantão do Procon no CIC, foi encaminhado a outro endereço. Ainda sem resposta, ingressou com ação para o cancelamento da compra e devolução do dinheiro. Na conciliação, a empresa negou problemas no atendimento ao consumidor, repetindo a mesma postura na audiência de instrução. O juiz empenhou-se na obtenção de acordo: a empresa não provaria ter realizado o conserto no prazo; porém, por ter advogado, mesmo condenada, a empresa poderia recorrer da decisão, daí a vantagem do acordo. O autor pôs-se irredutível, considerando um acinte, depois de tanto tempo e tantos procedimentos, aceitar o mesmo aparelho de volta: "seria dar ganho de causa para eles". "Você que sabe", disse o juiz, determinando ao escrevente, "encerra aí, deixa eles, vamos ver o que eles querem fazer". Fez-se um silêncio pesado. Como ninguém dizia nada ou se movia, depois de um tempo, o juiz começou a ditar a sentença, condenando a empresa a devolver o dinheiro ao consumidor.

---

10. As diferenças simbólicas criadas entre advogados de empresas e a população de baixa renda desassistida por profissionais também já foi notada por Desasso (2001), ao pesquisar juizados em Carapicuíba, periferia da Grande São Paulo. Segundo o autor, nessas circunstâncias, os advogados das empresas mobilizam um arsenal jurídico com o objetivo de intimidar a outra parte, que fica em situação desfavorável de litigação.

Este caso 8 repete a preferência do juiz pelo acordo. Dessa vez, não se tratava de solução jurídica difícil ou impossível, mas de uma disputa de poder em torno da recusa ao acordo. O autor ingressou no Judiciário porque a empresa não o atendeu no prazo estabelecido; muitos meses se passaram sem nenhuma manifestação e, agora, "depois de tudo", o acordo significaria que nenhum erro tivesse sido cometido. O juiz manifestou inclinação pessoal pelo desfecho, argumentando a desigualdade de acesso à justiça como desvantagem para o consumidor: a empresa tem advogado e vai recorrer. Não se deve desconhecer que um recurso poderia ser desvantajoso para o consumidor. Contudo, não deixa de ser interessante que o magistrado tenda a recusar o rito judicial, por reconhecer que ele promove a desigualdade das partes. E, de fato, foi a adjudicação que reconheceu direitos ao consumidor diante da empresa. De um lado, a cidadania do consumidor foi reconhecida pelo Judiciário, de outro, foi posta sob crítica pela desigualdade de condições no acesso à justiça. Tenta-se limitar o acesso do cidadão ao rito judicial, por considerar esse acesso limitado. Combate-se uma distorção do sistema judicial, acentuando a mesma distorção.

No caso 9, o mesmo argumento se repetiu. Dessa vez, a autora foi assistida por uma advogada dativa insistindo por um acordo, sem oferecer argumentos jurídicos. Uma mulher havia comprado uma máquina de fabricar fraldas, à prestação. A máquina não foi entregue por ter sido o crédito negado pela financeira, sendo a entrada retida para custos de cadastro. A mulher pedia a devolução da entrada. Passaram-se três anos até a audiência de instrução e julgamento. O juiz insistiu longamente com a autora num acordo pela metade do valor exigido. Como ela recusasse, ele informou não haver certeza do resultado do processo e, mesmo ganhando, demoraria muito tempo para receber, já que a empresa tinha advogado e poderia recorrer da decisão. Repetiu ainda todos esses argumentos, afirmando não poder dar a ela nenhuma garantia. Acrescentou: "a senhora está trocando R$ 200 na mão por um risco e pode ficar sem nada". Ela respondeu: "o dinheiro é pouco, mas eu tive muito esforço para ter esse dinheiro". O juiz então trabalhou por um acordo de R$ 300 em duas parcelas. Os advogados da empresa não se manifestaram. E a advogada dativa não discutiu o mérito da causa em nenhum momento, apenas reiterou a proposta do acordo. Como ela se recusasse, o juiz reclamou: "a senhora está brigando por causa de 100 reais?". Foi pedida a conclusão dos autos – um prazo para o juiz sentenciar.

Novamente, o acordo é uma insistência do juiz – nem o preposto da empresa, nem seu advogado fizeram qualquer proposta. A advogada dativa nada argumentou quanto ao mérito da causa e apenas reforçou a desigualdade no poder de litigar. O ritual judiciário denuncia a desigualdade de acesso à justiça, ao invés de compensá-la.

Ao final de uma conciliação realizada por um funcionário do cartório, com todo o empenho para o acordo entre consumidor e empresa de telefonia, revelou-se à pesquisa:

eu quase pedi para ele fazer o acordo porque essa empresa é a mais encardida para recurso de sentença. Eles recorrem de tudo e só fazem depósito judicial. O autor ia ter que voltar daqui a 30 dias, pegar a guia. E mesmo que o juiz desse os danos morais, ia ser o quê? Meio salário? 150 reais? E por causa disso, ele ia demorar dois anos para receber.

Isto significa que quem dirige o ritual de conciliação tem consciência de agir deliberadamente por um desfecho, em nome da proteção do interesse da parte menos favorecida. Esse interesse, porém, não foi postulado durante a audiência ou discutida com o titular do interesse a estratégia de sua defesa. O conciliador vê-se no papel de tutelar a parte mais fraca, por deter informações que ela não tem, sendo capaz, portanto, de tomar decisões em seu lugar. O reconhecimento da desigualdade das partes no ritual informal, leva ao aprofundamento da diferença pela limitação do direito de litigar, ao invés de propiciar a recuperação da igualdade formal contida no direito de acesso à justiça.

A falta de compreensão da formalidade do rito levou, no caso 10, à formulação de críticas ao Judiciário por parte de um autor desacompanhado de advogado. Ele ingressou com ação contra o plano de saúde por não conseguir fazer um exame. Na data da audiência, tendo feito o exame, a ação foi encerrada. Comunicado, o autor ficou muito nervoso, por ter uma série de reclamações a fazer as quais, por não constarem da inicial, não poderiam ser tratadas. "Se eu soubesse que ia dar essa palhaçada, não tinha nem dado entrada". Isto demonstra que o rito só tem eficácia para quem compreende seus procedimentos e seus meios, daí a importância do papel do advogado como intérprete do ritual para a parte não iniciada.

Nem sempre a parcialidade do conciliador é no sentido de limitar a litigação clássica. No caso 11, uma batida de carro opôs motoristas de sexos diferentes. O homem alegou que a mulher teria provocado o acidente ao acionar a marcha ré. Ela sustentava outra versão, mas aceitou ressarcir parcialmente o homem a fim de encerrar a disputa. No momento de assinatura do acordo, o conciliador encorajou o homem a prosseguir com a ação, pois havia enormes chances de sair vencedor: "eu também ficaria indignado! Já pensou, a pessoa dá uma ré no meu carro e ainda entra com ação?"

Como foi afirmado, "cada caso é um caso" e mesmo a lógica predominante no funcionamento do juizado pode ser contrariada em nome da prevalência dos valores morais de quem dirige a cena.

O papel do terceiro neutro

O desempenho de um ritual equilibrado entre as partes, comandado por um terceiro neutro, tem mais possibilidade de ocorrer quando ambas são assistidas por advogados. A presença dos advogados confere maior formalidade a todos os atos e contribui para repor os papéis clássicos do ritual judiciário. As partes manifestam-se, uma após a outra, por intermédio de seu defensor, que se expressa no vocabulário significativo para a cena, "filtrando" detalhes redundantes ou desimportantes para a reivindicação e sempre evitando o confronto moral entre as partes – ocorrido, inversamente, nos casos 2 e 5. A filtragem das motivações subjetivas, realizada pelos advogados, pode não contribuir para a reconciliação dos indivíduos em disputa, contudo, facilita a racionalização da demanda e a possibilidade de regulá-la pelo direito escrito, no âmbito do ritual judiciário.

Como ocorreu em muitas audiências de instrução e julgamento em que testemunhas, não parentes dos autores, compareceram para fazer declarações corroborando inequivocamente suas versões. A orientação dos advogados dos autores faz sentir-se na escolha e na preparação das testemunhas. Independentemente do resultado, o desempenho das partes no rito torna-se igualitário, intervindo o juiz apenas para ordenar os procedimentos e interpor perguntas, formando sua convicção a fim de proferir a sentença. Numa circunstância, a ré trouxe uma contestação escrita para a audiência, mas seu advogado não compareceu. Recebendo a contestação, o juiz designou a assistência do advogado dativo para a autora. A ré manifestou desistência em apresentar a contestação, considerando que ficaria em desvantagem. O juiz veementemente recusou a proposta: "isso aqui é um juizado, não é uma brincadeira em que a senhora apresenta depois quer retirar. A senhora está orientada pelo seu advogado". Apesar da indisposição inicial entre juiz e ré, o julgamento da ação acabou favorecendo-a, pela consistência do relato das testemunhas (talvez previamente instruídas), ao passo que a autora, acompanhada de advogado apenas na cena, não pôde se beneficiar de testemunhos conclusivos.

A reposição dos papéis no ritual, por efeito da presença de advogados, pode ser bem ilustrada pelo caso 12. Trata-se de uma dissolução de compra e venda de equipamentos para uma doceira. As duas partes foram representadas por advogadas, muito à vontade na cena, sorridentes e muito cordiais entre si. Autora e réu, porém, não se olhavam e permaneceram todo o tempo muito constrangidos, sem dizer uma só palavra. A audiência foi instaurada com a pergunta sobre viabilidade de acordo. As duas advogadas trocaram largos sorrisos e negaram a possibilidade. Iniciada a oitiva das testemunhas, o juiz apenas repetiu as perguntas das advogadas, em voz bem alta, para as testemunhas. Uma das defensoras tentou então inquirir diretamente sua testemunha, mas o juiz se interpôs repetindo a pergunta em tom alto e formal, fazendo com que a depoente tivesse que reiniciar sua resposta. A situação se repetiu mais uma vez e o juiz dirigiu-se à advogada: "está gravando, então precisa falar mais alto". Na próxima pergunta, a advogada conformou-se aos papéis clássicos do ritual: "peço para inquirir, excelência, se ela sabe..."

Três tons marcados foram utilizados pelo juiz para sua comunicação durante a audiência: voz muito alta e firme com as testemunhas e partes, voz mais baixa e tom corrente com as advogadas e tom íntimo com o escrevente, marcando momentos e papéis no ritual.

O ritual consiste no desempenho de um protocolo de comunicação cordial, mesmo que os indivíduos que movimentam a causa não sustentem pessoalmente o mesmo protocolo.

Foi possível certificar-se de que a presença dos advogados modificou o desempenho do juiz no ritual no caso 12 quando, após o encerramento da audiência, este comentou privadamente parecer-lhe a história muito confusa, sendo as partes provavelmente amantes. Os mesmos litigavam em outras ações. Como tivessem recusado um acordo nas várias tentativas, sua disposição era fazer com que os dois perdessem, ficando "cada um com seus problemas". Comunica-se novamente a recusa de acordo como um comportamento indesejado para as partes. Porém, durante o ritual da audiência, o juiz manteve-se imparcial, evitando julgamentos prévios e garantindo o equilíbrio igualitário de expressão de demandas jurídicas. Tendo sido o depoimento das testemunhas regulado pelo ritual formal e registrado por escrito, e tendo sido apresentadas alegações finais escritas, a sentença judicial fica condicionada a circunstâncias objetivas trazidas ao processo, o que permite a filtragem das motivações subjetivas tanto das partes quanto do julgador.

Além do equilíbrio simbólico entre as partes e a ritualização de sua comunicação, ainda um aspecto relevante sobre o desempenho de um terceiro imparcial aparece quando uma das partes, ou ambas, não é representada por advogado e não conhece bem o ritual judicial, o ambiente forense e os procedimentos. As posturas dos operadores do juizado, nessa circunstância, podem ser de tutela da parte (pressão para adesão a acordo), de limitação do acesso à justiça, parcialidade; podem ser também de afirmação da neutralidade do operador. A afirmação da neutralidade, quando o cidadão não tem acesso à informação sobre os procedimentos, traduz-se na recusa em fornecer informações à parte, sob o entendimento de que a informação a privilegiaria. A função de orientação jurídica, no ritual judicial clássico, é do advogado e esse modelo dos três papéis profissionais é reproduzido ao ritual informal, desconhecendo o contexto de ausência de assistência judiciária universal.

A postura de neutralidade, se pretende representar um equilíbrio na cena judiciária, tem por efeito reforçar a desigualdade de capital simbólico necessário para desempenhar o ritual eficazmente na defesa dos próprios interesses. Reforça a desigualdade de conhecimento, portanto, de poder diante da cena judiciária. Em um dos casos, tendo fracassado a tentativa de conciliação, o juiz designou nova audiência. O autor só soube disso quando a escrevente trouxe-lhe a ata para assinatura e comunicou que haveria nova audiência, para qual poderiam ser trazidas testemunhas. O autor, que processava uma administradora de cartão de crédito, assustou-se: "Testemunha?! De quê? De que eu não usei o cartão? A pessoa vem aqui dizer que não me viu?" O juiz se interpôs: "quando o senhor veio abrir o processo, o cartório informou sobre o procedimento e orientou sobre testemunhas. Se quiser se informar, vá ao balcão do cartório."

A escrevente continuou a explicação dos procedimentos: "se na data o senhor não tiver advogado, será nomeado um procurador para assisti-lo". Outro sobressalto: "Advogado? Mas eu não trouxe advogado, porque para ter advogado tem que pagar. Eu até tenho um advogado, mas disseram que não precisava". A funcionária repetiu a informação a respeito da "nomeação de um procurador para assisti-lo", sem esclarecer o autor. Ele novamente perguntou se tinha que contratar um advogado. Antes que a escrevente repetisse toda a explicação, o juiz encerrou, irritado: "o senhor, por favor, vá se informar ali no balcão". O homem ainda desculpa-se: "a gente fica nervoso e não sabe fazer as coisas..."

A indicação de procura do cartório pode ser ela mesma incompreendida, como ocorreu. Como o endereço do réu não foi localizado, a autora recebeu um prazo para oferecer o endereço correto. A autora perguntou como deveria proceder e a juíza remeteu-a ao cartório. "Cartório? Qual cartório?", e ficou aliviada ao saber que o cartório era ali mesmo. Em outra ação, de alimentos, o réu não compareceu à audiência, tendo sido determinada a citação pessoal. A juíza dirigiu-se à autora: "nós vamos citar a senhora quando houver resposta do oficial de justiça". A autora perguntou como ela ficaria sabendo da resposta. A juíza repetiu a informação da citação e completou ser possível também comparecer ao cartório. A pergunta da autora confirmou sua incerteza quanto à informação recebida: "eu venho aqui, né?"

Nessas circunstâncias, para preservar a neutralidade do magistrado, e diante da inexistência – ou insuficiência – de um serviço de orientação e assistência jurídica gratuito, o balcão do cartório acumula as funções de orientação e defesa dos interesses do cidadão em suas causas. Uma observação ilustrará a natureza do vínculo estabelecido entre o cidadão e seu orientador jurídico. Um senhor apresentou-se ao balcão com um jornal sujo de óleo ou gasolina, para comprovar a persistência de vazamento em seu veículo – tinha sido realizado um acordo em que o réu se comprometia a consertar o veículo. A escrevente perguntou ao homem o que pretendia fazer, sendo informada de que ele desistiria da causa, pois perdera a confiança na outra parte e não poderia ficar mais dias com o veículo indisponível. "Vou desistir de tudo, porque vai dar a maior confusão, ele é grandão e eu já não aguento mais nada". A escrevente propôs:

> eu posso escrever que o senhor desiste do processo e aí vai ser arquivado; mas o senhor pode dizer que desiste que ele faça o conserto, mas quer que a juíza aplique uma multa por descumprimento do acordo.

"A senhora é quem sabe. O que a senhora decidir para mim está bom." – ouviu a escrevente, mas recusou decidir e devolveu-lhe a decisão: "o senhor entendeu o que eu falei?" e pediu para o homem repetir o que ela havia dito. Ele o fez, em tom de voz submisso. Ela deu-lhe um tempo para pensar e, depois de alguns minutos, ele confirmou poder consertar o carro onde decidisse. Ela voltou com um termo redigido:

— Seu Raimundo, lê aqui o que o moço escreveu e vê se o senhor concorda.
— Eu não sei ler rápido.
— Tudo bem, o importante é que o senhor entenda.

O homem, de uns 60 anos, iniciou uma difícil leitura em voz alta e, quando tropeçava em alguma palavra, era corrigido com um "não...", típico da didática de alfabetização infantil. Desistindo de ser professora de leitura, a funcionária mesma leu o termo e confirmou a concordância do homem. Enquanto ele assinava, ela informou que iria verificar com a juíza se o pedido amparava-se na lei. Ele se desculpou: "desculpa, mas o estudo foi até a quarta série e eu vou lendo e esqueço". A escrevente respondeu que ele não havia esquecido do que estava escrito no termo. Ele prometeu trazer a ela algumas frutas e legumes do sítio. Ela disse não ser necessário. Ele insistiu: "oh, doutora, não é puxar o saco, não. Eu quero trazer". Ela pediu que ele retornasse em uma semana para saber da decisão da juíza.

Se apenas os fins importam, o cidadão de poucos conhecimentos da justiça e sem amparo jurídico não pode se considerar mal atendido. Mas se os procedimentos para atingir os fins tiverem alguma relevância para a compreensão das condições do acesso à justiça nos juizados da periferia, haverá que se reconhecer que o ritual judiciário não pode compensar a falta de equidade dos cidadãos diante das leis e das instituições públicas. O cidadão pode efetivar uma demanda de reparação, mas não se firma como ator autônomo no espaço público, dependendo da tutela e do favor do funcionário público para exercer a cidadania; pertence, portanto, à segunda classe.

Empresas e a ordem natural do mercado

Procurou-se apontar a diversidade de circunstâncias e lógicas mobilizadas na resolução de conflitos pelo juizado localizado nos bairros de periferia. Não pode restar dúvida, porém, de que a grande demanda desses juizados é de consumidores que litigam contra empresas concessionárias de serviços públicos essenciais, sendo as mais comuns as companhias telefônicas e de eletricidade.

A cena típica desses casos traz um consumidor, desassistido de advogado, num polo e no outro, preposto e advogado, com diversas folhas de extratos de consumo, contratos assinados e outros documentos escritos. O móvel, quase sempre, é um conflito na negociação de débitos atrasados. O consumidor, em dificuldades financeiras, procura condições mais favoráveis de parcelamento da dívida, abatimentos ou redução de juros. Muitas vezes são questionadas chamadas telefônicas interurbanas, que o consumidor não reconhece. Outras, faturas de contas acumuladas são enviadas de uma só vez ao consumidor. Há ainda casos em que fraudes no medidor de consumo são descobertas e contas retroativas são enviadas, considerando um consumo médio para o período. Em todas essas situações, acumula-se um montante de dívida que o consumidor só pode honrar mediante um parcelamento. Os problemas de atrasos em contas de consumo de serviços essenciais geralmente coincidem com períodos de graves problemas financeiros, por desemprego ou doença. Entretanto, as concessionárias são empresas privadas, com preços universais de tarifas e programas limitados de política social (as tarifas mínimas de consumo são limitadas por um consumo restrito, que as famílias numerosas facilmente ultrapassam). Assim, a maioria dos casos traz subjacente uma tensão entre a lógica mercantil da empresa e a reivindicação de justiça social do cidadão pobre. O que pode fazer o Judiciário numa situação dessas? De um lado, a expectativa de justiça social e de regulação estatal da economia, de outro, um ordenamento jurídico de livre mercado e mínima regulação.

A legislação de proteção do consumidor estabeleceu realmente um marco simbólico na percepção da cidadania junto às classes populares. Aliada à facilidade do acesso à justiça criada com a implantação dos juizados especiais, tornou concreta a atitude de reivindicação de uma cidadania no âmbito das relações econômicas. Os juízes são muito sensíveis para a percepção desse movimento: veem o juizado especial como uma resposta de produtividade ao incremento da demanda por justiça, motivado pelos movimentos de criação de uma lei de proteção às relações de consumo, e pela própria expansão do consumo, chamada por eles de "massificação do consumo".

A observação sistemática dos conflitos de consumo que ingressam nos juizados dos CIC não permite perceber um movimento de aumento do consumo de bens industrializados entre as classes mais pobres, como muitos argumentam – não significa que este aumento não tenha ocorrido, apenas que ele não impacta a busca por justiça. Permite sim verificar uma mudança nas relações de consumo de serviços, principalmente de telefonia, eletricidade, financeiras e educação. Nos dois primeiros, o problema mais comum é a dificuldade em arcar com tarifas altas. Em relação às financeiras, procura-se renegociar taxas de juros altíssimas ou multas por atraso no pagamento de empréstimos pessoais de pequenos valores, ou ainda tarifas complementares à dívida principal. As empresas de educação (cursos de informática, língua e especializantes) são acionadas por dificuldades na compreensão de contratos de adesão e peças de *marketing* pouco explicativas.

São serviços que ampliaram sua base de oferta para o consumidor de baixa renda. A expansão do investimento privado nessas atividades (telefonia, eletricidade, crédito popular e educação especializada) agregou novos mercados, em busca da universalização desses serviços. E acrescentou dilemas à população de baixa renda, ao incrementar um custo de vida fixo quando o mercado de trabalho – e o fluxo de renda – tendem à flexibilização. Trata-se de complexas contradições da alta modernidade, entre a expansão da esfera do consumo e o aumento da pobreza relativa das classes populares, entre o fortalecimento do grande capital e o encolhimento da regulação estatal na economia, entre a expansão da cidadania e a escassez de investimento em serviços judiciais. E essas complexas contradições recheiam o cotidiano dos juizados especiais da periferia de São Paulo.

Como "cada caso é um caso", há soluções de todos os tipos. A mais frequente é a negociação de condições mais favoráveis para o parcelamento das dívidas dos consumidores com as empresas, como abatimentos, reduções das taxas de juros e prolongamento dos prazos, encerrando a ação judicial na fase da conciliação. O argumento da desigualdade de acesso à justiça é muito utilizado, conforme já foi descrito, para convencer os consumidores a aderirem à solução "consensual".

A maioria dos consumidores não se recusa a reconhecer a existência da dívida, reivindicando, principalmente, um benefício pelo histórico de honestidade e a sensibilidade para um episódio de crise pessoal. Acionam o juizado, geralmente, após sucessivas tentativas de negociação direta frustradas. Muitos não têm uma proposta concreta de acordo e utilizam a experiência de acesso ao juizado especial como um aprendizado das possibilidades e dos limites do acesso à justiça. Por isso, sem a assistência de um defensor, a maioria acaba aceitando o acordo na primeira audiência.

Do lado das empresas, a inadimplência e o parcelamento das dívidas fazem parte de seu planejamento e de suas estratégias de negócios. A maioria comparece à audiência com "produtos padronizados", isto é, propostas de acordo desenhadas em larga escala. Se o consumidor não aceitar a proposta padronizada, os prepostos e advogados raramente têm autonomia para prosseguir na negociação, sendo necessária nova audiência. Em vários casos, no intervalo entre uma audiência e outra, o consumidor consegue uma negociação direta. Se isso não ocorre, o comum, como relataram juízes e conciliadores, é as empresas recorrerem das decisões judiciais, retardando ao máximo a realização de um prejuízo.

Observe-se o caso 13, uma audiência de conciliação. Contas de telefone muito altas, atípicas, motivaram a reclamação da consumidora. A empresa afirmou o valor da conta como resultado de ligações realizadas para um número de bate-papo. E apresentou uma proposta padronizada de parcelamento, um produto de mercado:

> Esse acordo é um excelente negócio que a empresa está te oferecendo. É um produto interno da empresa. E inclusive você vai concorrer a prêmios. É uma grande vantagem.

O acordo previa, mediante o pagamento de cinco parcelas no prazo, isenção do pagamento das duas últimas. Isto significa um desconto para o bom pagador e uma alta "multa" pelo atraso na quitação da dívida. O preposto da empresa desempenhava o comportamento de um vendedor, qualificando o acordo judicial como um negócio vantajoso para a cliente, um excelente negócio. Para isso, trouxe à audiência a proposta de acordo por escrito, identicamente reproduzida na ata da audiência, sob a cuidadosa atenção do advogado.

Nem todas as empresas explicitaram tão claramente suas estratégias comerciais para a judicialização das negociações com os consumidores, todavia a repetição das cenas as tornam evidentes. Os prepostos têm margem fixa de negociação e os advogados sempre são ciosos em fazer constar dos acordos que as empresas agem por "mera liberalidade", para não fixar precedentes jurisprudenciais.

Assim, na grande maioria das causas entre consumidores e empresas de serviços essenciais e financeiros, o juizado especial cível funciona apenas como mais uma instância de negociação privada de débitos,[11] na qual, o ritual judiciário informal serve para elevar um pouco o *status* do consumidor, mas nunca igualá-lo ao poder de litigação da empresa. Com o intermédio do juizado, os consumidores obtêm descontos e parcelamentos de seus débitos, mas dificilmente conseguem questionar as tarifas e os sistemas de cobrança, muito menos discutir regras de regulação do mercado.

Os consumidores comparecem individualmente, com limitados conhecimentos jurídicos, tanto das leis quanto dos procedimentos, enquanto as empresas têm departamentos jurídicos especializados e gozam das vantagens próprias dos litigadores frequentes (Cappelletti e Garth, 1988; Economides, 1999; Santos, 1995): conhecem as tendências de decisão de conciliadores e juízes, adaptando suas estratégias de defesa; influenciam a formulação da pauta dos juizados, concentrando as audiências em dias e horários combinados com os funcionários do cartório, reduzindo custos de deslocamento dos prepostos e advogados; formulam argumentos, contestações e alegações em escala, reduzindo os custos de litigação de casos particulares.

Ainda têm as empresas a vantagem de gerar as informações que balizam decisões judiciais "técnicas". Os consumidores não têm acesso às bases de dados que geram as contas de consumo e, quando as questionam, as empresas oferecem as faturas geradas por elas mesmas como prova objetiva e irrefutável. Segundo a lei, é das empresas o ônus da prova, o que beneficiaria o consumidor em casos de reclamação. Entretanto, as empresas sempre podem apresentar extratos de suas bases de dados, às quais o consumidor não tem acesso nem poder de auditoria. Muitas reclamações são julgadas improcedentes apenas com a juntada de cópias das faturas de consumo, as quais são o próprio objeto de questionamento do consumidor.

O acesso ao juizado especial formata as reclamações dos consumidores em demandas individuais. Mesmo quando milhares de pessoas ingressam com ações semelhantes, elas sempre são tratadas como conflitos individuais, negociados pelas regras de mercado, ocultando-se o seu caráter de demanda coletiva. Se esse caráter fosse reconhecido, o Judiciário converter-se-ia num canal de negociação política de demandas por justiça social e regulação social da economia – reconhecimento, contudo, rejeitado pela lógica dos juizados especiais.

---

11. Um estudo coordenado por Boaventura Santos (Santos, Marques, Pedroso e Ferreira, 1996) identificou a utilização do Judiciário português predominantemente para a cobrança de débitos por parte das empresas.

Parece que mesmo após um quarto de século e de uma série de inovações normativas e institucionais, os argumentos críticos de Joaquim Falcão (1981) a respeito da cultura jurídica liberal, construídos no período da abertura democrática, continuam atuais: para o autor, impedir a judicialização de causas coletivas ou de causas de interesse das classes majoritárias, seria assumir que a ordem jurídica atua como mecanismo de dominação de classe. Por isso, a democratização do Judiciário teria necessariamente que passar por transformações na cultura jurídica, modificando a seleção de conflitos operada pela técnica jurídica. Em sendo assim, os juizados especiais seriam inovações conservadoras, tributárias da cultura jurídica liberal quando se trata da regulação das relações econômicas. Não estariam os juizados cíveis, ao menos no caso relatado nesta pesquisa, cumprindo o papel de legitimação da ordem jurídica na proteção de indivíduos diante das empresas, como foi notado por Vianna *et al* (1999) no Rio de Janeiro. Veja-se o caso seguinte.

Em 2004, um boato levou mais de 5000 pessoas ao juizado do CIC Leste para ingressar com ações contra a cobrança de assinatura mensal pelas companhias telefônicas, ocorrendo o mesmo em juizados no país todo. Segundo o boato, a ação judicial isentaria permanentemente o assinante do pagamento da taxa de assinatura e poderia até mesmo determinar o ressarcimento de valores já pagos. A aceitação e o processamento dessa quantidade de ações, que não pararam de ingressar, significaria o colapso dos juizados especiais. Segundo o juiz do CIC Leste, é possível realizar diariamente dez audiências, o que faria com que o juizado permanecesse mais de um ano realizando apenas a pauta das ações contra a Telefônica. A saída foi criar uma pauta paralela: redigiu-se um termo, dispensando a realização de audiências, por se tratar de matéria estritamente jurídica, para a qual testemunhas nada acrescentariam. Os advogados juntam contestações produzidas em escala e o mesmo ocorre com a sentença de improcedência.

O juiz relatou ter sido interpelado por pessoas interessadas em obter informações sobre documentos a serem apresentados para iniciar a causa. Teria ele respondido a todos que não havia como ganhar essa causa. Mesmo assim, teria havido a insistência: "a pessoa ouve da minha boca que não vai ganhar e ainda assim insiste", reafirmando a retórica confiança na justiça. Como operador jurídico, premido pelas limitações jurídicas e materiais da instituição, sua estratégia é desconhecer a demanda; não obstante sua interpretação "sociológica" do fenômeno apontar outros caminhos:

> Está aí um capítulo da sua tese, é só pensar no título. O telefone se popularizou, as contas são abusivas, as cobranças de pulso são muito altas. E tem mesmo sacanagem por trás disso. Esses executivos de grandes empresas não valem nada, nada mesmo! Eles lesam mesmo o consumidor. Eu sei porque já fui lesado com ligações na minha conta que eu não fiz. Então, isso reage num caldo de cultura em que a população está muito insatisfeita com o custo do telefone. É uma forma de reação. O problema é que o juizado não tem estrutura para suportar isso. Paralisou. Não tem como julgar todos esses casos. E isso nasceu de um boato que encontrou

caldo de cultura para se tornar assim forte, a ponto de as pessoas quererem entrar na justiça. E apesar de a gente afirmar que não há chance e vão perder.

Relatou ainda ter orientado os funcionários do juizado a não se manifestar sobre as causas. Mas se ocorresse de se manifestarem, deveria ser para afirmar que a causa é perdida. Não é, porém, a opinião de funcionários do cartório, para os quais se trata de uma forma de a população pressionar "os que estão lá em cima" por solução para uma reivindicação geral. Conselheiros do CLIC, representantes da sociedade civil, por sua vez, incentivaram as pessoas a ingressar com as ações: "todo mundo tem que entrar, porque só assim a luta do povo tem resultado; é um jeito de o povo ganhar algum também, porque é muito caro o preço da assinatura".

Há o reconhecimento de uma demanda política e social coletiva por trás das ações movidas contra as empresas de serviços essenciais, com fundamento na desigualdade relativa entre o poder econômico das empresas e a marginalidade econômica de parte significativa das classes populares. Entretanto, a conformação deste conflito econômico em demanda jurídica opera no sentido de anular seu caráter político e coletivo, vedando a formulação do direito de negociação coletiva das relações econômicas.

Se os juizados especiais cíveis instalados nos CIC são a grande novidade em termos de ampliação do acesso à justiça para as classes populares, a individualização dos conflitos e o ritual judiciário informal reduzem, mas não equilibram a defasagem de poder e conhecimento entre elas e as grandes empresas. O ritual judiciário informal não possibilita sequer o nivelamento da linguagem, do conhecimento e da *performance* entre as partes, a mais forte assistida por dois representantes especializados (o preposto e o advogado) e produzindo as informações publicamente confiáveis (as faturas), a mais fraca valendo-se de seu próprio – e reduzido – capital simbólico.

✶✶✶

A análise da mediação de conflitos pelo Poder Judiciário, a partir do desempenho do ritual especial cível havia se iniciado a partir da interrogação sobre o seu potencial de fundar-se como um espaço-tempo diferenciado no campo plural de administração de conflitos, por ser orientado exclusivamente pelo primado do direito estatal, simbolizando relações igualitárias e recuperação de equilíbrios e reciprocidades de direitos e obrigações civis entre os indivíduos em suas relações interpessoais e econômicas.

Parece não ser essa a conclusão mais imediata. O desempenho do ritual informal dos juizados especiais cíveis não é homogêneo e mostrou-se permeável à impregnação de categorias, lógicas e resoluções estranhas ao primado do direito e ao campo da cidadania. Desempenhado como um ritual judicial imperfeito, o ritual informal dos juizados não pode assegurar o equilíbrio entre as partes em cenas judiciais desequilibradas, seja pela desigualdade de condições de litigação entre as partes (em razão de desigualdade na representação profissional, desigualdade de conhecimento, desigualdade de capital simbólico e produção de provas válidas), seja pela desigualdade entre a parte e o operador que dirige o ritual (quando este força uma solução, assume a tutela da parte, argumenta pela limitação do acesso à justiça).

Ainda quando se desempenha como ritual formalmente equilibrado, o ritual cível descura da segurança física das partes e ignora ou veementemente nega a sombra de violência do seu domínio espaço-temporal, contrariando as expectativas do discurso preventivo que legitima a existência do juizado cível como espaço de entendimento, consenso e racionalidade. No ritual cível não se trata de processar simbolicamente a violência a fim de impor sobre ela a racionalidade ou a docilização, trata-se apenas de postular sua inexistência e de, com isso, desresponsabilizar-se pela sua emergência.

Como ritual formalmente equilibrado, representa a compatibilização de interesses de indivíduos iguais pela lógica do conflito patrimonial própria das grandes corporações – isto é, a negociação orientada pelo ressarcimento do valor monetário com baixo custo judicial. Essa lógica, quando aplicada aos conflitos individuais ou aos conflitos entre indivíduos e empresas, silencia a porção subjetiva, moral, do conflito e da aplicação da justiça. Reduz a litigação à litigação por uma quantia. A ética do cotidiano é silenciada, os valores de dignidade são negligenciados. A cena reduz-se a dois indivíduos racionais deliberando pela melhor escolha, pela escolha racional. Enquanto isso, a expectativa preventiva, intimamente ligada à transmissão de valores da lei, da moralidade cívica embutida no primado do direito, do balizamento da resolução de conflitos por uma ética pública e democrática, frustra-se.

A ética predominante no ritual informal é a da racionalidade econômica. É ensinada a disciplina do consumo: só pode consumir quem pode pagar pelo consumo e todo consumo deve ser privadamente remunerado. Na medida em que individualiza as demandas por regulação social da economia, o ritual informal judiciário acaba por ser um espaço de punição doce dos inadimplentes. Não se pode discutir regras de regulação social da economia, mesmo no consumo de serviços essenciais. Cada indivíduo deve responsabilizar-se pelo custo financeiro de seu consumo; o Judiciário é, no máximo, uma instância de suavização ou docilização da punição pela inadimplência, através de parcelamentos e prazos. Veda-se a discussão dos méritos, isto é, das motivações morais da inadimplência de contas de consumo, vedando-se assim o reconhecimento da desigualdade expressa no desemprego e na pobreza.

Lembra-se aqui a crítica social de Z. Bauman (1998), ao argumentar que na sociedade de consumidores, o papel do Estado é cada vez menos protegê-los da violação de seus direitos, focalizando a punição contra a "impureza" dos consumidores incompetentes o falhos.[12] Os consumidores falhos a que se refere o sociólogo polonês, quando violam a lei

---

12. "No mundo pós-moderno de estilos e padrões de vida livremente concorrentes, há ainda um severo teste de pureza que se requer seja transposto por todo aquele que solicite ser ali admitido: tem de mostrar-se capaz de ser seduzido pela infinita possibilidade de constante renovação promovida pelo mercado consumidor, de se regozijar com a sorte de vestir e despir identidades,

penal, invocam sobre si a violência do sistema punitivo em prisões que já não disciplinam para o trabalho. Parece que, nas porções pobres da periferia de São Paulo, os consumidores falhos, quando acionam a lei civil não encontram a mesma violência penal, mas uma manifestação muito mais doce de violência que lhes propõe assumir a liberdade do consumidor, corrigindo-se ou disciplinando-se para o consumo competente.

O ritual judiciário informal – para retomar a orientação de Garapon (1997), a qual ofereceu possibilidade de reconhecimento, decodificação e comparação entre rituais judiciais de administração de conflitos – tem dificuldades para assegurar o equilíbrio, a igualdade e o primado do direito. Todavia, quanto mais se aproxima de um ritual judicial clássico – o que geralmente é favorecido pela presença de advogados assistindo as duas partes – o ritual informal responde melhor às expectativas de igualdade e legalidade. De toda maneira, o drama da justiça, clássica ou informal, é que, sendo constituída igualmente pelo direito e pelo ritual, seu "teatro natural" – o processo – pode converter-se em sua tumba; basta que se afaste de ser a encarnação da democracia, da equidistância entre partes disputando interesses contraditórios, ambos legítimos, pois ambos referenciados num código e numa linguagem universal que comporta pluralidades sem perder sua unicidade.

O campo plural da mediação estatal de conflitos

A análise da mediação de conflitos pelos serviços de justiça nos postos do CIC revelou a fragmentação dos rituais de resolução mobilizados e das juridicidades por eles reforçadas. A nova organização da oferta de serviços de justiça na periferia, pretendida pelos juízes reformadores e seus interlocutores – que ramificaria pela cidade o primado do direito, dos direitos humanos e da cidadania, o tratamento igualitário diante das leis e da justiça e o primado da liberdade civil, contrariando a lógica do mercado e do uso privado da violência – não parece estar materializada nos rituais plurais observados ao longo dos anos. Seria a luta pela expansão do primado do direito um fracasso? Seria ela anacrônica numa sociedade que anseia por métodos alternativos de resolução de conflitos e neles deposita expectativa de democracia e liberdade? Seria ela anacrônica num cenário histórico em que a informalização dos ritos e procedimentos se impõe como medida necessária da expansão dos serviços? Seria ela elitista

---

de passar a vida na caça interminável de cada vez mais intensas sensações de cada vez mais inebriante experiência. Nem todos podem passar por essa prova. Aqueles que não podem são a 'sujeira' da pureza pós-moderna. Uma vez que o critério da pureza é a aptidão de participar do jogo consumista, os deixados de fora como um 'problema', como a 'sujeira' que precisa ser removida são os consumidores falhos – pessoas incapazes de responder aos atrativos do mercado consumidor porque lhes faltam os recursos requeridos, pessoas incapazes de ser 'indivíduos livres' conforme o senso de 'liberdade' definido em função do poder de escolha do consumidor. São eles os novos 'impuros', que não se ajustam ao novo esquema de pureza. Encarados a partir da nova perspectiva do mercado consumidor, eles são redundantes – verdadeiros 'objetos fora de lugar' [...] Se é mais barato excluir e encarcerar os consumidores falhos para evitar-lhes o mal, isso é preferível ao restabelecimento de seu *status* de consumidores através de uma previdente política de emprego conjugada com visões ramificadas da previdência." (Bauman, 1998: 23-4).

numa sociedade que desenvolve nichos plurais de ordens jurídicas paralelas, preferidas pelas partes, oferecendo soluções rápidas, baratas e próximas do senso comum?

A fragmentação dos serviços de justiça estatais em pluralidade de rituais e ordens jurídicas plurais pode sugerir uma forma de democracia no acesso à justiça, em que haveria rituais e regulações para todos os gostos e para a administração de conflitos em relações concretas nas quais arranjos específicos de poder se constituem. A cada tipo de relação e a cada desejo de resultado, caberia uma forma de regulação estatal dos conflitos. Os indivíduos teriam a liberdade de transitar entre as instâncias de regulação dos conflitos, procurando o resultado que melhor atendesse aos seus interesses. Essa liberdade, entretanto, não é vivenciada com garantias. Na medida em que as instâncias de regulação e as ordens sociais e jurídicas são eletivas, perdem seu poder de monopólio e coerção, portanto, sua eficácia. Deste ponto de vista, a reivindicação de um primado do direito e de uma ordem jurídica centralizada não parece anacrônica ou conservadora, mas uma luta política entre universalidade e particularismos.

Boaventura de Sousa Santos (2001) introduziu uma leitura sobre essa fragmentação jurídica como algo característico das sociedades capitalistas emergidas da modernidade. Para ele, essas sociedades são constituídas por seis conjuntos estruturais de relações sociais, cuja distinção e autonomia resultam de processos históricos particulares, onde se articulam de modo específico seis modos básicos de produção de poder, de direito e de conhecimento. Cada espaço estrutural está inter-relacionado aos outros, mas possui autonomia estrutural, e dessa inter-relação ou combinação das diferentes formas de poder, direito e conhecimento emergem os efeitos globais de poder.

> As sociedades capitalistas são formações ou constelação jurídicas, constituídas por seis modos básicos de produção do direito que se articulam de maneiras específicas. Esses modos de produção geram seis formas básicas de direito que, embora inter-relacionadas, são estruturalmente autónomas. [...] A natureza jurídica da regulação social não é o atributo exclusivo de uma determinada forma de direito, mas sim o efeito global de uma combinação de diferentes formas de direito e dos seus respectivos modos de produção. [...] Distingo seis espaços estruturais: o espaço doméstico, o espaço da produção, o espaço do mercado, o espaço da comunidade, o espaço da cidadania e o espaço mundial. (Santos, 2001: 272)

Há, assim, um conceito amplo de direito como "um corpo de procedimentos regularizados e de padrões normativos, considerados justificáveis num dado grupo social, que contribui para a criação e a prevenção de litígios, e para sua resolução, através de um discurso argumentativo, articulado com a ameaça de força" (Santos, 2001: 290). Há sempre procedimentos e padrões normativos que fundamentam pretensões contrárias a serem resolvidas por uma terceira parte. A par da variedade de ordens jurídicas circulantes, a forma de direito territorial ou estatal, própria do espaço da cidadania, é mais difundida que as outras e configura as instituições centrais. É a única forma de direito a se reconhecer como tal e considerar-se exclusiva no campo jurídico, não reconhecendo combinar-se com outras formas de direito.

A fragmentação de rituais e ordens jurídicas postas em circulação pelos diversos serviços jurídicos estatais observados, pela teoria de Santos, seria o resultado dessas combinações (ou constelações, como prefere o autor) entre as diferentes formas de direito. O direito estatal estaria se combinando com o direito doméstico ou com o direito do mercado, de diversas formas, configurando rituais e efeitos concretos diversos. Tal como foi constatado por esta etnografia.

A teoria de Santos não pode ser integralmente testada em todas as suas implicações pela pesquisa até aqui empreendida nos serviços de justiça do CIC, entretanto ela parece ser iluminadora para a compreensão da pluralidade constatada. Ela permite avançar na qualificação da pluralidade, ao invés de limitar-se à sua constatação. Ela permite ainda tratar a pluralidade jurídica como uma combinação de direitos circulantes, ao invés de apenas constatar a ausência ou inefetividade do direito estatal. Em outras palavras, passa a ser possível reconhecer, com o auxílio desta teoria, que o copo vazio está cheio de ar.

A regulação policial de relações familiares hierárquicas é um exemplo de constelação entre o direito estatal e o direito doméstico, cujas categorias hierarquizam homens, mulheres e crianças e dividem papéis sexuais pela lógica do poder patriarcal. Se ela não ocorre sempre da mesma maneira, ou se não ocorre em formas semelhantes ao que se dá no Ministério Público, é porque a combinação entre o direito estatal e o doméstico não responde a um único padrão, mas assume arranjos particulares num campo social complexo que engendra relações e efeitos de poder específicos.[13] Diversos campos do direito estatal podem produzir efeitos sobre o espaço doméstico (o direito de família, mas também os direitos do consumo, hipotecário ou os direitos sociais), assim como a forma patriarcal de poder não produz sempre os mesmos efeitos hierarquizantes em todas as famílias, ao se combinar com os efeitos emancipatórios do feminismo ou com outras características culturais. Assim, a depender da forma de combinação entre essas formas de direito mobilizada na resolução do conflito, a solução estará mais próxima de uma forma estatal ou mais próxima da forma doméstica. No mesmo sentido, quando a resolução do conflito é devolvida para a esfera privada, isso está a indicar a prevalência do direito doméstico na resolução. Contudo, o acionamento das instâncias estatais para a resolução do conflito requalifica a combinação entre os direitos: ao acionar o Judiciário, a Polícia Civil

---

13. "Partindo da ideia de que muitos campos do direito estatal, habitualmente não considerados como direito da família (por exemplo, o direito do consumo, o direito hipotecário, o direito do sistema de saúde, etc.), funcionam no espaço doméstico, a minha tese central neste capítulo é que as relações do espaço doméstico são juridicamente constituídas por combinações do direito doméstico e do direito territorial. Longe de ser tabula rasa sobre a qual o Estado grava a sua juridicidade, o espaço doméstico é um campo social complexo onde o direito do Estado e o direito doméstico se envolvem num constante processo de interação, negociação, compromisso, conflito, reforço e neutralização mútuos." (Santos, 2001: 293)

ou o Ministério Público, os indivíduos em conflito buscam negociar, comprometer-se ou neutralizar o direito estatal ou o direito familiar.[14]

A questão crítica a ser levantada sobre essa liberdade de mobilização do pluralismo jurídico, para Santos, é sobre o recuo do direito estatal diante dos outros direitos no contexto de crise do modelo do Estado-Providência. Por ser a forma de direito típica do espaço da cidadania, é ela que elabora categorias como direitos, igualdade jurídica e liberdades civis, o recuo desta forma de direito significa o recuo de conquistas emancipatórias da modernidade. A luta pela expansão do espaço da cidadania e pelo primado do direito, nesse contexto, pode significar uma luta por manutenção (ou ainda alargamento) de conquistas do Estado de direito e do Estado social; mesmo que seja necessária uma crítica da insuficiência do liberalismo para realizar as promessas da modernidade, inclusive no campo jurídico. Se as próprias instituições estatais aplicam uma combinação de direitos que reforça duplamente a vulnerabilidade de algum grupo social, suas possibilidades de resistência contra a hierarquia e contra a exclusão se tornam muito mais restritas.

A mesma interpretação pode ser estendida à regulação das relações econômicas observadas nos serviços de justiça do CIC. Se os efeitos dessa regulação variam é, pela teoria de Santos, em razão de combinações entre o direito estatal e o direito do mercado. Se esta combinação concorre no sentido de vulnerabilizar os excluídos econômicos, por exemplo, isto reduz drasticamente a possibilidade de estes recorrerem ao direito estatal na defesa contra excessos de outras formas de poder ou ainda numa estratégia de emancipação[15] – denunciando definitivamente a frustração das pretensões e promessas de universalidade e emancipação do direito estatal moderno.

---

14. Wânia Izumino, ao estudar a intervenção estatal nos conflitos de violência contra a mulher, valeu-se dessa mesma teoria para argumentar que a recusa às soluções do direito estatal não são uma simples privatização do conflito, um retorno à situação anterior, mas implicam numa reprivatização ou requalificação do conflito, redefinindo as bases da negociação de direitos e relações entre homens e mulheres (Izumino, 2004).

15. "O direito de troca é, em geral, muito informal, muito flexível e está perfeitamente sintonizado com os interesses e necessidades dos intervenientes e com as relações de poder entre eles. Pode funcionar no modo de jaula-de-borracha ou no modo de jaula-de-ferro, conforme as partes tenham mais ou menos o mesmo poder ou, pelo contrário, tenham um poder muito desigual. Enquanto direito informal, tem geralmente um baixo grau de burocracia e um elevado grau de retórica e de violência. Sempre que as assimetrias de poder entre as partes sejam especialmente grandes, a retórica e a violência podem convergir a ponto de se tornarem indistinguíveis." (Santos, 2001: 298)

V
Corpos do poder: fazendo diferença na periferia

A ANÁLISE DA ADMINSTRAÇÃO de conflitos nos serviços de justiça nos postos do CIC indicou a importância do ritual judiciário para o domínio do direito estatal e para a realização de uma justiça democrática, igualitária e equidistante. De algum modo, a análise valorizou positivamente o ritual judicial como procedimento e garantia – como possibilidade de realização da democracia, como insistiu Garapon. Não obstante, não se pode encerrar a interpretação sem considerar os limites que o desempenho do ritual também traduz e materializa. O ritual judiciário clássico não introduz apenas equilíbrios entre as partes, ele opera igualmente diferenciações e assimetrias, pouco tratadas até aqui.

O ideário de criação do CIC apoiava-se em críticas ao distanciamento dos operadores jurídicos em relação aos cidadãos comuns, em críticas ao formalismo jurídico, à pernosticidade dos rituais judiciais, ao seu hermetismo. Havia uma quase-recusa desses rituais e uma tentativa de criar novas funções e feições para a administração da justiça em sua expansão para os bairros pobres e para as classes populares. Esse era inclusive percebido como um movimento dialético: era preciso destituir-se do formalismo para atingir as classes populares e, no mesmo movimento, a proximidade com o povo transformaria a instituição judicial.

Compartilhava-se a visão de que a democratização da sociedade brasileira relacionava-se intimamente com a adoção, pelos órgãos e homens da justiça, das mencionadas novas funções e feições: de agentes da repressão penal das classes populares na periferia, os operadores da justiça, a partir do CIC, passariam ao papel de agentes da efetivação da cidadania, exatamente nos espaços de maior exclusão social.

Através da pesquisa da produção cultural e política dos corpos, de referencial foucaultiano, interroga-se em que medida o desempenho dos operadores jurídicos atuantes no CIC, em serviços de justiça instalados na periferia e destinados às classes pobres, indica as possibilidades de ruptura e resistência imaginadas pelos criadores do programa. Trata-se de investigar uma utopia de reforma da justiça, pela construção de discursos de poder e verdade constitutivos das diferenciações e indiferenciações produzidas nos corpos dos operadores jurídicos. Sobre eles a utopia reformadora lançou-se. Sobre eles lança-se agora a análise para perceber efeitos de rupturas internas entre os operadores jurídicos que se dirigem à periferia e se dedicam às classes populares.

O corpo como um problema teórico

Uma maneira de interrogar como funciona o poder na sociedade contemporânea é interrogar-se sobre como foram constituídos os corpos, como ganharam esse contornos, que discursos regulam a sua apresentação e o cuidado com eles, já que consistem num dos mais visíveis e verificáveis efeitos de poder. De acordo com Thomas Csordas, Michel Foucault ofereceu uma importante contribuição, ao lado de Pierre Bourdieu e Maurice Merleau-Ponty, para a emergência do corpo como um problema teórico (Csordas, 2000). A partir dessa emergência, não se pode mais considerar o corpo como um fato da natureza, mas deve-se entendê-lo como resultado de um processo histórico e dinâmico de *corporificação*, como um efeito de poder.[1]

Judith Butler propôs uma associação entre as visões douglasiana e foucaultiana sobre o corpo, apresentando-o como sendo constituído de fronteiras variáveis, cuja superfície e permeabilidade é politicamente regulada. Para Mary Douglas, como já foi mencionado, os tabus sobre as fronteiras do corpo correspondem aos tabus sobre as fronteiras do social, sendo os mecanismos de definição do que constitui o "eu" e o que é exterior estruturalmente correlacionados aos mecanismos que definem "nós" e os "outros" na ordem social. Controlar os corpos é controlar aquilo que é perigoso para a ordem social, aquilo que são suas descontinuidades e fronteiras, uma vez que o corpo é moldado ou é expressão da força social, um microcosmo da sociedade. As fronteiras do corpo contraem-se e expandem-se conforme as pressões sociais (Butler, 1997; Douglas, 1976). Já de acordo com Foucault, a anátomo-política do corpo humano e sua docilização para o trabalho bem como as regulações da população são os dois polos constitutivos do poder sobre a vida, regime de poder característico das sociedades capitalistas desde o século XVIII. O regime do biopo-

---

1. Excertos deste texto, na condição de um projeto de pesquisa, foram discutidos no Seminário Temático 5 "Conflitualidade Social, Acesso à Justiça e Reformas do Poder Judiciário" do XXVIII Encontro Anual da ANPOCS, em 2004, e publicados na Revista Sociologias, no. 13, em 2005 (Sinhoretto, 2005).

der tornou-se um elemento indispensável ao desenvolvimento do capitalismo na medida em que garantiu uma inserção controlada dos corpos no aparelho de produção, por meio de um ajustamento dos fenômenos de população aos processos econômicos. Mas, mais do que isso, a anátomo-política do corpo permitiu majorar as forças, aptidões e a vida em geral dos trabalhadores, sem por isso torná-los mais difíceis de sujeitar (Foucault, 1988). O corpo é o lugar onde as técnicas de bio e anátomo-política se encontram, daí dizer-se que Foucault concebe o corpo como sendo atravessado e constituído pelo poder. Este poder não tem apenas efeitos negativos, de interdição, mas sobretudo efeitos positivos, criadores de sujeitos, efeitos de classificação, hierarquização e regulação, normalização. Nos termos desse regime de poder, a saúde do corpo é a saúde do corpo social.

Ao desnaturalizar a constituição do corpo humano, Foucault fala mesmo em um corpo da burguesia, um corpo de classe, dotado de uma sexualidade própria, cercado pelos cuidados de saúde, higiene, que tem a finalidade de produzir uma descendência e fortalecer uma raça; sendo autoconstituído para marcar sua diferença de classe em relação aos outros: o corpo vigoroso, saudável, com determinado uso dos prazeres e objeto de discursos de verdade e de poder, tratando-se, quando da sua emergência, de uma autoafirmação da burguesia. A classe

> que se tornava hegemônica no século XVIII se atribui um corpo para ser cuidado, protegido, cultivado, preservado de todos os perigos e de todos os contatos, isolado dos outros para que mantivesse seu valor diferencial. (Foucault, 1988: 116)

Diferencial em relação ao valor do corpo da nobreza, que se distinguia pelo seu sangue, e diferencial em relação às classes trabalhadoras, que terão seus corpos constituídos e normalizados a partir das práticas discursivas próprias da burguesia, tornando-se úteis e dóceis para o trabalho. Sua hegemonia se mantém pelo controle e vigilância dos corpos, pela gestão das populações através da saúde pública, das políticas habitacionais, do controle demográfico, pelas necessidades de formação de uma mão-de-obra especializada e valiosa. Mas essa tecnologia de controle, que caracteriza a hegemonia da burguesia, se mantém não apenas pela gestão da vida, da sua própria e dos outros, mas pela escolha de quem deixar morrer. As guerras, inerentes ao processo de constituição dos Estados-nações, só foram possíveis em função dos discursos racistas que separam os corpos politicamente úteis para viver daqueles cuja morte é que é politicamente útil (Foucault, 2002).

Partindo dessa análise foucaultiana, Butler desenvolveu o conceito de que o corpo é *performativo*, isto é, sua superfície é um efeito de discursos regulativos que criam identidades normalizadas para os corpos: o corpo feminino, o corpo masculino, o corpo saudável, o corpo reprodutivo, o corpo homossexual. A ideia de *performance* (chamada a partir de agora de desempenho) é a ideia da fabricação de uma identidade corporal (ao mesmo tempo subjetiva e objetiva), que é imitada infinitamente tendo como referência um mito de originalidade.

Assim, todo corpo constituído como corpo feminino desempenha sua feminilidade imitando um mito de feminilidade, que é a própria norma, constituída e reforçada pelos discursos de saber-poder. A identidade corporal desempenhada é constituída por

> um conjunto de práticas imitativas que se refere lateralmente a outras imitações e que, ademais, constrói a ilusão de um eu sexuado interior e primário ou parodia o mecanismo dessa construção.[2] (Butler, 1997)

Assim, a imitação é o desempenho individual da norma e a paródia é aquele desempenho que torna evidente a existência de uma norma que está sendo deliberadamente (mal) imitada. Por evidenciarem a normalização das condutas é que Butler deposita nas paródias um potencial de resistência, de inflexão e até de ruptura. É o caso das *drag queens*, que ao parodiar a corporalidade feminina, exagerando nas características distintivas, abre possibilidades para a crítica dos padrões normativos que definem o que é feminino e o que é masculino, apontando até mesmo para a possibilidade de superação do binarismo de gênero através de uma síntese: um corpo que pode conter ao mesmo tempo o masculino e o feminino.

Teresa Caldeira (2000) construiu uma teoria sobre a circunscrição dos corpos na sociedade brasileira, caracterizada por uma democracia disjuntiva, a qual ao mesmo tempo em que se expande, sobretudo sobre a cidadania social, convive com a violência e o desrespeito aos direitos civis. Segundo a antropóloga, na experiência brasileira, os direitos civis não criaram o efeito de circunscrição dos corpos contra a intervenção violenta, como ocorreu na experiência clássica dos países que passaram por revoluções liberais. Assim, a punição violenta de criminosos e a punição de crianças com caráter educativo não são consideradas indesejáveis por largos segmentos. E mesmo intervenções não violentas sobre o corpo, como um alto índice de nascimentos por cesariana, cirurgias de esterilização permanente ou cirurgias plásticas, não são consideradas problemáticas, mas desejáveis segundo os discursos circulantes. Haveria ainda um lado, na cultura brasileira, totalmente desejável, de valorização da exposição dos corpos na vestimenta, nos trajes de praia, da permissão para o toque.[3]

---

2. A tradução do inglês foi livremente feita para a utilização neste texto, optando-se por traduzir *gendered* como sexuado, na tentativa de tornar o mais inteligível possível, neste contexto, o trecho transcrito.

3. "A naturalidade com que brasileiros veem a inflição da dor com objetivos corretivos é consistente com outras percepções do corpo. Intervenções e manipulações no corpo de outras pessoas, ou no próprio corpo, são vistas como relativamente naturais em muitas áreas da vida social. Essas intervenções não são necessariamente dolorosas e violentas. Na verdade, algumas são vistas como aspectos desejáveis e atraentes da cultura brasileira. Todavia, o que todas as intervenções revelam é uma noção de corpo incircunscrito. Por um lado, o corpo incircunscrito não tem barreiras claras de separação e evitação; é um corpo permeável, aberto à intervenção, no qual as manipulações de outros não são consideradas problemáticas. Por outro lado, o corpo incircunscrito é desprotegido por direitos individuais e, na verdade, resulta historicamente da sua ausência. No Brasil, onde o sistema judiciário é publicamente desacreditado, o corpo (e a pessoa) em geral não é protegido por um conjunto de direitos que o circunscreveriam, no sentido de estabelecer barreiras e limites à interferência ou abuso de outros." (Caldeira, 2000: 370)

O processo histórico pelo qual, nas culturas europeias, os corpos foram individualizando-se, civilizando-se, autocontrolando e circunscrevendo-se não pode ser generalizado para a cultura brasileira, onde a escravidão perdurou por quase todo o século XIX, simultaneamente à vigência de uma Constituição liberal. Entretanto, para Caldeira, os direitos civis e individuais parecem depender da circunscrição do corpo e do indivíduo, daí a característica disjuntiva da democracia brasileira e a dificuldade em controlar a violência:

> o Brasil tem uma democracia disjuntiva que é marcada pela deslegitimação do componente civil da cidadania: o sistema judiciário é ineficaz, a justiça é exercida como um privilégio da elite, os direitos individuais e civis são deslegitimados e as violações dos direitos humanos (especialmente pelo Estado) são rotina. Essa configuração específica não ocorre num vácuo social e cultural: a deslegitimação dos direitos civis está profundamente enraizada numa história e numa cultura em que o corpo é incircunscrito e manipulável, e em que a dor e o abuso são vistos como instrumentos de desenvolvimento moral, conhecimento e ordem. (Caldeira, 2000: 375)

A incircunscrição dos corpos não é igualmente distribuída pelos diferentes corpos constituídos na cultura brasileira: os corpos de crianças, mulheres e pobres seriam mais permeáveis à intervenção, teriam fronteiras mais flexíveis – estariam mais expostos à violência.

> Na medida em que a flexibilidade se combina com uma grande desigualdade nas relações sociais, a permeabilidade age apenas numa direção: do dominante para o dominado, sem quaisquer restrições institucionais ou fronteiras. (*idem*: 376)

Desigualdade social constituiria corpos desigualmente permeáveis e desigualmente suscetíveis: há corpos ainda menos circunscritos e protegidos da intervenção de autoridades domésticas, vicinais ou estatais. Novamente é no corpo que a teoria observa o cruzamento de jogos de poder e produção de diferenças.

O encontro dos corpos na periferia

Do mesmo modo como, para as teorias foucaultianas, se produz uma corporalidade de classe, uma corporalidade de gênero, os operadores da justiça possuem uma corporalidade, que se manifesta inclusive entre aqueles designados a atuar na periferia, no âmbito dos Centros de Integração da Cidadania. Sua identidade de classe social é tão marcada que chega a ser comum defini-la através da imagem do gueto. Além da classe, existe uma identidade racial (branca e sulista) entre os operadores, em tensão com os tipos mestiços e nordestinos frequentes entre a população que atendem[4] (Guimarães, 2002). Essa corporalidade é também atravessada pela hierarquia de gêneros, sendo ainda um campo social predominantemente masculino.[5]

Existe uma apresentação corporal de juiz, ou de advogado, que é destacadamente homogênea em relação às outras. Para além do fenômeno da uniformidade na aparência física, existe uma identidade linguística que os marca e diferencia. A linguagem jurídica é um mundo à parte. Na tradição do Direito continental europeu, à qual nosso Direito é filiado, há uma grande preocupação formal, conferindo aos termos e categorias sentidos muito precisos, que expressam status jurídicos particulares. Seja na ritualizada prática de sua atividade, seja na descontração do dia-a-dia, com os colegas de ofício, a linguagem dos operadores da justiça é peculiar.

A linguagem jurídica demarca *status* diferenciados dentro do campo, tendo um efeito declaratório, como lembra Garapon (1997), isto é, a pronúncia das palavras nos momentos marcados do ritual demarca ou modifica o *status* jurídico das pessoas ("condeno", "absolvo", "declaro-vos marido e mulher"), e isso é tão significativo para o campo jurídico a ponto de se poder aplicar à atividade judicial a expressão "dizer o direito". E, em outra escala, a linguagem jurídica diferencia os iniciados e os comuns, aqueles que detêm o capital simbólico de comunicação, os protocolos, e aqueles que não os detêm: dominar a linguagem jurídica demarca os de dentro e os de fora.[6] E é uma fronteira que se inscreve no corpo, pois mesmo nas horas vagas, o operador jurídico não abandona seu capital simbólico de distinção. Até porque as

---

4. Guimarães (2002) reflete sobre o preconceito contra baianos e nordestinos em São Paulo como uma das manifestações da problemática racial. Os membros de uma organização de advogados negros – Instituto do Negro Padre Batista – relataram, em entrevistas do acervo da pesquisadora, as dificuldades do acesso da população negra à justiça em razão da invisibilidade da diversidade e do conflito racial no aparato judicial.

5. O primeiro concurso a admitir mulheres na magistratura paulista foi em 1980, o 146º. O TJ-SP tinha, em 2007, 332 desembargadores, dos quais apenas 8 eram mulheres, 6 das quais ingressadas pelas vagas do Quinto Constitucional. As primeiras juízas de carreira só foram promovidas a desembargadoras após a aprovação da Reforma do Judiciário em dezembro de 2004 (Folha de S. Paulo, 13/03/2005, A16). Por ocasião da sabatina na Comissão de Constituição e Justiça do Senado Federal da ministra Ellen Gracie, primeira mulher a chegar à Presidência do Supremo Tribunal Federal, em 2006, os senadores (outra maioria masculina) teceram comentários sobre a qualificação jurídica da candidata, mas sentiram-se impelidos a também tecer gracejos, isto é, elogios sobre sua aparência, beleza e elegância – etiqueta que não é aplicada quando o candidato é do sexo masculino. Do senador Wellington Salgado, de Minas Gerais: "Ouvi falar muito da sua competência, do seu conhecimento jurídico e sua intelectualidade. Mas o meu voto ainda leva em conta a beleza e o charme. Assim voto com muito prazer". A cena expressa o estranhamento da corporalidade feminina naquele ambiente e naquela função, estranhamento tão relevante que se pôs em discurso, como o do senador Mozarildo Cavalcanti, de Roraima, durante a sessão pública: "Como ginecologista, aprendi a lidar de perto com as mulheres, a entender muito profundamente a sensibilidade feminina" (Folha de S. Paulo, 23/03/2006, A9). Quando se trata de mulheres, parece muito difícil esquecer as diferenças genitais, remetendo ao prazer e à profundidade (evocando a imagem da penetração).

6. "Na realidade, a instituição de um 'espaço judicial' implica a imposição de uma fronteira entre os que estão preparados para entrar no jogo e os que, quando nele se acham lançados, permanecem de fato dele excluídos, por não poderem operar a conversão de todo o espaço mental – e, em particular, de toda a postura linguística – que supõe a entrada neste espaço social. A constituição de uma competência propriamente jurídica, mestria técnica de um saber científico frequentemente antinômico das simples recomendações do senso comum, leva à desqualificação do sentido de equidade dos não-especialistas e à revogação da sua construção espontânea dos fatos, da sua 'visão do caso'. O desvio entre a visão vulgar daquele que vai ser tornar num 'justiciável', quer dizer, num cliente, e a visão científica do perito, juiz, advogado, conselheiro jurídico, etc., nada tem de acidental; ele é constitutivo de uma relação de poder, que fundamenta dois sistemas diferentes de pressupostos, de intenções expressivas, numa palavra, duas visões de mundo." (Bourdieu, 1989: 225-6).

lutas por posição no campo, lembrando Bourdieu (1989), não ocorrem apenas no horário comercial e no espaço do fórum, mas estendem-se pelos espaços de sociabilidade.[7]

A vestimenta é um símbolo de distinção de grande relevância para este grupo. Segundo Garapon (1997), juiz francês, a função simbólica da vestimenta judicial para o ritual das audiências é a representação da dupla incorporação dos operadores: o seu corpo individual e a incorporação da autoridade pública neles investida. A toga demarca os papéis no ritual e, ao mesmo tempo, circunscreve a situação ritual. O valor simbólico do corpo do operador é um quando ele está de toga (hábito, traje sagrado) e outro quando está em seu traje pessoal, civil (profano). Teria ainda o efeito de demarcar a fronteira entre o íntimo, a subjetividade, e o desempenho profissional, protegendo e separando esses mundos. Ao menos, na França.

Ocorre que, em São Paulo, os operadores jurídicos raramente utilizam toga nas audiências judiciais. Eles portam suas próprias roupas, as quais os diferenciam no desempenho do ritual; contudo, permanecem com elas durante toda a interação com clientes, partes, funcionários, conhecidos, estranhos. É uma vestimenta que reveste constantemente o corpo do operador jurídico. A distinção incorporada pela roupa não é, portanto, apenas para o ritual judicial, mas um índice mais geral de distinção social que regula o grupo internamente e nas suas relações com os demais.

Até há poucos anos, era proibido por regulamento que as mulheres entrassem nos edifícios da justiça trajando calças compridas.[8] Mais do que o uso de saias, são os *taillieures* e as saias sóbrias, no comprimento dos joelhos, que diferenciam juízas, promotoras e advogadas de outros estratos profissionais de elite. São sutis diferenças na escolha de modelos, de acessórios, de tecidos, de comprimentos, decotes, recortes, estampas, que são suficientes para diferenciar os operadores da justiça dos profissionais do mercado financeiro, por exemplo. No estrato aqui estudado, tudo é cuidadosamente sóbrio.[9] As ousadias são muito pouco toleradas e apenas quando marcam de fato uma posição privilegiada no interior do próprio estrato. Um respeitado desembargador, por exemplo, pode ostentar uma armação de óculos menos tradicional, fazendo sempre a importante ressalva: "é italiana". Ou, no

---

[7]. Pense nas redes de relações pessoais descritas no capítulo 1 em torno das quais o CIC foi concebido e implantado, as quais perpassam grupos no interior de instituições públicas, associações civis, partidos políticos, grupos religiosos, movimentos sociais.

[8]. Ainda atualmente, após a promulgação da Constituição Federal e de leis complementares que expressamente proíbem a discriminação de qualquer natureza no acesso aos edifícios públicos e privados (vide os avisos que figuram em todos os elevadores da cidade de São Paulo), os porteiros dos edifícios dos fóruns ainda barram pessoas na entrada sob justificativas de trajes inadequados, conforme relato de um informante, de 23 de abril de 2003, que presenciou o impedimento da entrada de uma mulher no Fórum de Santo Amaro, com justificativas baseadas na vestimenta.

[9]. Bourdieu (1989) comenta a exigência de sobriedade como uma característica do habitus dos magistrados, marcando seu distanciamento em relação ao mundo do mercado e ao mundo da política. Garapon (1997) também notou a disseminação de uma imagem de sobriedade como traço associado aos magistrados. A ostentação na vestimenta, por associar-se explicitamente à riqueza parece ser rechaçada no meio jurídico, mais associado à abnegação dos que se dedicam às atividades públicas, simbolicamente constituídas em oposição ao mercado. A preferência é por um luxo discreto e constitutivo, um luxo aristocrático, sem a ostentação dos comerciantes. No Brasil, em termos de gosto, a distinção entre aristocracia e burguesia faz menos sentido, embora o habitus profissional das carreiras jurídicas procure distanciar-se das lógicas e práticas do mercado (Bonelli, 2002; Vianna *et al*, 1997).

outro extremo, um desembargador aposentado, referência intelectual e política de certo grupo, pode adotar velhos ternos, com décadas de uso e surradas gravatas com estampas antigas. Soa como uma "opção pela pobreza", algo como uma simplicidade franciscana. Entretanto, as posições intermediárias e baixas exigem um rígido guarda-roupa.

Uma situação que comprova a rigidez da etiqueta de vestimenta e o seu significado político como definidor de fronteiras do grupo foi coletada por ocasião dos exames do concurso para ingresso no Ministério Público paulista em 2003. Duas estudantes do quarto ano de Direito – já acostumadas aos rituais e à corporalidade do estrato jurídico próprias do ambiente e do entorno do Largo São Francisco[10] – iam assistir aos exames orais públicos, quando cruzaram com a pesquisadora e, espontaneamente, revelaram o receio de não conseguir entrar no edifício que sedia o Ministério Público por causa da vestimenta. Havia circulado um boato nos corredores da faculdade de que uma mulher havia sido barrada sob a justificativa de que eram exigidos "trajes forenses". As duas informantes discutiram calorosamente, sem a interferência da pesquisadora, sobre quais seriam os critérios definidores dos "trajes forenses" e chegaram à seguinte conclusão: trata-se de um tipo específico de calçado (*scarpin* ou *channel*), meia-calça, certo comprimento de saia (na altura do joelho ou logo abaixo) e um corte determinado de roupa. A discussão das duas jovens testemunha a existência de uma política da vestimenta que determina as fronteiras simbólicas de inclusão/exclusão do universo jurídico.

Entre os operadores, há ainda diferenças. A rigidez é mais acentuada entre os membros da magistratura. No Ministério Público, a rigidez é menos pronunciada e entre os advogados é onde se encontra a maior diversidade, até porque o número de profissionais é muito maior, permitindo uma relativa diversidade social, sendo, na representação simbólica das carreiras, a menos associada ao poder.[11] A criticada expansão dos cursos de direito nas últimas décadas possibilitou a incorporação na carreira de membros oriundos de classes sociais inferiores, os quais provocaram uma flexibilização desta etiqueta. Há que se considerar ainda que os advogados, embora consistam numa corporação poderosa, organizada em torno da Ordem dos Advogados do Brasil – instituição influente tanto na política interna dos órgãos da justiça quanto na política nacional – não estão vinculados a uma única instituição. Por outro lado, os grandes escritórios de advocacia, organizados no modelo da moderna empresa capitalista são, ao que tudo indica, cuidadosos vigilan-

---

10. Onde se localiza a mais tradicional Faculdade de Direito, cujos mecanismos de distinção fazem com que seja conhecida como "São Francisco" – ou "San Fran" para os iniciados – ao invés de "Direito da USP", como se identificam os outros cursos da Universidade de São Paulo, ou mesmo cursos de Direito em outras instituições de ensino (Direito da PUC ou do Mackenzie), o que não deixa de ser uma marca de autonomia simbólica da faculdade em relação à universidade, em parte porque aquela é mais antiga do que essa, em parte porque isso permaneceu sendo rememorado nos últimos 70 anos.

11. Observe-se o diálogo desta análise com as pesquisas de Sadek (1999) e Bonelli (1999) relatadas no capítulo 2, *Posições e disputas profissionais no mundo jurídico*.

tes das fronteiras dessa corporalidade,[12] fazendo-se marcar no corpo a diferença entre "os melhores advogados" e os "advogados de porta de cadeia".

O caso dos delegados de polícia também é instigante. No interior da Polícia Civil, ocupando as posições de comando e diferenciando-se por serem bacharéis, exibem essa distinção funcional e educacional com o uso do terno e gravata. Investigadores e escrivães de polícia exibem outra corporalidade e outra vestimenta.[13] Ainda os delegados formados nas "melhores faculdades",[14] e que acessam altos cargos na hierarquia da Polícia Civil, tendem a exibir uma vestimenta mais próxima das outras carreiras jurídicas; ao passo que os delegados de menos prestígio na carreira exercitam uma corporalidade diferenciada, percebida pelo uso de tecidos, cores de camisa e calçados mais populares, de menor custo.

Há segmentações no interior dessa elite, que traduzem disputas, lutas, resistências, deslocamentos, defasagens de poder. Os operadores que procuram fugir da ostentação material reforçam ainda mais certo "figurino" que tende ao sóbrio, visando a mensagem do desprendimento material: qualquer terno, portanto azul ou cinza; qualquer camisa, portanto branca; qualquer sapato, portanto preto; qualquer gravata, portanto no tom do terno ou vermelha, sempre lisa, de pequenas estampas ou listada. A versão feminina geralmente comporta mais variações, acompanhando o padrão de gênero na sociedade abrangente, mas dificilmente escapa-se da saia reta ou *evasê*, do casaquinho e do sapato fechado de salto médio e bico fino, predominantemente em tons pastéis. Acrescente-se à receita estética a leve indispensável maquiagem, coloração de matizes louro-castanhos e cortes médios nos cabelos, joias e *bijoux* discretas, com predomínio do dourado. Os que desejam marcar identidades de oposição à norma vigente no campo, não escapam ao desempenho da norma e mantém cuidados semelhantes de vestimenta, mesmo que mudem as cores e os cortes das roupas e cabelos, a altura dos saltos: agem intencionalmente no confronto da norma. Advogados militantes em movimentos sociais e alguns defensores públicos procuram escapar à estética normalizada e, por serem exceções, ajudam a denunciar a existência da norma.

Trata-se de uma normalização dos corpos que se manifesta num gosto de classe (Bourdieu, 1983) sofisticado e caro, mesmo entre os destoantes da norma. Evidentemente muito diferente daquele que se encontra junto à população usuária da justiça em geral, e do CIC, em particular. Isto consiste um objeto de preocupação para os idealizadores e gestores

---

12. Nos grandes escritórios paulistanos, é evidente a subordinação de gênero, bem como a subordinação etária. Também é evidente a supremacia branca. Os controles da fronteira de classe chegam a assumir requintes, como no relato de um caso envolvendo uma jovem advogada, funcionária de um escritório médio, que recebeu orientações reiteradas de não deixar os clientes saberem que não possuía carro. Para não macular a imagem do escritório, com a suposição de um baixo salário, a advogada deveria sempre escusar-se com um episódio de oficina ou com o dia de rodízio, para desfazer a "gafe" de ser vista utilizando o transporte público, o que as classes médias e altas paulistanas evitam a qualquer preço.

13. Lembre-se das notas de Kant de Lima sobre a percepção social de existir uma estética policial da qual o antropólogo teria incorporado traços: um jeito policial de andar, de falar, de vestir, de arregaçar as mangas das camisas (Kant de Lima, 1995).

14. A pesquisa coordenada por Sadek (2003) junto aos delegados reiterou a percepção de que a hierarquia interna dos delegados de polícia leva em consideração a hierarquia das escolas de direito.

do CIC, que talvez suspeitem da importância da norma na produção de efeitos de poder. Os próprios operadores também revelam preocupação com sua apresentação corporal. Nas unidades do CIC pode-se constatar, em alguns operadores, um esforço em apresentar-se de maneira menos rígida. Como, por exemplo, realizar audiências e atendimentos sem paletó, coisa que nos demais postos de trabalho só é tolerada no intenso verão e em condições muito especiais. Nas mulheres, maior frequência de calças compridas, roupas mais folgadas e sapatos baixos. Não obstante, manter-se a distinção em relação a outros servidores públicos do próprio CIC e em relação, sobretudo, aos usuários. Todavia, excessos de ostentação são severamente criticados por outros membros, como se vê na reprodução de um trecho de entrevista com Silva Franco sobre uma visita do grupo do IBCCrim ao Itaim Paulista:

> Franco: Porque nós saímos, nós juízes, saímos de um estrato social que não é aquele estrato social. E continuamos a desconhecer. Ficamos cada vez mais ilhados aqui dentro do nosso próprio estrato, com o tipo de relacionamento que são aquelas pessoas do dia-a-dia nosso, que não têm nada a ver com aquilo, não é verdade? Eu converso com advogado que tem o mesmo padrão social meu, com o promotor que tem o mesmo padrão, enfim, com pessoas que estão vivendo o mesmo nível de vida. Eu não tô lá! O juiz, se começasse a fazer sua carreira por lá, eu tenho certeza que ele modificaria a sua forma de entender o social. E isso era um dos propósitos! Estava incluído nessa ideia do CIC a ideia de que fosse um estágio para a carreira de juiz! [...]
> Acontece que isso é uma estrutura simples, fechadíssima! Agora, uma ideia desta ordem é uma ideia que é considerada chocante! O que é que vai fazer um juiz num bairro pobre? Nós tivemos certa ocasião uma promotora pública, você se lembra dela? Vestida...
> Entrevistadora 1: Saltinho fino!
> Franco: Na última estica!
> Entrevistadora 2: Cabelo!
> Franco: Cabelo...quer dizer, o que que ela tinha que ver com aquele CIC? Nada!
> Entrevistadora 1: Ai, era até engraçado...
> Franco: E todos nós, de uma certa forma, temos a mesma procedência, ou nós abrimos os nossos olhos e começamos a ver com olhos de...que há uma outra realidade, ou então nós vamos continuar fechados na nossa torre de babel! Na nossa torre de ouro, de babel não tem nada! E vivemos nos nossos guetos, satisfeitíssimos...

Para além de uma apresentação corporal, existe uma postura corporal própria dos homens (e mulheres) da justiça. Presenciou-se no decorrer da pesquisa um juiz de um Tribunal de Alçada recusar uma entrevista ao programa dominical *Fantástico* da TV Globo, em que a produção pedia ao entrevistado para comentar alguns dados estatísticos sobre o sistema de justiça criminal. A questão que motivou a recusa não era o assunto, tampouco o receio de adotar uma posição política definida, já que o entrevistado era presidente de uma associação civil e já assinara editoriais sustentando suas posições políticas. A recusa foi motivada pelo cenário da entrevista: uma caminhada por uma rua no centro de São Paulo. O juiz explicou, em conversa informal, que poderia vir a ser motivo de chacota entre os colegas de cargo, pois a situação poderia ser interpretada como pouco digna a um homem de sua posição. Seria mais adequado uma gravação no gabinete, assim como o programa soava demasiado popular.[15]

Seja onde for, uma sala de audiência do Poder Judiciário contém sempre os mesmos elementos e obedece à mesma disposição espacial, assegurando o desempenho dessa postura. Chama-se a atenção para o fato de que o ritual da audiência, a vestimenta do juiz e as instalações físicas das salas, tudo isso é regulamentado pelo Código de Processo, pelos procedimentos costumeiros do processo, por provimentos dos Tribunais de Justiça. Assim, não se trata de uma questão de escolha pessoal do magistrado apresentar-se desta ou daquela forma às audiências ou dirigir-se às partes em tais ou quais maneiras. Trata-se, em primeiro lugar, da existência de uma regra jurídica que regula as condutas, em segundo, de procedimentos burocráticos tidos como necessários para assegurar a imparcialidade do juiz e a racionalidade dos feitos. Não obstante, ao analista há de interessar a observação desta circunscrição e a produção do distanciamento político do magistrado, que denuncia seu significado exatamente na medida em que se torna objeto de normatização, e também de normalização. À crítica de não haver sentido em problematizar um comportamento que é na verdade a adesão a uma regra, responde o analista que a adesão às regras é um campo privilegiado de reflexão nas ciências sociais, já que nem todos aderem da mesma forma, com a mesma intensidade a todas as regras, como é um exemplo o uso das togas em audiência. Durante todo o período de observação de campo, esteve em vigência um provimento do Tribunal de Justiça de São Paulo que torna obrigatório o uso de toga pelo magistrado nas audiências, entretanto, a adesão a essa regra é inequivocamente seletiva, resultando em cuidadosa análise de sua conveniência por cada magistrado, nas diferentes situações com que se depara no exercício profissional. Assim, além da regra, operam normas num contexto de continuidade, atualização ou revisão de uma tradição judiciária.

A diferenciação das posições de poder é também indispensável para a eficácia simbólica do ritual judicial, cujas decisões são cumpridas exatamente por emanarem de uma autoridade politicamente diferenciada e legitimada para tanto (Garapon, 1997), que, entre outras coisas, se transmite através da arquitetura, da linguagem, da aura de sacralidade.

Numa audiência cível, como é o caso das que se verificam no CIC, defronte à parede oposta à da porta situa-se um tablado sobre o qual fica a mesa do juiz. À esquerda, o chefe de audiência (que não raro é uma mulher), atrás do computador. Compondo a forma de

---

15. Em reportagem de jornal, uma juíza paulista declarou em entrevista, ter sofrido preconceito na magistratura por ser extrovertida, tendo-lhe sido sugerido que falasse menos. Um desembargador ter-lhe-ia dito que ela sorria demais, o que não seria condizente com o comportamento de um juiz (*Folha de S. Paulo*, 13/03/2005, A16).

um T com a mesa do juiz, fica a mesa em que se sentam as partes, ou seja, os litigantes e seus advogados (se houver): cada qual de um lado. Ninguém olha o juiz de frente, assim como, por causa do tablado, ninguém pode contemplá-lo na altura dos olhos. Quem dá um depoimento senta-se à frente do escrevente, mas não o olha, pois seu diálogo é com o juiz, que dita ao escrevente o conteúdo do depoimento. Assim, não se trata propriamente de um diálogo, mas de uma inquirição seguida de tradução e versão.

Conforme o caso, o tipo do processo e a conveniência, o juiz pode decidir se um depoimento é dado na presença dos demais ou reservadamente, ausentando-se os outros da sala. No caso de depoimento reservado, a parte contrária não tem como tomar ciência do que foi dito durante o rito. Só poderá efetuar a leitura dos autos mais tarde, quando lhe forem concedidas vistas. Mesmo estando presentes, os demais participantes estão proibidos de manifestar-se oral ou gestualmente, durante os depoimentos, podendo manifestar-se apenas através de perguntas dirigidas ao juiz e por ele traduzidas e versadas ao depoente. Isto faz com que o rito seja desempenhado única e exclusivamente para o juiz, o único que detém todos os fragmentos da cena.

Numa audiência de instrução e julgamento – tipo comum observado no CIC – ao final dos depoimentos (instrução), o juiz pausadamente dita sua sentença (julgamento) para o escrevente. É ouvindo o que o juiz dita, que, na condição de espectadores passivos, as partes ficam sabendo qual é a decisão. É um ritual que, de acordo com Bourdieu, destina-se a

> enaltecer a autoridade do acto de interpretação – leitura dos textos, análise e proclamação das conclusões, etc. – ao qual, desde Pascal, a análise se agarra, não faz mais do que acompanhar todo o trabalho colectivo de sublimação destinado a atestar que a decisão exprime não a vontade e a visão de mundo do juiz mas sim a *voluntas legis* ou *legislatoris*. (Bourdieu, 1989: 225)

Nesse momento torna-se evidente a todos que o ritual da justiça não é desempenhado apenas para as partes, mas principalmente para o juiz e para os advogados, se estiverem presentes. Ou antes, para os outros elementos que ocupam posições superiores na hierarquia judicial (revisores, julgadores de recursos, desembargadores, ministros, professores, comentadores), segundo a divisão do trabalho de dominação simbólica, que liga – submetendo – o juiz de primeira instância às outras posições do campo jurídico. Como campo diferenciado no interior da cultura, como saber de especialistas e como ritual de iniciados, o ritual judiciário é o próprio desempenho da desigualdade, internamente legitimado pelo compartilhamento dos sentidos e da linguagem, e legitimado em relação ao cidadão comum exatamente pela barreira de compreensão e pelo afastamento do padrão de linguagem comum.

A permanência das partes na sala enquanto o juiz dita sua decisão é quase uma atitude indiscreta, é como acompanhar uma reflexão em voz alta. É a publicização da sua interioridade, da sua consciência, do seu pensamento. É o ato do poder, já que esta reflexão decide o futuro das partes. Finda a prolação da sentença, cala-se o juiz e as partes continuam em silêncio, sem poder expressar contentamento ou desagrado, enquanto ouvem o escrevente explicar-lhes, em voz baixa – como quem não quer incomodar as reflexões do juiz – o que foi decidido. Ou, então, o escrevente, sempre em voz baixa, convida os presentes a aguardarem lá fora para lerem e assinarem a ata. Cada um lê em silêncio o conteúdo da sentença, assina e se retira.

Toda a situação é calculadamente construída em torno do corpo do juiz, da sua invulnerabilidade, do seu direito à palavra e ao controle da palavra do outro. Os presentes não têm controle do seu próprio corpo, dos gestos e muito menos das palavras. A palavra incomum ou incompreendida é palavra diferenciada, poderosa, não tem o mesmo valor das palavras comuns utilizadas nas interações profanas. A palavra da parte lhe é expropriada, concedida no momento certo, caçada nos demais. Só é lícito responder ao que for perguntado, sob pena de falso testemunho ou desacato, podendo resultar numa condenação à prisão. Cada depoente é alertado sobre o frágil limite entre o exercício de sua fala e o cometimento de um crime. Expropriada, também, uma vez ser o seu registro intermediado pelo juiz, que amputa, interpreta, transmuta. Mais liberdade tem o advogado ou o promotor, que, expressando-se nos limites do discurso formal jurídico, tem direito a compor seu próprio texto, ainda assim regulado pela linguagem jurídica – ele detém e manipula o capital simbólico, que define sua posição no ritual e no campo jurídico. Por isso, há advogados e conciliadores atuantes no CIC esforçando-se para "falar difícil", na tentativa de fazer-se respeitar pelas partes, clientes e pelo próprio juiz. O mesmo mecanismo põe em desvantagem as partes que não são assistidas por advogados.

Extrapolando o ritual como espaço-tempo diferenciado, a circunscrição do corpo do juiz pelo ritual estende-se por todos os seus atos no ambiente forense. No fato de existirem elevadores, corredores e sanitários privativos de juízes, outros privativos de advogados e aqueles permitidos aos comuns. No fato de haver uma ordem para o embarque e o desembarque dos elevadores e nas passagens das portas. Há duas regras: mulheres e idosos na frente e mais importantes na frente, seguindo as senhoras. Ocorre que é de bom tom ceder a vez e uma espécie de duelo simbólico pode se travar nessas situações, em que ganha aquele que não ceder à fraqueza de passar primeiro. Blagues à parte, o embaraço que geralmente se instala nas portas e nos elevadores demonstra o grau de hierarquização e de vulnerabilidade dos corpos. Juízes vão à frente, mas cedem sua passagem às mulheres e aos idosos, de corpos mais vulneráveis. Quando há dois juízes da mesma posição, quem passa por último reafirma sua invulnerabilidade.

Tal é a codificação da alocação dos corpos no espaço e o desempenho das posições de poder no deslocamento físico que alguém acostumado a esse ambiente estranha os demais espaços, como se vê na narrativa de Ranulfo Freire, em relação aos espaços universitários.

> Há um pouco de pose, porque a função... porque quando se é juiz, a gente logo se transforma em gênio, né? O cartório fala: 'oh, mas aqui nunca passou um juiz como vossa excelência'. 'Ah, que bom'. 'Aquela sentença de vossa excelência é um brilho'. Nas sentenças nossas há sempre uma parte vencida e uma vitoriosa. A vencida, que ataca nossas decisões – eu falo nós porque eu me sinto ainda muito juiz, embora aposentado há 20 anos, eu admiro muito a função, alguns pensam que não, mas eu admiro sim – então o advogado que sucumbiu, que perdeu a demanda, ele sabe que vai encontrar o juiz de novo, ele começa sempre dizendo 'não obstante o brilho excepcional do magistrado, por ora...' Tem uns termos assim... 'Ora essa sentença de sua excelência não se ouve com aquele brilho que o caracteriza, tal...'. Já o outro já fala só do nosso brilho, né, que a sentença vem sempre confirmar...[risos]
>
> E como eu lecionava muito, isso me ajudou um pouco na vida, porque a descontração dos alunos, os alunos entrando no elevador antes da gente, a gente vai acostumando com aquilo, né. Agora isso na justiça já se vê assim com um... o sujeito não está no seu lugar e etc. A essas alturas, são invencíveis! Eu mesmo devo ter sido um juiz muito posudo, devo ter sido autoritário também, a gente não sabe, não é? Eu mesmo...
>
> [...]
>
> Nós apostávamos... é aquilo do Vinícius, o operário faz a coisa e a coisa faz o operário... Os juízes que foram [para o CIC], a notícia que a gente tem é que eles estão empolgados. Juízes, promotores, procuradores... O procurador é outra peste... A peste não é só juiz não... Gente de pose é juiz, algum é promotor, algum é procurador. Isso é uma doença! E ela é contagiosa, não há meio d´ocê... não há remédio. Mas diz que o pessoal que foi pro CIC, todos eles começam a... Isso nós temos que acreditar... (Freire)

Um outro entrevistado, gestor de uma unidade do CIC a ser instalada numa parceria entre Governo Federal e Município revelou que uma das preocupações no desenho das instalações da unidade era a exigência de sanitários privativos para magistrados, promotores de Justiça, delegados e oficiais da Polícia Militar, o que somava uma quantia suntuosa de toaletes. Cuidados de separação dos corpos que, se não observados, poderiam tornar-se objeto de resistência ao programa. Se o perigo é concreto ou simbólico, importa aos objetivos dessa análise comprovar a observância desses cuidados de separação, circunscrição e hierarquização.

A percepção de que a democratização das instituições e da administração da justiça passa pelo desempenho de outra postura dos operadores da justiça já estava presente entre os idealizadores do CIC. A aposta deles era na possibilidade de produzir avanços concretos a partir da interação cotidiana entre os operadores e a população demandante. De fato, a alocação dos corpos no CIC parece, em algumas circunstâncias, não obedecer à mesma lógica. Os espaços são simples, não há elevadores e a sala do juiz é, de certo modo, tão vulnerável quanto qualquer outra. Contudo, ao observar a interação política entre as autoridades judiciais e os jurisdicionados durante a ocorrência das audiências e analisar toda a construção corporal de circunscrição, diferenciação e hierarquização dos rituais judiciais, torna-se difícil acreditar que seja possível transformar a administração da justiça sem transformar os ritos, as regras de condução de um processo judicial, estruturado para a extração da verdade e livre convicção do juiz. O próprio saber jurídico como conhecimento exclusivo e hermético dos bacharéis de Direito é parte do desempenho da norma, e precisaria ser interrogado quanto à sua utilidade política. A desigualdade entre os corpos ritualmente circunscritos dos operadores e corpos não-circunscritos dos cidadãos comuns não parece compatível com a construção de uma cidadania pautada na igualdade jurídica e na democracia, para tentar um diálogo com Teresa Caldeira (2000).

Para o ritual judicial, os cuidados de diferenciação são indispensáveis. Em diversas situações os cidadãos que buscaram a intervenção da justiça para a resolução de seus problemas manifestaram a intenção de ouvir um veredicto "da boca de uma pessoa como o senhor". "O que o senhor disser eu vou respeitar", parece ser a verbalização de uma submissão voluntária à autoridade de um terceiro, fora da disputa de interesses que as partes não podem superar sozinhas. O terceiro ainda é alguém que detém um conhecimento específico e manipula categorias diferenciadas das categorias autóctones, como o direito universal, por exemplo. A relevância desse aspecto para a construção de um Estado de direito já foi suficientemente argumentada. Interessa doravante notar que essa desigualdade entre os corpos não se dissolve quando o ritual termina. A assimetria entre os corpos permanece – isto permanece simbolizado pela roupa judiciária que não é despida quando a audiência se encerra.

Juízes não se dirigem ao seu local de trabalho na periferia conduzindo os próprios carros, muito menos utilizando o transporte público, são conduzidos em viaturas. Os juízes do CIC encerram seus expedientes às 17 horas, quando o equipamento fecha as portas. Isto porque dizem ser perigoso trafegar pelas ruas da periferia depois do entardecer. Um deles se considera um verdadeiro herói por "entrar" uma vez ou outra em alguma favela, divulga seus feitos aos quatro ventos, considera-se alguém realmente especial por realizar tal proeza. Uma das promotoras andava de táxi, pois temia perder-se no meio do bairro: "e aí já era".

Advogados de empresas, obrigados a comparecer nas audiências se dividem. Alguns preferem juizados do CIC por suas pautas rápidas, e elogiam o Judiciário por sua "abertura". Outros reclamam da distância a ser percorrida de seus escritórios e chegam a pedir benefícios, como mudança de horário das audiências, pelo fato do juizado localizar-se tão longe. Um dos advogados, representando uma empresa de telefonia, num impecável terno azul escuro risca-de-giz, camisa de tricoline azul claro, sapato tipo italiano, gravata listada, gel no cabelo loiro, pele branca, olhos azuis e indefectível sotaque paulistano, fez questão de transmitir sua sugestão ao aperfeiçoamento do CIC: "eles deveriam fazer isso no centro da cidade". Confrontado com a informação de que o programa foi desenhado para atender a população no seu local de moradia, ele ponderou:

> A ideia é facilitar o acesso, né? Mas aqui é realmente muito feio. Nós fomos ali na padaria comer um lanche e o policial falou que era para a gente ir porque perigava ficar sem nada.

A imagem do perigo, de ser a periferia um ambiente hostil, está muito presente nas interações do cotidiano entre os que saem do centro e vão para a periferia, muito a contragosto. São mantidos cuidados de separação e evitação da mistura com o entorno, sequer nas ruas ou nas vias de circulação permitem-se as misturas, por isso circulam na viatura ou no táxi.[16] Lembre-se ainda da promotora e sua assistente, temerosas da contaminação: "eles têm a vida deles bagunçada e acham que a gente tem que ser também".

Juízes são soberanos no seu ambiente de trabalho e desempenham um comportamento que não diferencia muito o público e o privado. A atitude da prolação da sentença, exteriorizando seu interior, se estende a outras atitudes mais cotidianas. Uma delas é falar ao telefone durante as audiências, para comprar livros, falar com a empregada ou as crianças, combinar viagens. Outra é consumir alimentos na sala de audiências, comprados, higienizados e servidos pelos funcionários públicos do cartório, escreventes ou escriturários, acumulando as funções da copa. Todos os dias, um dos juízes recebia em sua mesa, numa bandeja, seu lanche com iogurte e frutas, servido por um escrevente. E numa ocasião, saindo mais cedo para uma reunião na faculdade em que lecionava, o juiz cobrou da escrevente suas frutas e ela, humildemente, desculpou-se pelo embaraço. As frutas chegaram quando o doutor já estava na porta e ele pediu que "alguém" as embrulhasse para viagem, o que foi prontamente cumprido. O doutor é o rei.[17]

Nem todos os juízes falam ao telefone ou se alimentam na sala de audiência, mas todos eles desempenham atitudes "reais". Funcionários do cartório, atuando como conciliadores, podem ser solicitados a interromper a audiência de conciliação para resolver qualquer problema, como o de uma impressora que não imprime, enquanto as partes aguardam. Em outro lugar, os funcionários escolhem cuidadosamente o momento de falar com o juiz, jamais podendo interrompê-lo durante uma audiência ou a leitura de um processo: "você sabe, aqui a gente pisa em ovos". Há também o juiz que requisita um policial militar para guardar a porta da sala de audiência, com a função de anunciar os advogados que desejam entrar na sala e impedir o ingresso de outras pessoas – mesmo sem saber por em palavras essa função:

> eu vi [alguém] entrar sem ser anunciado e isso não pode, porque o juiz não gosta; porque você sabe, ele, sendo um juiz, tem que ter mais assim... eu tenho que anunciar.

---

16. Imensa gentileza faziam os funcionários do CIC ao oferecer à pesquisadora o privilégio de guardar seu carro no pátio interno, ao invés de deixá-lo na rua, e sempre justificavam um cuidado com a segurança. Até membros da equipe de pesquisa do IBCcrim faziam questão de usufruir do privilégio do estacionamento seguro. Pena que o cuidado atingisse apenas as doutoras – os moradores dos bairros infelizmente já não podiam contar com funcionários públicos preocupados com sua segurança.

17. Vianna e seus colaboradores (1999) haviam percebido o juizado como "império do juiz", o qual imprime seu estilo de gerência e prestação jurisdicional. Aqui se trata de perceber que essa postura transcende o trato da coisa pública e se imprime sobre as relações com os demais profissionais que compõem a justiça.

Mesmo com todas essas distinções operando para valorizá-los, um dos juízes afirmou não ter conseguido um substituto quando tirou uma licença médica, "porque os colegas não querem vir para cá". Há sete unidades do CIC inauguradas sem os serviços judiciários. O Ministério Público reduziu sua participação no programa e apenas a recém-criada Defensoria Pública parece interessada num projeto de expansão de serviços destinados à população pobre da periferia.

O papel do juiz e dos outros operadores jurídicos na cena ritual da justiça não é exatamente um papel, já que, ao final do espetáculo, o personagem encarna-se no sujeito que o representa. É o que se chama de incorporação. A representação da autoridade confunde-se com o corpo de quem encarna a autoridade, de tal maneira que o respeito à *figura* do juiz fica indistinto do privilégio à *pessoa* do juiz. O efeito disso é que as relações cotidianas travadas pelo operador jurídico contaminam-se pelo ritual, ritualiza-se a miudeza do cotidiano (a alimentação, a manipulação dos equipamentos de informática) e a contrapartida é que o ritual judicial se rotiniza, informaliza-se e perde-se a ritualidade necessária à garantia de imparcialidade (o juiz opina e irrita-se com as partes). O juiz não é um cidadão igual aos outros exercendo um cargo específico numa estrutura impessoal, ele torna-se uma pessoa de outra qualidade, cercada de cuidados de circunscrição.[18]

Os cidadãos que julga na periferia nunca vistos como iguais, já não têm os mesmos privilégios de circunscrição do corpo. E quando pedem a intervenção dos agentes estatais para a proteção de seu corpo, os policiais tentam um acordo, os promotores propõem tratar dos bens e do interesse das crianças, os juízes não discutem questões criminais.

Há várias portas abertas no CIC para solucionar conflitos ligados à circulação dos bens econômicos. E há um silêncio sobre as questões de violência e segurança dos clientes do CIC. Nenhuma atitude vigilante, nenhuma atitude minuciosa de interesse na manutenção ou no prolongamento daquelas vidas, nenhum esquadrinhamento do uso privado da violência, nenhuma obsessão pela preservação da vida. A obsessão dos serviços de justiça do CIC é a circulação dos recursos econômicos, através de aluguéis, empréstimos, dívidas, pensões alimentícias, contas de consumo. Os moradores da periferia, mesmo pobres, valem como agentes econômicos, mas, se arriscados em sua integridade física, são corpos incircunscritos.

Mesmo produzindo o resultado esperado de legitimação da justiça para a resolução de conflitos econômicos, o sistema de justiça persiste validando um exercício de poder que assegura a prevalência de uma classe sobre as outras, de uns bairros sobre os outros, de um modo de vida sobre os outros. Assegura a proteção de uns corpos e desinteressa-se pela vulnerabilidade de outros, desempenha e produz diferenças de classe, ao invés de representar a

---

18. A 6ª Vara Criminal de São Gonçalo, Rio de Janeiro, decidiu favoravelmente a um juiz que ingressou com ação de danos morais, exigindo ser chamado de doutor pelos funcionários do condomínio em que reside e ainda pedindo indenização de 100 salários mínimos a ser custeada pelos condôminos. O Tribunal de Justiça manteve a decisão no julgamento de um recurso, em 2005 (*Folha de S. Paulo*, 23/03/2005).

republicana igualdade formal, apesar das desigualdades econômicas. Ainda, no encontro dos corpos diferenciados propiciado pelo CIC, diferenças são essencializadas.

Entretanto, espera-se que o desempenho dos juízes que vão à periferia indique possibilidades políticas de resistência, introduza rupturas na constante diferenciação entre os corpos que caracteriza a atividade judicial clássica. Mas, como já foi dito, as possibilidades de transformação são sempre historicamente limitadas. A possibilidade da ruptura passa – com inspiração em Judith Butler (1997) – pelo desempenho consciente de um estilo de ser juiz que, repetido inúmeras vezes, será capaz de operar um reelaboração, no plano mítico, da identidade dos juízes, introduzindo ruídos, distorções, reinterpretações da norma. Este processo não pode ser levado a cabo individualmente por um juiz bem intencionado, já que o próprio ritual da justiça expropria o juiz de seu discurso autônomo, de sua corporalidade e até mesmo de sua identidade original de classe, caso ele seja oriundo de classes mais baixas. A linguagem jurídica expropria o sujeito de sua fala livre e lhe confere uma fala regulada, regulamentada, atravessada por uma correlação de forças que ela valida. O ritual da audiência expropria o juiz de sua autonomia de entendimento em favor de um exercício de poder (expresso na sentença inúmeras vezes repetida "responda só o que for perguntado"). O saber jurídico é a alma que aprisiona o corpo do magistrado num regime de poder que perpetua uma determinada hierarquização. A ruptura com esse regime de poder pode estar condicionada à ruptura com a corporalidade do magistrado, libertando os corpos para o exercício de sua autonomia de comunicação e entendimento.[19] Essa autonomia poderia devolver aos homens e mulheres do direito o papel de *ad vocare*, isto é, ser "chamado para ajudar".

O exercício da crítica do presente deve se aprofundar e se dirigir aos elementos mais sutis de assujeitamento, sob pena de se descartarem as possibilidades de ruptura e de inflexão, envolvendo toda uma intenção transformadora nas malhas do mesmo regime de poder – ou nas palavras de um entrevistado, remendando uma roupa que continuará a ser mesma.

Em 1985, quando os desembargadores garantistas deixaram a magistratura, postos de trabalho na periferia eram uma utopia. Hoje, eles são uma possibilidade, concretizada nos interstícios de uma ordem normal das coisas e pessoas – quem sabe se cada vez menos naturalizada.

Considerações finais

A reforma do sistema de justiça tem sido um dos temas do debate sobre a democracia no Brasil. Esta pesquisa procurou reconstruir a trajetória de um projeto de reforma da

---

19. A Associação dos Magistrados Brasileiros iniciou uma campanha em 2005 contra o "*juridiquês*", ao considerar que a incompreensão da linguagem é uma das principais queixas da população contra o Judiciário. Seu presidente, Rodrigo Collaço, em entrevista para o jornal, afirmou que "parte da linguagem técnica da Justiça não pode ser substituída, mas muitos termos devem ser trocados por outros mais simples. A linguagem hermética é um dos fatores de distanciamento entre a população e o Judiciário" (Folha de S. Paulo, 11/08/2005, C3). O fato de uma associação profissional de juízes estar preocupada com o "distanciamento" e a linguagem indica haver desconfortos nas assimetrias.

justiça, nascido das críticas ao formalismo, ao distanciamento e à injustiça produzidos com o funcionamento de um sistema marcado por traços autoritários. Tratava-se de um projeto que, ao observar o caráter classista da aplicação da justiça, propunha sua superação pela extensão do Estado de direito às classes populares, instalando estruturas físicas nos bairros de periferia, de modo a combater a injustiça social e a violência nos espaços de exclusão.

De projeto político de um grupo profissional, disputando identidades e ideários no interior das instituições, passou-se à atuação na política convencional e à proposição de um programa de governo, com a implantação dos Centros de Integração da Cidadania. Apropriações e disputas diversas foram distanciando o programa governamental de seus objetivos, ilustrando as dificuldades de implementar uma reforma institucional suportada por agentes externos. Entretanto, como encontra eco em estratégias profissionais que propugnam a democratização interna das instituições e do acesso à justiça, o programa perde seu caráter inicial, mas não se extingue.

O contexto da democratização da sociedade foi associado, por operadores jurídicos e por cientistas sociais, à expansão do Estado de direito, havendo um papel pedagógico a ser desempenhado pela popularização do uso dos tribunais e pela disseminação do primado do direito na resolução dos conflitos do cotidiano, reduzindo o recurso à violência e a atomização individualista. Juizados especiais e CIC foram imaginados como respostas à necessidade de expandir o Estado de direito e as relações de cidadania. Respostas diferentes entre si, que foram se aproximando pelas dificuldades de produzir uma reforma mais radical.

Os diagnósticos dos cientistas sociais sobre o sistema de justiça se diferenciam quanto à avaliação das rupturas institucionais introduzidas com a democratização. Os que observam inovações introduzidas no funcionamento da justiça cível indicam transformações de relevo, apontando a expansão do primado do direito na judicialização crescente das relações sociais. Os que observam o funcionamento da justiça criminal evidenciam continuidades impregnadas na cultura jurídica, nos discursos de verdade e nas práticas dos operadores jurídicos, indicando haver descontinuidade entre o plano formal das normas jurídicas positivadas, das estruturas organizacionais explícitas, e o plano das interações cotidianas orientadas por representações, rituais, ordens informais.

A análise aqui conduzida sobre a reforma proposta pelos Centros de Integração da Cidadania alinha-se melhor ao segundo diagnóstico, ainda considerando que as continuidades são constantemente apropriadas e transmutadas, de maneira que o sistema de justiça dos anos 2000 não é mais o mesmo que os primeiros estudos conheceram nos anos 80. Quando os juízes garantistas deixavam a magistratura, antes de completada a transição política, a aproximação do Judiciário às classes populares era um objetivo de utopistas; na atualidade já é uma pauta de agendas internas das instituições, embora em intensa disputa. Contudo, a própria transfiguração do programa estudado deixa evidente como são poderosas as resistências à ruptura.

Implantados como ilhas de inovação, os CIC acabaram colonizados pelas estratégias e pelas culturas jurídicas e organizacionais das instituições do sistema de justiça. Exatamente por isso podem ser explorados como janelas para observar o funcionamento e as coerências do sistema de justiça, num tipo de etnografia que transcende as fronteiras institucionais.

A aposta na expansão dos serviços de justiça para a população da periferia, seja pela necessidade de incorporá-los à civilização, seja como luta pela construção de uma cidadania universal,[20] parece produzir resultados diversos da expectativa dos entusiastas da reforma.

A recusa ao formalismo da justiça como rito hierarquizante propunha a criação de espaços não-codificados, que terminam ocupados por práticas costumeiras e referenciais simbólicos mais arraigados. A recusa da hierarquização produzida pelas práticas costumeiras do sistema de justiça, paradoxalmente, não instaura rituais judiciais orientados pela cultura igualitária, universalista.

Os diversos serviços de justiça oferecidos no CIC inserem-se na fragmentação de ordens jurídicas plurais, ao invés de desempenhar a governança por meio de uma ordem jurídica universal, igualmente válida para todos os indivíduos e grupos sociais. A governança pelo pluralismo jurídico, implementada pelos serviços estatais de justiça, não assegura direitos universais, mas diversifica canais e rituais de resolução de conflitos; de maneira que o CIC efetivamente aumenta a oferta de acesso à justiça, mas não promove o primado do direito estatal, a expansão da regra da lei ou dos ritos igualitários da democracia.

A pluralidade dos rituais informais de gestão dos conflitos permite liberdade de opção na mobilização de rituais que põem em circulação ordens jurídicas diferentes, permitindo o agenciamento de interesses e hierarquias diversas. Se a pluralidade traz liberdade, a fragmentação elimina garantias de eficácia, abrindo para a possibilidade de renegociações infinitas de arranjos provisórios de interesses, na medida em que é baixa a hierarquização entre os serviços de justiça e as ordens jurídicas que mobilizam. A pluralidade de canais de acesso à justiça estimula, no contexto do pluralismo jurídico, a demanda por judicialização das relações sociais.

A liberdade de opção, contudo, não é igualmente distribuída, e mesmo num campo de administração de conflitos tão fragmentado, o acesso à justiça ainda é diferencial. Por isso, a recusa do ritual judiciário clássico não elimina os efeitos hierarquizantes que ele possa produzir; mas elimina o espaço-tempo diferenciado no qual são desempenhados os ritos de equidade, igualdade e universalismo, o espaço-tempo público que se interpõe à prevalência das lógicas particularistas e à desigualdade produzida pelo mercado.

---

20. Lembre-se a reflexão de Vera Telles (2001) sobre as figurações da pobreza como 'natureza' ou como 'negação de cidadania', produzindo diferentes imaginários sobre o enfrentamento da questão social. Numa vertente, tratar-se-ia de civilizar os 'carentes', retirando-os do estado de natureza e introduzindo-os na ordem regulada da assistência social; em outra, construir relações de cidadania baseadas no igualitarismo das relações no espaço público.

O movimento dos reformadores da justiça enfatizava a necessidade de introduzir rupturas na cultura jurídica liberal que impedia a negociação pública dos conflitos entre classes, gêneros, grupos raciais, e produzia a sistemática desconfiança popular no sistema de justiça. Parece ainda haver atualidade nos objetivos dessa luta, mas para refiná-la será necessário recuperar e requalificar o papel do ritual judiciário no contexto do pluralismo jurídico, aprofundando também a crítica aos rituais informais e os efeitos hierarquizantes por eles produzidos.

O projeto do CIC inovou na previsão da participação popular na administração da justiça, por meio de conselhos de gestão. As decisões importantes sobre o programa, o uso dos recursos, os serviços e ritos, no entanto, prescindem totalmente da atuação dos conselhos. Os movimentos sociais organizados muito pouco têm politizado o acesso e a administração da justiça, mantendo-se as fronteiras profissionais e institucionais e a blindagem das corporações. A informalização dos rituais de administração de conflitos e sua aproximação às ordens jurídicas doméstica ou do mercado, embora sob a aparência de uma aproximação da justiça ao senso comum, não pode ser lida como resultado da participação popular na administração da justiça.

Os reformadores e os gestores de políticas públicas reconheciam na expansão dos serviços de justiça um potencial de prevenção de violência decorrente da expansão da regra da lei na regulação dos conflitos cotidianos. O mergulho etnográfico trouxe a eles um novo desafio: a expansão dos serviços de justiça à periferia ampliou a governança, pelo pluralismo jurídico, dos conflitos econômicos envolvendo as classes populares, mas revelou um desinteresse sistemático pela proteção contra a violência física. A disciplina das relações econômicas não encontra correlato na vigilância do uso da violência física. Se há estratégias biopolíticas operando, elas não se interessam igualmente por todos os corpos no espaço dos bairros de periferia e não estão preocupadas com a gestão do uso da violência contra os corpos vulneráveis. A presença dos operadores da justiça nos espaços geográficos da periferia não é suficiente para abolir a produção de diferenças entre os corpos protegidos e os corpos vulneráveis; os rituais igualitários são escassos e abundantes os rituais de diferenciação.

A sacralização dos valores igualitários e democráticos contidos no primado do direito é ainda utópica, no contexto de uma reforma do sistema de justiça assentada no pluralismo dos rituais estatais de administração de conflitos. Há, por isso, boas chances de que a utopia reformadora ainda continue aglutinando e separando grupos políticos em torno de disputas por conservação, contração ou expansão de conquistas emancipatórias da modernidade.

Lista de Siglas

AJD – Associação Juízes para a Democracia (associação civil)

AJURIS – Associação de Juízes do Rio Grande do Sul (associação civil)

ARPEN – Associação dos Registradores de Pessoas Naturais do Estado de São Paulo (associação civil)

BO – Boletim de ocorrência

CDHU – Companhia de Desenvolvimento Habitacional e Urbano (empresa pública)

CIC – Centro de Integração da Cidadania (programa governamental)

CLIC – Conselho Local de Integração da Cidadania

CPF – Cadastro de Pessoa Física (documento civil)

CT – Conselho Tutelar dos Direitos da Criança

DIPO – Divisão de Inquéritos Policiais (Judiciário)

Febem – Fundação Estadual do Bem-Estar do Menor (Executivo estadual)

FGTS – Fundo de Garantia por Tempo de Serviço (benefício previdenciário)

GLBT – Gays, Lésbicas, Bissexuais e Travestis (movimento social)

Gradi – Grupo de Repressão e Acompanhamento dos Delitos de Intolerância (unidade policial)

GSI – Gabinete de Segurança Institucional da Presidência da República (Executivo federal)

GV – Fundação Getúlio Vargas (universidade)
FUNAI – Fundação Nacional do Índio (Executivo federal)
IBCCrim – Instituto Brasileiro de Ciências Criminais (associação civil)
IIRGD – Instituto de Identificação Roberto Gumbleton Daunt (órgão público)
INCRA – Insituto Nacional de Colonização e Reforma Agrária (Executivo federal)
JEC – Juizado Especial Cível (Judiciário)
JECrim – Juizado Especial Criminal (Judiciário)
JEF – Juizado Especial Federal (Judiciário)
JIC – Juizado Informal de Conciliação (Judiciário)
MDB – Movimento Democrático Brasileiro (partido político)
MP – Ministério Público
OAB – Ordem dos Advogados do Brasil
OEA – Organização dos Estados Americanos (organismo internacional)
ONG – organização não-governamental
ONU – Organização das Nações Unidas
PAJ – Procuradoria de Assistência Judiciária (órgão público)
PCC – Primeiro Comando da Capital (organização criminosa)
PEC – Projeto de Emenda Constitucional
PEDH – Programa Estadual de Direitos Humanos
PIS – Programa de Integração Social (programa de distribuição de renda)
PGE – Procuradoria Geral do Estado (órgão público)
PFL – Partido da Frente Liberal (partido político)
PIAPS – Plano de Integração e Acompanhamento dos Programas Sociais de Prevenção da Violência
PMDB – Partido do Movimento Democrático Brasileiro (partido político)
PNSP – Plano Nacional de Segurança Pública
PNUD – Programa das Nações Unidas para o Desenvolvimento
Procon – Procuradoria de Defesa do Consumidor (órgão público)
PSDB – Partido da Social-Democracia Brasileira (partido político)
PT – Partido dos Trabalhadores (partido político)
RG – Registro Geral (documento civil)
SEADS – Secretaria de Estado de Assistência e Desenvolvimento Social (Executivo estadual)
SENASP – Secretaria Nacional de Segurança Pública/Ministério da Justiça (Executivo federal)
SERT – Secretaria do Emprego e das Relações de Trabalho (Executivo estadual)
STF – Supremo Tribunal Federal (Judiciário)

TACRIM – Tribunal de Alçada Criminal (Judiciário)
TJ – Tribunal de Justiça
TJAC – Tribunal de Justiça do Estado do Acre
TJSP – Tribunal de Justiça do Estado de São Paulo
VEC – Vara das Execuções Criminais (Judiciário)

Quadro 3 – Medidas de conversão da moeda e valores do salário mínimo – Brasil, janeiro de 2001 a outubro de 2006
Valores em reais

Ano	Dólar americano médio anual	Salário Mínimo*
2001	2,35	180,00
2002	2,92	200,00
2003	3,08	240,00
2004	2,93	260,00
2005	2,44	300,00
2006	2,18	350,00

Fontes: Cotação do Dólar Médio Comercial Americano (venda) – Banco Central – SISBACEN PTAX 800/FGV – http://www.fgvdados.com.br

* O salário mínimo é corrigido uma vez ao ano, no mês de abril ou maio

Referências bibliográficas

ADORNO, Sérgio. *A gestão urbana do medo e da insegurança: violência, crime e justiça penal na sociedade brasileira contemporânea.* Tese (Livre-Docência) – FFLCH/USP, São Paulo,1996.

_____. "Consolidação democrática e políticas de segurança pública no brasil: rupturas e continuidades". In: ZAVERUCHA, Jorge. *Democracia e instituições políticas brasileiras no final do século XX.* Recife: Bagaço, 1998b.

_____. "Crime, justiça penal e desigualdade jurídica: as mortes que se contam no tribunal do júri". *Revista USP,* n. 21, p. 132-151, mar./maio 1994.

_____. "Discriminação racial e Justiça Criminal". *Novos Estudos,* São Paulo: Cebrap, n. 43, p. 45-63, nov. 1995.

_____. "Insegurança versus Direitos Humanos: entre a lei e a ordem". *Tempo Social, Rev. de Sociologia USP,* São Paulo: USP, Depto de Sociologia, p. 129-153, out. 1999.

_____. "Monopólio estatal da violência na sociedade brasileira contemporânea". In: MICELI, Sérgio (org.). *O que ler na ciência social brasileira (1970-2002).* vol. 4. São Paulo: ANPOCS/Sumaré; Brasília: Capes, 2002.

_____. "O gerenciamento público da violência urbana: a justiça em ação". In: PINHEIRO, P. S. et al. *São Paulo sem medo: um diagnóstico da violência urbana.* Rio de Janeiro: Garamond, 1998a.

AFFONSO, Beatriz S. A. *O controle externo da polícia: a implementação da lei federal 9.229-96 no estado de São Paulo*. Dissertação (Mestrado) – FFLCH/USP, São Paulo, 2004.

ALMEIDA, Frederico N. R. *A advocacia e o acesso à justiça no Estado de São Paulo (1980-2005)*. Dissertação (Mestrado) – FFLCH/USP, São Paulo, 2005.

AMORIM, Maria Stella de; BURGOS, Marcelo; KANT DE LIMA, Roberto. "Os Juizados Especiais no sistema de justiça criminal brasileiro: controvérsias, avaliações e projeções". *Revista Brasileira de Ciências Criminais*, São Paulo: Instituto Brasileiro de Ciências Criminais, ano 10, n. 40, p. 255-281, out./dez. 2002.

ARANTES, Rogério Bastos. "Direito e política: o Ministério Público e a defesa dos direitos coletivos". *Revista Brasileira de Ciências Sociais*, São Paulo: ANPOCS, vol. 14, n. 39, p. 83-102, fev. 1999.

_____. *Judiciário e política no Brasil*. São Paulo: Sumaré/Edusp/Fapesp, 1997.

ARDAILLON, Danielle; DEBERT, Guita. *Quando a vítima é mulher. Análise de julgamentos de crimes de estupro, espancamento e homicídio*. Brasília: Conselho Nacional dos Direitos da Mulher, 1987.

AZEVEDO, Rodrigo Ghiringhelli de. *Informalização da justiça e controle social. Estudo sociológico da implantação dos Juizados Especiais Criminais em Porto Alegre*. São Paulo: IBCCrim, 2000.

_____. "Juizados Especiais Criminais. Uma abordagem sociológica sobre a informalização da justiça penal no Brasil". *Revista Brasileira de Ciências Sociais*, vol. 16, n. 47, p. 97-110, out. 2001.

_____. *Ministério Público Gaúcho: Quem são e o que pensam os Promotores e Procuradores de Justiça sobre os desafios da Política Criminal*. Porto Alegre: Ministério Público – RS, 2005.

_____. *Sociologia e Justiça Penal. Teoria e prática da pesquisa sociocriminológica*. Rio de Janeiro: Lumen Juris, 2010.

_____. *Tendências do Controle Penal na Modernidade Periférica. As reformas penais no Brasil e na Argentina na última década*. Tese (Doutorado) – UFRGS, Porto Alegre, 2003.

BARROSO, Luís Roberto. "Neoconstitucionalismo. O triunfo tardio do Direito Constitucional no Brasil". *Revista Consultor Jurídico*, 26 abr. 2006. Meio eletrônico. Disponível em http://conjur.com.br.

BAUMAN, Zigmunt. *O mal-estar na pós-modernidade*. Rio de Janeiro: Zahar, 1998.

BAYLEY, David H. *Padrões de policiamento*. São Paulo: Edusp, 2006.

BEATO FILHO, Cláudio C. "Políticas públicas de segurança e a questão policial". *São Paulo em Perspectiva*, vol. 13, n. 4, p. 13-27, dez. 1999.

BENEVIDES, Maria Victoria (org.). *A violência brasileira*. São Paulo: Brasiliense, 1982.

BONATTO, Francisco R. O. *O próximo-distante: análise do Projeto Pequenos Trabalhadores. Um estudo na Favela do Parque Santa Madalena – São Paulo-SP*. Tese (Doutorado) – Instituto de Psicologia/USP, São Paulo, 1998.

BICUDO, Hélio. "Entrevista: Hélio Bicudo: a Justiça piorou no Brasil". *Estudos Avançados*, São Paulo: Instituto de Estudos Avançados da USP, vol. 18, n. 51, p. 61-168, 2004.

BOBBIO, Norberto. *Era dos direitos*. Rio de Janeiro: Campus, 1992.

BONELLI, Maria da Glória. "As interações dos profissionais do Direito em uma comarca do Estado de São Paulo". In: SADEK, M. T. (org.). *O Sistema de justiça*. São Paulo: Sumaré, 1999.

_____. *Profissionalismo e política no mundo do direito. As relações dos advogados, desembargadores, procuradores de justiça e delegados de polícia com o Estado*. São Carlos: Edufscar/Sumaré, 2002.

BOURDIEU, Pierre. "Gostos de classe e estilos de vida". In: ORTIZ, Renato (org.). *Pierre Bourdieu*. São Paulo: Ática, 1983 (Col. Grandes Cientistas Sociais).

_____. *O poder simbólico*. Rio de Janeiro: Bertrand Brasil, 1989.

BOURDIEU, Pierre; CHAMBOREDON, Jean-Claude; PASSERON, Jean-Claude. *A profissão de sociólogo. Preliminares epistemológicas*. Petrópolis: Vozes, 1999.

BRETAS, Marcos L.; PONCIONI, Paula. "A cultura policial e o policial civil carioca". In: PANDOLFI, Dulce C. et al (org.). *Cidadania, justiça e violência*. Rio de Janeiro: Fund. Getúlio Vargas Ed., 1999.

BRETAS. Marcos Luiz. "A polícia carioca no Império". *Estudos históricos*, Rio de Janeiro, vol. 22, p. 219-234, 1998.

_____. "O informal no formal: a justiça nas delegacias cariocas da República Velha". *Discursos Sediciosos, Crime, Direito e Sociedade*, Rio de Janeiro: Instituto Carioca de Criminologia, vol.1, n. 2, p. 213-222, 1996.

_____. "Observações sobre a falência dos modelos policiais". *Tempo Social, Rev. de Sociologia USP*, São Paulo: USP, Depto de Sociologia, vol. 9, n. 1, p. 79-94, maio 1997.

BUTLER, Judith. "Excerpts from Gender Trouble". In: MEYERS, D. T. (org.). *Feminist social thought: a reader*. Londres: Routldge, 1997, p. 112-128.

CALDEIRA, Cesar. "Caso do Carandiru: um estudo sociojurídico (1ª parte)". *Revista Brasileira de Ciências Criminais*, ano 8, n. 29, p. 129-166, jan./mar. 2000a.

_____. "Caso do Carandiru: um estudo sociojurídico (2ª parte)". *Revista Brasileira de Ciências Criminais*, ano 8, n. 30, p. 143-188, abr./jun. 2000b.

_____. "Segurança pública e sequestros no Rio de Janeiro (1995-1996)". *Tempo Social, Rev. de Sociologia USP*, São Paulo: USP, Depto de Sociologia, vol. 9, n. 1, p. 115-153, maio 1997.

CALDEIRA, Teresa P. R. *Cidade de muros. Crime, segregação e cidadania em São Paulo*. São Paulo: Edusp/Editora 34, 2000.

_____. "Direitos humanos ou 'privilégios de bandidos'? Desventuras da democratização brasileira". *Novos Estudos*, n. 30, p. 162-174, jun. 1991.

_____. "Ter medo em São Paulo", In: BRANT, Vinicius C. (org.). *São Paulo: trabalhar e viver*. São Paulo: Brasiliense, 1989, p. 151-167.

CAMPILONGO, Celso F. "Assistência jurídica e advocacia popular: serviços legais em São Bernardo do Campo". *Revista PGE/SP*, São Paulo, p. 73-106, jun.1994.

CANO, Ignacio; FRAGOSO, José Carlos. "Letalidade da ação policial no Rio de Janeiro: a atuação da Justiça Militar". *Revista Brasileira de Ciências Criminais*, ano 8, n. 30, p. 207-233, abr./jun. 2000.

CAPPELLETTI, Mauro; GARTH, Bryant. *Acesso à justiça*. Porto Alegre: Antonio Sergio Fabris, 1988.

CARVALHO, Eduardo Guimarães. *O negócio da terra*. Rio de Janeiro: UFRJ, 1991.

CARVALHO, José Murilo de. *A construção da ordem: a elite política imperial*. Rio de Janeiro: Editora Campus, 1980.

_____. *Cidadania no Brasil. O longo caminho*. Rio de Janeiro: Civilização Brasileira, 2002.

CAVALCANTI, Rosângela B. *Cidadania e acesso à justiça. Promotorias de justiça da comunidade*. São Paulo: Idesp/Sumaré, 1999.

CHASIN, Ana Carolina da Matta. *Uma simples formalidade: estudo sobre a experiência dos Juizados Especiais Cíveis em São Paulo*. Dissertação (Mestrado) – FFLCH/USP, São Paulo, 2008.

CINTRA JR., Dyrceu Aguiar Dias. "Entrevista: Reforma do Judiciário: não pode haver ilusão". *Estudos Avançados*, vol. 18, n. 51, p. 169-180, 2004.

COELHO, Edmundo Campos. "A administração da justiça criminal no Rio de Janeiro: 1942-1967". *Dados – Revista de Ciências Sociais*, Rio de Janeiro, p. 61-81, 1986.

COMPARATO, Fábio Konder. "O Poder Judiciário no regime democrático". *Estudos Avançados*, 18 (51), p. 151-159, 2004.

CORRÊA, Mariza. *Morte em família. Representações jurídicas de papéis sexuais*. Rio de Janeiro: Graal, 1983.

COSTA, Arthur T. M. "Como as democracias controlam as polícias?". *Novos Estudos*, São Paulo: Cebrap, n. 70, p. 65-77, nov. 2004.

CSORDAS, Thomas. "The Body's Career in Anthropology". In: MOORE, Henrietta L. (ed.). *Anthropological theory today*. Cambridge: Polity Press, 2000.

CUNHA, Luciana Gross. "Acesso à Justiça e Assistência Jurídica em São Paulo". In: SADEK, M. T. (org.). *Acesso à Justiça*. São Paulo: Fundação Konrad Adenauer, 2001a.

_____. "Juizado Especial: ampliação do acesso à Justiça?". In: SADEK, M. T. (org.). *Acesso à Justiça*. São Paulo: Fundação Konrad Adenauer, 2001b.

_____. "Juizado Especial Cível e a democratização do acesso à justiça". Paper apresentado no XXVIII Encontro Anual da ANPOCS, Caxambu/MG, 26 a 28 de outubro de 2004.

D'ARAÚJO, Maria Celina. "Juizados Especiais de Pequenas Causas: notas sobre a experiência no Rio de Janeiro". *Estudos Históricos*, vol. 9, n. 18, p. 301-322, 1996.

DAMATTA, Roberto. *Carnavais, malandros e heróis. Para uma sociologia do dilema brasileiro*. Rio de Janeiro: Zahar, 1979.

DEBERT, Guita G. "Ministério Público no Pará". In: SADEK, M. T. (org.). *Justiça e cidadania no Brasil*. São Paulo: Sumaré/Idesp, 2000.

DEBERT, Guita G.; OLIVEIRA, Marcella B. de. *Os modelos conciliatórios de solução de conflitos e a violência doméstica*. Paper apresentado no XXVIII Encontro Anual da ANPOCS, Caxambu/MG, 26 a 28 de outubro de 2004.

DESASSO, Alcir. "Juizado Especial Cível: um estudo de caso". In: SADEK, M. T. (org.) *Acesso à Justiça*. São Paulo: Fundação Konrad Adenauer, 2001.

DONZELOT, Jacques. *A polícia das famílias*. Rio de Janeiro: Graal, 1980.

DOUGLAS, Mary. *Pureza e perigo*. São Paulo: Perspectiva, 1976.

ECONOMIDES, Kim. "Lendo as ondas do 'Movimento de Acesso à Justiça': epistemologia versus metodologia?". In: PANDOLFI, Dulce *et al*. *Cidadania, justiça e violência*. Rio de Janeiro: Fundação Getúlio Vargas, 1999.

FAISTING, André Luiz. "O dilema da dupla institucionalização do Poder Judiciário: o caso do Juizado Especial de Pequenas Causas". In: SADEK, M. T. (org.). *O Sistema de justiça*. São Paulo: Sumaré, 1999.

_____. *Representações da violência e da punição na Justiça Informal Criminal: estudo de caso sobre o ritual nas audiências preliminares de conciliação*. Tese (Doutorado) – UFSCar, São Carlos, 2004.

FALCÃO NETO, Joaquim de A. "Cultura jurídica e democracia: a favor da democratização do Judiciário". In: LAMOUNIER, B.; WEFFORT, F.; BENEVIDES, M. V. *Direito, cidadania e participação*. São Paulo: Tao, 1981.

_____. *Conflito de direito de propriedade*. Rio de Janeiro: Forense, 1984.

FARIA, José Eduardo (org.). *Direito e justiça: a função social do Judiciário*. São Paulo: Ática, 1989.

_____. "O sistema de justiça brasileiro: experiência recente e futuros desafios". *Estudos Avançados*, 18 (51), p. 103-125, 2004.

FEIGUIN, Dora; LIMA, Renato S. "Tempo de violência: medo e insegurança em São Paulo". *São Paulo em Perspectiva*, São Paulo, 9 (2), p. 73-80, abr./jun. 1995.

FERNANDES, Heloisa R. *Política e segurança*. São Paulo: Alfa-Ômega, 1973.

FERRAJOLI, Luigi. Garantias. *Revista do Ministério Público*, São Paulo, 22 (85), p. 7-24, jan./mar. 2001.

FOUCAULT, Michel. *Em defesa da sociedade*. São Paulo: Martins Fontes, 2002.

_____. *História da sexualidade I. A vontade de saber*. 10ª ed. Rio de Janeiro: Graal, 1988.

_____. *Microfísica do Poder*. Rio de Janeiro: Graal, 1979.

_____. "Qu'est-ce que les lumières?". *Magazine Littéraire*, 309, p. 61-73, abr. 1993.

_____. *Vigiar e punir. História da violência nas prisões*. Petrópolis: Vozes, 1987.

FRANCO, Maria Sylvia de Carvalho. *Homens livres na ordem escravocrata*. Rio de Janeiro: Cayrós, 1976.

FSEADE – Fundação Sistema Estadual de Análise de Dados. Município de São Paulo – MSP. São Paulo: Seade, 2004. Disponível em http://www.seade.gov.br.

FSEADE/Fapesp – Fundação Sistema Estadual de Análise de Dados/Fundação de Amparo à Pesquisa do Estado de São Paulo. Sistema de Informações Criminais para o Estado de São Paulo. Resultados preliminares. Relatório de pesquisa, 2002. *Mimeo*.

GARAPON, Antoine Bien Juger. *Essai sur le rituel judiciaire*. Paris: Odile Jacob, 1997.

_____. *O juiz e a democracia. O guardião das promessas.* Rio de Janeiro: Revan, 1999.

GARLAND, David. "As contradições da 'sociedade punitiva': o caso britânico". *Revista de Sociologia e Política*, Curitiba, n. 13, p. 59-80, nov. 1999.

GEERTZ, Clifford. *A interpretação das culturas.* Rio de Janeiro: LTC, 1989.

GIRARD, René. *A violência e o sagrado.* São Paulo: Paz e Terra/Unesp, 1990.

GLUCKMAN, Max. "Análise de uma situação social na Zululândia Moderna". In: FELDMAN-BIANCO, Bela (org.). *Antropologia das sociedades contemporâneas: métodos.* São Paulo: Global, 1987, p. 227-267.

GREGORI, Maria Filomena; SILVA, Cátia Aida. *Meninos de rua e instituições: tramas, disputas e desmanche.* São Paulo: Contexto, 2000.

GRINOVER, Ada Pellegrini. *O processo constitucional em marcha. Contraditório e ampla defesa em cem julgados do Tribunal de Alçada Criminal de São Paulo.* São Paulo: Max Limonad, 1985.

_____. "Os caminhos da jurisprudência constitucional brasileira". In: FRANCO, A. S.; STOCCO, R. (orgs.). *Código de Processo Penal e sua interpretação jurisprudencial vol.1.* Prefácio. São Paulo: RT, 2000.

GROSTEIN, Marta. "Metrópole e expansão urbana: a persistência de processos 'insustentáveis.'". *São Paulo em Perspectiva*, 15 (1), p. 13-19, 2001.

GUIMARÃES, Antonio S. A. *Classes, raças e democracia.* São Paulo: FUSP/Editora 34, 2002.

HADDAD, Eneida G. M.; SINHORETTO, Jacqueline; ALMEIDA, Frederico; PAULA, Liana de. *Centros Integrados de Cidadania. Desenho e implantação da política pública (2003-2005).* São Paulo: IBCCrim, 2006.

HADDAD, Eneida G. M.; SINHORETTO, Jacqueline; TEIXEIRA, Alessandra. "Repensando a metodologia da produção de dados criminais". *Revista Brasileira de Ciências Criminais*, ano 13, n. 53, p. 241-76, maio/jun. 2005.

HADDAD, Eneida G. M.; SINHORETTO, Jacqueline. "Demandas sociais, acesso à justiça e intervenção pública nos conflitos – estudo de caso na periferia de São Paulo". *Revista Brasileira de Ciências Criminais*, ano 14, n. 60, p. 299-320, maio/jun. 2006.

HADDAD, Eneida G. M.; SINHORETTO, Jacqueline; PIETROCOLLA, Luci G. *Justiça e segurança na periferia de São Paulo: os centros de integração da cidadania.* São Paulo: IBCCrim, 2003.

HARVEY, David. *A condição pós-moderna: uma pesquisa sobre as origens da mudança cultural.* São Paulo: Loyola, 1992.

HEIDEGGER, Martin. *Que é isto – a filosofia? Identidade e diferença*. São Paulo: Duas Cidades, 1976.

HOLLOWAY, Thomas H. "O 'saudável terror': repressão policial aos capoeiras e resistência dos escravos no Rio de Janeiro do século XIX". *Estudos Afro-Asiáticos*, n. 16, p. 129-140, 1989.

HUGHES, Pedro Javier. "Segregação socioespacial e violência na cidade de São Paulo: referências para a formulação de políticas públicas". *São Paulo em perspectiva*, 18 (4), out./dez. 2004.

IANNI, Octavio. *A era do globalismo*. Rio de Janeiro: Civilização Brasileira, 2004.

IBGE – Instituto Brasileiro de Geografia e Estatística. *Participação político-social – 1988: Justiça e Vitimização*. Rio de Janeiro, 1990. vol. 1.

IBGE – Instituto Brasileiro de Geografia e Estatística. *Pesquisa Nacional por Amostra de Domicílios. Características da vitimização e do acesso à justiça no Brasil, 2009*. Rio de Janeiro, 2010.

ISIQUE, Cláudia. "O mapa da exclusão". *Pesquisa Fapesp (83)*, São Paulo, p. 14-20, jan. 2003.

IZUMINO, Wânia Pasinato. "Delegacias de Defesa da Mulher e Juizados Especiais Criminais: contribuições para a consolidação de uma cidadania de gênero". *Revista Brasileira de Ciências Criminais*, ano 10, n. 40, p. 282-295, out./dez. 2002.

_____. *Delegacias de Defesa da Mulher e Juizados Especiais Criminais: mulheres, violência e acesso à justiça*. Paper apresentado no XXVIII Encontro Anual da ANPOCS, Caxambu/MG, 26 a 28 de outubro de 2004.

JUNQUEIRA, Eliane. "Acesso à Justiça: um olhar retrospectivo". *Estudos Históricos*, 18, p. 389-402, 1996.

JUNQUEIRA, Eliane; RODRIGUES, J. Augusto S. "A volta do parafuso: cidadania e violência". In: SANTOS JR, Belisário *et al*. *Direitos humanos: um debate necessário*. São Paulo, Brasiliense/IIDH, 1988.

KANT DE LIMA, Roberto. "Cultura jurídica e práticas policiais: a tradição inquisitorial". *Revista Brasileira de Ciências Sociais*, vol. 4, n. 10, p. 65-84, jun. 1989.

_____. *A polícia da cidade do Rio de Janeiro: seus dilemas e paradoxos*. Rio de Janeiro: Forense, 1995.

_____. "Direitos civis e direitos humanos: uma tradição judiciária pré-republicana?". *São Paulo em Perspectiva*, 18 (1), p. 49-59, 2004.

_____. "Polícia e exclusão na cultura judiciária". *Tempo Social, Rev. de Sociologia USP*, São Paulo: USP, Depto de Sociologia, vol. 9, n. 1, p. 169-183, maio 1997.

KANT DE LIMA, Roberto; MISSE, Michel; MIRANDA, Ana Paula. "Violência, criminalidade, segurança pública e justiça criminal no Brasil: uma bibliografia". *BIB – Rev. Bras. de Informação Bibliográfica em Ciências Sociais*, Rio de Janeiro: ANPOCS/Relume Dumará, n.50, 2 sem., p. 45-123, 2000.

KELSEN, Hans. *Teoria pura do direito*. São Paulo: Martins Fontes, 1985.

KOERNER, Andrei. *O impossível "panóptico tropical-escravista": práticas punitivas estatais, disciplina escravista e pensamento jurídico penal no século XIX*. Paper apresentado no XXX Encontro Anual da ANPOCS, Caxambu/MG, 24 a 28 de outubro de 2006,

LEAL, Vitor Nunes. *Coronelismo, enxada e voto: o município e o regime representativo no Brasil. (1949)*. 2.ed. São Paulo: Alfa-Omega, 1975.

LEMGRUBER, Julita; MUSUMECI, Leonarda; CANO, Ignacio. *Quem Vigia os Vigias*. Rio de Janeiro: Record, 2003.

LIMA, Renato S. "A violência entre espetáculos e praxes". *Polêmica – Revista Eletrônica*, UERJ, 2006. Disponível em http://www2.uerj.br/~labore/pol16/cquestoesc/sociedade_1.htm. Último acesso em 30 set. 2006.

_____. *Contando crimes e criminosos em São Paulo: uma sociologia das estatísticas produzidas e utilizadas entre 1871 e 2000*. Tese (Doutorado) – FFLCH/USP, São Paulo, 2005.

_____. *Entre palavras e números. Violência, democracia e segurança pública no Brasil*. São Paulo: Alameda, 2011.

LIMA, Renato; TEIXEIRA, Alessandra; SINHORETTO, Jacqueline. "Raça e gênero no funcionamento da justiça criminal". *Boletim IBCCrim*, São Paulo: Instituto Brasileiro de Ciências Criminais, ano 11, n.125: encarte especial, abr. 2003.

LOWY, Michael. *Marxismo e teologia da libertação*. São Paulo: Cortez, 1991.

MACIEL, Débora A.; KOERNER, Andrei. "Sentidos da judicialização da política: duas análises". *Lua Nova*, São Paulo: Cedec, n. 57, p. 113-133, 2002.

MACIEL, Débora A. *Ministério público e sociedade: a gestão de conflitos ambientais em São Paulo*. Tese (Doutorado) – FFLCH/USP, São Paulo, 2002.

MARSHALL, T. H. *Cidadania e classes sociais*. Rio de Janeiro: Zahar, 1967.

MARTINS, José de Souza. "Linchamentos: a vida por um fio". *Revista Travessia*, p. 21-27, maio/ago. 1989.

MESQUITA NETO, Paulo. "Policiamento comunitário: a experiência em São Paulo". *Revista Brasileira de Ciências Criminais*, ano 7, n. 25, p. 281-292, jan./mar. 1999a.

_____. "Violência policial no Brasil: abordagens teóricas e práticas de controle". In: PANDOLFI, Dulce C. et al (org.). *Cidadania, justiça e violência*. Rio de Janeiro: Fund. Getúlio Vargas Ed., 1999b.

MESQUITA NETO, Paulo de; AFFONSO, Beatriz Stella Azevedo. *Segundo Relatório Nacional sobre os Direitos Humanos no Brasil*. São Paulo: Núcleo de Estudos da Violência, maio 2002.

MINGARDI, Guaracy. *Tiras, gansos e trutas. Cotidiano e reforma na Polícia Civil*. São Paulo: Scritta, 1992.

MINISTÉRIO da Justiça/Centro Brasileiro de Estudos e Pesquisas Judiciais – CEBEPEJ. *Juizados Especiais Cíveis: estudo*. Brasília: Ministério da Justiça, 2006.

MOISÉS, José Álvaro *et al. Cidade, povo e poder*. São Paulo: Cedec/Paz e Terra, 1982.

MUNIZ, J.; LARVIE, S. P.; MUSUMECI, L.; FREIRE, B. "Resistências e dificuldades de um programa de policiamento comunitário". *Tempo Social, Rev. de Sociologia USP*, São Paulo: USP, Depto de Sociologia, vol. 9, n. 1, p. 197-213, maio 1997.

NADER, Laura. "Harmonia coercitiva: a economia política dos modelos jurídicos". *Revista Brasileira de Ciências Sociais*, ano 9, n. 26, p. 18-29, out. 1994.

NEME, Cristina. *A instituição policial na ordem democrática: o caso da Polícia Militar do Estado de São Paulo*. Dissertação (Mestrado) – FFLCH/USP, São Paulo, 1999.

NUNES, Fábio J. Kerche. *O Ministério Público e a Constituinte de 1987-88*. Dissertação (Mestrado) – FFLCH/USP, São Paulo, 1998.

OLIVEIRA, Luciano. *Sua Excelência o Comissário e outros ensaios de Sociologia Jurídica*. Rio de Janeiro: Letra Legal, 2004.

OLIVEIRA, Luís R. Cardoso. "Da moralidade e eticidade via questões de legitimidade e equidade". In: OLIVEIRA, Roberto Cardoso; _____. *Ensaios antropológicos sobre moral e ética*. Rio de Janeiro: Tempo Brasileiro, 1996, p. 105-142 (capítulo 4).

ORTIZ, Renato. *Mundialização e cultura*. São Paulo: Brasiliense, 1994.

PAES MACHADO, Eduardo; NORONHA, Cecília. "A polícia dos pobres: violência policial em classes populares urbanas". *Sociologias*, Porto Alegre: UFRGS, ano 4, n. 7, p. 188-221, jan./jun. 2002.

PAIXÃO, Antonio L. "A organização policial numa área metropolitana". *Dados – Rev. Ciências Sociais*, vol. 25, n. 1, p. 63-85, 1982.

_____. "O problema da polícia". *Série Estudos*, Rio de Janeiro: IUPERJ, n. 91, p. 5-21, ago. 1995.

PANDOLFI, Dulce C. *et al* (org.). *Cidadania, justiça e violência*. Rio de Janeiro: Fund. Getúlio Vargas, 1999.

PEIRANO, Mariza. *O dito e o feito. Ensaios de antropologia dos rituais*. Rio de Janeiro: Relume Dumará, 2001. Col. Antropologia da política.

_____. "Sem lenço, sem documento: reflexões sobre a cidadania no Brasil. Sociedade e Estado". *UnB*, 11(1), jun. 1986.

PIERUCCI, Antônio Flávio. *Ciladas da diferença*. São Paulo: Editora 34, 2000.

PIMENTEL, Silvia; SCHRITZMEYER, Ana Lúcia; PANDJIARJIAN, Valéria. *Estupro: crime ou "cortesia"? Abordagem sociojurídica de gênero*. Porto Alegre: Sérgio Antônio Fabris, 1998.

PINHEIRO, Paulo Sérgio (org.). *Crime, violência e poder*. São Paulo: Brasiliense, 1983.

_____. *I Relatório Nacional sobre os Direitos Humanos no Brasil*. São Paulo: USP/Secretaria de Estado dos Direitos Humanos, 1999.

PINHEIRO, Paulo Sérgio. "Violência do Estado e classes populares". *Dados – Rev. Ciências Sociais*, n. 22, p. 5-24, 1979.

_____. "Autoritarismo e transição". *Revista USP*, n. 9, p. 45-56, mar./maio 1991.

_____. "Violência, crime e sistemas policiais em países de novas democracias". *Tempo Social, Rev. Sociol. USP*, vol. 9, n. 1, p. 43-52, maio 1997.

PINHEIRO, Paulo. S.; IZUMINO, Eduardo. A.; FERNANDES, M. C. J. "Violência fatal: conflitos policiais em São Paulo (81-89)". *Revista USP*, n. 9, p. 95-112, mar./maio 1991.

PONCIONI MOTA, Paula. *A polícia e os pobres: representações sociais e práticas em delegacias de polícia do Rio de Janeiro*. Dissertação (Mestrado) – Escola de Serviço Social/UFRJ, Rio de Janeiro, 1995.

Reis, Elisa Pereira. "Opressão burocrática: o ponto de vista do cidadão". *Estudos históricos*, vol. 3, n. 6, p.161-179, 1990.

RIBEIRO, Ludmila, M. L.; CRUZ, Marcus Vinícius G.; BATITTUCCI, Eduardo C. *Liberdade tutelada – a normalização e a burocratização da transação penal nos Juizados Especiais Criminais: estudo de caso em Belo Horizonte/Minas Gerais*. Paper apresentado no XXVIII Encontro Anual da ANPOCS, Caxambu/MG, 26 a 28 de outubro de 2004.

RODRIGUEZ, José Rodrigo. *A fragmentação da figura do juiz*. Paper apresentado no XXVIII Encontro Anual da ANPOCS, Caxambu/MG, 26 a 28 de outubro de 2004.

ROLNIK, Raquel. "Exclusão territorial e violência". *São Paulo em Perspectiva*, 13 (4), p. 100-111, 1999.

SADEK, Maria Tereza. "Estudos sobre o sistema de justiça". In: MICELI, Sergio (org.). *O que ler na ciência social brasileira*. Volume 4. São Paulo: ANPOCS/Sumaré; Brasília: CAPES, 2002, p. 233-265.

SADEK, Maria Tereza (org.). *O Judiciário em debate*. São Paulo: Sumaré/Idesp, 1995.

_____. *Acesso à Justiça*. São Paulo: Fundação Konrad Adenauer, 2001.

_____. *Delegados de Polícia*. São Paulo: Sumaré/Idesp, 2003.

_____. "El Poder Judicial y la Magistratura como actores políticos". In: RODRIGUES, Leôncio M.; SADEK, M. T. *El Brasil de Lula: diputados y magistrados*. Buenos Aires: La Crujía, 2004b.

_____. "Judiciário: mudanças e reformas". *Estudos Avançados*, 18 (51), p. 79-101, 2004a.

_____. *Justiça e cidadania no Brasil*. São Paulo: Sumaré/Idesp, 2000.

_____. *O Sistema de justiça*. São Paulo: Sumaré, 1999.

SADEK, Maria Tereza; ARANTES, Rogério B. "Introdução". In: SADEK. M. T. (org.). *Reforma do Judiciário*. São Paulo: Fund. Konrad Adenauer, 2001.

SANCHEZ FILHO, Alvino. "Ministério Público e controle externo da polícia na Bahia". In: SADEK, Maria Tereza (org.). *Justiça e cidadania no Brasil*. São Paulo: Sumaré/Idesp, 2000.

SANTOS, Boaventura de Sousa. *O discurso e o poder: ensaio sobre a sociologia da retórica jurídica*. Porto Alegre: Sergio Antonio Fabris Ed, 1988.

_____. *Para um novo senso comum: a ciência, o direito e a política na transição paradigmática*. 3ª ed. São Paulo: Cortez, 2001. vol. 1: A crítica da razão indolente: contra o desperdício da experiência.

_____. *Pela mão de Alice. O social e o político na pós-modernidade*. São Paulo: Cortez, 1995.

_____. "The Law of the Opressed: the Construction and Reproduction of Legality in Pasargada". *Law and Society Review*, 12 (5), p. 5-126, 1977.

_____; MARQUES, Maria M. L.; PEDROSO, João; FERREIRA, Pedro L. *Os tribunais nas sociedades contemporâneas. O caso português*. Porto: Afrontamento, 1996.

SANTOS, M. Cecilia Mac Dowell. "Juizados Informais de Conciliação". *Revista da Ordem dos Advogados do Brasil*, São Paulo, 50, p. 104-126, 1989.

SANTOS, Wanderley Guilherme dos. *Cidadania e justiça. A política social na ordem brasileira*. 2º ed. Rio de Janeiro: Campus, 1987.

_____. *Razões da desordem*. Rio de Janeiro: Rocco, 1994.

SAPORI, Luís Flávio. "A administração da justiça criminal numa área metropolitana". *Revista Brasileira de Ciências Sociais*, 29, p. 143-158, out. 1995.

SCHRITZMEYER, Ana Lúcia P. *Controlando o poder de matar: uma leitura antropológica do tribunal do júri – ritual lúdico e teatralizado*. Tese (Doutorado) – FFLCH/USP, São Paulo, 2001.

SENNETT, Richard. *A cultura do novo capitalismo*. Rio de Janeiro: Record, 2006.

SILVA, Cátia Aida. *A disputa pela jurisprudência na área da infância: promotores, juizes e adolescentes infratores*. Paper apresentado à XX Reunião Anual da ANPOCS, Caxambu/MG, 22 a 26 de outubro de 1996.

_____. *Justiça em jogo. Novas facetas da atuação dos promotores de justiça*. São Paulo: Edusp, 2001.

SINGER, Helena. *Discursos desconcertados: linchamentos, punições e Direitos Humanos*. São Paulo: Humanitas/Fapesp, 2003.

SINHORETTO, Jacqueline. "Campo estatal de administração de conflitos: múltiplas intensidades da justiça". *Anuário Antropológico*/2009 - 2, 2010, p. 109-123.

_____. "Corpos do poder: operadores jurídicos na periferia de São Paulo". *Sociologias*, ano 7, n. 13, p. 136-161, jan./jun. 2005.

_____. *Os justiçadores e sua justiça. Linchamentos, costume e conflito*. São Paulo: IBCCrim, 2002.

_____. "Políticas de acesso à justiça podem reduzir a violência?". *Revista Brasileira de Ciências Criminais*, ano 11, n. 42, p. 351-359, jan./mar. 2003.

SKOLNICK, Jerome. H. *Justice without Trial: Law Enforcement in Democratic Societies*. New York: John Wiley, 1966.

SOARES, Gláucio A. D. "Quem tem medo da PM? A confiança na Polícia Militar do Distrito Federal e suas relações com variáveis estruturais, demográficas e a experiência com a violência". *Revista Brasileira de Ciências Criminais*, ano 8, n. 32, p. 269-277, out./dez. 2000.

SOARES, Luis Eduardo. *Meu casaco de general. Quinhentos dias no front da segurança pública*. São Paulo: Companhia das Letras, 2000.

SOUZA Luís Antônio F. "Polícia, direito e poder de polícia. A polícia brasileira entre a ordem pública e a lei". *Revista Brasileira de Ciências Criminais*, vol. 43, p. 295-322, 2003.

_____. "Segurança pública, polícia e violência policial. Perspectivas diante do endurecimento penal". *Revista Brasileira de Ciências Criminais*, vol. 51, p. 253-288, 2004.

SPOSATI, Aldaíza (coord.). *Mapa da exclusão/inclusão social na cidade de São Paulo*. São Paulo: Educ, 1996.

TAMBIAH, Stanley. *Culture, Thought and Social Action*. Cambridge, Mass.: Harvard University Press, 1985.

TASCHNER, Suzana; BOGUS, Lucia. "São Paulo: o caleidoscópio urbano". *São Paulo em Perspectiva*, 15 (1), p. 31-44, 2001.

TAVARES DOS SANTOS, José Vicente. "A arma e a flor: formação da organização policial, consenso e violência". *Tempo Social, Rev. de Sociologia USP*, São Paulo: USP, Depto de Sociologia, vol. 9, n. 1, p. 155-167, maio 1997.

TELLES, Vera da S. *Pobreza e cidadania*. São Paulo: Editora 34, 2001.

THOMPSON, E. P. *Costumes em comum*. São Paulo: Companhia das Letras, 1998.

TORRES, Haroldo. "Segregação residencial e políticas públicas: São Paulo na década de 1990". *Revista Brasileira de Ciências Sociais*, vol. 19, n. 54, p. 41-55, fev. 2004.

VARGAS, Joana Domingues. *Crimes sexuais e sistema de justiça*. São Paulo: IBCCrim, 2000.

VIANNA, Luiz Werneck; CARVALHO, M. Alice R.; MELO, Manuel P. C.; BURGOS, Marcelo B. *A judicialização da política e das relações sociais no Brasil*. Rio de Janeiro: Revan, 1999.

_____. *Corpo e alma da magistratura brasileira*. Rio de Janeiro: Revan, 1997.

VIEIRA, Oscar Vilhena. "Que reforma?". *Estudos Avançados*, 18 (51), p. 195-207, 2004.

VILLAÇA, Flávio. "A segregação urbana e a Justiça (ou a Justiça no injusto espaço urbano)". *Revista Brasileira de Ciências Criminais*, ano 11, n. 24, p. 341-346, jul./set. 2003.

WEBER, Max. *Economia e Sociedade. Fundamentos da sociologia compreensiva (1922)*. Brasília: Editora Universidade de Brasília, 1999. vols. 1 e 2.

_____. *Sobre a teoria das Ciências Sociais*. São Paulo: Moraes, 1991.

ZALUAR, Alba. "Violência e crime". In: MICELI, Sérgio (org.). *O que ler na ciência social brasileira (1970-1995)*. vol. 1. São Paulo: ANPOCS/Sumaré, 1999.

ZAVERUCHA, Jorge (org.). *Democracia e instituições políticas brasileiras no final do século XX*. Recife: Bagaço,1998.

_____. "Poder militar: entre o autoritarismo e a democracia". *São Paulo em Perspectiva*, vol.15, n. 4, p. 76-83, dez. 2001.

Anexo
Experiência CIC no Acre

PARA SE ENTENDER a adoção do programa de implantação dos Centros Integrados de Cidadania pelo Tribunal de Justiça do Estado do Acre, algumas informações histórias são relevantes.

As terras do Acre pertenciam, até o século XIX à Bolívia, embora a ocupação predominante fosse apenas das populações indígenas amazônicas. Com o advento da Revolução Industrial, a borracha passou a ser explorada na floresta amazônica e o território do atual Acre recebeu a migração de brasileiros provenientes sobretudo dos Estados do Nordeste, que extraíam o látex e o escoavam pelos rios para os portos brasileiros. A ocupação e a atividade econômica dos brasileiros na região culminaram com a Revolução Acreana, que desencadeou um processo político e militar de emancipação do território em relação à Bolívia e sua anexação ao Brasil, em 1903. No ano seguinte, os dois países assinaram o Tratado de Petrópolis, segundo o qual o Acre seria incorporado ao território brasileiro e a Bolívia receberia uma indenização.

Quanto à política interna brasileira, o Acre foi incorporado na condição de Território, ficando sua administração diretamente subordinada ao Governo Federal. Nos primeiros anos, enquanto o ciclo de exploração da borracha produzia grande riqueza, o Governo Federal cobrava impostos diretos e nomeava governadores e prefeitos. Como não havia um governo estadual, também o Poder Judiciário não se estruturou no Acre. A condição política de território perdurou até 1962, apesar da luta dos autonomistas acreanos.[1]

Somente então é que o Poder Judiciário estadual começou a estruturar-se, já num momento em que a importância econômica do Acre havia sofrido enorme decadência. Assim é que se pode entender que muitas das cidades acreanas não possuíam até recentemente instalações da justiça estadual e que seus serviços atingissem senão uma pequena parcela da população. Até hoje, a estrutura do Tribunal de Justiça do Acre – TJAC é uma das menores do país, contando com quarenta magistrados de primeira instância e nove desembargadores; ainda que, em ponderação com a população, esses números representem um índice de magistrado por habitantes considerado compatível com as médias internacionais (em torno de 8 por 100 mil).

O Estado do Acre continua tendo como principais vocações econômicas a atividade extrativista e a pecuária, fazendo com que boa parte de sua população habite a zona rural, muitas vezes, em áreas inacessíveis por terra na época chuvosa. Essa população rural tem imensas dificuldades para deslocar-se às cidades em decorrência das condições dos caminhos, das lentas embarcações que utilizam, da escassez de recursos para manter-se durante as longas viagens.

A percepção dessa problemática começou a despertar os dirigentes do Tribunal de Justiça ao longo da década de 1990, quando começou a se realizar o Projeto Cidadão, uma iniciativa de acessibilidade aos serviços do Poder Judiciário à população das pequenas cidades e das áreas rurais, sobretudo no que tange à documentação civil.

Projeto Cidadão

Em 1995, o IBGE divulgou que pouco mais de 68% da população do Acre não possuía registro civil, ou seja, não tinha existência jurídica. Pelo mesmo motivo, a prefeitura de Rio de Branco calculava em 70% a evasão escolar motivada pela ausência de documentação civil das crianças. O Tribunal de Justiça é órgão responsável pelos cartórios extrajudiciais que administram o registro civil, pois no Acre não existem cartórios privatizados.[2] O TJ ainda não tinha representação mínima em todos os municípios e mesmo em Rio Branco e nas zonas urbanas a situação era crítica. Surgiu então a proposta de uma parceria entre o Tribunal, a prefeitura de Rio Branco, o governo do estado do Acre, o Exército e os Correios, para criar um projeto de prestação itinerante de serviços de documentação: o registro

---

1. Informações amparadas em entrevistas e no texto de Marcus Vinícius Neves, publicado na página eletrônica do governo estadual do Acre (www.ac.gov.br, acessado em 13/10/2005).
2. Em 2006, por determinação do Conselho Nacional de Justiça, está sendo preparado um concurso para privatizar as serventias extrajudiciais no Acre.

civil, o título de eleitor, a carteira de identidade, o certificado de alistamento/reservista e o CPF (com formulário preenchidos pelos Correios).

É organizado um mutirão em que os custos e a logística são compartilhados entre os parceiros do Projeto Cidadão, com isenção de taxas e auxílio de transporte para os cidadãos. Inicialmente percorrendo a periferia de Rio Branco (onde reside metade da população do estado), o projeto foi bem-sucedido, garantindo a adesão dos parceiros iniciais, de novos parceiros, dos servidores públicos e da população em geral. No seu décimo ano, é considerado o maior programa social do Estado.

Foi expandido para o interior do estado, captando o apoio das prefeituras municipais, organizando expedições à zona rural. Por estar localizado na região amazônica, suscetível ao regime de secas e cheias dos rios, o estado tem uma pequena malha rodoviária e a maior parte do território não tem ligação por terra aos núcleos urbanos, sendo fluvial o meio de transporte mais comum. Assim, o Projeto Cidadão escolhe uma localidade (uma escola, um assentamento do INCRA, um posto da FUNAI, um seringal) e, durante vários dias, as estações de rádio locais divulgam o evento. Os moradores de áreas muito afastadas programam-se para uma viagem de barco que pode levar dias. Nos locais onde há estradas, as prefeituras responsabilizam-se pelo transporte dos cidadãos em ônibus escolares e caminhões, já que não há linhas regulares de transporte público. Esses viajantes precisam ser alimentados e alojados, já que a maioria deles pratica a economia de subsistência no interior da floresta e não tem meios para custear a viagem.

Cada evento do Projeto Cidadão atende a centenas ou milhares de pessoas em dois ou três dias e deve custear o transporte dos servidores, dos cidadãos, dos equipamentos, alimentação e alojamento para todos. Trata-se de uma grande festa, com música, almoço comunitário, casamentos coletivos, audiências judiciais para a regularização de documentos civis e imenso esforço de mutirão para providenciar todos os documentos num dia só. Em 2005, o principal financiador do Projeto Cidadão foi o INCRA, com o objetivo de regularizar a situação civil de assentados e trabalhadores rurais.

É o principal rito corporativo do Tribunal de Justiça, pois todos os juízes ingressantes e funcionários de cartórios iniciam suas carreiras tomando parte no Projeto Cidadão, tendo que se deslocar para as áreas mais inacessíveis, de caminhão ou barco, para atender a uma população que não é servida por nenhuma outra rede pública. É considerado um trabalho social de extrema relevância e uma iniciativa de aproximação efetiva do poder público ao cidadão mais desassistido. Por isso, o trabalho, embora penoso e árduo, é visto como gratificante para os servidores e para os juízes, que afirmam terem encontrado nesses mutirões a verdadeira vocação do servidor público.

Muitos acreanos acreditam que o único meio para a obtenção de documentos é o Projeto Cidadão e não têm conhecimento da existência de outros postos de atendimento.

As dificuldades de obtenção de documentos foram, durante a história do Acre, um combustível para a prática da política clientelista. Ouvem-se histórias de políticos que viabilizavam a obtenção dos documentos civis, incluindo o título de eleitor em troca de votos e apoio político. Assim, além da mística assistencialista, o Projeto carrega consigo também a aura da ética na cidadania, atraindo por isso um grande apoio dos entes públicos.

A implantação dos Centros Integrados de Cidadania

A necessidade de obtenção de recursos para viabilizar o Projeto Cidadão, o principal projeto de acessibilidade do Poder Judiciário do Estado do Acre, levou seus dirigentes a procurar parcerias com a bancada legislativa do Estado a fim de pleitear recursos do Orçamento da União que pudessem apoiar os projetos do TJAC. Esse parece ter sido o caminho encontrado para fazer com que a itinerância do Projeto Cidadão desse lugar a um programa permanente nos municípios mais distantes.

Em 2000, o Presidente do TJ, Arquilau de Castro Melo, procurou a bancada do Estado do Acre no Congresso Nacional a fim de estabelecer uma parceria com os deputados acreanos, pela qual se pudesse buscar a injeção de recursos federais na melhoria dos serviços judiciais no Estado. Desse trabalho conjunto, nasceu a emenda de bancada ao Orçamento da União que pleiteava o financiamento para a construção e o equipamento dos Centros Integrados de Cidadania. Essa rubrica encontrada no orçamento federal parecia corresponder aos objetivos do Presidente do Tribunal e, assim, as assessorias parlamentares trabalharam na formatação do projeto de emenda.

Somente depois de aprovada a emenda de bancada que destinava recursos para a construção dos CIC no Acre é que houve o contato entre o TJAC e o Ministério da Justiça, responsável pela execução do referido orçamento. Entrevistado para a pesquisa, o então Presidente afirmou não conhecer à época as diretrizes e os antecedentes do programa CIC, como a experiência de implantação em outros estados.

Com a mudança de gestão no TJAC, o novo presidente, Ciro Facundo, foi quem definiu os locais de implantação e lançou as pedras fundamentais das edificações, embora seu foco já não fosse a acessibilidade, mas a marcação da presença do Estado no território, com prioridade para os municípios de fronteira com o Peru e a Bolívia.

Entre 2003 e 2004, 7 unidades do CIC foram construídas, sendo três na região conhecida como Alto Juruá, fronteiriça com o Peru, inacessível por terra na maior parte do ano, nos municípios de Porto Walter, Rodrigues Alves e Marechal Thaumaturgo. As demais quatro unidades foram instaladas na região conhecida como Alto Acre, nos municípios de Porto Acre, Assis Brasil (fronteira com o Peru, onde está sendo construída uma ponte que possibilitará o acesso ao Oceano Pacífico por meio de estradas), Brasileia e Epitaciolândia (essas cidades vizinhas, que fazem fronteira com a cidade de Cobija, na Bolívia).

Em sua entrevista,[3] Facundo comunicou que sua principal preocupação na escolha das localidades era com a defesa das fronteiras, extremamente vulneráveis ao narcotráfico e ao tráfico de armas. Assim, no Alto Juruá, a fronteira com o Peru é extensa e de dificílima vigilância, pois a região é em grande parte recoberta pela floresta amazônica e os acessos por terra são precaríssimos, limitados a um período do ano; no entanto, o Peru mantém bases militares próximas à fronteira, e o mesmo não ocorre com o Estado brasileiro. No Alto Acre, a preocupação é com a fronteira boliviana, em especial o conglomerado urbano composto por Brasileia e Epitaciolândia, no lado brasileiro e Cobija, no boliviano, esta uma zona franca, por onde se suspeita que circulem armas e drogas. As três cidades compõem um só aglomerado urbano, sendo divididas apenas pelo Rio Acre. Calcula-se que 80 mil pessoas residam na região, nos dois lados da fronteira.

No mesmo período em que os CIC foram construídos, foi edificada também uma nova ponte, ligando o centro de Brasileia a Cobija, também nas imediações de seu centro comercial. Esta ponte é de livre trânsito de autos e pedestres e não há vigilância. Em Brasileia, acerca de um quarteirão da ponte está o CIC, marcando, conforme a imagem utilizada pelo ex-Presidente, a presença do Estado na fronteira. Entretanto, nenhuma atividade ligada à vigilância, à defesa nacional ou à segurança pública é praticada no CIC de Brasileia.

Trata-se de um edifício histórico, de dois andares, que foi reformado para abrigar no andar térreo as serventias extrajudiciais e os serviços de expedição de carteira de identidade e CPF. No andar superior, as salas são destinadas ao Juizado Especial, ao Ministério Público e à Defensoria Pública, conforme informam as placas nas portas. Porém nenhuma dessas salas estava ocupada conforme o projeto, em 2005. Para o ex-Presidente Facundo, era necessário, através do CIC "marcar a presença do Estado", porque "era a fronteira mais próxima e maior com a Bolívia".

Em Epitaciolândia, fica a ponte mais antiga que liga à Bolívia. Esta ponte conta com barreira permanente e guarda, que, entretanto, não aborda todos os passantes. Na cidade está sediada a Receita Federal, onde os produtos comprados na Bolívia (sobretudo eletrônicos, utensílios domésticos e brinquedos) têm que ser registrados. Existe um limite de compra por pessoa isento de impostos de importação, que os moradores calculam em torno de R$ 900,00. Segundo as informações colhidas, o comércio de armas e munição é movimentado em Cobija e os artefatos acabam ingressando livremente no lado brasileiro.

Mas até a inauguração do CIC em julho de 2004, o Poder Judiciário não possuía representação no município de Epitaciolândia, que pertencia à comarca de Brasileia. As duas cidades são territorialmente contínuas, porém não há transporte coletivo urbano.

O outro ponto escolhido para a implantação do CIC foi o município de Assis Brasil, localizado na fronteira com a Bolívia e o Peru. Ali estava sendo edificada uma ponte sobre o Rio Acre, ligando a estrada brasileira (BR 317), doravante chamada de Estrada do Pacífico, à cidade peruana

---

3. A viagem de coleta de dados foi realizada em novembro de 2005, com o apoio da SENASP/MJ e do IBCCrim. Foram visitados em 10 dias os municípios de Rio Branco, Porto Acre, Assis Brasil, Brasileia e Epitaciolândia.

de Iñapari. O governo brasileiro está financiando uma parte do asfaltamento da estrada peruana que possibilitará a ligação por terra até o Oceano Pacífico, à distância de pouco mais de 1400 km da ponte Brasil-Peru. Com a inauguração da ponte acredita-se que o tráfego de veículos crescerá bastante, incrementando também as atividades ilícitas ligadas ao crime organizado.

Assis Brasil é uma pequena cidade, com 11 mil habitantes em que o único serviço do Poder Judiciário antes do CIC era o registro civil, funcionando numa instalação emprestada e precária. A Polícia e a Justiça Federais são precariamente organizadas em toda a região, necessitando do apoio dos órgãos estaduais para operar.

No ano de 2004, a gestão do TJ tentou, junto à bancada legislativa acreana no Congresso Nacional, aprovar no Orçamento da União a implantação de mais 7 unidades de CIC em outras cidades de fronteira, além de Rio Branco. Mas não há informação de que essa verba será liberada. Segundo informações colhidas junto ao Ministério da Justiça, o Estado do Acre deve receber novas verbas para os CIC apenas quando puder demonstrar a apuração de efeitos sobre a prevenção da violência, conforme estabeleceu nos objetivos da emenda parlamentar aprovada.

Nos documentos que justificam a emenda parlamentar proposta em 2002 menciona-se explicitamente os objetivos de incidir sobre a criminalidade crescente no Estado do Acre, utilizando estatísticas criminais e pesquisas de opinião sobre o medo do crime. Entre os objetivos específicos estão arrolados a facilitação do acesso à justiça, a orientação sobre direitos, a assistência judiciária feita por advogados e estagiários para a mediação, conciliação e ajuizamento de conflitos, a emissão de documentação civil, o fornecimento de fotografias, o atendimento comunitário integral (jurídico, psicológico e social) e, finalmente, ações preventivas nos campos criminal, familiar e de infância e juventude.

Todavia, a diretriz efetivamente implementada pelo TJAC dá prioridade à expansão das instalações do Poder Judiciário nas cidades do interior, sobretudo no que tange às serventias extrajudiciais, diretamente administradas pelo Tribunal. Assim, em todas as unidades inauguradas há registradores/tabeliães atuando, atendendo assim ao objetivo de fornecer documentação civil. Mas a presença dos magistrados não é garantida. Alguns dos municípios têm população tão pequena que não justifica a fixação de um juiz, sendo atendida pelo magistrado fixado em cidade vizinha. É o caso de Assis Brasil e Porto Acre e também das cidades do Alto Juruá. Assim, o CIC abriga expedições periódicas do magistrado ao município. Em Assis Brasil, por exemplo, antes da inauguração do CIC, essas visitas eram de difícil preparação, pois incluíam a negociação de empréstimo de um espaço físico para a realização de audiências e atendimentos. Geralmente, era a Câmara de Vereadores que sediava o Poder Judiciário e, por isso, as atividades precisavam ser agendadas para o final de semana. Com a inauguração do CIC, a frequência das visitas aumentou, criando-se também um espaço permanente para o acolhimento e registro das reclamações dos cidadãos e para as atividades do cartório judicial.

Parcerias

Os CIC, no Acre, é um programa do Tribunal de Justiça, e como tal sua gestão está integralmente ligada à hierarquia do próprio Poder Judiciário.

Em todos os prédios existem salas destinadas ao Ministério Público e à Defensoria Pública. Seu uso está estabelecido por placas fixadas nas portas, embora os órgãos não ocupem efetivamente o espaço em nenhuma das unidades. O promotor e o defensor comparecem aos CIC apenas nos dias de audiência agendadas pelo Judiciário (isso nas unidades que contam com esse serviço). Nesses dias, permanecem geralmente na sala de audiências e praticamente nunca ocupam as salas para si destinadas, as quais podem estar ocupadas por serviços prestados diariamente naquela unidade, como emissão de carteira de identidade.

Não há qualquer tipo de convênio ou acordo formal firmado entre as instituições mencionadas. O Ministério Público e a Defensoria Pública comparecem aos atos judiciais como partes indispensáveis ao exercício da justiça, não sendo necessária mais do que uma comunicação dos funcionários da secretaria dos Juizados ou Varas para que se fixe a pauta das audiências. Embora sua atividade principal seja a participação nas audiências, o promotor e o defensor também realizam atendimento ao público nos intervalos.

Na região de Brasileia, Epitaciolândia e Assis Brasil existem dois promotores de justiça, um designado para a área cível e outra para a criminal, que cobrem diariamente o fórum e os CIC quando há pauta de audiências. A sede do Ministério Público é uma casa na Praça central de Brasileia, onde também está localizado o Fórum. Cada profissional tem uma sala, contam com um assessor jurídico e auxiliar de escritório.

A Defensoria Pública tem sua sede também em Brasileia e existe um único profissional para cobrir, além dessa cidade, os municípios de Epitaciolândia, Assis Brasil e Xapuri. É uma região territorialmente muito extensa, com dois fóruns, três CIC e mais o atendimento ao público na sede. A deficiência de pessoal da Defensoria Pública foi extensamente criticada naquela região por todos os entrevistados, que tem por consenso que este é um dos principais entraves ao acesso à justiça. A promotoria cível busca compensar essa deficiência de alguma maneira, ingressando com ações em que é admitida a proposição pelo Ministério Público, como alimentos, retificação de documentos, reconhecimento de paternidade, mesmo – como afirmou o promotor – correndo algum risco de contestação da legitimidade da ação.

Assim, a presença do defensor público é bem rara no CIC.

O Ministério Público propôs uma ação civil pública para cobrar do Executivo que corrija a deficiência da Defensoria ou execute uma medida alternativa, como a remuneração de advogados nomeados. A ação é restrita aos três municípios atendidos pelo fórum de Brasileia e ainda está em tramitação. Há um pedido de liminar, mas ainda não foi julgado.

Acrescentando-se a deficiência de pessoal da Defensoria, há, de maneira geral na região, baixa incidência de profissionais do Direito. Há três ou quatro advogados sediados em Brasileia e Epitaciolândia, o que pode ser um entrave inclusive para sua nomeação como defensores dativos nos processos judiciais em curso. As faculdades de Direito mais próximas estão na Capital, Rio Branco, distante 230 km dessas cidades (quase 400 km de Assis Brasil), o que inviabiliza a colaboração de estagiários. Entre os próprios funcionários do Poder Judiciário é raríssimo encontrar quem tenha frequentado um curso de Direito, embora vários deles tenham revelado interesse em fazê-lo. Há profissionais de nível superior atuando nas secretarias e cartórios dos CIC, mas eles são formados, em regra, em outras áreas. Assim, é difícil que se consiga cumprir o objetivo de instalar nos CIC os serviços de orientação e assistência judiciária feita por advogados e estagiários, conforme foi proposto no projeto na emenda parlamentar aprovada para o Orçamento da União em 2002.

Parceiros presentes em todos os CIC são as Prefeituras Municipais das localidades. Elas fornecem funcionários (geralmente temporários) para trabalhar nos serviços de emissão de carteira de identidade, CPF e título de eleitor. Colaboram também, em alguns casos, na limpeza e conservação das áreas externas. Essas parcerias também são informais e fixadas no cotidiano, na esteira da convivência dos funcionários do Poder Judiciário na vida pública local.

Pelo fato de toda a gestão do programa estar centralizada no TJ, o envolvimento dos parceiros é limitado à prestação dos serviços mínimos de cada órgão. Nas entrevistas ficou claro que não houve discussão sobre a concepção e os objetivos do programa com os parceiros. Este apenas foram chamados a oferecer serviços quando os prédios foram inaugurados. Todos são simpáticos à proposição do CIC e acreditam que sua implantação pode melhorar muito o acesso da população à cidadania, entretanto revelam também não ter tido a oportunidade de debater, compreender e propor sugestões.

Os próprios juízes locais receberam a implantação do CIC em suas comarcas sem terem participado da discussão de objetivos e concepções. Por essa razão, revelam aguardar iniciativas dos órgãos superiores do Tribunal para todo e qualquer incremento na implantação dos centros. Não se sentem responsáveis pela captação de novas parcerias, e talvez não se sintam legitimados a propor sugestões ao programa.

Assim, uma sugestão que emerge da observação da experiência acreana, é o condicionamento do financiamento do Ministério da Justiça a um acompanhamento da formação das parcerias em diversas etapas da implantação, como por exemplo, no debate sobre os objetivos, na definição dos serviços a serem oferecidos, no planejamento dos espaços destinados a cada parceiro, na ocupação efetiva do edifício.

Em Brasileia, por exemplo, o edifício do CIC é relativamente ocioso, já que o Ministério Público e a Defensoria Pública têm suas sedes a poucos metros de distância. Ocorre que ambos os órgãos ocupam prédios alugados e poderiam ocupar o CIC, com economia de recursos para o erário público. Mas é praticamente impossível que isso ocorra proximamente, já que as salas do CIC a eles destinadas não comportam assessorias e auxiliares de escritório. Como, no presente, é impossível dispor de um promotor e um defensor exclusivamente para atuar no CIC, é provável que a presença desses órgãos no equipamento seja ainda intermitente por muito tempo. É possível que, se tivessem participado da elaboração do projeto de implantação, esses parceiros pudessem tornar sua presença muito mais forte.

Porém, o atual Corregedor de Justiça mencionou que a definição dos edifícios não foi bem discutida mesmo no âmbito da direção do TJAC. Ele, que foi o idealizador da experiência no Acre e à época da implantação não tinha nenhum cargo de direção, desconhece em que circunstâncias o projeto arquitetônico foi elaborado. Não obstante, cabe a ele atualmente a gestão das deficiências do programa.

O Presidente anterior acusa o atual de não ter conseguido nenhum financiamento para a construção de novos prédios, mas não menciona as dificuldades em fazer ocupar os edifícios já inaugurados com os serviços prometidos no projeto.

Aproximação e proximidade: lutas em torno do CIC

Além da observação e coleta de informações realizada nas visitas aos Centros Integrados de Cidadania no Estado do Acre, foram também realizadas entrevistas com dirigentes do TJAC, juízes, promotores e funcionários atuantes nos CIC. Com essas entrevistas é possível ter uma visão sobre como o programa é pensado e avaliado pelos que dele fazem parte.

No entanto, antes ainda de passar às opiniões dos entrevistados, cabe uma breve descrição dos documentos que orientaram as propostas de emenda de bancada ao Orçamento da União para a implantação dos CIC, elaborados pelos técnicos do TJAC em 2002 e 2004.

No primeiro, de 2002, apresenta-se o crescimento da violência, sobretudo na capital, embora nenhuma estatística seja fornecida para demonstrar esse crescimento. Menciona-se o medo da população em relação ao crime e apresentam-se as dificuldades do TJAC para a prestação e manutenção de seus serviços, com destaque para o grande número de processos relativos a entorpecentes, que não podem ser absorvidos pela máquina judicial.

Dois parágrafos são reiteradamente repetidos como justificativa da instalação dos CIC, os quais, pela sua importância no texto serão reproduzidos:

> O presente projeto visa humanizar a Justiça, implementando ações que visem o pleno exercício da cidadania, gerando uma cultura de democracia participativa, como corolário de uma prática integrada com a comunidade, ou seja, o objeto do presente projeto é a implantação, no Estado do Acre, de *Centros Integrados de Cidadania*.

> Os Centros Integrados de Cidadania agregam vários projetos em uma única estrutura física, possibilitando a adequação da prestação dos serviços judiciários, dotando-lhe de equipamentos e infraestrutura correspondente às exigências do atual contingente populacional, a fim de oferecer ao público um atendimento digno e eficaz, combatendo e coibindo a violência e a criminalidade. (TJAC, 2002)

Fala-se em "cultura de democracia participativa" e em integração com a comunidade, embora nada no projeto materialize a concretização desse objetivo. Conforme já foi exposto, o projeto não foi discutido em nenhuma instância fora da direção do TJ e, também, não conta com um desenho institucional que favoreça a participação de órgãos parceiros ou da sociedade civil na execução do programa.

A ênfase está na aquisição de equipamentos e infraestrutura para oferecer atendimento ao público. A justificativa dessa aquisição é a redução de "altos índices de violência e criminalidade". Mas o que é proposto não vai além da construção e reforma de edifícios, compra de equipamentos de informática (computadores e acessórios), de veículos e material de escritório.

Os objetivos específicos do projeto são: estabelecer representações mínimas do Poder Judiciário, os Centros Integrados de Cidadania, em 7 comarcas do interior e na capital, priorizando a prestação jurisdicional próxima, célere e eficaz; exercitar ações para facilitar o acesso à Justiça, em especial à população de baixa renda; orientação à população sobre seus direitos e instrumentos de defesa; assistência judiciária realizada por advogados e estagiários de Direito à disposição do projeto; emissão de documentação civil básica; fornecimento de fotografia para os documentos; atendimento comunitário integral, com ênfase para as áreas jurídica, psicológica e social; implementar ações preventivas destinadas à resolução de conflitos sociais, notadamente no campo criminal, familiar e da infância e juventude.

Embora de maneira geral o recurso de edificação, equipamentos e insumos possa atender a todos os objetivos, alguns deles não poderiam ser atendidos, como a remuneração dos advogados e dos estagiários previstos. Os serviços de atendimento jurídico, psicológico e social também precisam de recursos humanos, não previstos no projeto. As ações preventivas nos campos criminal, familiar e da infância e juventude não são especificadas e não existe clareza sobre como a instalação dos edifícios e a aquisição dos veículos poderá incidir sobre elas.

Assim, a proposta é revestida de um caráter genérico, em que uma série de fórmulas discursivas são empregadas para emprestar à proposta uma abrangência que, ao se analisar o que é proposto como objetivo e o que é efetivamente solicitado, se revela inconsistente.

É claro que a instalação de equipamentos do Poder Judiciário onde antes eles não existiam, por si só pode desencadear uma melhoria na prestação dos serviços judiciais, evitando deslocamento custosos e facilitando o acesso físico do cidadão a esse Poder. Mesmo que não houvesse nenhum efeito preventivo da violência, isso poderia melhorar as condições do acesso aos serviços clássicos da Justiça, o que se justifica como objetivo relevante. Entretanto, o projeto estranhamente propõe a instalação de um Centro Integrado de Cidadania no fórum de Rio Branco, isto é, a compra de microcomputadores, veículos e insumos para os serviços já disponíveis no fórum.

Por trás dessa rubrica, como foi indiretamente esclarecido nas entrevistas realizadas, está a obtenção e alocação de recursos para a execução dos atendimentos itinerantes do Projeto Cidadão. É claro que o Projeto Cidadão é um serviço relevante para a população acreana, principalmente aquela que tem as mais precárias condições de vida, porém parece que convertê-los num mero meio para financiar essas excursões é operar uma grande redução dos Centros Integrados, em vista das diretrizes um dia desenhadas para sua implantação.

A construção dos oito novos CIC demandados ao Ministério da Justiça/Secretaria Nacional de Segurança Pública no final de 2002 não foi aprovada. No final de 2004 novamente foi elaborada uma proposta de emenda de bancada parlamentar, pedindo, desta vez à Secretaria Especial de Direitos Humanos (no âmbito da rubrica dos Balcões de Direito) a verba para custeio e construção de novos 7 CIC, incluindo Rio Branco.

No projeto de 2004, novamente se fala em humanização da Justiça e na "cultura de democracia participativa". Ao discurso agregou-se o vocabulário da parceria com outras instituições, mencionado o Ministério Público e a Defensoria Pública (os quais receberiam 10% dos recursos cada um) e a Secretaria Estadual de Justiça e Segurança Pública (a receber 20% dos recursos).

Na justificativa e nos objetivos específicos são repetidos textos anteriores, incluindo novas passagens sobre o crescimento da criminalidade e o medo de "perder a chance de vencer a guerra contra o crime", sendo excluídos os dados estatísticos sobre as sentenças criminais. À exceção de Sena Madureira e Rio Branco, os municípios onde se propõe a instalação dos novos CIC não são os mesmos do projeto de 2002. Aquele trazia uma descrição dos municípios à guisa de justificação da escolha da localidade. Já o texto de 2004 apenas enuncia as localidades, sem procurar justificar essa escolha.

Segundo as informações levantadas no Acre, esse projeto, que deveria ser executado em 2005, também não foi aprovado.

O texto, bem mais sucinto que o anterior, é acompanhado das fotografias e reportagens do órgão de imprensa do TJ sobre as construções e solenidades de inauguração das unidades já implantadas.

Assim, as informações sobre ideário e os objetivos efetivos do projeto podem ser obtidas com mais acuidade a partir da análise das entrevistas.

O idealizador da implantação dos CIC no Acre, ex-Presidente e Corregedor-Geral do TJAC em 2005, Desembargador Arquilau de Castro Melo. De acordo com seu relato, desde sempre se percebeu insatisfeito com o modo como a Justiça atua no Brasil. Na juventude foi jornalista e militante de esquerda e entrou na Faculdade de Direito mesmo sem muita admiração pela profissão de advogado, sempre associada à espertaza e ao ganho fácil.

Mas nessa profissão pode auxiliar o movimento social nascente no Acre em torno dos sindicatos de seringueiros e castanheiros.

Sua experiência com o movimento social o colocou ao lado de figuras como Chico Mendes e Lula, os quais defendeu em processos criminais. Sua opção pela área criminal justificou-se pelo caráter pedagógico que enxerga no exercício da Justiça Criminal, vendo nas penas a sua finalidade educativa. Apesar dessa atuação militante e da sua crença no caráter pedagógico, o desembargador revelou-se insatisfeito com o trabalho clássico da Justiça, traduzindo isso na seguinte formulação:

> na Justiça não se cria nada. Um ambiente desses, formal, excessivamente formal. O que se cria aqui? Nada. E não é só o juiz não; o advogado também. (Castro Melo)

Porém, foi como juiz que deu vida a um projeto que, na sua avaliação, mudou a feição do Judiciário acreano, o Projeto Cidadão. Há dez anos, em contato com o prefeito de Rio Branco, depois governador, Jorge Viana, ouviu a reclamação de que a maior dificuldade para matricular as crianças na escola era a ausência de registro de nascimento. Impelido a ter uma ação, em parceria com a prefeitura, passou a levar o registro civil para as escolas. Nessa interação, a comunidade atendida passou a cobrar a emissão de outros documentos que não são da responsabilidade do Poder Judiciário. Começaram a buscar outros parceiros, ampliando a experiência, que tem se tornado a marca distintiva do Judiciário no Acre.

> Achamos que é possível, como juiz, fazer alguma coisa. Por mais que a lei seja ruim – e é – a gente pode achar brechas em que a gente pode atuar, melhorando a nossa instituição, as nossas instituições. Sempre procurei ver um pouco disso: como a gente pode, apesar as dificuldades também da ação, sempre é possível a gente mudar. (Castro Melo)

Avalia que houve e ainda há dificuldades para viabilizar o Projeto Cidadão, mas que o impacto foi de melhoria, não apenas dos serviços, mas também do próprio Poder Judiciário. A entrada de novos membros nas instituições da justiça que, em razão da expansão da educação no país, trazem abertura a novas práticas, também é considerada uma melhoria.

Com o engajamento dos juízes, funcionários e promotores de justiça no Projeto Cidadão, os serviços da Justiça, segundo ele, melhoraram e tendem a melhorar ainda mais, na medida em que todos os juízes ingressantes hoje socializam-se nessas atividades fora do gabinete desde o seu ingresso. E há uma expectativa de que a ascensão deles na carreira transforme também a cúpula do TJAC nos próximos anos. O Projeto Cidadão passou a ser executado inclusive dentro do fórum de Rio Branco, numa tentativa de popularizar o espaço, torná-lo mais amigável ao cidadão.

A ideia de implantar o CIC apareceu em 2002, da constatação de que era preciso, por um lado, levantar fundos para custear o Projeto Cidadão e, de outro, era preciso dar um salto qualitativo na oferta dos serviços de documentação:

> O CIC entrou porque nós não podemos viver de mutirão. A sociedade não pode viver de mutirão. O Projeto Cidadão tem que se acabar. Os serviços tem que funcionar. Eles [cidadãos] vão no Projeto Cidadão sabe por quê? Porque não tem barreiras. A gente chama: nós vamos estar aqui para atender. O funcionário vai para atender e não para virar a cara. Porque nós criamos o Estado para nos ajudar a viver e termina essa instituição sendo um empecilho na vida da gente. Invertem-se os papéis e o cidadão fica sendo um ser que o Estado tem que tratar mal. Eu sempre digo isso: não vamos inverter o negócio não, que o patrão é aquele que chegou ali, ele é o chefe. [...] A sociedade tem que ter coisa estável, funcionando, que ela sabe que vai lá e vai ser bem atendida. Então, nós pensamos no CIC pensando nisso: em juntar todos esses serviços do Projeto Cidadão num local onde o cidadão possa ser atendido e bem atendido. E a gente trabalha até para sair do Projeto Cidadão. E esse CIC vai lá perto da comunidade e etc. Então, a gente imaginou esse espaço, né, que não seja da Justiça, nem do Executivo, nem do não-sei-o-quê... (Castro Melo)

De alguma forma, as ideias de acessibilidade e transformação das práticas do Judiciário, presentes nos idealizadores paulistas, eram pontos importantes também para os acreanos, embora nunca tenha havido uma comunicação entre eles. Já foi mencionado que, no Acre, não se tinha o conhecimento da experiência paulista e nem do ideário que a cercava.

Porém, o idealizador do CIC no Acre encontrou, entre os colegas e subordinados, reverberação para suas ideias. Foi comum encontrar entre os entrevistados e os profissionais conhecidos durante a pesquisa a repetição da imagem de que o usuário dos serviços da justiça é o "patrão". No cotidiano do trabalho se assistiu a um funcionário do TJ atender um usuário, cumprimentando-o: "fala, meu patrão". No relato da filosofia que anima o atendimento ao público, várias pessoas utilizaram a mesma fórmula: "ninguém faz cara feia para o chefe". Nesse sentido, essa parece ser uma narrativa corporativa compartilhada por boa parte dos servidores do Judiciário do Acre.

Ao que tudo indica, o Projeto Cidadão já se transformou num dos ritos corporativos do Judiciário e tem formatado uma atuação típica da instituição. Há uma retórica generalizada de desvalorização das formalidades, em nome da "resolução dos problemas" das pessoas que o procuram. A retórica de aproximação da Justiça com a população, valoriza a adoção de uma linguagem mais próxima da linguagem comum, coloca juízes a fazer audiências fora de seus gabinetes, trajando camisetas, percorrendo estradas ruins. Mesmo os que nunca viveram as aventuras de realizar um atendimento sobre um barco, sabem relatar – e nunca esquecem de fazê-lo – as experiências de colegas que lhes foram narradas.

Esta atmosfera de improviso, esforço pessoal e doação, convive também com a real necessidade de improviso nas situações formais, dado às dificuldades dos recursos para o efetivo acesso à justiça, como é exemplo a ausência de defensores públicos para atuar nos processos e na orientação jurídica da grande maioria da população.

Em relação ao próprio CIC, convive-se com o improviso, como tem consciência seu idealizador e seu gestor à época da pesquisa. Ele assumiu que os CIC estão "em processo de implantação", devido às dificuldades em se alocar os serviços, sobretudo em relação aos parceiros que carecem de recursos humanos. Como não há convênios, nem regulamentação, a esperança do gestor é a de que cada órgão assuma responsabilidades perante o CIC e os usuários, ocupando o espaço a ele destinado. A incompletude do programa tem na informalização das práticas da justiça a sua saída:

> Nós somos poucos municípios, são 27 municípios, mas mesmo assim nós não demos conta de estar presentes... nós não temos estrutura em todos eles. Na verdade, o que a gente quer com o CIC é que ao menos os Juizados Especiais nós vamos ter instalado nessas pequenas comunidades. Se não o Juizado Especial, ao menos o conselho de pessoas da comunidade que possam... um conselho de conciliação. A gente quer funcionar no CIC um conselho de conciliação, de pessoas que são referências nessa.... Porque nós estamos instalando o CIC em pequenas cidades, cidades do interior. Então o que a gente quer: instalar um conselho de comunidade. Não tem juiz, nem promotor, tudo mais, cidade pequena, mas tem conflito. Então a gente cria um conselho, porque tem pessoas que a comunidade reconhece como íntegras, etc. Se não resolver, o juiz vai periodicamente passar por ali. Porque o CIC tem estrutura física.

Um dos grandes ganhos que o CIC trouxe ao acesso à justiça foi a possibilidade de melhorar as instalações do Poder Judiciário nos municípios, possibilitando aumentar o número de servidores em cada um deles, ampliando os serviços oferecidos. Além de documentos, é hoje possível realizar no CIC orientação sobre os procedimentos judiciais, registrar reclamações e agendar atendimentos com o Ministério Público, a Defensoria e o próprio juiz.

O conselho da comunidade, idealizado para funcionar em todos os CIC já a partir do próximo ano, cumprirá também a importante função de marcar a presença do poder público nessas pequenas localidades, muitas vezes de fronteira. Eles funcionarão, segundo o desembargador, como uma referência para a resolução dos pequenos conflitos, que podem culminar em graves situações, levando inclusive à morte:

> Pequenos delitos, pequenas controvérsias, de posse, de vizinhança, de limites, porque, na verdade, se a gente não tem uma estrutura dessa que possa responder, conciliar e responder a essas demandas, elas, via de regra, terminam com esforço físico, mortes, etc, etc. Porque o que não tem solução e o poder público não está presente, as pessoas vão resolver a seu modo. E o modo que

> elas resolvem a gente [sabe]... Eu fui juiz de interior muito tempo... por isso que eu fui pelo sim aí [no referendo] da arma, porque o sujeito que não tem arma nenhuma, ele não mata o outro. Agora aqui no Acre, isso foi desvirtuado: "ah, é para enfrentar o bandido". Mas quantos e quantos crimes nós não podemos evitar aí? É o dia-a-dia nosso julgando bobagem... não tem ódio antes de matar, nem depois... É o cidadão de bem que mata... por causa duma cachaça, duma bebida, etc. De modo que esse CIC também vai ter um papel: a comunidade vai ter uma referência, né, para resolver seus problemas. Evidentemente que eu acho que é o CIC mesmo. Nós temos um projeto de Justiça Itinerante. Mas a ressalva que eu tenho a essa coisa de itinerância [...], nós temos esse serviço e temos feito uma crítica a ele, uma autocrítica. (Castro Melo)

A crítica aos serviços itinerantes refere-se às experiências de desconsideração dos mecanismos locais de resolução de conflitos, que, muitas vezes acabam por desfavorecer uma prática democrática da justiça. Para ilustrar, o desembargador relatou um caso de uma localidade em que, na chegada do Juizado Itinerante, um comerciante resolveu processar todos os devedores do seu comércio, levando uma rua inteira a ser processada; quando nas relações cotidianas na localidade, esses conflitos se resolveriam de uma maneira menos traumática. O CIC por estar presente cotidianamente, acaba por ser incorporado pelas formas locais de resolução e é integrado aos valores de justiça da própria comunidade, que recorre a ele quando acha necessário e não quando é instigada a fazê-lo.

Além do conselho da comunidade, que parece indispensável a essa ambientação do CIC às formas locais de resolução de conflitos, pensa-se no âmbito do Tribunal em associar ao programa a execução de medidas típicas dos Juizados Especiais Criminais, já que a medida pecuniária é vista com reserva. A prestação de serviços à comunidade requereria um acompanhamento, mas seria o programa ideal para funcionar no CIC, juntamente com o conselho da comunidade.

Com isso, acredita o entrevistado, o CIC iria ainda além da revolução promovida pelos Juizados Especiais, que mudaram a visão e a prática dos juízes, que passaram a enxergar e a lidar com problemas que antes não chegavam até eles. "Os problemas maiores são os problemas pequenos. As pessoas dependem de pequenas soluções. A felicidade das pessoas está em pequenas decisões". Os Juizados Especiais, na sua visão, vieram para "colocar o juiz mais embaixo" e, nesse sentido, melhorar esse profissional. O CIC transcenderia a experiência do Juizado, ao colocar o juiz e o funcionário da Justiça num campo neutro, um espaço onde aprendam que seu serviço não é o único nem o mais importante. Esse sentimento de importância e exclusividade seria a origem do distanciamento dos servidores em relação aos cidadãos:

> sai daquelas suas salas, que exigem mil coisas... tira a pessoa daquilo, quebra aquele formalismo... para se entender melhor ou se odiar melhor... Vai ser uma coisa muito boa! (Castro Melo)

Esse movimento de saída dos gabinetes representa uma visão de um Judiciário socialmente engajado nas soluções dos problemas coletivos, que está a frente de projetos sociais que visam melhorar a qualidade de vida e os indicadores sociais do Estado do Acre. E essa saída, segundo esse ideário, passa pelos Centros Integrados de Cidadania.

Uma surpresa da pesquisa foi constatar a proximidade do discurso do desembargador acreano ao discurso dos desembargadores paulistas que o idealizaram o cic. Eles parecem imaginar um tipo ideal de juiz, sobre o qual constroem um saber e produzem um discurso de verdade: é o juiz que abandona seu gabinete, a pompa da função, a linguagem hermética e faz uma opção política de praticar sua profissão a serviço dos mais pobres, que anseia uma democratização interna da instituição, e que vê no reforço e na aproximação do Poder Judiciário com a população a condição do respeito ao Estado democrático de direito.

Porém, nem todos os discursos são convergentes. O cic também pode ser um programa capaz de sediar outras ideias e outros interesses, como é o caso daqueles traduzidos pelo sucessor de Arquilau de Castro Melo na Presidência do tj, Ciro Facundo, o qual teve a oportunidade de administrar os recursos obtidos através das emendas parlamentares para construção dos cic. Seu discurso aproxima-se daquele veiculado pelos militares do Gabinete de Segurança Institucional, vinculando o cic às questões da defesa do território e da segurança nacional. É o outro tipo ideal, que corresponde a um outro discurso de verdade a respeito da produção e da manutenção da ordem no território.

Para Facundo, a ideia central na implantação do cic é de "marcar a presença do Estado" nas áreas de fronteira com a Bolívia e o Peru. A fronteira precisa ter a presença maciça do Estado brasileiro. A defesa da fronteira é uma questão estratégica, pois quando o Estado não consegue se fazer presente, a população pode migrar e formar-se numa cultura internacional ou mesmo de outra nacionalidade.

> O que é importante na fronteira é a presença do Estado. Região de fronteira é uma região perigosa. Perigosa! Inclusive pela desnacionalização das personalidades... [O indivíduo] vai se tornando um internacional. E o Estado tem que se fazer presente! A Justiça tem que se fazer presente! Região de fronteira é uma região perigosa porque é uma região de tráfico de drogas e de armas. Você compra qualquer arma em Cobija, qualquer arma! (Facundo)

Sempre reiterando a ideia de que o Estado tem que se fazer presente, essa presença pode ser qualificada pela expedição de documentos necessários ao trânsito nas fronteiras, pela resolução de pequenos conflitos do cotidiano e até pelo acesso a políticas sociais de acesso à terra e renda mínima – importantes para a fixação da população no território. Mas, além da fixação, é imprescindível criar um espírito nacional, para que a população defenda e vigie a fronteira da cobiça dos vizinhos, mas também dos interesses das potências mundiais que cobiçam a posse da Amazônia.

> Colocamos CIC na fronteira do Peru e da Bolívia, porque isto é ocupação do território. Porque nossas fronteiras são desguarnecidas. Você guarnece uma fronteira não é com quartel, é com gente! E as pessoas ficam nos locais onde o atendimento do Estado é suficiente: Poder Judiciário, escola e segurança. Se o Estado não está presente a pessoa não fica. (Facundo)

Ciro Facundo acredita que o risco de ocupação estrangeira da Amazônia é evidente e cita frequentes visitas de cientistas da NASA às florestas do Acre, fala das exigências do Banco Mundial sobre a exploração da floresta por empresas multinacionais. "Em termos de segurança nacional, nós temos que garantir a construção de CIC", como uma estratégia de ocupação do território. E o CIC é estratégico porque "traz toda a cidadania: identidade, registro civil, Exército…"

> Meu motivo principal para o CIC é a ocupação, a Amazônia. Nem que o CIC não faça nada, eles ficam sabendo que nós estamos presentes. (Facundo)

O contraste entre a expectativa de defesa nacional depositada sobre o CIC e o tipo de serviço que ele realmente fornece na experiência acreana não embaraça o desembargador, que repete enfaticamente o efeito de marcar a presença do Estado no território.

A experiência da tomada do território aos bolivianos ainda parece muito presente na memória do desembargador e sua luta ainda parece inscrita na chave da continuidade da guerra deflagrada com a Revolução Acreana para a conquista do território, seguida um desinteresse quase total do Estado brasileiro em estender-se e fixar ali suas instituições. Qualquer gesto para a extensão das instituições é louvado como um ganho de posição. Na forma como os CIC estavam implantados em 2005 no Acre, ganhar essa posição significa documentar a população com registro civil, carteira de identidade e certificado de reservista. E realizar audiências bissextas do Poder Judiciário. Ou seja, trata-se apenas das dimensões formais da cidadania que, contudo, ainda não foram plenamente conquistadas no Acre.

Interessante é notar como, tal qual no discurso dos militares, a garantia da cidadania formal e o controle sobre o território são vistos com estratégicos para o combate ao tráfico de drogas e armas, sem que seja preciso esclarecer as conexões entre documentar a população e reprimir o crime internacionalmente organizado. Daí porque se percebe tratar-se de um discurso amparado num regime de verdades.

Tem-se na experiência acreana uma atualização da tensão entre os dois tipos ideais associados ao CIC, ou dois discursos de verdade a respeito da aproximação do Poder Judiciário à realidade da população e à proximidade das forças estatais das zonas de conflito para ocupar e retomar o poder sobre o território e a conduta dos indivíduos.

Agradecimentos

MUITAS PESSOAS CONTRIBUÍRAM de forma decisiva para que questões de pesquisa surgidas em 1999 sobre o funcionamento da justiça no Brasil e o surgimento dos Centros de Integração da Cidadania tenham se desenvolvido até a publicação deste livro. Lembrá-las é retomar um longo e complexo percurso de amadurecimento intelectual e profissional, ainda inacabado, onde a autora individual se vê entranhada em redes de pesquisa que se formaram e consolidaram nesses anos.

Esse percurso começou na Universidade de São Paulo, no Departamento de Sociologia, onde meu orientador de tese, Sérgio Adorno, confiou-me as chaves para a abertura de muitas portas, com suas qualidades de professor e pesquisador, sempre generoso e atento, ofereceu-me um esteio e um lugar de onde pensar. Agradeço à universidade de qualidade, pública e gratuita, que com sua excelência e apesar de seus defeitos, permitiu a netos de imigrantes pobres a chance de formarem-se doutores – e continuarem de outra forma a persistir no sonho de um novo mundo; agradeço à Capes – Coordenadoria de Apoio ao Ensino Superior do Ministério da Educação pela concessão de uma bolsa de estudos no período mais difícil da realização da tese.

Os professores Vera da Silva Telles e Júlio Simões ajudaram a encontrar um caminho com suas leituras da pesquisa em andamento apresentada na banca de qualificação. A banca examinadora da tese propiciou uma estimulante reflexão sobre o percurso e os desdobramentos da pesquisa, incentivando a busca de aperfeiçoamento e diálogo, foi composta pelos professores Luís Roberto Cardoso de Oliveira (UnB), Rodrigo Ghiringhelli de Azevedo (PUC-RS), Ana Lúcia Pastore Schritzmeyer (USP) e Marcos César Alvarez (USP), os quais se tornaram meus interlocutores frequentes.

Agradeço muito especialmente aos meus colegas pesquisadores que têm tornado a vida intelectual estimulante e desafiante, nos encontros de pesquisa, nos eventos científicos, nas rodas de cerveja e no correio eletrônico. Muito especialmente agradeço a oportunidade de fazer parte do Instituto Nacional de Ciência e Tecnologia/Instituto de Estudos Comparados em Administração Institucional de Conflitos – INCT/InEAC, liderado por Roberto Kant de Lima e Luís Roberto Cardoso de Oliveira, onde estão reunidos aqueles com quem tenho dialogado e engrandecido os meus horizontes, fazendo parte de algo maior. Rodrigo Ghiringhelli de Azevedo, Renato Sérgio de Lima, Eduardo Batittucci e Wânia Pasinato além de ajudarem a pensar, ajudam-me a viver. Tive a oportunidade de discutir partes e versões dos resultados de pesquisa e argumentos contidos no livro com Ana Paula Mendes de Miranda, Arthur Costa, Gabriel Feltran, Guita Debert, Joana Vargas, José Rodrigo Rodriguez, José Vicente Tavares dos Santos, Luciana Cunha, Ludmila Ribeiro, Marcella Beraldo de Oliveira, Maria da Glória Bonelli, Maria Filomena Gregori, Marcos Vinícius da Cruz, Michel Misse, Paula Poncioni.

A Eneida Gonçalves de Macedo Haddad tenho toda gratidão e afeto. Sem a sua parceria profissional e afetiva eu teria feito uma pesquisa muito mais modesta. Juntas conquistamos oportunidades e condições para, apesar das limitações, fazer o melhor nos projetos de pesquisa sobre a implantação do CIC em que trabalhamos para o Instituto Brasileiro de Ciências Criminais – IBCCrim e para a Secretaria Nacional de Segurança Pública da Ministério da Justiça. Luci Gati Pietrocolla foi fundamental, pois em sua companhia visitei pela primeira vez o CIC e realizei as primeiras tentativas de compreensão do que se passava ali. Ao IBCCrim – Instituto Brasileiro de Ciências Criminais sou grata pelas pessoas e oportunidades que permitiram realizar grande parte da coleta de dados e da compreensão do objeto de estudo, apesar e graças às diferenças e dificuldades de entendimento mútuo. Trabalharam conosco na coleta de dados dos dois projetos referidos: Alessandra Teixeira, Alessandra Olivato, Carolina Di Fillipe, Antonio Carlos Pereira, Liana de Paula, Maria Amélia de Almeida Teles, Maria das Graças Gouvêa, Rogério Pereira Lopes; apoiaram as atividades de pesquisa: Rose Ianella, Michelle Medrado e Tatiane Queiroz. Muito especialmente agradeço a Frederico Normanha Ribeiro de Almeida pela troca, pela amizade, por crescimento conjunto. Sempre serei grata a Alberto Silva Franco, Sérgio Salomão Shecaira e Carlos Vico Mañas pela generosidade com que me acolheram no IBCCrim e por tudo o que me ensinaram.

Especialmente agradeço aos gestores do CIC na Secretaria de Justiça e Defesa da Cidadania, aos diretores dos postos, juízes, promotores, delegados, policiais e todos os profissionais que trabalham ou trabalharam no CIC, por terem colaborado, franqueado ou suportado a pesquisa. Entre eles há grandes profissionais e seres humanos, com os quais aprendi coisas, troquei ideias, viajei em sonhos, cultivei utopias. Se o resultado do meu trabalho não traça apenas elogios e boas perspectivas ao resultado do programa, isso não diminui a admiração que tenho pelos que ousam estar lá, buscando fazer o melhor em circunstâncias muitas vezes desanimadoras. Eu, como eles, escolhi cruzar minha trajetória profissional a este projeto por acreditar em princípios que o deram origem. Aos criadores do projeto e às pessoas que ainda hoje lutam pela materialização desses princípios, como conselheiros e apoiadores, junto-me.

Agradeço a todos os que concederam entrevistas e permitiram a minha presença nas salas de audiência e atendimento para que eu pudesse registrar suas histórias. Grata também sou a gestores do Ministério da Justiça, Secretaria Nacional de Segurança Pública e Secretaria da Reforma do Judiciário, por terem facilitado o acesso à informações, concedido entrevistas e, principalmente, por terem financiado projetos de pesquisa que forneceram dados aproveitados para esta tese. Agradeço a todos do Tribunal de Justiça do Acre que me receberam com hospitalidade e apoio, numa excelente viagem de coleta de dados, também aqui aproveitados.

Ao Departamento de Sociologia da Universidade Federal de São Carlos, ao qual pertenço, agradeço por poder pensar em tudo o que ainda virá. À Fundação de Amparo à Pesquisa do Estado de São Paulo, agradeço o financiamento da publicação, em parceria com a Editora Alameda.

ESTA OBRA FOI IMPRESSA EM SANTA CATARINA PELA NOVA LETRA GRÁFICA & EDITORA NO INVERNO DE 2011. NO TEXTO FOI UTILIZADA A FONTE MINION PRO EM CORPO 10 E ENTRELINHA DE 14,5 PONTOS.